Carsten Nahrendorf
Humanismus in Magdeburg

Frühe Neuzeit

Studien und Dokumente zur deutschen Literatur
und Kultur im europäischen Kontext

Herausgegeben von
Achim Aurnhammer, Wilhelm Kühlmann,
Jan-Dirk Müller, Martin Mulsow und Friedrich Vollhardt

Band 193

Carsten Nahrendorf

Humanismus in Magdeburg

Das Altstädtische Gymnasium von seiner Gründung bis zur Zerstörung der Stadt (1524–1631)

DE GRUYTER

Gedruckt mit freundlicher Unterstützung der Kulturstiftung Kaiser Otto (Magdeburg) sowie der Stiftung Pegasus Limited for the Promotion of Neo-Latin Studies (St. Gallen).

ISBN 978-3-11-055308-6
e-ISBN (PDF) 978-3-11-040757-0
e-ISBN (EPUB) 978-3-11-040764-8
ISSN 0934-5531

Library of Congress Cataloging-in-Publication Data
A CIP catalog record for this book has been applied for at the Library of Congress.

Bibliografische Information der Deutschen Nationalbibliothek
Die Deutsche Nationalbibliothek verzeichnet diese Publikation in der Deutschen Nationalbibliografie; detaillierte bibliografische Daten sind im Internet über http://dnb.dnb.de abrufbar.

© 2017 Walter de Gruyter GmbH, Berlin/München/Boston
Dieser Band ist text- und seitenidentisch mit der 2015 erschienenen gebundenen Ausgabe.
Satz: jürgen ullrich typosatz, Nördlingen
Druck: CPI books GmbH, Leck
♾ Gedruckt auf säurefreiem Papier
Printed in Germany

www.degruyter.com

Für Christine und Walter

Danksagung

„Ein Buch der Wissenschaft muss wissenschaftlich sein, doch ebenso muss es ein Buch sein" (José Ortega y Gasset). Mehrere Lehrer und Weggefährten hatten Anteil daran, dass aus der ersten Idee meines Doktorvaters ein „Buch" im Sinne Ortegas werden konnte. Am meisten Dank gebührt Prof. Dr. Michael Schilling, der mir im Rahmen einer Individualpromotion an der Otto-von-Guericke-Universität Magdeburg genügend Raum und Zeit für eigene Interpretationen ließ. Seine Arbeiten zur Magdeburger Literaturgeschichte und seine Expertise auf dem Gebiet der Frühneuzeitforschung bildeten das Fundament für meinen eigenen Ansatz. Durch seine Verbesserungen im Manuskript reduzierte er auch meinen anfangs etwas blumigen Stil auf das nötige Maß an Klarheit. Meinem anderen ehemaligen Magdeburger Lehrer, Prof. Dr. Wolfgang Adam, danke ich für das Zweitgutachten. Prof. Dr. Martin Mulsow und Prof. Dr. Wilhelm Kühlmann votierten als Herausgeber für eine Übernahme in ihre Reihe „Frühe Neuzeit".

Die Dissertation entstand von 2008–2013 an der Herzog August Bibliothek Wolfenbüttel – gefördert durch Projektmittel, ein Stipendium der Dr. Günther Findel-Stiftung sowie das Eike-von-Repgow-Stipendium. Während meiner Arbeit in Wolfenbüttel konnte ich von der einzigartigen wissenschaftlichen Infrastruktur an der Bibliothek profitieren. Zahlreiche Gastwissenschaftler trugen auf die eine oder andere Art zum Gelingen des Projekts bei; genannt seien Prof. Dr. Thomas Kaufmann, Prof. Dr. Gerrit Walther, Prof. Dr. Irene Dingel, Prof. Dr. Gerlinde Huber-Rebenich, Prof. Dr. Markus Friedrich sowie Prof. Dr. Luise Schorn-Schütte, die mir 2011 eine Vorstellung meiner Thesen auf ihrem Oberseminar in Bad Homburg ermöglichte.

Ohne die Hilfe und Zuwendung seitens der Mitarbeiter der Bibliothek wäre die vorliegende Monographie nicht denkbar gewesen. Danken möchte ich vor allem Dr. Harald Bollbuck (jetzt Göttingen), der mich in seinen Projekten zum Briefwechsel von Martin Opitz und zu den Magdeburger Zenturiatoren als Hilfskraft beschäftigte und in das Arbeiten an einer wissenschaftlichen Bibliothek mit historischen Beständen einführte. Mein Dank gilt ferner Dr. Maria von Katte, Dr. Jill Bepler, Prof. Dr. Ulrike Gleixner, Dr. Thomas Stäcker, Dr. Andreas Herz, Dr. Gabriele Ball, Dr. Volker Bauer, Dr. Gudrun Schmidt, Dr. Christian Heitzmann, Dr. Bertram Lesser, Dr. Stefania Salvadori und nicht zuletzt Dr. Hartmut Beyer, der das Korrekturlesen der lateinischen Zitate und Übersetzungen auf sich nahm. In zahlreichen Gesprächen auf den Fluren der Bibliothek hat Dr. Asaph Ben-Tov (jetzt Gotha) mit seiner feinen Ironie immer wieder für willkommene Ablenkung von der Arbeit an den Texten gesorgt.

Im Zuge der Vorbereitungen auf das Reformationsjubiläum 2017 wird momentan seitens des Kulturhistorischen Museums Magdeburg und der Stadt Magdeburg ein erheblicher Aufwand zur Erforschung der frühneuzeitlichen Stadtgeschichte betrieben. Geplant sind ein zweibändiger Sammelband und die Eröffnung einer Ausstellung im September 2017 unter dem Titel: „Gegen Kaiser und Papst. Magdeburg und die Reformation". Der engagierten Direktorin des Museums, Dr. Gabriele Köster, und dem Vorstandsvorsitzenden der „Kulturstiftung Kaiser Otto", Dr. Rüdiger Koch, danke ich für die großzügig gewährte finanzielle Unterstützung der Drucklegung. Nach Vermittlung durch Prof. Wilhelm Kühlmann und Prof. Hermann Wiegand wurde die andere Hälfte der Druckkosten von Rhoda Schnur und ihrer Stiftung „Pegasus Limited for the Promotion of Neo-Latin Studies" (St. Gallen) übernommen. Nicht unerwähnt bleiben soll schließlich die exzellente Betreuung durch Stella Diedrich und Lena Ebert vom Verlag.

Bereits während des Studiums war mein Vater, Dr. med. Walter Nahrendorf, mein erster Leser. Seinem kritischen Auge entging kein orthographischer Fehler, kein inhaltlicher Widerspruch. Die ideelle und materielle Unterstützung durch ihn und meine Mutter, Dr. med. Christine Nahrendorf, hat die mehrjährigen Forschungen zum Magdeburger Gymnasium überhaupt erst möglich gemacht. Es war gewiss ein langer Weg, doch durch ihr Verständnis und ihre Geduld wurde das Ziel erreichbar. Meinen Eltern ist das Buch gewidmet.

Wolfenbüttel, Oktober 2014   Carsten Nahrendorf

Inhaltsverzeichnis

Danksagung —— VII

1 Einleitung —— 1

A Historische Grundlegung: Voraussetzungen der Schulgründung und -entwicklung in Magdeburg —— 8

1 Das reformatorische Bildungswesen —— 8
1.1 Gefährdung der Bildung durch die Auswirkungen der Reformation —— 8
1.2 Die Reaktion der Reformatoren —— 10
1.3 Die Gründung des reformatorischen Schulwesens —— 12
1.4 Das Nürnberger Gymnasium —— 15
1.5 Das Straßburger Gymnasium —— 18
1.6 Zur Methodik des Reformationshumanismus —— 23
1.7 Rhetorik als Argumentationstheorie —— 28
1.8 Exemplarische Erkenntnis —— 31

2 Die innerlutherische Spaltung und die Gymnasien —— 35
2.1 Gnesiolutheraner und Philippisten —— 35
2.2 Konkrete Auswirkungen der Spaltung auf die Lehre an den Gymnasien —— 38
2.3 Die Absetzung des Straßburger Rektors Johannes Sturm —— 43
2.4 Jakob Andreae und die Reform der kursächsischen Fürstenschulen —— 50

B Die Magdeburger Rektoren in chronologischer Reihenfolge —— 60

1 Caspar Cruciger (1525–1528) und Georg Major (1529–1536) —— 60
1.1 Gründung und erste Jahre unter Rektor Cruciger —— 60
1.2 Georg Major und der Beginn gelehrter Publizistik in Magdeburg —— 66
1.3 Auftakt: Der Magdeburger Katechismus —— 68
1.4 Schulung in Sprache und Moral: Die *Parabolae Erasmi* —— 70
1.5 Majors Ausgabe der *Colloquia* des Erasmus —— 74

1.6	Eine Blütenlese antiker Dichtung: Die *Sententiae veterum poetarum* —— 76	
1.7	Majors Rhetoriklehrbuch —— 81	
1.8	Abschied von Magdeburg und Verwicklung in spätere Kontroversen —— 85	
1.9	Verteidigung humanitären Handelns: Der Majoristische Streit —— 85	
2	**Abdias Prätorius (1553–1558) —— 93**	
2.1	Die Magdeburger Schulordnung von Prätorius —— 94	
2.2	Prätorius' Antrittsrede: *Oratio de necessitate rei scholasticae* —— 101	
2.3	Die griechische Syntax: *De Syntaxi graeca Libri duo* —— 105	
2.4	Das Lehrbuch der Dialektik: *Compendium dialectices* —— 107	
2.5	Prätorius' Leichenrede auf Johannes Scheyring: *Oratio de Iohanne Scheiringo* —— 113	
2.6	Prätorius und die Magdeburger Zenturien —— 116	
2.7	Der Briefwechsel mit Melanchthon —— 119	
2.8	Zum politischen Hintergrund der Kontroverse mit Judex —— 121	
2.9	Das weitere Schicksal von Prätorius —— 123	
2.10	Irenik in der „Herrgotts Kanzlei": *Oratio de Pace* —— 125	
3	**Siegfried Sack (1558–1567) —— 132**	
3.1	Zur Stadtverweisung von Tilemann Heshusen —— 132	
3.2	Die Flugschrift von Heshusen gegen die Institutionen Magdeburgs —— 138	
3.3	Die Gegendarstellung seitens des Rates —— 141	
3.4	Widerlegung des Häresieverdachts: Die *Antwort der Schuldiener* —— 142	
3.5	Das Magdeburger Bekenntnis von 1563 —— 146	
3.6	Die Reaktion Heshusens auf die *Antwort der Schuldiener* —— 149	
3.7	Zeugnis der Rechtgläubigkeit: Die *Fides scholasticorum* —— 151	
3.8	Fortführung der Kontroverse in weiteren Streitschriften —— 159	
3.9	Die Schulschriften Sacks —— 161	
3.10	Sacks Bearbeitungen von Erasmus' *Copia verborum* —— 162	
3.11	Erweiterung des Wortschatzes: Das *Exemplum copiae verborum* —— 164	
3.12	Anwendung ramistischer Baumdiagramme: Die *Phrases Erasmi* —— 167	
3.13	Sacks Verteidigung der Wittenberger Philippisten —— 169	

4	**Georg Rollenhagen (1575–1609)** — **173**	
4.1	Rollenhagens Gymnasialschriften — **178**	
4.2	Die außerschulischen Werke — **186**	
4.3	Der *Froschmeuseler*: Wiedergabe des Inhalts — **189**	
4.4	Der *Froschmeuseler* in der Forschung — **190**	
4.5	Eine neue Gesamtdeutung des *Froschmeuselers* — **195**	
4.6	Der *Froschmeuseler* als volkssprachliches Lehrbuch der Politik — **197**	
4.7	Philippismus im *Froschmeuseler* — **200**	
4.8	Plädoyer gegen die flacianische Erbsündenlehre: Die Circe-Episode — **201**	
4.9	Ein optimistisches Menschenbild: Der Staatskörper im *Froschmeuseler* — **204**	
4.10	Warnung vor dem Leben am Hof: Der gelehrte Hase — **207**	
4.11	Verbindung von Philippismus und Irenik — **213**	
4.12	Zur Irenik im *Froschmeuseler* — **218**	
5	**Joseph Goetze (1610–1622)** — **229**	
5.1	Goetzes Antrittsrede: *Oratio de norma et forma disciplinae* — **234**	
5.2	Die Festschrift zur Renovierung des Schulgebäudes: *Anakainisis* — **245**	
5.3	Der Stundenplan von 1619 — **247**	
5.4	Ramismus und Ratichianismus — **256**	
5.5	Scholarch vs. Rektor – eine Kontroverse als Vorspiel des Habitualstreits — **260**	
5.6	Goetzes *Oratio de internis scholarum ornamentis* als späthumanistisches Bekenntnis — **264**	
6	**Sigismund Evenius (1622–1631)** — **272**	
6.1	Bekenntnis zur Tradition: Die Hallenser Dissertation *Methodi veritas* — **273**	
6.2	Forderung der Reform in Magdeburg: Der Einfluss Caspar Dornaus — **279**	
6.3	Die Magdeburger Antrittsrede: *Honor Scholarum assertus et restitutus* — **285**	
6.4	Umsetzung der Reform — **292**	
6.5	Die Magdeburger Schulordnung von 1624: *Schola christiana* — **294**	

6.6	Kontextualisierung des Magdeburger Reformprogramms: Evenius und die Ratichianer —— 304	
6.7	Abwehr einer Theologisierung des Unterrichts: Der Habitualstreit —— 307	
6.8	Zum Streitverhalten von Pastor Andreas Cramer —— 309	
6.9	Hofmannstreit und Habitualstreit —— 311	
6.10	Doppelte Wahrheit und *habitus mentis* —— 313	
6.11	Evenius' Antwort auf die Angriffe Cramers: Der *Nucleus philosophiae* —— 315	
6.12	Das letzte Jahrzehnt: Agonie der Bildung in Kriegszeiten —— 325	
6.13	Evenius' Protestschreiben an den Magdeburger Rat: *Des H. Lutheri SchulRath* —— 328	
6.14	Ein letztes Lebenszeichen: Die Einladung zum Schulactus von 1629 —— 336	
6.15	Die Zerstörung Magdeburgs und der weitere Werdegang von Evenius —— 338	

C Schuldrama in Magdeburg —— 342

1 Die Anfänge des Bibeldramas in Mitteldeutschland —— 345

2 Greffs *Jacob*: Gründung des Schultheaters in Magdeburg —— 348

3 Goetzes *Joseph*: Renaissance des Bibeldramas in Magdeburg —— 355

4 Blocius' *Eusebia Magdeburgensis*: Schultheater im Zeichen des Dreißigjährigen Krieges —— 371

4.1 Gilbert de Spaignarts *Kriegs Religion* —— 376
4.2 Propaganda für den Religionskrieg: Blocius' *Glossarius* zur Magdeburg-Elegie —— 378
4.3 Konfessionspolemik und Propaganda in der *Eusebia Magdeburgensis* —— 383

D	**Zusammenfassung** —— **394**	
1	Bilanz der gymnasialen Druckproduktion —— 394	
2	Schlusswort: Vom Zustand humanistischer Bildung in Magdeburg —— 398	

Quellen- und Literaturverzeichnis —— 403

Register —— 413

1 Einleitung

> Ich bin dazu geboren, dass ich mit den Rotten und Teufeln kriegen und zu Felde liegen muss, darum sind meine Bücher sehr stürmisch und kriegerisch. Ich muss die Klötze und Stämme ausrotten, Dornen und Hecken weghauen, die Pfützen ausfüllen und bin der grobe Waldrechter, der die Bahn brechen und zurichten muss. Aber Magister Philipp fährt säuberlich und still daher, bauet und pflanzet, säet und begießt mit Lust, nach dem Gott ihm hat gegeben seine Gaben reichlich.[1]
>
> (Luther über Melanchthon, WA 30, 2; 68–69)

> Ich ertrug zuvor eine fast schon erniedrigende Knechtschaft, weil sich Luther oft mehr nach seinem Temperament richtete, in welchem eine nicht geringe Streitsucht lag, als nach seinem Ansehen und dem Gemeinwohl. [...] Ich selbst besitze kein solch zänkisches Wesen.[2]
>
> (Melanchthon nach Luthers Tod, MBW 5139)

Das obige Zitat von Melanchthon stammt aus einem Brief an den sächsischen Hofrat und Humanisten Christoph von Carlowitz aus dem Jahr 1548. So offen konnte Melanchthon sein Verhältnis zu Luther wohl erst nach dessen Tod beschreiben.[3] Von lutherischen Theologen und Kirchenhistorikern wird meist der freundschaftliche und partnerschaftliche Charakter des Verhältnisses der beiden Reformatoren betont.[4] Die bereits früh auftretenden Differenzen werden zwar erwähnt, in ihrer signifikanten Häufung jedoch nicht entsprechend gewürdigt. Um nur zwei Beispiele herauszugreifen: Bereits auf dem Augsburger Reichstag von 1530 bemühte sich Melanchthon um einen diplomatischen Vergleich mit dem konfessionellen Gegner, wurde von Luther wegen seiner Konzilianz jedoch als „Leisetreter" gescholten.[5] Auch im Streit zwischen Luther und Erasmus über die

---

1 Zitat nach Kuropka: Philipp Melanchthon: Wissenschaft und Gesellschaft, S. 255.
2 Zitat nach Scheible: Melanchthon. Eine Biographie, S. 168; CR VI, Sp. 879–885, hier Sp. 880: „Tuli etiam antea servitutem paene deformem, cum saepe Lutherus magis suae naturae, in qua φιλονεικία erat non exigua, quam vel personae suae, vel utilitati communi serviret. [...] Non sum natura φιλόνεικος [...]." Vgl. zu Flacius' publizistischer Instrumentalisierung des Carlowitz-Briefes auch Bollbuck: Wahrheitszeugnis, Gottes Auftrag und Zeitkritik, S. 61 f.
3 Die nächsten Bände des von Christine Mundhenk und Matthias Dall'Asta herausgegebenen Melanchthon Briefwechsels werden weitere, dezidiert lutherkritische Äußerungen Melanchthons zu Tage fördern, die in den Briefbänden des Corpus Reformatorum noch der Zensur zum Opfer gefallen waren.
4 Vgl. z. B. Christian Peters: Luther und Melanchthon. In: Beutel (Hg.): Luther Handbuch, S. 161–168; sowie die Beiträge von Heinz Scheible über Luther und Melanchthon in: ders.: Melanchthon und die Reformation. Forschungsbeiträge. Hg. von Gerhard May und Rolf Decot. Mainz 1996.
5 Vgl. zu den „Coburg-Briefen" Scheible: Melanchthon. Eine Biographie, S. 153–158.

Willensfreiheit versuchte Melanchthon zu vermitteln. Luthers „Derbheiten" veranlassten ihn „zu vorsichtigen Distanzierungen".[6]

Bei Melanchthon verband sich ein ausgleichendes, vermittelndes Wesen mit einer größeren Offenheit gegenüber anderen Auffassungen, auch auf theologischem Gebiet, wie sich insbesondere in der Abendmahlsfrage zeigen sollte. Luther dagegen brüskierte seine Gegner mit Schroffheit und Polemik. Anders als Melanchthon zeigte er keine Bereitschaft zur kompromisshaften Modifikation der einmal formulierten Lehrmeinungen.

Die unterschiedlichen Wesenszüge Luthers und Melanchthons kristallisierten sich in ihrem Verhältnis zum Humanismus. Während Luther zu Beginn gegen Aristoteles polemisierte und lediglich als Theologe Bedeutung besaß, erstreckte sich die Wirksamkeit von Melanchthon als humanistischer Universalgelehrter auf fast alle Wissensgebiete.[7] In seiner von Luther kritisierten Irenik erwies sich Melanchthon als genuiner Erbe der italienischen Humanisten. Wie diese propagierte er das Ideal einer sittlichen Vervollkommnung des Menschen durch die Lektüre der antiken Autoren.

Dieser Gegensatz von Offenheit und Geschlossenheit bei Melanchthon und Luther prägt die weitere Entwicklung des Luthertums. Für die vorliegende Betrachtung des Magdeburger Gymnasiums ist die Polarität der beiden Reformatoren deswegen von Belang, weil sie die spätere Spaltung des Luthertums in Philippisten und Gnesiolutheraner[8] präfigurierte. Ab der Mitte des 16. Jahrhunderts bildeten sich zwei gegnerische Parteien heraus, von denen sich die eine aus Schülern Melanchthons, die andere dagegen aus Anhängern Luthers zusammensetzte.

Als eine der wichtigsten Thesen dieser Arbeit kann im Anschluss an vorgängige Forschungsbeiträge[9] festgehalten werden, dass sich diese innerlutherische Spaltung im institutionellen Gefüge der Städte wiederspiegelte. Zwei gegensätzliche Pole sind zu beobachten: Die Lehrer und Rektoren der Lateinschulen waren als Humanisten oft Schüler Melanchthons und vertraten dessen theologische Positionen. Ihnen entgegengesetzt waren gnesiolutherische Prediger, die auf den Kan-

---

6 Peters: Luther und Melanchthon, S. 165.
7 Vgl. zuletzt Günter Frank, Felix Mundt (Hgg.): Der Philosoph Melanchthon. Berlin u. a. 2012.
8 Der Begriff Gnesiolutheraner wurde von Melanchthon geprägt und geht auf das altgriech. Adjektiv „gnésios": echt, wahr, rechtmäßig, zurück. Die Wortschöpfung soll den Anspruch der Flacianer illustrieren, die allein rechtmäßigen Erben der Theologie Luthers zu sein.
9 Vgl. insbesondere Crusius: Kryptocalvinismus in Kursachsen; sowie Koch: Der kursächsische Philippismus, S. 68.

zeln und in Flugschriften ostentativ ihre Treue zum Wortlaut der Lehre Luthers herausstellten und jegliche Abweichung von derselben als Verrat brandmarkten.[10]

Diese Verteilung lässt sich in vielen größeren Städten des lutherischen Raumes nachweisen, so auch in Magdeburg. Mit Caspar Cruciger, Georg Major, Abdias Prätorius, Siegfried Sack und Georg Rollenhagen hatten beinahe sämtliche Rektoren in Wittenberg studiert, zum Teil noch bei Melanchthon selbst. Auch in ihren späteren Ämtern vertraten sie die theologischen Positionen ihres Lehrers.

In der philippistischen Theologie machte sich in stärkerem Maße der Einfluss des Renaissancehumanismus geltend. Durch ihre Erfahrungen in der täglichen pädagogischen Praxis verfügten die Philippisten über ein optimistischeres Menschenbild. Gegen die radikale Erbsündenlehre etwa eines Matthias Flacius vertraten sie die Fähigkeit des Menschen zur sittlichen Vervollkommnung, die Existenz eines freien Willens und die Mitwirkung der Guten Werke bei der Erlangung des Seelenheils.

Gezeigt werden soll, auf welche Weise diese Bejahung menschlicher Formbarkeit in der gymnasialen Literatur ihren Niederschlag fand. Bereits in den ersten Lehrbüchern für das neu gegründete Gymnasium begegnet eine starke Akzentsetzung auf die antike und humanistische Moralphilosophie. Georg Major stellte seine publizistische Aktivität mit Ausgaben der antiken Dichtung und des Erasmus ganz in den Dienst der ethischen Unterweisung. In diesen Ausgaben wurden die Zitate – dem Schema der *Loci communes* folgend – nach moralischen Überbegriffen wie z. B. „Tugend" oder „Laster" angeordnet.

Weiterhin soll zur Darstellung kommen, wie die Konflikte zwischen Philippisten und Gnesiolutheranern die Qualität des Unterrichts beeinträchtigten. So erhielt 1553 der Melanchthonschüler und exzellente Gräzist Abdias Prätorius den Magdeburger Rektorposten und führte eine deutliche Hebung des Lehrniveaus herbei. Aufgrund seiner freundschaftlichen Kontakte zu Katholiken wurde Prätorius jedoch von dem Theologen und Mitautor der Magdeburger Zenturien, Matthäus Judex, öffentlich angefeindet und verließ nach nur wenigen Jahren die Stadt.[11] Auch sein Nachfolger im Rektorenamt wurde in Kontroversen mit den gnesiolutherischen Predigern Magdeburgs verwickelt.[12]

Die Magdeburger Gruppe von Theologen und Publizisten um Matthias Flacius Illyricus und Nikolaus von Amsdorf hat in der Forschung eine gewisse Konjunk-

---

10 Vgl. zur Vertiefung dieser Thematik Kap. A. 2. Die innerlutherische Spaltung und die Gymnasien.
11 Vgl. Kap. B. 2. Abdias Prätorius.
12 Vgl. Kap. B. 3. Siegfried Sack.

tur. Neben Monographien zu Flacius[13] stehen Untersuchungen zur antikaiserlichen Publizistik,[14] zum apokalyptischen Denken[15] und zu den Magdeburger Zenturien.[16] Aufgrund dieser Beiträge können die Statur der Flacianer und die Stadtgeschichte Magdeburgs als hinreichend erforscht gelten. Es ist an der Zeit, auf der Grundlage dieser Beiträge nun auch die Gegenseite, die Philippisten in der „Herrgotts Kanzlei", einer Betrachtung zu würdigen. Zur Geschichte des Altstädtischen Gymnasiums existieren bisher lediglich ein Beitrag aus dem 19. Jahrhundert und die Vorarbeiten von Michael Schilling in Aufsatzform.[17]

Im Ergebnis wird die vorliegende Untersuchung die Ansicht korrigieren, dass von „den Humanisten, die ihr ganzes Leben als städtische Gymnasiallehrer verbrachten", kaum einer „zur ersten Garde der Gelehrten" zu zählen sei.[18] Im Gegenteil erfreuten sich gerade Pädagogen wie Johannes Sturm, Georg Fabricius, Valentin Trotzendorf, Michael Neander oder Georg Rollenhagen in Magdeburg einer überregionalen Wahrnehmung.

Dass die Gymnasialdrucke aus Magdeburg zu einem Großteil in der Herzog August Bibliothek überliefert sind, spricht für diese überregionale Bedeutung der Pädagogen an Lateinschulen größerer Städte. Der Ruf eines Pädagogen spiegelte sich in der literarischen und wissenschaftlichen Qualität der von ihm herausgegebenen oder verfassten Texte, die zugleich Auswärtigen die Gediegenheit der Lehre des betreffenden Gymnasiums vor Augen führen sollten. Letztlich ent-

---

13 Oliver K. Olson: Matthias Flacius and the survival of Luther's reform. Wiesbaden 2002 (Wolfenbütteler Abhandlungen zur Renaissanceforschung 20); Andreas Waschbüsch: Alter Melanchthon. Muster theologischer Autoritätsstiftung bei Matthias Flacius Illyricus. Göttingen 2008; Luka Ilić: Theologian of sin and grace. The process of radicalization in the theology of Matthias Flacius Illyricus. Göttingen 2014; sowie Martina Hartmann: Humanismus und Kirchenkritik. Matthias Flacius Illyricus als Erforscher des Mittelalters. Stuttgart 2001.
14 Kaufmann: Ende der Reformation.
15 Anja Moritz: Interim und Apokalypse. Die religiösen Vereinheitlichungsversuche Karls V. im Spiegel der magdeburgischen Publizistik 1548–1551/52. Tübingen 2009 (Spätmittelalter, Humanismus, Reformation 47).
16 Arno Mentzel-Reuters, Martina Hartmann (Hgg.): Catalogus und Centurien. Interdisziplinäre Studien zu Matthias Flacius und den Magdeburger Centurien. Tübingen 2008 (Spätmittelalter, Humanismus, Reformation 45); sowie zuletzt Bollbuck: Wahrheitszeugnis, Gottes Auftrag und Zeitkritik.
17 Vgl. Holstein: Das Altstädtische Gymnasium; Schilling: Petrus Lotichius Secundus im Schulunterricht; ders.: Simon Dach in Magdeburg; sowie ders.: Literaturgeschichte Magdeburgs.
18 Caspar Hirschi: Höflinge der Bürgerschaft – Bürger des Hofes. Zur Beziehung von Humanismus und städtischer Gesellschaft. In: Gernot Michael Müller (Hg.): Humanismus und Renaissance in Augsburg. Kulturgeschichte einer Stadt zwischen Spätmittelalter und Dreißigjährigem Krieg. Berlin, New York 2010 (Frühe Neuzeit 144), S. 31–60, hier S. 56.

schied diese Art von Außendarstellung auch über Bedeutung und Frequenz der Gymnasien.

Die im Reformationsjahrhundert gegründeten Gymnasien verfügten in ihrer Zeit über eine größere Bedeutung als die heutigen, weil sie größere Bereiche der wissenschaftlichen Lehre abdeckten. Die *Gymnasia illustria* der größeren Städte nahmen zum Teil den Charakter einer Semiuniversität an. Laut Schulordnung aus dem Jahr 1619 wurden auch in Magdeburg Vorlesungen in Theologie und Jurisprudenz gehalten.[19] Die eigens für das Gymnasium hergestellten und in dieser Untersuchung herangezogenen Drucke künden so von der reichhaltigen Pflege der Wissenschaften in der Elbestadt.

Mit den gymnasialen Drucken wird ein prominenter und umfangreicher Teil des Gesamtkorpus der neulateinischen Quellen der Frühen Neuzeit in den Fokus der Untersuchung gestellt. Ausschlaggebend hierfür war die Erkenntnis, dass diese Quellen nicht allein digitalisiert und über das Internet verfügbar gemacht, sondern auch gelesen, übersetzt und im breiteren Rahmen der europäischen Gelehrtenkultur verortet werden müssen. Die Zahl der bisher existenten monographischen Studien zu einzelnen frühneuzeitlichen Gymnasien ist überschaubar.[20] Gleichzeitig scheint das Interesse an der Thematik zu wachsen, wie eine Ausstellung an der Forschungsbibliothek Gotha[21] und eine Tagung zum Jubiläum des Akademischen Gymnasiums in Hamburg demonstrieren.[22] Weil sie durchgängig auf den Quellen basiert, versteht sich die vorliegende Untersuchung als Grundlagenforschung und Pilotstudie, der bestenfalls weitere Monographien zu anderen überregional bedeutsamen Gymnasien des protestantischen Raumes folgen könnten.

Allein durch die Lektüre des lange vernachlässigten Neulateins, der „Kommunikationssprache der europäischen Intelligenz" in der Frühen Neuzeit,[23] kann die Gelehrtenkultur dieser Epoche in ihrem ganzen Anspielungsreichtum angemessen verstanden werden. Darüber hinaus gilt es, die disziplinären Grenzen der Germanistik durch die Anwendung eines weit gefassten Literaturbegriffs zu

---

19 Vgl. Kap. B. 5.3. Der Stundenplan von 1619.
20 Vgl. z. B. Schindling: Humanistische Hochschule und Freie Reichsstadt; sowie Joachim Castan: Hochschulwesen und reformierte Konfessionalisierung. Das Gymnasium Illustre des Fürstentums Anhalt in Zerbst, 1582–1652. Halle 1999.
21 Vgl. Sascha Salatowsky (Hg.): Gotha macht Schule. Bildung von Luther bis Francke (Katalog). Gotha 2013.
22 Die Tagung im September 2013 in Hamburg wurde geleitet von Johann Anselm Steiger, Martin Mulsow und Axel E. Walter.
23 Hans-Gert Roloff: Die Erschließung der neulateinischen Literatur und Europa – eine vordringliche Aufgabe. In: Jahrbuch für Internationale Germanistik 30 (1998), S. 21–27, hier S. 21.

erweitern. Für eine adäquate Kontextualisierung der literarischen Quellen des Gymnasiums ist die Hinzuziehung theologischer, historischer, altertumswissenschaftlicher, rhetorischer und philosophischer Kenntnisse unabdingbar. Diese interdisziplinäre Herangehensweise erfordert es, neben den theologischen Kontroversen ebenso bildungsgeschichtliche Strömungen wie Ramismus und Ratichianismus oder die Rezeption der Antike in den Blick zu nehmen. Um die künstliche Trennung in literarische und nichtliterarische Texte eines Autors zu überwinden, werden lateinische Orationes, Vorreden, Briefe oder Gelegenheitsgedichte gleichberechtigt mit volkssprachlichen Flugschriften zur Anschauung gebracht.

Da die Schulgründung in Magdeburg ohne einen Seitenblick auf die allgemeine Entwicklung nicht verstanden werden kann, geht dem eigentlichen Hauptteil der Untersuchung zum besseren Verständnis eine historische Grundlegung voraus. Zunächst erfolgt eine Rekapitulation der Entstehung und Entwicklung des protestantischen Gelehrtenschulwesens. Dabei wird die erste lutherische Schulordnung – Melanchthons *Vnterricht der Visitatoren* – ebenso zu thematisieren sein wie einzelne zentrale Gymnasien, z. B. in Nürnberg oder Straßburg. Um eine Basis für die Betrachtung der Magdeburger Auseinandersetzungen zwischen Rektoren und Predigern zu schaffen, verengt sich anschließend der Fokus auf die konkreten Kontroversen zwischen Philippisten und Gnesiolutheranern, insoweit diese Auswirkungen auf die protestantischen Gymnasien hatten.

Der Hauptteil behandelt in chronologischer Reihenfolge die einzelnen Rektoren. Dabei werden allein die bedeutenderen Rektoren berücksichtigt, von denen eigene Texte für die Zwecke des Gymnasiums überliefert sind. Charakteristisch für den hier verfolgten interdisziplinären Zugriff ist weiterhin, dass der weitere Werdegang von Rektoren wie z. B. Georg Major und Abdias Prätorius beleuchtet wird. Denn diese biographische Erweiterung erlaubt Rückschlüsse auf ihre eigentliche Amtszeit am Magdeburger Gymnasium.

Der zweite Bereich des Hauptteils verfolgt sodann einen anderen methodischen Zugang. Hier ist die Untersuchung nicht auf die Rektoren, Lehrer oder Schüler fokussiert, sondern auf eine einzelne Gattung der gymnasialen Literatur: das Schuldrama. Zum einen deshalb, weil das Schuldrama anderen gattungsmäßigen Gesetzen unterworfen ist, die auch im Einzelnen thematisiert werden, zum anderen weil sich hier eine genuine Entwicklung von der Gründung der Gattung bis zum Dreißigjährigen Krieg nachvollziehen lässt. Darüber hinaus bietet die Gattung Schuldrama die Gelegenheit, eine der zentralen Fragen des Hauptteils erneut zu thematisieren. Anders als Gelegenheitsgedichte oder Schülerreden dienten die Dramen beinahe ausschließlich der Exemplifizierung ethischer Normen. An ihnen lässt sich demnach die moraldidaktische Funktionalität der Schulliteratur auf ideale Weise nachvollziehen.

Abschließend seien noch Hinweise zur Zitierweise der Quellen und Sekundärliteratur angefügt. Lateinische und volkssprachliche Originalzitate erscheinen im Haupttext kursiv, Übersetzungen dagegen recte. In den Fußnoten wird keine Kursivierung verwendet. Bei der Zitation der lateinischen Zitate wird einheitlich die Normalisierung der Buchstaben v und j vorgenommen, Ligaturen und Abbreviaturen werden aufgelöst. Einmalig zitierte oder erwähnte Quellen und Sekundärliteratur erscheinen vollständig, mehrfach verwendete dagegen im Kurztitel, der im Literaturverzeichnis aufgelöst wird.

A Historische Grundlegung: Voraussetzungen der Schulgründung und -entwicklung in Magdeburg

1 Das reformatorische Bildungswesen

1.1 Gefährdung der Bildung durch die Auswirkungen der Reformation

Nach einer langen Zeit der Vorbereitung, in der die alte scholastische Wissenschaft und der Humanismus an den Universitäten koexistiert hatten, schien sich das Studium der antiken Klassiker nach der Wende zum 16. Jahrhundert endgültig durchzusetzen. Der Wandel fand seinen Niederschlag in den Statuten der Universitäten: Aristoteles, nach wie vor die Basis des universitären Unterrichts, wurde nicht mehr nach den im Mittelalter verwendeten, fehlerhaften, sondern nach neueren Übersetzungen oder nach dem griechischen Originaltext gelehrt; ältere kanonische Texte, die „Kommentare und Quästionen", wurden aus dem Unterricht verbannt; auch die Vorlesungen über die antiken Autoren galten nun als obligatorisch; für das Fach Griechisch wurden an den meisten Universitäten Lekturen eingerichtet.[1] Doch der Triumph des Humanismus blieb aus.

Die seit 1517 anrollende Reformation gewann in den frühen zwanziger Jahren an Boden und riss die aufkeimenden Errungenschaften der Humanisten mit sich. „Die Studien lieben die Stille und den Frieden; die leidenschaftliche Erregung, welche Luthers Schriften ins Volk warfen, entzog der Poesie und den schönen Wissenschaften rasch die Teilnahme; die bald folgenden furchtbaren Erschütterungen des sozialen Kriegs brachten die Universitäten und Schulen auch äußerlich zu einem beinahe vollständigen Stillstand."[2]

Zwei Folgen der Reformation übten besonders verheerende Wirkung aus: Zum einen wurde das universitäre Studium mit dem Wegfall der kirchlichen Pfründe unattraktiv, zum anderen verkündigten radikale evangelische Prädikanten im Fahrwasser Luthers von den Kanzeln, „daß Vernunft und Bildung vom Teufel sei".[3] Die „Stürme der Reformation" lösten einen dramatischen Rückgang der Immatrikulationen aus. Lag der Wert 1520 noch bei 3000 Immatrikulationen

---

1 Paulsen: Geschichte des gelehrten Unterrichts, S. 173; Matthias Asche: Frequenzeinbrüche und Reformen. Die deutschen Universitäten in den 1520er bis 1560er Jahren zwischen Reformation und humanistischem Neuanfang. In: Walther Ludwig (Hg.): Die Musen im Reformationszeitalter. Leipzig 2001, S. 53–96, hier S. 64–66.
2 Paulsen: Geschichte des gelehrten Unterrichts, S. 190.
3 Ebd., S. 186.

an den deutschen Universitäten, so sank er innerhalb weniger Jahre auf den weder vorher noch nachher erreichten Tiefpunkt von knapp über 500.[4]

Eng verbunden mit der Krise der Universitäten ist das von Jürgen Leonhardt untersuchte Problem des Rückgangs der Drucke antiker Autoren.[5] Vor 1520 wurde in Deutschland eine überraschend große Anzahl von Einzelausgaben antiker Texte gedruckt, die mit ihrem breiten Rand und den großen Zeilenabständen den Studenten ermöglichten, während der universitären Vorlesungen die Kommentare ihrer Lektoren mitzuschreiben. Von Autoren wie Horaz, Plautus und Cicero wurden ganze „Klassensätze"[6] dieser Kollegheftdrucke hergestellt. Nach einem Höhepunkt um 1515 fällt die von Leonhardt statistisch ermittelte Anzahl antiker Drucke abrupt ab und erreicht ihren Tiefpunkt ungefähr zur Zeit des Bauernkrieges.

Der Abfall der Druckzahlen ist Indikator eines Wandels der Einstellung gegenüber der antiken Literatur: Die „von gläubiger Antikenverehrung getragene Begeisterung der deutschen Frühhumanisten" machte einer reservierteren Haltung Platz. „An erster Stelle steht im 16. Jahrhundert doch der christliche Glaube, dem sich die humanistischen Wissenschaften unterordnen. Das Wissen der Antike, die durch die alten Sprachen vermittelte geistige Vervollkommnung waren gewiß wichtig, aber sie waren vermutlich eher stärker instrumentalisiert und auf ihren unmittelbaren Nutzen für den Christenmenschen hin befragt als in der Zeit vor 1520."[7]

Nicht übersehen werden darf bei der Erklärung des Rückgangs der Rezeption antiker Texte der massive Ausstoß reformatorischer Flugschriften, die ab etwa 1520 in ganz Deutschland vertrieben wurden.[8] Die volkssprachliche Flugschrift avancierte zum bevorzugten Medium der Orientierung, denn in der „reformatorischen Öffentlichkeit"[9] dominierten kontroverstheologische Inhalte. Dagegen verloren die sprachlich und inhaltlich komplexeren Texte „heidnischer" Autoren rapide an Zuspruch.

Zu den Orten, die vom Niedergang des Bildungswesens besonders betroffen waren, gehörte Erfurt mit seiner Universität, die seit ihrer 1392 erfolgten Gründung

---

4 Vgl. das Diagramm bei Asche: Frequenzeinbrüche und Reformen, S. 96.
5 Jürgen Leonhardt: Drucke antiker Texte in Deutschland vor der Reformation und Luthers frühe Vorlesungen. In: Walther Ludwig (Hg.): Die Musen im Reformationszeitalter. Leipzig 2001, S. 97–129.
6 Leonhardt: Drucke antiker Texte in Deutschland, S. 120.
7 Ebd., S. 123.
8 Kaufmann: Geschichte der Reformation, S. 303–310; Beutel (Hg.): Luther-Handbuch, S. 185–188.
9 Kaufmann: Geschichte der Reformation, S. 304.

zu den am stärksten frequentierten Deutschlands zählte. Der universitäre Betrieb kam hier in der Folge der 1521 einsetzenden Ausschreitungen gegen Kleriker, der sogenannten „Pfaffenstürme", fast ganz zum Erliegen. Die Humanisten beklagten sich über „die Wildheit der Erfurter Studenten, die Verwahrlosung der Gelehrsamkeit und die drohende Gefahr des Untergangs der Universität."[10]

Der gefeierte *rex poetarum* Eobanus Hessus[11] hatte seine dichterische Karriere an der Universität Erfurt begonnen und erhielt dort 1517 die Professur für Rhetorik, Poesie und Historiographie.[12] Nach anfänglicher Begeisterung für die Reformation Luthers entwickelte sich Eoban – ähnlich wie die meisten anderen einflussreichen Humanisten – immer mehr zum Skeptiker. Die evangelischen Prediger würden wachsenden Einfluss auf „die Menge des Volkes" gewinnen und es „in seiner natürlichen Abneigung gegen die Wissenschaften" bestätigen.[13] Die einzige Abhilfe erblickte er in der gewaltsamen Unterdrückung dieser evangelischen Prädikanten. Wiederholt richtete sich Eoban brieflich an die Wittenberger und warnte: „eine Barbarei werde durch die neue Theologie über Deutschland kommen, ärger als die frühere".[14] Die missliche wirtschaftliche Lage Eobans wurde erst 1526 durch seine Berufung an die neugegründete Gelehrtenschule in Nürnberg gebessert. Ihm wurde später als Verdienst angerechnet, mit seinen Erfurter Diagnosen des darniederliegenden Bildungswesens die Gegenreaktion Luthers ausgelöst zu haben,[15] doch die „Verachtung der Studien" beschränkte sich keineswegs allein auf Erfurt, sondern war allgemeiner Natur.

1.2 Die Reaktion der Reformatoren

Luther nahm 1524 mit seiner Programmschrift *An die Ratherren aller Städte deutschen Lands, dass sie christliche Schulen aufrichten und halten sollen*[16] die städtischen Magistrate „in die Pflicht, ein gegliedertes Schulwesen unter Ein-

---

10 Bob Scribner: Die Eigentümlichkeit der Erfurter Reformation. In: Ulman Weiß (Hg.): Erfurt 742–1992. Stadtgeschichte. Univeritätsgeschichte. Weimar 1992, S. 241–254, hier S. 244; vgl. auch Erich Kleineidam: Universitas Studii Erfordensis. Überblick über die Geschichte der Universität Erfurt. Teil III: Die Zeit der Reformation und Gegenreformation 1521–1632. Erfurt 1997 (ND), S. 30–33.
11 Vgl. Harry Vredeveld: Art. Eobanus Hessus. In: Killy/Kühlmann 5 (2009), S. 374–379.
12 Walther Ludwig: Eobanus Hessus in Erfurt. Ein Beitrag zum Verhältnis von Humanismus und Protestantismus. In: Walther Ludwig: Miscella Neolatina. Ausgewählte Aufsätze 1989–2003. Hildesheim 2004, Bd. 1, S. 231–248, hier S. 239.
13 Ludwig: Eobanus Hessus in Erfurt, S. 246.
14 Paulsen: Geschichte des gelehrten Unterrichts, S. 197.
15 Kleineidam: Universitas Studii Erfordensis, S. 32.
16 WA 15; 9–53.

schluss von Mädchenschulen aufzubauen".[17] Das Erziehungswesen, über Jahrhunderte im Einflussbereich der Kirche, wurde in den protestantischen Territorien „Aufgabe der weltlichen Obrigkeit". Luther hatte erkannt, dass der Protestantismus ohne ein funktionierendes Schulwesen keinen Bestand haben konnte. Ohne die Absicherung der Lehrmeinung, ohne eine „philologisch-akademische Ausbildung der Prediger"[18] drohte das fragile Gebilde des Protestantismus an einer doppelten Front, zwischen alter Kirche und den revolutionären Strömungen im eigenen Lager, zerrieben zu werden. Die Emphase liegt in der „Ratsherrenschrift" demnach auch auf der Garantie der reinen Lehre: Jegliche Wissenschaft dient nicht dem Selbstzweck der Erkenntnis oder, wie bei den Humanisten, der Veredlung der Sitten, sondern der richtigen, das heißt: der lutherischen Auslegung des Evangeliums. Damit waren gewisse Muster für das protestantische Schulwesen vorgeprägt. Der Gegenwehr Philipp Melanchthons, der durch seine Schriften und sein Wirken als Theologe des Ausgleichs[19] beharrlich am irenisch-humanistischen Ideal festzuhalten suchte, ist es zu verdanken, dass sich das humanistische Erbe im Luthertum nicht gänzlich auf die philologische Methode reduzierte.[20]

Diese Intention, den Humanismus auf seine Funktion als philologisches Instrument zu reduzieren, war dem Protestantismus von Beginn an eingeschrieben. Bereits die Ratsherrenschrift Luthers macht dies deutlich. Eine explizite Anweisung, wie das Studium der antiken Autoren in den Unterricht zu integrieren sei, sucht man hier vergebens. Doch immerhin werden die Autoren in einer Passage erwähnt, in der Luther die Einrichtung von *Librareien und Bücherhäusern* empfiehlt. An erster Stelle der Bücher, die in diesen Bibliotheken verfügbar sein sollen, steht bei Luther selbstverständlich die Heilige Schrift, und zwar auf *Lateinisch, Griechisch, Hebräisch und Deutsch*. Danach folgen *solche Bücher, die zu den Sprachen zu lernen dienen, als die Poeten und Oratoren, nicht anzusehen, ob sie Heiden oder Christen wären, Griechisch oder Lateinisch, denn aus solchen muß man die grammatica lernen.*[21]

---

17 Kaufmann: Geschichte der Reformation, S. 427.
18 Kühlmann: Pädagogische Konzeptionen, S. 165.
19 Vgl. Günter Frank, Stephan Meier-Oeser (Hgg.): Konfrontation und Dialog. Philipp Melanchthons Beitrag zu einer ökumenischen Hermeneutik. Leipzig 2006.
20 Überblick über die Biographie: Heinz Scheible: Art. Melanchthon, Philipp. In: TRE 22, S. 371–410; Heinz Scheible: Melanchthon. Eine Biographie. München 1997; Barbara Bauer: Philipp Melanchthon. In: Stephan Füssel (Hg.): Deutsche Dichter der frühen Neuzeit (1450–1600). Ihr Leben und Werk. Berlin 1993, S. 428–463; zuletzt: Nicole Kuropka: Melanchthon (UTB-Profile), Tübingen 2010. Vgl. auch die materialreiche und nicht veraltete Darstellung von Hartfelder: Praeceptor Germaniae.
21 WA 15; 52, 4–7; Zitat nach Paulsen: Geschichte des gelehrten Unterrichts, S. 208.

Die *Studia humanitatis* dienen hier in erster Linie dem Spracherwerb, der für eine korrekte Auslegung der Bibel unentbehrlich ist. Das eigentliche Proprium des humanistischen Unterrichts, die Schulung der Sitten durch exemplarisches Lernen, wird von Luther zwar ebenfalls erwähnt,[22] nimmt gegenüber der Propädeutik für die Theologie jedoch eher den Rang eines Nebenargumentes ein. Bei Luther, der über die Theologie zu den Sprachen kam und demzufolge dem „Enthusiasmus der Humanisten [...] immer fern geblieben"[23] ist, liegt der Schwerpunkt deutlich auf der Theologie. Dass die Dinge bei Melanchthon anders lagen, zeigt u. a. seine *Oratio in laudem novae scholae*, die er 1526 zur Eröffnung der Nürnberger Gelehrtenschule hielt.[24]

Menschliche Gemeinschaft, so Melanchthon, sei „ohne Gesetz, Gericht und Gottesfurcht" undenkbar. Gewonnen werden müssten diese jedoch aus den antiken Autoren, deren Studium er mit deutlicher Emphase fordert. Sie seien die Quelle für Sittlichkeit, Menschlichkeit und Religion; ohne sie drohe die zivilisierte Welt unterzugehen.[25] Man gewinnt den Eindruck, dass in dieser Konzeption der Religion eine zentrale Rolle zukommt, dem humanistischen Streben nach „Sittlichkeit und Menschlichkeit" jedoch nachgeordnet ist. „Der eigentliche Begründer des protestantischen Gelehrtenschulwesens"[26] ist deshalb auch Melanchthon gewesen.

1.3 Die Gründung des reformatorischen Schulwesens

Luthers Aufruf an die städtischen Obrigkeiten zeigte Wirkung: Ab 1524 setzte eine Welle von Schulgründungen ein, an deren Anfang die Gymnasien in Magdeburg und Eisleben standen.[27] Während die Schulordnung für die Magdeburger Stadtschule nicht überliefert ist, hat sie sich im Falle Eislebens erhalten; sie gilt als „die älteste gedruckte Schulordnung des neuen Kirchenwesens".[28] Die Bestimmungen für Eisleben fanden Eingang in die kursächsische Schulordnung von 1528, die als letztes Kapitel dem *Vnterricht der Visitatoren* angehängt ist.[29] Der *Vnterricht* wurde

---

22 WA 15; 45, 12–22.
23 Paulsen: Geschichte des gelehrten Unterrichts, S. 211.
24 Garin: Geschichte und Dokumente der abendländischen Pädagogik III, S. 129–138.
25 Ebd. S. 131.
26 Paulsen: Geschichte des gelehrten Unterrichts, S. 210.
27 Ebd., S. 276–278; Hartfelder: Praeceptor Germaniae, S. 491 f.
28 Paulsen: Geschichte des gelehrten Unterrichts, S. 277.
29 Philipp Melanchthon: Vnterricht der Visitatorn an die Pfarhern ym Kurfurstenthum zu Sachssen. Wittenberg 1528. Abgedruckt in Vormbaum: Evangelische Schulordnungen Bd. I, S. 1–8.

häufig nachgedruckt. Melanchthons Festlegungen für das Curriculum der Schulen Kursachsens bildeten die Grundlage für viele folgende Schulordnungen.[30] Trotz der grundsätzlichen Übereinstimmung der Eislebener mit der kursächsischen Schulordnung finden sich dennoch Modifikationen, die wohl auf Melanchthons Erfahrungen in der Zeit des Bauernkriegs zurückzuführen sind. So verzichtet der Gräzist und emphatische Verteidiger des Nutzens der griechischen Sprache für die Wissenschaften 1528 auf den griechischen und hebräischen Unterricht.

Ähnlich wie in der mittelalterlichen Schule werden die Schüler in drei Abteilungen eingeteilt, die auch von Melanchthon *Haufen* genannt werden. Die Verteilung der Unterrichtsinhalte auf die einzelnen Abteilungen gleicht ebenfalls der des Mittelalters: Während im ersten Haufen die Fähigkeit des Lesens und Schreibens erlernt wird, ist die Grammatik Gegenstand der mittleren Abteilung. Der dritte Haufen wird in die Rhetorik, Dialektik sowie in die Metrik eingeführt. Mit dem aufsteigenden Schwierigkeitsgrad der Unterrichtsinhalte korreliert der der gelesenen Autoren. So wird beim Erlernen der Buchstaben eine lateinische Fibel Melanchthons mit dem Titel *Enchiridion elementorum puerilium*[31] verwendet. Sie enthält das „Pater noster, Ave Maria, Symbolum Apostolicum, Psalm 66, die zehn Gebote, die Bergpredigt, ferner einige Distichen, Sprüche der Weisen etc."[32] Nach dieser Vorbereitung schreiten die Kinder fort zur Lektüre der *Disticha Catonis* und der Elementargrammatik des Donat. Die *Disticha Catonis* werden vom Lehrer exponiert, „das heißt Wort für Wort erklärt".[33] Auf diese Weise lernen die Kinder *einen hauffen lateinischer Wort,*[34] sie vergrößern ihren Wortschatz.

Der zweite Haufen widmet sich zunächst der Lektüre der Fabeln des Aesop, die als „Hilfsbuch für die Grammatik" fungieren; anhand des Textes wird das Deklinieren, Konjugieren und Konstruieren geübt. Überhaupt misst Melanchthon dem Lernen der Grammatik eine große Bedeutung zu: *Denn kein grösser schade allen künsten mag zugefüget werden, denn wo die iugent nicht wol geübet wird ynn der Grammatica.*[35]

Den nächsten Schritt auf dem Weg zur Lektüre der antiken Klassiker stellt die *Paedologia* des Leipziger Gräzisten Petrus Mosellanus dar.[36] „Es ist dies eine Sammlung von Dialogen, meistens zwischen Studenten und Schülern, die sich über Unterrichtsgegenstände, über den Studienplan, über die Benutzung der

---

30 Paulsen: Geschichte des gelehrten Unterrichts, S. 279, Fn. 1.
31 Philipp Melanchthon: Enchiridion elementorum puerilium. Wittenberg 1523, 1525, 1527.
32 Paulsen: Geschichte des gelehrten Unterrichts, S. 279.
33 Hartfelder: Praeceptor Germaniae, S. 420.
34 Vormbaum: Evangelische Schulordnungen Bd. I, S. 5.
35 Ebd., S. 7.
36 Petrus Mosellanus: Paedologia. Leipzig 1517.

Ferien und sonstige Dinge unterhalten."[37] Ebenfalls der Gattung Dialog gehören die *Colloquia familiaria* des Erasmus an, die die Schüler als nächstes lesen.[38] In einem fortgeschrittenen Alter, wenn sie *mehr erbeit zu tragen vermügen*,[39] lernen sie den Terenz auswendig. Wenn dieser absolviert ist, folgen die Komödien des Plautus nach, jedoch nur solche, *die rein sind*,[40] also moralisch unanstößigen Inhalts, zu denen Melanchthon die *Aulularia*, den *Trinummus* und den *Pseudolus* zählt. Dabei betont Melanchthon jedoch stets, dass die Kinder nicht mit zu *schweren vnd hohen büchern* und mit einer zu großen Masse an vermitteltem Lernstoff überladen werden dürfen.

An einem Tag in der Woche findet der Religionsunterricht statt, hier lernen die Schüler jene Inhalte, *die not sind, recht zu leben, als Gottes forcht, glauben, gute werck*. Von besonderer Bedeutung ist für Melanchthon der Psalter. Er nennt mehrere *leichte vnd klare Psalmen*, die sich durch ihre besondere Eignung für den Unterricht auszeichnen. Es entspricht der irenisch-humanistischen Grundhaltung Melanchthons, wenn er die Lehrer dazu ermahnt, sie dürften *nicht von hadersachen sagen*. Ebenso sollen sie die Kinder *nicht gewenen, münche odder andere zu schmehen, wie viel vngeschickter schulmeister pflegen*.[41] Dass gerade dieser Grundsatz im späteren 16. und 17. Jahrhunderts nicht befolgt wurde, lässt sich an der besonders häufig in Schuldramen auftretenden konfessionellen Polemik gegen Mönchswesen und Papsttum ablesen; ein Beispiel hierfür ist die *Eusebia Magdeburgensis* des Johannes Blocius.[42]

Die *geschicktisten* Schüler werden für den dritten Haufen ausgewählt. Lesestoff sind hier Vergil, die Metamorphosen des Ovid, *De officiis* von Cicero sowie dessen Briefe. Die Methode gleicht der der vorangegangenen Stufen: Die Schüler üben sich am Beispiel der Texte in der Bestimmung der Deklinationen, Konstruktionen und *figurae sermonis*. Wenn die Grammatik beherrscht wird, tritt der Unterricht in Rhetorik und Dialektik hinzu. Darüber hinaus wird ihnen die Metrik nähergebracht, damit sie selbst in die Lage versetzt werden, Verse herzustellen. Damit sie auf dem Weg zur Erlangung der perfekten Eloquenz voranschreiten, wird von den Schülern in regelmäßigen Abständen die Abgabe einer schriftlichen Übung, *als Epistel odder Vers*,[43] gefordert.

---

37 Hartfelder: Praeceptor Germaniae, S. 421.
38 Vgl. Kap. B. 1.5. Majors Ausgabe der Colloquia des Erasmus.
39 Vormbaum: Evangelische Schulordnungen Bd. I, S. 6.
40 Ebd., S. 6.
41 Vormbaum: Evangelische Schulordnungen Bd. I, S. 7.
42 Vgl. Kap. C. 4. Blocius' Eusebia Magdeburgensis: Schultheater im Zeichen des Dreißigjährigen Krieges.
43 Vormbaum: Evangelische Schulordnungen Bd. I, S. 8.

Die variantenreich wiederholte Bestimmung Melanchthons, der Lehrer solle in allen Fragen des Unterrichts *manchfeltickeit [Mannigfaltigkeit, zu große Vielfalt] fliehen*,[44] ist Zeichen seiner Befähigung, auf die Bedürfnisse der Schüler einzugehen. Dennoch schätzt Hartfelder als verfehlt ein, den *Vnterricht* als den „Stiftungsbrief des deutschen Gymnasiums"[45] zu bezeichnen. Denn der *Vnterricht* bedeutete in vielen Fragen keine Neuerung, sondern ein Festhalten an Bewährtem. Folgende Elemente der kursächsischen Schulordnung existierten bereits im Schulwesen des Spätmittelalters: die Einteilung der Schüler in drei Klassen, die Verteilung des Lehrstoffes auf die drei Haufen, „ja selbst die Lehrbücher, *Catonis disticha* und Donat, waren seit langer Zeit die üblichen". Melanchthon vertraute auf in der Praxis erprobte Festlegungen.[46]

Bei aller Ähnlichkeit der vor- und nachreformatorischen Lateinschulen dürfen die wesentlichen Unterschiede jedoch nicht übersehen werden. Der zentrale Inhalt der oberen Stufe der mittelalterlichen Schulen, das *Doctrinale* des Alexander de Villa Dei,[47] fehlt bei Melanchthon. Es wird ersetzt durch „zwei typische Lehrbücher des deutschen Humanismus", die *Paedologia* des Mosellanus und Erasmus' *Colloquia*. Melanchthons wegweisender Plan für die Lateinschulen Kursachsens stellt sich so dar als „ein Kompromiss zwischen alter und neuer Methode".[48] Der Erfolg des von ihm inaugurierten Modells, das für sämtliche protestantische Territorien maßgeblich war und darüber hinaus Einfluss auf das Schulwesen der Jesuiten ausübte, wird zu einem nicht geringen Anteil seiner Fähigkeit zuzuschreiben sein, Kompromisse zu schließen und die hehren Ideale der Gelehrsamkeit auf die Anforderungen einer mittelgroßen kursächsischen Stadt herunterzubrechen. Ein Beweis hierfür ist – gleichsam ex negativo – das Scheitern seines ehrgeizigsten Projektes, der „oberen Schule" zu St. Aegidien in Nürnberg.

1.4 Das Nürnberger Gymnasium

In Nürnberg, „damals der ersten Stadt des Reiches",[49] gab es seit 1496 Versuche der Einrichtung einer Poetenschule. Vergeblich hatte man versucht, Konrad Celtis

---

44 Ebd., S. 5.
45 Hartfelder: Praeceptor Germaniae, S. 427.
46 Ebd., S. 428.
47 Vgl. Reinhold F. Glei: Alexander de Villa Dei (ca. 1170–1250). Doctrinale. In: Wolfram Ax: Lateinische Lehrer Europas. Fünfzehn Portraits von Varro bis Erasmus von Rotterdam. Köln 2005, S. 291–312; Lexikon des Mittelalters, Bd. 1: Alexander de Villa Dei, Sp. 381.
48 Hartfelder: Praeceptor Germaniae, S. 429.
49 Ebd., S. 433.

als Lehrer zu gewinnen. Konkrete Fortschritte machten diese Pläne erst ab 1524. Die reichen Nürnberger Patrizier stellten hohe Summen für die Schule zur Verfügung und kontaktierten Melanchthon, der persönlich die Leitung übernehmen sollte, jedoch aus Loyalität zu seinem Landesherrn, dem Kurfürsten von Sachsen, ablehnte. Mit welchem Eifer sich Melanchthon dennoch dieser Sache widmete, lässt sich der oben bereits erwähnten Rede zur Eröffnung der Schule entnehmen. In ihr zeichnet der Redner Nürnberg als Bollwerk der von den Königen, Fürsten, Bischöfen und der Masse des Volkes vernachlässigten Wissenschaften. Er vergleicht die Stadt mit dem Florenz der Medici, wo die griechischen Gelehrten bereitwillige Aufnahme gefunden hätten.[50]

Die „obere Schule" war geplant als das Haupt der vier bereits existierenden Lateinschulen in Nürnberg. Nur solche Schüler sollten aufgenommen werden, die in diesen Schulen bereits die „sichere Kenntnis der lateinischen Grammatik"[51] erworben hatten. Die Fachgebiete ähnelten denen einer „humanistisch reformierten Artistenfakultät";[52] sie wurden auf vier Lehrer, die den Titel „Professor" führten, aufgeteilt. Gegenstand der ersten Professur waren Dialektik und Rhetorik, auf dem Lektionsplan standen Erasmus' *De duplici Copia verborum et rerum*,[53] die Reden und Offizien Ciceros, die *Institutio oratoria* Quintilians sowie Historiker wie z. B. Livius. „Damit die Knaben einige Übung in der Dialektik haben, Argumente sammeln und deren Fehlerhaftigkeit erkennen lernen",[54] wurden Disputationsübungen abgehalten. Der „beständigen Übung des Stils" diente eine allwöchentlich den Schülern abverlangte schriftliche Übung, abwechselnd in Prosa und in Versen.

Die zweite Professur, für die der oben erwähnte Eobanus Hessus gewonnen wurde, umfasste die Interpretation der Dichter, die dritte die Mathematik und eine vierte das Griechische, mit dem der namhafte Gräzist und enge Freund Melanchthons, Joachim Camerarius d. Ä., betraut wurde.[55] Eoban und Camerarius erhielten – ihrer herausgehobenen Position in der Gelehrtenrepublik ent-

---

50 Die Rede ist zweisprachig abgedruckt in Garin: Geschichte und Dokumente der abendländischen Pädagogik III, S. 129–138. Inhaltsangabe nach Hartfelder: Praeceptor Germaniae, S. 503–505.
51 Hartfelder: Praeceptor Germaniae, S. 432.
52 Scheible: Melanchthon. Eine Biographie, S. 47.
53 Erasmus von Rotterdam: De duplici copia rerum ac verborum commentarii duo. Straßburg 1513.
54 Hartfelder: Praeceptor Germaniae, S. 432.
55 Vgl. Joachim Hamm: Art. Joachim Camerarius d. Ä. In: Wilhelm Kühlmann u. a. (Hgg.): Frühe Neuzeit in Deutschland 1520–1620. Literaturwissenschaftliches Verfasserlexikon, Bd. 1, Sp. 425–438.

sprechend – die für schulische Bereiche astronomische Summe von je 150 Gulden als Gehalt.[56]

Die „obere Schule" war in einem Bereich zwischen Universität und normaler Lateinschule angesiedelt. Ihr Curriculum entsprach vollkommen dem humanistischen Ideal und hatte in etwa die Funktion des heutigen Studium generale: einer nicht fachspezifisch auf das spätere Leben vorbereitenden Schulung. Hierin ist auch der Grund für ihr Scheitern zu suchen, denn „zu allen Zeiten waren die Eltern, welche ihren Kindern eine echt wissenschaftliche Ausbildung ohne jeden praktischen Nebenzweck geben wollten, sehr wenig zahlreich."[57]

Das gravierendste Manko des Nürnberger Gymnasiums war die fehlende Berechtigung, akademische Grade zu erteilen. Während noch die „bescheidenste Artisten-Fakultät" Deutschlands das Recht hatte, „Baccalaurei und Magistri der freien Künste zu creieren", musste sich demgegenüber auch der „tüchtigste Schüler der Nürnberger Schule" noch in einer Universität immatrikulieren, um einen akademischen Titel zu erwerben. Da der Lehrstoff in Nürnberg exakt dem einer Artistenfakultät entsprach, zogen es die Nürnberger Patrizier vor, ihre Söhne gleich die Universität beziehen zu lassen. Denn nicht die Veredlung der Persönlichkeit galt und gilt noch heute der Mehrheit als das Ziel wissenschaftlicher Bildung, sondern die Möglichkeit, auf kürzestem „Wege in den Hafen eines nährenden Amtes" einlaufen zu können.[58]

Melanchthon und seinen Freunden war das Gymnasium in Nürnberg zugleich Prestigeobjekt und Zeichen der Leistungsfähigkeit des im Entstehen begriffenen protestantischen Bildungswesens. Dementsprechend hart traf sie der Misserfolg der „oberen Schule". Sie ging nach „einem knappen Jahrzehnt, in dem sie kläglich ihre Existenz gefristet hatte",[59] wieder ein. Der Unterricht war von Anfang an gebührenfrei gewesen, doch die Schülerzahl blieb so gering, dass Camerarius 1529 sogar empfahl, den Schülern ein Stipendium zu gewähren.

Dieser Rückschlag passte zu dem negativen Urteil, das sich Erasmus über die Bildungsbemühungen der Protestanten gebildet hatte. Er spottete, dass man in Nürnberg „für die Schüler nicht weniger als für die Lehrer Gehälter brauche".[60] Der Verfall war so eklatant, dass Eobanus und Camerarius in den dreißiger Jahren Nürnberg verließen. Ein reichsweites Echo begleitete das Scheitern: „Die Freunde der evangelischen Sache trauerten, die Feinde frohlockten und höhnten."[61] Nega-

---

56 Paulsen: Geschichte des gelehrten Unterrichts, S. 278.
57 Hartfelder: Praeceptor Germaniae, S. 435.
58 Ebd., S. 436.
59 Seifert: Das höhere Schulwesen, S. 296.
60 Zitat nach Seifert: Das höhere Schulwesen, S. 297.
61 Hartfelder: Praeceptor Germaniae, S. 505.

tiver Begleiteffekt dieser Entwicklung war ein gewisse Zurückhaltung aufseiten der Fürsten und Magistrate bei der Errichtung weiterer Gymnasien und Universitäten. In Nürnberg selbst sollte es Jahrzehnte dauern, bis die Obrigkeit wieder den Versuch unternahm, eine höhere Schule zu gründen, diesmal in Altdorf, einem Nebenort Nürnbergs. Das Beispiel Nürnberg zeigt die Grenzen auf, mit denen sich die Erben der humanistischen Gelehrsamkeit im Deutschland des 16. Jahrhunderts konfrontiert sahen: „Die Schule war einem allzu idealistischen Streben entsprungen."[62]

1.5 Das Straßburger Gymnasium

Vom Beispiel Nürnberg unterscheidet sich Straßburg vor allem deswegen, weil hier nicht allein die Gründung, sondern auch eine über lange Jahrzehnte stabile Aufrechterhaltung eines *Gymnasium illustre*, einer höheren Humanistenschule, gelang.[63] Unter dem mehr als vierzig Jahre währenden Rektorat Johannes Sturms[64] erfuhr hier die gymnasiale Bildung ihre im deutschen Raum am höchsten entwickelte Ausprägung. Insbesondere Heinrich Veil, im 19. Jahrhundert Konrektor des Straßburger Gymnasiums, hat in einem Beitrag zur Festschrift seines 350jährigen Bestehens die Qualität der propädeutischen Bildung unter Johannes Sturm hervorgehoben.[65] Der Erfolg lässt sich durch das Zusammentreffen mehrerer Faktoren erklären: Zum einen der sorgfältigen Vorbildung Sturms in der Gelehrtenschule der Brüder vom gemeinsamen Leben in Lüttich, auf dem *Collegium trilingue* in Löwen sowie am Pariser *Collège Royal*. Darüber hinaus tat er sich bereits früh durch rege Editionstätigkeit einer großen Bandbreite von Autoren für Schul- und Universitätszwecke hervor.[66]

Ein anderer Faktor war das einer höheren Bildung empfängliche Umfeld in Straßburg, der Freien Reichstadt, die – ebenso wie Magdeburg – früh der Reformation gewonnen wurde, jedoch im Gegensatz zur Elbmetropole einer konfessionell offeneren Ausformung des Protestantismus zuneigte, was die Berufung französischer und italienischer reformierter Gelehrter wie z. B. François Baudouin oder Peter Martyr Vermigli ermöglichte, die das irenisch-humanistische Erbe in

---

62 Ebd., S. 435.
63 Vgl. zur Straßburger Akademie jetzt Hanstein: Caspar Brülow (1585–1627) und das Straßburger Akademietheater; sowie Schindling: Humanistische Hochschule und Freie Reichsstadt.
64 Vgl. Heinz Holeczek: Art. Johannes Sturm. In: Killy/Kühlmann 11 (2011), S. 375–377.
65 Veil: Zum Gedächtnis Johannes Sturms, S. 130.
66 Bernd Schröder (Hg.): Johannes Sturm (1507–1589) – Pädagoge der Reformation. Zwei seiner Schulschriften aus Anlass seines 500. Geburtstages. Jena 2009, S. 11 f.

Straßburg am Leben erhielten. Nicht zuletzt waren es die finanziellen Mittel, die die Patrizier Straßburgs nicht zögerten bereitzustellen und mit deren Hilfe der systematische Aufbau eines feingliedrigen Klassensystems samt der zugehörigen Klassenpräzeptoren gelang.

Der Zeitpunkt der Gründung des Gymnasiums fiel in das Jahr 1538, in dem auch das von Sturm für die Straßburger Scholarchen erstellte Gutachten „Über die fachgerechte Einrichtung eines höheren Gymnasiums"[67] gedruckt wurde. Hierbei handelt es sich um die rhetorisch avancierte und überaus einflussreiche „Inaugurationsschrift der neuen Studienanstalt",[68] deren Grundsätze dem Gymnasium bis zur Erhebung zur Universität im Jahr 1621 maßgeblich waren. Sturm formulierte hier erstmalig die vielzitierte Formel der *sapiens atque eloquens pietas*, einer „gebildeten und redegewandten Frömmigkeit", mit der er seine Prinzipien des auf Cicero basierenden Rhetorikunterrichts in einem von der Theologie dominierten Zeitalter „hoffähig" zu machen suchte.[69]

Gleichwohl schränkte Sturm die Rolle der *pietas* im Unterricht ein. Während der Religionsunterricht lediglich am Sonntag stattfand, war das eigentliche Zentrum des gesamten Unterrichtssystems die Lektüre und Imitation der Schriften Ciceros.[70] Von der Grammatik bis zu den Gesetzen der Rhetorik diente jegliche Wissensvermittlung am Straßburger Gymnasium der Befähigung zur analytischen Zerlegung der Reden Ciceros in ihre einzelnen Bestandteile. Das rhetorische Handwerk wurde am Beispiel Ciceros gelernt, um später im Allgemeinen der Erschließung komplexer Texte zu dienen. Einmal in die Lage versetzt, die Reden Ciceros analysieren zu können, lag dem Schüler nicht mehr fern, mit der eigenen Textproduktion zu beginnen.

Sturms Programmschrift *De ludis literarum recte aperiendis* sah die Zusammenlegung aller Stadtschulen Straßburgs zu einem Gymnasium vor. Auf diese Weise wurden sämtliche Stufen von der Elementar- bis zur akademischen Bildung in ein Modell integriert. In einem ersten Abschnitt, den *classes*, erfolgte in einem neun-, später zehnjährigen Kursus der „streng schulmässige, auf die sittlich-religiöse, insbesondere aber auf die sprachliche Bildung hinzielende Unterricht". Nach Absolvierung dieses Kursus gelangten die Schüler in „die obere Abteilung

---

67 Johannes Sturm: De Literarum Ludis Recte Aperiendis, Liber. Straßburg 1538. Wiederabgedruckt und übersetzt in: Schröder (Hg.): Johannes Sturm (1507–1589) – Pädagoge der Reformation.
68 Paulsen: Geschichte des gelehrten Unterrichts, S. 291.
69 Seifert: Das höhere Schulwesen, S. 294.
70 Schindling: Humanistische Hochschule und Freie Reichsstadt, S. 171 (Zitat Sturm): „Ut perpetua lex est, Deum colere, ita in scholis Cicero sempiternum exemplum esse debet perfectae eloquentiae, quod quamdiu in his ludis manet, minus est extimescenda barbaries."

mit freierer, akademischer Unterrichtsweise in den *Lectiones publicae*, welche zu jener vorwiegend formalen Ausbildung erst die sachlichen oder wissenschaftlichen Kenntnisse hinzufügen sollte."[71] Für dieses Modell wird in der Forschung der Terminus *Gymnasium illustre* verwendet.[72]

Sein ausdifferenziertes Klassenmodell brachte Sturm in Übereinstimmung „mit den Phasen der jugendlichen Entwicklung".[73] Als das Endziel der sprachlich-rhetorischen Unterweisung galt die *oratio perfecta*, das Ideal des die Vollendung sprachlicher und sachlicher Bildung in sich vereinenden Redners. Der Weg zu diesem Ziel nahm seinen Ausgang bei der *oratio pura et dilucida*. Zunächst sollten die Schüler in den ersten Klassen, von der Nona bis zur Tertia, die Fähigkeit erlangen, erste eigene Texte in grammatikalisch korrekter Form zu verfassen, in Latein ebenso wie in Griechisch. Diese Phase war gekennzeichnet durch ein hohes Maß an Lerninhalten und regelmäßigen Kontrollen der Lernfortschritte, so z. B. in Form von Jahresendprüfungen, die die Voraussetzung für die Versetzung in die nächsthöhere Klasse darstellten.

In der Sekunda und Prima dienten sämtliche Elemente des Unterrichts der Erlangung der *oratio ornata*: einer möglichst vollständigen Vermittlung des antiken Systems der Rhetorik und Dialektik, wie es durch die Schriften von Aristoteles, Cicero, Quintilian und Hermogenes überliefert ist. Das eigentliche Fachwissen erlangten die Schüler in Straßburg erst in den *liberae auscultationes*, den Vorlesungen in den Fächern Philosophie, Jurisprudenz, Medizin und Theologie. Sie bildeten die letzte Stufe und sollten dem Schüler die *oratio congruens et apta* ermöglichen.[74]

Die zehn Klassen des Straßburger Systems rückten jeweils zu Paaren zusammen. So wurde in der Decima und Nona der Elementarunterricht vermittelt, in Oktava und Septima die lateinische Formenlehre, in Sexta und Quinta die lateinische Syntax und die griechischen Anfangsgründe, in Quarta und Tertia die Prosodie und Metrik sowie die fortgeschrittene griechische Grammatik, schließlich in Sekunda und Prima die Dialektik und Rhetorik.[75] Mit dieser Aufteilung des Unterrichtsstoffes in fünf Stufen war das Curriculum Straßburgs maßgebend für viele andere Gymnasien des protestantischen Raumes und darüber hinaus für die Unterrichtsweise der Jesuiten.[76] Da man jedoch andernorts zumeist über weniger

---

71 Veil: Zum Gedächtnis Johannes Sturms, S. 93.
72 Seifert: Das höhere Schulwesen, S. 292.
73 Vgl. zum Folgenden Schindling: Humanistische Hochschule und Freie Reichsstadt, S. 172–175.
74 Ebd., S. 174.
75 Veil: Zum Gedächtnis Johannes Sturms, S. 114.
76 Vgl. zur württembergischen Schulordnung von 1559: Vormbaum: Evangelische Schulordnungen Bd. I, S. 61 ff.; zur kursächsischen Schulordnung von 1580: Vormbaum: Evangelische Schul-

finanzielle Mittel verfügte, blieb es häufig bei einem fünfklassigen Curriculum. Auch die bis ins 17. Jahrhundert maßgebliche Magdeburger Schulordnung von Abdias Prätorius aus dem Jahr 1553 weist mit ihrem neunklassigen Modell deutliche Anklänge an das Straßburgs auf.[77]

Aufgrund der rhetorischen Ausrichtung des Straßburger Curriculums stellte die Edition der Briefe und Reden Ciceros einen zentralen Teil der Editionstätigkeit Sturms für Unterrichtszwecke dar. Sturms Edition basierte auf der Gesamtausgabe der Briefe von Paulus Manutius und bot eine an didaktischen Kriterien orientierte Auswahl.[78] Neben den Werken von Johannes Murmellius und Erasmus gehört Sturms Ausgabe der Briefe Ciceros zu den am meisten geschätzten und nachgedruckten Schulbüchern des 16. und 17. Jahrhunderts, allein in Magdeburg erschienen zwischen 1566 und 1585 sechs Ausgaben.[79]

Dass die Poesie in Straßburg, wie in der Forschung behauptet, aufgrund der einseitigen Bevorzugung der Prosa Ciceros lediglich einen Nebenschauplatz der sprachlichen Unterweisung darstellte, scheint der Gebrauch der von Sturm besorgten *Volumina poetica* zu widerlegen.[80] Den Schülern wurde hier in sechs einzeln gedruckten, nach dem Komplexitätsgrad aufsteigenden Bänden eine Auswahl aus der römischen Poesie dargeboten. Die ausgewählten Gedichte waren „teils auszugsweise, teils vollständig" abgedruckt.[81] Mit dieser Chrestomathie eröffnete sich den Schülern beinahe das gesamte Spektrum sowohl der republikanischen, der kaiserzeitlichen als auch der spätantiken Autoren: „Ausonius, Catull, Claudian, Cornelius Gallus, Horaz, Juvenal, Lukan, Lukrez, Manilius, Martial, Ovid, Plautus, Properz, Seneca, Statius, Terenz, Tibull und Vergil sowie altchristliche Hymnen".[82] Sturm lehnte sich hier augenscheinlich an das Vorbild der Auswahlausgabe des Johannes Murmellius an.[83] Bei der Chrestomathie aus römischen oder griechischen Autoren handelt es sich jedenfalls um eine im Schulwesen des 16. Jahrhunderts ubiquitäre Erscheinung. Das Magdeburger Bei-

---

ordnungen Bd. I, S. 230ff. Für den detaillierten Nachweis des Einflusses auf einzelne Schulen vgl. Schröder (Hg.): Johannes Sturm (1507–1589) – Pädagoge der Reformation, S. 51f.
77 Vgl. Kapitel B. 2.1. Die Magdeburger Schulordnung von Prätorius.
78 Schindling: Humanistische Hochschule und Freie Reichsstadt, S. 188.
79 Ebd., S. 176; M.T. Ciceronis Epistolarum Libri tres. A Ioanne Sturmio Puerili Educationi confecti. Magdeburg 1566, 1570, 1575, 1579, 1584, 1585 (Variation des Titels).
80 Johannes Sturm: Poeticum primum, secundum, tertium, quartum, quintum, sextum volumen. Straßburg 1565–.
81 Schindling: Humanistische Hochschule und Freie Reichsstadt, S. 189.
82 Ebd.
83 Johannes Murmellius: Loci communes sententiosorum versuum ex Elegiis Tibulli, Propertii et Ovidii. Magdeburg 1550, 1582, 1586, 1596. Vgl. Wilhelm Kühlmann: Art. Johannes Murmellius. In: Killy/Kühlmann 8 (2010), S. 445–447.

spiel hierfür sind die noch genauer zu betrachtenden *Sententiae veterum poetarum* des Georg Major.[84]

Die *Volumina poetica* gewährten den Straßburger Schülern mit ihren ca. 400 Seiten Umfang einen reichhaltigen Einblick in die Vielfalt antiken Lebens, denn Sturm entnahm ihren Inhalt „der lateinischen Komödie wie dem Epos, der Elegie und der Lyrik wie der Satire und insbesondere auch den Epigrammen Martials".[85] Doch gerade dies machte sie in den Augen des Straßburger Predigers und Gegners der Humanisten am Gymnasium, Johann Marbach, zum Problem.[86] Denn obwohl Sturm, der das „Mißtrauen der Theologen gegenüber einem Gutteil der humanistischen Lektüre" genau kannte, insbesondere erotische Stellen ausgelassen hatte, erhob sich Widerstand. Bei Gelegenheit kritisierte Marbach die Verwendung der *Volumina poetica*, in der Hauptsache zwar deswegen, weil sie den Schülern angeblich zu große Schwierigkeiten bereiten würden, „nebenbei aber auch wegen des heidnischen Inhalts".[87] Doch der Theologe konnte nicht verhindern, dass sich die Chrestomathie Sturms zu einem häufig verwendeten Schulbuch entwickelte, das z. B. auch in der kursächsischen Schulordnung von 1580 für den Unterricht empfohlen wurde.[88]

Wie oben bereits dargelegt, bildeten die Schriften Ciceros das eigentliche Zentrum der Sturmschen Unterrichtskonzeption, was ihm in der Forschung den Vorwurf der Einseitigkeit eingetragen hat. Melanchthon hätte es „als ein universalerer Geist" zu einem „tieferen Verständnis des geistigen Gehaltes der alten Klassiker gebracht".[89] Ähnlich urteilt Schindling: „Bei Johann Sturm war die Rhetorik als formales Wissen einseitig überbewertet zu Lasten der übrigen Wissenschaften."[90] Die Rezeption antiker Autoren am Straßburger Gymnasium beschränkte sich jedoch nicht auf Cicero, wie die Verwendung von Sturms *Volumina poetica* mit ihrer Auswahl aus der lateinischen Dichtung aller Epochen zeigt.

Nicht zuletzt der Erfolg in der Praxis gab dem Wirken des Pädagogen Sturm recht: Über einen langen Zeitraum war das Straßburger Gymnasium neben der Wittenberger Universität die wichtigste protestantische Bildungsstätte, die von

---

84 Vgl. Kap. B. 1.6. Eine Blütenlese antiker Dichtung: Die Sententiae veterum poetarum.
85 Veil: Zum Gedächtnis Johannes Sturms, S. 112.
86 Vgl. zur Kontroverse zwischen Sturm und Marbach Kap. A. 2.3. Die Absetzung des Straßburger Rektors Johannes Sturm.
87 Schindling: Humanistische Hochschule und Freie Reichsstadt, S. 190.
88 Veil: Zum Gedächtnis Johannes Sturms, S. 112; Vormbaum: Evangelische Schulordnungen Bd. I, S. 245.
89 Veil: Zum Gedächtnis Johannes Sturms, S. 127, in Anlehnung an Ernst Laas: Die Pädagogik des Johannes Sturm. Berlin 1872.
90 Schindling: Humanistische Hochschule und Freie Reichsstadt, S. 176.

einer „außerordentlich großen Zahl von Söhnen fürstlicher und adeliger Familien" frequentiert wurde.[91] Aus der Straßburger Schülerschaft gingen renommierte Gelehrte hervor; nicht selten übten diese später selbst ein Lehramt am Gymnasium aus. Die Basis dieses Erfolges war das stete Bemühen, die Inhalte auf eine verständliche und nachvollziehbare Weise zu vermitteln. Sturm stand hier – ähnlich wie Melanchthon – ganz in der Tradition des Humanismus, der als Absetzbewegung von der als zu komplex und gehaltlos geltenden Scholastik begonnen hatte. Sturms Wahlspruch lautete: „Kein Gebiet der Wissenschaften ist selbst für eine nur mittlere Begabung zu kompliziert, wenn eine zuverlässige und konstante Lehrweise zugrunde gelegt und beim Studium Beharrlichkeit angewendet wird."[92]

Die Abkehr von der Ausrichtung auf die Rhetorik als zentralem Unterrichtsinhalt erfolgte in Straßburg erst in der ersten Hälfte des 17. Jahrhunderts. So riet der Geschichtsprofessor Matthias Bernegger 1619 per Gutachten, „die Klassen von zehn auf sechs zu reduzieren, die Rhetorik- und Dialektikhandbücher Sturms einer kürzenden Neubearbeitung zu unterziehen und von der der ersten bis zur letzten Klasse kontinuierlich Mathematikunterricht zu erteilen".[93] Diese Neuorientierung des Curriculums wurde jedoch nicht durch fehlende Effizienz der *methodus Sturmiana* verursacht, sondern durch die gewandelten beruflichen Anforderungen einer neuen Epoche.

1.6 Zur Methodik des Reformationshumanismus

Die historische Betrachtung des melanchthonischen Gymnasialwesens ergänzend wird nachfolgend die Frage erhoben, wie weit der Einfluss des Renaissancehumanismus in den protestantischen Gymnasien konkret reichte. In der Forschung zeichnen sich zwei gegensätzliche Einschätzungen ab. Die eine Fraktion negiert den Fortbestand der humanistischen Erziehung, insoweit sich diese an die gesamte Persönlichkeit richtete und das Ideal einer Befriedung der konfessionellen und politischen Auseinandersetzungen anstrebte. Die ethischen und irenischen Aspekte seien durch die beginnende Konfessionalisierung verdrängt worden. Demnach hätte sich das humanistische Erbe auf eine effiziente Methode zur Ausbildung der lateinischen Eloquenz reduziert, die lediglich den Zwecken der Kontroverstheologie dienen sollte. Andere Stimmen bescheinigen dagegen der humanistischen Tradition gerade im Hinblick auf die ethischen Aspekte eine

---

91 Veil: Zum Gedächtnis Johannes Sturms, S. 88.
92 Ebd., S. 132 (Zitat Sturm): „Nihil in literis etiam mediocri naturae difficile est, si certa ratio observetur et retineatur studiorum constantia."
93 Schindling: Humanistische Hochschule und Freie Reichsstadt, S. 177.

angesichts der konfessionellen Spaltung erstaunliche Lebendigkeit. Melanchthon nimmt dabei, vor allem in seiner Rolle als Verfasser der maßgeblichen Programm- und Lehrtexte, eine zentrale Rolle ein.

Diese Frage ist deswegen von Bedeutung, weil auch im Fall des Magdeburger Gymnasiums nicht von einem eindeutigen Bild ausgegangen werden kann. Zwar finden sich Beispiele für eine konfessionell polarisierende Wirkung der im Unterricht verwendeten Literatur – an Schärfe des Tons ist sicher unübertroffen das Drama *Eusebia Magdeburgensis*[94] des Magdeburger Lehrers Johannes Blocius. Die überwiegende Mehrheit der Quellen zeugt jedoch von der ungebrochenen Lebenskraft der humanistischen Ideale.

Ausgehend von Erasmus' Urteil, an den protestantischen Gymnasien würden lediglich *dogmata et linguae* gelehrt, zeichnet Erika Rummel ein negatives Bild von der „konfessionalisierten Bildung".[95] Die vorreformatorische humanistische Pädagogik hätte stets eine Rezeption der klassischen Texte „ihres Stils und Gehalts" wegen angestrebt. Im protestantischen Curriculum dagegen sei der Sprachenunterricht zu einem „exegetischen Werkzeug" degeneriert. Rummel vermisst protestantischerseits die vormals betonte „Freude am Lernen": „Die protestantischen Schulordnungen zeichnet eine gewisse Strenge aus, die mit den so überaus überzeugenden Äußerungen des Enthusiasmus und der Bereicherung durch die Lernerfahrung in den Schriften der Humanisten von Petrarca bis Erasmus kontrastiert."[96]

Daran ist sicher richtig, dass sich die Schulordnungen von den Programmschriften der italienischen Humanisten unterscheiden, doch dies hauptsächlich in der Textsorte. Während die älteren Texte hauptsächlich individuelle und subjektive Ratschläge für ein „richtiges Studium der antiken Texte" enthalten, handelt es sich bei den protestantischen Schulordnungen um obrigkeitliche Verfügungen, die Richtlinien für den Unterricht in einer Stadt oder einem Territorium aufstellten. Die konkreten Lehrtexte und damit die Realität im Unterricht lassen sich dagegen durchaus mit vorreformatorischen Quellen vergleichen. Das wichtigste Argument Rummels – die religiösen, insbesondere konfessionellen Inhalte hätten im Curriculum überwogen –, lässt sich durch den Hinweis auf die tatsächliche Verteilung der Inhalte entkräften. Denn es ist vor allem Melanchthons Einfluss bei der Formulierung der vorbildlichen ersten Schulordnungen zu verdanken, dass der Anteil der antiken Texte der weitaus größere gewesen ist. Die religiöse Unterweisung beschränkte sich zumeist auf einen ausgewählten Wo-

---

94 Vgl. Kap. C. 4. Blocius' Eusebia Magdeburgensis: Schultheater im Zeichen des Dreißigjährigen Krieges.
95 Rummel: Confessionalization of Humanism, S. 49.
96 Ebd., S. 46.

chentag, meist den Sonnabend: *Einen tag aber, als Sonnabent oder Mitwoch, sol man anlegen, daran die kinder Christliche vnterweisung lernen.*[97]

Wilfried Barner hat in seiner wegweisenden Studie mit dem Titel „Barockrhetorik" den Einfluss der humanistischen Rhetorik auf die Barocklyrik nachgewiesen. Dabei war sein Blick auf das reformatorische Schulwesen durch dieses Untersuchungsziel determiniert. Im Zentrum des Unterrichts stand für Barner die „umfassende Erziehung zur *eloquentia*".[98] Zweck einer Lektüre der Klassiker im Unterricht sei die „Einprägung kanonischer Muster"[99] gewesen, die als Fundus für die eigene literarische Produktion dienen sollten. Weite Teile der Barocklyrik sind durch dieses Verfahren der *imitatio* geprägt: In vielen Fällen lassen sich antike Vorbilder für einzelne Passagen oder ganze Gedichte ausmachen, denn die Autoren des Barock lernten ihr poetisches Handwerk an den Gymnasien durch die „Dreiheit von *praecepta, exempla* und *imitatio*".[100]

Die erste Stufe des Unterrichts galt der Einprägung des sprachlichen Regelwerks, der *praecepta* aus den Grammatik- und Rhetoriklehrbüchern. Auf diese Weise vorbereitet, schritten die Schüler zur Lektüre der als *exempla* dienenden antiken Klassiker, wobei sie ihre Lesefrüchte – von einzelnen Wörtern und Wortverbindungen bis hin zu ganzen Sätzen – nach *Loci communes* geordnet in Florilegien, selbst angelegten Sammlungen in Heftform, eintrugen. „Die *imitatio* endlich ist das Ziel des ganzen Unterrichts: der Schüler übt sich, an der Hand der Regeln des Lehrbuchs, mit dem Material, das ihm die Lektüre zuführt, ähnliche Kunstwerke der Rede zu komponieren, als die klassischen Autoren sie darbieten."[101] Durch die Konzentration auf dieses gleichsam mechanische System der Reproduktion literarischer Formen geriet Barner die gleichberechtigte, wenn nicht sogar prävalente Dimension moralischer Unterweisung aus dem Blick: „Die Autoren werden nicht um ihrer selbst willen gelesen, sondern *nur* im Hinblick auf *praecepta* und *imitatio*."[102]

Demgegenüber wurde festgehalten, dass sich die Rhetorik in der Konzeption Melanchthons nicht auf die Ausbildung zur Redefähigkeit beschränkte. „Die angeratene *imitatio* war nirgends, wie es oft den Anschein erwecken könnte, ein

---

97 Aus der kursächsischen Schulordnung von 1528, abgedruckt in: Vormbaum: Evangelische Schulordnungen Bd. I, S. 7.
98 Barner: Barockrhetorik, S. 283.
99 Ebd., S. 243.
100 Ebd., S. 285; Paulsen: Geschichte des gelehrten Unterrichts, S. 345; Kühlmann: Pädagogische Konzeptionen, S. 166.
101 Paulsen: Geschichte des gelehrten Unterrichts, S. 345.
102 Barner: Barockrhetorik, S. 281 f., Kursivierung von mir.

ausschließlich formales Prinzip."[103] Vielmehr diente die *ars rhetorica* bei Melanchthon einem doppelten Zweck: Als eine „ausgefeilte Texttheorie" sollte sie dabei helfen, „sowohl analytische als auch synthetische" Fertigkeiten im Schüler auszubilden.[104] Knape spricht hier von einer „texttheoretischen Doppelperspektive": Melanchthon hätte gegenüber den „traditionell produktionstheoretisch ausgerichteten Rhetoriken" die „rezeptionstheoretische" Seite dieser Disziplin gestärkt und sei daher als der wahre „Begründer der neueren Hermeneutik und theologischen Topik" anzusehen.[105]

Konkret bedeutet dies, dass die Rhetorik nicht allein dabei half, den *orator perfectus* auszubilden, sondern vornehmlich als Instrument der Erschließung von Texten verwendet wurde – eine Erkenntnis, die Hans-Georg Gadamer bereits 1976 folgendermaßen formulierte: Melanchthon hätte „den eigentlichen Nutzen der Rhetorik, der klassischen *ars bene dicendi*," darin gesehen, den „jungen Leuten die *ars bene legendi*" zu vermitteln, „das heißt die Fähigkeit, Reden, längere Disputationen und vor allem Bücher und Texte aufzufassen und zu beurteilen."[106] In Melanchthons programmatischen Äußerungen schiebe sich „mehr und mehr das Lesen als solches und die Übermittlung und Aneignung der in den Texten zugänglichen religiösen Wahrheiten vor das humanistische Ideal der Imitation. So übten die Rhetorikvorlesungen Melanchthons eine bestimmende Wirkung auf die Gestaltung des neuen protestantischen Schulwesens aus."[107]

Bei dieser Neuausrichtung der Rhetorik hätte die „theologische Kontroverse über die Verständlichkeit der Heiligen Schrift" als „motivierende Grundlage" fungiert.[108] Den Reformatoren sei es dabei vor allem um eine Absicherung der neuen Doktrin gegangen. Nicht die kirchliche Tradition sollte fortan als „Interpretationsschlüssel" dienen, sondern allein das richtige Verständnis der Bibel. Melanchthon erhob gegenüber der Papstkirche den Vorwurf, „durch Allegorien schon zu weit von den Quellen (*a fontibus*) weggeführt" zu haben, „um noch die

---

103 Gunter E. Grimm: Literatur und Gelehrtentum in Deutschland. Untersuchungen zum Wandel ihres Verhältnisses vom Humanismus bis zur Frühaufklärung. Tübingen 1983, S. 71f.
104 Joachim Knape: Rhetorik und Stilistik der deutschsprachigen Länder in Humanismus, Renaissance und Reformation im europäischen Kontext. In: Handbücher zur Sprach- und Kommunikationswissenschaft, Bd. 31,1: Ulla Fix (Hg.): Rhetorik und Stilistik: ein internationales Handbuch historischer und systematischer Forschung. Berlin 2009, S. 73–97, hier S. 78.
105 Joachim Knape: Melanchthon als Begründer der neueren Hermeneutik und theologischen Topik. In: Günther Wartenberg (Hg.): Werk und Rezeption Philipp Melanchthons in Universität und Schule bis ins 18. Jahrhundert. Leipzig 1999, S. 123–131, hier S. 123.
106 Hans-Georg Gadamer: Rhetorik und Hermeneutik. Göttingen 1976, S. 8.
107 Gadamer: Rhetorik und Hermeneutik, S. 8.
108 Ebd., S. 9

ursprüngliche Bedeutung beizubehalten."[109] Die mittelalterliche Methode des vierfachen Schriftsinnes wurde von Melanchthon verworfen; er sprach sich stattdessen für eine Beibehaltung des Literalsinns der Schrift aus.

Als praktisches Beispiel für diese neue Art der Textauslegung dienten Melanchthons *Loci communes theologici*,[110] in denen er das hermeneutische Topik-Verfahren auf die Bibelexegese anwandte. Doch neben dieser theologischen Nutzanwendung wird den Humanisten Melanchthon, dem auf seinen Visitationsreisen der negative Einfluss des darniederliegenden Bildungswesens vor Augen stand, das Bedürfnis nach Schaffung einer neuen protestantischen Elite motiviert haben. Die Regeln der Rhetorik sollten dazu anleiten, den intendierten Sinn der Bibel *und* der antiken Texte zu erschließen. Denn nicht selten propagierten diese Texte die Bewährung in der weltlichen Sphäre und konnten somit die Internalisierung moralischer Verhaltensweisen gewährleisten.

Es erscheint als wahrscheinlich, dass Melanchthon das Prinzip einer Indienstnahme der Rhetorik für die Erschließung antiker Texte durch die Dialektik Rudolf Agricolas,[111] die ihm Oekolampad in seiner Tübinger Zeit geschenkt hatte, nähergebracht wurde.[112] Bereits in seiner ersten Rhetorik aus dem Jahr 1519 hat Melanchthon sein Verständnis der Rhetorik als Instrument der Textanalyse entfaltet.[113] Zur Ausführung in einem breiteren Rahmen gelangte es in seinen *Elementa rhetorices* von 1539, die bis zu seinem Tod in unveränderter Gestalt mehrfach nachgedruckt wurden.[114]

Im ersten Buch der *Elementa rhetorices* führt Melanchthon aus, dass die Rhetorik, obwohl sie das Regelwerk für den Orator enthält, „am Anfang trotzdem nicht deswegen unterrichtet wird, um Redner hervorzubringen, sondern um den Schülern dabei behilflich zu sein, die Reden von hervorragenden Rednern zu

---

109 Knape: Melanchthon als Begründer der neueren Hermeneutik, S. 127.
110 Ralf Jenett (Hg.): Heubtartikel christlicher Lere. Melanchthons deutsche Fassung seiner Loci theologici. Leipzig 2002.
111 Lothar Mundt (Hg.): Rudolf Agricola: De inventione dialectica libri tres. Tübingen 1992 (Frühe Neuzeit 11).
112 Kuropka: Philipp Melanchthon: Wissenschaft und Gesellschaft, S. 13: „Eo ipso tempore primum editi sunt libri dialectici tres Rodolphi Agricolae, quos mihi recens excusos Oecolampadius [...] donavit. Horum lectione non erudiebar tantum, sed etiam excitabar, ut in orationibus Ciceronis et Demosthenis argumentorum formas diligentius considerarem ac distinguerem. Qua ex re utrumque adsequebar, ut et orationes illas melius intelligerem ac legerem libentius, et usum praeceptionum perspicerem." (CR 4, 716); vgl. auch Wilhelm Kühlmann: Melanchthons Erinnerungen an seine Heidelberger Studienzeit und R. Agricola. In: Franz Fuchs (Hg.): Der frühe Melanchthon und der Humanismus. Wiesbaden 2011 (Pirckheimer Jahrbuch 25), S. 35–49, hier S. 39 und 47.
113 Knape: Melanchthon als Begründer der neueren Hermeneutik, S. 125–129.
114 Wels (Hg.): Elementa rhetorices. Zur Textgeschichte vgl. Anhang, S. 465–468.

lesen und komplizierte Probleme zu beurteilen."[115] Jeder Leser gehobener Texte, z. B. über „Auseinandersetzungen um die Religion oder öffentliche Angelegenheiten", bräuchte „einen bestimmten Weg und eine Methode, um komplizierte Probleme zu verstehen".[116] Deshalb lehre er die Rhetorik „mit dem Zweck, junge Leute bei der Lektüre guter Autoren, die man ohne diese Methode gar nicht verstehen kann, zu unterstützen".[117]

1.7 Rhetorik als Argumentationstheorie

Für Melanchthon erfüllte die Rhetorik in erster Linie die Funktion einer „pragmatischen" Argumentationstheorie.[118] Als Basis jeder Äußerung und jeden Textes ist demnach das Argument anzusehen. Das Überzeugen eines Dialogpartners oder Lesers kann nur dann gelingen, wenn dieser davon in Kenntnis gesetzt wird, „warum sich ein Sachverhalt so und nicht anders verhält".[119] Wie die Beobachtung natürlicher Gespräche zeigt, gibt dabei zumeist die Sachkenntnis den entscheidenden Ausschlag: Intersubjektiv geteiltes Faktenwissen ist Voraussetzung für die Motivation des Gegenübers zur vom Sprecher erwünschten Handlung. „Jede theologische Streitschrift, wie sie das 16. Jahrhundert in so unendlicher Zahl hervorgebracht hat, jeder politische Aufruf, jedes universitäre Lehrbuch, ja auch jedes Drama und jeder Roman sind eine Form der Argumentation und als solche in ihrem Kern Argumente."[120] Diese Vereinfachung wird zwar dem in vielen Fällen komplexeren Gehalt von Texten nicht vollständig gerecht, erscheint jedoch als hilfreich, wenn es darum geht, Schülern die Fähigkeit zur Erschließung des Sinngehalts von Texten zu vermitteln.

Ciceros Rede *Pro Milone* dient Melanchthon in seinen *Erotemata dialectices* als Beispiel für diese Reduzierbarkeit eines jeden Textes auf das ihm zugrundelie-

---

115 Im Folgenden Text und Übersetzung nach Wels (Hg.): Elementa rhetorices, S. 21: „Hinc extitit ars, quae etiam si regit artifices in dicendo, tamen in hoc inicio traditur, non ut Oratores efficiat, sed ut adiuvet adolescentes in legendis orationibus excellentium Oratorum, et in longis controversiis iudicandis."
116 Ebd., S. 20f.: „Nam etiam hi, qui non agunt causas, qui nihil scribunt, si tamen velint legere aut iudicare res magnas, ut religionum controversias, aut forensia negotia, via quadam atque ratione opus habent, ad intelligendas longas controversias."
117 Ebd., S. 23: „Quare et nos ad hunc usum trademus Rhetoricen, ut adolescentes adiuvent in bonis autoribus legendis, qui quidem sine hac via nullo modo intellegi possunt."
118 Wels: Die historische Bedeutung von Melanchthons Rhetorik; Wels: Melanchthon's textbooks on dialectic and rhetoric.
119 Wels: Die historische Bedeutung von Melanchthons Rhetorik, S. 233.
120 Ebd., S. 234.

gende Argument. Die gesamte Rede lasse sich auf den folgenden Syllogismus reduzieren: Selbstverteidigung ist legitim, Milo handelte in Selbstverteidigung, deswegen ist Milos Handlung legitim.[121] Hätte Cicero jedoch bei der Verteidigung allein diese Schlussfolgerung vorgetragen, so hätte er die Richter und Zuhörer schwerlich überzeugen können. „Die dialektische Kürze erreicht nicht das Ohr, kann niemanden plötzlich ergreifen, zumal aus dem einfachen Volk. Deswegen müssen wichtige Teile der Rede sprachlich illustriert werden, damit sie gleichsam wie im Vergrößerungsglas erscheinen."[122] Das zentrale Argument einer Rede oder eines Textes muss, um zu wirken, mehrfach wiederholt und rhetorisch amplifiziert werden.

Die Rhetorik fungiert als Mittel der „Einkleidung", der Erweiterung eines Argumentes zu einem möglichst wirkungsvollen sprachlichen Beitrag. Daher ist ihre Kenntnis sowohl für den, der zu überzeugen sucht, als auch für den, der sich sprachliche Beiträge erschließen, sie auf das ihnen zugrundliegende Argument reduzieren möchte, von essentieller Bedeutung. Denn die Identifikation einzelner rhetorischer Elemente eines Textes mithilfe des Regelwerks führt den Leser auf den Weg zum Verständnis der zugrundeliegenden Botschaft. Die Rhetorik dient daher in der Konzeption Melanchthons als ein übergreifender Schlüssel für das Verständnis sämtlicher Wissenschaften, sie avanciert zur „wichtigsten Grundlagendisziplin [...], auf der alles weitere Fachwissen aufbaut".[123]

Essentieller Bestandteil der Rhetorik ist das Hervorrufen von Emotionen zum Zweck der Überzeugung des Gegenübers. Gerade weil das bloße Argument der Überzeugungskraft entbehrt, muss der Redner es durch rhetorische Elemente wie z. B. Metaphern oder Allegorien ausschmücken. Melanchthon führt für diese emotionale Wirkung in seinen *Elementa rhetorices* das Beispiel einer Rede vor den Fürsten mit dem Ziel der Erreichung eines Kriegseintritts gegen die Türken an. Dieses Ziel sei nur dann zu erreichen, wenn die von den Türken drohende Gefahr durch sprachliche Bilder möglichst plastisch zur Anschauung gebracht wird,[124] denn „allein konkrete, bildhafte Details können Emotionen hervorrufen".[125]

---

121 Wels: Melanchthon's textbooks on dialectic and rhetoric, S. 148, (CR 13, 642).
122 Melanchthon: Erotemata dialectices (CR 13, 642): „Nam Dialectica brevitas nec ferire aures, nec subito arripi potest, praesertim a rudibus. Quare praecipua membra illustrari oportet, ut quasi propius conspici possint." Zitat nach Wels: Melanchthon's textbooks on dialectic and rhetoric, S. 150.
123 Kuropka: Melanchthon: Wissenschaft und Gesellschaft, S. 15.
124 Wels (Hg.): Elementa rhetorices, S. 124: „[...] ut contra Turcas, amplificanda est eorum crudelitas, dicendum, quantam carnificinam in uictos exerceant, quam turpis et misera seruitus impendeat his, qui non sunt interfecti."
125 Wels: Melanchthon's textbooks on dialectic and rhetoric, S. 151.

Ein Nebeneffekt der klassischen rhetorischen Ausbildung, der in Melanchthons Theorie zu einem Hauptzweck gerät, ist das Wissen um die emotionale Affizierbarkeit des Gegenübers, die Erkenntnis, dass die „menschliche Entscheidungsfindung [...] in der Praxis immer auch von Privatinteressen und Gefühlen gesteuert wird".[126]

Als protestantischer Theologe lehrte Melanchthon, dass der Erbsünde ein verderbender Einfluss auf die menschliche Natur zukomme. Der lutherischen Doktrin folgend verhindert der *status corruptionis*, dass Entscheidungen allein durch Orientierung an der Ratio getroffen werden; der Mensch ist in gewissem Maße Spielball seiner Emotionen. Aufgabe der Rhetorik ist es, als wissenschaftliche Disziplin diese Steuerung des Kommunikationsprozesses durch Gefühle bewusst zu machen. „Nur durch eine solche Disziplin kann sichergestellt werden, dass alle Beteiligten sich beständig darüber klar werden können, was das eigentliche Argument ist, das heißt, was sachlich den Kern einer Äußerung ausmacht und was von Privatinteressen und Gefühlen bestimmt ist."[127]

Allein durch die Aufdeckung rhetorischer Mechanismen, die wie z. B. die Polemik Kapital aus der emotionalen Erregbarkeit des Menschen zu ziehen suchen, kann die „Orientierung am gemeinschaftlich Besten" gewährleistet werden.[128] Benötigt wird hierbei die Fähigkeit zur Identifikation des „sachlichen Kerns eines Arguments", und gerade dies ist es, was Melanchthon seinen Schülern auf den Weg mitzugeben suchte, durch die Aneignung des rhetorischen Regelwerks und des notwendigen Sachwissens. Für beides galten im Reformationsjahrhundert nach wie vor die antiken Autoren als die entscheidende Referenz. Melanchthons Einsatz für das Studium der antiken Schriften war demnach geleitet von dem Willen, die gesellschaftlichen Kommunikationsprozesse möglichst von Partikularinteressen frei zu halten und an das objektiv Notwendige anzubinden.

Melanchthon hat diese Orientierung am gesellschaftlich Nützlichen nicht allein propagiert, sondern als „Meister der argumentativen Vermittlung" in den zahllosen konfessionellen Konflikten seiner Zeit vorgelebt – als „Ratgeber an der Seite der politisch Agierenden" der sich „vor allem auf den Reichstagen zum Anwalt von Religionsgesprächen" gemacht hat.[129] Er war damit das „genaue Gegenteil"[130] von Fanatikern wie Matthias Flacius Illyricus, die ihre publizistische Macht einsetzten, um den konfessionellen Zwiespalt zu vertiefen. Gerade Flacius war ein Meister der Klaviatur der politischen Rhetorik, was u. a. die Gattungs-

---

126 Wels: Die historische Bedeutung von Melanchthons Rhetorik, S. 235.
127 Ebd.
128 Ebd., S. 236
129 Kuropka: Philipp Melanchthon: Wissenschaft und Gesellschaft, S. 251 f.
130 Wels: Die historische Bedeutung von Melanchthons Rhetorik, S. 237.

vielfalt seiner Invektiven – von populären Formen wie Lied oder Flugblatt[131] bis hin zur Geschichtsschreibung[132] – demonstriert.

1.8 Exemplarische Erkenntnis

Melanchthon verstand „Dialektik und Rhetorik weniger als Hilfsmittel der Textproduktion, sondern zuerst als Instrument der didaktischen Reduktion von Literatur und als Mittel der Hermeneutik".[133] Zunächst ist eine Darstellung der anthropologischen Voraussetzungen, auf denen diese „didaktische Reduktion" gründete, notwendig. An mehreren Punkten seines Werkes entfaltete Melanchthon die Theorie von den *notitiae naturales*.[134] Bei der Schöpfung habe Gott den Menschen mit einem Grundbestand an Axiomata ausgestattet, die von der „auch durch die Erbsünde nicht verlierbaren Präsenz der göttlichen Weisheit im Geist des Menschen" zeugen.[135] Melanchthon hat die „eingeborenen Begriffe" folgendermaßen definiert:

> Zu den dem Menschen dauerhaft und unverlierbar eingestifteten Begriffen zählen die Kenntnis der Zahlen, die Einsicht in die Ordnung der Welt, die Unterscheidung der Dinge, das Wissen um die Beschaffenheit, Ursachen und Folgen des Guten und Bösen, die Schlussfolgerungsfähigkeit, die Unterscheidung zwischen Tugend und Laster, der Gewissensschmerz, die Bestrafung der Freveltaten in den Herzen der Menschen. Diesen Bestand an Kenntnissen hat Gott wie Strahlen seines Lichts dem Geist der Menschen eingesät, und zwar deswegen, damit wir die Existenz Gottes anerkennen, und dass er allwissend ist, wahrhaftig, wohltätig, gerecht, sittenrein, unterscheidend zwischen tugendsam und frevlerisch, an dem Geschick der Menschen Anteil nehmend und die Verbrechen bestrafend.[136]

---

131 Kaufmann: Ende der Reformation.
132 Vgl. zu Flacius' Rolle bei der Planung der Magdeburger Zenturien Bollbuck: Wahrheitszeugnis, Gottes Auftrag und Zeitkritik.
133 Roling: Exemplarische Erkenntnis, S. 314, Fn. 89.
134 Vgl. bspw. Melanchthon: Liber de anima, passim (CR 13, 5–178).
135 Günter Frank: Die theologische Philosophie Philipp Melanchthons (1497–1560). Leipzig 1995, S. 114.
136 Zitat nach Frank: Die theologische Philosophie Melanchthons, S. 114, Fn. 264: „Deinde quale sit, ostendunt notitiae lucentes in humanis mentibus aeternae et immotae, numeri, intellectus ordinis, distinctio rerum, boni et mali figurarum, causarum, effectuum, ratiocinatio, notitiae discernentes honesta et turpia, dolor, vindex scelerum in cordibus hominum. Hanc totam sapientiam, tanquam radios suae lucis sparsit Deus in hominum mentem, et sparsit ideo, ut agnoscamus et esse Deum, et esse eum mentem sapientem, veracem, beneficam, iustam, castam, discernentem honesta et turpia, intuentem et servantem genus humanum et vindicem scelerum." (CR 7, 950).

Aufgabe des Lehrers ist es, diese „eingeborenen Begriffe" im Unterricht zu vermitteln und dadurch im Geist des Schülers gleichsam zu aktualisieren. „Vergegenwärtigt sich der Geist die ersten Begriffe, erwirbt er sich zugleich eine Entscheidungskompetenz, die ihn in der konkreten Situation das rechte Gut wählen läßt, die ehrbare Handlung oder den nutzbringenden Gegenstand."[137]

In dieser Verankerung der „fundamentalen Begriffe einer Morallehre und einer Gesellschaftsordnung" im Geist des Menschen erkannte Melanchthon die „Chance einer verbindlichen Ethik".[138] Denn die Übermittlung basaler Prinzipien der Ethik ist, so Melanchthon, nicht an die christlichen Sakramente gebunden, sondern prägte sich auf gleiche Weise bei den heidnischen Völkern aus. Die *notitiae naturales* manifestieren sich daher auch in den Werken der antiken Literatur, deren Lektüre somit als legitim und didaktisch wertvoll verteidigt werden kann. Angesichts der antihumanistischen Angriffe jener Theologen, die die Verbannung jeglicher „heidnischer" Inhalte aus dem Unterricht forderten, stützte sich Melanchthon auf die These, dass Bibel und antike Moralphilosophie „in den objektiven und anthropologisch abgesicherten Urbegriffen eine Schnittmenge finden".[139]

Um die dem Geist des Menschen eingeprägten Begriffe in ein tugendsames Verhalten zu überführen, benötigt es, wie bereits erwähnt, der „beharrlichen Schulung des Urteils an den *notitiae naturales*" durch den Lehrer.[140] Denn allein die wiederholte Vermittlung der *doctrina* gewährleistet als „entscheidende *causa adiuvans*" die fortwährende geistige Präsenz der ethischen Richtlinien im späteren Lebensalltag des Schülers.

Während die Dialektik bei dieser Vermittlung die allgemeine Funktion der Gewinnung und Strukturierung der Argumente übernimmt, kommt der Rhetorik eine besondere Rolle zu. Denn dem Philosophen, der die *praecepta moralia* ohne den rhetorischen *ornatus* übermittelt, eignet nach Melanchthon ein geringerer Überzeugungsgrad. Der Redner dagegen wird sich zusätzlich der „anschaulichen Beispiele guter und schlechter Bürger" bedienen, um auf sein Publikum zu wirken, und hat daher „als Lehrer der *virtus* weitaus größeren Erfolg".[141] Lehrer sollen daher ebenso wie Prediger ihre *argumenta* durch *exempla* und Gleichnisse veranschaulichen, denn diese richten sich „an die Seele der Zuhörer und zugleich an ihr Herz".[142]

---

137 Roling: Exemplarische Erkenntnis, S. 298.
138 Ebd., S. 299.
139 Ebd., S. 301.
140 Ebd., S. 308.
141 Ebd., S. 313.
142 Ebd., S. 311f.

Gerade der Unterricht der Schulanfänger kann, wie Melanchthon in seiner Rede *De utilitate fabularum* darlegt, auf die lehrhaften Gleichnisse, die *imagines vivae*, nicht verzichten.[143] Der Geist des Kindes bedürfe einer „schrittweisen Formierung": Am Beginn des Unterrichts stehe die Lektüre der *fabulae*, die den Schüler zu einer ersten Unterscheidung zwischen Tugend und Sünde hinführten. Der reifere Schüler könne sodann auf diese „Ummantelung der Begriffe" verzichten. Doch selbst bei der Unterweisung von Erwachsenen komme, wie das Beispiel der Bibel lehre, den Gleichnissen eine moralisches Verhalten fördernde Kraft zu. Über die nachdrückliche Empfehlung der moraldidaktischen Wirkung des Theaters gelangt Melanchthon zu dem humanistischen Topos, die ganze Geschichte setze sich als ein *proscenium Dei* aus lehrhaften *exempla* zusammen.[144]

Das Prinzip einer Vermittlung ethischer Lehren durch *exempla* bildet das eigentliche Zentrum der reformationshumanistischen Annäherung an die antike Literatur. Melanchthon erweist sich in diesem Punkt als treuer Rezipient des italienischen Humanismus. Die Beispiele aus den klassischen Reden, der Dichtung und der Geschichtsschreibung wurden konsultiert, „um aus vergangenen oder fiktiven Ereignissen Ursachen für die *consilia*, die Beschlüsse der Gegenwart, zu gewinnen". Der Lehrer hat daher seine Aufgabe, „die noch unreflektierten Begriffe im Geist des Schülers zu aktualisieren", dadurch erfüllt, dass er die „im Text präsenten *notitiae*" erschloss.

Die lehrhaften *exempla* wurden dabei den entsprechenden moraldidaktischen Topoi wie z. B. „Elternliebe, Treue, Mäßigung und Gerechtigkeit, das Prinzip der Vorsehung und der Existenz Gottes" zugeordnet.[145] Die Eignung dieser *Loci communes* zur didaktischen Reduktion der antiken Texte machte sie „zum entscheidenden Hilfsmittel der Erschließung und moralischen Auswertung von Literatur".[146] *Loci* und *exempla* verbanden sich im Unterricht nach dem Prinzip der Filiation: Mehrere thematisch verwandte *exempla* gruppierten sich um den sie inhaltlich repräsentierenden *Locus*. Die drucktechnische Umsetzung dieses Prinzips in den Lehrbüchern bestand in der Unterordnung der entsprechenden *sententiae* unter einen als Überschrift dienenden *Locus* – ein Ordnungsschema, das auch die Schüler bei ihrer Anfertigung von Exzerpten aus den Klassikern verwendeten. Die auf diese Weise zerlegten antiken Texte dienten als Arsenal für die Exemplifzierung moralischer Themenkomplexe. „Texte waren nicht Objekte der poetischen Analyse, sondern Hilfsmittel der Menschenformung".[147]

---

143 CR 11, Nr. 14; Inhalt nach Roling: Exemplarische Erkenntnis, S. 318.
144 Ebd., S. 319.
145 Ebd., S. 323.
146 Ebd., S. 323.
147 Ebd., S. 363.

Der älteren Forschung zufolge diente die Lektüre der antiken Texte vornehmlich einer Schulung in der *imitatio* kanonischer Muster. Das Interesse der Lehrer hätte sich auf die sprachlich-rhetorische Seite der Texte gerichtet, unter Vernachlässigung ihres Inhalts. Neuere Beiträge betonen dagegen eher die Funktion der Rhetorik als Instrument der inhaltlichen Erschließung des ethischen Gehalts der Texte. Gewiss war die Ausbildung zur Eloquenz ein wichtiges Ziel des reformatorischen Schulwesens. Ein vollständiges Bild ergibt sich jedoch allein dann, wenn die Kontinuitätslinien humanistischer Pädagogik berücksichtigt werden. Auch nach der Reformation vertrauten Didaktiker wie Melanchthon oder Camerarius auf die moralisch formende Kraft der antiken Texte.

Motivation für diese Instrumentalisierung der antiken Literatur war die angestrebte Verwirklichung der Utopie einer befriedeten Gesellschaft. Die Weitertradierung der Irenik des Renaissancehumanismus stand dabei im Gegensatz zu den Zielen der Konfessionalisierung. Wolfgang Reinhards Thesen zum Konfessionalisierungsprozess folgend sollte der „Ausbau des Bildungswesens" durch die Konfessionskirchen der „Durchsetzung ihrer Normen im Sozialisationsprozess",[148] der Heranziehung „zuverlässiger Multiplikatoren" und „systemkonformer Führungskräfte" dienen.[149] Diesem Ideal hätten die Pädagogen am ehesten dann entsprochen, wenn sie den Schwerpunkt auf die *imitatio*, auf das unhinterfragte sprachliche Agieren auch in der Kontroverstheologie gerichtet hätten.

In der Realität war die Lehre jedoch an vielen philippistisch geprägten Gymnasien und Universitäten nach wie vor an humanistischen Werten ausgerichtet. Wilfried Barners These von der Determiniertheit der Barocklyrik durch den rhetorischen Unterricht an den Gymnasien erweiternd könnte demnach untersucht werden, wie weit die Wirkung einer Sozialisation an späthumanistischen Bildungsstätten in den Biographien der Schüler konkret reichte. Durch die Lektüre der antiken Texte suchten die Humanisten einen zivilisierenden Einfluss auf ihre Schüler zu gewinnen. Im Idealfall konnte diese Lektüre zu kritischem Denken und einer Hinterfragung absolut gesetzter Dogmen anleiten und damit der von der Konfessionalisierung angestrebten Homogenisierung religiöser Anschauungen entgegenwirken.

In ersten Untersuchungen wurde die Breite der philippistischen Strömung im Protestantismus nachgewiesen.[150] Sollte sich diese Position verifizieren lassen,

---

[148] Stefan Ehrenpreis, Ute Lotz-Heumann: Reformation und konfessionelles Zeitalter. Darmstadt 2002, S. 66.
[149] Wolfgang Reinhard: Zwang zur Konfessionalisierung? Prolegomena zu einer Theorie des konfessionellen Zeitalters. In: Zeitschrift für historische Forschung 10 (1983), S. 257–277, hier S. 265.
[150] Crusius: Kryptocalvinismus in Kursachsen, S. 173.

könnte folgende These aufgestellt werden: Die vor allem als Pädagogen wirkenden Anhänger Melanchthons und ihre Schüler wirkten als Gegenpol der Verhärtung und Polarisierung der konfessionellen Lager. Ihre passive oder aktive Widersetzlichkeit gegen die Konfessionalisierung brachte die Philippisten häufig in Konflikte mit orthodox-lutherischen Theologen, die sie der Indifferenz in dogmatischen Fragen und der Abweichung von der lutherischen Doktrin beschuldigten. Den Auswirkungen dieser innerprotestantischen Kontroversen auch auf die Gymnasien ist das folgende Kapitel gewidmet. Aufgabe des Magdeburg gewidmeten Hauptteils wird es dann sein, die Reichweite des Einflusses der humanistischen Pädagogik anhand der Quellen einer konkreten Bildungsstätte zu ermessen.

2 Die innerlutherische Spaltung und die Gymnasien

2.1 Gnesiolutheraner und Philippisten

Das folgende Kapitel versteht sich als Grundlegung für die später erfolgende Darstellung der Magdeburger Kontroversen zwischen den philippistischen Rektoren und den Predigern, die zumeist der gegnerischen Fraktion der Gnesiolutheraner angehörten.

Die Mehrzahl der innerlutherischen Konflikte der zweiten Hälfte des 16. Jahrhunderts – von der Adiaphorakontroverse[151] über den Streit über die Willensfreiheit[152] bis hin zum Abendmahlsstreit[153] – wurzeln bereits in der Lehre Luthers. Obwohl sich Luther in zentralen dogmatischen Fragen von der alten Kirche absetzte und dadurch neue Perspektiven eröffnete, erhob sich auch grundlegende Kritik an seiner Neuausrichtung des christlichen Glaubens. Bereits in der frühen Reformation erwiesen sich Luthers Abendmahlsverständnis und seine Anschauungen über den freien Willen als die zwei gravierendsten Streitpunkte.

---

151 Vgl. Irene Dingel (Hg.): Der Adiaphoristische Streit (1548–1560). Göttingen 2012 (Controversia et confessio 2); dies., Günther Wartenberg (Hgg.): Politik und Bekenntnis. Die Reaktionen auf das Interim von 1548. Leipzig 2006 (Leucorea-Studien 8); sowie Kaufmann: Ende der Reformation.
152 Vgl. Stefan Michel: Der synergistische Streit. Theologische und religionspolitische Interessen im Streit über den freien Willen des Menschen. In: Irene Dingel, Günther Wartenberg (Hgg.): Politik und Bekenntnis. Die Reaktionen auf das Interim von 1548, S. 249–277; sowie Carl Andresen (Hg.): Handbuch der Dogmen- und Theologiegeschichte. Bd. 2: Die Lehrentwicklung im Rahmen der Konfessionalität. Göttingen 1980, S. 121–125.
153 Vgl. Irene Dingel (Hg.): Die Debatte um die Wittenberger Abendmahlslehre und Christologie (1570–1574). Göttingen 2008 (Controversia et confessio 8); sowie Hund: Das Wort ward Fleisch.

In der Kontroverse zwischen Luther und Erasmus[154] vertrat Letzterer die Meinung, dass der Mensch dank seines freien Willens über die Fähigkeit verfüge, sich selbst durch Bildung zu perfektionieren. Luther dagegen betonte einseitig die Depravation des Menschen durch die Erbsünde, denn nur auf diese Weise erhielt die Erlösung durch den Gnadenakt Gottes das genügende Gewicht. In der Debatte um das Abendmahl blieb Luther der mittelalterlichen, gleichsam magischen Vorstellung des Sakraments verhaftet und bekämpfte das rationalere, metaphorische Verständnis, wie es von dem Humanisten Zwingli und seinen Nachfolgern vertreten wurde, als häretisch.

Zwar waren die innerprotestantischen Debatten ab etwa 1550 in ihren Inhalten und in ihrer äußeren Erscheinungsform außerordentlich vielfältig, im Grunde gingen sie jedoch immer auf diese beiden Problemkreise zurück: „die Themen um Abendmahl und Lehre von der Person Christi und die Themen im Umkreis der theologischen Anthropologie (das Verhältnis von Rechtfertigung und guten Werken, die Bedeutung des göttlichen Gesetzes, die Mitwirkung des Menschen an seiner Bekehrung und damit am Heil)".[155] Ihrer Profession als Pädagogen gemäß glaubten die Philippisten wie Erasmus an die Perfektibilität des Menschen. Die „Rechtfertigungs- und Erbsündenlehre der Flacianer" musste ihnen als diesen erzieherischen Zwecken abträglich erscheinen; sie „stand in markanter Antithese zum pädagogischen Impetus des humanistischen Bildungs- und Zivilisationsprogramms".[156] Für viele Späthumanisten in der Nachfolge Melanchthons war nach wie vor das Streben nach sittlicher Vollkommenheit, wie sie Christus und die Vorbilder der Antike vorgelebt hatten, der entscheidende Inhalt der Religion, „womit Begriffe wie Erbsünde, Gnade und Erlösung an Gewicht verlieren".[157]

Nicht lange nach dem Tod Luthers machte sich die Differenz zwischen Philippisten und Gnesiolutheranern bemerkbar. Letztere nahmen für sich in Anspruch, die alleinig legitimen Nachfolger Luthers zu sein, Erstere vertraten die theologischen Anschauungen des späten Melanchthon. Über die Frage der Adiaphora bildeten sich 1548 erstmalig die entgegengesetzten Fronten heraus; die innere Spaltung der Lutheraner wurde unabwendbar. „Melanchthon und seine Freunde sahen sich veranlaßt, angesichts der Ereignisse auf dem Reichstag im Interesse des Friedens für Kirche und Land zur Mäßigung zu raten und durch

---

154 Vgl. Flasch: Kampfplätze der Philosophie, S. 243–274; sowie Augustijn: Erasmus von Rotterdam.
155 Koch: Der kursächsische Philippismus, S. 63.
156 Kühlmann: Lyrik als Waffe, S. 258.
157 August Buck: Einführung. In: August Buck (Hg.): Renaissance – Reformation. Gegensätze und Gemeinsamkeiten. Wiesbaden 1984 (Wolfenbütteler Abhandlungen zur Renaissanceforschung 5), S. 3.

Gegenvorschläge das Unheil abzuwenden, das der Reformation drohte. Die Theologen um Matthias Flacius Illyricus erblickten in denselben Ereignissen die Zeichen des Antichrists und konnten nur zum Widerstand rufen."[158]

Während es die Gnesiolutheraner in der Adiaphorakontroverse und allen weiteren folgenden Streitigkeiten als vorrangig ansahen, gegen jeglichen Widerstand die Positionen Luthers zu wahren, zeigten sich die Philippisten im Interesse der Befriedung des konfessionellen Konfliktes zu Verhandlungen und Kompromissen mit der Gegenseite bereit. Anders als die Gnesiolutheraner, die sich in erster Linie als Theologen und somit als allen anderen Disziplinen überlegen verstanden, waren die Philippisten in der Mehrzahl Mediziner, Philologen und vor allem Pädagogen an den Lateinschulen der größeren Städte.[159]

Mit dieser humanistischen Ausrichtung war meist ein Streben nach Ausgleich und friedlicher Verständigung verbunden. Die Philippisten setzten sich gegen die Polarisierung der konfessionellen Fronten zur Wehr und propagierten die „Schaffung eines allumfassenden *Corpus doctrinae integrum*", eines Lehrkompromisses also, der die Wiederherstellung der Einheit der Kirche verwirklichen helfen sollte.[160] Angesichts dieses konzilianten Strebens nach Befriedung – der Leitbegriff der Humanisten und Erasmianer war die *concordia*[161] – erscheint es gerechtfertigt, den Philippismus als „melanchthonisch geprägten Erasmianismus der zweiten Generation" zu bezeichnen.[162] Trotz der Tatsache, dass es sich bei dem Philippismus um ein vielgestaltiges Phänomen handelte, erscheint diese Charakterisierung – zumindest in Bezug auf die hier untersuchten Verhältnisse an den Gymnasien – als tragfähig.

Beide Parteien bedienten sich der Gelehrtensprache Latein, dennoch scheinen bei den Gnesiolutheranern volkssprachliche Drucke zu überwiegen, wandten sie sich doch im apokalyptischen Bewusstsein, „durch Klärung der Fronten zwischen Gott und dem Teufel zur Scheidung von Wahrheit und Irrtum angesichts des bevorstehenden Jüngsten Gerichts beizutragen",[163] an eine breite Leserschaft. Die philippistischen Humanisten dagegen strebten eine Wirkung in der *Respublica litteraria* an. Sie bedienten sich daher unter anderem der neulateinischen Dichtung, um ihre Gegner im Gewand der antiken Mythologie satirisch zu demaskieren.

---

158 Koch: Der kursächsische Philippismus, S. 62.
159 Ebd., S. 68; Crusius: Kryptocalvinismus in Sachsen, S. 172.
160 Koch: Der kursächsische Philippismus, S. 71.
161 Rummel: The Confessionalization of Humanism, S. 121–136.
162 Koch: Der kursächsische Philippismus, S. 73.
163 Ebd., S. 66.

Das bekannteste Beispiel dieser Dichtung ist Johannes Majors *Idyllion de Philomela*,[164] in der die Parteien in Gestalt von Vögeln begegnen. „Die sangeskundigen und friedliebenden Vögel, die nicht mit Schnabel und Klauen kämpfen und für die Nachtigall (Melanchthon) stimmen, werden vom Kuckuck (Flacius) und seinem gefiederten Gefolge attackiert und unterdrückt."[165] In der 1554 bei Oporinus in Basel gedruckten *Querela Martini Lutheri, seu Somnium* erscheint dem Verfasser Joachim Camerarius der Reformator Luther selbst im Traum, um über „Mißstände und Verfallserscheinungen, die sich nach seinem Tode im Lager seiner Anhänger bemerkbar gemacht hätten," Klage zu führen. „Unter denen, die sich als seine Schüler ausgäben, seien viele, die weniger an der Wahrheit des Glaubens als an der flüchtigen Gunst des Volkes interessiert seien. Viele fänden nur Genüge darin, sich selbst gegen theologische Gegner zu behaupten, auch um den Preis der Erregung öffentlicher Unruhe und der Gefährdung staatlichen Friedens."[166] Der gesamte Anspielungsreichtum dieser humanistischen Dichtung erschließt sich zwar nur dem kundigen Leser, sie verspricht in vielen Fällen jedoch ein realistischeres Bild von den Zuständen als die häufig polemisch überzeichnete Propaganda der Gnesiolutheraner.

2.2 Konkrete Auswirkungen der Spaltung auf die Lehre an den Gymnasien

Die Ausrichtung der Gnesiolutheraner auf die breite Leserschaft und die der Philippisten auf ein gelehrtes Publikum findet ihre Entsprechung in der Streitkonstellation an den Gymnasien, die sich als „Zentren des Philippismus"[167] gegen Angriffe vonseiten der orthodoxen Prediger zur Wehr setzen mussten. Unter diesen innerstädtischen Spaltungen hatten neben den Philippisten auch die nach Orientierung suchenden Schüler der Gymnasien zu leiden, denn „während in der Schule die eine Lehre eingeprägt wurde, ertönte in der Kirche die entgegengesetz-

---

164 Mit Übersetzung abgedruckt in Kühlmann (Hg.): Humanistische Lyrik des 16. Jahrhunderts, S. 541–545, 1271–1275.
165 Kühlmann: Lyrik als Waffe, S. 261f.
166 Lothar Mundt: Die sizilischen Musen in Wittenberg – Zur religiösen Funktionalisierung der neulateinischen Bukolik im deutschen Protestantismus des 16. Jahrhunderts. In: Walther Ludwig (Hg.): Die Musen im Reformationszeitalter. Leipzig 2001, S. 265–288, hier S. 276; sowie Eckart Schäfer: Camerarius: Anonymität und Engagement. Von den Reformationseklogenpaaren zu Luthers Klage – ein Traum. In: Rainer Kößling, Günther Wartenberg (Hgg.): Joachim Camerarius. Tübingen 2003, S. 133–174.
167 Crusius: Kryptocalvinismus in Kursachsen, S. 172.

te; während der Rektor dem Majorismus anhing, war der Prediger Flacianer oder umgekehrt."[168]

Ältere und neueste Forschung[169] berichten übereinstimmend von einer großen Anzahl solcher Konflikte an den protestantischen Gymnasien des 16. Jahrhunderts. Zumeist dienten die großen innerprotestantischen Streitthemen als Anlass für Angriffe; ihrer „waren so viele, daß es dem Pastor immer leicht fiel, dem Rektor eine gefährliche Irrlehre zur Last zu legen."[170] So wollte in Zwickau der Prediger nicht dulden, dass Rektor Esrom Rüdiger „eine Nothwendigkeit der guten Werke lehre. Rüdiger verließ daher Zwickau und nahm einen Ruf nach Wittenberg an."[171]

Am 1559 gegründeten Hornbacher Gymnasium waren es dagegen von der lutherischen Ubiquitätslehre abweichende Anschauungen, die „die Absetzung mehrerer Professoren herbeiführte".[172] Arnold Burenius,[173] Freund Luthers und Melanchthons und maßgeblich am Aufbau der Universität Rostock zu einer melanchthonischen Bildungsstätte beteiligt, kam im bereits vorgerücktem Alter bei den dortigen Geistlichen „in den Ruf der Irreligiösität, weil er seinen Schülern die philosophischen Schriften Ciceros in die Hände gab."[174] Johannes Caselius berichtet brieflich folgendes über den Vorgang:

> Er [Burenius] riet seinen Studenten nachdrücklich zur Lektüre des Königs der Philosophen und Vaters der lateinischen Beredsamkeit [...]. Denn zu den Geistlosen gehörten all jene, die anderer Meinung seien. Durch diesen Rat und dieses Urteil machte der überaus gelehrte Mann den Verächtern der Wissenschaft ihre eigene Unwissenheit derart bewusst, dass sie nicht weniger boshaft als grundlos den Weisen der Gottlosigkeit und fehlenden Frömmigkeit bezichtigten – seine Freunde dagegen wissen, dass er täglich die Heilige Schrift studiert.[175]

---

168 Döllinger: Reformation, Bd. 1, S. 414.
169 Ebd., S. 414–433; Crusius: Kryptocalvinismus in Kursachsen.
170 Döllinger: Reformation, Bd. 1, S. 420.
171 Ebd., S. 416.
172 Ebd., S. 423.
173 Josef Bernhard Nordhoff: Art. Burenius, Arnold. In: ADB 3 (1876), S. 586–588; Johannes Grave: Art. Burenius, Arnold. In: BBKL 17 (2000), Sp. 205–208.
174 Döllinger: Reformation, Bd. 1, S. 416.
175 Johann Bernhard Krey: Beiträge zur Mecklenburgischen Kirchen- und Gelehrtengeschichte, Bd. 1. Rostock 1818, S. 249: „Itaque et principem philosophum et parentem latinae eloquentiae disciplinae suae alumnos iubebat habere in manibus, non qui quenquam a caeteris arceret, sed ex his petenda principia constanter asseveraret. Addebat enim hoc, esse Arcadici gregis, qui secus iudicarent. Illo autem suo consilio et hac sua voce, vulgo eruditorum intolerabili, ita commovit vir doctissimus inscitiam, ut quidam non malitiose minus quam temere humanissimum senem in suspicionem prophanitatis adduxerint, quod per se etiam impium factum est; etsi familiares eum in lectione sacrorum esse quotidie viderent."

Der weit verbreitete Argwohn gegen die humanistischen Rektoren veranlasste diese, den jeweiligen Prediger als einen „geistlichen Tyrannen" zu betrachten, welcher, ohne ihnen „an Kenntnissen überlegen zu seyn, ihn doch zwingen wollte, jedesmal die Lehre, die er, der Pastor, gerade bekannte oder begünstigte, anzunehmen und in der Schule vorzutragen."[176]

Georg Fabricius, Rektor der Fürstenschule in Meißen, wandte sich im Bewusstsein, dass diese Auseinandersetzungen letztlich den Abfall der anvertrauten Gläubigen und Schüler vom Luthertum beförderten, per Brief an Melanchthon und Flacius, um sie zu einer Verständigung in den strittigen Lehrfragen aufzurufen.[177]

Bereits Ignaz von Döllinger hat auf den schädigenden Einfluss der Angriffe seitens der Prediger auf die Karrieren und Biographien der beteiligten Schulmänner hingewiesen. Viele von ihnen konnten sich wie Johann Glandorp, Christoph Ortlob oder Moritz Heling nur wenige Jahre an ihren Wirkungsstätten halten und mussten auf Betreiben der gegnerischen Prediger gleich mehrfach Amt und Stadt verlassen.[178] Für die Gymnasien war diese häufige Fluktuation nicht selten existenzbedrohend, „da das Niveau sank und der Zuzug von Schülern zurückging".[179]

In Zittau bewies der Rat sein Interesse an humanistischer Gelehrsamkeit durch die Berufung von Philippisten wie Caspar Janitius in das Rektorenamt des reich ausgestatteten und renovierten Gymnasiums. Um die Wende zum 17. Jahrhundert mehrten sich jedoch die „Streitigkeiten mit dem orthodox-lutherischen Pastor primarius sowie den Scholarchen". Bis 1604 hatten sämtliche Philippisten die Stadt verlassen, das orthodoxe Luthertum sich durchgesetzt und die „Zittauer Eltern schickten ihre Kinder fortan nach Prag oder Breslau".[180]

Der am weitesteten verbreitete Anlass für Verfolgung und Vertreibung war der Verdacht des Kryptocalvinismus. Dabei machten sich die lutherischen Prediger die in der einfachen Bevölkerung verbreitete Xenophobie zunutze. Sie entfalteten ihre Wirkung durch „den Mißbrauch der Kanzel zur Diffamierung einzelner Personen und Durchsetzung politischer oder persönlicher Interessen".[181]

Diese Instrumentalisierung der Predigt lässt sich anhand des Wirkens der Schneeberger Rektoren Balthasar Crusius und Abraham Schade nachverfolgen.[182] Schneeberg verdankte dem Silberbergbau wirtschaftliche Prosperität, die es dem

---

176 Döllinger: Reformation, Bd. 1, S. 411f.
177 Ebd., S. 421.
178 Ebd., S. 423–425.
179 Crusius: Kryptocalvinismus in Kursachsen, S. 173.
180 Ebd., S. 150.
181 Ebd., S. 165.
182 Ebd., S. 165–169.

Rat erlaubte, exzellente Gelehrte wie Johannes Rivius und Adam Siber an das Gymnasium zu berufen. Doch bereits bei der Berufung Crusius' wurden vonseiten der Geistlichkeit Zweifel an der Rechtgläubigkeit des humanistischen Gelehrten geäußert. Über die Gründe für den nach nur siebzehn Monaten erfolgten Rücktritt Crusius' von der gut dotierten Stelle gibt die Akte seines Nachfolgers, Abraham Schade, Auskunft.

Schade war vor seinem Rektorat in Schneeberg Konrektor der Thomasschule in Leipzig und der Fürstenschule in Meißen, die er jedoch wegen Verdachts des Kryptocalvinismus verlassen musste. Trotz der prophilippistischen Einstellung des Schneeberger Rates verließ Schade auch Schneeberg, weil, wie einer Klageschrift an den Rat zu entnehmen ist, seine Stellung innerhalb der Stadt durch den Schneeberger Pfarrer Meusel (Musculus) untergraben worden war. Das *gifftige vnd zugenötigte gezencke*[183] von der Kanzel herab hätte seinem Ruf in der Stadt und bei seinen Vorgesetzten empfindlichen Schaden bereitet. Er bat deshalb den Rat um Schutz für sich und seine Familie. Schade verließ aus demselben Grund wie Crusius Schneeberg. Der Rat fürchtete, „daß in Zukunft kein gelehrter und geeigneter Mann sich für dieses Amt zur Verfügung stellen würde und daß die Schule zugrunde gehe".[184]

Ein weiteres Beispiel für eine mit dem Vorwurf der Heterodoxie verbundene Vertreibung aus dem Rektorenamt bietet die Biographie des Bernhard Copius. Das Lemgoer Gymnasium erhielt durch den 1559 berufenen Rektor Copius eine neue Schulordnung.[185] Unter Copius entfaltete die Lemgoer Druckerei eine rege Drucktätigkeit für Schulzwecke: Es erschienen drei Lehrbücher der Dialektik, Logik und Rhetorik, die mit ihrem Titel *Partitiones Dialecticae, Logicae* und *Rhetoricae* an die entsprechenden Publikationen Johannes Sturms anknüpfen könnten. Zu den weiteren von Copius besorgten Drucken gehörten eine Ausgabe der Psalmen und der Katechismus des David Chytraeus.[186]

Ähnlich wie bei Prätorius in Magdeburg fand diese zwar kurze, aber wissenschaftlich fruchtbare Phase ihr vorzeitiges Ende durch Angriffe seitens des Lemgoer Predigers Hermann Hamelmann. Nach mehreren Auseinandersetzungen in Disputationen, die theologische Themen wie die Wesensart Gottes und Christi,

---

183 Ebd., S. 169.
184 Ebd.
185 Friedrich Bratvogel: Das Schulprogramm von Bernhard Copius für das Lemgoer Gymnasium. In: Friedrich Bratvogel (Hg.): Bernhard Copius und das Lemgoer Gymnasium. Göttingen 2011, S. 13–29.
186 Vgl. die Bibliographie der gymnasialen Werke des Copius bei Lothar Weiß: Bernhard Copius (1525–1581). In: Friedrich Bratvogel (Hg.): Bernhard Copius und das Lemgoer Gymnasium. Göttingen 2011, S. 43–69, hier S. 50f.

die Lehre von den guten Werken und die doppelte Prädestinationslehre Calvins zum Inhalt hatten, mündete das Zerwürfnis in dem Vorwurf Hamelmanns, Copius neige dem calvinistischen Abendmahlsverständnis zu.[187] Copius musste Lemgo 1566 verlassen und wandte sich nach Marburg, um sich an der dortigen Universität zu immatrikulieren – augenscheinlich eine den Wissenschaften freundlicher gesonnene Wirkungsstätte. In Marburg stieg Copius innerhalb weniger Jahre zum Professor der griechischen Sprache und zum Dekan der philosophischen Fakultät auf, wechselte 1580 in die juristische Fakultät und lehrte als Professor für die *Institutiones* römisches Recht.[188]

Die Biographien von Philippisten wie Crusius oder Schade stehen paradigmatisch für die einer größeren Gruppe von direkten oder indirekten Schülern Melanchthons, deren Karrieren „unter dem Ruf, ein Kryptocalvinist zu sein, einen irreparablen Bruch" erlitten,[189] denn nicht allen gelang wie Copius der Wechsel in ein besser angesehenes und dotiertes Amt. Das Schicksal dieser Philippisten muss von dem gnesiolutherischer *Exules*,[190] die ebenfalls häufige Ortswechsel in Kauf nehmen mussten, unterschieden werden. Für *Exules* wie Tilemann Heshusen in Magdeburg war eine „harte Kompromisslosigkeit"[191] kennzeichnend, die sie nicht selten in gravierende Konflikte mit der Obrigkeit brachte.

Auf der anderen Seite erwies sich das hauptsächlich über das Medium der humanistischen Epistolographie[192] am Leben erhaltene „humanistisch-philippistische Netzwerk" als erstaunlich widerstands- und lebensfähig. Weitere biographisch oder lokal angelegte Studien könnten dazu dienen, die umfassende „Breitenwirkung der von Melanchthon gelehrten und in Kettenreaktion von seinen Schülern und Enkelschülern auf den Lateinschulen und Universitäten weitergegebenen Denk- und Verhaltensmuster" zu erhellen.[193]

---

187 Bartolt Haase: Das Ringen um die Reformation. Lutheraner und Reformierte in Lippe. In: Friedrich Bratvogel (Hg.): Bernhard Copius und das Lemgoer Gymnasium. Göttingen 2011, S. 151–169, hier S. 159–162.
188 Lothar Weiß: Bernhard Copius (1525–1581), S. 51f.
189 Crusius: Kryptocalvinismus in Kursachsen, S. 142.
190 Vgl. Irene Dingel: Die Kultivierung des Exulantentums im Luthertum am Beispiel des Nikolaus von Amsdorf. In: dies. (Hg.): Nikolaus von Amsdorf (1483–1565) zwischen Reformation und Politik. Leipzig 2008, S. 153–175; sowie Anja Moritz: Interim und Apokalypse. Die religiösen Vereinheitlichungsversuche Karls V. im Spiegel der magdeburgischen Publizistik 1548–1551/52. Tübingen 2009.
191 Koch: Der kursächsische Philippismus, S. 66.
192 An Umfang des Korpus und Qualität der Edition unerreicht: Heinz Scheible: Melanchthons Briefwechsel. Kritische und kommentierte Gesamtausgabe. Stuttgart-Bad Cannstatt 1977–.
193 Crusius: Kryptocalvinismus in Kursachsen, S. 173.

2.3 Die Absetzung des Straßburger Rektors Johannes Sturm

Auch in Straßburg findet sich die typische Streitkonstellation: auf der einen Seite der humanistische Rektor Sturm mit seinen Anhängern, auf der anderen Seite die Straßburger Theologen um die einflussreichen Münsterprediger und Superintendenten Johann Marbach und Johann Pappus.

Die Gründung des Straßburger Gymnasiums war mit Hoffnungen auf Verständigung in den das protestantische Lager spaltenden Fragen verbunden. Straßburg nahm nicht allein geographisch eine Mittlerstellung zwischen dem Wittenberger und dem Schweizerischen Protestantismus ein. Das Gymnasium war projektiert als „akademische Pflegestätte eines Protestantismus [...], der, von den dogmatischen Gewaltsamkeiten Luthers sich freihaltend und wissenschaftlicher Forschung Raum gebend, alle Freunde der religiösen und geistigen Freiheit nicht bloss in Deutschland, sondern in ganz Europa und ohne starre Glaubensformel verbinden und zusammenschliessen und durch seine Milde, Weitherzigkeit und Versöhnlichkeit die wohlmeinenden und massvollen Elemente auch in der alten Kirche gewinnen und zu sich herüberziehen könnte".[194] Johannes Sturm war mit seiner lebenslangen Neigung, „zwischen den religiösen Gegensätzen und Parteien zu vermitteln und der Sache des Friedens und der Einigung"[195] zu dienen, der richtige Mann für dieses Projekt.

Die ersten Jahrzehnte des Gymnasiums schienen die hohen Erwartungen zu erfüllen: Renommierte Gelehrte, die nicht selten der religiösen Anschauungen wegen aus ihren Heimatländern Italien und Frankreich vertrieben worden waren, wurden für eine Lehrtätigkeit gewonnen. So berief man 1542 Peter Martyr Vermigli, der, seinen humanistischen Interessen entsprechend, nicht allein über das Alte Testament, sondern auch über die Nikomachische Ethik des Aristoteles und andere antike Autoren las.

In seiner synoptischen Sicht auf christliche und heidnische Autoren glich Vermigli dem Verfechter der *philosophia Christi*, Erasmus. „Als Loci communes erörterte Vermigli in seinen Vorlesungen immer wieder in breitester Form an geeigneten Stellen die moralischen Normen, die das Leben des einzelnen Christen und der christlichen Gemeinschaft bestimmen sollten."[196] Aus seiner Vorlesungstätigkeit über die aristotelische Ethik erwuchs ein Kommentar,[197] in dem sich Vermigli als Kenner „anderer zeitgenössischer Kommentatoren" erweist.

---

194 Veil: Zum Gedächtnis Johannes Sturms, S. 36.
195 Ebd., S. 7.
196 Schindling: Humanistische Hochschule und Freie Reichsstadt, S. 353.
197 Peter Martyr Vermigli: In Primvm, Secvndvm, Et Initivm Tertii Libri Ethicorvm Aristotelis Ad Nicomachvm. Zürich 1563.

Jenseits der konfessionellen Grenzen bildeten protestantische und katholische Kommentatoren in der *Respublica litteraria* „eine Gemeinschaft von Gelehrten, die in ihren Auslegungen grundlegender Quellentexte die Prinzipien der Wissenschaften festlegten, neue Befunde ihrer ‚Kollegen' diskutierten und alte Deutungsweisen bestätigten bzw. verwarfen."[198] Auf ähnliche Weise lehrte in Straßburg der Theologieprofessor und Schüler Vermiglis, Girolamo Zanchi, ein weiterer humanistisch gesonnener italienischer Glaubensflüchtling.

Das innerstädtische Gleichgewicht verlagerte sich in der zweite Hälfte des 16. Jahrhunderts jedoch zugunsten der strikten Lutheraner. Sowohl Vermigli als auch Zanchi wurden vom Straßburger Prediger und Theologieprofessor Johann Marbach wegen ihrer reformierten Auffassung von Prädestination und Abendmahl angegriffen. Darüber hinaus monierte Marbach die Konzentration der Humanisten auf die moralischen *Loci*, die er als Vernachlässigung der christlichen Doktrin ansah. Bei seinen eigenen Vorlesungen richtete Marbach sein Hauptaugenmerk dagegen „auf die christlichen Zentrallehren wie die Trinitätstheologie und die Christologie und [...] auf die zeitgenössischen dogmatischen Streitfragen von der Rechtfertigung, der Prädestination, der Kirche und den Sakramenten. [...] Loci zur Moral finden sich dagegen kaum."[199] Marbach vollzog eine Abkehr von dem bisher die Straßburger Theologie dominierenden humanistischen Moralismus und stellte stattdessen „das dogmatische Bekenntnis mit aller Schärfe in den Mittelpunkt".[200]

Durch den Einsatz von Kanzelpolemik und taktierender Beeinflussung der Obrigkeit gelang es den lutherischen Predigern, die Meinungsführerschaft in Straßburg an sich zu ziehen. Die vormalige Koexistenz der Anhänger des lutherischen und des reformierten Bekenntnisses wich einem Klima des Häresieverdachts. Vermigli „verliess infolge dieser Anfeindungen Strassburg 1556 und ging nach Zürich",[201] um dort an der Hohen Schule, der *Schola Tigurina* zu lehren.

Sein Schüler Zanchi harrte länger aus. Nach einer langwierigen Kontroverse mit Marbach „hielt er in der Schule eine Rede über die theologische Bedeutung der Kircheneinheit, als deren Voraussetzungen er den gemeinsamen rechten Glauben und die Bruderliebe nannte".[202] Die Versuche, Zanchi zur Konformität

---

[198] Luca Baschera: Zwischen Philosophie und Theologie: Aspekte der Aristoteles-Auslegung Peter Martyr Vermiglis. In: Herman J. Selderhuis, Markus Wriedt (Hgg.): Konfession, Migration und Elitenbildung. Studien zur Theologenausbildung des 16. Jahrhunderts. Leiden, Boston 2007, S. 85–97, hier S. 91.
[199] Schindling: Humanistische Hochschule und Freie Reichsstadt, S. 357.
[200] Ebd., S. 357.
[201] Veil: Zum Gedächtnis Johannes Sturms, S. 76.
[202] Schindling: Humanistische Hochschule und Freie Reichsstadt, S. 361. Die Rede findet sich nach Schindling unter dem Titel: „Hieronymi Zanchii cum post compositum utcunque dissidium

mit dem lutherischen Bekenntnis zu zwingen – unter anderem durch Unterschrift unter den Bekenntnistext der Straßburger Konkordie von 1563 –, schlugen fehl. Nachdem er mehrfach öffentlich an der calvinistischen Auffassung von Prädestination und Abendmahl festgehalten hatte, konnte selbst Sturm, der ihm freundschaftlich verbunden war und sich stets für seinen Verbleib am Gymnasium eingesetzt hatte, nichts mehr ausrichten. Im November 1563 verließ mit Zanchi der „letzte Theologieprofessor, der dem reformierten Bekenntnis zuneigte", Straßburg und folgte einem Ruf als Pfarrer nach Chiavenna in der Lombardei.[203]

Das deutlichste Zeichen für die Abnahme der religiösen Toleranz innerhalb Straßburgs, das lange Zeit auch verfolgten Hugenotten Asyl geboten hatte, war die Amtsenthebung des greisen Rektors Sturm im Jahr 1581. Johann Marbach hatte seit Mitte der 1550er Jahre einen negativen Einfluss auf das Gymnasium ausgeübt, denn ihm war „weniger an der Pflege der humanistischen Studien und überhaupt des wissenschaftlichen Sinnes als an der Heranziehung eines rechtgläubigen Nachwuchses" gelegen.[204] Folge dieser Beeinträchtigung war, dass während der Kontroversen zwischen Zanchi und Marbach die Deklamations- und Disputationsübungen eingestellt wurden, „um sie nicht in ein Parteigezänk ausarten zu lassen".[205] Vom Geist der Toleranz zeugende Schulbücher wurden durch betont orthodoxe ersetzt: Die von Sleidanus und Sturm übersetzten Katechismen Bucers mussten dem des David Chyträus weichen.[206] Die *Catechesis*[207] des Rostocker Theologieprofessors gilt als „das am meisten verbreitete lateinisch geschriebene Lehrbuch in der zweiten Hälfte des 16. Jahrhunderts".[208] Sie wurde auch in Magdeburg[209] nachgedruckt und demnach wahrscheinlich im Unterricht verwendet. 1570 verwarfen die Wittenberger Philippisten um Christoph Pezel eine von Chyträus veränderte Neuauflage als „flacianisch".[210] Die Fraktion um Mar-

---

iterum ingressurus esset scholam legendi gratia oratio" in: Hieronymus Zanchius: Operum theologicorum tomus VII. Genf 1613, Sp. 448–453.
203 Schindling: Humanistische Hochschule und Freie Reichsstadt, S. 361; Sohm: Die Schule Johann Sturms und die Kirche Straßburgs, S. 234.
204 Veil: Zum Gedächtnis Johannes Sturms, S. 76.
205 Ebd.
206 Ebd.
207 David Chytraeus: Catechesis In Academia Rostochiana ex praelectionibus Dauidis Chytraei collecta. Rostock 1554; vgl. Andreas Ohlemacher: Lateinische Katechetik der frühen lutherischen Orthodoxie. Göttingen 2010.
208 Hasse: Zensur theologischer Bücher in Kursachsen, S. 87.
209 David Chytraeus: Catechesis Davidis Chytraei recens recognita, et multis Definitionibus aucta. Magdeburg: Wolfang Kirchner 1570.
210 Hasse: Zensur theologischer Bücher in Kursachsen, S. 81, 87–89; Hund: Das Wort ward Fleisch, S. 212.

bach richtete ihre Angriffe nicht allein gegen die reformierten Anschauungen des Rektors, sondern forderte schließlich auch die Ersetzung der heidnischen Klassiker am Gymnasium durch die Kirchenväter.²¹¹

Sturms Einsatz für verfolgte Hugenotten, die „religiöse Weitherzigkeit und Milde", mit der er sich gegen die Vertiefung der Gegensätze zwischen den drei Konfessionen zur Wehr setzte, seine „Begeisterung für das humanistische Bildungsideal", schließlich seine Verbindungen zu vielen Potentaten und Gelehrten ganz Europas: All dies „bot seinen Widersachern Stoff und Handhaben genug, um ihn bei Rat und Bürgerschaft religiöser Zweideutigkeit und Gesinnungslosigkeit, ja offenbarer Ketzerei, verdächtiger Beziehungen zu auswärtigen Calvinisten und Papisten [...] und einer für das Heil der ihm anvertrauten Jugend gefährlichen und einseitigen Geistesrichtung anzuklagen".²¹²

Die von 1570 bis 1575 währenden Angriffe Johann Marbachs konnte Sturm dank seines Rückhaltes bei „einzelnen hochstehenden und hochgebildeten Ratsmitgliedern" und der Verehrung, die er in der Lehrer- und Studentenschaft genoss, noch abwehren.²¹³ Ein gefährlicherer Gegner erwuchs ihm in dem erst dreißigjährigen Marbach-Schüler, Theologieprofessor und Münsterprediger Johann Pappus, der es „als seine Lebensaufgabe ansah, die Lehrtradition Luthers zu wahren".²¹⁴ Daher setzte sich Pappus auch dafür ein, dass die „orthodox lutherische und scharf antireformierte Konkordienformel" zur „maßgeblichen Bekenntnisgrundlage von Kirche und Schule auch in Straßburg" werden sollte.²¹⁵ Für Sturm dagegen war die Konkordienformel lediglich Instrument der Indoktrination und eine Legitimationsgrundlage für die kirchliche und obrigkeitliche Verfolgung abweichender Religionsanschauungen. Der Rektor demonstrierte auf traditionell humanistische Weise seine Ablehnung: Er habe die Konkordienformel nicht einmal gelesen.²¹⁶ Die zwischen Luthertum und Calvinismus vermittelnde *Confessio Tetrapolitana* war für ihn nach wie vor das maßgebliche Bekenntnis Straßburgs. In Sorge um den „Erhalt und die Frequentierung der Akademie"²¹⁷ verteidigte er „die Kirchengemeinschaft mit den Reformierten".²¹⁸

---

211 Veil: Zum Gedächtnis Johannes Sturms, S. 79.
212 Ebd., S. 89.
213 Ebd.
214 Schindling: Humanistische Hochschule und Freie Reichsstadt, S. 366.
215 Ebd., S. 367.
216 Irene Dingel: Caritas christiana und Bekenntnistreue. Johannes Sturms Einsatz für die Einheit des Protestantismus in den Auseinandersetzungen um die lutherische Konkordienformel. In: Matthieu Arnold (Hg.): Johannes Sturm (1507–1589). Rhetor, Pädagoge und Diplomat. Tübingen 2009, S. 375–390, hier S. 382.
217 Dingel: Caritas christiana und Bekenntnistreue, S. 376.
218 Schindling: Humanistische Hochschule und Freie Reichsstadt, S. 368.

Die unter Beteiligung vieler auswärtiger Unterstützer ausgetragene Kontroverse zwischen Sturm und Pappus nahm ihren Ausgang von einer Disputation. In der Akademie vertrat Pappus die heute geradezu paradox anmutende These, dass die *Caritas christiana* ein forciertes Vorgehen gegen abweichende Lehren verlange. Pappus argumentierte, „dass es die in der ersten Tafel des Dekalogs gebotene, Gott entgegenzubringende Liebe regelrecht erfordere, all die Lehren zu brandmarken und zu verwerfen, die dieser Gottesverehrung als Irrlehren im Wege stünden".[219] Mit der Disputation suchte Pappus auf den Straßburger Rat Einfluss zu nehmen, um ihn zur Unterschrift unter die Konkordienformel zu bewegen, was dieser bisher aus Rücksichtnahme auf „die reformierten Nachbarkirchen, vor allem in der Schweiz", abgelehnt hatte.[220]

Der Rektor reagierte auf diesen Unfrieden stiftenden Affront mit einer Serie von Streitschriften unter dem Titel *Antipappi*,[221] die Veil auch aufgrund der „nachteiligen Folgen für den Verfasser" in die Tradition der gegen Antonius gerichteten *Philippicae* Ciceros stellt.[222] Die Freunde Sturms sorgten für eine „reiche Verbreitung" der *Antipappi*: Sie wurden im In- und Ausland, in Pommern, Preußen, Zürich, Genf, Nürnberg und am kursächsischen Hof gelesen.[223]

Die Prediger Straßburgs beeinflussten von den Kanzeln herab die öffentliche Meinung, und der Rückhalt des angesehenen und verdienstvollen Rektors in der Bevölkerung schwand zusehends. Auch der lutherische Kurfürst Ludwig VI. von der Pfalz, der mit den Predigern in enger Verbindung stand, forderte nun die Absetzung Sturms. Auf diese Weise von innen und außen unter Druck geraten, erließ der Rat zunächst ein Publikationsverbot gegen den Rektor. Als Gerüchte aufkamen, er solle inhaftiert werden, flüchtete Sturm aus Straßburg. Im August 1581 wurde der auf Lebenszeit gewählte und seit 45 Jahren amtierende Rektor per Ratsbeschluss abgesetzt.[224]

Sturm kämpfte um seinen Posten: Er erhob Anklage gegen den Beschluss beim Reichskammergericht und lehnte 1583 einen Ruf an die Heidelberger Universität ab. Dass er trotz seiner einflussreichen Verbindungen nichts ausrichten konnte, macht deutlich, wie fragil die Position der Humanisten zwischen den Fronten der Konfessionalisierung geworden war. Mit Sturm verschwand der letzte einflussreiche Widerstand gegen die Annahme der Konkordienformel; die Positi-

---

219 Dingel: Caritas christiana und Bekenntnistreue, S. 379.
220 Schindling: Humanistische Hochschule und Freie Reichsstadt, S. 368.
221 Johannes Sturm: D. Ioannis Stvrmii Rectoris Argentinensis Antipappi Tres. Contra D. Ioannis Pappi Charitatem Et Condemnationem Christianam. O.O. 1579.
222 Cic. Phil.; Veil: Zum Gedächtnis Johannes Sturms, S. 90.
223 Dingel: Caritas christiana und Bekenntnistreue, S. 381.
224 Sohm: Die Schule Johann Sturms und die Kirche Straßburgs, S. 291.

on des Ausgleichs verlor ihren Fürsprecher. Trotz seiner Jugend wurde Johann Pappus zum Präsidenten des Kirchenkonvents gewählt und setzte „die Konkordienformel als Bekenntnisform für die freie Reichsstadt durch".[225] „Obrigkeit und Schule waren der Kirche unterlegen, waren von ihr entmündigt."[226]

In der ersten Hälfte des 16. Jahrhunderts hatte Straßburg dank seiner Multikonfessionalität die Position eines Bindeglieds und Vermittlers zwischen den auseinanderstrebenden Konfessionen innegehabt. Die tolerierte Pluralität religiöser Anschauungen stellte einen idealen Nährboden für Dialog und wissenschaftlichen Fortschritt dar, wovon die Qualität der Lehre unter dem Rektorat Sturms Zeugnis ablegt. Demgegenüber bedeutete der von der Fraktion Marbachs und Pappus' ausgeübte Zwang zur Konformität mit dem lutherischen Bekenntnis eine Reduzierung geistiger Freiräume, was sich an dem Wegzug bedeutender Gelehrter wie Vermigli und Zanchi und an der Ersetzung nicht konformer Lehrbücher ablesen lässt.

Zwar entfaltete auch Pappus, bis zu seinem Tod im Jahr 1610 die „dominierende Persönlichkeit unter den Straßburger Theologieprofessoren"[227] und zeitweilig Rektor, eine facettenreiche Lehrtätigkeit. Sein wissenschaftliches Interesse richtete sich jedoch vor allem auf die Kirchengeschichte und die Patristik. Ähnlich wie Matthias Flacius Illyricus diente Gelehrsamkeit Pappus nicht – wie den Humanisten – der Verständigung und Veredlung der Persönlichkeit, sondern den Zwecken der Kontroverstheologie. So versuchte er mehrfach „in Lehrveranstaltungen und in Streitschriften die katholische Kontroverstheologie mit dem Nachweis zu entkräften, daß die Augsburger Konfession in allen Punkten mit den Lehren des Kirchenvaters Augustin übereinstimmte".[228]

Während Sturm stets zu verhindern gesucht hatte, „dass die Philologie nichts bedeutete als die dienende Magd der Theologie",[229] sank der Humanismus bei Pappus auf das Niveau einer Methode. Diese Ausrichtung des wichtigsten Professors und Rektors der Akademie auf die Streittheologie blieb nicht ohne Einfluss auf die Lehrpraxis. Der weltoffene Geist des Humanismus, mit dem Sturm das Gymnasium mehr als vier Jahrzehnte geprägt hatte, war unwiederbringlich verloren. „Es sollte nicht mehr lange dauern, daß jeder Lehrer der Schule gezwungen wurde, das vielumstrittene Konkordienbuch zu unterschreiben."[230]

---

225 Schindling: Humanistische Hochschule und Freie Reichsstadt, S. 368.
226 Sohm: Die Schule Johann Sturms und die Kirche Straßburgs, S. 296.
227 Schindling: Humanistische Hochschule und Freie Reichsstadt, S. 368.
228 Ebd., S. 369.
229 Veil: Zum Gedächtnis Johannes Sturms, S. 76.
230 Sohm: Die Schule Johann Sturms und die Kirche Straßburgs, S. 296.

Für die Erhellung der Magdeburger Situation ist diese Entwicklung des Straßburger Gymnasiums insoweit von Belang, als auch in Magdeburg ein publizistisch produktiver und wissenschaftlich vielseitiger Rektor von betont orthodoxen Lutheranern zunächst angefeindet und schließlich aus der Stadt vertrieben wurde, was sich auch in Magdeburg auf die Qualität der Lehre am Gymnasium auswirkte. Abdias Prätorius, der zunächst dem Autorenkollektiv der Magdeburger Zenturien angehört hatte, wurde vor allem von seinem Kollegen, dem Zenturiator und Konrektor des Magdeburger Gymnasiums, Matthäus Judex, wegen seiner Kontakte zu Katholiken offen angegriffen.

Ende der 1550er Jahre gab Prätorius seinen Posten in Magdeburg auf und ging an die Universität Frankfurt a. O. Er hatte zuvor die bis ins 17. Jahrhundert maßgebliche Schulordnung des Gymnasiums[231] sowie mehrere Lehrbücher verfasst, zu denen eine griechische Syntax[232] gehörte, die im Anhang den griechischen Briefwechsel des Prätorius mit dem Leipziger Gräzisten und Melanchthonfreund Joachim Camerarius bot.

Ähnlich wie in Straßburg und vielen anderen Städten im protestantischen Raum gelangte hier eine wissenschaftlich und pädagogisch fruchtbare Periode durch die Vertreibung eines humanistisch gesonnenen Gelehrten, der sich in seinen freundschaftlichen Beziehungen nicht von den konfessionellen Grenzen einschränken ließ, an ihr Ende.

In den Straßburger Kontroversen zwischen Sturm und den Straßburger Predigern ging es immer auch um die Legitimität der humanistischen Bildung im Curriculum. Vonseiten der Theologen erhob sich Widerstand gegen eine extensive Lektüre der antiken Autoren, auf deren Kosten sie den Anteil von Katechismus- und Bibelstudium am Unterricht zu erhöhen suchten. Vermutlich hegten sie dabei den Verdacht, dass die systematische Schulung des Intellekts, wie sie bspw. mithilfe der aristotelischen Logik unternommen wurde, die Hinterfragung christlicher Dogmen befördern konnte. Durch die *Studia humanitatis* konnte den Schülern bestenfalls bewusst werden, dass die christliche Weltsicht nur eine von vielen möglichen Deutungen darstellte. Der Renaissancehumanismus war verbunden mit Skepsis und Relativierung von für unumstößlich gehaltenen Glaubenssätzen. Im Prozess der Konfessionalisierung wohnte ihm daher eine Potenz zu Nonkonformismus inne. Die Versuche lutherischer Theologen, das Curriculum

---

231 Abdias Prätorius: Lvdi Literarii Magdebvrgensis Ordo, Leges ac Statuta, Autore Godescalco Praetorio. Capita Pagina uersa commemorat. Magdeburg: Michael Lotter 1553.
232 Abdias Prätorius: Godescalci Prætorij de Syntaxi græca Libri duo, Quorum Prior Regularem normam, Posterior figuras complectitur. Adiectæ sunt Epistolæ Ioachimi Camerarij [et] ipsius Prætorij. Frankfurt a. M. 1554.

von „heidnischen" Texten zu reinigen, sind daher im Schulwesen des 16. und 17. Jahrhunderts omnipräsent.

2.4 Jakob Andreae und die Reform der kursächsischen Fürstenschulen

Ein besonders aufschlussreiches Beispiel für diesen Kampf um humanistische Bildung bieten die Ereignisse um die Entstehung der kursächsischen Schulordnung von 1580. Beauftragt vom sächsischen Kurfürsten August, unternahm der württembergische Theologe Jakob Andreae[233] den Versuch, das gesamte kursächsische Schulwesen durch eine Reform den Zwecken einer beinahe ausschließlichen Theologenausbildung dienstbar zu machen. Diese Reform gefährdete nicht allein den Bestand der Universitäten Leipzig und Wittenberg, sondern auch den der traditionsreichen humanistischen Fürstenschulen Kursachsens.

Die in den 1540er Jahren erfolgte Konsolidierung der kirchlichen Verhältnisse hatte Herzog Moritz von Sachsen die Einrichtung staatlicher Gelehrtenschulen ermöglicht. Im Jahr 1543 wurden in den ehemaligen Klöstern zu Pforta, Meißen und Grimma drei Gymnasien errichtet, die aus eingezogenen Kirchengütern finanziert wurden.[234] Durch die Gewährung von Stipendien wurde begabten, mittellosen Landeskindern der Besuch des Gymnasiums und später der Universität ermöglicht. Die Gegenleistung bestand im Eintritt in den Landesdienst. Neben den Stipendiaten belegten jedoch auch die Söhne der Adligen und der wohlhabenderen Stadtbürger diese Schulen. Das Bildungsziel war daher nicht allein das Studium der Theologie, sondern auch der Jurisprudenz und der Medizin.

Das Niveau der Fürstenschulen lag deutlich über dem einfacher Lateinschulen. Aufgenommen wurden allein bereits über Grundkenntnisse des Lateinischen verfügende Schüler im Alter von 11–15 Jahren. Im Curriculum nahmen die antiken Autoren eine gegenüber religiösen Inhalten bevorzugte Stellung ein: „Zur Einübung der Sprachen und Künste diente die Lektüre der Schriftsteller; in Meißen wurden um 1546 je nach Gelegenheit gebraucht Cicero, Terenz, Virgil, stattdessen zuweilen Horaz und Ovid; im Griechischen die Schriften von Isokrates, Xenophon, Plutarch, Hesiod, Theognis, Phokylides."[235]

Ihren Rektoren und Lehrern verdankten die Fürstenschulen ein hohes Niveau humanistischer Bildung, wovon z. B. die Tätigkeit des Meißener Rektors Georg

---

233 Vgl. Theodor Mahlmann: Art. Jacob Andreae. In: Killy/Kühlmann 1 (2008), S. 148–151.
234 Jonas Flöter, Günther Wartenberg (Hgg.): Die sächsischen Fürsten- und Landesschulen. Interaktion von lutherisch-humanistischem Erziehungsideal und Eliten-Bildung. Leipzig 2004.
235 Paulsen: Geschichte des gelehrten Unterrichts, S. 301.

Fabricius als Herausgeber und Autor christlicher Dichtung Zeugnis ablegt.[236] Die zum Teil bis heute existierenden Gymnasien übten eine Vorbildwirkung auf die Einrichtung ähnlicher Institutionen im protestantischen Raum aus. Ihre Absolventen – u. a. Pufendorf (Grimma), Klopstock (Pforta) und Lessing (Meißen) – zählten zu den namhaftesten deutschen Gelehrten.[237] Dass es in den Fürstenschulen gelang, über die Jahrhunderte hinweg ein hohes Niveau altsprachlichen Unterrichts zu gewährleisten, lag nicht zuletzt am Scheitern der Reformpläne Andreaes.

In das unmittelbare Vorfeld der kursächsischen Schulreform von 1580 gehört der sechs Jahre zuvor erfolgte „Sturz des Kryptocalvinismus".[238] Kurfürst August von Sachsen hatte lange Jahre eine an Melanchthon angelehnte Theologie an der Universität Wittenberg gefördert. Charakteristisch für diese Theologie war eine tolerante Haltung gegenüber den Calvinisten. In der Folge eines Gesinnungswechsels des Kurfürsten, der nun sein „calvinismusfreies Luthertum"[239] demonstrieren wollte, gerieten die Wittenberger Philippisten in den Verdacht, im Geheimen dem calvinistischen Bekenntnis anzugehören. Stein des Anstoßes war die *Exegesis perspicua* des Joachim Curaeus,[240] der lutherische Dogmen wie die Ubiquitätslehre kritisierte und dazu aufforderte, solche „noch vorhandenen papistischen Reste, die Luther nicht überwunden habe", zu beseitigen.[241]

Der unbegründete Verdacht der Konspiration mit auswärtigen Calvinisten trug den Professoren der Leucorea Caspar Cruciger d. J., Heinrich Moller, Christoph Pezel und Friedrich Widebram ihre Entlassung ein.[242] Noch härter traf es die Philippisten am kursächsischen Hof: Der kurfürstliche Leibarzt und Wittenberger

---

236 Georg Fabricius: Poetarvm Veterum Ecclesiasticorum Opera Christiana, & operum reliquiae atque fragmenta. Thesavrvs Catholicae Et Orthodoxae Ecclesiae, & Antiquitatis religiosae, ad utilitatis iuuentutis Scholasticæ. Basel: Johannes Oporinus 1564; ders.: Poematum sacrorum libri XV. Basel: Johannes Oporinus 1560; vgl. Walther Ludwig: Christliche Dichtung des 16. Jahrhunderts. Die „Poemata sacra" des Georg Fabricius. Göttingen 2001.
237 Paulsen: Geschichte des gelehrten Unterrichts, S. 302.
238 Ernst Koch: Der kursächsische Philippismus; Hasse: Zensur theologischer Bücher in Kursachsen, S. 137–182; vgl. auch Kap. B. 3.13. Sacks Verteidigung der Wittenberger Philippisten.
239 Helmar Junghans: Art. „Kryptocalvinisten" in: TRE 20, S. 123–129, hier S. 126.
240 Joachim Curaeus: Exegesis perspicua et ferme integra controuersiae de Sacra Coena, Scripta vt priuatim conscientias piorum erudiat, Et subiicitur iudicio sociorum confessionis Augustanae, Quicunque candide et sine priuatis affectibus iudicaturi sunt. Genf [Leipzig] 1574. Vgl. zum fingierten Druckort der Exegesis perspicua und den Konsequenzen für den Drucker: Hasse: Zensur theologischer Bücher in Kursachsen, S. 140–152.
241 Carl Andresen (Hg.): Handbuch der Dogmen- und Theologiegeschichte. Bd. 2: Die Lehrentwicklung im Rahmen der Konfessionalität. Göttingen 1998, S. 133.
242 Ulrike Ludwig: Philippismus und orthodoxes Luthertum an der Universität Wittenberg. Die Rolle Jakob Andreäs im lutherischen Konfessionalisierungsprozeß Kursachsens (1576–1580). Münster 2009, S. 100.

Professor der Medizin Caspar Peucer,[243] die Hofprediger Schütz und Stössel sowie der Geheime Rat Cracow wurden unter dem Verdacht einer calvinistischen Verschwörung inhaftiert. „Cracow und Stössel starben in der Haft, Schütz und Peucer wurden erst im Jahr 1586 auf Betreiben des Fürsten Joachim Ernst von Anhalt freigelassen."[244] Teil dieser Maßnahmen war der Erlass der Torgauer Artikel, einer scharf anticalvinistischen Bekenntnisschrift, die in Kursachsen die reine Lehre garantieren sollte. Einige der inkriminierten Philippisten weigerten sich jedoch, die Torgauer Artikel zu unterzeichnen.

Diese „Reinigung" des kursächsischen Hofes und der Wittenberger Universität bildet den Rahmen der vom Kurfürsten geplanten Reform der Fürstenschulen. Ähnlich wie an der Wittenberger Universität gedieh hier ein Klima humanistischer Gelehrsamkeit, dass sich von dogmatischen Einseitigkeiten freizuhalten suchte und sich dem Erbe Melanchthons verpflichtet fühlte. Dies äußerte sich unter anderem darin, dass die von ihm verfassten Grammatik-, Rhetorik- und Dialektiklehrbücher im Unterricht verwendet wurden. Gerade der hohe Anteil humanistischer Inhalte am Curriculum löste den Verdacht des Kurfürsten und seines Umfeldes aus. Augusts erklärtes Ziel war es, *daß beide Kirchen und Schulen von solchem Gifft [dem Calvinismus] wiederumb gereinigt und reine Lehrer vnd Professores verordnet werden möchten.*[245]

In dem württembergischen Theologieprofessor und Kanzler der Tübinger Universität, Jakob Andreae, erblickte der Kurfürst den geeigneten Mann für die Umsetzung seiner Reformpläne. Andreae gilt der protestantischen Kirchengeschichtsschreibung als „Vater der Konkordienformel". Sein Wirken hätte die „Konsolidierung des Luthertums und die Ausbildung einer lutherischen Orthodoxie"[246] entscheidend befördert. Durch die Konkordienformel wurden die bestehenden Gemeinsamkeiten der protestantischen Konfessionen ausgeblendet, die dogmatischen Unterschiede jedoch gleichsam zementiert. „Der Preis dieser lutherischen Bekenntniseinigung und -klärung aber war die dauernde, erbitterte Tren-

---

243 Vgl. Heinz Scheible: Art. Caspar Peucer. In: Killy/Kühlmann 9 (2010), S. 170–172; Hans-Peter Hasse, Günther Wartenberg (Hgg.): Caspar Peucer (1525–1602). Wissenschaft, Glaube und Politik im konfessionellen Zeitalter. Leipzig 2004.
244 Ludwig: Philippismus und orthodoxes Luthertum, S. 100–101.
245 Zitat nach Frank Ludwig: Die Entstehung der kursächsischen Schulordnung von 1580, S. 99.
246 Thomas Kaufmann: Protestantische Bekenntnisbildungen. In: ders., Raymund Kottje (Hgg.): Ökumenische Kirchengeschichte, Bd. 2: Vom Hochmittelalter bis zur Frühen Neuzeit. Darmstadt 2008, S. 340–355, hier S. 346.

nung und Zwietracht zwischen den Evangelischen der lutherischen und reformierten Bekenntnisse und Bekenntniskirchen."[247]

Unter den Zeitgenossen war Andreae eine äußerst umstrittene Figur. Insbesondere seine Polemik gegen den versöhnlichen Melanchthon wirkte polarisierend: Während man bisher den Diensteid auf Melanchthons Fassung der Augsburger Konfession und andere seiner Schriften geschworen hatte, galten diese nun als Irrlehren. Den zur Unterzeichnung Verpflichteten blieb nur die Konversion zum Calvinismus oder die „irenische Resignation vor dem Absolutheitsanspruch der lutherischen Orthodoxie".[248]

Der nach dem Sturz der Philippisten in Kursachsen inhaftierte Dichter Johannes Major hatte sich geweigert, die Konkordienformel zu unterschreiben. In seinen Gedächtnisreden auf Melanchthon und in Schmähversen nahm Major die Reisetätigkeit des „unermüdlichen ‚Architekten' der Konkordie"[249] aufs Korn: „Wie ein Zahnbrecher und Theriaksverkäufer ziehe Andreae umher, den Herrn Philippus, unsern ‚*communem praeceptorem sanctae memoriae*' und uns, seine armen Schülerlein, zu unterdrücken, um Approbation zu erlangen für seine und des Brentius ungereimten und von der ganzen Antiquität verworfenen dogmata."[250] Eine kritische, quellennahe Würdigung der zentralen Stellung, die Andreae aufgrund seiner persönlichen und publizistischen Wirkung im auf den Dreißigjährigen Krieg zulaufenden Prozess der Konfessionalisierung einnahm, steht noch aus.

Andreae strebte die Reform des gesamten Schulwesens Kursachsens an. „Um einen ‚Vorrat' rechtgläubiger Theologen zu schaffen, war es vor allem seine Absicht gewesen, einen geschlossenen Zusammenhang zwischen den Partikularschulen, Fürstenschulen und Stipendien herzustellen. Die tüchtigsten armen Schüler sollten aus den Partikularschulen auf die Fürstenschulen befördert, hier auf das theologische Studium vorbereitet und dann in die Stipendien aufgenommen werden."[251] Von auf ein Stipendium angewiesenen Schülern war ein höheres Maß an Konformität zu erwarten, als von den Söhnen des Adels und Bürgertums, in deren Familien humanistische Gelehrsamkeit zum Teil wie ein Erbe an die

---

247 Martin Heckel: Reichsrecht und „Zweite Reformation": Theologisch-juristische Probleme der reformierten Konfessionalisierung. In: Heinz Schilling (Hg.): Die reformierte Konfessionalisierung in Deutschland – Das Problem der „Zweiten Reformation". Gütersloh 1986, S. 11–43, hier S. 30.
248 Crusius: Kryptocalvinismus in Kursachsen, S. 173.
249 Irene Dingel: Concordia controversa. Die öffentliche Diskussion um das lutherische Konkordienwerk am Ende des 16. Jahrhunderts. Gütersloh 1996, S. 17.
250 Kühlmann: Lyrik als Waffe, S. 262.
251 Ludwig: Die Entstehung der kursächsischen Schulordnung von 1580, S. 169.

nächste Generation weitergegeben wurde.[252] Diesem Potential an Widersetzlichkeit ist es geschuldet, dass die kursächsischen Bildungsinstitutionen gegen den Willen Andreaes ihren traditionellen Charakter bewahren konnten.

Zu den wichtigsten Maßnahmen der Schul- und Universitätsreform zählte Andreaes Vorschlag, sämtliche Schulen und Universitäten des Landes zahlreichen „Spezial- oder Lokalvisitationen"[253] zu unterziehen, was von den betroffenen Professoren, Rektoren und Lehrern als Eingriff in ihren Zuständigkeitsbereich, als Gängelei empfunden wurde. Geplant war ein hierarchisches System von Visitatoren; über die Vergabe von Stipendien der Fürstenschulen entschieden die Generalsuperintendenten, die gleichzeitig das Amt eines Kanzlers der Universität innehatten. Die einzelnen Fäden dieses Systems liefen im Oberkonsistorium zusammen: „In dem Oberkonsistorium als der kirchlichen Zentralbehörde sammelt sich die gesamte Inspektion über die Kirchen und Schulen des Landes."[254]

Andreae orientierte sich bei diesen Plänen an den Verhältnissen in Württemberg, wo er als Kanzler der Universität Tübingen einen weitreichenden Einfluss ausübte. Kursachsen verfügte dagegen mit seinen Universitäten und Fürstenschulen über relativ autonome Institutionen. Über die Qualität der Lehre entschied das Maß an Freiheit, über das die Professoren und Rektoren bei der humanistischen Gestaltung der Curricula verfügten. Andreae stützte sich bei seinen Eingriffen in diesen wissenschaftlichen Bereich auf das Argument, nur durch verstärkte Kontrolle könne die Verbreitung der „reinen Lehre" sichergestellt werden.

Andreae gewann durch seine Reformvorschläge das Vertrauen des Kurfürsten. Er wurde zum „Generalinspektor der kursächsischen Kirchen und Schulen" ernannt, eine Machtfülle, die im Gegensatz stand zu der Ablehnung und dem „geheimen Widerstand", mit dem sich Andreae in Kursachsen konfrontiert sah.[255] Dies betraf z. B. die umstrittene Besetzung des Amtes des Stadtpredigers in Wittenberg, mit dem die wichtigste theologische Professur verbunden war. Andreae setzte seinen erst 24-jährigen Neffen Polykarp Leyser in dieses Amt ein, was regen Widerspruch seitens der Wittenberger hervorrief.[256]

Adam Siber, ein bereits betagter Schüler Melanchthons, und Matthäus Dresser waren als Rektoren von Grimma und Meißen die prominentesten Figuren des Widerstands gegen Andreaes Plan, die „aus dem Geist des Humanismus gebore-

---

252 Julian Kümmerle: Luthertum, humanistische Bildung und württembergischer Territorialstaat. Die Gelehrtenfamilie Bidembach vom 16. bis zum 18. Jahrhundert. Stuttgart 2008.
253 Ludwig: Die Entstehung der kursächsischen Schulordnung von 1580, S. 7.
254 Ebd., S. 170.
255 Ebd., S. 10–11.
256 Ebd., S. 33.

nen Anstalten nach dem Muster der württembergischen Klosterschulen in reine Theologenschulen zu verwandeln".[257] Als der Meißener Rektor Dresser von den Plänen Andreaes erfuhr, bot er den kursächsischen Räten seinen Rücktritt an und äußerte sich brieflich über die geplante Reform: „Er sei auf eine philosophische Schule bestellt und habe sich allzeit vor theologischem Regiment gehütet." Dresser fügte die Prophezeiung des vormaligen Meißener Rektors Georg Fabricius an: „Wenn die Theologen in den Schulen regieren, werdet ihr der kruden Barbarei anheimfallen."[258] Die kursächsischen Räte waren die Adresse, an die sich die Reformgegner wandten und bei der sie Gehör fanden.

In Vorbereitung der Reform hatte man von den Partikular- und Fürstenschulen Kursachsens sämtliche Ordnungen und Statuten sowie einen Bericht über den gegenwärtigen Zustand eingefordert. Ein wichtiges Dokument der humanistischen Ausrichtung des kursächsischen Schulwesens war der daraufhin von Adam Siber eingereichte Entwurf einer Schulordnung für die Partikularschulen, die als einfache städtische Lateinschulen der Vorbereitung auf die Fürstenschulen dienten.

Das von Siber aufgestellte Curriculum bewegte sich in den von Melanchthon vorgezeichneten Bahnen. Nach dem Alter und den Kenntnissen gestaffelt, empfahl er die Lektüre der Werke Ciceros: „für die Kleineren *Epistolae minores*, für die Größeren *Familiares* und *De Senectute, Amicitia, Officiis*". Das poetische Handwerk sollten die Schüler anhand der *Bucolica* des Vergil und den von Johannes Sturm besorgten *Volumina poetica* lernen. An griechischen Autoren lasen die Schüler die Fabeln des Aesop und die *Gnomae et sententiae Graecae* des Gregor von Nazianz. Um den Schülern den kolloquialen Gebrauch des Lateinischen nahezubringen, wurden die *Colloquia* des Erasmus, die *Paedologia* des Mosellanus, Sturms *Neanisci* und ein weiteres Lehrbuch der Alltagssprache aus der Feder Camerarius' verwendet. Des Weiteren enthält der Lehrplan Sibers eingehende methodische Vorkehrungen für das Erlernen der Grammatik, die Autorenlektüre und eigene Stilübungen.[259]

Anhand dieser Beispiele wird die von Siber angestrebte Dominanz humanistischer Inhalte im kursächsischen Schulwesen deutlich. Er handelte bei der Aufstellung des Lehrplans für die Partikularschulen auch aus dem Interesse heraus, einen geeigneten Nachwuchs für die Fürstenschulen heranzubilden. An den Fürstenschulen sollte mithilfe einer ausgeweiteten Lektüre der antiken Autoren auf diese Basiskenntnisse aufgebaut werden. Angesichts der Bedrohung durch Eingriffe in das Schulwesen von kurfürstlicher Seite verfasste Siber auch

---

257 Ebd., S. 53.
258 Ebd., S. 54: „Quando Theologi imperabunt scholis, crudam barbariem habebitis."
259 Die von Siber entworfene Partikularschulordnung ist zusammenfassend wiedergegeben bei: Ludwig: Die Entstehung der kursächsischen Schulordnung von 1580, S. 58–60.

eine lateinische Schulordnung für die drei Fürstenschulen, in der er die gewachsenen Traditionen festschrieb und auf diese Weise zu erhalten suchte. Diese Schulordnung Sibers für die Fürstenschulen wurde von Andreae zunächst ignoriert, weil ihr Inhalt seinen eigenen Plänen entgegengesetzt war.

Der Versuch Andreaes, seine Reformpläne, für die er die Unterstützung des Kurfürsten besaß, ohne großes Aufsehen umzusetzen, scheiterte in Kursachsen am Widerstand der übrigen Theologen und Räte. Sie forderten die Einberufung eines Landtags, eines Forums, auf dem auch die Verteidiger der humanistischen Gelehrsamkeit das Wort erhalten sollten. Daher trat Anfang des Jahres 1579 in Torgau ein Landtag zusammen. Der aus dem Umfeld des Kurfürsten gebildeten Partei, zu der der kursächsische Kanzler und Andreae gehörten, standen die kursächsischen Räte, Rektoren, Professoren und die Stände gegenüber.

Andreae legte seine Pläne für die Fürstenschulen dar. Sie sollten „ganz der Erziehung von Kirchen- und Schuldienern gewidmet werden."[260] All jene Schüler, die nicht für ein Theologiestudium vorgesehen sind – insbesondere die adligen und bürgerlichen Zöglinge –, sollen aus den Schulen ausgesondert werden. Für sie soll ein viertes Gymnasium, eine Juristenschule eingerichtet werden. Da die Fürstenschulen allein für die Ausbildung zukünftiger Theologen vorgesehen waren, plante Andreae eine vollständige Neuorientierung ihres Curriculums. Er sah vor, dass „das ganz Studium und alle ihre Exercitia im Schreiben und Reden auf die heilige Schrift gerichtet" werden sollten.[261]

Auch für die geplante Juristenschule war eine drastische Reduzierung der Lerninhalte, insbesondere der vormaligen extensiven Autorenlektüre, vorgesehen. Die Schüler könnten, so Andreae, die Regeln der Grammatik, Rhetorik und Dialektik ebenso gut aus den kanonischen Rechtstexten lernen; die Lektüre der klassisch humanistischen Texte wie z. B. des Terenz sei als obsolet anzusehen. *Welches [Grammatik, Rhetorik, Dialektik] alles ebenso wohl vnd leicht mit den edlen Knaben in den Institutionibus iuris als aus den Fabulis Äsopi, Terentio oder andern gelehrt vnd getrieben werden kann. Dadurch auch die Knaben die Terminos iuris von Tag zu Tag lernen, ihnen selbst einbilden vnd also vnwissend den Grund zu dem Studio iuris legen.*[262]

Der humanistische Grundsatz, dass die Lektüre antiker Autoren mit leicht eingängigen und an die Erfahrungswelt des Kindes angepassten Texten wie z. B. Fabeln beginnen sollte, wird von Andreae außer Kraft gesetzt. Ebenso verzichtbar erscheint ihm die Grundlage sämtlicher protestantischer Schulordnungen dieses

---

260 Ebd., S. 76.
261 Ebd., S. 77.
262 Ebd.

Zeitraums, das Prinzip der *imitatio*, dem zufolge die Schüler durch die Lektüre grammatikalisch korrekter und stilistisch vorbildlicher Texte der Antike auf den Weg der eigenen Betätigung als Autor geführt werden sollten. „Mit einem Wort: Andreä will Fachschulen gründen. Fachbildung von Jugend auf soll an die Stelle der allgemeinen humanistischen Bildung treten, die bisher an den Fürstenschulen gepflegt worden ist. Die alten Fürstenschulen sollen Theologenschulen werden, die neue eine Juristenschule."[263]

Da sich Andreae auf diese Weise vom pädagogischen Konsens der Gelehrten entfernt hatte, nimmt nicht wunder, dass sich erheblicher Widerspruch seitens der am Landtag beteiligten Professoren und Rektoren regte. Der Kurfürst sah – ähnlich wie bereits beim Sturz des Kryptocalvinismus – eine Verschwörung am Werk: Die Opponenten hätten *alsbald angefangen vnser furhaben vnd bedenken zu disputiren vnd difficultiren vnd sich stracks darwider gesetzt, wie sie dies ganze werk hintertreiben möchten.*[264] Offenbar fehlte ihm jegliches Verständnis für die realen Verhältnisse im Schulwesen seines Landes.

Doch auch die Unterstützung von kurfürstlicher Seite konnte nichts ausrichten, statt der Pläne Andreaes wurde der oben bereits erwähnte Entwurf einer Schulordnung für die Fürstenschulen von Adam Siber von den Ständen approbiert. Sie äußerten die Hoffnung, der Kurfürst werde die drei Schulen *wie sie gestiftet und fundieret* erhalten.[265] Auch die Ausscheidung der adligen Knaben aus den drei Fürstenschulen und die Gründung einer separaten Juristenschule wurden abgelehnt. Durch diese Ablehnung wird deutlich, dass die Stände gegen den Reformeifer des Kurfürsten an der bewährten humanistischen Tradition der Fürstenschulen festzuhalten suchten.

In der Nachfolge des Torgauer Landtages wurde in langwierigen Verhandlungen von beiden Seiten versucht, die eigene Position durchzusetzen. Die letztinstanzliche Entscheidung lag bei den kurfürstlichen Räten. Andreaes Reformpläne für die Fürstenschulen sind „an dem vereinten Widerstande der Stände und Räte gänzlich gescheitert".[266] Weder der Umwandlung der Gymnasien in Theologenschulen noch der Einrichtung einer separaten Juristenschule wurde zugestimmt. Den Fürstenschulen blieb „ihr stiftungsgemäßer Charakter als allgemein humanistische Bildungsstätten gewahrt"; sie standen weiterhin auch adligen und bürgerlichen Schülern offen.

Allerdings vermochte sich Andreae das Recht zu sichern, eine deutsche Übersetzung der von den Ständen auf dem Torgauer Landtag approbierten Schul-

---

263 Ebd.
264 Ebd., S. 86.
265 Ebd., S. 88.
266 Ebd., S. 113.

ordnung Sibers herzustellen. Es zeugt von seiner Beharrlichkeit, dass er in die deutsche Fassung Details einfließen ließ, an denen sich seine dem Humanismus entgegengesetzte, strikt theologisch orientierte Auffassung von Bildung ablesen lässt. Abgesehen davon, dass Andreae den „Zitaten, Gleichnissen und humanistisch gelehrten Anspielungen" des Siberschen Originals durch sein „triviales Deutsch" nicht gerecht wurde, finden sich auch inhaltliche Änderungen. Siber hatte stillschweigend vorausgesetzt, dass die die Grammatik-, Rhetorik- und Dialektiklehrbücher Melanchthons im Unterricht Verwendung finden sollen. „Melanchthon allein sollte in den *Ludis illustribus* das Regiment führen."[267] Es ist als Symptom Andreaes antiphilippistischer Einstellung anzusehen, dass er stattdessen den Gebrauch anderer Autoren, wie z. B. der griechischen Grammatik des Martin Crusius, vorsieht.[268]

Im Lektürplan nahm Andreae eigenmächtig Änderungen vor, so bspw. bei der curricularen Abfolge der Werke Ciceros. Während Siber in fünf Artikeln der Schulordnung detaillierte Vorkehrungen für die Anlage der Lesefrüchte in Florilegien getroffen hatte, maß Andreae dieser Einrichtung, gemessen an den Kürzungen in diesem Bereich, offenbar weit weniger Wert bei.

Um die Schüler auf den universitären Unterricht vorzubereiten, hatte Siber für die oberste Klasse das gelegentliche Eingehen auf „die Lehre von den Bewegungen der Himmelskörper und vom Bergbau, die Gesetze der Mathematik, das Basiswissen der Medizin und Jurisprudenz" angeordnet, was man auch als Einbindung der Realien in den gymnasialen Unterricht interpretieren kann.[269] In Andreaes Übersetzung lautet die Stelle: *So aber bei den praeceptis artium dicendi Exempla gesetzt, so aus heiliger schrifft, Juristerei, der Arznei oder andern künsten gezogen, sollen sie in denselben die Knaben nicht aufhalten, sondern auf das einfeltigste die Regulam damit erkleren vnd weiter nicht annehmen, sondern im lesen fortfahren*. Während Siber eine affirmative Haltung gegenüber den Fachwissenschaften demonstrierte und seinen Schülern den Einstieg in nichttheologische Karrieren nahelegte, offenbart Andreae seine Ablehnung jeglicher Wissensgebiete abseits der Theologie.

Trotz dieser Modifikationen, die es gerechtfertigt erscheinen lassen, Andreaes Übersetzung als „Entstellung"[270] des Siberschen Originals zu werten, war der

---

267 Ebd., S. 124.
268 Martin Crusius: Grammatica Graeca cum Latina congruens. Basel 1562–63.
269 Ludwig: Die Entstehung der kursächsischen Schulordnung von 1580, S. 125: „Doctrinam de motibus corporum caelestium, de iis, quae gignuntur in aere, de Mathematum principiis, de Medicinae primordiis et Legum rudimentis, prout inciderint et ad autorum explicationem faciunt, cum iudicio, sobrie et breviter attingant."
270 Ebd., S. 126.

württembergische Theologe doch an den Inhalt desselben gebunden. Die Übersetzung floss in die kursächsische Schulordnung von 1580 ein, die ihrerseits einen Teil der Kirchenordnung Kursachsens bildet.[271] Während sich Andreae den Einfluss auf die Partikularschulen durch die beinahe wortgleiche Übernahme der entsprechenden Passagen aus der württembergischen Schulordnung von 1559[272] sichern konnte, scheiterte sein Plan der Reform der Fürstenschulen und damit eines zentralen Teils des kursächsischen Schulwesens an dem Widerstand des Adels, der kurfürstlichen Räte und Stände.

In der Zusammenschau der etwa zeitgleich erfolgten Ereignisse in Straßburg und Kursachsen ergibt sich folglich ein geteiltes Bild: Über die Qualität des Unterrichts an den protestantischen Gymnasien entschied häufig das Schicksal der Rektoren und Lehrer. Viele unter ihnen waren Humanisten melanchthonischer Prägung, nicht selten teilten sie dessen Abneigung gegenüber dogmatischen Kontroversen und die Hinwendung zum humanistischen Ideal einer *emendatio vitae*. Diese Indifferenz weckte den Verdacht der lokalen Prediger, die die Weitergabe der „reinen Lehre" gefährdet sahen.

Bei Existenz eines unterstützenden Umfeldes, das sich meistens aus humanistisch gebildeten Juristen zusammensetzte, konnte es, wie in Kursachsen, gelingen, die Angriffe der Gnesiolutheraner abzuwenden. Im entgegengesetzten Fall drohte, wie in Straßburg oder Magdeburg, die Vertreibung der Rektoren aus Amt und Stadt, was mit Einschränkung des wissenschaftlichen Horizonts und damit der beruflichen Optionen ihrer Schüler verbunden war.

Nur unter Berücksichtigung der omnipräsenten gymnasialen Kontroversen zwischen Philippisten und Gnesiolutheranern bietet sich somit ein vollständiges Bild des „Konfessionalisierungsprozesses in seiner letzten Phase, wobei Träger des geistlichen Amtes, die Theologen, weniger die Vertreter der kurfürstlichen Regierung, mit Polemik und Verleumdung nachweislich Ausgrenzung, Niveauverlust und Instabilität bewirkten."[273]

---

271 Kurfürst August von Sachsen: Des Durchlauchtigsten [...] Herrn Augusten, Hertzogen zu Sachsen [...] Ordnung, wie es in seiner Churf. G. Landen, bey den Kirchen, mit der lehr und Ceremonien, deßgleichen in derselben beiden Universiteten, Consistorien, Fürsten- vnd Particular Schulen, Visitation, Synodis, vnd was solchem allem mehr anhanget, gehalten werden sol. Leipzig 1580; abgedruckt in Vormbaum: Evangelische Schulordnungen, Bd. 1, S. 230–297.
272 Vormbaum: Evangelische Schulordnungen, Bd. 1, S. 68–165.
273 Crusius: Kryptocalvinismus in Sachsen, S. 161 f.

B Die Magdeburger Rektoren in chronologischer Reihenfolge

1 Caspar Cruciger (1525–1528) und Georg Major (1529–1536)

1.1 Gründung und erste Jahre unter Rektor Cruciger

Die Gründung des Altstädtischen Gymnasiums im Jahr 1524 stand in „der unmittelbarsten Verbindung"[1] mit der Reformation Magdeburgs. Der Elbestadt kam eine wichtige strategische Funktion bei der Verbreitung der lutherischen Konfession in die nördlich von Wittenberg gelegenen Gebiete zu. Luther suchte Magdeburg daher vom 24. bis zum 26. Juli nicht allein deswegen auf, um hier Predigten zu halten, sondern auch um im Hintergrund Gespräche über die Einführung des neuen Glaubens zu führen. Neben der Wahl neuer Pfarrer, der Auflösung der Klöster, der Einziehung des Kirchenvermögens und der Berufung seines engen Vertrauten Nikolaus von Amsdorf – langjähriger Superintendent Magdeburgs –, empfahl Luther auch die Gründung einer Stadtschule. Die Sorge um die Weitergabe der Glaubenslehre an zukünftige Generationen, die Luther in seiner Ratsherrenschrift von 1524 den städtischen Obrigkeiten übertragen hatte, stellt sich so dar als organischer Teil der Verbreitung der Reformation.

Gemäß der Formel *sola scriptura*[2] wandten sich die Reformatoren von der Autorität der Papstkirche ab und legten den Schwerpunkt auf die Bibel. Für ein adäquates Verständnis und die Exegese der Bibel war das Erlernen der Sprachen, des Lateinischen, Griechischen und Hebräischen, unerlässliche Voraussetzung.[3] Die Bewahrung der Religion ist somit letztlich an die Vermittlung der Grammatik gebunden, und hier setzte Melanchthon an, um die bereits seit der Spätantike angefochtene Lektüre der heidnischen Klassiker zu legitimieren.

Obwohl sich 1524 zunächst der Rat und dann auch die Bürgerschaft Magdeburgs eindeutig auf die Seite Wittenbergs gestellt hatten,[4] wäre die Vorstellung verfehlt, dass damit die reibungslose Umsetzung der Reformation in der Stadt verbunden war. In den ersten Jahren muss vielmehr von einem Nebeneinander katholischer und lutherischer Glaubenspraxis ausgegangen werden. Hugo Holstein, der Verfasser der maßgeblichen Geschichte des Gymnasiums aus dem

---

1 Holstein: Das Altstädtische Gymnasium, S. 16.
2 Vgl. Beutel (Hg.): Luther Handbuch, S. 361f.
3 Heinz Scheible: Melanchthons Bildungsprogramm. In: ders.: Melanchthon und die Reformation. Forschungsbeiträge. Mainz 1996, S. 99–114, hier S. 91f.
4 Zum Magdeburger Bürgereid von 1524 vgl. Asmus: 1200 Jahre Magdeburg, Bd. 1, S. 440f.

19. Jahrhundert, deutet dies an, indem er auf den Gegensatz der reformatorischen Kräfte in Magdeburg zu Erzbischof und Domkapitel hinweist, die sich nach wie vor als legitime Aufsichtsbehörde auch des Schulwesens verstanden hätten.[5]

Im Spätmittelalter war die Beschulung in Magdeburg Aufgabe der Parochialschulen und der Klöster, z. B. des Franziskanerordens, gewesen. Da mit diesen Instanzen die Vermittlung konträrer Glaubensinhalte verbunden war, wurde ein Neuanfang unausweichlich. Dieser Neuanfang bestand in der bereits im September 1524, wenige Wochen nach Amtsantritt Amsdorfs als Prediger der Ulrichskirche, erfolgten Zusammenlegung sämtlicher Parochialschulen in eine zentrale Stadtschule.[6] In den ersten Jahren sah sich das Gymnasium aufgrund wachsender Schülerzahlen wiederholt mit dem Wechsel seines Domizils konfrontiert. Begonnen hatte man im Gebäude der ehemaligen Parochialschule der Johanniskirche, später wich man auf die „leerstehende Stephanscapelle auf dem Johanniskirchhofe" aus.[7]

Der Beginn eines genuinen gelehrten Unterrichts, verbunden mit dem entsprechenden Niveau altsprachlicher Unterweisung, ist in Magdeburg wohl erst mit der Berufung Caspar Crucigers[8] als Rektor anzusetzen. Mit dem 1504 in Leipzig geborenen Cruciger wurde für Magdeburg ein Gelehrter mit weitgespanntem geistigen Horizont gewonnen. Zu seinen Lehrern an der Leipziger Universität gehörten die Gräzisten Richard Crocus,[9] der in Paris, Löwen, Köln, Cambridge und Oxford lehrte und mit den bedeutendsten Humanisten seiner Zeit korrespondierte, und Petrus Mosellanus.[10] Mosellanus eröffnete die Leipziger Disputation von 1519 mit der Oratio *De ratione disputandi praesertim in re theologica*. Unter dem Leitstern der *concordia* und in Anlehnung an Cicero[11] und Quintilian[12] forderte Mosel-

---

5 Holstein: Das Altstädtische Gymnasium, S. 17; vgl. auch Wriedt: Georg Major als Pädagoge, S. 161f.
6 Vgl. Wolfgang Mayrhofer: Die früheste protestantische Stadtschule Europas – das Altstädtische Gymnasium in Magdeburg. In: Matthias Puhle, Peter Petsch (Hgg.): Magdeburg. Die Geschichte der Stadt 805–2005. Dössel 2005, S. 343–354, hier S. 344.
7 Holstein: Das Altstädtische Gymnasium, S. 17.
8 Ebd., S. 17–20; Friedrich de Boor: Art. Caspar Cruciger. In: TRE 8, S. 238–240; Theodor Pressel: Caspar Cruciger. Nach gleichzeitigen Quellen. Elberfeld 1862, S. 11–13. Zu der Zeit nach seinem Weggang aus Magdeburg, in der er in Wittenberg an der Seite Melanchthons eine zentrale Rolle einnahm, vgl. Scheible: Melanchthon. Eine Biographie, passim.
9 Vgl. Peter G. Bietenholz (Hg.): Contemporaries of Erasmus. A biographical register of the Renaissance and Reformation. Toronto 1985–87, Bd. 1: Art. Richard Croke, S. 351f.
10 Vgl. Stefan Rhein: Art. Petrus Mosellanus. In: Killy/Kühlmann 8 (2010), S. 341f.; Bietenholz: Contemporaries of Erasmus, Bd. 2: Art. Petrus Mosellanus, S. 466; vgl. auch Paulsen: Geschichte des gelehrten Unterrichts, Bd. 1, S. 101f. und passim.
11 Zum Begriff aptum vgl. Cic. De orat. 3, 55, 211.
12 Zum Begriff ethos vgl. Quint. 6, 2, 11f.

lanus hier die Kombattanten Luther und Eck zur Vermeidung von Polemik, zu gegenseitigem Respekt und konstruktivem Streitverhalten auf – vergeblich, wie man weiß.[13] Mosellanus gehörte zu den meistgedruckten Autoren von Standardwerken für den humanistischen Unterricht. Seine *Paedologia*, ein Elementarlehrbuch zur Einübung des kolloquialen Lateins, fand in Anlehnung an Melanchthons *Vnterricht der Visitatoren* Eingang in viele protestantische Schulordnungen.[14]

Es ist wahrscheinlich, dass Cruciger in Leipzig durch die universale Gelehrsamkeit und den kosmopolitischen Geist des vorreformatorischen Humanismus geprägt wurde. Zwar ist er der Forschung hauptsächlich als einflussreicher theologischer Gutachter und Herausgeber der Werke Luthers bekannt, seine Interessen beschränkten sich jedoch auch in späteren Jahren keineswegs allein auf die Theologie. Neben seinen bereits 1524 begonnenen botanischen Studien – er „legte [...] in Wittenberg einen botanischen Garten an"– widmete er sich als Anhänger des kopernikanischen Weltbildes der Astronomie.[15] Auch dass er sich an der Seite Melanchthons für eine liberalere, nicht den Buchstaben, sondern den Geist ansehende Auslegung der lutherischen Lehrsätze einsetzte, könnte als Ausfluss seiner humanistischen Ausbildung anzusehen sein.

Mit dem Wirken Crucigers in Magdeburg war – über den Bruch der frühen Reformation hinweg – eine gewisse Kontinuität in der Vermittlung humanistischer Methoden und Ideale gegeben. Im Hinblick auf die Einbeziehung der antiken Autoren in den Unterricht ist davon auszugehen, dass er an die Vorgaben der vorreformatorischen Humanisten anknüpfte. In Ermangelung literarischer Zeugnisse – der Druck von Unterrichtswerken war in Magdeburg erst mit dem Wirken von Georg Major verbunden – lässt sich die Stellung Crucigers am Gymnasium lediglich anhand der Reflexe im Briefwechsel mit seinem Mentor Melanchthon nachvollziehen.

Bevor an Cruciger der Ruf aus Magdeburg erging, schlug ihn Melanchthon brieflich Georg Spalatin für die neu an der Wittenberger Universität zu errichtende Quintilianprofessur vor, was sich jedoch zerschlug.[16] Die Berufung nach Magdeburg selbst ist nicht thematisiert worden; die nächste Erwähnung seitens Melanchthon findet sich in einem Brief an seinen engsten Vertrauten, Joachim Camerarius.[17] Mitte Mai 1525 berichtet Melanchthon, er sei kürzlich mit Cruciger in Magdeburg

---

13 Rummel: Confessionalization of humanism, S. 122–124.
14 Vgl. Kap. A. 1.3. Die Gründung des reformatorischen Schulwesens.
15 Friedrich de Boor: Art. Caspar Cruciger. In: TRE 8, S. 239.
16 MBW 353; Brief von Anfang November 1524; vgl. auch MBW 361; Brief vom 20. 12. 1524. Diese und die folgenden Informationen auch bei Holstein: Das Altstädtische Gymnasium, S. 17 und Wriedt: Georg Major als Pädagoge, S. 163.
17 MBW 403; Brief vom 19.05.1525.

gewesen. Da nähere Ausführungen fehlen, nimmt Holstein an, dass Melanchthon in Magdeburg der Einführung Crucigers in sein Rektorenamt beiwohnte.[18]

In der Forschung wird aufgrund der Tatsache, dass noch im Jahr 1525 wegen der erhöhten Schülerzahl ein Umzug der Schule in das ehemalige Augustinerkloster notwendig wurde, davon ausgegangen, Crucigers Wirken sei mit einem bedeutenden Aufschwung des Gymnasiums verbunden gewesen.[19] Bezüglich der Frequentierung des Gymnasiums ist dies sicher richtig. Im Vergleich zu späteren Jahren – man denke etwa an die detaillierte Schulordnung des Abdias Prätorius aus dem Jahr 1553 – dürfte der anfangs erreichte Grad an Organisiertheit der Beschulung und Qualität der Lehre indes geringer einzuschätzen sein. Dies geht auch aus einem Brief Melanchthons hervor, der auf Crucigers Bitte um eine weitere Lehrkraft reagierte und ihm allgemeine Instruktionen für das Gymnasium übersandte.[20]

Für die ersten Jahre werden als Konrektor Gregor Wilke und als Tertius Sebastian Werner genannt. Bereits vor 1524 hatte der bedeutende Kantor, volkssprachliche Musiktheoretiker und Komponist Martin Agricola[21] in Magdeburg gewirkt; nach Zusammenlegung der Schulen wirkte er als Quartus am Gymnasium. Die hohen Schülerzahlen machten eine weitere Lehrkraft erforderlich. Melanchthon schrieb im erwähnten Brief aus Wittenberg,[22] dass wider Erwarten zwar nicht Hermann Tulichius gewonnen werden konnte, jedoch Ersatz in Person des Wittenberger *grammaticus* in Aussicht stehe. Dieser könne zwar singen, sei jedoch in der Versifikation ungeübt. Melanchthon äußert indes die Hoffnung, dass er sich darum bemühen und, *docendo discat*, während des Lehrens sein Wissen vervollkommnen werde. Da mit dem Versifizieren allgemein ein hoher Lerneffekt verbunden sei, bittet Melanchthon Cruciger, hierauf den Schwerpunkt der Unterweisung zu legen. „Durch kein anderes Genre des Schreibens kann der Intellekt des Schülers mehr geschärft werden als durch das Verseschmieden."[23]

Melanchthon richtet aufmunternde und kollegiale Worte an Cruciger. Er fordert ihn dazu auf, das „übernommene Amt als Verweser deines Reiches, das nicht frei von schweren Aufgaben und Gefahren ist",[24] guten Gewissens auszuüben. Es folgen humanistische Topoi: Was man bei der Kindererziehung versäume, wirke sich zum Schaden des gesamten Staates aus, denn die Städte

---

18 Holstein: Das Altstädtische Gymnasium, S. 19.
19 Ebd.
20 MBW 406; Brief vom 12.06.1525.
21 Armin Brinzing: Art. Martin Agricola. In: MGG, Personenteil, Bd. 1, Sp. 221–225; Holstein: Das Altstädtische Gymnasium, S. 18.
22 MBW 406; Brief vom 12.06.1525.
23 Ebd.: „Non alio genere scribendi magis acuuntur puerorum ingenia quam faciendis versibus."
24 Ebd.: „[...] susceptam διοίκησιν [...] plenam profecto negotii et periculi."

verfügten nur über solcherart Bürger, wie sie die Lehrer heranzögen. Indem er zur Einteilung der Kinder in Klassen und der dadurch möglichen Separierung von Grammatik- und Rhetorikunterricht auffordert, formuliert Melanchthon gleichsam das Credo des melanchthonischen Gelehrtenschulwesens. Doch über diese Fragen stehe man, so Melanchthon, auf anderer Ebene im Kontakt.

Gerade aus dem eher allgemeinen Charakter der den Brief abschließenden Anweisungen – Klasseneinteilung, Abfolge von Grammatik- und Rhetorikunterricht – kann geschlossen werden, dass sich das Gymnasium, wie im ersten Monat nach Übernahme des Amtes verständlich, noch im Aufbau befand.

Von dem Engagement und intellektuellem Anspruch des Gründungsrektors zeugt jedoch ein anderer Text aus dem Jahr 1526, der für einen Brief Melanchthons an Cruciger gehalten wird.[25] Der Absender nennt sich schlicht *amicus* und reiht im für Humanistenbriefe üblichen Stil umständlich formulierte und euphorische Freundschaftsbezeugungen aneinander. Mit den folgenden Worten übersendet der Absender einen Text Melanchthons:

> Des Weiteren schicke ich Dir den Kommentar zu den Bucolica Vergils, den Philippus den Knaben in seiner Schule [der schola privata im Hause Melanchthons] diktierte. Dies hattest Du ja von mir verlangt, als ich neulich bei Dir war; Deine Frau hat mich ebenfalls dessen ermahnt. Und auch ich wüsste derzeit nichts, was für Deine Schule passender wäre.[26]

Abgesehen davon, dass Melanchthons Verfasserschaft des Briefes wegen seiner Nennung in der dritten Person als unwahrscheinlich erscheint, ist bemerkenswert, dass es sich bei den Eklogen Vergils um einen Text handelt, der im dreiklassigen System Gegenstand der obersten Klasse war[27] und darüber hinaus vielen der avancierteren neulateinischen Dichter als Gattungsvorbild diente. Die neulateinische Bukolik fungierte als Tarnung für „riskantere Inhalte, von der Herrschaftskritik bis zum privaten Bekenntnis",[28] die es im Gewand der antiken Mythen zu verschlüsseln galt. Wenn man davon ausgeht, dass Cruciger die ge-

---

25 MBW 485a; Brief vom 9.08.1526.
26 Ebd.: „Caeterum mitto tibi scholia in Bucolica Vergilii quae Philippus pueris suis domi dictavit. Nam cum tale aliquid a me postulasti, cum nuper apud te fui, eiusque rei causa iam iterum me submonuit uxor tua, neque ego hoc tempore aliud sciebam quod tuae scholae accomodatius esset."
27 Hartfelder: Praeceptor Germaniae, S. 426.
28 Eckart Schäfer: Camerarius: Anonymität und Engagement. Von den Reformationseklogenpaaren zu Luthers Klage – ein Traum. In: Rainer Kößling, Günther Wartenberg (Hgg.): Joachim Camerarius. Tübingen 2003, S. 133–174, hier S. 134; vgl. auch Lothar Mundt: Die sizilischen Musen in Wittenberg – Zur religiösen Funktionalisierung der neulateinischen Bukolik im deutschen Protestantismus des 16. Jahrhunderts. In: Walther Ludwig (Hg.): Die Musen im Reformationszeitalter. Leipzig 2001, S. 265–288.

forderten Scholien Melanchthons zu den *Bucolica* im Unterricht am Magdeburger Gymnasium auch verwendete, so ist dies als Zeichen seines Ringens um Anschluss Magdeburgs an die *Respublica litteraria* zu werten.

Die 1602 gehaltene Valediktionsrede Gabriel Rollenhagens, Sohn des langjährigen Magdeburger Rektors Georg Rollenhagen,[29] stellt eine wichtige Quelle für die Geschichte des Altstädtischen Gymnasiums im 16. Jahrhundert dar. Sie wurde 1622 vom Magdeburger Lehrer Johannes Blocius zusammen mit zwei weiteren Reden unter dem Titel „Erster Vorgeschmack auf eine Geschichte Magdeburgs"[30] herausgegeben und diente noch im 19. Jahrhundert aufgrund der besonderen Quellenproblematik Magdeburgs[31] als Hauptquelle für die bereits erwähnte, von Hugo Holstein in mehreren Aufsätzen vorgelegte Geschichte des Gymnasiums. Basierend auf Rollenhagen[32] berichtet Holstein, dass Cruciger parallel zu seiner Tätigkeit an der Schule „verschiedenen geistlichen und bürgern"[33] Unterricht in der hebräischen Grammatik erteilte. In der unterrichtsfreien Zeit las Cruciger in der Stephanskapelle, gelegen auf dem Friedhof der Johanniskirche, mit seinen Zuhörern den hebräischen Psalter. Als Einführung diente die hebräische Grammatik des Matthäus Aurogallus.

An dieser Stelle lässt sich eine interessante Parallele zur Praxis der Schweizer Reformatoren ziehen. 1523 fand in Zürich die Reformation des Schulwesens statt, an der Zwingli programmatisch beteiligt war. Zeitgleich fanden – der reformatorischen Wertschätzung der Bibel gemäß – unter Leitung Zwinglis im Chor des Zürcher Großmünsters Lektionen für „Weltgeistliche, Mönche, Chorherren und die älteren Studenten"[34] in den drei biblischen Sprachen statt. Zunächst wurde ein Ausschnitt aus der Vulgata gelesen, der nach der Lektüre des hebräischen Originals ins Griechische übersetzt wurde. Zwingli kommentierte die Stelle lateinisch und „um 9 Uhr kam das Volk. Dieselbe Bibelstelle wurde nun in deutscher Sprache vorgelesen und erklärt." Diese polyglotte Praxis der Propagierung des biblischen Urtextes in öffentlichen Lektionen bildete den Nukleus für die Errichtung der *Schola Tigurina*, der Zürcher Hohen Schule.[35]

---

29 Vgl. Kap. B. 4. Georg Rollenhagen.
30 Johannes Blocius: Promulsis Magdeburgensis Historiae. Praemetii gratia proditae. Magdeburg 1622.
31 Schilling: Lotichius im Schulunterricht, S. 151, bes. Fn. 1.
32 Blocius: Promulsis Magdeburgensis Historiae, I 2 v.
33 Holstein: Das Altstädtische Gymnasium, S. 20.
34 Paulsen: Geschichte des gelehrten Unterrichts, S. 286.
35 Ebd., S. 286; vgl. auch Anja-Silvia Göing: „Physica" im Lehrplan der Schola Tigurina 1541–1597. In: Hans-Ulrich Musolff, Anja-Silvia Göing (Hgg.): Anfänge und Grundlegungen moderner Pädagogik im 16. und 17. Jahrhundert. Köln 2003, S. 73–91 und die weiteren der Schola Tigurina gewidmeten Arbeiten von Anja-Silvia Göing.

Cruciger war laut dem Urteil Melanchthons für die Aufgaben in Magdeburg bestens gerüstet, denn „er lernte die Sprachen überaus leicht, lateinisch, griechisch und hebräisch, und er lernte sie perfekt, so dass niemand über ein besseres Urteil über sie verfügte als er".[36] Nach seinem Abschied vom Magdeburger Gymnasium im Jahr 1528 – Melanchthon hatte sich brieflich gegenüber Luther für eine besser besoldete Stelle eingesetzt[37] – wirkte er in Wittenberg als Theologieprofessor und Prediger der Schlosskirche. Er brachte auch weiterhin seine Kenntnis der hebräischen Sprache ein, z. B. indem er Luther bei der Übersetzung der Propheten half.[38]

1.2 Georg Major und der Beginn gelehrter Publizistik in Magdeburg

Georg Major, geboren 1502 in Nürnberg, studierte seit seiner 1511 erfolgten Immatrikulation „mit Unterstützung des Kurfürsten und des Nürnberger Rathes" in Wittenberg".[39] 1528 wurde Major Gegenstand einer brieflichen Auseinandersetzung Melanchthons mit den Nürnberger Ratsherren.[40] Sein Stipendium sei für ein Studium der Theologie, nicht jedoch für Nebenstudien in der juristischen Fakultät gewährt, worauf Melanchthon beteuerte, Major hätte *das studium theologiae nie verlassen*. Darauf wird Major mit den folgenden Worten von seinem Lehrer verteidigt: *Das ehr aber daneben etlich lectiones in iure gehort hatt, hatt ehr mit meynem radt gethon. Denn ich befind in teglicher erfarung, wie nutzlich ist denen, so in den kirchen regirn, die alden constitutiones wissen, welche man bey den iuristen findet.* Melanchthon bittet die Ratsherren um Verständnis, dass *eyn junger gesell sich umbsicht unnd der alden constitutiones erforschet, damitt ehr sich deste baß in die sachen, so ietzund in der kirchen streyttig sind, richten kunde.*[41]

---

36 Vgl. die von Melanchthon für den Nachruf bereitgestellten Informationen in: Laudes Crucigeri (CR VII, Sp. 222–224): „Didicit linguas facillime, latinam, graecam et hebraeam, et perfecte didicit, ut nemo melius de eis iudicaret."
37 MBW 899; Brief vom 4.05.1530: „Casparis epistolam retinui, de quo, si deus dederit nobis pacatum reditum, viderimus, ut habeat locupleciorem condicionem."
38 Laudes Crucigeri (CR VII, Sp. 223): „Ipse praecipue adiuvit Lutherum in vertendis prophetis [...]."
39 Vgl. Irene Dingel: Art. Georg Major. In: Killy/Kühlmann 7 (2010), S. 621f.; Julius August Wagenmann: Art. Major, Georg. In: ADB 20 (1884), S. 109–111, hier S. 109. Vgl. zu Major vor allem den quellendichten Überblick von Heinz Scheible: Art. Major, Georg. In: TRE 21, S. 725–730.
40 MBW 668; Brief vom 24.03.1528.
41 Ebd.; frnhd. „sich richten" meint hier „sich orientieren".

Das Korpus der Schriften Majors setzt sich aus zwei Teilen zusammen. Während er sich in seiner Magdeburger Zeit vor allem der Herausgabe lateinischer Autoren für Schulzwecke widmete, legte er den Schwerpunkt in seinen späteren Wittenberger Jahren auf die Theologie. Das folgende Kapitel vertritt die Argumentation, dass beide Teile des Werkes eine inhaltliche Kohärenz aufweisen. Denn die Kontroverse der 1550er Jahre um die „Guten Werke", auch der „Majoristische Streit"[42] genannt, kann nicht losgelöst betrachtet werden von den humanistischen Bestrebungen Majors in Magdeburg. Wie der oben zitierte Brief an die Nürnberger Ratsherren zeigt, verdankte der spätere Rektor seinem Lehrer Melanchthon, dass er sich in seiner Studienzeit über den engeren Rahmen der Theologie hinaus wissenschaftlich orientieren konnte. Und so weisen sein späteres Streitverhalten und seine theologische Positionierung auch deutliche Einflüsse des Humanismus auf.

Major trat sein Magdeburger Amt zu Ostern 1529 an. Aufgrund der von nun an stetig steigenden Schülerzahl wurde erneut das Gebäude gewechselt: Das Gymnasium zog in das zentraler gelegene ehemalige Franziskanerkloster um. Im Gegensatz zur umfangreichen Festschrift, die 1619 anlässlich des Bezugs des renovierten Magdeburger Schulgebäudes gedruckt wurde,[43] ist von der neunzig Jahre früher erfolgten Einweihung lediglich ein durch Holstein mitgeteiltes Epigramm[44] erhalten, in dem als *patronus* der Schule u. a. Bürgermeister Ulrich von Emden verewigt wird und das „in der dritten [der obersten] classe"[45] Gegenstand des Unterrichts war. Angesichts der lobenden Äußerungen Melanchthons und Luthers, der 1532 brieflich die für damalige Verhältnisse sehr hohe Zahl von 600 Schülern nannte, kann man davon ausgehen, dass Major die in ihn gesetzten Erwartungen erfüllt hat.[46] Dieses Urteil lässt sich dadurch erhärten, dass einige der von Major herausgegebenen Lehrbücher zu den am meisten nachgedruckten des 16. Jahrhunderts zählen. In Magdeburg steht Major für den Übergang von eher erbaulichem, volkssprachlichem Schrifttum zu den ersten lateinischen und humanistischen Drucken.

---

42 Dingel: Der Majoristische Streit.
43 Vgl. Kap. B. 5.2. Die Festschrift zur Renovierung des Schulgebäudes: Anakainisis.
44 Holstein: Das Altstädtische Gymnasium, S. 21; vgl. auch Wriedt: Major als Pädagoge, S. 165.
45 Holstein: Das Altstädtische Gymnasium, S. 21.
46 Ebd., S. 21; der von Holstein genannte Brief Luthers nicht in WA Br.

1.3 Auftakt: Der Magdeburger Katechismus

Das erste Werk dieser Reihe ist der niederdeutsch-lateinische Katechismus von 1531.[47] Die Grundlage der Magdeburger Ausgabe, der Kleine Katechismus Luthers, wurde 1529 in Wittenberg gedruckt.[48] Bereits die erste lateinische Übersetzung, erschienen ebenfalls 1529 in Wittenberg als Anhang der Übersetzung von Luthers Betbüchlein,[49] geht wahrscheinlich auf Georg Major zurück, da der lateinische Text der Wittenberger und Magdeburger Ausgabe „fast identisch" ist.[50] Eine endgültige Klärung der Frage, wer Urheber der ersten lateinischen oder zweisprachigen Ausgabe war, dürfte schwerfallen, handelt es sich beim Katechismus doch um eine der zahlreichsten Gattungen des Reformationsjahrhunderts. Andreas Ohlemacher erfasste in seiner im Internet verfügbaren Datenbank für den Zeitraum von 1520–1620 mehr als 1500 Katechismen aus dem Reichsgebiet.[51]

Die Vorrede von Majors Ausgabe ist an den gleichnamigen Sohn des Bürgermeisters Ulrich von Emden gerichtet. Auf die Würdigung des Vaters des Widmungsträgers als Mäzen des Gymnasiums folgt eine Erörterung der Funktion von Katechismen im Schulunterricht. Major nennt mehrere Gründe für den Druck. Der Katechismus erfülle eine religiöse Aufgabe, denn auch die Eltern lernten von ihren Kindern die *prima pietatis principia*.[52] Für all jene, die in der Kenntnis der Buchstaben zu unterrichten seien, bilde er eine stabile Basis, die später durch andere Lehrwerke ergänzt werden könnte. In der Vorrede heißt es weiter:

> Wir haben die beiden Sprachen deshalb verbunden, damit die Kinder die Buchstaben und das Lesen gleichzeitig lernen und damit sie aus der deutschen Version all das entnehmen

---

47 Georg Major: Catechismus. D. Marti. Luth. Düdesch unde Latinisch, daruth de Kinder lichtliken in dem lesende underwiset mögen werden. Magdeburg: Michael Lotter 1531; vgl. Johann Michael Reu: Quellen zur Geschichte des Katechismus-Unterrichts, Bd. II/1. Gütersloh 1911, S. 285–288.
48 Hans-Jürgen Fraas: Art. Katechismus I/1. In: TRE 17, S. 710–722, hier S. 712.
49 Martin Luther: Enchiridion piarum precationum, cum Calendario et paßionali. Wittenberg 1529.
50 Ingrid Hruby: Martin Luther: Der Kleine Catechismus. In: Theodor Brüggemann, Otto Brunken: Handbuch zur Kinder- und Jugendliteratur. Bd. 1. Vom Beginn des Buchdrucks bis 1570. Stuttgart 1987, Sp. 222–244, hier Sp. 231f.; einschränkend: Michael Beyer: Georg Major als Übersetzer. In: Irene Dingel, Günther Wartenberg (Hgg.): Georg Major (1502–1574). Ein Theologe der Wittenberger Reformation. Leipzig 2005 (Leucoreastudien 7), S. 123–158, hier S. 125–127.
51 Vgl. die Internetadresse in: Andreas Ohlemacher: Lateinische Katechetik der frühen lutherischen Orthodoxie. Göttingen 2010, S. 435.
52 Georg Major: Catechismus, A i v.

können, was sie auf Lateinisch nicht verstehen. Sie sollen erkennen, dass ihnen nicht Banalitäten, sondern die Grundlagen der Frömmigkeit beigebracht werden.[53]

Auf die Vorrede folgen das lateinische und deutsche Alphabet, das Vaterunser, das *Symbolum Apostolicum*, die Zehn Gebote und weitere einfach lesbare Basistexte des Christentums. Durch die sorgfältige Gegenüberstellung – links die lateinische, rechts die niederdeutsche Version des Textes – wurde den Schülern eine Konsultation des ihnen vertrauten Idioms ermöglicht.

Eine Besonderheit des Magdeburger Katechismus ist weiterhin die Beifügung eines lateinisch-niederdeutschen Wörterverzeichnisses.[54] Hier sind die Basisvokabeln hierarchisch und nach Sachgruppen angeordnet: Auf die ersten Worte *deus, angelus, spiritus* folgen die vier Elemente, die Sieben Planeten, Begriffe des Wetters, die Weltteile, die Jahreszeiten, die Namen der 12 Monate, die Körperteile des Menschen, Berufsnamen, Begriffe aus dem Haushalt, für Kleidung und Speisen, nach Gattungen geordnete Tier-, Pflanzen- und Gesteinsnamen, eine Liste verschiedener Adjektive und schließlich die Zahlwörter. Der Magdeburger Katechismus unterstützte die Schüler somit über seine religiöse Funktion hinaus auch bei der säkularen Orientierung. Durch Major bekam das reine Religionslehrbuch Luthers einen universaleren Charakter und stellte gleichzeitig einen ersten Zugang zur Gelehrtensprache dar.

Wenn indes Markus Wriedt den Magdeburger Katechismus als „Methodenbuch zum Erwerb der Grundlagen in Rhetorik und Dialektik" und als „methodische und mnemotechnische Einführung für zukünftige, akademisch gebildete Führungskräfte"[55] bezeichnet, so erscheint dies als zu hoch gegriffen, denn diese Funktionen hat wohl eher Majors Rhetorikkompendium erfüllt, das unter dem Titel *Quaestiones rhetoricae* mehrfach nachgedruckt wurde und das weiter unten Gegenstand der Untersuchung sein wird.

Der reformatorische Topos, dass das Erlernen der Sprache mit der religiösen Unterweisung zu verbinden sei, behielt über einen langen Zeitraum hinweg seine Gültigkeit. Für den zweisprachigen Magdeburger Katechismus lassen sich so im 16. Jahrhundert über zwanzig Nachdrucke feststellen. Da es sich um einen nieder-

---

53 Ebd., A ij r: „Coniunximus vero utranque linguam, ut utriusque et literarum formas et lectionem simul exercere possint, ac ex Germanica lingua quod alioqui ex sola latina non possent, intelligant, non somnia, sed pietatis principia se legendo discere."
54 Ebd., E iij v–F viij r.
55 Wriedt: Major als Pädagoge, S. 168.

deutschen Text handelt, liegt der Schwerpunkt im mittel- und norddeutschen Raum.[56]

1.4 Schulung in Sprache und Moral: Die *Parabolae Erasmi*

Kurze Zeit nach dem Magdeburger Katechismus erschien eine Auswahl von Gleichnissen,[57] die Major einem Werk des Erasmus von Rotterdam, dem 1514 gedruckten *Parabolarum, sive similium liber*,[58] entnommen hatte. Bei den Parabeln des Erasmus handelt es sich zumeist um aus zwei Sätzen gebildete Gleichnisse.[59] Während der erste Satz über einen historischen oder naturwissenschaftlichen Sachverhalt informiert – in der Hauptsache Aristoteles, Plinius d. Ä., Plutarch oder Seneca entliehen –, widmet sich der zweite Satz der moralischen Auslegung dieses Sachverhalts. Beide Sätze verfügen über ein Tertium comparationis, eine gemeinsame Eigenschaft, bspw. wenn die Sonnenwende, eine Pflanze, die ihre Blätter nach dem Stand der Sonne ausrichtet, mit Höflingen verglichen wird, die allen Äußerungen ihres Herrschers beipflichten.[60] Dabei ist die Auslegung mit einer positiven oder negativen Wertung verbunden.

Erasmus führt in seiner Vorrede aus, dass die *Parabolae* im Kern nichts anderes seien als *explicata metaphora*, erklärte oder erweiterte Metaphern, was nach rhetorischem Sprachgebrauch der Allegorie entspricht. In ihrer Vielseitigkeit ist die Metapher für Erasmus die zentrale rhetorische Figur. Ohne sie wirkten sämtliche *oratores* fade, fehlten den Propheten und den Evangelien ein entscheidender Teil ihrer Anziehungskraft. Es sei unmöglich, den Ozean aller in naturwissenschaftlichen, poetischen, historiographischen und oratorischen Texten verwendeten Metaphern vollständig wiederzugeben. Erasmus wollte lediglich „einen Eindruck verschaffen, um so die Jugend zum Verfassen ebensolcher Gleichnisse anzuregen."[61]

---

[56] Verzeichnis der gedruckten Schriften Georg Majors. In: Irene Dingel, Günther Wartenberg (Hgg.): Georg Major (1502–1574). Ein Theologe der Wittenberger Reformation. Leipzig 2005 (Leucoreastudien 7), S. 271–314, hier S. 271 f.
[57] Georg Major: Elegantiores aliqvot, Parabolae, ex Erasmi Rote. Similibus in puerorum usum selectae, et in locos communes redactae, indicatis auctorum locis ex quib. singulae sunt conquisitae. Magdeburg 1532.
[58] Erasmus von Rotterdam: Parabolarum, sive Similium Liber. Straßburg 1514.
[59] Die Parabel ist eine „kurze Erzählung, die in uneigentlicher Rede Lebenseinsichten vermittelt", vgl. Renate von Heydebrand: Art. Parabel. In: Reallexikon der deutschen Literaturwissenschaft, Bd. 3, S. 11–15.
[60] Major: Parabolae Erasmi, B v v.
[61] Erasmus von Rotterdam: Parabolae (Vorrede). In: Opera omnia Desiderii Erasmi Roterodami. Bd. I, 5 (hg. von Jean-Claude Margolin). Amsterdam, Oxford 1975, S. 87–94, hier S. 94:

Diese Intention der *Parabolae*, als Vorbild zum eigenen Schaffen anzuregen, ist bei Georg Major nicht mehr greifbar. Für Major sind die literarischen Nebenprodukte[62] des berühmtesten und meistgedruckten Humanisten ein autoritativer Text zur Schulung der Moral.

Die Vorrede von Majors *Parabolae* richtet sich an Martin Copus (Köppe), den Sohn des Magdeburger Arztes Gregorius Copus. Martin Copus war später selbst Arzt, Bürgermeister und Mitglied des Kollegiums der Zenturiatoren, innerhalb dessen er mit der Finanzierung der Magdeburger Zenturien betraut war.[63] Das Werk des Erasmus gehöre, so Major, zu jenen Schriften, die für eine Lektüre in der Schule besonders geeignet seien. Zum einen deswegen, weil Gleichnisse jeder Rede *elegantia et lux* verliehen, zum anderen, weil es gleichzeitig über die wichtigsten Lebensfragen *und* über die Welt der Natur informiere. Die Kenntnis der *verba* werde folglich mit jener der *res* verbunden. Major kann somit als früher Verfechter der Realienbildung gelten, griff er doch für seine Ausgabe fast ausschließlich auf jene Zitate zurück, die Erasmus der *Naturalis historia* von Plinius entliehen hatte. Seine Nachfolger am Magdeburger Gymnasium, insbesondere Georg Rollenhagen und Sigismund Evenius, führten diese Tradition weiter.

In Anspielung auf den Beruf des Vaters des Bewidmeten vergleicht Major seine Ausgabe mit einem Medikament, das zwar die Krankheit heile, dem Körper jedoch nicht schade. Das zarte Gemüt der jungen Schüler werde durch den von Anstößigem freien Text über die Tugenden informiert. Gerade für Martin sei dieses Lehrbuch über Pflanzen und Tiere besonders geeignet, zeichnete sich doch schon sein Vater durch das Studium der Naturwissenschaft aus. Major führt weiterhin aus, dass die Verbindung „trockener" Vorschriften mit sprachlichen Bildern besser geeignet sei, das Notwendige zu vermitteln, als die *nuda praecepta*[64] – ein auch von Melanchthon verwendeter Topos der humanistischen Rhetorik.[65]

Major ließ den Wortlaut der Gleichnisse des Erasmus unverändert. Seine Vorgehensweise bei der Vorbereitung des Druckes schildert er wie folgt: „Ich fügte den Zitaten die Nachweise hinzu, aus welchen Autoren sie entnommen sind,

---

„Gustum dumtaxat dare voluimus, ut ingenia iuvenum ad his similia conquirenda excitaremus."

62 In der Vorrede berichtet Erasmus, die Parabolae seien aus Notizen entstanden, die er bei der Lektüre von Aristoteles, Plinius, Plutarch und bei der Emendation Senecas anfertigt hatte. Vgl. Erasmus: Parabolae (Vorrede). In: Opera omnia I, 5, S. 88.
63 Martina Hartmann: Matthias Flacius Illyricus, die Magdeburger Centuriatoren und die Anfänge der quellenbezogenen Geschichtsforschung. In: Arno Mentzel-Reuters, Martina Hartmann (Hgg.): Catalogus und Centurien. Interdisziplinäre Studien zu Matthias Flacius und den Magdeburger Centurien. Tübingen 2008, S. 1–17, hier S. 13.
64 Major: Parabolae Erasmi (Vorrede), A ij v–A ij v.
65 Vgl. Kap. A. 1.8. Exemplarische Erkenntnis.

denn diese sind nur mit Mühe zu eruieren. Des Weiteren ordnete ich die Gleichnisse nach *Loci communes*, damit die Schüler leichter ihren Inhalt verstehen."⁶⁶ Während Erasmus seinen Text nur nach Autoren geordnet hatte, bestand die entscheidende Neuerung der Ausgabe Majors in der Anlegung eines Begriffsrasters, in das er die einzelnen Gleichnisse einpasste. Diese inhaltliche Sortierung ist zugleich ein interpretativer Akt: Der voranstehende *Locus communis* legt den Schüler bereits vor der Lektüre des Gleichnisses auf eine bestimmte Bedeutung fest. Als *Loci* fungieren klassisch humanistische Leitbegriffe wie *virtus, benevolentia, mediocritas, amicitia, eruditio* etc. Die *Loci* kommen häufig paarig vor: Voran steht zumeist der positive Begriff wie z. B. *sapientia, fortitudo* und *gratitudo*, worauf das negative Pendant, *stultitia, timor, ingratitudo*, folgt.

Inhaltlich knüpfen die *Parabolae* an die Tradition des italienischen Renaissancehumanismus an. Der stoische Weise, der seine Affekte bezähmt, sich auch gegenüber der *fortuna adversa* bewährt und seine Fähigkeiten in den Dienst der Gemeinschaft stellt, dient als anstrebenswertes Ideal. So ist unter der Überschrift *fortitudo* vom Ast der Palme die Rede, der sich nicht etwa – wie bei anderen Bäumen – unter der Last eines Gewichts zur Erde neige, sondern sich im Gegenteil diesem sogar noch entgegenstemme. Ebenso der tatkräftige Mann: Je mehr man ihn mit Aufgaben belaste, das Schicksal gegen ihn wüte, desto aufrechter werde er.⁶⁷

In den *Parabolae* dominieren eindeutig die säkularen Inhalte; Bezüge zur christlichen Dogmatik sind so gut wie nicht existent. Neben Lebensweisheiten für den häuslichen Bereich nehmen politische Lehren einen prominenten Platz ein. Wenn unter den *Loci aula, principes* und *tyrannus* der Herrscher und die höfische Sphäre demaskiert, in ihrer wahren Natur vorgeführt werden, so ist dies als Vorbereitung der Schüler auf eine Tätigkeit am Hofe oder im städtischen Magistrat anzusehen. Unter dem *Locus tyrannus* wird vom Krokodil gesagt, dass es unbesiegbar sei, jedoch die Einwohner von Tentyra so fürchte, dass es allein bei der Nennung des Ortsnamens zurückschrecke.⁶⁸ Obwohl die

---

66 Major: Parabolae Erasmi (Vorrede), A ij r: „Annotavi autem obiter quoque auctorum locos, ex quibus singulae sunt collectae, quod haud facile magna ex parte alioqui intellegi possint, ac redegi in locos communes, ut harum usum facilius pueri videant."
67 Ebd., A vij v: „Ut palmae arboris ramus, imposito onere non deflectitur in terram caeterarum more, sed renititur, et ultro adversus sarcinae pondus erigit sese: Ita viri fortis animus, quo plus negotiis premitur, quoque magis saevit fortuna, hoc est erectior." (Erasmus: Parabolae. In: Opera omnia, Bd. I, 5, S. 302, LB 617).
68 Erasmus kombiniert hier Plinius (Plin. nat. 8, 37) mit Strabon (Strab. Geographica 17, 1, 44), dem zufolge das Krokodil von allen Ägyptern als heiliges Tier verehrt werde, außer von den Einwohnern Tentyras, die es verabscheuten und auf alle erdenkliche Art jagten.

Tyrannen alle verachteten, ängstigten sie sich genauso vor den Schriften der Gelehrten.[69]

Diese säkulare Ausrichtung ist kennzeichnend für den Reformationshumanismus melanchthonischer Prägung. Dessen erklärtes Ziel war nicht allein die Heranbildung konformer Prediger, sondern ebenso die Schaffung einer neuen weltlichen Elite. Dass Major auch jene Parabeln des Erasmus auswählte, die irenische Positionen propagieren, demonstriert die Nähe zu seinem Lehrer Melanchthon. Unter dem *Locus patientia* ist von Heilmitteln die Rede, die den Köper mehr schädigten als die eigentliche Krankheit, wofür Erasmus das Beispiel der Behandlung von Wunden bei den Gladiatoren anführt. Ebenso sei es manchmal ratsamer, eine Ungerechtigkeit zu ertragen, als sich zu rächen, besser, den Frieden zu erhalten, auch wenn es schwer falle, als einen Krieg zu führen, der mit desaströsen Folgen verbunden sei.[70]

Mit dieser Irenik stand die Lehre am Gymnasium in einem gewissen Spannungsverhältnis zum offensiv antikatholischen Kurs des Magdeburger Rates, der 1531 dem Schmalkaldischem Bund beigetreten war.[71] In den zwei Jahrzehnten vor der Belagerung von 1550 betrieb der Magistrat eine Politik der konsequenten Aufrüstung und Schließung von Verteidigungsbündnissen. Der Rat wusste dabei die einflussreichen Prediger auf seiner Seite.

Dagegen finden sich bei den der Gelehrtenrepublik zugehörigen Rektoren – von Abdias Prätorius über Georg Rollenhagen bis hin zu Joseph Goetze – diplomatische, ausgleichende und den Frieden fördernde Positionen. Von der intendierten Weitergabe dieser Positionen künden die Lehrbücher für den Unterricht am Magdeburger Gymnasium, die Gegenstand der folgenden Kapitel sind.

Wie ein Vorausblick auf spätere Probleme wirkt es, wenn Major unter der Überschrift *beneficentia* die folgende Parabel des Erasmus wiedergibt. Wie es die antiken Maler Apelles und Protogenes schmerzte, ihre Werke mit Schmutz bedeckt zu sehen, erfülle es den Lehrer mit Trauer, dass seine Schüler, die er *ad bonos mores* herangebildet hätte, vom vorgezeichneten Kurs abwichen.[72]

---

69 Major: Parabolae Erasmi, B vi v: „Crocodylus invictum alioqui, et perniciosum animal, tamen Tentyritas adeo metuit, ut ad vocem etiam expavescat: Ita Tyranni cum omnes contemnant, tamen eruditorum literas subtiment." (Erasmus: Parabolae. In: Opera omnia, Bd. I, 5, S. 252, LB 603).
70 Major: Parabolae Erasmi, C v v: „Quedam remedia tristiora sunt ipso morbo, ut satius sit oppetere mortem, quam his aucupari salutem, velut sugere sanguinem e vulnere recenti gladiatorum morientium: Ita quandoque satius est ferre iniuriam, quam maiore incommodo ulcisci, ferre pacem, etiamsi parum commodam aut aequam, quam bellum cum immensis malis suscipere." (Erasmus: Parabolae. In: Opera omnia, Bd. I, 5, S. 254, LB 604)
71 Asmus: 1200 Jahre Magdeburg, Bd. 1, S. 470.
72 Major: Parabolae Erasmi, A viij v: „Ut si venerem suam Appelles, aut si Protogenes Hialysium illum suum coeno oblitum videret, magnum acciperet dolorem: Ita si quis conspiciat eum

1.5 Majors Ausgabe der *Colloquia* des Erasmus

Zwei Jahre später gab Major ein anderes Werk des Erasmus heraus, die *Colloquia familiares*.[73] Die Vorrede ist der *bonarum artium studiosa iuventus* Magdeburgs gewidmet. Major lehnt sich hier an ein Diktum Catos aus der Landwirtschaft an, bei der Bestellung eines Bodens dürfe man nicht an Mühen sparen. Wie ein unbebauter Acker schnell unfruchtbar werde, brächte der Geist von Knaben, die des angemessenen Unterrichts entbehrten, leicht jede Art von Unkraut hervor.[74]

Wie viel Sorgfalt und Mühen Major bei der Erfüllung seiner Aufgaben aufgebracht hätte, müssten andere entscheiden. Ihn würden diese Mühen keineswegs reuen, „wenn nicht ein großer Teil der Knaben von ihren Eltern mitten aus der schulischen Laufbahn abgezogen und anderen ‚schmutzigen' Berufen, von denen ein größerer Gewinn zu erhoffen ist, anheimgegeben würden."[75] Nachdem Major also erfolgreich die Anfangsgründe der Gelehrsamkeit vermittelt und Hoffnung auf größere Fortschritte gefasst hätte, würden die Schüler, des Unterrichts ledig, plötzlich zu den hässlichsten Lastern weggerissen und ihr Lehrer müsse mit ansehen, wie er um die Früchte seiner Arbeit betrogen werde. Nichts anderes könne ihn derart tief treffen.

Markus Wriedt[76] ist die eben zitierte erste Auflage von Majors *Colloquia* unbekannt, obwohl das dem Sammelband beigegebene Schriftenverzeichnis sie unter dem Jahr 1534 aufführt. Daher datiert Wriedt die Vorrede in das Jahr 1549, in dem die zweite Auflage erschien, und interpretiert die eben zitierten Worte als resignatives Resümee: „Sollte sich nach dem verlorenen Schmalkaldischen Krieg und der Durchsetzung des von Major abgelehnten Interims seine Enttäuschung auch im Blick auf das evangelische Schulwesen ausdrücken?"[77] Nach Wriedt sieht

---

corruptum, quem ad bonos mores instituisset, aut ignominiis adfectum, quem ornasset honoribus, iniquo animo ferret." (Erasmus: Parabolae. In: Opera omnia, Bd. I, 5, S. 270, LB 609).

73 Georg Major: Colloqvia famili. Eras. Roterod. selecta pro pveris scholae Magdebvrgensis. Magdeburg 1534.

74 Major: Colloqvia, a i v.

75 Ebd., a ij r: „Quantam autem curam, ac studium, in vestris ingeniis exercendis hactenus posuerimus, aliorum esto iudicium, cuius operae neutiquam nos poeniteret, nisi magnam puerorum partem, a parentibus e medio studiorum cursu, ad alias sordidas artes, ex quibus maior quaestus speratur, quosdam vero primis et molestissimis praeceptis bonarum artium perceptis, ubi iam aliquam spem de se nobis praebuerunt, subito, abiecto literarum studio, ad turpissimas voluptates rapi ac ferri, sicque omnes laborum nostrorum fructus nobis perire viderem, qua re nihil nobis potest contingere acerbius."

76 Wriedt: Major als Pädagoge, S. 174. Schriftenverzeichnis Majors im selben Band, S. 271–314.

77 Ebd., S. 175.

Major Ende der 1540er Jahre „den Erfolg der reformatorischen Bildungsreform gefährdet, wenn nicht sogar vernichtet."[78]

Die Klage Majors über Eltern, die ihre Kinder aus dem Gymnasium nähmen, damit sie einen einträglicheren Beruf lernten, ist vor dem konkreten Hintergrund der Situation Magdeburgs in den dreißiger Jahren zu interpretieren. In der Elbestadt blühten Handwerk und Handel, trotz Reichtum und hoher Einwohnerzahl fehlte eine Universität. Magdeburg entbehrte daher des geistigen Klimas Wittenbergs, in dem Major sozialisiert worden war und in das er 1537 zurückkehrte.

Demnach bedürfen die euphorischen Einschätzungen des Magdeburger Gymnasiums in seinem ersten Jahrzehnt[79] einer Differenzierung. Zwar entspricht es gewiss der Realität, wenn von hohen Schülerzahlen die Rede ist. Doch auch die späteren Äußerungen Majors lassen an der Akzeptanz des Gymnasiums in der Bevölkerung, die die Voraussetzung eines den Wissenschaften günstigen Klimas darstellt, zweifeln. Magdeburg war eben in erster Linie eine Handelsstadt, kein geistiges Zentrum wie Straßburg oder Basel.

Major führt weiter in seiner Vorrede aus, dass er aus der zu umfangreichen Gesamtausgabe der *Colloquia* einzelne Dialoge für den Druck ausgewählt hätte. Obwohl einige meinten, man solle die *ratio dicendi* allein anhand der antiken Autoren lehren, sei er überzeugt, dass es keineswegs vertane Mühe sei, wenn andere – wie Erasmus – Redewendungen des täglichen Umgangs für den Unterricht verfassten. Denn im Kindesalter seien die Schüler noch nicht in der Lage, ihren Geist auf die *veterum imitatio* zu richten.[80]

Gegen Wriedt, der die Ausgabe der *Colloquia* als „letzten Versuch" Majors versteht, das Bildungsniveau der gegnerischen Gnesiolutheraner zu heben,[81] ist diese Passage als Teil der Debatte um den Ciceronianismus zu werten. In dieser Debatte sprach die eine Fraktion den antiken Autoren eine „verpflichtende *auctoritas* für das eigene Schreiben und Sprechen"[82] zu. Jegliche Abweichung vom in der Antike Vorgeprägten wurde als Normverstoß gewertet.

Zur anderen Fraktion gehörte Erasmus, der in seinem Dialog *Ciceronianus*[83] eine sklavische Imitation der antiken Autoren, insbesondere Ciceros, ablehnte.

---

78 Ebd.
79 Vgl. insbesondere die von Holstein referierten Urteile Luthers und Melanchthons: Holstein: Das Altstädtische Gymnasium, S. 21 und darauf basierend Wriedt: Major als Pädagoge, S. 161f.
80 Major: Colloqvia, a ij v.
81 Wriedt: Major als Pädagoge, S. 175.
82 Jörg Robert: Die Ciceronianismus-Debatte. In: Herbert Jaumann (Hg.): Diskurse der Gelehrtenkultur in der Frühen Neuzeit. Ein Handbuch. Berlin, New York 2011, S. 1–54, hier S. 1.
83 Erasmus von Rotterdam: De recta Latini Graecique sermonis Pronuntiatione dialogus. Dialogus cui titulus, Ciceronianus, sive, De optimo genere dicendi. Basel 1528. Mit Übersetzung

Erasmus forderte stattdessen eine „eigenständige Stilfindung (*Aemulatio*)",[84] weil nur so auf den „vollkommenen Wandel der Lebenswelt und ihrer Institutionen"[85] gegenüber der Antike reagiert werden könne. Das Hauptargument Erasmus' bestand in der Diskrepanz zwischen heidnischer und christlicher Religion – „die alten Worte sind [...] inkommensurabel mit der neuen Wirklichkeit".[86] In eine ähnliche Richtung weist die Argumentation Majors, der eine Anpassung der Lehrtexte an kindliche Bedürfnisse forderte und das Studium nachantiker Autoren wie Erasmus ausdrücklich befürwortete.

1.6 Eine Blütenlese antiker Dichtung: Die *Sententiae veterum poetarum*

Dass die antiken Autoren dennoch einen zentralen Platz im reformationshumanistischen Kanon einnahmen, zeigt das literarisch avancierteste Werk aus Majors Magdeburger Zeit, seine Ausgabe der römischen Dichter. Sie wurde 1534 in Magdeburg unter dem Titel *Sententiae veterum poetarum* gedruckt.[87] Die Vorrede bietet, dem Gewicht der Sammlung entsprechend, eine breiter ausgeführte Apologie des Studiums der heidnischen Antike.

Der spätantike römische Kaiser Julian hätte in seinem Bestreben, die christliche Religion zu vernichten, den Plan gefasst, per Gesetz den Kindern der Christen das Studium der *heidnischen* Autoren zu verbieten. Wenn diese Maßnahme, dem Gebäude des Christentums gleichsam seinen Stützpfeiler zu entziehen, umgesetzt worden wäre, hätte dies weitaus verheerendere Folgen gehabt, als alle Christenverfolgungen seiner kaiserlichen Vorgänger, nämlich den Untergang der christlichen Religion.[88]

In der heutigen Zeit, so Major, sei die Kirche nicht so sehr von der Außen-, als vielmehr von der Innenseite her gefährdet. Trotz der Errichtung von Gymnasien in allen größeren Städten, obwohl Erbauungsschriften in großer Zahl gedruckt und beinahe täglich in Gottesdiensten fromme Gesänge angestimmt würden, sei dennoch der Untergang der Religion zu fürchten, wenn nicht das Studium der antiken

---

abgedruckt in: Erasmus von Rotterdam: Ausgewählte Werke (hg. von Werner Welzig), Bd. 7. Darmstadt 1972.
84 Robert Seidel: Art. Attizismus. In: Reallexikon der deutschen Literaturwissenschaft, Bd. 1, S. 158–160, hier S. 159.
85 Robert: Die Ciceronianismus-Debatte, S. 29.
86 Ebd.
87 Folgende Ausgabe mit identischer Vorrede wurde von mir benutzt: Georg Major: Sententiae vetervm poetarvm, per locos commvnes digestae. Magdeburg 1537.
88 Major: Sententiae vetervm poetarvm, a ij r.

Autoren mit dem der Heiligen Schrift verbunden werde. Beinahe alle seien der Meinung, das Letztere sei ohne das Erstere zu haben – ein Trugschluss.[89] Vor der Renaissance sei die Religion in leeren Zeremonien erstarrt gewesen. Angesichts der heutigen Bestrebungen, die freien Wissenschaften gänzlich zu vernichten, müsse man eine Wiederkehr der Barbarei und Gottlosigkeit des Mittelalters befürchten. Denn die Bildungsverachtung zerstöre letztlich die Wurzeln des Christentums, so Major in Analogie zur Fabel vom Streit der Glieder mit dem Magen.[90]

Wer, wenn nicht die literarisch Gebildeten, könne dem Volk die reine Lehre darbringen? Wenn man jenen *phanatici spiritus*, die öffentlich gegen die Bildung und ihre Träger agitierten, nicht Einhalt gebiete, drohe die Mutation der Menschen zu Bestien. Major vertritt hier den Grundsatz Melanchthons und der Humanisten überhaupt, dass ein regelgesteuertes menschliches Zusammenleben, eine Sicherung gewisser Normen der Koexistenz, nur durch Studium und Weitergabe der tradierten Texte zu gewährleisten sei.

Die bisher allgemein gehaltene Vorrede bekommt eine persönliche Wendung, wenn Major Folgendes anführt. „Diese Querelen berühren mich deswegen so schmerzlich, weil ich als Lehrer der Jugend fast täglich erfahren muss, in welcher, ich sage: nicht allein Verachtung, sondern lebensbedrohlichem Hass die *bonae artes* bei der rasenden Menge stehen. Doch, wie das Sprichwort sagt: Die Phryger werden, fürchte ich, zu spät lernen."[91]

Diesem Hass auf die Bildung ließe sich nur mit frühestmöglicher Unterweisung begegnen – in den *sacrae literae* ebenso wie in den Philosophen und Poeten. Daher habe Major unter Auslassung von allem Anstößigem die *optimae sententiae* der Alten ausgewählt, um die Schüler im Kindesalter über Religion und die *civilia officia* zu informieren. So werde erreicht, dass sie später die Grenzen des Sittlichen nicht überschritten und eine Richtschnur für alle Belange des Lebens erhielten.

---

89 Ebd., a ij v.
90 Liv. ab urbe condita, 2, 32. Hinweise zur reichen Rezeption in Mittelalter und Früher Neuzeit bei Dietmar Peil: Der Streit der Glieder mit dem Magen. Studien zur Überlieferungs- und Deutungsgeschichte der Fabel des Menenius Agrippa von der Antike bis ins 20. Jahrhundert. Frankfurt a. M. 1985 (Mikrokosmos 16).
91 Die sprichwörtlichen Phryger sind die Trojaner, die sich zu spät zur Auslieferung Helenas entschlossen. Major: Sententiae vetervm poetarvm, a iij r: „Hanc autem querelam iustus nunc dolor mihi expressit, quod, cum pueritiae formandae iam praesim, iam indies experior, in quanto non dico contemptu, sed summo et capitali odio apud furiosam multitudinem sint bonarum artium studia, sed sapient olim, at vereor ne nimis sero, Phryges."

Wenn also als überaus nützlich erachtet wird, über Heilmittel gegen die verschiedenen Arten von Krankheiten des Körpers zu verfügen, um wie viel nützlicher wäre es erst, gegenüber den zahlreichen Krankheiten der Seele über die Regeln des Zusammenlebens zu verfügen, die den von verschiedensten Begierden und Affekten aufgewühlten und entflammten Geist abkühlen und zügeln?[92]

Dies könne die reich ausgestatte Vorratskammer der von Major ausgewählten Zitate gewährleisten. Zwar gebe es bereits ähnliche Sammlungen, denen die seine jedoch die Einteilung in *Loci communes* voraushabe. Weil unter einem *Locus* verschiedene Sentenzen zum gleichen Thema verzeichnet seien, könne der Schüler – ähnlich wie bei einem Synonymwörterbuch – unter verschiedenen *orationis figurae* und *carminis genera* wählen, um ein und denselben Sachverhalt auszudrücken. Major bittet um Verständnis, wenn ein Zitat unter einem unpassenden *Locus* stehen sollte – viele Sentenzen seien mehrdeutig und könnten daher mehreren *Loci* zugeordnet werden.

Der Nutzen der Sammlung liege auf der Hand. Es existiere kein Teilbereich des Lebens, in dem die Sentenzen nicht hilfreich seien, vom Ausschmücken der Predigten über das Erläutern öffentlicher oder politischer Fragen bis hin zum Unterrichten der Jugend in den *morum praecepta*.[93]

Die *Sententiae* setzen sich zusammen aus Zitaten von Autoren wie Plautus, Terenz, Catull, Vergil, Horaz, Ovid, Juvenal, Martial und Prudentius, und haben einen Umfang von wenigen Worten bis zu mehreren Seiten. Das wichtigste Ziel, das Major mit seiner Ausgabe verfolgt, ist wiederum eine moralische Unterweisung seiner Schüler. Ihm geht es nicht darum, ein repräsentatives Bild der römischen Dichtung herzustellen, sondern möglichst solche Stellen auszuwählen, die dieser moralischen Ausrichtung entsprechen.

Am Eingang der Sammlung werden die Schüler mittels verschiedener kürzerer Zitate über den Begriff *virtus* aufgeklärt. In unmittelbarem Anschluss an den *Locus vitium* folgen dann mehrere Seiten umfassende, in düsteren Farben gezeichnete Hadesschilderungen, die Major den *Punica* des Silius Italicus und dem sechsten Buch der *Aeneis* des Vergil entnommen hat.[94] Diese Verbindung der beiden Themenkomplexe Laster und Hölle lehnt sich an die christliche Vorstel-

---

[92] Ebd., a iij v: „Quod si plurimum prodest, contra varia morborum genera, remedia habere in promptu, quanto longe utilius fuerit, contra animi morbos, quibus plurimis infestatur, parata habere vitae praecepta, quae mentem variis cupidinibus et affectibus aestuantem ac inflammatum, refrigerent reprimantque?"

[93] Ebd., a iiij r–v.

[94] Ebd., 2 v–12 r. Vgl. zu den Texten Margarethe Billerbeck: Die Unterweltbeschreibung in den ‚Punica' des Silius Italicus. In: Hermes 111,3 (1983), S. 326–338.

lung einer Bestrafung der Sünden durch Höllenqualen an. Major warnt seine Leser auf diese Weise vor den *voluptates* und ruft sie zur Nachahmung der *virtutes* auf. Auch hier lässt sich folglich ein selektiver Zugriff auf die Quellen beobachten: Die antike Mythologie erfährt eine Funktionalisierung für die Zwecke der moralischen Bildung – zum Teil gegen ihre ursprüngliche Intention.

Im Folgenden wird die Vorgehensweise Majors anhand der Einträge zu einem zentralen *Locus* nachvollzogen, der die Überschrift *innocentia, vir bonus, integer, iustus, beatus* trägt.[95] Major stützt sich hier vor allem auf die Werke des Horaz, aus dessen zweitem Buch der Satiren er das folgende Zitat ausgewählt hat:

> Wer nun ist also frei? Nur der Weise, der selber beherrscht sich, den weder Armut noch Tod, noch der Kerker in Schrecken versetzen. Stark genug, um den Begierden zu begegnen, die Ehren gering zu schätzen, in sich selbst ein Ganzes, gedrechselt, gerundet, auf dass nichts Äußeres die Kraft hat, am Glatten zu haften, einer, der die Macht des Schicksals bricht.[96]

Die Lektüre unterschiedlicher, inhaltlich leicht variierter Zitate zu einem *Locus* ähnelt dem Prozess des Memorierens. Durch das mehrfache Vergegenwärtigen wird der Oberbegriff gleichsam im Geist des Schülers verankert. Um diese Technik der Variation eines *Locus* durch mehrere Zitate zu veranschaulichen, sei noch ein zweites Beispiel zum *vir bonus* angefügt:

> Der gute, weise Mann wird den Mut haben zu sprechen: ‚Pentheus, Herr von Theben, welche Schande wirst du mich zwingen zu ertragen und zu erdulden?' ‚Deinen Besitz nehme ich dir fort!' ‚Das Vieh wohl? Das Vermögen? Die Einrichtung, das Silberzeug? Das magst du alles gerne nehmen!' ‚In Handschellen und Fußfesseln werd ich dich gefangen halten unter einem grausamen Kerkerknecht!' ‚Gott selbst wird frei mich machen, sobald ich es nur will!' Das heißt, so meine ich: ‚Ich weiß zu sterben!' Der Tod ist jener letzte Strich, der aller Dinge Ende weist.[97]

---

95 Major: Sententiae vetervm poetarvm, 12 r.
96 Hor. sat. 2, 7, 83–88. Übersetzung leicht variiert nach Quintus Horatius Flaccus: Sämtliche Werke (hg. von Bernhard Kytzler). Stuttgart 2006 (UB 18466), S. 498; Major: Sententiae vetervm poetarvm, 12 r:
„Quis nam igitur liber? sapiens, sibi qui imperiosus,
Quem neque pauperies, neque mors, neque vincula terrent
Responsare cupidinibus contemnere honores
Fortis, et in se ipso totus teres, atque rotundus,
Externi ne quid valeat per leve morari,
In quem manca ruit semper fortuna."
97 Hor. epist. 1, 16, 72–79. Quintus Horatius Flaccus: Sämtliche Werke (hg. von Bernhard Kytzler), S. 572; Major: Sententiae vetervm poetarvm, 12 v:
„Vir bonus et sapiens audebit dicere, Pentheu
Rector Thebarum, quid me perferre, patique

Mit diesem Zitat bietet Major dem Leser eine Exemplifizierung: Der abstrakte Begriff des *vir bonus* wird durch ein konkretes Beispiel plastisch zur Anschauung gebracht. Horaz hat die Szene aus den *Bacchae* des Euripides[98] entnommen. Sie bildet den Schluss des von stoischem Gedankengut beherrschten sechzehnten Briefes des ersten Epistelbuches. Die Drohungen des Tyrannen erreichen nicht ihr Ziel, denn der stoische Weise lässt sich weder durch die Aussicht auf Verlust seines Eigentums noch durch Entzug der Freiheit in seinem Gottvertrauen erschüttern. Zeichen seiner inneren Freiheit ist es, dass er selbst die Angst vor einem gewaltsamen Tod überwunden hat. Horaz zeigt hier große Nähe zum Stoizismus Ciceros, für den „der wahrhaft freie Mann über einen Willen verfügt, der stärker ist als seine Begierden und körperlichen Bedürfnisse".[99]

Auch andere *Loci* von Majors Ausgabe wie das *Encomium vitae rusticae*[100] oder *paupertas et dolor acuunt ingenia*[101] stehen für den Einfluss stoischen Gedankenguts. Für alle jene Schüler, die den Wissenschaften auch in ihrem Berufsleben verbunden blieben, konnte die Propagierung des Ideals des „guten, weisen Mannes" zugleich als Vorbereitung auf das entbehrungsreiche Leben eines Gelehrten dienen.

Der Wert der Ausgabe der römischen *Sententiae* für den Schüler besteht nicht zuletzt in der großen Vielfalt von Themen, die zur Sprache gebracht werden. Major gruppiert die einzelnen *Loci* zu Themenkreisen. So enthält der Themenkreis „Bildung" die Oberbegriffe *artium et philosophiae vis et usus, lectio, emulatio, stylus* und *exempla aliorum*.[102] Im Bereich der Ratschläge für das Privatleben lässt Major die Dichter vor *vinum, luxus, amor* und *meretrix* warnen.[103] Das öffentliche Leben repräsentieren die *Loci tyrannis, rex, regnum, lex, poena* und *patria*.[104] Auf den letzten Seiten erfährt die Sammlung schließlich eine Ausweitung in den naturwissenschaftlichen Bereich. Hier wird der Leser über den Nutzen der Medizin und Mathematik, über die vier Elemente, die Monate, die Jahreszeiten, die

---

Indignum coges, adimam bona, nempe, pecus, rem,
Lectos, argentum, tollas licet, in manicis et
Compedibus saevo te sub custode tenebo,
Ipse deus, simulatque, volam, me solvet opinor.
Hoc sentit, moriar, mors ultima linea rerum est."
98 Eur. Bacch. 492–498.
99 Ross S. Kilpatrick: The Poetry of Friendship. Horace, Epistles I. Alberta 1986, S. 101. In Anlehnung an Cic. parad. 5, 34.
100 Major: Sententiae vetervm poetarvm, 79 r.
101 Ebd., 80 v.
102 Ebd., 23 r–34 r.
103 Ebd., 40 v–46 v.
104 Ebd., 50 r–54 r.

Sterne und die vier Lebensalter des Menschen informiert, wobei die Zitate häufig Ovid entnommen sind. Analog zu den *Parabolae Erasmi* ist folglich auch hier eine Ausweitung der Lerninhalte in den Bereich der Realien zu konstatieren.

Die Zielsetzung von Majors Sammlung bestand in der Verbindung von rhetorischer und moralischer Unterweisung. Gewiss sollten die Schüler am Beispiel der antiken Dichter ihre eigene Fähigkeit der Versifikation ausbilden. In der Vorrede erweckt der Rektor jedoch den Eindruck, dass der Schwerpunkt nicht auf der *imitatio*, sondern auf einer Vermittlung der *morum praecepta*[105] liege. Durch die Betrachtung einiger *Loci* des Hauptteils konnte dieser Eindruck erhärtet werden. Die italienischen Humanisten der Renaissance hatten stets die Aktualität der antiken Texte, ihre Funktion als Medium der Orientierung in der privaten und öffentlichen Sphäre hervorgehoben. Dass diese Texte auch für Major noch die wichtigste Instanz der Weltdeutung sind, zeigt die – wie auch immer prekäre und gefährdete – Kontinuität humanistischen Denkens im postreformatorischen Zeitalter.

1.7 Majors Rhetoriklehrbuch

Im Jahr 1535 erschien Majors Kompendium der Rhetorik,[106] dessen Inhalt er den Werken Ciceros, Quintilians und Melanchthons entnommen hatte. Major erklärt in der Vorrede, dass die Anregung hierfür auf Melanchthon zurückging. Der Magdeburger Rektor hatte die Gelegenheit erhalten, eine von Melanchthon für private Zwecke verfasste Kurzfassung seines Dialektiklehrbuchs im Magdeburger Unterricht zu verwenden. Den jungen Schülern falle die erste Annäherung an die komplexen Inhalte der Dialektik und der anderen Fächer naturgemäß schwer. Umso leichter lasse sich ein Lernerfolg herstellen, wenn man dem Unterricht ein Kompendium, eine extrahierte Form der andernorts weitschweifig dargestellten Inhalte, zugrundelege. Melanchthons handschriftliche Fassung der Dialektik erfülle diese Funktion, weil sie die wichtigsten Informationen äußerst präzise und in der richtigen Reihenfolge – gleichsam wie zu einem Bündel geschnürt – zusammenfasse.

Letztlich hätten beide Darstellungsformen ihre Vorzüge: Während die umfangreicheren Ausarbeitungen den Leser detailreich und ausführlich belehrten, bestehe der Nutzen der Kompendien darin, ein Abschweifen der Gedanken zu

---

105 Ebd., a iiij r–aiiij v.
106 Georg Major: Qvaestiones rhetoricae ex libris M. Ciceronis, Quintiliani, et Philippi Melanch. Magdeburg 1535.

verhindern und einprägsamer zu sein. Die kompendiöse Form biete die *nuda praecepta*, ohne rhetorischen Schmuck und aufs Wesentliche reduziert, was Rezeption und Memorieren der Inhalte entscheidend erleichtere. Die Schüler sollten daher beide Formen in Kombination verwenden.[107]

Durch die Verwendung der ausführlichen Rhetorik Melanchthons, der *Elementa rhetorices*,[108] im Magdeburger Unterricht wurde Major gewahr, dass, wie in der Dialektik, so auch *in hac dicendi arte*, also der Rhetorik, ein solches Kompendium vonnöten sei. Seine in Eile zusammengestellte Sammlung betrachte er als Übergangslösung, bis eine bessere Druckfassung, um die er Melanchthon inständig gebeten habe, vorliege. Hauptzweck seiner Sammlung sei es, eine Memorierhilfe für Schüler, nicht ein abgeschlossenes System der Rhetorik zu gewähren. Es entspricht der in der gesamten Vorrede präsenten großen Wertschätzung seines Wittenberger Lehrers, wenn Major zur parallelen Benutzung der *Elementa rhetorices* von Melanchthon aufruft, aus der er ja einen Großteil des Inhaltes übernommen hätte. Unter Beiziehung der treffendsten Beispiele biete Melanchthon den Stoff weitaus reichhaltiger und klarer dar.[109]

Majors Rhetorik sei aus dem privaten Gebrauch an „unserer Schule" heraus entstanden. Sie wäre nie zum Druck gelangt, wenn der Rektor nicht wiederholt hätte beobachten müssen, wie viel Zeit durch das Diktieren der Inhalte verlorengehe. Zudem seien die Mitschriften der Schüler häufig mit Fehlern übersät. Abschließend bittet Major den Leser für dieses *iuventutis gratia* verfasste Werk um Nachsicht: Büchern für Kinder allzu kritisch zu begegnen, sei nicht im Sinne der Pädagogik.[110]

Der Hauptteil bietet die für frühneuzeitliche Rhetoriken typischen Inhalte: die Definition der Rhetorik; die *officia oratoris*, also *inventio, dispositio* etc.; die vier *genera causarum*; die Teile der Rede: *exordium, narratio, propositio, confirmatio, confutatio, peroratio* und anderes mehr.[111] Dem Titel des Werkes, *quaestiones*, gemäß hält Major bei der Darbietung seines Stoffes konsequent die aus Katechismen bekannte Frage-und-Antwort-Form durch. Daher zeichnet sich seine Rhetorik gegenüber dem Fließtext von Melanchthons *Elementa rhetorices* durch ein höheres Maß an Übersichtlichkeit aus. Er erleichtert somit den ersten Zugang zur Materie und löst das in der Vorrede gegebene Versprechen ein. Den Text zu den

---

107 Georg Major: Qvaestiones rhetoricae, A ij r–v.
108 Philipp Melanchthon: Elementorum rhetorices libri 2. Wittenberg 1531; vgl. die Ausgabe von Volkhard Wels (Hg.): Elementa rhetorices.
109 Georg Major: Qvaestiones rhetoricae, A ij v–A iij r.
110 Ebd., A iij r.
111 Zu diesen Begrifflichkeiten: Lausberg: Handbuch der literarischen Rhetorik, Terminologisches Register!

einzelnen Begriffen hat Major völlig eigenständig verfasst, was ein Grund für die an zahlreichen Nachdrucken ablesbare Wertschätzung seiner Rhetorik sein könnte. Die dennoch vorhandene große Nähe zu Melanchthons Werk lässt sich an zwei Reden Ciceros ablesen, die Major in seine Ausgabe aufnahm.

Im Jahr 1529 hatte Melanchthon über *Pro Archia* und *Pro Marcello* Vorlesungen[112] gehalten, die die Basis zweier Drucke bildeten, in denen neben dem Originaltext seine umfangreichen Erläuterungen zum Abdruck kamen. In der Regel setzen sich Melanchthons Editionen der Reden Ciceros aus denselben Elementen zusammen: Abdruck des Originaltextes, *dispositio* und Paraphrase des Inhalts mit eigenen Worten.[113] Die *dispositio* wird in manchen Ausgaben auch *artificium* genannt und enthält eine minutiöse Analyse der von Cicero angewandten rhetorischen Technik. Sämtliche Phänomene – von den Redeteilen über die Gewinnung der Argumente aus den *Loci* bis zu den rhetorischen Figuren – werden von Melanchthon in knappen und einfachen Worten erläutert.

Die beiden genannten Reden weisen eine unterschiedliche Textgestaltung auf: Im Falle von *Pro Archia*[114] steht die *dispositio* dem Originaltext der Rede voran; bei *Pro Marcello*[115] sind die Erläuterungen in den Zwischenräumen des unterbrochenen Textes der Rede abgedruckt. Major hat in beiden Fällen die unveränderten Texte in seine Ausgabe aufgenommen, auch die erklärenden Marginalien, die die jeweiligen Redeteile, *Loci* und anderes anzeigen, sind im Fall von *Pro Archia* identisch.

Major hat zwei zentrale Bestandteile der Auseinandersetzung Melanchthons mit Cicero, dessen Reden als mustergültige praktische Umsetzung der rhetorischen Theorie galten, in seine Ausgabe aufgenommen. Diese hatte folglich den *Elementa rhetorices* des Wittenbergers nicht allein die Knappheit der Darstellung, sondern auch die Veranschaulichung durch repräsentative Beispiele voraus, denn die *Elementa* verfügen lediglich über einzelne Beispielsätze aus antiken Texten, nicht jedoch über ein vollständiges Werk. Somit ergibt sich eine ideale Ergänzung der beiden Lehrbücher: Während die *Elementa* den ausformulierten, quasi autoritativen Basistext der rhetorischen Theorie lieferten, kam Majors Aus-

---

112 Hartfelder: Praeceptor Germaniae, S. 551 f.
113 Carl Joachim Classen: Cicero inter Germanos redivivus II. In: ders.: Antike Rhetorik im Zeitalter des Humanismus. München, Leipzig 2003, S. 225–244, hier S. 233.
114 Philipp Melanchthon: Dispositio orationis quam pro Archia poeta Cicero habuit. Hagenau 1533; vgl. hierzu Classen: Cicero inter Germanos redivivus II, S. 232–234.
115 Philipp Melanchthon: Orationes aliquot lectu dignissimae, a Philippo Mel. atque alijs doctissimis quibusdam in publica Wittenbergensium schola pronunciatae. His addita est Oratio pro M. Marcello diligenter admodum ab eodem Phi. Mel. in sua membra distributa. Wittenberg 1533, O ij r–Q i v.

gabe die Funktion eines praktikablen Handbuchs zum Nachschlagen und exemplarischen Studieren der *praecepta* in der oratorischen Praxis, den Reden Ciceros, zu. Melanchthon hatte mit den *Elementa* sein Verständnis der Rhetorik in eine zeitlose Form gegossen. Major Leistung bestand in der Umsetzung und praktischen Vermittlung der Theorie an einer konkreten Gelehrtenschule, dem Altstädtischen Gymnasium. Innerhalb des 16. Jahrhunderts sind achtzehn Nachdrucke der Ausgabe verzeichnet – z. B. in Leipzig, Augsburg und Tübingen –, ab 1557 erschien sie in einer um zusätzliche Orationes erweiterten Form.[116]

Innerhalb des kurzen, dennoch publizistisch äußerst fruchtbaren Rektorats Majors erschienen noch weitere Werke für den Unterricht. Ein 1537 wiederaufgelegter Auszug des Justinus aus der Weltgeschichte des Pompeius Trogus stellt die umfangreichste editorische Leistung Majors auf dem Gebiet der Klassiker dar.[117] In der Einleitung gibt Major eine ausführliche Lektüreanweisung für historische Werke, eine Programmatik des Geschichtsunterrichts in nuce.[118] Außerdem erschienen 1536 die „Elemente der griechischen und lateinischen Grammatik", ein Lehrbuch, das sich hauptsächlich aus Tabellen – z. B. für die Deklination oder Komparation – zusammensetzt.[119] Der verhältnismäßig große Umfang des Druckes erklärt sich dadurch, dass Major neben der lateinischen auch die Eigenheiten der griechischen Grammatik erläutert, wobei die Erklärungen durchweg auf lateinisch erfolgen.

Georg Major ist die Etablierung einer literarischen Kultur, eines wissenschaftlichen Standards in der Elbestadt zu verdanken. Seine Lehrbücher für den Unterricht am Gymnasium bilden den Anfang einer nennenswerten lateinischen Publizistik im Druckort Magdeburg, erschienen vor Major doch fast ausschließlich volkssprachliche und erbauliche Schriften. Zusammen mit Joachim Greff stand Major am Anfang der reichen Tradition des Magdeburger Schultheaters, was in einem eigenen Kapitel dieser Untersuchung zur Darstellung kommen wird. Gemessen an der Anzahl und Qualität seiner Lehrbücher ist auch bezüglich des konkreten Unterrichts von einer deutlichen Hebung des Niveaus auszugehen.

---

116 Verzeichnis der gedruckten Schriften Georg Majors. In: Irene Dingel, Günther Wartenberg (Hgg.): Georg Major (1502–1574). Ein Theologe der Wittenberger Reformation. Leipzig 2005 (Leucoreastudien 7), S. 271–314, hier S. 276.
117 Georg Major: Ivstini ex Trogo Pompeio Historia iam denuo diligenter recognita, ac plurimis aucta scholiis, quibus quo quaeque res tempore gesta sit indicatur. Adiecta est brevis legendae historiae ratio, multum historiae studiosis profutura. Magdeburg 1537.
118 Major: Ivstini ex Trogo Pompeio Historia, A iiij v–A viij v.
119 Georg Major: Elementa Graecae et Latinae grammaticae collata. Magdeburg 1536.

1.8 Abschied von Magdeburg und Verwicklung in spätere Kontroversen

Über den Zeitpunkt von Majors Verlassen Magdeburgs existieren voneinander abweichende Datierungen. Er wird wohl im Jahr 1536, spätestens jedoch in der ersten Hälfte des Jahres 1537 anzusetzen sein.[120] Holstein berichtet, Major habe sein Amt ausschließlich aufgrund schlechter Entlohnung aufgegeben,[121] doch dieses Bild bedarf einer Korrektur. Zu Ostern 1534 berichtet Major in einem Brief an Johannes Spangenberg,[122] dass es mit seiner Gesundheit nicht zum Besten stehe; er klagt über körperliche Abgespanntheit und Magenprobleme. Trotz der Krankheit werde ihm die Arbeit in der Schule nicht verringert, sondern aufgrund der stetig wachsenden Schülerzahl sogar noch erhöht. Die unter ihm tätigen Lehrer könnten sein Los erleichtern, doch sie entbehrten des nötigen Diensteifers, daher sei eine ständige Anwesenheit Majors vonnöten. Trotz der für damalige Verhältnisse hohen Zahl von zehn Lehrern falle der Löwenanteil der Arbeit ihm selbst zu. Darüber hinaus klagt Major, dass er für diese immensen Arbeitsleistungen keine angemessene Entlohnung erhalte.[123] Bei der Erklärung des vorzeitigen Endes von Majors Rektorat ist demnach von einer Kombination mehrerer Faktoren auszugehen.

Im folgenden Kapitel soll noch ein weiterer möglicher Grund für die berufliche Neuorientierung Majors erwogen werden: ein eventueller Dissens mit dem mächtigsten Kirchenvertreter Magdeburgs, Nikolaus von Amsdorf. Fest steht, dass Major mit dem Ostern 1537 erfolgten Wechsel in das Predigtamt der Schlosskirche Wittenbergs seine finanzielle Lage verbessern konnte; nicht zuletzt hatte er eine Familie zu ernähren.[124]

1.9 Verteidigung humanitären Handelns: Der Majoristische Streit

Das spätere Wirken Majors ist an dieser Stelle insofern von Interesse, als bisher die innere Kohärenz zwischen seinen pädagogischen und theologischen Werken übersehen wurde. Der Vergleichspunkt ist dabei sein Einsatz für die humanistische Bildungsidee, seine Forderung nach ethisch verantwortlichem Handeln. Der Majo-

---

120 Wriedt: Major als Pädagoge, S. 174 nennt den Oktober 1537. Irene Dingel: Art. Georg Major. In: Killy/Kühlmann 7 (2010), S. 621f. setzt dagegen als Zeitpunkt bereits Ostern 1537 an. Vgl. auch Holstein: Das Altstädtische Gymnasium, S. 25.
121 Ebd.
122 CR II, 717: Maior ad Spangenbergium, Brief vom 18. April 1534.
123 CR II, 717: „Saepius mihi etiam molestiam auget hominum ingratitudo, qui pro immensis laboribus malam gratiam referunt."
124 Holstein: Das Altstädtische Gymnasium, S. 25.

ristische Streit war eine innerlutherische Kontroverse, die in den 1550er Jahren zwischen den gegnerischen Fraktionen der Gnesiolutheraner und Philippisten ausgetragen wurde.[125]

Luther hatte in Absetzung vom mittelalterlichen Ablasswesen das Dogma vertreten, dass der Mensch das Seelenheil allein durch den Glauben an die Gnade Gottes (*sola fide*) erlange. Jegliche eigene Mitwirkung, z. B. durch die sog. Guten Werke, sei dabei ausgeschlossen. Diese Neuausrichtung des christlichen Glaubens hatte zwei Seiten. Durch die lutherische Rechtfertigungslehre wurden die um ihr Seelenheil besorgten Gläubigen getröstet und bestärkt. Auf der anderen Seite konnte „ein bloßes Sich-Verlassen auf die Gnade Gottes und den geschenkten Glauben [...] zu einem gewissen Libertinismus ermutigen oder zu moralischer Trägheit führen".[126]

Melanchthon hatte von seinem Bildungsgang her eine tiefe Prägung durch den Humanismus erfahren.[127] In unzähligen *declamationes* bekannte er sich zum humanistischen Credo, das Ideal einer befriedeten Welt sei allein durch eine Hebung der Moral zu erreichen. Weil sich der Humanist Melanchthon bereits früh einiger abträglicher Konsequenzen der lutherischen Lehre bewusst wurde, versuchte er, dieser gewisse Spitzen zu nehmen. Bereits in der 1535 gedruckten Fassung seiner *Loci communes theologici*[128] vertrat er daher die These, die Guten Werke seien eine *causa sine qua non* der Rechtfertigung, was eine heftige Abwehr seitens Conrad Cordatus, Nikolaus von Amsdorf und Luther selbst hervorrief, der diese These in einer Disputation verwarf.[129]

Major stand in dieser Tradition der humanistischen Fraktion innerhalb des Luthertums, als er sich 1552 mit den folgenden Worten zu einer Notwendigkeit der Guten Werke bekannte:

> *Das bekenne ich aber, das ich also vormals geleret vnd noch lere vnd foerder alle meine lebtag also leren will, das gute werck zur seligkeit noetig sind, vnd sage oeffentlichen vnd mit klaren vnd deutlichen worten, das niemand durch boese werck selig werde, vnd das auch niemands one gute werck selig werde, vnd sage mehr, das, wer anders leret, auch ein Engel vom Himel, der sey verflucht.*[130]

---

125 Vgl. auch Kap. A. 2. Die innerlutherische Spaltung und die Gymnasien.
126 Dingel: Der Majoristische Streit, S. 240.
127 Heinz Scheible: Philipp Melanchthon (1497–1560). Melanchthons Werdegang. In: Paul Gerhard Schmidt (Hg.): Humanismus im deutschen Südwesten. Biographische Profile. Stuttgart 2000, S. 221–238 und insbesondere Hartfelder: Praeceptor Germaniae, S. 1–76.
128 Philipp Melanchthon: Loci Commvnes Theologici Recens collecti & recogniti a Philippo Melanthone. Wittenberg 1535; vgl. Christian Peters: Art. Werke IV, TRE 35, S. 638.
129 Zum Cordatus-Streit vgl. ebd.
130 Georg Major: Auff des Ehrenwirdigen Herren Niclas von Ambsdorff schrifft, so itzundt neulich Mense Novembri Anno 1551. wider Georgen Major öffentlich im Druck ausgegangen. Antwort. Wittenberg 1552, C 1 v–C 2 r; zitiert nach Dingel: Der Majoristische Streit, S. 239.

Der ehemalige Magdeburger Rektor weist hier selbst auf eine gewisse Kontinuität in seinem Schaffen hin. Durch seine Verteidigung der Guten Werke suchte Major all jene zu erreichen, die meinten, sie könnten „ohne wahrhaftige Buße und Bekehrung zu Gott selig werden, wenn sie schon in Ehebruch, Hurerei, Völlerei, Wucher und andern Sünden wider ihr Gewissen verharren, denn, wenn ich glaube (sprechen sie), so werde ich gerecht und selig".[131] Die Schriften Majors zeigen seine Bereitschaft, Korrekturen am Lehrsystem vorzunehmen, wenn sich so gewisse nachteilige Konsequenzen dieses Systems in der Lebenspraxis vermeiden ließen.

Majors Flexibilität in Lehrfragen trug ihm seitens der Gnesiolutheraner den Vorwurf ein, Verrat am lutherischen Glauben zu üben. In ihren Antwortschriften beriefen sie sich demonstrativ auf Luthers Position und verwarfen eine Notwendigkeit der Guten Werke zur Seligkeit. In seiner Warnung vor den „papistischen Irrtümern" Majors bezeichnete Flacius die von diesem geforderte Eigenverantwortlichkeit als „grässliche Schreckbilder, Drohungen und Verheißungen des Gesetzes", die vor Christus und dem Evangelium weichen müssten. „Die Gerechtigkeit Christi, welche uns mächtig zugerechnet wird, macht uns weißer als Schnee."[132]

Auf die Spitze getrieben wurde die ostentative Treue zu Luthers Lehre durch Nikolaus von Amsdorf, der sich zu dem „Paradox" verstieg, „dass gute Werke zur Seligkeit schädlich seien".[133] Die Gegenpositionen der Gnesiolutheraner fanden den Beifall der Mehrheit der Gläubigen, wozu Melanchthons Bemerkung passt, „dass jene Lehren, welche der Licenz [Freizügigkeit, Sittenlosigkeit] des großen Haufens schmeichelten, am liebsten gehört wurden".[134]

Dem Majoristischen Streit kam in der zweiten Hälfte des 16. Jahrhunderts eine zentrale Bedeutung zu; er vertiefte die nachinterimistische Spaltung der Lutheraner. Die Gymnasien und Universitäten standen häufig noch in der humanistischen Tradition, was den hohen Anteil von akademisch gebildeten Medizinern, Philologen und Pädagogen unter den Philippisten erklären hilft.[135] Auch der aus Magdeburg vertriebene Rektor und Humanist Abdias Prätorius vertrat an seiner späteren

---

131 Zitat aus Georg Major: Ein Sermon von S. Pauli vnd aller Gottfuerchtigen menschen bekerung zu Gott. Leipzig 1553; zitiert nach Döllinger: Reformation, Bd. III, S. 495.
132 Matthias Flacius: Pia et necessaria Admonitio de cavendis crassis, et plusquam papisticis erroribus Georgii Maioris, Quorum hic plurimi, recitatis ad verbum prolixis eius locis, diserte commonstrantur ac refutantur. Regensburg 1562; zitiert nach Döllinger: Reformation, Bd. III, S. 504.
133 Scheible: Art. Major, Georg. In: TRE 21, S. 728. Vgl. Nikolaus von Amsdorf: Das die Propositio (Gute werck sind zur Seligkeit schedlich) ein rechte ware Christliche Propositio sey / durch die heiligen Paulum vnd Lutherum gelert vnd geprediget. Magdeburg 1559.
134 Döllinger: Reformation, Bd. III, S. 530.
135 Koch: Der kursächsische Philippismus, S. 68.

Wirkungsstätte, der Universität Frankfurt a. O., die Position Majors im sogenannten antinomistischen Streit. Auch wenn die Kontroversen nach 1550 häufig in der Volkssprache geführt wurden, lässt sich dennoch eine inhaltliche Übereinstimmung mit der zentralen humanistischen Forderung nach ethischer Vervollkommnung beobachten.

Markus Wriedt zufolge „scheint die Würdigung der Magdeburger Rektorenzeit Majors aus dem Blickwinkel [...] der späteren Kontroverse der 50er Jahre mit von Amsdorf und den Gnesiolutheranern unangemessen."[136] Major hätte sich in gleicher Weise auf Luther und Melanchthon berufen. „Abweichungen oder differenzierende Ausgestaltungen der rechtfertigungstheologischen Begründung der Bildungs- und Schulreform sind nicht zu erkennen. Sie werden erst in den späteren Lebensphasen Majors, als Prediger und Professor in Wittenberg [...], erkennbar."[137] Daran ist sicher richtig, dass Major als Beauftragter Wittenbergs in Magdeburg die zentralen reformatorischen Grundsätze vertrat und lehrte. Dennoch lohnt sich ein nochmaliger und genauerer Blick auf die Vorrede zu Majors Ausgabe von Sentenzen der römischen Dichter.

Major stellt hier, wie oben bereits ausgeführt, den direkten Vergleich an mit der Zeit der Spätantike: Heute seien es nicht römische Kaiser wie Julian, von denen dem Christentum Bedrohung erwachse, sondern jene Christen selbst, die es eigentlich bewahren sollten. Durch die Wissenschaftsfeindlichkeit im eigenen Lager drohe erneut der Ruin der christlichen Religion und der ethischen Werte überhaupt. Denn die Jugend werde zwar nicht vom Studieren abgehalten, sondern, um die christlichen Dogmen zu erhalten, würden Schulen eingerichtet, Katechismen verfasst und Predigten gehalten. Doch man sei allgemein der Überzeugung, die Lehre wahrhafter Frömmigkeit auch ohne ein Studium der antiken Texte erhalten zu können. Major erhebt Anklage gegen all jene streitbaren Geister, die echte literarische Bildung in aller Öffentlichkeit verketzerten.[138]

Auch im postreformatorischen Humanismus herrschte Konsens bezüglich der sittlich bildenden Kraft der klassischen Autoren. Wenn Major hier deren Preisgabe beklagt, so warnt er zugleich vor dem Verlust einer ethischen Grundierung des Christentums. Bildung ohne diese ethische Grundierung, wie sie Major an den lutherischen Schulen beobachten müsse, führe, so Major in Anlehnung an den humanistischen Topos, in letzter Konsequenz zur Mutation der Menschen in Bestien.[139]

---

136 Wriedt: Major als Pädagoge, S. 188.
137 Ebd., S. 187.
138 Major: Sententiae vetervm poetarvm, a ij r–a iij r.
139 Ebd., a iij r.

Es wäre sicher zu weit gedacht, wenn man diese Worte als Warnung vor den negativen Konsequenzen der lutherischen Rechtfertigungslehre interpretieren würde. Eine Parallelisierung der Klage über ein entseeltes Christentum mit der Einforderung Guter Werke erscheint jedoch als statthaft. Auch im späteren Wirken Majors sind die pädagogisch-humanistischen Impulse seiner Frühzeit identifizierbar. In seinen Schriften lässt sich, trotz des Wechsels zur Volkssprache, eine bruchlose Kontinuität ausmachen.

Der Abschied Majors von Magdeburg stellt sich so möglicherweise in einem neuen Licht dar. Ende 1536, also kurze Zeit vor dem Weggang Majors, hatten sich im oben bereits erwähnten Cordatus-Streit zwei gegnerische Lager gebildet: Caspar Cruciger und Melanchthon vertraten die Notwendigkeit der Guten Werke zur Seligkeit, was bei Nikolaus von Amsdorf, Conrad Cordatus und Luther auf Ablehnung stieß. Es ist sehr unwahrscheinlich, dass Major von diesen Auseinandersetzungen unberührt blieb, denn Amsdorf war seit 1524 Pfarrer von St. Ulrich und von Luther mit der Reformation Magdeburgs betraut.

Als Leiter der Kirchen Magdeburgs trug Amsdorf unter anderem die Verantwortung für die Vertreibung des Arztes, Humanisten und neulateinischen Dichters Wolfgang Cyclop,[140] der in Magdeburg öffentlich das Abendmahlsverständnis Zwinglis vertreten hatte.[141] Durch seine intolerante Amtsführung hatte Amsdorf maßgeblichen Anteil daran, dass sich Magdeburg sehr früh von multikonfessionellen Städten wie Straßburg unterschied und den Ruf der Bastion eines „reinen und strengen" Luthertums gewann.

Im Cordatus-Streit hatte sich Amsdorf bei Luther über die Lehrtätigkeit Melanchthons beschwert, der vom lutherischen Dogma Abweichendes lehre und so die Gläubigen in Verwirrung stürze.[142] Melanchthon schrieb darauf an Camerarius, die Angriffe seitens Amsdorf und Cordatus seien auf ihren *odium literarum* zurückzuführen. Sie verübelten ihm, dass er sich für die Wissenschaften einsetze

---

140 Vgl. Nahrendorf: Art. Magdeburg. In: Adam (Hg.): Handbuch kultureller Zentren, Bd. 2, S. 1361f.; Klaus Kipf: Art. Cyclopius, Wolfgang. In: Franz Josef Worstbrock (Hg.): Deutscher Humanismus 1480–1520. Verfasserlexikon, Bd. 1, Berlin u. a. 2008, Sp. 537–546; sowie Georg Ellinger: Geschichte der neulateinischen Literatur Deutschlands im sechzehnten Jahrhundert. Bd. II: Die neulateinische Lyrik Deutschlands in der ersten Hälfte des sechzehnten Jahrhunderts. Berlin u. a. 1929, S. 60–62.
141 Friedrich Christoph Ilgner: Nikolaus von Amsdorf „wider den rotten vnnd secten gaist". In: Irene Dingel (Hg.): Nikolaus von Amsdorf (1483–1565) zwischen Reformation und Politik. Leipzig 2008, S. 251–279.
142 WA Br 7; 531f., Nr. 3081; Brief Amsdorfs an Luther vom 14.09.1536: „Hic dicitur, quod Vitebergae pugnantia docentur. Ille [Melanchthon] in schola vehementer et supra modum urget, opera esse necessaria ad vitam aeternam [...]. Haec valde perturbant populum nostrum, et certe me conturbant."

und die Studenten regelmäßig zum Studium derselben ermahne.[143] Wie Melanchthon selbst ausführt, suchten die Gegner sein Verhältnis zu Luther zu zerrütten und seine Position in Wittenberg zu untergraben.[144]

Anhand der oben analysierten Vorrede zu Majors *Quaestiones rhetoricae* war das sehr enge Verhältnis zwischen dem Wittenberger Professor und dem Magdeburger Rektor deutlich geworden. Es erscheint daher als wahrscheinlich, dass Major bereits 1536 im Streit um die Guten Werke aufseiten Melanchthons stand. Bei der Beschreibung der Ablehnung und des Hasses, auf den seine Bildungsbestrebungen stießen, fand Major jedenfalls ähnliche, durch humanistische Topoi vorgeprägte Formulierungen, etwa wenn von einem *summum et capitale odium* oder von den *phanatici spiritus* die Rede ist.[145]

Ist es tatsächlich zutreffend, wenn Major Nikolaus von Amsdorf in einem späteren Brief als „seinen lieben Vater und Lehrer"[146] bezeichnet, oder ist diese Anrede nicht vielmehr eine der in Humanistenbriefen omnipräsenten Höflichkeitsfloskeln? In Ermangelung weiterer Quellen, die über Majors Magdeburger Zeit Auskunft geben, lässt sich hinterfragen, ob das Verhältnis beider mit Freundschaft zutreffend charakterisiert ist.[147] Majors große Nähe zu Melanchthon und der Einfluss Amsdorfs als Superintendent Magdeburgs und für das Gymnasium verantwortlicher Scholarch legen nahe, dass sein Weggang aus Magdeburg nicht allein durch schlechte Bezahlung motiviert war.

In seinem 1570 gedruckten theologischen Testament betonte Major, „dass er ganz gegen seinen Willen in den Streit gezogen worden sei"[148] und niemals den von Luther und Melanchthon vorgezeichneten Weg verlassen habe. Mit dem folgenden Zitat des Kirchenvaters Ambrosius hielt er seinen Gegnern den Spiegel vor:

> *Der vnterstehe sich von eines andern Irrthumb Richter zu sein / welcher an sich selbst nicht befindet / das er billich zu verdammen habe / vnd der sey Richter / der das jenige selbst nicht thut / das er an einem andern strefflich zu sein achtet / auff das er in dem / darinnen er einen andern richtet / sich selbst nicht verurteile. Summa dieser sey Richter / welcher durch hass*

---

143 MBW 1815; Brief vom 29.11.1536 an Joachim Camerarius: „Me absente Amsdorfius et Cordatus magnas tragoedias excitarunt. Nec aliunde oritur res nisi ex odio literarum, quas me putant isti quidem vehementius propugnare, quod adolescentiam crebro ad haec communia studia adhortari soleo."
144 Ebd.
145 Major: Sententiae vetervm poetarvm, a iij r.
146 Robert Kolb: Nikolaus von Amsdorf (1483–1565). Popular polemics in the preservation of Luther's legacy. Nieuwkoop 1978, S. 123.
147 Ebd., S. 123.
148 Dingel: Der Majoristische Streit, S. 246.

vnd neid / durch widerwillen vnd zorn / vnd durch gar keine leichtfertigkeit zu vrteilen nicht bewegt wird.[149]

Die im Entstehen begriffene lutherische Orthodoxie klassifizierte Major als Ketzer. In der Konkordienformel wird die Notwendigkeit der Guten Werke verworfen, und Conrad Schlüsselburg unterzog Major in seinen *Catalogi Haereticorum* einer „scharfen Verurteilung".[150] Eine angemessene Würdigung wiederfuhr Major indes durch Gottfried Arnold in seiner *Unpartheyischen Kirchen- und Ketzerhistorie*.[151] Hier ist von den zahllosen Gegenschriften Amsdorfs, insbesondere von seiner paradoxen These, die Guten Werke seien der Seligkeit abträglich, die Rede. Diese These sei *höchstschädlich und verderblich* sowie *eine mutter [...] des epicurischen lebens*, letztlich aber nicht verwunderlich, weil Amsdorf *durchgehends in seinen schrifften ein recht wildes ungezähmtes gemüth von sich spüren lassen.*[152] Amsdorf hätte nicht allein Major mit Spott, Hohn und *unzehlichen scheltworten* übergossen, sondern von Magdeburg seien zahlreiche *verwirrte händel* ausgegangen. Amsdorf und Luther hätte eine *beyderseits feurige complexion* verbunden, *gestalt er bereits anno 1525 und weiter hin sehr hitzig wider die Thumherren zu Magdeburg, und andere Papisten geschrieben und gepredigt, wodurch er manches schwaches gemüthe zurückgestossen haben mag.*[153]

Der offensive Streitstil Amsdorfs stand im Gegensatz zur oben dargestellten Weitertradierung irenischen Gedankenguts am Magdeburger Gymnasium. Vielleicht findet der frühzeitige Weggang der Melanchthonschüler Cruciger und Major aus der Elbestadt hierin seine Erklärung. Mit dem Abschied Majors ging jedenfalls ein deutlicher Rückgang der Bedeutung des Gymnasiums einher. Von den nachfolgenden Rektoren Joachim Woltersdorf (1537–1544)[154] und Wilhelm Rivenus

---

149 Georg Major: Testamentvm Doctoris Georgii Maioris. Wittenberg 1570, iij v. Das Originalzitat des Ambrosius ist voranstehend abgedruckt: „Iudicet ille de alterius errore, qui non habet in se ipso quod contemnet, Iudicet, qui non agit eadem, quae in alio putaverit punienda, ut cum de alio iudicat, in se ferat sententiam, Iudicet ille, qui ad pronunciandum nullo odio, nulla offensione, nulla levitate ducitur." Sancti Ambrosi Opera, Pars V, Expositio Psalmi CXVIII. Hg. von Michael Petschenig (Corpus Scriptorum Ecclesiasticorum Latinorum Bd. 62), Wien 1999, Buch 20, Kap. 31, S. 460.
150 Conrad Schlüsselburg: Catalogi Haereticorum. Liber 7: In Qvo Maioristarvm Argumenta repetuntur refutantur, cum assertione verae sententiae, quam catholica complectitur Ecclesia. Frankfurt a. M. 1599; vgl. Heinz Scheible: Art. Major, Georg. In: TRE 21, S. 729.
151 Gottfried Arnold: Unpartheyische Kirchen- und Ketzer-Historie (Theil 1/2). Vom Anfang des Neuen Testaments Biß auf das Jahr Christi 1688. Frankfurt a. M. 1729, S. 822–826.
152 Ebd., S. 825. Vgl. zu den Kontroversen Amsdorfs mit den Magdeburger Katholiken auch Kap. C. 4.3. Konfessionspolemik und Propaganda in der Eusebia Magdeburgensis.
153 Arnold: Unpartheyische Kirchen- und Ketzer-Historie (Theil 1/2), S. 826.
154 Holstein: Das Altstädtische Gymnasium, S. 65–67.

(1544–1552)[155] sind keine eigenen Lehrwerke überliefert. Erst mit Abdias Prätorius konnte ein Humanist von ähnlichem Format an die reiche publizistische Tradition, die sich mit dem Namen Majors verbindet, anknüpfen.

---

155 Ebd., S. 67–68.

2 Abdias Prätorius (1553–1558)

Der am 28. März 1524 in Salzwedel geborene Abdias Prätorius studierte nach dem Besuch des Salzwedeler und Magdeburger Gymnasiums an den Universitäten zu Frankfurt a. O. und Wittenberg Theologie.[1] In Wittenberg schloss er sich seinem Lehrer Melanchthon an; von dieser Freundschaft zeugen die bis zu dessen Tod gewechselten Briefe. Melanchthon war es auch, der Prätorius dem Rat der Stadt Salzwedel empfahl. Im Brief vom 29. März 1544 attestiert Melanchthon Prätorius, er habe *eine ziemlich gute Uebung in lateinischer und griechischer Sprache zu schreiben, daß ich derwegen ein besonder Gefallen an ihm habe, und bitt, Ew. Weisheit wolle Ihr diesen jungen, wohlgeschickten Menschen lassen befohlen seyn, und ihm von wegen seiner Tugend Förderung erzeigen.*[2] Seit 1548 war Prätorius Rektor des Salzwedeler Gymnasiums. Bereits zu Ostern 1552 erhielt er einen Ruf ans Magdeburger Gymnasium, dessen Rektorat seit dem Weggang von Wilhelm Rivenus vakant war.

Rivenus hatte 1544 auf Empfehlung Melanchthons sein Amt angetreten, wurde jedoch von Matthäus Judex,[3] seit 1548 Konrektor des Gymnasiums und später einer der Autoren der Magdeburger Zenturien, verdrängt. Gabriel Rollenhagen berichtet in seiner bereits erwähnten Valediktionsrede[4] die näheren Umstände dieses Vorgangs. Judex, von Rollenhagen als *homo maledicentissimus* bezeichnet, hätte sich den seit der Belagerung von 1550 desolaten Zustand des Gymnasiums zu Nutze gemacht, um zu verbreiten, „dasz der grund der auflösung der schule nicht in den unglücklichen kriegsverhältnissen, sondern in dem jugendlichen alter und der geringen pädagogischen erfahrung des rectors zu suchen sei, der bei den schülern in allgemeiner verachtung stehe."[5] Obwohl Rivenus „aus verdrusz über die ihm zugefügten schmählichen kränkungen" sein Amt aufgab und Rektor des Ratsgymnasiums in Lübeck wurde, erreichte Judex sein eigentliches Ziel, selbst den Posten des Rektors zu übernehmen, nicht. Das Rektorat des Prätorius, der am 10. April 1553 feierlich in sein Amt eingeführt

---

1 Holstein: Das Altstädtische Gymnasium, S. 68–72; vgl. auch Hans-Peter Hasse: Art. Prätorius, Abdias. In: RGG 6 (2003), Sp. 1573; Michael Kappes: Art. Prätorius, Abdias. In: BBKL 7 (1994), Sp. 901f.; Paul Wolff: Art. Prätorius, Abdias. In: RE 15 (1904), S. 612–614; Rudolf Schwarze: Art. Praetorius, Abdias. In: ADB 26 (1888), S. 513–514.
2 MBW 3492; zitiert nach CR V, Sp. 341f.; Brief vom 29.03.1544.
3 Ernst Koch: Art. Matthäus Judex. In: RGG 4 (2001), Sp. 643.
4 Gabrielis Rollenhagii Oratio Valedictoria, enthalten in: Johannes Blocius: Promulsis Magdeburgensis Historiae. Praemetii gratia proditae. Magdeburg 1622, G 2 r–K 3 r.
5 Holstein: Das Altstädtische Gymnasium, S. 67 beruht hier auf Rollenhagen: Oratio Valedictoria, K 1 v.

wurde, war folglich schon zu Beginn durch den latenten Gegensatz zum die Partei der Gnesiolutheraner repräsentierenden Judex überschattet.

Die fruchtbare publizistische Wirksamkeit, die Prätorius in Magdeburg entfaltete, lässt zumindest zu Beginn nichts von diesem Gegensatz spüren. Bereits kurz nach Antritt des Amtes lagen seine detaillierte Magdeburger Schulordnung[6] und die programmatische *Oratio de necessitate rei scholasticae*[7] vor, die Prätorius laut Titelblatt im Gymnasium gehalten hat.

2.1 Die Magdeburger Schulordnung von Prätorius

Die Widmungsadresse richtet sich an die Scholarchen des Magdeburger Gymnasiums. Zu ihnen gehörten der Stadtsyndikus Franz Pfeil, der Arzt Martinus Copus,[8] Nikolaus Gallus, seit 1549 Prediger an der Ulrichskirche, Superintendent und einer der publizistisch wirksamsten Gnesiolutheraner, sowie Joachim Woltersdorf, von 1537 bis 1544 Rektor des Gymnasiums und danach Prediger an verschiedenen Kirchen Magdeburgs. Prätorius hielt auch die 1554 gedruckte *Oratio funebris* auf seinen Vorgänger Woltersdorf, der wie er aus Salzwedel stammte.[9] Auf die Adresse folgen zwei Widmungsgedichte: zum einen das aus lateinischen Distichen bestehende des Prätorius, zum anderen ein griechisches Gedicht von Judex. Prätorius betont hier seine jugendliche Unerfahrenheit, deren ungeachtet er sich im Vertrauen auf Schutz und Mithilfe der Magdeburger seiner Aufgabe widmen will.

Die Schulordnung besteht aus drei Teilen, die in *ordo* genannte Kapitel unterteilt sind. Der erste Teil, betitelt *De Statu rei scholasticae*, enthält allgemeine Regelungen wie z. B. die Unterrichtszeiten, den eigentlichen Lehrplan der neun Klassen und den Jahresablaufplan der öffentlichen Veranstaltungen, zu denen Disputationen und Schultheateraufführungen gehörten. Der zweite und dritte Teil informieren die Lehrer und Schüler über ihre Pflichten.

Obwohl Gabriel Rollenhagen erwähnt, dass Prätorius die bereits von Georg Major in Druck gegebenen Schulgesetze lediglich erweitert habe,[10] ist davon aus-

---

6 Abdias Prätorius: Lvdi Literarii Magdebvrgensis Ordo, Leges ac Statuta, Autore Godesalco Praetorio, Magdeburg 1553; abgedruckt in Vormbaum: Evangelische Schulordnungen, Bd. I, S. 412–433.
7 Abdias Prätorius: Godescalci Praetorii Oratio de necessitate rei scholasticae recitata In ludo literario Magdeburgensi. Magdeburg 1553.
8 Vgl. Kap. B. 1.4. zur Widmungsvorrede von Georg Majors Parabolae Erasmi.
9 Abdias Prätorius: Godescalci Praetorii Oratio fvnebris de Ioachimo Wolterstorpio Recitata in schola Magdeburgensi. Magdeburg 1554.
10 Rollenhagen: Oratio Valedictoria, K 2 r; die Schulordnung Majors ist nicht auffindbar.

zugehen, dass Prätorius die Schulordnung weitgehend eigenständig verfasst hat. Zu ihren Merkmalen gehören ein großer Detailreichtum, eine bündige und einfache Sprache sowie konzeptionelle Präzision. Für Prätorius war essenziell, von seinen Schülern verstanden zu werden. So wurden die Schulgesetze zweimal jährlich vor der versammelten Schülerschaft verlesen, um „die Heranwachsenden ihrer Pflichten zu erinnern".[11]

Der erste *ordo* des ersten Teils enthält Vorkehrungen für die Organisation des sonn- und feiertäglichen Kirchengesangs in den sechs Parochialkirchen Magdeburgs. Um hierfür zu proben, versammelten sich die Schüler regelmäßig in der Ulrichskirche.[12] Die Zeiten für den eigentlichen Unterricht finden im zweiten *ordo* ihre Regelung. Prätorius beschränkt den Unterricht auf fünf Stunden pro Tag und stützt sich hierbei auf das Urteil der angesehensten Pädagogen.[13] Auch müssten den jüngeren *tyrones* regelmäßige Pausen eingeräumt werden, um einer Überforderung vorzubeugen.

Der dritte *ordo* enthält den Lehrplan. Bereits die *primi instauratores*, mit denen nur Cruciger oder Major gemeint seien können, hätten die Schüler wegen ihrer großen Anzahl in neun Klassen eingeteilt.[14] Die Bestimmungen für die Klassen Nona bis Prima folgen einem einheitlichen Schema: Zunächst werden die Unterrichtsinhalte genannt, worauf die Angabe der verwendeten Lehrbücher und die Verteilung der Fächer auf die einzelnen Wochentage und Stunden folgen. Die Nona wird von den *elementarii* besucht, denen die Kenntnis der Buchstaben, der Zusammensetzung der Silben sowie einfacher, kindgerechter Wörter wie z. B. *deus, angelus* etc. vermittelt wird. Als Unterrichtswerke finden die herkömmlichen Elementarlehrbücher, Fibeln und Katechismen Verwendung, in denen das Alphabet und erste kleinere Lesestücke enthalten sind.[15]

Die Oktava und Septima werden von den *lectionarii minores* und *majores* frequentiert. Gelernt werden hier das Lesen, Schreiben und die ersten Vokabeln. Als Lehrbücher dienen neben den Elementarlehrbüchern der Donat, die Grammatik Melanchthons, die Evangelien und die *Dicta sapientum*. In der Septima vertiefen die Schüler ihre Lesefähigkeit und üben sich im Verfassen erster eigener Texte. Durch das sonnabendlich stattfindende Lesen der Evangelien sollen die Schüler in die Lage versetzt werden, auch ihren Eltern aus der Heiligen Schrift

---

11 Prätorius: Lvdi Literarii Magdebvrgensis Ordo, Leges ac Statuta, B 2 v: „Legum pronunciationes necessariae sunt, ut adolescentes de suis officiis admoneantur, cum alioqui usitatum sit, excusationes ab ignorantia petere."
12 Ebd., A 5 v.
13 Ebd., A 6 r.
14 Ebd., A 7 r.
15 Ebd., A 7 v.

vorlesen zu können, was als Ausfluss des reformatorischen Bibelprinzips anzusehen ist.[16] Die Sexta setzt sich aus den *declinatores* und *coniugatores* zusammen. Zunächst werden die Schüler allein mit den Paradigmata der Deklination und Konjugation konfrontiert, ohne dass dabei auf die grammatikalischen Regeln eingegangen wird. Daraus folgt, dass zu Beginn tabellarische Lehrwerke ohne erklärende Texte verwendet werden. Die Identifikation der Paradigmata erfolgt dann am Beispiel der *Disticha Catonis*.

Gegenstand der Quinta, die von den *donatistae* besucht wird, ist das grammatikalische Regelwerk. Vermittelt werden die Teile der Rede, die Regeln für Deklination und Konjugation, die Analyse von Wortverbindungen und das Lesen deutscher Briefe. Die Bezeichnung der Schüler der Quinta als *donatistae* legt nahe, dass sie sich in dieser Klasse einer vertieften Lektüre der Grammatik des Aelius Donatus widmen sollten. In der Quarta, der Klasse der *rudimentarii Etymologiae*, lernen die Schüler weitere Einzelheiten der Grammatik wie die Genera der Substantive oder die Zeitformen der Verben, wobei Ausnahmen jedoch zunächst ausgelassen werden. Als Lehrbücher kommen neben den Etymologien für den Schulgebrauch erste literarische Texte zum Einsatz: Morallehren, die Fabeln des Aesop in der Ausgabe von Camerarius,[17] die Sprüche Salomos, die *Colloquia Erasmi* und die *Paedologia* des Petrus Mosellanus.[18]

In der Tertia treten für die *grammatici minores* die Regeln der Satzlehre hinzu.[19] Zu den Unterrichtsmitteln zählen neben den Lehrbüchern der Syntax anspruchsvollere humanistische Klassiker wie Terenz und die Briefe Ciceros, aber auch neuere Werke wie *De civilitate morum* des Erasmus. Dass dieses Werk noch in den achtziger Jahren in Magdeburg für den Schulgebrauch gedruckt wurde,[20] könnte für die ungebrochene Aktualität der Schulordnung auch bei den Nachfolgern des Prätorius sprechen.[21] Für die Tertia ist schließlich noch von Belang, dass in ihr verstärkter Wert auf die Übung im mündlichen Latein gelegt wurde, was sich im weiter unten zu behandelnden Schultheater und in den von Prätorius in Magdeburg eingeführten Disputationen manifestiert.

---

16 Ebd., A 8 r.
17 Erstausgabe: Joachim Camerarius: Aesopi Phrygis Vita. Fabellae Aesopicae plures quadrigentis, quaedam prius etiam, multae nunc primum editae. Tübingen 1538.
18 Vgl. zur Paedologia des Mosellanus Kap. A 1.3. Die Gründung des reformatorischen Schulwesens.
19 Prätorius: Lvdi Literarii Magdebvrgensis Ordo, Leges ac Statuta, A 8 v.
20 Erasmus von Rotterdam: De Civilitate Morvm Pverilivm, Per Desiderivm Erasmvm Roterodamum libellus nunc primum conditus & æditus. Magdeburg 1585, 1587.
21 Vgl. zur Integration weiter Teile der Schulordnung von 1553 in das Schulprogramm von 1619 Kap. B. 5.2. Die Festschrift zur Renovierung des Schulgebäudes: Anakainisis.

In die Sekunda werden all jene versetzt, die bereits über vertiefte Grammatikkenntnisse verfügen und folglich auf das Erlernen der griechischen Sprache vorbereitet werden können.[22] Als theoretische Lehrbücher fungieren hier die große Etymologie Melanchthons,[23] ein großes Lehrbuch der Syntax und Prosodie sowie eine Einführung in die griechische Sprache für Schulzwecke. In der Auswahl der zu lesenden Texte folgt Prätorius dem humanistischen Kanon: Terenz, die Briefe Ciceros, *Bucolica* und *Aeneis* des Vergil, seriöse Gedichte des Ovid und das griechische Evangelium.

Die Prima schließlich ist den *studiosi* der *artes et linguae* vorbehalten, die sich Kenntnisse der Dialektik, Rhetorik, der griechischen Grammatik, der *ars poetica vel prosodia* sowie der Arithmetik aneignen sollen.[24] Für die Lektüre sieht Prätorius ein breites Spektrum an Autoren vor, das auch von seiner eigenen Vielseitigkeit Zeugnis ablegt: Terenz, die *Officia*, *Partitiones oratoriae* und Reden Ciceros, Caesar, die *Aeneis* des Vergil, die *Historiae Philippicae* des Justinus, Homer, Hesiod, die Paulusbriefe im griechischen Original, Phokylides, Theognis, Lukian sowie aus neuerer Zeit *De copia rerum ac verborum* des Erasmus[25] und die *philosophia moralis* Melanchthons.[26]

Da Prätorius auch als Verfasser von weiter unten zu behandelnden Lehrbüchern hervorgetreten ist – z. B. einer griechischen Syntax, einer Rhetorik und einer Dialektik –, kann man von einem entsprechend hohen Niveau der Lektüre griechischer Autoren und der Unterweisung in den *artes* ausgehen. Gerade die Vielfalt der gelesenen Autoren legt nahe, den Unterricht in den beiden oberen Klassen des Magdeburger Gymnasiums mit der unteren Stufe einer philosophischen Fakultät zu vergleichen, was bei den Gymnasien größerer Städte, sogenannten *Gymnasia illustria*, häufig begegnet.

In der Konzeption des Prätorius tritt zur Vermittlung der Theorie und der Autorenlektüre eine Programmatik praktischer Übung und Anwendung des angeeigneten Wissens hinzu. Wie andere Pädagogen des melanchthonischen Gelehrtenschulwesens[27] legt Prätorius viel Wert auf die *exercitatio styli* und die

---

22 Prätorius: Lvdi Literarii Magdebvrgensis Ordo, Leges ac Statuta, B 1 r.
23 Eventuell: Philipp Melanchthon: Grammatices Latinae Etymologia, Hoc est, absolutissimae declinandi coniugandique formulae. Basel 1540.
24 Prätorius: Lvdi Literarii Magdebvrgensis Ordo, Leges ac Statuta, B 1 r–v.
25 Erstausgabe: Erasmus von Rotterdam: De duplici copia rerum ac verborum commentarii duo. Straßburg 1513. Dieser Lektürevorschlag wurde von Prätorius' Nachfolger Siegfried Sack aufgegriffen; vgl. zu den Bearbeitungen von Sack Kap. B. 3.9.–12. Die Schulschriften Sacks.
26 Eventuell: Philipp Melanchthon: Ethicae doctrinae elementa et enarratio libri qvinti ethicorum. Wittenberg 1550.
27 Barner: Barockrhetorik, S. 285–318.

publica exercitia, zu denen die Disputationen, Deklamationen und das Schultheater gehören. Um den Schreibstil zu üben, wird von den Schülern der oberen Klassen das Verfassen eigener Texte erwartet, bei denen nach Schwierigkeit aufsteigende Materien zugrunde gelegt werden sollen: in der Quarta der Stoff einer Fabel; in der Tertia ein aus Sprichwörtern oder Gleichnissen gezogener Gegenstand; in der Sekunda ein Thema aus Briefen, dem Terenz oder den Dichtern und schließlich in der Prima eine historische Begebenheit. In den beiden oberen Klassen wird zusätzlich das Verfassen von *carmina* und *declamationes* verlangt, bei ersteren sollen die Psalmen, bei letzteren eine Thematik aus der Sphäre des Alltagslebens als Ausgangspunkt dienen.[28]

Zu den öffentlichen Veranstaltungen zählen neben dem Verlesen der Schulordnung die Deklamationen, bei denen darauf Wert gelegt wird, dass die Schüler tugendhafte und nützliche Themen wählen und auf eine *oratio pura et sapienter cogitata*, also eine den Regeln der Grammatik und Rhetorik entsprechende Rede achten.[29] Bei den Deklamationen sollen sich Lehrer und Schüler abwechseln, denn die Übung gilt als *specimen studiorum* für die Außenwelt. Auch *poemata* werden vorgetragen, jedoch ausschließlich seriösen Inhalts.

Eine Neueinführung von Rektor Prätorius war das Abhalten von Disputationen in Magdeburg. An ihnen waren die obersten drei Klassen beteiligt, sie fanden am Sonnabend statt und hatten nicht selten theologische Fragen zum Gegenstand. Bei einigen Disputationen lassen sich anhand der vorher gedruckten Thesen Datum und Inhalt rekonstruieren. So wurden der Disputation am 28. August 1556 *propositiones de Deo* zugrunde gelegt.[30] Die Disputation am 27. August 1557 hatte die Trinität zum Thema.[31]

Eine dieser theologischen Disputationen führte zum offenen Zerwürfnis zwischen Matthäus Judex und Prätorius.[32] Mit der These, das Evangelium sei „Predigt der Buße und der Vergebung der Sünden"[33] vertrat Prätorius eine Position des Humanisten Melanchthon. Weil diesem in den Visitationen die „Verrohung des Volkes" vor Augen stand, hielt er für notwendig, „daß zuerst der ganze Ernst des

---

28 Prätorius: Lvdi Literarii Magdebvrgensis Ordo, Leges ac Statuta, A 8 v–B 1 v.
29 Ebd., B 2 v.
30 Abdias Prätorius: De Deo Propositiones Godescalci Praetorij, de quibus Disputatio fiet in Schola Magdeburgensi 28. Augusti. Magdeburg 1556.
31 Abdias Prätorius: De tribvs personis divinitatis propositiones de qvibvs dispvtabitvr in Schola Magdeburgensi xxvij Augusti. Magdeburg 1557.
32 Heinz Scheible: Die Entstehung der Magdeburger Zenturien. Ein Beitrag zur Geschichte der historiographischen Methode. Gütersloh 1966, S. 53.
33 Paul Wolff: Art. Prätorius, Abdias. In: RE 15 (1904), S. 613: „Evangelium esse praedicationem poenitentiae et remissionis peccatorum."

Gesetzes Gottes den Leuten gepredigt und sie so zur Buße geleitet werden sollten, damit dann der Heilsglaube aus dem Evangelium in ihnen Wurzel fasse."[34]

Antinomisten wie Judex betonten dagegen den Vorrang der Rechtfertigung und sprachen den Zehn Geboten jegliche Bedeutung für das religiöse Leben ab. Der Einsatz Melanchthons und seiner Nachfolger für die Hebung des sittlichen Niveaus der Menschen wurde von ihnen als Nähe zur alttestamentarisch-katholischen Werkgerechtigkeit gebrandmarkt.

Diese Kontroverse ist für die Betrachtung der Schulordnung deswegen von Bedeutung, weil Prätorius hier zu Beginn seiner Magdeburger Zeit einen Beweis seiner Subordination gegenüber den kirchlichen Behörden der Stadt erbringt. Vor Abhalten einer Disputation seien die Thesen dem Superintendenten vorzulegen, „damit keine Lehrabweichung vorkommt, nichts ohne Zustimmung ausgeführt wird".[35] Für die Gelehrten des Reformationszeitalters bedeutete jegliche Anstellung eine Gratwanderung zwischen Konformität mit den offiziell gebilligten Lehren des jeweiligen Territoriums und der tatsächlichen eigenen Überzeugung. Nur wenig später sollte sich Prätorius als Philippist zugunsten letzterer entscheiden, was seinen Wegzug aus der „Herrgotts Kanzlei" unvermeidlich werden ließ.

Der Nutzen der Disputationen besteht für Prätorius weiter darin, dass sie die Schüler an eine wohlgeformte und klare Sprache gewöhnen, ihnen Schlagfertigkeit verschaffen und sie auf ein humanes und reflektiertes Verhalten bei Zusammenkünften vorbereiten.[36] Ähnliche Vorteile besitzt auch das Schultheater: Es formt die *iusta audacia*, das angemessene Selbstbewusstsein in der Persönlichkeit der Schüler.[37] Prätorius bewegt sich hier auf dem traditionellen Boden des Humanismus, der die Hauptaufgabe von Schultheater und *actus publici* in der Vorbereitung auf das öffentliche Leben erblickt, sei es auf Kanzel, Katheder oder im Dienste der städtischen Magistrate und Fürsten.

Mit dem detaillierten Zeitplan für die öffentlichen Veranstaltungen wirkte Prätorius traditionsbildend, auch wenn sich Bernhard Jahn zufolge in den späteren Widmungsvorreden Magdeburger Schuldramen häufig Klagen darüber fin-

---

34 Paul Tschackert: Die Entstehung der lutherischen und der reformierten Kirchenlehre samt ihren innerprotestantischen Gegensätzen. Göttingen 1910 (ND 1979), S. 480.
35 Prätorius: Lvdi Literarii Magdebvrgensis Ordo, Leges ac Statuta, B 3 r: „Semper initio domino Superintendenti propositiones, praesertim in Theologica materia, exhibebuntur, ut in doctrina nihil aberratum, nihilque sine consensu factum conspiciatur."
36 Ebd., B 3 r–v: „Hoc exercitium si rite usurpetur, multiplicem habet utilitatem: Eruit et patefacit multas res obscuras, assuefacit homines ad rotunditatem et perspicuitatem in proponendo, adfert dexteritatem in respondendo, et praeparat ad humanitatem, vel sapientiam in congressibus."
37 Ebd., B 3 v.

den, „dass die Aufführung von Dramen in Magdeburg ganz zum Erliegen gekommen sei".[38]

Prätorius bindet die einzelnen Veranstaltungstypen an die kirchlichen Feiertage: das Verlesen der Schulordnung findet am zweiten Sonntag nach Ostern und am Sonntag nach Lukas (Oktober) statt; die Deklamationen oder Vorträge eines Gedichtes am Sonntag nach Pfingsten und am Adventssonntag; die *disputatio Theologica vel Philosophica* am Donnerstag nach Bartholomäus (August) und am Sonntag Laetare (3 Wochen vor Ostern); schließlich die Aufführung einer *comoedia latina* an Mauritius (September) und eines deutschen Stückes an Septuagesimae (70 Tage vor Ostern).[39]

Prätorius' Verdienst besteht darin, dass er mit diesem detaillierten Zeitplan dem Schuljahr eine feste, auch für die Schüler einsehbare Struktur gegeben hat. Wie auch immer fraglich es sein mag, inwieweit dieser Plan unter den einzelnen Rektoren umgesetzt wurde, in der Theorie forderte er in regelmäßigen zeitlichen Abständen Bewährungsproben für die Schüler und den Nachweis der erlangten Fertigkeiten für die Magdeburger und ihre Gäste.

Die Schulordnung enthält weiterhin ein durchdachtes System von Versetzungsprüfungen, eine insgesamt liberal zu nennende Strafenordnung, didaktische Ratschläge an die Lehrer, detaillierte Vorschriften für das Verhalten in den Kirchen, bei Begräbnissen, auf den Straßen Magdeburgs und beim Spielen, das Prätorius den Schülern ausdrücklich gestattet, „weil nichts von Dauer ist, was der Ablenkung und Erholung entbehrt".[40]

Verglichen mit den ersten Schulordnungen des melanchthonischen Gelehrtenschulwesens weist die Magdeburger Schulordnung von 1553 einen höheren Grad an Organisation auf. Dies äußert sich z. B. in dem feingliedrigen Bau der Klassenstufen. Melanchthons *Vnterricht der Visitatoren* kannte lediglich drei Stufen: das Lesen- und Schreibenlernen, das Erlernen der Grammatik und schließlich die Aneignung von Rhetorik und Dialektik. Prätorius dagegen berücksichtigt bei der Klassenaufteilung grammatikalische Besonderheiten, etwa wenn er die reine Kenntnis der Paradigmata der Deklination und Konjugation in die Sexta verlegt, die Erklärung der hierbei anzuwendenden Regeln anhand des Donat dagegen erst in der Quinta vorsieht.

Aufs Ganze gesehen erstaunt der Weitblick, mit dem die Schulordnung für die verschiedensten Wechselfälle detaillierte Vorkehrungen trifft. Augenscheinlich konnte Prätorius beim Verfassen der Magdeburger Schulordnung schon auf

---

38 Jahn: Druck und Drama, S. 131.
39 Prätorius: Lvdi Literarii Magdebvrgensis Ordo, Leges ac Statuta, B 3 v.
40 Ebd., D 2 v: „Cum durabile non sit, quod alterna caret requie, concedimus ludicra nonnunquam sed non sine conditionibus."

eine gewisse pädagogische Berufserfahrung zurückgreifen, hatte er doch bereits fünf Jahre als Rektor des Altstädtischen Gymnasiums in Salzwedel gewirkt.

In den Vorschriften für die Lehrer findet sich ein Passus, der im Hinblick auf die weitere Entwicklung als brisant erscheint. Im vierten *ordo* über die *mores* der Lehrer wird von diesen verlangt, dass sie, „was das gegenseitige Verhalten betrifft, nach Eintracht streben, sich gegenseitig wertschätzen, keine Schmähungen vorbringen, sich nicht heimtückisch anfeinden."[41] Das spätere Streitverhalten des Konrektors Matthäus Judex ist als Verstoß gegen diese Aufforderung zu werten.

2.2 Prätorius' Antrittsrede: *Oratio de necessitate rei scholasticae*

Die Widmungsadresse der Rede „Über die Notwendigkeit schulischer Bildung"[42] ist an die Magdeburger Ratsherren gerichtet. Aus der Vorrede geht hervor, dass sie neun Monate nach Amtsantritt und kurz nach Fertigstellung der Schulordnung von Prätorius gehalten wurde.[43] Durch die Auswirkungen der Belagerung von 1550, so Prätorius in der Vorrede, sei in Magdeburg der Brauch, den Geist der Schüler von Zeit zu Zeit durch das Vortragen von Deklamationen zu üben, völlig zum Erliegen gekommen. Die vorliegende Rede sei daher Teil seiner Anstrengungen, diesem Mangel zu begegnen. Der große Nutzen von Deklamationen liege auf der Hand: In den Agierenden würde das Feuer der Tugend geschürt, und auch in den Geist der Zuhörer senke sich die „Saat ehrenhafter Gedanken". Was, so fragt Prätorius weiter, falle mehr ins Auge als *exempla*? Was könne tiefer berühren, als die Betrachtung der Spuren bedeutender Staatsmänner? Was sei schließlich notwendiger, als die Kinder die wohlgeformtesten Wendungen gleichsam mit der Muttermilch einsaugen zu lassen?[44] Prätorius bekundet den Willen, sein Werk der *restauratio* des kriegsbedingt geschwächten Gymnasiums fortzuführen und spricht zum Abschluss der Vorrede den Ratsherren Dank für die gewährte Unterstützung aus.

Beklagenswert sei, so führt Prätorius nach dem die Rede einleitenden *exemplum* aus, dass im einfachen Volk eine regelrechte Verachtung der Bildung zu spüren sei, die sich in den häufig zu hörenden abschätzigen Urteilen manifestie-

---

41 Ebd., C 1 v: „Quod ad mutuam coniunctionem attinet, concordiae studebunt, mutuo se complectentur, non conviciabuntur mutuo, non clanculum mordebunt."
42 Abdias Prätorius: Oratio de necessitate rei scholasticae recitata In ludo literario Magdeburgensi. Magdeburg 1553.
43 Ebd., A 3 r.
44 Ebd., A 2 v: „Quid enim exempli magis incurrit in oculos? Quid movet expeditius, quam moderatorum bonorum spectata vestigia? Quid demum magis necessarium, quam optimas quasque sententias quasi cum lacte teneris puerorum instillari praecordiis?"

re. Demgegenüber unternimmt Prätorius in den folgenden Passagen den Versuch einer Legitimation der Gelehrsamkeit, indem er mit der Bibel die am wenigsten anfechtbare Autorität heranzieht. Denn wer sei so ignorant, nicht den Willen Gottes allem anderen vorzuziehen?[45] Die lange Reihe biblischer *exempla* nimmt ihren Ausgang bei Enos, Enoch und Eva. Diese sei als Urmutter gleichzeitig Lehrerin und Formerin der Sitten ihrer Kinder gewesen.[46] Abraham, Jakob und Joseph hätten wegen ihrer wissenschaftlichen Kenntnisse Bewunderung erweckt.

Anhand des Beispiels der Patriarchen, Leviten und Propheten versucht Prätorius zu zeigen, dass zu allen Zeiten die Lehre weitergegeben worden sei, indem die Älteren die Jüngeren unterrichteten.[47] Bedeutende Gestalten des Alten Testaments werden als Lehrer gezeichnet, etwa wenn von Salomo behauptet wird, er sei ein *paedagogus domesticus* gewesen. Was stellten die Synagogen anderes dar als Gymnasien, in denen das Volk über Religion und die Jugend über *pietas, mores, historiae, medica facultas* und andere Wissensbereiche in Kenntnis gesetzt worden seien?[48]

Auch die Ausbildung Christi, der in seiner Kindheit mit *doctores* zusammentraf, sei als ein solches schulisches Verhältnis zu verstehen. In der Weitergabe der christlichen Lehre an die Apostel gleiche Christus einem *praeceptor inter discipulos*. Prätorius führt diese Reihe weiter über Paulus, Johannes, Athanasius und Augustinus bis hin zu den mittelalterlichen Klöstern, die er ebenfalls als Gymnasien bezeichnet.

Wenn man, so fasst Prätorius zusammen, sich die Taten der Patriarchen, Propheten und anderer Gelehrter vergegenwärtige, so sei man überall mit Rednertribünen, Kathedern und ähnlichen Phänomenen aus dem Bereich des Lehrens konfrontiert.[49] Den Schulen von heute sei daher mit ebenso viel Ehrfurcht zu begegnen, wie der ehrwürdigen Autorität der Heiligen Schrift.[50] Auch wenn Prätorius dies nicht ausdrücklich erwähnt, war er durch diese Strategie der Heranziehung biblischer *exempla* auch gegen Vorwürfe aus den eigenen Reihen, näm-

---

45 Ebd., A 6 v: „Nam primum quidem, ut a fontibus iis, quorum maxima dignitas inest, ordiamur, quis adeo parum prudens est, ut aeternam Dei voluntatem caeteris rebus omnibus non praeferat?"
46 Ebd., A 7 r.
47 Ebd., A 7 v.
48 Ebd., A 8 r.
49 Ebd., A 8 v: „Ut in pauca conferamus, quod copiosum est, profecto sic est, si patriarchum, prophetarum, caeterorumque doctorum vitam, actiones, rerumque gestarum circulos introspiciamus, pulpita, cathedras, suggesta, similiaque docentium concedi necesse est."
50 Ebd., B 1 r: „Quapropter quanta venerandae scripturae fuerit autoritas, quanta maiestas, tanta scholis reverentia debetur."

lich seitens jener Theologen gewappnet, die der heidnischen Bildung vorwarfen, dem christlichen Glauben abträglich zu sein.

Prätorius führt im Anklang an die entsprechenden humanistischen Topoi weiter aus, dass schulische Bildung für den Erhalt von Kirche und Staat unentbehrlich sei. Denn ohne sie drohe die Jugend zu verrohen – zum Schaden und Untergang der menschlichen Gemeinschaft.[51]

Es folgt eine Zusammenstellung antiker *exempla*, die den Wert schulischer Bildung demonstrieren sollen: der persische König Kyros II., der von Croesus den Rat erhielt, das Studium der Wissenschaften zu vernichten; der makedonische König Philipp, der seinen Sohn Alexander von Aristoteles unterrichten ließ; die Erziehung von Herkules und Achilles; das Lob Griechenlands und speziell Athens als Hort der Wissenschaften; Dionysius Syracusanus als Stifter eines *ludus*; nach den bedeutendsten griechischen Autoren schließlich das Beispiel des Cicero, der noch im hohen Alter Lehrbücher für seinen Sohn verfasst hätte. Prätorius leitet über zu Päpsten und Regenten neuer Zeit, die sich der Förderung der schulischen Bildung angenommen hätten, und warnt vor ihrer Preisgabe.[52]

Die Verachtung der Gelehrsamkeit in der einfachen Bevölkerung betreffend führt Prätorius aus, dies sei nichts anderes, als die Verachtung der eigenen Unzulänglichkeit. Der Rektor fragt weiter, warum zumeist die Potentaten in der Gunst der Masse stünden, nicht jedoch die Gelehrten. Hiskija, König des Stammes Juda aus dem Alten Testament, werde zugeschrieben, der Zerstörer der heidnischen Götzen gewesen zu sein,[53] doch der eigentliche Ruhm als Lehrer des Volkes gebühre Jesaja. Leonidas gelte als der Lehrer Alexanders des Großen, doch mindestens ebenso viel hätte im Stillen Aristoteles bewirkt. Als die größte Tat des Ptolemaios gelte die Errichtung der Bibliothek von Alexandria, folgenreicher sei jedoch sein Einsatz für die Entstehung der Septuaginta gewesen. Denn durch jene Handlung hätte er seinem Volk, durch diese jedoch der Nachwelt Nutzen gebracht. Ptolemaios VI., auch Philometor genannt, hätte die Macht inne gehabt, doch Aristarchos von Samothrake erzog dessen Kinder und stattete sie mit Weisheit aus. Dieses Schicksal der fehlenden Wertschätzung hätte viele getroffen, von den Philosophen, Ärzten und anderen Gelehrten, so Prätorius unter Rückgriff auf die rhetorische Figur der Paralipse, ganz zu schweigen.[54] Obwohl den Verkündern des Heiligen Wortes die größte Bedeutung zukäme, würden sie von allen gering geachtet.

---

51 Ebd., B 1 v.
52 Ebd., B 3 r.
53 2 Kön 18, 4.
54 Prätorius: Oratio de necessitate rei scholasticae, B 5 r: „Caeterum ut aliorum quoque statuum imago consideretur, an non multis par fortuna proposita? Taceo Philosophos, Medicos et alios quosdam."

In der *peroratio* ruft Prätorius schließlich zu Mitleid und Beistand für die bedrängten Musen auf:

> Was nämlich, bei Gott, ist inhumaner, als, nachdem man einmal den beklagenswerten Zustand der Musen, der keuschesten Jungfrauen, fortwährend Freude spendend und nichts als unschuldig, erkannt hat, sich des Gefühls des Mitleids zu entledigen? An den Wegkreuzungen irrend, mit betrübtester Stimme klagend müssen wir sie täglich erblicken. Überall streifen sie umher, o weh, überall suchen sie klagend nach Unterkunft, ja sie betteln um Almosen, damit sie, wenn nicht anders, wenigstens ihren Durst stillen können.[55]

Wie geistlos seien jene, die vor diesem Leid ihre Ohren verschlössen und ihm mit hochgezogenen Augenbrauen begegneten. Prätorius ruft jeden Einzelnen auf, nach seinen Möglichkeiten zu helfen. Der eindringliche letzte Satz der Rede lautet: „Wenn man dagegen den Musen Heimstätte und Speise verweigert, so können sie sich rächen, und es besteht die Gefahr, dass sie, von der Erde vertrieben und in den Himmel zurückgekehrt, sich beim ewigen Vater über eine solche Treulosigkeit der Sterblichen beschweren."[56]

Üblicherweise besteht die *peroratio* aus einer Anrufung Gottes oder der Mäzene um Beistand. Doch der gerade erst in sein Amt eingeführte Rektor gab seinem Redeschluss eine kühne Wendung: die drohenden Folgen einer Vernachlässigung der Musen. Die auf die Antike zurückgehenden neun Musen repräsentierten die einzelnen Kunst- und Wissenschaftszweige von der Geschichtsschreibung bis zur Rhetorik und Philosophie. Auf welche Weise die Musen im postreformatorischen Bildungswesen eine zentrale Stellung einnehmen konnten – nämlich durch Melanchthon –, hat Walther Ludwig umfassend dargelegt.[57] Auch für Prätorius symbolisierten sie jegliche höhere Bildung. Indem er die Musen als in ihrer materiellen Existenz bedroht darstellt, schließt er sich an den von Wilhelm Kühlmann rekonstruierten humanistischen Diskurs über den „Verfall der Studien" an.[58]

Dieser Diskurs nahm seinen Ausgang in den „Sturmjahren der Reformation", in denen „humanistische Literaten und Gelehrte" begannen, ihren „Unmut über

---

55 Ebd., B 6 r–v: „Quid igitur, proh Deum immortalem, inhumanius, quam Musarum, quae castissimae virgines, quae semper iucundae, quae nihil nisi innocentes sunt, squalore cognito omnem commiserationis affectum excutere. Errantes eas in triviis et compitis, tristissimaque voce gementes quotidie conspicimus. Passim, heu dolor, circumeunt, passim hospitia cum gemitu petunt, imo stipem rogant, ut, si non aliud, tamen sitis restinguendae potestas sit."
56 Ebd., B 6 v: „Quod si reverentia fuerit, si hospitium, si pabulum denegatum, et ulcisci se possunt, et periculum est, ne terris depulsae coelumque ingressae AEterno Patri de tanta mortalium perfidia conquerantur. Dixi."
57 Walther Ludwig: Musenkult und Gottesdienst – Evangelischer Humanismus der Reformationszeit. In: ders. (Hg.): Die Musen im Reformationszeitalter. Leipzig 2001, S. 9–51.
58 Kühlmann: Gelehrtenrepublik und Fürstenstaat, passim.

die antiakademische Polemik der Prädikanten, den Wegfall der Pfründen und die materielle Unsicherheit" zu äußern.[59] Von den Klagen des alternden Melanchthon über die *rabies theologorum* zieht sich eine Kontinuitätslinie bis zu den Dekadenzklagen der Späthumanisten. Die wichtigste Komponente dieses Diskurses ist die durch fehlende Wertschätzung der Wissenschaften hervorgerufene Bedrohung der geistigen und materiellen Existenz. Prätorius' eigenes späteres Schicksal betreffend war es nicht wirtschaftliche Not, sondern, wie es später darzustellen gilt, die Beschädigung seiner Stellung in der Öffentlichkeit, die die „Musen" aus Magdeburg vertrieb.

2.3 Die griechische Syntax: *De Syntaxi graeca Libri duo*

Bereits ein Jahr nach Übernahme des Rektorates trat Prätorius mit der Publikation seines ersten Lehrbuchs, einer Syntax des Griechischen, hervor.[60] Diese Grammatik ist mit ihren mehr als vierhundert Seiten ein umfangreiches Werk, das in zwei Bücher gegliedert ist. Das erste Buch klärt die Schüler über die Funktion einzelner Wortarten im Zusammenhang des Satzes auf. Das zweite Buch enthält Erklärungen und Beispiele rhetorischer Satzfiguren, zu denen die Ellipse, der Pleonasmus und die Enallage gehören. Die grammatikalischen und rhetorischen Erklärungen werden auf Lateinisch gegeben, die Beispiele erscheinen jedoch im Original und sind aus der ganzen Bandbreite griechischer Autoren der Antike geschöpft: Homer, Hesiod, Pindar, Thukydides, Euripides, Sophokles, Aristophanes, Demosthenes, Isokrates, Xenophon, Platon, Aristoteles, Lukian, Polybios etc. Das Lehrbuch der Syntax ist somit gleichzeitig ein Florilegium der griechischen Literatur, durch das Prätorius seine Vertrautheit mit den antiken Autoren bewies.

Die Widmungsadresse richtet sich an Herzog Johann Albrecht I. von Mecklenburg. Der typographische und sprachliche Anspruch des von Petrus Braubach[61] in Frankfurt a. M. gedruckten Werkes manifestiert sich in der Vielfalt der

---

59 Ebd., S. 34.
60 Abdias Prätorius: De Syntaxi graeca Libri duo, Quorum Prior Regularem normam, Posterior figuras complectitur. Adiectae sunt Epistolae Ioachimi Camerarii et ipsius Praetorii. Frankfurt a. M. 1554.
61 Zum Frankfurter Drucker Peter Braubach, der für seine griechischen Typen bekannt war und Kontakt zu den Gnesiolutheranern Hartmann Beyer und Joachim Westphal unterhielt: Josef Benzing: Die Buchdrucker des 16. und 17. Jahrhunderts im deutschen Sprachgebiet. Wiesbaden 1982, S. 122; Christoph Reske: Die Buchdrucker des 16. und 17. Jahrhunderts im deutschen Sprachgebiet. Auf der Grundlage des gleichnamigen Werkes von Josef Benzing. Wiesbaden 2007, S. 227 (mit Literatur).

verwendeten Abbreviaturen, wie sie besonders in lateinischen Handschriften und Inkunabeln begegnen.[62] Autor und Drucker rechneten mit einem Lesepublikum, das über die entsprechende Bildung verfügte. Im gymnasialen Unterricht wird das Werk nur bei den fortgeschritteneren Schülern der Sekunda oder Prima, die bereits über die Basiskenntnisse des Griechischen verfügten, zum Einsatz gekommen sein.

Um die Unabdingbarkeit einer Kenntnis der griechischen Sprache bewusst zu machen, entfaltet Prätorius in der Vorrede eine sich an humanistische Topoi anlehnende Argumentation. Für die Theologie und die literarischen Studien sei die Sprachkenntnis von höchster Bedeutung. Blüte der Sprachkenntnis und der Kirche fielen stets zusammen. Dennoch fehle es nicht an Stimmen, die der Lektüre der antiken Autoren die Schuld an dogmatischen Streitigkeiten zuschrieben. Dies sei jedoch keine neue Erscheinung, denn was begegne häufiger, als menschlicher Neid, der danach strebe, das Beste zu zerstören?[63]

Der Rest der Vorrede widmet sich der Aufgabe darzulegen, dass genau das Gegenteil der Fall sei, nämlich die Sprachkenntnis zur Aufklärung von Unklarheiten und strittigen Fragen beitragen könne. Auf traditionell humanistische Weise hebt Prätorius den Nutzen für Wissenschaftszweige wie die Theologie, Philosophie, Medizin, Geschichte, Oratorik und Poetik hervor.[64] Auch das avancierte Latein, dessen Wohlklang und Eleganz, würde ohne Kenntnis des Griechischen verkümmern.

Das antike Athen und Griechenland gälten als Umschlagplatz der Wissenschaft und als „Werkstätten der Weisheit". Cato hätte noch in hohem Alter Griechisch gelernt, Cicero sich bei der Verfassung seiner Orationes und philosophischen Schriften an griechischen Autoren orientiert. Platon sei als Gipfelpunkt der Oratorik anzusehen, ohne den insbesondere die Gattung Dialog bedeutend ärmer wäre. Prätorius leitet über zu konkreten Beispielen für die Nützlichkeit einer Kenntnis der griechischen Syntax. Er führt ein Diktum Christi aus dem Neuen Testament an, bei dessen Interpretation Augustinus in die Irre gegangen

---

62 Thomas Frenz: Abkürzungen. Die Abbreviaturen der lateinischen Schrift von der Antike bis zur Gegenwart. Stuttgart 2010.
63 Prätorius: De Syntaxi graeca Libri duo, A 2 v–A 3 r: „Sed sunt nonnulli, qui cum aliarum tum huius rei culpa committi iudicant, quod dogmatum distractiones nonnunquam oboriuntur. Non novum hoc piis de rebus impias audire voces. Nam quid usitatius in hac hominum malitia, quam optima quaeque livido dente discerpere?"
64 Ebd., A 3 v–A 4 r: „Quoniam autem de Graeca lingua nunc res nobis est ac negotium, quid sentire conveniat, nonnihil in deliberationem venire videtur. Si Theologicas res videre libet, quid est, quod dubitatur? Si Philosophica, quid magis necesse? Medica quid est, quod doceat expressius? Quid historica? Quid oratoria? Quid Poetica?"

sei. Anhand des Textes der Vulgata sei die Bedeutung nicht zu klären, erst der griechische Originaltext und das Identifizieren der rhetorischen Figuren Ellipse und Pleonasmus bringe die nötige Klarheit.[65]

Bemerkenswert sind weiterhin die Anhänge des Lehrbuchs. Es handelt sich um einen längeren griechischen Brief des Prätorius an den bedeutendsten deutschen Gräzisten des Jahrhunderts, Joachim Camerarius,[66] und einen Brief desselben an Prätorius. Diese Briefe verbürgen die Qualität des voranstehenden Werkes ebenso wie der darauf folgende Empfehlungsbrief Melanchthons: „Des Lobes würdig sind sowohl Dein philologischer Sachverstand als auch Deine Syntax selbst, die materialreicher verfasst ist als anderes auf diesem Gebiet. Sie wird den Studierenden, so hoffe ich, sehr nützlich sein."[67] Melanchthon greift die biblischen Originalzitate aus Prätorius' Vorrede auf und beschließt: „Auch möchte ich, dass Du noch mehr solcher *exempla* in Deine Texte einstreust."[68] Angesichts der in diesem Zeitraum vorherrschenden Dominanz der Feinde Melanchthons in der „Herrgotts Kanzlei" überrascht dieses Lob des Nestors des lutherischen Gelehrtenschulwesens für einen Magdeburger Autor. Dieser Freundschaftsbeweis markiert den Beginn einer Reihe von Anzeichen der prekärer werdenden Stellung des Rektors in Magdeburg.

2.4 Das Lehrbuch der Dialektik: *Compendium dialectices*

Im April 1555 erschien ein umfangreiches Lehrbuch der Dialektik aus der Feder von Prätorius.[69] Der Rektor hat das Werk wahrscheinlich deswegen Albert von Schulenburg gewidmet, weil das Adelsgeschlecht der Schulenburgs seinen Stammsitz in Beetzendorf hatte, das nur wenige Kilometer von Prätorius' Heimatort Salzwedel entfernt liegt.

Die Vorrede beginnt mit allgemein gehaltenen Ausführungen zum Nutzen der schulischen Bildung. All jene, die nicht über die Elementarkenntnisse der *artes*

---

65 Ebd., A 4 v–A 5 r.
66 Zu Camerarius als lateinischem Dichter und Philippist an der Seite Melanchthons vgl. Lothar Mundt, Eckart Schäfer (Hgg.): Joachim Camerarius: Eclogae / Die Eklogen. Tübingen 2004 (Neo-Latina, 6); Rainer Kößling, Günther Wartenberg (Hgg.): Joachim Camerarius. Tübingen 2003.
67 Prätorius: De Syntaxi graeca Libri duo, dd 2 v–dd 3 r: „Et Diligentia tua laude digna est, et ipsum opus de Syntaxi, quod copiosius scriptum est, quam alia, quae extant in hoc genere, spero valde profuturum esse studiosis."
68 Ebd., dd 3 r: „Ac velim te alicubi talia exempla intexere. Bene vale."
69 Abdias Prätorius: Compendivm Dialectices praecipva rvdimenta continens, Avtore Godescalco Praetorio. Magdeburg 1555 (vormals im Bestand der Sammlung Alvensleben der Herzog August Bibliothek).

dicendi verfügten, hätten keinen Zugang zu Texten, ebenso wie Kleinkinder zwar den Klang der Worte hören, ihren Sinn jedoch nicht verstehen könnten.[70] Prätorius fragt weiter, ob insbesondere die Dialektik der vielen Zeit und Mühe, die er in sie investiert hätte, wert sei. Der Rektor bejaht diese Frage in engem Anschluss an die entsprechenden humanistischen Topoi. Allein die Dialektik könne den Weg zum angemessenen Erklären eines Gegenstandes weisen. Bei der Fähigkeit, Unwissende auf nachvollziehbare Weise über ein Thema in Kenntnis zu setzen, handele es sich um eine äußerst notwendige Tugend.[71] Denn dass sie gelehrt werden müssten, vereine sämtliche Wissenschaften. Die Bewahrung des Wissens über Gott, die Gesetze und die Wissenschaften sei allein durch eine angemessene Weitergabe der *doctrina* möglich.[72]

In der Folge präsentiert Prätorius eine Reihe von *testimonia*, welche darin übereinstimmen, dass die Dialektik nicht der Verachtung preisgegeben werden dürfe. Paulus hätte Timotheus aufgefordert, „das Wort der Wahrheit recht auszuteilen".[73] Daraus leitet Prätorius ab: „Was ist dies anderes, als über eine Sache systematisch, nach Art der Dialektik, zu informieren, indem man die dialektischen Methoden (*partes*) anwendet?"[74] Zu den *partes* gehören *definitio, divisio, argumentatio* und *confutatio*.[75] Sie werden im Hauptteil von Prätorius' Dialektik ausführlich erläutert. Die Vorgehensweise Prätorius' ähnelt hier derjenigen Melanchthons, der in seinem Kolosserkommentar[76] behauptete, Paulus habe in seinen Briefen das rhetorische Gliederungsschema und *Loci communes* angewandt. Dabei war sich Melanchthon des Problematischen dieser Herangehensweise durchaus bewusst.[77]

---

70 Prätorius: Compendivm Dialectices, A 2 v: „Nam si Grammaticae, ut de illis dicam, non essent institutiones, quis autorum perciperet scripta? Imo vero sicut infantes vocem audiunt, vim vero non vident, ita versantur in omni genere scriptorum, qui primis illis elementis artium dicendi non sunt imbuti."
71 Ebd., A 3 r: „Hoc vero loco consideratione dignum est, quam eximia, quamque necessaria virtus sit in communi vita, dextre ac perspicue de re proposita rudiores docere. Quod si per omnes facultates pervagari, earumque modum ac rationem considerare libet, quid aliud, quam perpetuum docendi contextum videmus?"
72 Ebd., A 3 v.
73 2 Tim. 2, 15 (Lutherübersetzung).
74 Prätorius: Compendivm Dialectices, A 3 v: „Hoc sane quid aliud est, quam vel Methodice per partes aut capita, id quod Dialecticorum est, de re disserere, vel alioqui, quae diversa videntur, suo modo distinguere?"
75 Ebd., B 1 r.
76 Philipp Melanchthon: Scholia In Epistolam Pauli Ad Colossenses. Hagenau 1527. Vgl. Kuropka: Philipp Melanchthon: Wissenschaft und Gesellschaft, S. 52–70.
77 Kuropka: Philipp Melanchthon: Wissenschaft und Gesellschaft, S. 57: „Videar fortassis ineptus, si Pauli sermonem ad rhetorica praecepta conferam. Ego tamen sic existimo intelligi melius

Die Funktion der Dialektik als Schlüssel für die Kenntnis sämtlicher Wissenschaften[78] demonstriert Prätorius an weiteren Beispielen. Galen hätte eine dialektische Schulung auch der Mediziner für notwendig gehalten, Cicero den Servius Sulpicius Rufus gelobt, weil dieser das Studium der Jurisprudenz mit dem der Dialektik verbunden hätte.[79] Den Verächtern der Dialektik – Epikur, Ariston und anderen – hält Prätorius entgegen, dass man seinem Urteil nicht die Meinung einiger verkehrter *ingenia*, sondern die Eigenschaften der Wissenschaft selbst zu Grunde legen sollte.[80]

Prätorius betont, dass er sich hinsichtlich der Gliederung der einzelnen Bücher des Hauptteils an die für Lehrbücher der Dialektik üblichen Traditionen gehalten habe. Dabei habe er sich an der Nachvollziehbarkeit der Darstellung und Ermöglichung einfachen Rekapitulierens und Nachschlagens der Lehrinhalte orientiert. Die Dialektik Melanchthons, den er als *communis praeceptor* bezeichnet, habe als Vorbild gedient. Dass er die Form des *compendium* oder *epitome*, einer überblicksartigen Kurzdarstellung, gewählt habe, liege an der Bestimmung des Lehrbuchs für Anfänger, denen die *prima rudimenta* vermittelt werden sollten.

Seine eigenen Hinzufügungen rechtfertigt Prätorius unter Hinweis auf ihre Billigung durch die Lehrer und eine tägliche Erprobung im Unterricht. Auf den Einwand, es existiere kein Bedarf für ein derartiges neues Lehrbuch der Dialektik, reagiert der Rektor mit der Beteuerung, weder nach Neuem streben, noch „die Alten von der Brücke stoßen" zu wollen. Mit seinen *rudimenta* sei lediglich die Intention verbunden, den Zugang zu den umfangreicher verfassten Schriften Anderer zu eröffnen.[81] Diese Kombination von ostentativem Anschluss an die Tradition und vorsichtiger Legitimation eigener Zusätze weist diese Zeilen der Vorrede als Teil der bereits bei Georg Major präsenten Debatte um den Ciceronianismus bzw. als Vorläufer der *Querelle des Anciens et des Modernes* aus.[82]

---

posse orationem Paulinam, si series et dispositio omnium partium consideretur. Neque enim omnino nullo ordine aut nulla ratione scripsit Paulus, id quod res ipsa ostendit. Habet suos locos, quibus praeparat animos, habet suam quandam docendi et narrandi rationem [...]."
78 Günter Frank: Die theologische Philosophie Philipp Melanchthons (1497–1560). Leipzig 1995, S. 161f.
79 Prätorius: Compendivm Dialectices, A 4 r.
80 Ebd., A 4 v.
81 Ebd., A 6 r: „Nec nova quaerimus nos nec maiores de ponte deiicimus, sed multo magis et consentimus cum aliis et eorundem scripta in usu puerorum retinemus, et his rudimentis nihil aliud, nisi aditum ad aliorum lucubrationes copiose scriptas patefacere cupimus."
82 Vgl. zur Cicerionianismus-Debatte Kap. B. 1.5. Majors Ausgabe der Colloquia des Erasmus; zur Querelle des anciens et des modernes Kap. B. 6.1. Bekenntnis zur Tradition: Evenius' Hallenser Programmschrift Methodi veritas.

Das den Hauptteil bildende Lehrbuch der Dialektik lehnt sich stark an Melanchthons *Erotemata dialectices* von 1547 an.[83] Beide Werke setzen sich aus vier Büchern zusammen, wobei jedoch die inhaltliche Aufteilung divergiert. Melanchthon zufolge besteht die Dialektik aus zwei Teilen: Sie ist *iudicatrix* und *inventrix*[84] oder, in den von Günter Frank gebildeten Begriffen, „iudikative Analyse und topische Invention".[85] Ersteres meint analytische Methoden wie z. B. Definition oder Syllogismus, Letzteres das Auffinden von Redegegenständen mithilfe der *Loci*-Methode. In beiden Ausgaben ist das erste Buch allgemeinen Fragen wie der Definition der Dialektik, der Abgrenzung zur Rhetorik etc. gewidmet. Über die verschiedenen Arten von Syllogismen klärt die *argumentatio* auf; sie ist bei Melanchthon im *liber tertius*, bei Prätorius im *liber secundus* enthalten. Darauf folgen in beiden Ausgaben nähere Erläuterungen zur Lehre von den *Loci*: Bei Melanchthon das *liber quartus de locis argumentorum* und bei Prätorius das *liber tertius de topica doctrina seu inventione medii*. Die Magdeburger Dialektik beschließt das vierte Buch, das der *confutatio*, der Widerlegung gewidmet ist.

Die Unterschiede der Ausgaben zeigen sich in der Textgestaltung. Beide Werke richten sich mit der aus dem Katechismus bekannten Frage-Antwort-Form an die jüngeren Schüler. Bei Melanchthon dienen die voranstehenden Fragen jedoch lediglich als Einstieg oder Kapitelüberschrift für längere ausformulierte Textpassagen. In Prätorius' Ausgabe fallen die Antworten dagegen knapper aus, was dem in der Vorrede bekundeten Willen entspricht, das Werk solle lediglich als Auszug und Kurzzusammenfassung umfangreicherer Dialektiken dienen. Im Reformationsjahrhundert waren solche *compendia*, die in ihrem Aufbau der Frage-Antwort-Form folgten und an die Anfänger in der jeweiligen Disziplin adressiert waren, eine häufige Erscheinung.[86]

Es ergibt sich folglich ein Verhältnis wie bei den oben beschriebenen *Quaestiones rhetoricae*[87] Georg Majors: Während Melanchthons Wittenberger Ausgaben gleichsam als breiter ausgeführte Standardwerke fungieren, die zur vertieften Lektüre herangezogen werden sollen, kommt den Magdeburger Versionen die

---

83 Philipp Melanchthon: Erotemata dialectices, continentia fere integram artem ita scripta, ut iuventuti utiliter proponi possit. Wittenberg 1547, Vgl. Günter Frank: Die theologische Philosophie Philipp Melanchthons (1497–1560). Leipzig 1995, S. 161 ff. und ders.: Melanchthons Dialektik und die Geschichte der Logik. In: Jürgen Leonhardt (Hg.): Melanchthon und das Lehrbuch des 16. Jahrhunderts. Rostock 1997, S. 125–145.
84 Melanchthon: Erotemata dialectices, I iiij v.
85 Frank: Melanchthons Dialektik, S 135.
86 Vgl. z. B. das an der Universität Marburg verwendete Lehrbuch: Caspar Rudolph: Dialectica Iohannis Caesarij, per Quaestiones, in Compendium redacta. Leipzig 1535.
87 Vgl. Kap. B. 1.7. Majors Rhetoriklehrbuch.

Funktion einer Einstiegslektüre und Memorierhilfe für den konkreten Unterricht zu. Trotz dieser Unterschiede reicht die Anlehnung an den Originaltext Melanchthons teilweise sehr weit, einzelne Satzteile und Beispiele sind identisch.[88] Die entsprechenden Äußerungen von Prätorius in der Vorrede legen eine dennoch vorhandene Eigenständigkeit der Magdeburger Dialektik nahe.

Die weiteren Lehrbücher aus Prätorius' Magdeburger Zeit sollen an dieser Stelle nur kurz vorgestellt werden. 1557 erschienen die *Melodiae scholasticae*,[89] eine Ausgabe von dem langjährigen Magdeburger Kantor Martin Agricola[90] vertonter Gedichte. Zu ihnen zählen Texte aus dem Alten und Neuen Testament, der Kirchenväter Ambrosius und Prudentius sowie wichtiger lutherischer Schulautoren wie Melanchthon und Eobanus Hessus. Am häufigsten vertreten ist jedoch Georg Fabricius, Rektor der Fürstenschule St. Afra in Meißen.[91]

Die Widmungsepistel ist in den Juli 1556 datiert, nur einen Monat nachdem Martin Agricola verstorben war. Prätorius würdigt den Verstorbenen und entspricht durch die Widmung des Lehrbuchs an Fabricius dessen Willen. Agricola wollte sich auf diese Weise für die vom Meißener Rektor ergangene Anregung zur Vertonung seiner Gedichte erkenntlich zeigen. Der in der Vorrede deutlich werdende enge Kontakt zwischen St. Afra, einem der bedeutendsten Gymnasien im lutherischen Raum, und Magdeburg zeigt, dass die Magdeburger Rektoren und Lehrer schon in der Frühzeit zur Gruppe der angesehensten lutherischen Schulmänner zählten.

Einige der im Hauptteil enthaltenen *melodiae* waren schon seit einigen Jahren am Gymnasium in Gebrauch, denn Prätorius hatte in Magdeburg den Brauch des Singens in den Pausen eingeführt, „was weithin Aufsehen erregte".[92] Diese Praxis übe die Schüler im Beten, erfrische die durch geistige Anspannung ermüdeten Kräfte, ganz zu schweigen von der erweiterten Kenntnis der Quantitäten lateinischer Wörter und Versmaße.[93] Die Kürzen und Längen der unterschied-

---

88 Vgl. die ähnlichen Passagen zum Begriff genus (Art): Melanchthon: Erotemata dialectices, B 8 v: „Quid est genus? Genus est nomen commune multis speciebus, et praedicatur de eis in quaestione, Quid sit, ut, cum quaeritur, quid sit equus, respondetur, est animal." Prätorius: Compendivm Dialectices, B 6 r: „De Genere. Quid? Genus est nomen commune multis speciebus et praedicatur de eis in quid, ut, Animal est commune homini equo, leoni etc."
89 Martin Agricola: Melodiae Scholasticae Svb Horarvm Intervallis Decantandae, In quibus Musica Martino Agricolae, Hymni suis autoribus, Distributio cum alijs nonnullis Godescalco Praetorio debentur. In Vsvm Scholae Magdebvrgensis. Magdeburg 1557.
90 Vgl. Kap. B. 1.1. Gründung und erste Jahre unter Rektor Cruciger.
91 Vgl. Hermann Wiegand: Art. Georg Fabricius. In: Killy/Kühlmann 3 (2008), S. 354.
92 Paul Wolff: Art. Prätorius, Abdias. In: RE 15 (1904), S. 613.
93 Agricola: Melodiae Scholasticae, A 2 r: „Placere mihi solet usitata iam Scholarum aliquot consuetudo, quod in lectionum intervallis Melodiae nonnunquam intermiscentur. Nam et invoca-

lichen Metren wurden von Agricola durch entsprechende halbe oder ganze Noten umgesetzt.

Prätorius' letztes Lehrbuch für das Magdeburger Gymnasium sind die 1558 gedruckten *Rhetoricarum quaestionum libri quatuor*.[94] Die Vorrede ist von Erdmann Copernicus[95] verfasst und datiert in den März 1558, einen Monat bevor Prätorius seine Abschiedsrede am Gymnasium hielt. Wahrscheinlich hatte Prätorius die Niederschrift des Hauptteils des Druckes bereits abgeschlossen und beauftragte dann, nachdem sein Weggang feststand, seinen Kollegen an der Universität Frankfurt mit der Abfassung der Vorrede. Denn die Vorrede ist ganz im Sinne von Prätorius gehalten. Sie enthält eine topisch argumentierende Apologie der Gelehrsamkeit und insbesondere der Rhetorik. Obwohl die Vorrede keine expliziten Hinweise auf den Streit mit Judex enthält, ist dieser dennoch hintergründig präsent. Prätorius wählte seinen engen Freund und erzbischöflichen Rat Paul Prätorius als Widmungsadressat – in den später darzustellenden Spannungen des Frühlings 1558 ein deutliches Zeichen an Matthäus Judex.

Der Hauptteil enthält ein Lehrbuch des rhetorischen Basiswissens, dessen Vorzüge gegenüber der Rhetorik Majors in einer klareren Typographie und einer äußerst verknappten Darstellung bestehen. Zu Beginn wird eine traditionell formulierte Definition der Rhetorik gegeben; auch die einfach gehaltene Sprache weist auf eine Verwendung im Anfangsunterricht hin. Anders als die Rhetorik Majors enthält Prätorius' Version keine vollständigen Reden. Dem Grundsatz Melanchthons, dass die Lehrinhalte stets zu exemplifizieren seien, wird dennoch entsprochen: Die zahlreichen antiken und biblischen Beispiele sind häufig mit der Überschrift *Da exempla* versehen.

Das Erscheinen eines traditionellen und für den Anfangsunterricht bestimmten Lehrbuchs der Rhetorik kurz vor Ende der Rektoratszeit könnte darauf hinweisen, dass Prätorius' Ausscheiden aus diesem Amt eine kurzfristige Reaktion auf äußere Zwänge darstellte. In den vorangehenden fünf Jahren hatte der Rektor in rascher Folge Lehrbücher zu den unterschiedlichsten Gebieten publiziert. Wäre Prätorius ein längeres Verweilen an seiner Wirkungsstätte beschieden gewesen, hätte diese Serie gewiss ihre Fortsetzung gefunden. Trotz der Dominanz theologi-

---

tionis est exercitium, et nonnihil etiam reficit vires a contentione fatigatas, ut interim de quantitatum in syllabis cognitione nihil dicamus."
94 Abdias Prätorius: Rhetoricarum Quaestionum libri 4 de primis eius artis elementis. Magdeburg 1558.
95 Vgl. MBW, Bd. 11, Personen A–E, S. 301.

scher Schriften in seinen späteren Jahren hat Prätorius immer wieder auch Lehrbücher für den humanistischen Unterricht verfasst.[96]

2.5 Prätorius' Leichenrede auf Johannes Scheyring: *Oratio de Iohanne Scheiringo*

Die 1555 von Prätorius gehaltene *Oratio funebris* auf Johannes Scheyring[97] gehört nicht zu den Schulschriften im engeren Sinne, da ihr Leserkreis über die Schüler des Gymnasiums hinausreichte. Die Rede bietet jedoch die Gelegenheit, die soziale Verflechtung des Rektors des Gymnasiums mit dem Magdeburger Patriziat nachzuvollziehen und gewährt Einblick in die Genese der Kontroverse mit Matthäus Judex.

Bereits der gleichnamige Onkel Scheyrings wirkte als Rektor der Universität Leipzig und Domherr zu Magdeburg und Halberstadt. Sein Neffe Johannes Scheyring wurde 1505 geboren, studierte in Leipzig, Wittenberg und Bologna, erwarb den Doktor beider Rechte in Siena[98] und heiratete 1535 die Tochter des Bürgermeisters Thomas Alemann. In den Jahren 1539 und 1542 amtierte Scheyring selbst als Bürgermeister Magdeburgs.[99] Trotz seines Ansehens als Mitglied der Ratsfamilien der Stadt war seine Stellung insbesondere bei den Gnesiolutheranern umstritten. Denn während der Belagerung Magdeburgs stand Scheyring „als Kanzler in den Diensten des die Stadt belagernden Herzogs von Mecklenburg".[100] Im Oktober 1550 wurde er als Unterhändler in die belagerte Stadt gesandt, um ihr einen friedenstiftenden Vergleich vorzuschlagen, doch die Magdeburger lehnten die Bedingungen ab.[101]

Diese Episode hatte einen Nachhall in der Memorialliteratur zur Belagerung. Die *Warhafftige Grundtliche vnnd Eygentliche Beschreibung der vber Järigen Belagerunge* von Elias Pomarius zeichnet Scheyring als Abtrünnigen, dem vom flacianisch gesinnten Graf Albrecht von Mansfeld wegen fehlender Treue zum Wort Gottes ins Gewissen geredet wird.[102]

---

96 Vgl. z. B. Abdias Prätorius: De Poesi Graecorvm Libri Octo, Quibus accessit et alius de generalissimis Poeseos considerationibus Libellus. Wittenberg 1571.
97 Abdias Prätorius: Oratio de Iohanne Scheiringo Magdeburgensi Iuris utriusque Doctore. Magdeburg 1555.
98 Ebd., B 3 v.
99 Ernst Schultze: Magdeburger Geschlechterwappen aus dem 16. und 17. Jahrhundert. In: Geschichtsblätter für Stadt und Land Magdeburg 28 (1893), 2. Heft, S. 63–99, hier S. 61f.
100 Asmus: 1200 Jahre Magdeburg, Bd. 1, S. 472.
101 Hertel: Hoffmann's Geschichte der Stadt Magdeburg, Bd. I, S. 531f.
102 Elias Pomarius: Warhafftige Grundtliche vnnd Eygentliche Beschreibung der vber Järigen Belagerunge der Kayserlichen freyen Reichs Stadt Magdeburg [...]. Magdeburg 1622, S. 221f.

Die Erzählung *Unseres Herrgotts Kanzlei* von Wilhelm Raabe[103] basiert zum Teil auf den Quellen, ist jedoch als tendenziös einzuschätzen, weil sie ungebrochen die Ansichten der Flacianer vertritt. In ihr nennt Michael Lotter,[104] Magdeburger Drucker der antikaiserlichen Publizistik, Scheyring einen „interimistischen, adiaphoristischen Pharisäer".[105] Angesichts dieser Negativzeichnung, die auf ein entsprechend abwertendes Urteil innerhalb des Flacius-Kreises schließen lässt, erstaunt die positive Wertung, die Scheyring nur wenige Jahre nach der Belagerung durch Prätorius erfuhr.

Da Prätorius an vielen Stellen Berichte Scheyrings aus vertrauten Gesprächen in die Rede einfließen lässt, erscheint die Trauer über den Verlust des engen Freundes als nicht allein von den Vorgaben der Gattung determiniert. Der Rektor schildert den Bildungsgang Scheyrings, der in Wittenberg bei Luther und Melanchthon studierte. Scheyring habe zwar die Theologie nicht vernachlässigt, sich in erster Linie jedoch den *artes*, der Philosophie und schließlich der Jurisprudenz zugewandt.[106]

An mehreren Stellen der Rede rühmt Prätorius die humanistische Bildung Scheyrings, seinen dialektisch geschulten Verstand und seine rhetorische Gabe. In Streitgesprächen hätte er stets die Achtung vor dem Gegner gewahrt und *sine pertinacia vel arrogantia* eine konsensuale Lösung der Probleme angestrebt.[107] Ohne dass Prätorius dies ausspricht, wirkt die Schilderung des ausgleichenden Wesens Scheyrings wie eine Kontrastfolie zum Streitverhalten der Gnesiolutheraner, die aus den Religionsgesprächen für ihre Unversöhnlichkeit und fehlende Kompromissbereitschaft bekannt waren.

Nach seiner Rückkehr aus Italien sei Scheyring in den Dienst des katholischen Herzogs Heinrich II. von Braunschweig-Wolfenbüttel getreten. Die zunächst wegen der *dissimilitudo religionis* auftretenden Schwierigkeiten hätten beigelegt werden können, ohne dass das Gewissen Scheyrings dabei Schaden genommen hätte.[108]

---

[103] Wilhelm Raabe: Unseres Herrgotts Kanzlei. In: Wilhelm Raabe: Sämtliche Werke Bd. 4, Freiburg i. Br. 1956. Vgl. Ralf Georg Czapla: Art. Wilhelm Raabe. In: Killy/Kühlmann 9 (2010), S. 379–381; sowie Wilhelm Kühlmann: Der Geschichtsroman als politisch-sozialer Roman. Zum Thema der Bürgerfreiheit in Wilhelm Raabes „Unseres Herrgotts Kanzlei". In: Herbert Blume, Eberhard Rohse (Hgg.): Literatur in Braunschweig zwischen Vormärz und Gründerzeit. Braunschweig 1993, S. 255–275.
[104] Kaufmann: Ende der Reformation, S. 48–57.
[105] Raabe: Unseres Herrgotts Kanzlei, S. 317.
[106] Prätorius: Oratio de Iohanne Scheiringo, B 2 v–B 3 r.
[107] Ebd., A 8 r.
[108] Ebd., B 4 v–B 5 r.

Als Bürgermeister Magdeburgs wurde er 1539 mit einer Gesandtschaft der Protestanten an den Kaiserhof betraut, die sich Religionsgespräche mit den Katholiken zum Ziel gesetzt hatte. Obwohl die protestantischen Gesandten wegen diplomatischer Verwerfungen teilweise unter Lebensgefahr standen und ein halbes Jahr am Kaiserhof verweilen mussten, erwirkte Scheyring durch eine vor dem Kaiser gehaltene Rede die Wiederaufnahme von Religionsverhandlungen.[109] Laut Prätorius pflegte Scheyring später die Offenheit und Gesprächsbereitschaft Karls V. zu loben. Die daraufhin eingeleiteten Religionsgespräche scheiterten 1540 in Worms jedoch am Widerstand Nikolaus von Amsdorfs. In einer Predigt hatte der Magdeburger Superintendent offen erklärt, „man müsse Gott mehr gehorchen als dem Kaiser, worauf er sich jedoch vor dem Kaiser, dem dies hinterbracht worden war, entschuldigen musste".[110] Die unterschiedlichen Verhaltensweisen Amsdorfs und Scheyrings gegenüber dem Kaiser stellen einen Kristallisationspunkt ihrer disparaten Weltbilder dar: hier der konziliante Jurist und Humanist, dort der auf Konfrontationskurs gehende Theologe.

Auch der Einsatz Scheyrings für eine friedliche Beilegung der Belagerung wird von Prätorius thematisiert: „Vor allem darf jedoch nicht übergangen werden, dass Scheyring während der Belagerung Magdeburgs viel Mühe auf die Wiederherstellung und Befestigung des Friedens verwandte."[111]

Die Oratio auf Scheyring stellt sich dar als Ausdruck der irenischen Gesinnung des Magdeburger Rektors. An mehreren Stellen der Rede demonstriert Prätorius den Willen Scheyrings, sich nicht durch konfessionelle Gegensätze von einer Beilegung der Konflikte abhalten zu lassen. Prätorius präsentiert Scheyring den Magdeburger Bürgern und seinen Schülern als *exemplum* für die Möglichkeit interkonfessionellen Ausgleichs. Es ist daher anzunehmen, dass die Rede auf wenig Gegenliebe bei den scharf antikatholischen Flacianern Johannes Wigand und Matthäus Judex traf, die innerhalb des Kollegiums der Zenturiatoren seine Kollegen waren.

---

109 Ebd., B 6 r–v: „Habuit igitur orationem valde prolixam, et, sicut erat facundus, credo eum perspicue et luculenter orasse. Solebat hic nobis Caroli facilitatem multis commendare, quod is aequanimiter et sine ulla fastidii vel acerbitatis significatione sententiam orantis audivisset. Addebat non multos post dies accepta sententia non dura humaniter se ab Imperatore dimissos esse."
110 Asmus: 1200 Jahre Magdeburg, Bd. 1, S. 473; Hertel: Hoffmann's Geschichte der Stadt Magdeburg, Bd. 1, S. 443.
111 Prätorius: Oratio de Iohanne Scheiringo, B 6 v: „In primis etiam illud praetereundum non est, quod in obsidione Magdeburgiaca operam aliquam de pace restituenda firmandaque contulerit."

2.6 Prätorius und die Magdeburger Zenturien

Ab 1554 ergänzte Rektor Prätorius als *scriptor* das Kollegium der Magdeburger Zenturiatoren, da er als „stilistisch versierte[r] und elegante[r] Lateinschreiber" geschätzt wurde.[112] Doch sehr bald kam es über die Frage der Methode zum Zerwürfnis zwischen Prätorius, Wigand und Judex. Jeder einzelne Band der Zenturien widmete sich einem Jahrhundert der Kirchengeschichte und sollte, dem Schema der *Loci communes* entsprechend, in thematische Kapitel wie z. B. Zustand und Verbreitung der Kirche, Lehrinhalte, Ketzer etc. gegliedert werden. Prätorius erkannte in dieser sachlichen Gliederung die Gefahr, dass die vom historischen Stoff vorgegebene Gliederung zerstückelt und zusammengehörige Materien auseinandergerissen würden. „Dies würde nicht allein den Leser irritieren, sondern auch einen logistischen Alptraum für die Quellenexzerptoren und die Verfasser bedeuten."[113] Er forderte daher den für historiographische Werke üblichen chronologischen Aufbau, was ihm – neben seiner Freundschaft zu Melanchthon – den Verlust seiner Stellung im Kollegium eintrug.

Wigand und Judex ging es in erster Linie darum, papstkritisches Material für die Kontroverstheologie bereitzustellen. Durch die sachliche Gliederung konnten spätere Benutzer auf der Suche nach einem einschlägigen Zitat zum Thema ihrer jeweiligen Streitschrift schneller fündig werden, als in einem chronologisch geordneten Kontinuum.[114] Obwohl die Ausführung der Zenturien bei Wigand und Judex lag, entspricht die Anordnung des Stoffes vollkommen der Arbeitsmethode des Flacius, der aus entliehenen Quellen seiner selektiven Sicht entsprechende

---

112 Vgl. zu den Zenturien jetzt die monumentale Studie von Bollbuck: Wahrheitszeugnis, Gottes Auftrag und Zeitkritik, hier S. 123. Der Band besticht durch eine überaus kenntnisreiche, detailgetreue Rekonstruktion der Arbeitsweise und des Netzwerks der Zenturiatoren sowie durch eine Einbettung der Magdeburger Kirchengeschichte in den Kontext der zeitgenössische Theologie, Historiographie und Gelehrtenpraxis.
113 Gregory B. Lyon: Baudouin, Flacius, and the Plan for the Magdeburg Centuries. In: Journal of the History of Ideas 64 (2003), S. 253–272, hier S. 261 (meine Übersetzung des englischen Originals).
114 Matthias Pohlig: Zwischen Gelehrsamkeit und konfessioneller Identitätsstiftung. Lutherische Kirchen- und Universalgeschichtsschreibung 1546–1617. Tübingen 2007 (Spätmittelalter und Reformation, 37), S. 371f.; Markus Völkel: Wie man Kirchengeschichte schreiben soll. Struktur und Erzählung als konkurrierende Modelle der Kirchengeschichtsschreibung im konfessionellen Zeitalter. In: Arndt Brendecke u. a. (Hgg.): Die Autorität der Zeit in der Frühen Neuzeit. Berlin 2007 (Pluralisierung und Autorität, 10), S. 455–489, hier S. 469.

Stellen teilweise mit einem Messer ausschnitt, um sie später in eigenen Streitschriften oder seinem *Catalogus testium veritatis*[115] zu verwenden.

Das weiträumig agierende Netzwerk für die Quellenbeschaffung und die strategische Planung und Leitung der Arbeitskräfte der Zenturien diente vor allem einem Zweck: durch „authentische" Stimmen aus der Geschichte den wissenschaftlichen „Beweis" der fehlenden Legitimität der Papstkirche zu erbringen. Die Zenturien erfuhren eine breite Rezeption innerhalb des Luthertums. Ihre Autoren hatten damit Anteil an der Verfestigung unüberbrückbarer Gegensätze zwischen den Konfessionen.

Teil dieser polarisierenden Bestrebungen sind die im Jahr 1554, als sich die Arbeit an den Zenturien noch im konzeptionellen Stadium befand, von Wigand und Judex publizierten Ergänzungen zur Magdeburger Kirchenordnung.[116] Durch den Krieg, heißt es in der Einleitung, hätten sich *allerley sünden / schande vnd laster* verbreitet, dem die *Weltliche obrigkeit* nicht mit der genügenden Härte begegne.[117] Die von Wigand und Judex propagierte Wiedereinführung des Kirchenbanns versteht sich als Antwort auf diesen Missstand. Mindere sittliche Vergehen wie z. B. Ehebruch und die Zugehörigkeit zur anderen Konfession werden mit Kapitalverbrechen wie Totschlag auf eine Stufe gestellt und sollen mit Ausschluss von Abendmahl, Begräbnis auf dem Kirchhof etc. geahndet werden. Dabei muss man sich auch vergegenwärtigen, dass der Ausschluss vom Abendmahl für den Betroffenen einer sozialen Ächtung gleichkam und entsprechende schwere Gewissenskonflikte nach sich ziehen konnte.

Das Feindbild wird in variierenden Formulierungen eingeschärft: *Verharliche / lesterische Papisten, die sich nicht bekeren wollen*;[118] *pure verstockte Papisten vnd Feinde seines Evangelii vnd der Sacramenten*;[119] *Baalistische Pfaffen / Mönche / Nonnen oder des Geistlichen gesindes oder geschmeisses.*[120] Darüber hinaus wird

---

115 Matthias Flacius: Catalogus testivm Veritatis, Qvi ante nostram aetatem reclamarunt Papae. Basel 1556.
116 Vgl. Hartmut Kühne: Erasmus Sarcerius als vorletzter Superintendent der Alten Stadt Magdeburg. Zur Situation des Magdeburger Klerus um 1560. In: Stefan Rhein, Günther Wartenberg (Hgg.): Reformatoren im Mansfelder Land. Erasmus Sarcerius und Cyriakus Spangenberg. Leipzig 2006, S. 63–83, hier S. 73–75; Asmus: 1200 Jahre Magdeburg, Bd. 1, S. 509. Die Kirchenordnung von 1554 wurde unter folgendem Titel gedruckt: Etliche Articel zu notwendiger Kirchen ordnung gehörig, welcher sich die Pfarherrn vnd Diener der Kirchen zu Magdenburg, wie sie den meisten teil bereit bisher breuchlich gewesen, einmütiglich vereiniget vnd entschlossen haben, daruber mit Gottes hülffe hinforder auch festiglich zuhalten. Magdeburg 1554.
117 Ebd., A i v.
118 Ebd., A ij v.
119 Ebd., A iij r.
120 Ebd., A iij v.

bereits der Kontakt zu Angehörigen der anderen Konfession unter Strafe gestellt. Lutheraner, die freundschaftliche Beziehungen zu Katholiken pflegen, werden als *Pfaffen knechte* bezeichnet, *welche sich zu den Antichristlichen Pfaffen vnd Baals dienern / die da Christi vnd seiner Kirchen ergest Feinde vnd Verfolger sein / freundlich halten / zu in nötigen / lauffen inen nach / lecken ire teller / vnd sein ire tegliche Zechbrüder. [...] Mit jederman seind sie gute Gesellen vnd Zechbrüder / nur vm des lieben Bauchs vnd Mammons willen.*[121] Mit ähnlichen Formulierungen sollte Judex später Prätorius seine Freundschaft zu den „Adiaphoristen" um Kurfürst Joachim II. von Brandenburg vorwerfen.

Die Magdeburger Prediger sehen sich in der Pflicht, *als Hirten* zu erwirken, *das nicht die Wolffe gar in die herde Christi einnisteln / Item / das auch das jenige was reudich*[122] *nicht den andern ganzen hauffe beschmeisse vnd verderbe.*[123] Wigand und Judex strebten eine Selektion der Magdeburger Bürger in „christliche" und „antichristliche" Elemente,[124] eine Exklusion der Abweichler aus der Stadtgemeinde an, wie sie später für totalitäre Systeme typisch werden sollte. Diese Okkupation von Vorrechten der weltlichen Obrigkeit durch die Magdeburger Prediger kann durch die von Kühlmann in anderem Kontext geprägte Formel von der nachreformatorischen „Retheologisierung des öffentlichen Lebens"[125] zutreffend umschrieben werden.

Der Magdeburger Rat fasste diese Kirchenordnung folgerichtig als Anmaßung weltlicher Gerichtsbarkeit auf und wehrte sich gegen ihre Einführung, wurde jedoch durch ein Gutachten Nikolaus von Amsdorfs und die Unterstützung auswärtiger Gnesiolutheraner umgestimmt. Obwohl sich in Teilen der Stadtbevölkerung und seitens der Vertreter des Erzbischofes in der Stadt, insbesondere des Möllenvogts, Widerstand erhob, wurde die Kirchenordnung von den Kanzeln herab verlesen, auf Tafeln geschrieben und in allen Kirchen aufgehängt.[126] Die Durchsetzung der Kirchenordnung gegen den Widerstand von Rat und Erzbischof demonstriert die Vormachtstellung der Gnesiolutheraner im städtischen Gefüge auch nach Ende der Belagerung. Für die hier verhandelte Fragestellung ist die Kirchenordnung deswegen von Belang, weil sie das in Magdeburg vorherrschende Klima der Verdächtigung veranschaulicht, durch das Prätorius zum Weggang aus der Stadt bewegt wurde.

---

121 Ebd., A iv r.
122 Die Räude ist eine ansteckende Tierseuche.
123 Etliche Artickel zu notwendiger Kirchen ordnung, A iv r.
124 Vgl. z. B. die angestrebte Scheidung von „Christen" und „Antichristen" auf dem Friedhof: Etliche Artickel zu notwendiger Kirchen ordnung, A iij r.
125 Kühlmann: Poeten und Puritaner, S. 65.
126 Hertel: Hoffmann's Geschichte der Stadt Magdeburg, Bd. II, S. 24.

2.7 Der Briefwechsel mit Melanchthon

Dass das Verhältnis zum Konrektor Judex in der ersten Hälfte der Fünfzigerjahre zumindest nach außen hin ungetrübt erschien, legt eines von den zwei griechisch verfassten Epithalamia des Prätorius nahe, das 1554 anlässlich der Hochzeit von Judex mit Anna Gluck verfasst wurde.[127] Neben den Schul- und Gelegenheitsschriften existiert eine zweite Quellengruppe, die über das Schicksal von Rektor Prätorius Auskunft gibt: der Briefwechsel mit Melanchthon.

Prätorius schrieb im April 1556 an seinen Wittenberger Lehrer, dass Adlige aus der Umgebung Magdeburgs sich für eine Beilegung der inneren Spaltung der Lutheraner einsetzten. Nichts sei ihm willkommener, denn er strebe eine Stärkung der Autorität Melanchthons an. Daher lasse er nicht ab, die „Seinigen", also die Flacianer, zu ermahnen und sehe sie sogar zum Einlenken bereit.[128] Doch bereits im Juni 1556 zeigte er sich pessimistischer: Die kürzlich von ihm zur Kenntnis genommene Regensburger Apologie von Flacius und Gallus[129] reiße alte Wunden wieder auf.[130]

In seinem Antwortbrief vom 7. Juli 1556 teilt Melanchthon mit, dass er täglich zu Gott bete, damit die Wunden der Kirche geheilt und die Zerwürfnisse beigelegt würden. Er selbst provoziere niemanden und wünsche ein klärendes Gespräch, doch die vielen Streittheologen begehrten nur, neue Zwietracht zu säen. Bis jetzt habe er aus guten Gründen geschwiegen und ermahne auch Prätorius, sich nicht auf Streit einzulassen.[131]

In Prätorius' Brief vom 28. Dezember 1557 spiegelt sich bereits der eskalierende Konflikt mit Judex. Er hätte gern auf Melanchthons Rat gehört und weiter eine

---

127 Epithalamia Qvaedam Magistro Matthaeo Iudici, & castissimae puellae Annae Glucken, scripta in Schola Magdeburgensi. Magdeburg 1554. Die andere Ausgabe von Epithalamia, an der Prätorius beteiligt war, galt Johannes Willich, mutmaßlich Lehrer am Gymnasium unter Rektor Prätorius: Epithalamia Qvaedam In Nvptias Pii Ac Docti Viri Iohannis Vuillichij & honeste puellae Aemyliae Dinten scripta in schola Magdeburgensi. Magdeburg 1555.
128 MBW 7799, Stadtarchiv Regensburg, Ecclesiastica I, 14, 104; Brief vom April 1556: „Ego nostros hortari non desino et video paratos esse, ut in gratiam redeant." Für die freundliche Mitteilung dieses und der folgenden Briefe danke ich Christine Mundhenk von der Melanchthon-Forschungsstelle der Heidelberger Akademie der Wissenschaften.
129 Matthias Flacius, Nikolaus Gallus: Apologia Matthie Flacii Illyrici vnd Nicolai Galli Das die Adiaphoristen, vnd nit sie, trennung in vnsern Kirchen der Augspurgischen Confession, vnd vneinigkeit angericht, Vnd noch bis daher hindern, das es zu keiner Christlichen einigkeit gebracht wird, auch wie dieselbig einigkeit zutreffen sei. Regensburg 1556.
130 MBW 7876, Stadtarchiv Regensburg, Ecclesiastica I, 14, 104; Brief vom Juni 1556; vgl. hierzu auch Bollbuck: Wahrheitszeugnis, Gottes Auftrag und Zeitkritik, S. 293.
131 MBW 7886, CR 8, Sp. 794; Brief vom 7.07.1556.

zurückgezogene Position eingenommen, doch die Angriffe seitens seines „Alkibiades"[132] hätten ihm so zugesetzt, dass er die Sache dem Rat und vier benachbarten Universitäten vorgelegt hätte.[133] Judex ignoriere indessen die Urteile Auswärtiger und beziehe sich allein auf Gleichgesinnte und notorische Gegner Melanchthons. Auch unter den Predigern, die ihn unterstützten, seien wenige unverdächtig. Prätorius bemühe sich weiter um Zurückhaltung, so hätte er den Erzbischof und seine Räte, zu denen der später zu erwähnende Paul Prätorius gehörte, einschalten können, doch hätten ihn *exempla* der Entstehung von Aufruhr bei den alten Griechen davon abgehalten.[134]

Prätorius demonstriert hier, auf welche Weise die klassische Bildung den Humanisten Orientierung stiften konnte: Die Erkenntnis, dass bestimmte Verhaltensweisen in der Geschichte negative Folgen hatten, bewahrte den Leser vor der Wiederholung dieser Fehler. Die Lektüre antiker Historiographie führte zu Irenik und defensivem Streitverhalten. Gegen Ende des Briefes zeigt sich Prätorius besorgt, ihm könne seitens der Gnesiolutheraner Gefahr drohen, weil er sich für seinen Kantor Joachim Bone[135] und für Melanchthon eingesetzt habe.

Im Brief vom 29. Januar 1558 erwägt Prätorius bereits eine Alternative zur unhaltbar gewordenen Position am Magdeburger Gymnasium: eine Professur an der Universität Frankfurt a. O., die unter der Schirmherrschaft von Joachim II. von Brandenburg stand. Prätorius erwähnt Georg Sabinus[136] als möglichen Vermittler dieser Stellung. Brieflich sei ihm gegenüber Kritik geäußert worden, dass er sich wieder in den Dienst des brandenburgischen Kurfürsten begebe. Er hätte entgegnet, er würde selbst *in mediam Turciam* reisen, wenn ihn Gott dorthin beriefe. Sein Gewissen fechte ihn jedenfalls nicht wegen fehlender Frömmigkeit an.[137] Abschließend bittet er Melanchthon, der weiter sehe als er, um sein Urteil. Melanchthons Brief vom 24. Mai 1558 enthielt den erhofften Segenswunsch zum Antritt

---

132 Alkibiades (ca. 450–404 v. Chr.) galt durch die Darstellung griech. Historiker wie Thukydides und Xenophon als Verkörperung des intriganten und skrupellosen Machtpolitikers; vgl. Art. „Alkibiades" in: Der Neue Pauly 1, Sp. 502.
133 MBW 8068, HAB Cod. Guelf. 108 Noviss. 2°, S. 243 r; Brief vom 28.12.1556.
134 Ebd.: „Ego moderatione quadam sum usus, si non in verbis, quibus ipsi respondi, sicut dignus fuit, tamen in ipsis rebus. Nam poteram hanc causam Episcopo vel aulicis eius commendasse, sed moverunt me pericula ipsorum et exempla tumultuum Graecorum."
135 Holstein: Das Altstädtische Gymnasium, S. 71. Bone gehörte später zur Gruppe der von Heshusen der Häresie verdächtigten Magdeburger Prediger. Vgl. Kap. B. 3.2. Die Kontroverse zwischen Heshusen und den Institutionen Magdeburgs.
136 Vgl. Mario Müller: Art. Georg Sabinus. In: Killy/Kühlmann 10 (2011), S. 133–137.
137 MBW 8508, HAB Cod. Guelf. 108 Noviss. 2°, S. 250 v; Brief vom 29.01.1558: „Sed respondi me vel in mediam Turciam iturum, si Deus eo vocaret. Mea certe me conscientia non arguit, quasi non agam satis pie."

des neuen akademischen Amtes. Er bete zu Gott, so Melanchthon, dass er die Schar der Gelehrten regieren und Prätorius' Wirken an der Frankfurter Universität erfolgreich und glücklich sein lassen möge.[138]

2.8 Zum politischen Hintergrund der Kontroverse mit Judex

Einen näheren Blick auf die Inhalte der Auseinandersetzung zwischen Prätorius und Judex gestattet die Valediktionsrede von Gabriel Rollenhagen über die Geschichte des Magdeburger Gymnasiums.[139] Nach Judex Ernennung zum Diakon der Ulrichskirche, so Rollenhagen, sei ihm Siegfried Sack ins Amt des Konrektors gefolgt. Doch Judex, der selbst das Rektorenamt anstrebte, hätte nicht davon abgelassen, Prätorius auf vielfache Weise anzugreifen. Er hätte ihm insbesondere seine Freundschaft zu Paul Prätorius, Präzeptor und *consiliarius* von Erzbischof Sigismund, zum Vorwurf gemacht.[140] Denn Paul Prätorius sei, so Judex, ein „verbrecherischer Papist, gottloser Höfling und Schmarotzer', den ein christ mit reinem gewissen nicht einmal grüszen könnte."[141]

Der nicht mit Abdias verwandte Paul Prätorius wirkte seit 1547 als Prinzenerzieher der Söhne Kurfürst Joachims II. von Brandenburg, Friedrich und Sigismund, die nacheinander Erzbischöfe Magdeburgs wurden. Zu späterer Zeit hatte Prätorius in Brandenburg das Amt eines kurfürstlichen Rates inne. Joachim II. hatte sich bereits vor der Belagerung Magdeburgs als Fürsprecher des Interims gezeigt, was ihm die Gegnerschaft der Gnesiolutheraner eintrug.[142] Im Vorfeld und während der Belagerung der Elbestadt gehörte der Kurfürst zur kaiserlichen Partei. Sein Sohn Sigismund setzte sich als Erzbischof nach Beendigung der Belagerung für die Rückkehr des Domkapitels ein, das sich in der Mehrheit aus Katholiken zusammensetzte. Die Bemühungen der zurückgekehrten Domherren, im Dom und den übrigen Stifts- und Klosterkirchen den katholischen Gottesdienst wiedereinzuführen, stießen auf erheblichen Widerstand in der Magdeburger Bür-

---

138 MBW 8628, CR 9, Sp. 551f.; Brief vom 24.05.1558.
139 Gabrielis Rollenhagii Oratio Valedictoria, enthalten in: Johannes Blocius: Promulsis Magdeburgensis Historiae. Praemetii gratia proditae. Magdeburg 1622.
140 Blocius: Promulsis Magdeburgensis Historiae, K 2 r: „Et variis minimique homini ingenuo ferendis calumniis, a Matthaeo illo Judice, qui rectoratum, ut diximus, dudum affectarat fatigatus, quod scilicet amicitiam coleret cum viro doctiss. M. Paulo Praetorio episcopi Sigismundi sanctae memoriae praeceptore et consiliario, quem pontificium scelestissimum et Gnatonem Aulicum impium vocabat, cui ne quidem ave homo Christianus salva consciencia diceret."
141 Holstein: Das Altstädtische Gymnasium, S. 70. Vgl. hierzu auch Bollbuck: Wahrheitszeugnis, Gottes Auftrag und Zeitkritik, S. 115.
142 Hertel: Hoffmann's Geschichte der Stadt Magdeburg, Bd. I, S. 499.

gerschaft, der „nicht wenig noch durch die Geistlichen der Stadt genährt wurde."[143] Erzbischof Sigismund, bei dem der Rat daraufhin interveniert hatte, verhielt sich neutral.[144]

Die Auseinandersetzung zwischen Abdias Prätorius und Matthäus Judex ist vor dem Hintergrund dieser Ereignisse zu interpretieren. Wie oben ausgeführt, hatte sich Prätorius positiv über diplomatisch vorgehende Juristen wie Johannes Scheyring geäußert und mehrere Schriften Joachim II. von Brandenburg, seinem Sohn Sigismund oder dessen Präzeptor Paul Prätorius gewidmet. Seine freundschaftlichen Beziehungen zu diesen „Adiaphoristen" wurden ihm seitens Judex als Indifferenz in Glaubenssachen, ja als Parteinahme für die päpstliche Partei ausgelegt.

Die kollektive Erwähnung der Gnesiolutheraner in den Briefen von Prätorius an Melanchthon legt nahe, von einer nicht auf die Person Judex beschränkten Gegnerschaft in Magdeburg ausgehen. Demnach war Judex allein der äußere Anlass einer Kontroverse, deren Wurzel tiefer reichte. Ähnlich wie Melanchthon nahm Prätorius Gnesiolutheraner wie Matthias Flacius, Nikolaus Gallus, Johannes Wigand oder Nikolaus von Amsdorf als nicht versiegende Quelle von Feindseligkeiten wahr, die in der Hauptsache über das Medium volkssprachlicher Streitschriften verbreitet wurden. Dass diese Angriffe durch sich am Umsatz orientierende Drucker öffentliche Publizität erhielten, potenzierte ihre negative Wirkung. Die Anhänger Melanchthons sahen sich aus diesem Grund nicht selten zu Ortswechseln oder Rückzug aus der Öffentlichkeit gezwungen.[145]

Am 13. April 1558 hielt Prätorius seine Magdeburger Abschiedsrede, in der er sich der Geschichte der Stadt widmete. Sie ist in der 1622 von Johannes Blocius herausgegebenen Sammlung von Orationes zum Thema Magdeburg enthalten.[146] Gegen Ende der Rede dankt Prätorius dem Rat, den Scholarchen, den Predigern und den Bürgern für die ihm entgegengebrachten Wohltaten. Besondere Erwähnung finden seine „Brüder und Mitstreiter", die ihm unterstellten Lehrer, die ihm „einträchtig, brüderlich und ehrfürchtig" gedient hätten und denen er so viel Dank zolle, wie es die gegenseitige Verbindung im Amt erfordere.[147]

---

143 Ebd., Bd. II, S. 11.
144 Ebd., S. 12.
145 Vgl. Kap. A. 2.2. Konkrete Auswirkungen der Spaltung auf die Lehre an den Gymnasien.
146 Blocius: Promulsis Magdeburgensis Historiae.
147 Ebd., G 1 v: „Quia vero magistratus inspectorum scholae, ministrorum verbi, civiumque erga me sua quaedam studia sum expertus, cum paria referre non possim, sedulo a me gratia singulis et universis habetur; vobis autem qui fratres mihi, meorum sudorum παραστάται fuistis, ut sedulo, concorditer, fraterne, reverenterque mecum vixistis, ita pro meo in vos amore, gratiam habeo tantam, quantam officiorum coniunctio mutua requirit."

Diese Worte sind nicht als ironisch aufzufassen, denn Judex gehörte 1558 aus den oben erwähnten Gründen nicht mehr zum Lehrerkollegium. Die einzige indirekte Anspielung auf die Probleme mit den Gnesiolutheranern findet sich in dem folgenden Satz: „Sogar meinen Schülern bin ich dankbar, die mir gegenüber eine derartige Treue an den Tag legten, dass sie mir in all den Schwierigkeiten und der Mühsal ein nicht geringer Trost waren."[148] Es ist als Teil seiner irenisch geprägten Strategie der Konfliktvermeidung anzusehen, dass Prätorius Judex in seiner Abschiedsrede mit keinem Wort erwähnt, obwohl seine Zuhörer mit Sicherheit über den Grund seines Rückzugs informiert waren.

2.9 Das weitere Schicksal von Prätorius

Nach seinem Weggang aus Magdeburg trat Prätorius 1558 in Frankfurt a. O. eine Professur für Hebräisch an.[149] Die berufliche Neuorientierung manifestierte sich in einer von dem renommierten Basler Buchdrucker Johannes Oporinus verlegten Grammatik des Hebräischen.[150] Des Weiteren erscheint als wahrscheinlich, dass Prätorius die Änderung seines Vornamens von Gottschalk[151] in Abdias[152] in dieser Phase seines Lebens vornahm.

In Frankfurt geriet Prätorius in eine erneute Kontroverse mit dem Theologieprofessor und Stadtpfarrer Andreas Musculus, die als Teil des antinomistischen Streits angesehen wird.[153] Die Auseinandersetzungen verdichteten sich in dem

---

148 Ebd., G 1 v: „Sed gratus etiam sum auditoribus meis, quorum ea fuit, in me pietas, ut saepe sit in aerumnis, atque angustiis me non parum consolata."
149 Paul Wolff: Art. Prätorius, Abdias. In: RE 15 (1904), S. 613; Rudolf Schwarze: Art. Praetorius, Abdias. In: ADB 26 (1888), S. 513; Heinz Scheible: Die Entstehung der Magdeburger Zenturien. Ein Beitrag zur Geschichte der historiographischen Methode. Gütersloh 1966, S. 53.
150 Abdias Prätorius: Grammatices ebraeae libri octo. Basel 1558.
151 An der Doppeldeutigkeit des mittelhochdeutschen Wortes „schalc" („Knecht, Diener" und „arglistig, boshaft") hatte sich der Spott seiner Gegner entzündet.
152 Abdias ist die griechisch-lateinische Version des hebräischen Wortes „Obadja" („Diener Gottes", Name eines Propheten). Bei der Titelangabe der Werke wurde durchgehend die spätere Namensform berücksichtigt.
153 Matthias Richter: Gesetz und Heil. Eine Untersuchung zur Vorgeschichte und zum Verlauf des sogenannten Zweiten Antinomistischen Streits. Göttingen 1996, S. 208–250; Ernst Koch: Nicht nur ein Streit um Worte. Die Auseinandersetzung um den Tertius usus legis in Frankfurt/Oder als Teil der Vorgeschichte der Artikel IV bis VI der Konkordienformel. In: Jobst Schöne (Hg.): Bekenntnis zur Wahrheit. Aufsätze über die Konkordienformel. Erlangen 1978, S. 65–79; Rudolf Mau: Bekenntnis und Machtwort. Die Stellung Joachims II. im Streit um die Notwendigkeit der guten Werke. In: Gerhard Besier, Christof Gestrich (Hgg.): 450 Jahre Evangelische Theologie in Berlin. Göttingen 1989, S. 39–64.

Begriff der *nova oboedientia*. Nachdem Georg Major mit seinem Lehrsatz, Gute Werke seien notwendig, um das Seelenheil zu erlangen, auf erheblichen Widerstand gestoßen war,[154] unternahm Prätorius den erneuten Versuch, eine christliche Ethik zu formulieren. Die Kompromissformel besagte, dass für den im Glauben wiedergeborenen Menschen Neuer Gehorsam und Gute Werke notwendig seien, wenn auch nicht zur Erlangung des Seelenheils. Doch der Antinomist Musculus stritt dem Gottesgesetz jegliche pädagogische und religiöse Bedeutung ab und polemisierte gegen Moses und den Dekalog. Der Mensch, so Musculus, erlange das Seelenheil nicht durch Befolgung von Gesetzen, sondern ausschließlich durch den Glauben an Christus.[155]

Die Fronten waren ähnlich verteilt wie im Majoristischen Streit: auf der einen Seite ein Humanist, der die Glaubenslehre an die Notwendigkeiten des alltäglichen Lebens anzupassen suchte, auf der anderen Seite ein Theologe, der die Unantastbarkeit der Dogmen Luthers postulierte. Musculus zielte mit seinen Angriffen auf die Position Prätorius' an der Frankfurter Universität, wohl auch deswegen, weil ihm „die wachsende Beliebtheit, derer sich Prätorius bei der akademischen Jugend erfreute, zu schaffen" machte.[156]

Mehrere Streitschriften wurden gewechselt, die Kontroverse zog weite Kreise und spaltete Frankfurt in zwei Parteien. Zu Prätorius hielten „sämmtliche juristischen, medizinischen und philosophischen Professoren, auch die große Masse der Studenten", doch die Stadtbevölkerung Frankfurts, „der große Haufe des Volkes", stand fast gänzlich unter dem Einfluss des Predigers Musculus.[157]

Im Jahr 1563 zog Prätorius in der Verteidigungsschrift *Endlicher Bericht* eine Bilanz der Frankfurter Kontroverse, die gegen Ende in militärische Auseinandersetzungen umgeschlagen war.[158] Seine Gegner hätten ihm und den Seinen *nach leib vnd leben / nach gut vnd blut / nach glimpff vnd ehr* getrachtet.[159] Der immer stärker Musculus zuneigende Kurfürst erließ 1563 einen Haftbefehl gegen seinen einstigen Schützling. Prätorius entzog sich durch Flucht nach Wittenberg, die Frankfurter Universität jedoch „verödete fast gänzlich".[160]

---

154 Vgl. Kap. B. 1.9. Verteidigung humanitären Handelns: Der Majoristische Streit.
155 Döllinger: Reformation, Bd. III, S. 390f.
156 Mau: Bekenntnis und Machtwort, S. 41f.
157 Döllinger: Reformation, Bd. II, S. 391f.
158 Ebd., S. 397.
159 Abdias Prätorius: Endlicher Bericht Abdiae Praetorii von seiner Lere in den Artickeln, darin er von Doctore Andrea Musculo auffs hefftigste angegriffen wird. Wittenberg 1563, S. 383.
160 Vgl. den von Döllinger: Reformation, Bd. II, S. 397, mitgeteilten Brief Paul Ebers an Camerarius (Februar 1563): „M. Godeschalcus Praetorius, qui aliquot annos fideliter laboravit in Academia Francofordiana, nunc recens inde egressus apud nos quasi exulat, metu mandati, quo Marchio Elector iussit, ipsum aresto alligari, eo quod se opposuit D. Musculo defendenti publico

Nur sporadisch kehrte Prätorius an den Hof Joachims II. zurück, so im Juli 1565, als er Sabina, die dritte Tochter Georg Sabinus' und Enkelin Melanchthons, heiratete.[161] Bereits 1560 hatte er die *Oratio funebris* auf Sabinus gehalten.[162] An seiner späten Wirkungsstätte, der Wittenberger Universität, hatte er 1571 das Amt des Dekans der Philosophischen Fakultät inne.[163] Durch seinen frühen Tod am 9. Januar 1573 blieb ihm eine Verwicklung in den Sturz des Kryptocalvinismus in Kursachsen erspart.[164] Sein Gegner Musculus war im Frühjahr 1577 mit anderen führenden lutherischen Theologen an „der endgiltigen Redaktion der Konkordienformel" im Kloster Berge zu Magdeburg beteiligt.[165]

2.10 Irenik in der „Herrgotts Kanzlei": *Oratio de Pace*

Im fortgeschrittenen Alter von vierundvierzig Jahren, nur fünf Jahre vor seinem Tod, ließ Prätorius in Wittenberg eine Sammlung seiner Orationes drucken.[166] Die gehaltvolle *epistola dedicatoria* ist an die Ratsherren und Scholarchen Magdeburgs, „seine geliebten Gebieter, Patrone und Freunde", adressiert und in den Jahreswechsel 1568/69 datiert. Den Grund für diese Wahl der Widmungsträger legte Prätorius in der Vorrede offen: Er ziehe die Magdeburger Ratsherren ihrer Anteilnahme an der Gelehrsamkeit und ihres literarischen Urteils wegen anderen Förderern vor. Zudem hätte er die hier versammelten Reden sämtlich in ihrer Gegenwart gehalten, als er vor mehr als zehn Jahren Rektor des Magdeburger Gymnasiums gewesen wäre.[167]

---

scripto hanc propositionem, novam oboedientiam in renatis nequaquam necessariam esse, sed liberam et ad placitum fidei arbitrariam. Ita exhauriuntur et vastantur quasi scholae variis occasionibus." Vgl. auch Paul Wolff: Art. Prätorius, Abdias. In: RE 15 (1904), S. 611f.
161 Ebd., S. 614.
162 Abdias Prätorius: Oratio de clarissimo et ornatissimo viro D. Georgio Sabino. Recitata ad tvmvlvm eivs III. Decembris, Anno M.D.LX. Frankfurt a. O. 1560.
163 Helmar Junghans: Verzeichnis der Rektoren, Prorektoren, Dekane, Professoren und Schloßkirchenprediger der Leucorea. Vom Sommersemester 1536 bis zum Wintersemester 1574/75. In: Irene Dingel, Günther Wartenberg (Hgg.): Georg Major (1502–1574). Ein Theologe der Wittenberger Reformation. Leipzig 2005 (Leucoreastudien 7), S. 235–270, hier S. 269.
164 Vgl. Kap. A. 2.4. Jakob Andreae und die Reform der kursächsischen Fürstenschulen.
165 Gustav Kawerau: Art Andreas Musculus. In: RE 13 (1903), S. 577–81, hier S. 580.
166 Abdias Prätorius: Orationum Abdiae Praetorii Pars Prima, Continens praecipuarum politioris literaturae partium expositiones. Wittenberg 1569.
167 Prätorius: Orationum Abdiae Praetorii Pars Prima, B 4 v–B 5 r: „Sed mihi tamen hoc potissimum in mentem venit, quod essent Orationes hae et natae primum, et recitatae etiam in publico apud vos consessu, tum cum ante annos decem gubernationis onus in literaria re sustinerem."

Die Diktion der Vorrede ist komplexer als die der Orationes des Hauptteils. Sie weist den aus der Epistolographie bekannten gehobenen Stil auf, der sich durch Hyperbata, Perioden und gewählte Formulierungen äußert. Zu Beginn bedient Prätorius die obligatorischen Bescheidenheitstopoi und gibt einige Hinweise zur Motivation der Sammlung.

Nach einem knappen Überblick der antiken Beredsamkeit geht Prätorius zu den Problemen mit den Gnesiolutheranern über. Die tägliche Erfahrung lehre, wie stark Konkurrenzgebaren, öffentliche Angriffe, geistige Verirrungen und menschliche Bosheit zunähmen. Die Verrohung sei so weit gediehen, dass niemand, sei er noch so großer Ehren und Hochachtung würdig, von ihr verschont bleibe. Dies sei jedoch kein Wunder, würden doch nicht so sehr über bestimmte Themen, sondern vielmehr über die Personen Urteile gefällt, und zwar ohne jeden Sinn für Objektivität. Daraus könne man entnehmen, dass die Meinung der meisten vom *affectus*, von der momentanen Gefühlsaufwallung, bestimmt sei, nicht anders, als es im Sprichwort hieße: „Der Wagenlenker wird von den Pferden mitgerissen, das Gespann gehorcht den Zügeln nicht mehr."[168] Davon nehme Prätorius allerdings jene ehrenvollen und wahrhaft freien Geister aus, die gelernt hätten, ihre Leidenschaften zu bezähmen und nicht die Personen, sondern die Inhalte selbst ansähen.[169]

Wegen dieser böswilligen Verdächtigungen und öffentlichen Verdammungen von den Kanzeln herab seien mächtige Beschützer und Mäzene umso wichtiger.[170] Prätorius verfasste diese Zustandsschilderung auf der Basis langjähriger leidvoller Erfahrungen. Nach dem zweimaligen erzwungenen Wechsel seiner Wirkungsstätte wird er den innerlutherischen Konflikt wohl als ein kontinuierliches Phänomen angesehen haben, er begann, mit Widrigkeiten zu rechnen.

---

168 Verg. georg. 1, 514: „Fertur equis auriga, nec audit currus habenas."
169 Prätorius: Orationum Abdiae Praetorii Pars Prima, B 2 v–B 3 r: „Ipsa profecto experientia communis et quotidiana non sine magnis manifestisve nostris nos docet malis, quantum ubique sit aemulationum, quantum censurarum, et quantum etiam una cum illis sophismatum atque calumniarum. Ac est in illis a miseris id aevi mortalibus eousque progressum, ut nemini prope parcatur, quantumvis honore reverentiaque sit multis de causis perquam dignus. Quod mirum adeo non est, cum non de rebus tantum quantum de personis, in diiudicandis factis scriptisve, sine discrimine cogitetur. Ex quo efficitur tandem, ut quo quisque affectus est modo, ita et iudicium instituat, sententiamque ferat, nec minus nec aliter quam in Poemate dicitur, fertur equis auriga, nec audit currus habenas. Sed in hoc tamen honestas ac liberales excipio naturas, quae affectibus imperare didicere, et non tam personas quam ipsas res, et quomodo in illis, rectene an secus versatum sit, intuentur."
170 Ebd., B 3 v: „Ac id sane, ut, quod res est, ingenue dicatur, propter sinistra quorundam tam de me quam de aliis paulo innocentioribus iudicia, suspiciones et publicas etiam suis in theatris proclamationes."

Die Titel der Orationes des Hauptteils zeigen ihren weit gespannten inhaltlichen Horizont auf. Beinahe die gesamte Bandbreite humanistischer Wissenschaftszweige ist abdeckt: *De ludis literariis, De studiorum dignitate, De dialectica, De rhetorica, De exercitio styli, De ethica doctrina, De animae doctrina.* Bereits die Wahl der Titel legt eine große inhaltliche Nähe zu den Werken Melanchthons nahe, wie das auch bei der 1569 erschienen Ausgabe von *Loci theologici*, die gleichsam Prätorius' philippistisches Vermächtnis darstellt, der Fall ist.[171] Eine nähere inhaltliche Betrachtung der Redensammlung erscheint daher als wünschenswert. An dieser Stelle soll jedoch allein die Rede *De Pace* analysiert werden, um so die Rezeption irenischen Gedankenguts am Gymnasium nachzuweisen. In den fünfziger Jahren, als Magdeburg Hochburg des Antikatholizismus war, stellte dies keineswegs eine Selbstverständlichkeit dar.

Die Rede setzt ein mit einer Gegenüberstellung der *civitas pacis* und *civitas belli* aus der Schildbeschreibung des achtzehnten Buchs der Ilias.[172] Ersterer seien Hochzeiten, gesellige Zusammenkünfte, Tänze etc. zugeordnet, Letzterer dagegen Zwietracht, Aufruhr, Belagerung und andere Verkörperungen des Bösen. Prätorius lobt Homers literarische Gabe der Kontrastierung, die Unterschiede zwischen Krieg und Frieden träten plastisch hervor, was sein Werk der Lektüre durch die *mentes piae* empfehle.[173] Es folgt das sprichwörtliche Diktum aus den *Punica* des Silius Italicus: „Der Frieden ist das höchste den Menschen bekannte Gut, ein Frieden ist besser als tausende Triumphe, der Frieden schützt die körperliche Unversehrtheit und sichert den Bürgern gleiche Rechte."[174]

Die Wahl des Themas rufe eventuell Erstaunen hervor, doch Prätorius beruft sich auf seine Pflicht als Schulrektor, den Knaben *modestiae, tranquillitatis, pacis, concordiaeque studium* einzupflanzen.[175] Auch jene würden sich über diese Wahl nicht wundern, die den Zustand Deutschlands und des Heiligen Römischen Reiches betrachteten. Überall seien die Vorräte erschöpft, das Rückgrat der Städte gebrochen, die durch Bildung, Tugend und Autorität zur Elite Gehörenden hinge-

---

171 Abdias Prätorius: Locorum theologicorum domini Philippi Melanthonis analyses paulo generaliores, propositionum formis accommodatae: Conscriptae quondam in gratiam Iuventutis Dispositionis et Summae causa. Wittenberg 1569.
172 Hom. Il. 18, 483–608.
173 Prätorius: Orationum Abdiae Praetorii Pars Prima, C 2 r.
174 Ebd., C 2 v: „Pax optima rerum, quas homini novisse datum est, pax una triumphis innumeris potior, pax custodire salutem, et cives aequare potens." (Sil. Punica 11, 592–595).
175 Ebd., C 3 r.

mordet.¹⁷⁶ Ganz zu schweigen von den Bedrängnissen der Gelehrsamkeit und der Verwüstung der Kirchen.

Prätorius leitet über zu den *causae* für die Erhaltung des Friedens. Deren wichtigste sei, dass er zu den Gaben Gottes zähle, dass Gott das Streben nach Frieden fordere.¹⁷⁷ Nachdem er einige biblische Beispiele für den Einsatz für Frieden angeführt hat, fragt Prätorius, welcher *fructus*, welche *commoda*, welche *segetes* der menschlichen Gesellschaft aus dem Frieden erwüchsen.¹⁷⁸

Erstens fördere der Frieden Religion und Verbreitung der Kirche. Denn überall dort, wo *tranquillitas* herrsche, würden die Kinder im Haus, in der Elementarschule und auf dem Gymnasium mit der notwendigen Bildung ausgerüstet. Weiterhin nütze der Frieden der Verkündigung des Gotteswortes in den Kirchen und der Aufrechterhaltung der allgemeinen Ordnung.¹⁷⁹

Zweitens diene der Frieden der Erhaltung der Gelehrsamkeit. Denn ohne *otium* und *tranquillitas* drohe deren Untergang.¹⁸⁰ Ohne Frieden hätten Platon, Xenophon, Isokrates und Aristoteles ihre Schriften nicht verfassen und so der Nachwelt den Weg der Erkenntnis weisen können. Auch vor nicht allzu langer Zeit hätte die Bildung einen großen Aufschwung erfahren, Gelehrte das Wissen in allen Fachrichtungen zum Nutzen der Allgemeinheit bedeutend vergrößert.

Drittens profitiere das Gemeinwesen vom Frieden. Drei Dinge seien für die Erhaltung des Staates vonnöten: geeignete Menschen, mit der Vernunft übereinstimmende Gesetze und die zur Unterhaltung des Gemeinwesens nötigen Mittel.¹⁸¹ All dies garantiere der Frieden. Das Beispiel der Geschichte – der Untergang Karthagos, das Goldene Zeitalter unter Augustus – zeige, dass allein der Frieden Ländern, Städten und Dörfern die Existenz sichere.¹⁸²

Viertens schließlich brächte der Frieden auch den *res privatae* Nutzen. Er erbaue Häuser, bebaue Äcker und Weinberge, nähre das Vieh, schaffe Reichtum, verschönere Körper und Lebenskultur, fördere die Geselligkeit und unterrichte die Kinder.¹⁸³

---

176 Ebd., C 3 v: „Passim exhaustae sunt privatae facultates, nervi rerumpublicarum fracti et concisi, trucidati fortissimi quique quorum scientia, virtus et autoritas aliis in rebus usui esse et posset et deberet."
177 Ebd., C 4 r.
178 Ebd., C 6 r–v.
179 Ebd., C 6 v–C 7 r.
180 Ebd., C 7 v.
181 Ebd., C 8 v–D 1 r.
182 Ebd., D 1 r–D 2 r.
183 Ebd., D 2 r: „Pax aedificat domos: agros vineasque colit: pecudes alit: opes amplificat: corporis vitaeque cultum exornat: congressus promovet: liberorum educationem iuvat: ut multa alia studiose praetereamus."

Im Krieg dagegen herrschten die beklagenswertesten Verwüstungen, die Kirchen stünden leer und die Pflege der Gelehrsamkeit käme zum Erliegen. Denn den Lehrenden und Lernenden ermangele es an einer dauerhaften Heimstätte, es fehle an Konzentration, weil der Geist ständig abgelenkt würde, an den Studien zu widmender Zeit und an Stipendien, die für andere Dinge ausgegeben würden.[184] Der Krieg entreiße den Gemeinwesen die *gubernatores* und besten Köpfe, den Seelen der Menschen die Ehrfurcht vor Tugend und Gesetz. Die blühendsten Städte in Asien, Griechenland und Afrika hätte der Krieg in Schutt und Asche gelegt, so dass sie kaum noch auffindbar seien. Athen sei heute lediglich eine Ansammlung von Fischerhütten.[185]

Im letzten Teil der Rede fragt Prätorius, auf welche Weise der Frieden gefördert und bewahrt werden könne. Dazu seien fünf *virtutes* nötig: nachgeben, obwohl man im Recht sei; erlittenes Unrecht verschweigen; Schmähungen kein Gehör schenken; niemanden in der Öffentlichkeit bloßstellen; üble Nachrede vermeiden.[186] Nach einigen biblischen und antiken Beispielen für die Tugend der *cessio*, des Nachgebens, folgt eine längere, Gregor von Nazianz gewidmete Passage.

Als Bischof von Konstantinopel hätte sich Gregor im Jahr 380 durch Beilegung der dort auftretenden dogmatischen Streitigkeiten einen guten Ruf erworben. Doch weil Ruhm stets von Neid begleitet werde, wären Verleumder gegen ihn aufgetreten, die ihn – bissigen Hunden gleich – in seiner Stellung als Bischof angegriffen hätten. In dieser Situation hätte Gregor seine mächtigen und wehrhaften Beschützer zu Hilfe holen können. Weil er jedoch das Wohl der Kirche seinem eigenen vorzog, legte er freiwillig sein Bischofsamt nieder.[187] Die von Gregor gezeigte Weisheit sei des höchsten Lobes würdig, denn ohne sie wäre der Konflikt in gravierenden *tempestates* und *commotiones* eskaliert.

Dieses spätantike *exemplum* ist historisch belegt.[188] Prätorius wird es wohl wegen der Analogie zu seiner eigenen Situation herangezogen haben. Aus den

---

184 Ebd., D 3 v–D 4 r.
185 Ebd., D 4 v.
186 Ebd., D 5 v: „[...] tamen ita existimo, et sic animum induco meum, semper has quinque virtutes necessarias esse, sineque vel diverticulo vel effugio requiri. Nam, quantum quidem fieri eius cum pietate iusticiaeque potest, et cedendum est interdum de iure privato, et illata iniuria mussitanda, et delatoribus aures denegandae, et iniuria publica non inferenda, et privatae obtrectationes vitandae sunt."
187 Ebd., D 6 v: „Hic poterat Gregorius suis instructus tutoribus, iisque nec malis nec imbellibus hostem sine molestia premere: sed ecclesiae maluit, quam sibi consultum. Quo quidem et factum est nomine, ut relicta Constantinopoli suo ipsius motu sententiaque, priorem sedem repetiverit, manseritque eo in loco, quam diu superstes ei comesque vita fuit."
188 Vgl. Justin Mossay: Art. Gregor von Nazianz. In: TRE 14, S. 167.

oben zitierten Briefen an Melanchthon geht hervor, dass er es vermied, Erzbischof Sigismund oder Kurfürst Joachim II. in die Auseinandersetzungen mit dem Zenturiator Judex zu involvieren, obwohl er sich im Recht sah.

Zwei Möglichkeiten sind denkbar: Die Rede wurde zu eben jenem Zeitpunkt gehalten, als es dem Rat, den Bürgern Magdeburgs und seinen Schülern die Aufgabe des Rektorates zu erklären galt. Es könnte sich jedoch auch um eine spätere Bearbeitung handeln, wie es bei der Magdeburger Antrittsrede der Fall ist, die Prätorius für den Abdruck in der Sammlung seiner Orationes neu formuliert und erweitert hat.

Der *patientia*, so fährt Prätorius fort, käme in diesem Fall höchste Bedeutung zu. Denn durch eine übertriebene Anklage des erlittenen Unrechts könnte sich der Gegner zu einer entsprechenden Reaktion herausgefordert fühlen.[189] Prätorius rät folglich, Konflikten ihre Schärfe zu nehmen, um so eine Spirale der Gewalt zu verhindern.

Hinsichtlich der omnipräsenten religiösen Kontroversen und öffentlich ausgetragenen Händel fordert Prätorius die Einhaltung des *iustus modus*: Die Kombattanten sollten sich jeglicher *iniuriae*, nach heutigem Sprachgebrauch: Verbalinjurien, enthalten. Der Magdeburger Rektor tadelt die unachtsame Willkür all jener, die in Kontroversen ihren Leidenschaften freien Lauf ließen. Er vergleicht diese streitbaren Geister mit tollwütigen Hunden, die sich in jeden Stein am Wegesrand verbeißen würden.[190] Die Weltgeschichte biete zahllose *exempla* für diese Art von Aggressoren, die – getrieben von *ambitio, avaritia* oder *animi acerbitas* – ihre Gemeinwesen durch vermeidbare Kriege erschüttert, ins Unglück gestürzt oder der gänzlichen Vernichtung preisgegeben hätten.[191]

Angesichts der nur wenige Jahre zurückliegenden Zeit der Belagerung der „Herrgotts Kanzlei" entbehrt dies nicht einer gewissen Brisanz. Denn gerade das Fehlen einer Bereitschaft zum Nachgeben aufseiten der Magdeburger Theologen hatte die Strafaktion des Kaisers hervorgerufen, deren glimpflicher Ausgang nicht etwa einem Einlenken der Magdeburger, sondern allein der veränderten politischen Konstellation zu verdanken war.

Mit der Aufforderung zu Duldsamkeit, Deeskalation und Friedenswahrung stand Prätorius konträr zur von den Flacianern betriebenen konfessionellen Polarisierung. Die *Oratio De Pace* hat über die individuelle Bedeutung der Causa Judex hinaus eine allgemeingültige kirchenpolitische Botschaft. Denn obwohl Prätorius

---

189 Prätorius: Orationum Abdiae Praetorii Pars Prima, D 7 r–v.
190 Ebd., D 8 v: „Sed quae de pace hoc loco diximus, in illis non ad publica, sed eo respicimus tantum, ut temeritas illorum qui privato quodam impetu, perinde ut rabiosi canes ruunt, obvium quemque lapidem arrodentes, perstringatur."
191 Ebd., E 1 r.

dies nicht explizit machte, in Magdeburg wohl nicht machen konnte, kann man sein Eintreten für die *cessio* eventuell als Einsatz für die Wiederherstellung der Kircheneinheit, zumindest jedoch der innerprotestantischen bzw. innerlutherischen Einheit interpretieren. Denn in seinem Jahrhundert war Krieg vielfach religiös motiviert. Er stand damit in der Tradition humanistischer Ireniker wie Petrus Mosellanus, Juan Luis Vives, Erasmus von Rotterdam, Georg Witzel oder Georg Cassander.

Mosellanus hatte anlässlich der Leipziger Disputation Luther und Eck zur Vermeidung von Polemik und zu konstruktivem Streitverhalten aufgefordert.[192] Vives erklärte gegenüber Karl V., theologische Händel seien unvereinbar mit dem Vorbild Christi.[193] Erasmus unterschied bereits 1533 zwischen *akineta*, unveränderbaren Dogmen, und *adiaphora*, solchen Fragen, in denen man Konsens finden könne.[194] Witzel propagierte die *via regia*, eine Einigung auf Basis der wiederzugewinnenden Lehre der Urkirche.[195] Auch Cassander vertraute auf die konsensbildende Kraft von Tradition und Kompromissbereitschaft.[196]

Was Prätorius mit diesen katholischen Humanisten verband, war Misstrauen, Verdächtigung, ja offene Verfolgung durch die Anhänger des *eigenen* Lagers. Wie Cassander es ausdrückte: „Überall dort, wo der Parteigeist herrscht, werden die Anwälte von Neutralität und Mäßigung nicht geduldet, sondern von beiden Parteien als Feinde angesehen und müssen mit Exil oder Gefahr für Leib und Leben rechnen."[197]

---

192 Rummel: Confessionalization of humanism, S. 122–124; vgl. Petrus Mosellanus: De ratione disputandi, praesertim in re theologica. Leipzig 1519.
193 Rummel: Confessionalization of humanism, S. 121f.; vgl. Juan Luis Vives: De Concordia et discordia in humano genere ad Carolum V. Caesarem, libri 4. Antwerpen 1529.
194 Rummel: Confessionalization of humanism, S. 128–130; vgl. Erasmus von Rotterdam: Liber de sarcienda ecclesiae concordia deque sedandis opinionum dissidiis, cum aliis nonnullis lectu dignis. Basel 1533.
195 Rummel: Confessionalization of humanism, S. 138–144; vgl. Georg Witzel: Via Regia Sive De controversis religionis capitibus conciliandis sententia. Iussu Ferdinandi I. Caesar. conscripta. Helmstedt 1650.
196 Rummel: Confessionalization of humanism, S. 144–149; vgl. Georg Cassander: De Officio pii ac pvblicae tranquillitatis uere amantis uiri, in hoc Religionis dissidio. Basel 1561; Georg Cassander: Opera quae reperiri potuerunt omnia. Paris 1616.
197 Zitat nach Rummel: Confessionalization of humanism, S. 149.

3 Siegfried Sack (1558–1567)

Nach dem Weggang von Abdias Prätorius übernahm 1558 Siegfried Sack[1] das Rektorat des Gymnasiums. 1527 in Nordhausen geboren, hatte Sack zunächst das Magdeburger Gymnasium besucht und dann an den Universitäten Wittenberg und Jena studiert. In Wittenberg zählte Melanchthon zu seinen Lehrern.[2] Nachdem er 1554 den Magistertitel erhalten hatte, kehrte er im selben Jahr als Konrektor nach Magdeburg zurück. Auf eine verhältnismäßig kurze Rektoratszeit von nur neun Jahren folgte 1567 die Berufung in das Amt des ersten Dompredigers Magdeburgs, das er bis zu seinem Tod im Jahr 1596 innehatte. Sacks Wirksamkeit als Rektor wurde von den Auseinandersetzungen mit Tilemann Heshusen und seinen Magdeburger Anhängern überschattet. Aufgrund der Notwendigkeit, das Gymnasium gegen Angriffe zu verteidigen, dominierten in der ersten Hälfte der sechziger Jahre Verteidigungsschriften, die nicht für die Zwecke des Unterrichts, sondern für die Öffentlichkeit verfasst wurden. Als Verfasser von genuinen Lehrbüchern trat Sack erst 1567 hervor, also kurz vor Ende seiner Rektoratszeit.

3.1 Zur Stadtverweisung von Tilemann Heshusen

Die Streitschriftenkontroverse zwischen Heshusen[3] und den Institutionen Magdeburgs, zu denen auch das Gymnasium gehörte, wurzelte in der 1562 erfolgten Amtsenthebung und Stadtverweisung des Superintendenten. Weil diese Vorgänge zur Vorgeschichte der Kontroverse um die Rechtgläubigkeit des Rektors, der Lehrer und Schüler gehören, sollen sie im Folgenden näher beleuchtet werden.

Im Vorfeld der Belagerung von 1550/51 mussten sämtliche katholischen Kleriker Magdeburg verlassen. Bedingung für die Aufhebung der Belagerung war ein Vergleich mit dem Vertreter des Reiches, Moritz von Sachsen, gewesen, zu dessen Forderungen die „Anerkennung der Oberherrschaft des Erzstiftes" und die Restitution des Domkapitels gehörten.[4] Magdeburg sollte nach dem Willen des Kaisers

---

1 Vgl. zur Biographie Sacks: Moore: Patterned Lives, S. 137–147; Karl Janicke: Art. Siegfried Sack. In: ADB 30 (1890), S. 161; Holstein: Das Altstädtische Gymnasium, S. 72.
2 Moore: The Magdeburg Cathedral Pastor Siegfried Saccus, S. 84.
3 Wilhelm Gaß: Art. Tilemann Heshusen. In: ADB 12 (1880), S. 314–316; Peter F. Barton: Art. Heshusius, Tilemann. In: TRE 15, S. 256–260; ders.: Um Luthers Erbe. Studien und Texte zur Spätreformation Tilemann Heshusius (1527–1559). Witten 1972; Thilo Krüger: Empfangene Allmacht. Die Christologie Tilemann Heshusens (1527–1588). Göttingen 2004; Döllinger: Reformation, Bd. II, S. 458–476.
4 Kühne: Erasmus Sarcerius, S. 71.

„nicht eher von der Acht und Oberacht losgesprochen werden, als bis es sich mit dem Erzbischofe und dem Domcapitel würde versöhnt haben".[5] Da mit der Reichsacht gravierende wirtschaftliche Nachteile verbunden waren, hatte der Rat ein Interesse an der Rückkehr zu einem diplomatischen Kurs gegenüber dem Kaiser.

Die bevorstehende Rückkehr der Katholiken, die auf die „Wiederherstellung des gemischtkonfessionellen Status der Stadt"[6] hinauslief, stieß jedoch auf erheblichen Widerstand seitens einiger Prediger Magdeburgs, insbesondere der Zenturiatoren Johannes Wigand und Matthäus Judex.[7] Um gegen die vom Rat betriebene Politik der Annäherung an Erzbischof und Domkapitel zu polemisieren, nutzten sie die ihnen zur Verfügung stehenden medialen Mittel: Predigt, Streitschrift und Verhängung des Kirchenbanns.

Doch der Protest von Wigand und seinen Anhängern blieb ohne Wirkung. Unmittelbar nach der im Januar 1558 erfolgten Einigung zwischen Rat und Erzbischof im Wolmirstedter Vertrag kehrten die Domherren in die Stadt zurück.[8] In den folgenden Jahren befand sich der Rat in Verhandlungen mit der kaiserlichen Seite; die Lösung von der Reichsacht erfolgte erst 1562. Die wiederholten Angriffe seitens Wigand, Judex und Heshusen gegen den Erzbischof, das Domkapitel und die *Antichristische / Gotteslesterische / Teuffelische Papistische Religion*[9] gefährdeten die Bemühungen des Rates um Wiederannäherung an Erzbischof und Kaiser.[10]

Im August 1560 übernahm Heshusen das Pfarramt der Magdeburger Johanniskirche und wenig später auch die Superintendentur, doch die innerstädtische Spaltung zwischen Predigern und Rat wurde dadurch nicht beigelegt, sondern vertieft. Weil Heshusen die Bereitschaft fehlte, die weltliche Obrigkeit zu respektieren, war er vor der Episode in Magdeburg bereits vier Mal seines Amtes enthoben worden: in Goslar, Rostock, Heidelberg und Bremen. Auch nach seinem Weggang aus Magdeburg blieb ihm lebenslang eine dauerhafte Wirkungsstätte verwehrt. Heshusens Wirksamkeit auf der Kanzel bestand in der Hauptsache aus „Controverspredigten, in welchen er auf die Adiaphoristen, Majoristen, Synergisten etc. weidlich losschalt, auch seine Collegen und selbst den Magistrat angriff, wenn diese nicht seinem Willen sich fügten".[11] Zwar hatte der Rat die Anstellung

---

5 Friedrich Wilhelm Hoffmann: Geschichte der Stadt Magdeburg, Bd. 2, S. 321.
6 Kühne: Erasmus Sarcerius, S. 72.
7 Vgl. zu den Magdeburger Zenturien und der antikatholischen Kirchenordnung von Wigand und Judex aus dem Jahr 1554 Kap. B. 2.6. Prätorius und die Magdeburger Zenturien.
8 Hoffmann: Geschichte der Stadt Magdeburg, Bd. 2, S. 328.
9 Zitat von Wigand nach Kühne: Erasmus Sarcerius, S. 76.
10 Kühne: Nikolaus von Amsdorf, S. 281f.
11 Hoffmann: Geschichte der Stadt Magdeburg, Bd. 2, S. 341.

Heshusens und die Rückkehr Wigands mit der Bedingung verknüpft, dass sich diese „alles Privat- und öffentlichen Schreibens" enthalten und in „Frieden und Ruhe leben" sollten,[12] doch auch in der folgenden Zeit entzündeten sich Konflikte.

Auf dem Naumburger Fürstentag[13] von 1561 hatten philippistisch gesonnene Lutheraner den erneuten Versuch unternommen, die innerlutherische Spaltung zu überwinden. Der von kursächsischen Theologen vorgeschlagene Kompromiss sah die „neuerliche Unterzeichnung der Confessio Augustana unter Hintanstellung der eingetretenen Lehrdifferenzen" vor.[14] Doch dieser Kompromiss stieß bei den führenden Gnesiolutheranern auf Ablehnung. Auf einer Synode, die im Juli 1561 in Lüneburg stattfand, und an der u. a. Joachim Mörlin, Joachim Westphal und Tilemann Heshusen teilnahmen, wurden stattdessen die Lüneburger Artikel formuliert.[15] In den Lüneburger Artikeln wurden die nicht konsensfähigen gnesiolutherischen Positionen wiederholt, gegnerische Lehren, Personen, Universitäten und Gymnasien verdammt und eine Annäherung an den konfessionellen Gegner abgelehnt. Nach dem Willen Heshusens sollten die Prediger und Schuldiener Magdeburgs diese Lüneburger Artikel unterzeichnen, „was von mehreren nur mit großem Widerstreben geschah, da sie minder strengen Ansichten huldigten".[16] Wie weiter unten darzustellen ist, warf Heshusen diese Verzögerung der Unterschrift insbesondere Rektor Sack vor.

Im August 1561 verabschiedete der „ebenfalls in Lüneburg tagende Kreistag der niedersächsischen Reichsstände" eine Erklärung, das Lüneburger Mandat.[17] Durch das „ungebührliche Schelten auf den Kanzeln" und die „Verdammung ganzer Universitäten und einzelner Lehrer und andere Unziemlichkeiten" hätten die Prädikanten „vielfache Unruhe und Zwietracht hervorgerufen, die Wolfahrt der Kirche und Schulen so wie die öffentliche Ordnung bedroht".[18] Daher befahl das Lüneburger Mandat den Predigern, sich künftig jeglicher Polemik zu enthalten. Die „Veröffentlichung von Schmähschriften" wurde „bei Strafe der Landesverweisung oder bei Leibes- und andern [...] Strafen" untersagt.[19]

---

12 Döllinger: Reformation, Bd. II, S. 462.
13 Robert Calinich: Der Naumburger Fürstentag 1561. Ein Beitrag zur Geschichte des Lutherthums und des Melanchthonismus aus den Quellen des Königlichen Hauptstaatsarchivs zu Dresden. Gotha 1870.
14 Kühne: Nikolaus von Amsdorf, S. 286.
15 Heppe: Geschichte des deutschen Protestantismus, Bd. 1, S. 411f.; vgl. zu den Lüneburger Artikeln auch Thilo Krüger: Empfangene Allmacht. Die Christologie Tilemann Heshusens (1527–1588). Göttingen 2004, S. 121f.
16 Hoffmann: Geschichte der Stadt Magdeburg, Bd. 2, S. 342.
17 Kühne: Nikolaus von Amsdorf, S. 286.
18 Heppe: Geschichte des deutschen Protestantismus, Bd. 1, S. 418.
19 Ebd., S. 419.

Die Gnesiolutheraner sahen in dem Lüneburger Mandat eine Beschneidung des ihnen „von Gott überantwortete[n] Strafamt[es]".[20] Paradoxerweise erreichten die Verfasser des Lüneburger Mandates das genaue Gegenteil des von ihnen Angestrebten: Ein Sturm der Entrüstung brach los. Flacius und Gallus verfassten „einen geharnischten Protest gegen das Mandat" und Joachim Mörlin bezeichnete es als „eine Räuberei und Ketzerei der Fürsten".[21] Die gnesiolutherischen Theologen beschlossen, „das Lüneburger Mandat nicht anzuerkennen, vielmehr die Kanzelpolemik nach Kräften fortzusetzen".[22]

Rat und Erzbischof Magdeburgs erkannten die Vorteile, die ihnen das Lüneburger Mandat gewähren konnte: eine Befriedung der innerstädtischen Konflikte. Erzbischof Sigismund sandte das Mandat mit dem Befehl der Befolgung an die Magdeburger Pfarrkirchen und den Rat, woraufhin dieser Heshusen um ein Gutachten bat. Heshusen reagierte überaus heftig. „Von der Kanzel schalt er das erzbischöfliche Schreiben ein höllisches, teuflisches, gottloses, gottlästerliches". Über den Lüneburger Kreistag äußerte er, „die Fürsten hätten [...] sich miteinander vollgesoffen und wären trunken gewesen, da sie das Edict berathschlagt und beschlossen; es wäre von gottlosen Juristen gemacht, das Strafamt würde darin ganz und gar aufgehoben, und das Ministerium und Predigtamt mit Füßen getreten".[23] Weiterhin verfasste Heshusen eine Streitschrift gegen das Mandat.[24]

Wie oben skizziert, konterkarierte der Widerstand Heshusens gegen den Erzbischof die Verhandlungen des Rates mit dem Stadtherrn über die Befreiung von der Reichsacht. Der Rat befand sich im Zugzwang und wurde durch den Gang der Ereignisse zu einer Reaktion herausgefordert. Zusätzlich erschwerend kam hinzu, dass Heshusen gegen den Willen des Rates die ihm nahestehenden und wegen ihrer Unbotmäßigkeit notorischen Prediger Johannes Wigand und Peter Eggerdes in die Pfarrämter der Ulrichs- und Jakobskirche einsetzen wollte. In der Nachfolge eskalierte die Situation, auf die Provokationen seitens der Gnesiolutheraner folgten die Gegenreaktionen des Rates.

Auf das durch den Rat erwirkte Verbot der Wahl Wigands hin schloss Heshusen „alle Rathsglieder von den Sacramenten und der Absolution aus".[25] Nachdem an Eggerdes eine Berufung auf ein auswärtiges Pfarramt ergangen war, gewährte ihm Heshusen im September 1562 eine Abschiedspredigt in der Johanneskirche, „was

---

20 Ebd.
21 Ebd., S. 420.
22 Ebd., S. 419.
23 Hoffmann: Geschichte der Stadt Magdeburg, Bd. 2, S. 342.
24 Tilemann Heshusen: Vrsach, warumb das Newe Hällische Mandat einem trewen Lehrer nicht anzunemmen sey. [Regensburg ca. 1562].
25 Hoffmann: Geschichte der Stadt Magdeburg, Bd. 2, S. 344.

Eggerdes zu einer Generalabrechnung mit [...] dem Erzbischof Sigismund, aber auch dem Magdeburger Rat und den drei Kaplänen der Johanneskirche nutzte".[26] Daraufhin befahl der Rat Eggerdes, „die Stadt binnen zwei Tagen zu räumen". Für den „Fall der Vollstreckung der Ausweisung" Eggerdes' drohte Heshusen dem Rat mit dem Kirchenbann. Da der Rat Heshusen seines Amtes enthoben und mit Hausarrest belegt hatte, verhängte auf seine Veranlassung hin der Diakon der Jakobskirche, Bartholomäus Strehle, am 8. Oktober 1562 den Bann über den Rat und die gegnerischen Prediger, unter ihnen Johannes Baumgarten d. Ä.[27]

Wegen der zu erwartenden Ausschreitungen seitens ihrer Anhänger wurden Strehle, Eggerdes, Wigand, Judex und Heshusen unter militärischer Bewachung aus der Stadt geführt. Der Magistrat ließ „am 21. Oktober Abends die Pfarrwohnung und sämmtliche Gildehäuser mit Wache besetzen; 1000 Bürger mußten die Nacht hindurch unter dem Gewehr bleiben. In der Frühe des andern Morgens hob man den sich Sträubenden [Heshusen] auf einen Wagen und brachte ihn so über die Grenze."[28]

Angesichts dieser Tatsachen stellt sich die Frage, ob die positive Zeichnung Heshusens als „kompromissloser Kämpfer für das geistliche Strafamt",[29] der über einen „ihn bis zuletzt beseelenden, ungebrochenen und keine Ausnahme duldenden Widerspruchsgeist"[30] verfügt hätte, nicht eventuell einer Korrektur bedarf. Stieß die „Wiederbelebung obrigkeitskritischer Traditionen" durch die Gnesiolutheraner tatsächlich nur deswegen bei den Stadträten und Landesherrn auf „scharfe Ablehnung", weil diese sich „um Ausbau und Zentrierung obrigkeitlicher Gewalt" bemühten?[31]

---

26 Kühne: Nikolaus von Amsdorf, S. 292.
27 Hoffmann: Geschichte der Stadt Magdeburg, Bd. 2, S. 345.
28 Ebd., S. 346; zur Vertreibung Heshusens aus Magdeburg vgl. auch: Heppe: Geschichte des deutschen Protestantismus, Bd. 1, S. 472–476; Döllinger: Reformation, Bd. II, S. 462–466.
29 Luise Schorn-Schütte: Evangelische Geistlichkeit in der Frühneuzeit. Deren Anteil an der Entfaltung frühmoderner Staatlichkeit und Geistlichkeit. Dargestellt am Beispiel des Fürstentums Braunschweig-Wolfenbüttel, der Landgrafschaft Hessen-Kassel und der Stadt Braunschweig. Gütersloh 1996, S. 402, Fn. 73.
30 Inge Mager: Tilemann Heshusen (1527–1588). Geistliches Amt, Glaubensmündigkeit und Gemeindeautonomie. In: Heinz Scheible (Hg.): Melanchthon in seinen Schülern. Wiesbaden 1997 (Wolfenbütteler Forschungen 73), S. 341–358, hier S. 358.
31 Schorn-Schütte: Evangelische Geistlichkeit, S. 401; vgl. zu dieser Frage auch: dies.: Obrigkeitskritik und Widerstandsrecht. Die politica christiana als Legitimitätsgrundlage. In: dies. (Hg.): Aspekte der politischen Kommunikation im Europa des 16. und 17. Jahrhunderts. Politische Theologie – Res Publica-Verständnis – konsensgestützte Herrschaft. München 2004 (Historische Zeitschrift, Beiheft 39), S. 195–232.

Durch ihre Stellung in der Öffentlichkeit, durch die ihnen zur Verfügung stehende Möglichkeit, regelmäßig der Gemeinde ihre Ansichten kund zu tun, kam den Predigern ein erheblicher Einfluss auf die öffentliche Meinung zu. Sie befanden sich damit in einer Art Konkurrenzverhältnis zu den Magistraten. Nicht allein Heshusen besaß die Neigung, Zerwürfnisse aufgrund auseinandergehender dogmatischer Ansichten und persönliche Animositäten auf der Kanzel auszutragen. Vielen Theologen des konfessionellen Zeitalters ging es nicht allein um die Korrektur der Sitten ihrer Gemeinden, sondern zuvorderst um die allgemeine Durchsetzung ihrer dogmatischen Anschauungen und um die Unterbindung der Äußerung entgegenstehender Ansichten. Sie benutzten das ihnen zustehende Strafamt, um Andersdenkende an der öffentlich wirksamen Artikulation ihrer Glaubensauffassungen zu hindern. In ihrer Macht stand weiterhin, über Gegner den Kirchenbann zu verhängen.

Der Konflikt in Magdeburg hatte damit begonnen, dass Heshusen die ihm zu Gebote stehenden Mittel nutzte, um sich der innerstädtischen Opposition in dogmatischen Fragen zu entledigen. Durch die offenen Angriffe auf die oppositionellen Prediger und auf die Lehrer des Gymnasiums, allen voran Rektor Sack, hatte Heshusen in der Stadt ein Klima des Misstrauens, des Häresieverdachts erzeugt. Als Bartholomäus Strehle im Auftrag Heshusens den Bann über den Magdeburger Rat verhängte, war damit verbunden, „daß andere Christen sich solcher verbannten Menschen gänzlich enthalten, mit ihnen nicht essen oder trinken, sie zur Hochzeit oder ehrlicher Gesellschaft nicht laden, [...] sie auf der Straße nicht grüßen, und in Summa für Heiden und Unchristen halten sollten."[32] In der Praxis hätte dies bedeutet, dass die Bürger Magdeburgs dem Rat gegenüber nicht mehr an ihre Pflicht zum Gehorsam gebunden gewesen wären – ein eindeutiger Eingriff in die Machtsphäre des Rates.

Darüber hinaus verursachten die Prediger mit solchen Verfügungen sozialen Unfrieden. In Magdeburg führte die Kanzelpolemik zur Spaltung der Stadt in zwei feindliche Lager, ja zu offenem Aufruhr.[33] Der vom Rat in einer noch zu erwähnenden Verteidigungsschrift gezogene Vergleich Heshusens mit Thomas Müntzer und den Münsteraner Wiedertäufern[34] entbehrt daher nicht einer gewissen Plausibilität. Die Zwangsmaßnahmen des Rates gegen Heshusen erscheinen so nicht als Eingriff in die Autonomie des Predigtamtes, sondern als ein Gebot der Aufrechterhaltung der inneren Sicherheit.

---

32 Hoffmann: Geschichte der Stadt Magdeburg, Bd. 2, S. 341f.
33 Zu den Folgen der Parteibildung in Magdeburg vgl. Döllinger: Reformation, Bd. II, S. 461f.
34 Nothwehre Des Raths vnd Syndici, auch etzlicher Pastorn, Prediger vnd Schulrectorn der Altenstadt Magdeburgk, b iij v.

3.2 Die Flugschrift von Heshusen gegen die Institutionen Magdeburgs

Auch nach seiner Vertreibung aus Magdeburg ließ Heshusen nicht von Angriffen gegen seine Magdeburger Gegner ab. In der Streitschrift *Notwendige entschüldigung vnd gründliche verantwortung*,[35] die als Anhang einer Klarstellung des Magdeburger Rates[36] erneut abgedruckt wurde, schildert er seine Sicht der *Ausführung der Prediger* und ihrer Vorgeschichte.

Heshusen zufolge ist die gesamte Stadt von einem Verfall betroffen. Gott hätte Magdeburg *dapffere vnd herrliche Menner* wie Amsdorf, Flacius und Wigand *zugeschicket*, die die Stadt vor *allerley falscher vnd jrriger lehr bewaret* und *wider die gewald des Römischen Reichs bey reiner lehr [...] erhalten* hätten.[37] Nun aber weiche die Stadt *vnversehens von Gott vnd seinem wort* ab, weil Gott seine *wolthetige hand* abgezogen und *den herrlichen ruhm der Kirchen zu Magdeburg fallen* gelassen hätte. Die Ursache hierfür erkennt Heshusen darin, dass *der mehrer teil Regenten vnd vnterthanen* trotz Strafpredigten und Gottes Wunderzeichen *in vnsaglicher sicherheit dahin gangen / Gottes drawen vnd straffen wenig geachtet* hat. Trotz der Belagerung, die Heshusen als Gottes *Rute* interpretiert, seien *die groben sünden vnd laster als geitz / wucher vnzucht / vollaufen / vnnütze pracht* weiter von der Stadtbevölkerung praktiziert worden.[38]

Weil Heshusen sich und seine Anhänger als Opfer einer großen Verschwörung sieht, erhebt er eine Generalanklage gegen sämtliche Institutionen Magdeburgs, allen voran den Rat, das Gymnasium und die obrigkeitstreuen Prediger. Etliche *Schmeheschriften vnd Famos libel / wider trewe Diener GOTtes* seien verteilt worden, Ratsmitglieder hätten Heshusen und seinen Anhang mit den Münsteraner Wiedertäufern verglichen und verbreitet, seine Strafpredigten seien nicht Werk des Heiligen Geistes, sondern des Teufels. Gottes Reaktion hätte in zahlreichen Wunderzeichen bestanden, die Heshusen in ihrer Übernatürlichkeit detailliert schildert. Er zeigt sich als geschickter Propagandist, der Fakten mit frei Erfundenem kombiniert und in eine abgerundete Erzählung integriert. Dadurch gelingt es ihm, seine Vertreibung aus Magdeburg als Unrecht darzustellen.

---

[35] Tilemann Heshusen: Tilemanni Heshusij notwendige entschüldigung, vnd gründliche verantwortung, Wider den erdichten Bericht, des Raths der alten Stad Magdeburgk, von der Ausführung der Prediger daselbst. O. O. [ca. 1562].
[36] Des Radts der Altenstadt Magdenburgk Bericht, aus was beweglichen vrsachen sich jtziger zeit, etzlich handel zugetragen. Sampt angehengter Christlicher bitt, ermahnung vnd erbietung. Magdeburg 1562.
[37] Ebd., C 3 r.
[38] Ebd., C 3 v.

Die Gegner Heshusens in Magdeburg erkannten schnell die Gefahr, die von seinen Schriften ausging. Der Elbestadt drohte der Verlust ihres Rufes als „Herrgotts Kanzlei". Nur so ist der erhöhte Aufwand zu erklären, mit dem die Magdeburger in mehreren Streitschriften reagierten.[39] „Die durchgängige Entstellung des wahren Zusammenhangs der Sache, so wie die rohen Verunglimpfungen des Raths, der Prediger und Schulcollegen in diesem Pamphlet machten eine Vertheidigung seitens der Angegriffenen nöthig, die auch sofort erschien."[40]

Wie sich erweisen wird, hatte Heshusen mit seinem Vorwurf, die Magdeburger Prediger und Schuldiener seien Philippisten, Anhänger der Lehren Melanchthons, nicht ganz unrecht. In der *Notwendigen entschüldigung vnd gründlichen verantwortung* nennt er ihre Namen: *Joan Baumgartner [Johannes Baumgarten d. Ä.] / Pfarherr zum h. Geist / h. Kilianus Fridericus / h. Jochim Bon [Joachim Bone] h. Joan Meyer Capellanen zu S. Johan. sampt dem Schulmeister M. Siegfriedo Sack*.[41] In den Augen Heshusens trugen diese Prediger, nicht der Rat, die eigentliche Schuld am Zerwürfnis und dessen Folgen. Denn der Rat hätte den Predigern die oben bereits erwähnten Lüneburger Artikel zur Unterschrift vorgelegt. Die Prediger hätten diese zunächst verzögert und *Itzt vber dem Maiorismo / itzt vber der Synergia / itzt vber den Adiaphoris / itzt vber der Proposition / Gute wercke sein schedlich zur Seligkeit / die sie on alle vnterscheid für Epicurisch vnd Antinomisch gescholten [...] wünderlich disputirt*.[42]

Auch in einer später zu erwähnenden Verteidigungsschrift des Gymnasiums sind es stets dieselben Fragen, über die sich das Luthertum in der zweiten Hälfte des 16. Jahrhunderts spaltete: Existenz des freien Willens, Notwendigkeit der Guten Werke, Konzilianz gegenüber dem konfessionellen Gegner in den Adiaphora.[43] Wie überall vertraten auch in Magdeburg die Anhänger Melanchthons die stärker zur Vernunft neigende, doch vom Wortlaut der Lehre Luthers abweichende Meinung. Wie überall mussten sie jedoch dem Druck der Mehrheit weichen und sich den Gnesiolutheranern unterordnen, auch wenn die Vertreibung Heshusens zunächst das Gegenteil nahelegt. Denn als Spätfolge seiner Angriffe unter-

---

39 Sämtliche Streitschriften der Kontroverse (18) von Heshusen, dem Magdeburger Rat, dem gegenüber dem Rat loyalen Franz Pfeil sowie vom Rektor und den Lehrern am Gymnasium befinden sich in einem für den Lübecker Syndikus und Anhänger Heshusens, Hermann von Vechelde, hergestellten zeitgenössischen Sammelband der Herzog August Bibliothek: A: 228.7 Theol.
40 Hoffmann: Geschichte der Stadt Magdeburg, Bd. 2, S. 348.
41 Des Radts der Altenstadt Magdenburgk Bericht, D 4 r.
42 Ebd., D 4 v.
43 Vgl. Kap. A. 2. Die innerlutherische Spaltung und die Gymnasien.

zeichneten auch Rektor und Lehrer des Gymnasiums ein gnesiolutherisches Bekenntnis.[44]

Heshusen führt weiter aus, die angeklagten Prediger hätten die Lüneburger Artikel schließlich unterschrieben, doch er vermisse eine Entschiedenheit der Verurteilung, denn sie hätten erklärt, sie müssten den inkriminierten philippistischen Lehren *nicht [...] von hertzen feind sein*.[45] Als besonders verdächtig erschien Superintendent Heshusen, dass sich die Prediger selbst auf seinen nachdrücklichen Wunsch hin weigerten, Viktorin Strigel[46] und seine Lehren über den Synergismus auf ihren Kanzeln zu verdammen und die Amtsenthebung von Flacius, Wigand und Judex in Jena zu tadeln.

Auch der Schulmeister Siegfried Sack hätte, aufgefordert, die Lüneburger Artikel zu unterschreiben, *ausflucht gesucht / wo er kondte vnd vermochte / das man in etlichen Monaten / ein deutlich klar bekentnis / von ihm vnd seinen Adhaerenten nicht hat erzwingen können*.[47] Augenscheinlich hat Sack die Verantwortung für seine Kollegen am Gymnasium übernommen und ihnen abgeraten, die Artikel zu unterzeichnen. Als jedoch auch die *Bürgerschafft wissen wolte / was sie sich in der lehr zum Schulmeister zuversehen hetten*, hätte er seiner Unterschrift folgenden Zusatz beigefügt: „Ich unterzeichne die Deklaration, soweit sie mit Gottes Wort übereinstimmt."[48]

Um nicht gravierenden beruflichen Konsequenzen zu unterliegen, unterschrieben viele Gelehrte des konfessionellen Zeitalters die von ihnen geforderten Bekenntnisformeln, insbesondere die spätere Konkordienformel. Dabei demonstrieren Zusätze wie die von Sack einen letzten Rest Selbstbestimmung. Die Philippisten wahrten so Treue zu den vom eigenen Gewissen als richtig erkannten, jedoch von der Mehrheit bekämpften Lehren Melanchthons. Für diese Interpretation des Zusatzes spricht auch, dass Sack seine wissenschaftliche Sozialisation zum Teil unter Melanchthon selbst in Wittenberg erfuhr.[49]

Die *Schulgesellen*, so ein weiterer Vorwurf Heshusens, hätten verbreitet, dass sie die Lüneburger Artikel *mit den henden / vnd nicht mit dem hertzen vnterschrie-*

---

44 Bericht, Confession vnd Bekentnis des Raths, aller Pastorn, Prediger vnd Schuldiener der alten Stadt Magdeburg, der Lehr, so daselbst noch vnverruckt in Kirchen vnd Schulen gefurt wird. Magdeburg 1563.
45 Des Radts der Altenstadt Magdenburgk Bericht, D 4 v.
46 Vgl. Ernst Koch: Victorin Strigel (1524–1569). Von Jena nach Heidelberg. In: Heinz Scheible (Hg.): Melanchthon in seinen Schülern. Wiesbaden 1997 (Wolfenbütteler Forschungen 73), S. 391–404.
47 Des Radts der Altenstadt Magdenburgk Bericht, E 2 v.
48 Ebd., E 3 r: „Subscribo Declarationi, quatenus congruit cum verbo DEI."
49 Moore: The Magdeburg Cathedral Pastor Siegfried Saccus, S. 84.

ben hätten. Des Weiteren wären ihm *viel lesterungen* seitens der Lehrer und Schüler zu Ohren gekommen *wider den Herrn Illyricum / Nicolaum Gallum / Johannem Wigandum / welchen der Saccus tod feind ist / wider Judicem / vnd meine Person.*[50] Wenn Heshusens Anschuldigungen einen Kern der Wahrheit enthalten, so ist von einer philippistischen Prägung des Gymnasiums unter Sack auszugehen.

Auch anhand der übrigen Teile der Streitschrift wird deutlich, dass Heshusen jegliches Bewusstsein einer Mitschuld an seiner Vertreibung aus Magdeburg fehlte. Er sah sich als unschuldig Verfolgten, als Opfer der vom Rat, den Predigern und Schuldienern geschmiedeten Intrigen. So hätte ihn Sack in seinem *vnbillichen hass vnd jachzorn [...] furm gantzen Rath vnd Ministerio auffs feindseligste angeklagt.*[51] Baumgarten, Sack und seine übrigen Gegner hätten *sint Ostern her / fast teglich die köpffe zusammen gesteckt / dem Bürgemeister on vnterlass ins haus gelauffen / zur hinder thür aus vnd ein geschliechen / vnd mit grosser geschwindigkeit dahin practicirt / wie sie [...] ihren vntreglichen Superintendenten möchten ausheben.*[52]

Dieser Ton der Polemik und des Misstrauens durchzieht die gesamte Streitschrift. Von ihm ist zurückzuschließen auf den Stil der Predigten Heshusens, die den eigentlichen Grund für seine Vertreibung aus Magdeburg darstellten. Anders als Sack, der später als langjähriger Domprediger der Stadt wirkte und zahlreiche Leichenpredigten auf Magdeburger Patrizier hielt,[53] fehlte Heshusen das Vermögen, sich an die gegebenen Verhältnisse anzupassen.

3.3 Die Gegendarstellung seitens des Rates

Unmittelbar nach der Verbreitung von Heshusens Streitschrift erfolgte die Reaktion der von ihm angegriffenen Institutionen Magdeburgs. Unter dem Titel *Notwehre Des Raths vnd Syndici / auch etzlicher Pastorn / Prediger vnd Schulrectorn der Altenstadt Magdeburgk*[54] erschien eine umfangreiche Gegendarstellung, in der die Anschuldigungen Heshusens Punkt für Punkt wiederlegt werden. Den Antwortschriften der *benanten Pfarrhern vnd Caplane / auch des Schulrectorn* sei zu entnehmen, *das sie vor Gott dem allmechtigen / vnd der gantzen Welt / von dem*

---

50 Des Radts der Altenstadt Magdenburgk Bericht, E 3 r.
51 Ebd., E 4 r.
52 Ebd., E 4 v.
53 Moore: Patterned Lives, S. 133–147.
54 Nothwehre Des Raths vnd Syndici, auch etzlicher Pastorn, Prediger vnd Schulrectorn der Altenstadt Magdeburgk, Wieder das gevehrliche, ehrrugige vnd lesterliche, doch ungegründte Buch, so vnlangst unter dem Namen vnd Scheintittel D. Tilemanni Heshusij Nothwendiger entschüldigung vnd verantwortung [...] abgedruckt vnd ausgesprenget worden. O. O. 1563.

*Tilemanno mit lauterm vnfug vnd vngrundt / aus gifftigem verbittertem hertzen / also beschweret werden.*⁵⁵ Dass Heshusen bezüglich der Verfolgung seiner Person offensichtlich unter einer Verzerrung der Wahrnehmung litt, macht die folgende Passage deutlich: *Von grosser Feindtschafft vnd Practicken / vnserer Pfarrhern Predigern vnd Schulrectorn / wieder Tilemannum / denselbigen aus zu dringen / können wir nicht wissen.* Dessen Entfernung aus Magdeburg sei vielmehr darauf zurückzuführen, *das weder Stadt noch Kirchen Regierung vnbetrübt / in Christlicher ruhe bey ihrem rechten vnd friedtsamen wesen / mit ihm sein vnd bleiben können.*⁵⁶

Auch von einer Anklage Heshusens durch Sack wisse man nichts. Es sei die Pflicht des Superintendenten, den Rektor und die Scholarchen *zubescheiden / zubesprechen / zu informiren vnd reformiren, vnd in allen Schul gebrechen zu rathen*. Diese *ordentliche[n] mittel* – gleichsam den Dienstweg – habe Heshusen unterlassen und stattdessen *viel beschwerlicher wort auff die Schule vnd Schulregiment getrieben*.⁵⁷ Durch den öffentlich gegen das Gymnasium erhobenen Häresieverdacht habe Heshusen bewirkt, dass die Freigiebigkeit der Magdeburger Bürger merklich nachgelassen hätte. Die Gefahr, dass deswegen *die gantze Christliche Schule noth halben zu bodem gehen müssen*, hätte man jedoch durch Gottes und *der Christen milde hülffreichung* abwenden können.⁵⁸

3.4 Widerlegung des Häresieverdachts: Die *Antwort der Schuldiener*

Neben weiteren Verteidigungsschriften des Magdeburger Syndikus und Scholarchen Franz Pfeil⁵⁹ und der beschuldigten Prediger⁶⁰ wurde auch eine eingehende Widerlegung seitens der Schuldiener gedruckt.⁶¹ Der Autor dieser Schrift, wahrscheinlich Sack selbst oder einer der Lehrer, weiß einleitend über die Geschichte

---

55 Ebd., c iij r.
56 Ebd., c iiij v.
57 Ebd., d i r.
58 Ebd., d i v.
59 Franz Pfeil: Der Altenstadt Magdenburgk Syndici Frantzen Pfeyls Notwendige Protestation, Kegenbericht vnd Erklerung wider D. Tilemanni Hesshusij Schmachbuch, so vnlangst vnter dem Titel Nothwendiger entschuldigung, etc. wider einen erbarn Rath gemelter Stadt ausgesprengt worden. Magdeburg 1563.
60 Apologia. Entschüldigung vnd warhafftige vorantwortunge etzlicher Pfarherrn vnd Prediger der christlichen Kirchen in der alten Stadt Magdeburgk wieder die Vnchristliche vnd vngegründte schmahe vnd ehrenruhige schrifft, so vnter dem Namen D. Thilemanni Heßhusij Vesaliensis wieder Magdeburgk ausgangen. [Magdeburg 1563].
61 Antwort der Schuldiener in der löblichen Alten Stadt Magdeburgk wider die vngegründete verleumdung D.Tilemanni Heßhusij Vesaliensis. [Magdeburg 1563].

des Gymnasiums zu berichten, *das in dreysig jaren viel gewaltige / schöne vnd herliche ingenia in dieser Magdeburgischen schulen erzogen sint / aus welchen nach jtziger zeit viel hin vnd her in vielen Landen vnd Stedten / in hohen vnd nidrigen stande / in Geistlichen vnd Weltlichen emptern / zu Gottes lob vnd vieler Menschen nutz vorhanden sein / welche auch mit vns ein hertzlich mitleiden haben werden.*[62] 1543 hätte Luther *diese Magdeburgische schule vnsers Herren Gottes Jugentbrun im Sachsenlande genennet vnd gesagt / das auch viel gutes daraus quellen vnd entspringen würde.*[63] Dieses *herliche kleinoth* sei dem Rektor und den Lehrern *von Gott dem Herren vertrawet*, weshalb sie *die hohe nott* dränge, auf die Anschuldigungen Heshusens zu antworten.

Zunächst werden die Vorwürfe des ehemaligen Superintendenten in der *Summa der Schrift Hesshusii* wiederholt und zusammengefasst, worauf eine Widerlegung in der *Summa Vnser Antwort* folgt.[64] Laut Heshusen sollen *die schuldiener zu Magdeburgk in der Lehr nicht rein / sondern von Gottes wort abgefallen sein.* Diese Häresie der Lehrer sei am Verhalten der Schüler zu erkennen. Zur Bekräftigung seiner Widerlegung der Anklagepunkte Heshusens fügt der Autor kommentierende Zitate aus den Psalmen in den Text ein. Wenn beispielsweise von der Anfangszeit Heshusens in Magdeburg die Rede ist, in der er sich *freundtlich kegen jedermann* erzeigt und *inn seinen Predigten sehr still vnd eingezogen* verhalten hätte, wird Psalm 28 zitiert: *Sie reden freundtlich mit ihrem Nechsten vnnd haben böses im hertzen.*[65]

Nach einem Vierteljahr hätte sich Heshusen ein gewisses Ansehen bei seiner Gemeinde erworben und begonnen, die Schuldiener *offentlich auff der cantzel* zu verdammen. Ausgangspunkt dieser Kampagne gegen das Gymnasium sei eine Predigt in der Adventszeit des Jahres 1560 gewesen, in der Heshusen den Rat und die Scholarchen *für der gantzen gemeine* dazu aufgerufen hätte, *das sie drauff sehen solten / das in der schule nicht irrthumb ausgesprenget würde.*[66] Dieses Verhalten kritisiert der Verteidiger des Gymnasiums vor allem deshalb, weil das übliche Prozedere in solchen Fällen vorgesehen hätte, *zuvor priuatim mit den schuldienern* zu reden. Denn *die inspectio oder das auffsehen der schulen* sei *nicht dem gemeinen hauffen / sondern den verordneten Schulherrn aufferlegt.* Doch Heshusen hätte den Applaus der Menge gesucht, nach Psalm 41: *Sie suchen etwas das sie lestern mügen / gehen hin vnd tragens aus.*[67]

---

62 Ebd., A iij v.
63 Ebd., A iij v.
64 Ebd., B i v.
65 Ebd., B ij r.
66 Ebd., B ij v.
67 Ebd., B iij r.

In seinen Predigten richtete sich Heshusen nicht allein gegen die Lehrer, sondern auch gegen die Schüler, denen er vorwarf, trotz der Irrlehren zu ihren Lehrern zu halten. Er vermante die Schüler auff der Cantzel / für der gemeine / sie solten jren Praeceptoribus nicht gehorsam sein / wenn sie jrthumb lehren wolten.[68] Doch Heshusen erreichte das Gegenteil: Aber je mehr er die jugent wider vns zu hertzen für nam / je hertzlicher sie vns lieb gewonnen / vnnd ein mitleiden hatten / das vns vnsere schwere arbeidt vnd getrewer fleiss nicht anders solt belonet werden.[69] Zum Nachteil der Schule hatte Heshusen mit seinen Predigten einen gewissen Erfolg: viel einfeltiger leute seien der schulen vngewogen geworden; man hätte die Absetzung des Rektors gefordert; in dieser erregten Stimmung hätten die Schuldiener um Leib und Leben fürchten müssen; Bürger, die Schüler von auswärts beherbergten, hätten diese ausgestossen; Eltern ihre Söhne aus der Schul genommen.[70]

Wie oben anlässlich der Vorstellung der Ratsschrift bereits erwähnt, hätte durch den Verlust des öffentlichen Ansehens die Freigiebigkeit der Magdeburger Bürger stark abgenommen, so dass die Kurrende weniger Geld eingenommen und schließlich 150 Gulden Schulden gehabt hätte.[71] Bei der Kurrende[72] handelt es sich um einen in den protestantischen Territorien üblichen Chor bedürftiger Schüler, die von Haus zu Haus zogen und um Spenden baten. Heshusen beließ es nicht bei Kritik am Gymnasium in seinen Predigten, sondern forderte den Rat dazu auf, das Schulregiment abzuschaffen, also den Rektor abzusetzen.[73]

Zu den weiteren negativen Folgen der Tätigkeit Heshusens und seiner Anhänger in Magdeburg gehörte das Auftreten der Jhenische[n] Zechbrüder. Dabei handelte es sich wahrscheinlich um von Wigand und Judex aus Jena mitgebrachte Studenten, die als Hilfskräfte an der Herstellung der Magdeburger Zenturien mitarbeiteten. Der Autor der Verteidigungsschrift beschuldigt sie, das sie vnsere schüler beyde in der Schulen vnnd auff der gassen anschnarketen[74] / für bachanten scholten / vnd jhnen wider den leib lieffen. Darnach schendeten sie vns schuldiener auffs grewlichste in bey sein vnser discipulen.[75]

Einer dieser Jenaer Studenten soll mit einem blossen tolch bewaffnet in das Haus von Rektor Sack eingedrungen sein, diesen jedoch nicht angetroffen haben. Die geplante Straftat wurde von Sack zur Anzeige gebracht. Heshusen hätte die An-

---

68 Ebd., B iij v.
69 Ebd., C iij r.
70 Ebd., B iiij r.
71 Ebd., B iiij v.
72 Franz Krautwurst: Art. Kurrende. In: MGG, Sachteil, Bd. 5, Sp. 827–831.
73 Antwort der Schuldiener, C i r.
74 Von „anschnarchen", anschreien, vgl. Grimm: Deutsches Wörterbuch, Bd. 1, Sp. 447.
75 Antwort der Schuldiener, C i r.

hänger der Zenturiatoren als *viri boni / modesti et quieti* bezeichnet, obwohl *sie doch alle vnlüste anrichteten / wie ein Erbar Rath vnnd viel ehrlicher bürger wissen.*[76] Anhand dieser Ausführungen wird die angespannte Situation innerhalb der Stadt deutlich.

Weiterhin berichtet der Autor der Verteidigungsschrift von Störungen der *actiones Comoediarum*, wahrscheinlich des Stückes *Iuditium Salomonis*[77] von Johannes Baumgarten d. Ä., das 1561 in Magdeburg gedruckt und aufgeführt wurde. Heshusen warf Sack vor, zu Baumgarten und den anderen Predigern freundschaftliche Beziehungen unterhalten zu haben; ebenso *das er M. Abdiam zugast gebeten hette.*[78] Dass Sack seinen Vorgänger im Rektorenamt, Abdias Prätorius, in seinem Haus als Gast beherbergte, zeigt die Wahrung der philippistischen Traditionslinie am Gymnasium. Selbst Rufschädigung und Anfeindungen gegen Prätorius durch den Gnesiolutheraner und Zenturiator Judex[79] konnten die gemeinsame Verbundenheit und Verpflichtung gegenüber dem melanchthonischen Erbe nicht zerstören.

Auf die Schilderung der Vorgänge während des zweijährigen Aufenthalts Heshusens in Magdeburg folgt eine *Widderlegung der Vngründe Tilemanni Hesshusii*.[80] Heshusens schlagkräftigstes Argument für abweichende Glaubensauffassungen bei den Schuldienern hatte in der Tatsache bestanden, dass sie die Lüneburger Artikel nicht sofort unterschrieben hatten. Wie oben ausgeführt, ist der tiefere Grund hierfür wahrscheinlich in einer Ablehnung der gnesiolutherischen Glaubenssätze dieser Artikel durch die Philippisten am Gymnasium zu erkennen. Dem maßvollen Lutheraner Sack werden insbesondere die *damnationes personarum*, die scharfen Verdammungen der Vertreter gegensätzlicher Lehren und gegnerischer Universitäten und Gymnasien, Grund für Skepsis und anfängliche Weigerung gewesen sein. So heißt es in der Verteidigungsschrift: *Es wurden viel vnschüldiger Personen vndter den Titulis verdampt*.[81]

Des Weiteren beruft sich der Autor der *Antwort der Schuldiener* auf die Umstände der Einforderung der Unterschrift, die als Gewissenszwang interpre-

---

76 Ebd., C i v.
77 Johannes Baumgarten: Iuditium. Das gericht Salomonis, zu ehren einem erbarn Rath vnd der christlichen Schulen der löblichen vnd alten Stadt Magdeburg, in eine Action einer Comedien gefast, vnd zu Reim gemacht. Darinnen beide nach der Politia, das Hoff-, stad- v. Haußregiment, nach d. Theologia zu gleich auch d. Reich vnsers lieben Herrn Jhesu Christi klerlichen begriffen v. beschrieben ist. O.O. 1563.
78 Antwort der Schuldiener, C ij v.
79 Vgl. Kap. B. 2.6. Prätorius und die Magdeburger Zenturien.
80 Antwort der Schuldiener, E iij v.
81 Ebd., G iiij v.

tiert werden. *Vnd erstlich war das bedencklich / das den schuldienern besserung der besoldung zugesagt würd / vnd neben der besserung würd auch die vnterschreibung gefordert. Das kondte dis ansehen haben / als hette man sich mit gelde locken lassen / vnnd damit hette er [Heshusen] vns zu bauchknechten machen können.* Man hätte weiterhin *auch draw wort angehenckt so wir nicht vnterschrieben / were man an vns nicht gebunden / etc.*[82] Die Schuldiener mussten folglich im Falle ihrer Weigerung, die Unterschrift unter die Lüneburger Artikel zu leisten, mit der Entfernung aus ihrem Amt rechnen. In der Verteidigungsschrift konnten die von den Schuldienern gehegten Zweifel nicht offen ausgesprochen werden. Doch auch durch die Schilderung der Umstände ihrer Unterschrift wird die innere Opposition gegen die Lehren der Gnesiolutheraner deutlich.

Als Endpunkt der Angriffe auf das Gymnasium erscheint die durch Vertreibung aus der Stadt erzwungene Verlagerung der Kontroverse von der Kanzel in die Druckerpresse: *Wie er vns mit vnwahrheit in der Stadt bey allen stenden / zuuerungelimpffen fürgenomen / also rufft er vns nuhn entlich auch in aller Welt aus als die aller ergsten.* Um Heshusens Vorwurf der Häresie abzuwehren, berufen sich die Schuldiener *auff die Confession so von dem Ministerio gestellet vnd im druck jtzt für aller Welt ausgehet.*[83] Das Magdeburger Bekenntnis von 1563 sei von allen Predigern und Schuldienern Magdeburgs unterschrieben worden.

3.5 Das Magdeburger Bekenntnis von 1563

Um den von Heshusen erhobenen Häresieverdacht von den Magdeburger Institutionen abzuwenden, ließen Rat, Prediger und Schuldiener der Stadt unter dem Titel *Bericht / Confession vnd Bekentnis*[84] ein Zeugnis ihrer Rechtgläubigkeit drucken. Wenn bereits im Titel von *der Lehr / so daselbst zu diesen zeiten / von Gottes gnaden noch vnuerruckt in Kirchen vnd Schulen gefurt wirdt* die Rede ist, so wird der Wille zum Beharren auf den bisher gelehrten Glaubenssätzen deutlich. Die Magdeburger seien in der Vergangenheit *nicht ein haer breit* von der reinen Lehre abgewichen.[85] Sie bekennen sich zu den Lehrsätzen der Confessio Augustana von 1530, den Schmalkaldischen Artikeln, dem kleinen Katechismus Luthers, dem Magdeburger Bekenntnis von 1550 und den Lüneburger Artikeln. Da sämtli-

---

82 Ebd., G iij r–v.
83 Ebd., D ij v.
84 Bericht / Confession vnd Bekentnis des Raths / aller Pastorn / Prediger vnd Schuldiener der altenstadt Magdeburg / der Lehr / so daselbst zu diesen zeiten / von Gottes gnaden noch vnuerruckt in Kirchen vnd Schulen gefurt wirdt. Magdeburg 1563.
85 Ebd., A iij r.

che Kirchen- und Schuldiener Magdeburgs die Lüneburger Artikel bereits unterzeichnet hatten, war ihre Erwähnung unvermeidlich. Anders als in den Lüneburger Artikeln finden sich jedoch außer der Nennung Osianders und Majors keine Namen von zu verdammenden Personen, gegnerischen Universitäten oder Gymnasien. Zwar heißt es, die Magdeburger wollten alles, was nicht mit ihrer *Confession* übereinstimme, *hirmit negirt, damniert vnd explodiret verneinet verdampt vnd vorworffen haben*,[86] doch ansonsten ist das Bekenntnis eher von einem unpolemischen Duktus geprägt.

Von fünf Themen, so die Autoren in der Einleitung, *wollen sie kurtze erklerung thun / damit der Christliche Leser sehen müge / was auch von diesen Puncten vnsere meinung sey*.[87] Diese Themen sind die Rechtfertigung, die Guten Werke, der freie Wille, das Abendmahl und die Adiaphora. Auch in der weiter unten zu behandelnden Bekenntnisschrift des Gymnasiums, der *Fides scholasticorum*, sind diese Themen Gegenstand der Darstellung. Der Aufbau der fünf entsprechenden Kapitel ist jedes Mal derselbe: Definition der Glaubensauffassung zum jeweiligen Thema, unterstützende Zitate aus der Bibel, den Kirchenvätern und den Schriften Luthers und eine Passage zu entgegenstehenden Lehren, die abgelehnt werden. Diese letzte Passage fällt überaus knapp aus und dürfte damit im Widerspruch stehen zu ähnlichen Bekenntnistexten der Gnesiolutheraner, in denen die Widerlegung abgelehnter Lehren den Hauptinhalt bildet.

Die fünf *Artickel* zu den einzelnen Themen bieten die herkömmlichen, an der Lehre Luthers orientierten Lehrmeinungen: Rechtfertigung allein durch Gott, *ohn vnser werck vnd vordienst*;[88] Ablehnung einer Notwendigkeit der Guten Werke zur Erlangung des Seelenheils; Bestreitung der Existenz eines freien Willens; die lutherische Abendmahlsauffassung; fehlende Kompromissbereitschaft in der Frage der Adiaphora. Gemessen an der Lage im Reich, die von einer immer weiter reichenden Marginalisierung philippistischer Positionen und ihrer Vertreter gekennzeichnet war, hätte das Bekenntnis nicht anders ausfallen können. Den Predigern und Schuldienern ging es um die Erhaltung ihrer beruflichen Existenz, daher mussten sie ihre „Orthodoxie" unter Beweis stellen. Ein offenes Bekenntnis zur Lehre Melanchthons wäre in Magdeburg, der „Herrgotts Kanzlei", undenkbar gewesen. Zudem ging es um die Wiedergewinnung des von Heshusen empfindlich erschütterten Vertrauens bei den Theologen, Räten und Fürsten in den lutherischen Territorien.

---

86 Ebd., A iij r.
87 Ebd., A iij v.
88 Ebd., A iiij r.

Angesichts der Zwangslage, in der sich die Magdeburger befanden, verwundern die dennoch innerhalb der orthodoxen Passagen eingestreuten Zwischentöne. So heißt es bei den Guten Werken, es stehe nicht frei, *gute wercke zu thun / oder zu lassen*, sondern man sei *sie zu thun schuldig*.[89] Gegen Amsdorf und seine Anhänger wird festgehalten: *Wir verwerffen auch das wort gezencke deren / so da furgeben / das die guten wercke nicht Nötig sein solten*.[90] Bezüglich des freien Willens treffen die Autoren des Bekenntnisses eine Unterscheidung zwischen *Geistlichen vnd Leiblichen Dingen*. In weltlichen Belangen habe der Mensch *seine freie Wahl*, er könne *seine eusserliche glieder / hende / füsse / ohren vnd augen regieren / das er nicht Todschlag / Ehebruch / Dieberey vnd dergleichen Sünde begehe*.[91] Darauf folgt freilich die Einschränkung, dass die menschliche Natur in *Göttlichen dingen*, die die Seligkeit beträfen, *stock, star vnd gar blind sey*.[92]

Eine exakte Positionsbestimmung des Magdeburger Bekenntnisses von 1563 innerhalb der innerlutherischen Fronten müsste von theologischer Seite geleistet werden, idealerweise anhand eines eingehenden Vergleichs mit anderen gnesiolutherischen und philippistischen Bekenntnisschriften. An dieser Stelle kann nur der Eindruck festgehalten werden, dass es sich um einen apologetischen Text handelt: Die Autoren nehmen eher eine defensive als eine aggressive Haltung ein.

Heinrich Heppe zufolge bedeutete das Magdeburger Bekenntnis von 1563 den endgültigen Sieg der Gnesiolutheraner in der Stadt, nach den in ihm enthaltenen Lehrnormen sei „fortan in allen Kirchen und Schulen zu Magdeburg gelehrt" worden.[93] Doch dieser oberflächliche Eindruck könnte täuschen. Für Sack und seine Kollegen war das Entscheidende, dass sie sich mit der Unterschrift von der drohenden Entfernung aus dem Amt befreit hatten. Tatsächlich ist nach der Stadtverweisung Heshusens mit einer gewissen Stabilisierung der Lehre am Gymnasium zu rechnen, wie dies auch die drei weiter unten zu behandelnden Publikationen Sacks für die Zwecke des Gymnasiums nahelegen.

Über die Frage, ob der konkrete Unterricht in der Folge von betonter Orthodoxie und der damit einhergehenden Intoleranz dominiert war, lässt sich in Ermangelung von Zeugnissen nur spekulieren. Die personelle Kontinuität im Rektoren- und Lehreramt scheint dagegen zu sprechen. Der Bekenntnistext wurde von allen Predigern an den Kirchen Magdeburgs und den Schuldienern unterzeichnet. Unter dem Eintrag *Siegfriedus Saccus Rector subscripsit* findet sich der

---

[89] Ebd., B iij r.
[90] Ebd., C i v; vgl. zu Amsdorfs Haltung im Majoristischen Streit Kap. B. 1.9. Verteidigung humanitären Handelns: Der Majoristische Streit.
[91] Bericht / Confession vnd Bekentnis, C iij r.
[92] Ebd., C iij v.
[93] Heppe: Geschichte des deutschen Protestantismus, Bd. 2, S. 41 f.

Name des Konrektors Johannes Berndes.[94] Berndes war 1578 Prediger an St. Ulrich und verfasste im selben Jahr die Leichenpredigt von einem der Gegner Heshusens, des Magdeburger Predigers und Autors Johannes Baumgarten d. Ä.[95]

3.6 Die Reaktion Heshusens auf die *Antwort der Schuldiener*

Die 1564 unter dem Titel *Gründliche vnd bestendige widerlegung / der grausamen vnartigen Calumnien M. Siegfridi Lügensacks* gedruckte Schrift Heshusens entstand als direkte Reaktion auf die oben dargestellte Verteidigung der Lehrer des Gymnasiums.[96] Durch eine dem Anschein nach detaillierte Widerlegung der *Antwort der Schuldiener* unternimmt Heshusen den Versuch, verlorenes Terrain zurückzugewinnen.

Eingebettet ist diese Widerlegung in Polemik der derberen Art: Sack wird als *Lügensack, Schandtsack, Schandtlügensack, calumniator, vnsinniger Eselskopf, gifftige Schlange, schedliche[r] reißende[r] Wolff in der gemeine Gottes, bitterer zorniger verfolger vnd lesterer der Prediger* etc. apostrophiert. In Heshusens apokalyptisch geprägter Sichtweise ist die Kirche *voller falscher brüder / schedlicher verfürer / vntrewer mietling*[97] */ tyrannischer verfolger / tückischer Rottengeister*.[98] Der Person Sacks kommt jedoch eine gewisse Sonderstellung zu. In seinen zahlreichen Händeln hätte es Heshusen mit *vielen falschen brüdern* zu tun gehabt, *doch des Lügensacks gleichen* sei ihm *nicht fürkommen*.[99]

Die Vorwürfe sind bereits aus der oben erwähnten ersten Streitschrift Heshusens bekannt: Sack habe die Unterschrift der Lüneburger Artikel verzögert, majoristische, synergistische und adiaphoristische Lehren vertreten und gegen Heshusen und seine Anhang intrigiert. Doch gegenüber der *Notwendige[n] entschüldigung* hat sich der Ton deutlich verschärft und der Fokus der Kritik auf Sack und seine Lehrer verengt. Heshusens Leitmotiv ist nun der Vorwurf, Rektor und Lehrer des Gymnasiums würden häretische Glaubensauffassungen vertreten und

---

94 Bericht / Confession vnd Bekentnis, G iij r.
95 Johannes Berndes: Christliche Leichpredigt, Vber der Begrebnis, des Ehrwirdigen, Achtbarn vnd wolgelarten Herren, Johannis Pomarii oder Baumgarten des Eltern, Pfarrern zum heiligen Geiste, vnd Seniorn des Ministerii der Altenstadt Magdeburgk. Magdeburg 1582.
96 Tilemann Heshusen: Gründliche vnd bestendige Widerlegung, der grausamen vnartigen Calumnien M. Siegfriedi Lügensacks, Magdeburgischen Schulmeisters. [Frankfurt a.M. 1564].
97 Vgl. Grimm: Deutsches Wörterbuch, Bd. 12, Sp. 2181: Mietling, von „mieten", jemand, der käuflich ist.
98 Heshusen: Gründliche vnd bestendige Widerlegung, C ij r.
99 Ebd., B ij v.

diese an die Schüler weitergeben. Die *arme jugent* werde *in hohen oder nidrigen schulen mit falscher lehr beschmitzt [...] vnd vergifftet*.[100] Daraus erwachse der *Kirchen grosser schaden*, denn der Jugend käme später die Aufgabe zu, *die Cantzel / das Rathaus / vnd die Schulen [zu] versorgen*.[101]

Diese „Verführung" der Schüler des Magdeburger Gymnasiums versucht Heshusen durch verschiedene Details aus der Zeit vor seiner Vertreibung nachzuweisen. Obwohl in Wittenberg, dem damaligen Zentrum des Philippismus, *die irthumen vom freigen willen / der Majorismus / vnd Adiaphorismus* öffentlich verteidigt würden, schicke Sack seine Schüler *studiorum causa* an diese Universität.[102] Ein älterer Schüler hätte auf Heshusens Frage nach den *bona opera* geantwortet, *gute werck weren zu haltung der seligkeit dinstlich vnd nötig*.[103] Dass dieser Schüler nicht von seiner Ansicht abzubringen war, gilt Heshusen als Beweis für die Häresie seiner Lehrer.

Heshusen führt weiter aus, die Schüler hätten bekannt, *sie wolten lieber mir jren Preceptoribus* und *mit Philippo [Melanchthon] zum Teufel faren / denn mit Illyrico Wigando vnnd andern Rechtschaffenen lehrern selig werden*.[104] Die unter den Schülern verbreitete Ablehnung der Gnesiolutheraner manifestierte sich in der Verwendung des Sammelbegriffs *Flacianer*, der das besondere Missfallen Heshusens erregte. Generell sei Sacks Streben darauf gerichtet, *das er nur seinen teufflischen has / wieder Illyricum Gallum / Wigandum vnd mich [...] jhn die Knaben müge ausspeien*.[105] Bei einer solchen Intensität der Abneigung Heshusens gegenüber Sack muss davon ausgegangen werden, dass der Rektor nicht allein im Stillen, sondern öffentlich die dogmatischen Positionen seines bei den Gnesiolutheranern verhassten Lehrers Melanchthon vertreten hat.

Auf den letzten sieben Seiten spitzt Heshusen seine Attacken gegen Sack noch einmal dramatisch zu. Er ruft *alle Gottseligen Christen / beide zu Magdeburg vnnd in gantz Sachssen / denen GOtt Kinder beschert hat sie zur Schulen schicken [...] das sie sich für dem schedlichen bösen Schulmeister Siegfried Sack hüten vnd fürsehen*. Andernfalls brächten sie ihre Kinder *vmb jre seligkeit vnd alle wolfart*.[106] Die Verbreitung von häretischen Ansichten unter den Kindern durch ihre Lehrer sei eine größere Heimsuchung *als Pestilenz / thewr zeit / Krieg / belagerung / auffruhr / Fewr / Wasser vnd dergleichen gantz schwere plagen*. Wenn eine Stadt

---

100 Ebd., B iiij v.
101 Ebd., C i r.
102 Ebd., B iiij v–C i r.
103 Ebd., D iiij–E i r.
104 Ebd., C iiij r.
105 Ebd., I iij v.
106 Ebd., I ij r–v.

über einen einzigen Brunnen verfüge, *dessen alle Bürger vnd einwohner müsten geniessen*, und dieser würde vergiftet, so sei dies als *ein grausame vnthadt / verrheterey vnnd mordt* anzusehen. *Aber vil ein grausamer erschrecklicher verrheter vnd meuchel mörder ist ein vntreuwer Schulmeister / der nicht alleine den Leib / sondern der gantzen Gemeine Seelen vergifftet / vnd in ewigs verterben führet.*[107] Durch die Berufung Sacks als Rektor sei Magdeburg von Gott *herter gestrafft [...] den mit dem schweren Krieg niederlag vnd harter belagerung so sie für 14. jaren erlitten*. Diese suggestiven Vergleiche mit Brunnenvergiftung und Belagerung von 1550/51 werden unter den um das Seelenheil ihrer Kinder besorgten Lesern ihre Wirkung nicht verfehlt haben.

Wenige Zeilen weiter wiederholt Heshusen seine *treuwe Warnung*. Durch seinen Unterricht in Adiaphorismus, Synergismus und Majorismus verwandle Sack die Knaben in *schedliche verführer vnd Wolffe / die hernach allen jamer in der Kirchen mit falscher Lehr anrichten.*[108] Daher ermahne er alle Hausväter, ihre Kinder *nicht gen Magdeburg* zu schicken, *so lang der Siegfridt Sack daselbst an der Schulen ist / Sondern schicke sie entweder gen Braunschwig oder gen Eisleben / oder gen Roßtog.*[109] Es war gerade Heshusens Ruf als *treuwer Lehrer*, als kompromissloser Verfechter der Lehre Luthers, der seinem Appell Überzeugungskraft verlieh. Direkter und effektiver hätte dieser nachträgliche Bannfluch über das Magdeburger Gymnasium nicht ausfallen können.

Gegen Ende des Textes zeigt sich Heshusen milde: Sollten Sack und seine Anhänger noch zu bekehren sein, so möge ihnen Gott *neben andern sünden / auch die grausame lesterung vergeben / die sie wieder mich ausgegossen.*[110] Doch der unmittelbare Schluss – ein Zitat aus Psalm 94 – offenbart noch einmal Heshusens feindselige Haltung in ihrer letzten Konsequenz: *Vnd er wirdt jnen jr vnrecht vergelten / vnd wirdt sie vmb jre boßheit vertilgen / Der Herr vnser Gott wirdt sie vertilgen.*

3.7 Zeugnis der Rechtgläubigkeit: Die *Fides scholasticorum*

Im 16. Jahrhundert war die Frequenz der Gymnasien und Universitäten und damit auch die Höhe der finanziellen Zuwendung seitens der Stadt oder des Fürsten abhängig von der literarischen Qualität der Außendarstellung in der Gelehrtenrepublik. Neben den informellen Kontakten der Korrespondenznetze entschied die mediale Präsentation der Bildungsstätten mit über deren Bedeutung. Zwei ver-

---

107 Ebd., I iij r.
108 Ebd., I iiij r.
109 Ebd., I iiij r–v.
110 Ebd., I iiij v–K i r.

schiedene Möglichkeiten der Wahrnehmung durch Dritte existierten: im positiven Sinne die Gewinnung von Akzeptanz durch literarisch hochwertige Texte von Lehrern oder Schülern des Gymnasiums, die die Qualität des Unterrichts verbürgten; im negativen Sinne die Schädigung des Ansehens durch den zumeist von Theologen erhobenen Vorwurf fehlender Rechtgläubigkeit, der einen Einbruch der Schülerzahlen und der finanziellen Förderung nach sich ziehen konnte. Beide Varianten sind für die Analyse des vorliegenden Textes von Belang, mit ersterer suchte Rektor Sack auf die negativen Folgen letzterer zu reagieren. Denn die öffentliche Verdammung eines Gymnasiums oder Rektors durch eine Lehrautorität wie Heshusen musste für dieses Gymnasium desaströse Folgen nach sich ziehen. Der ehemalige Superintendent hatte in seinen Streitschriften den Vorwurf erhoben, sowohl Lehrer als auch Schüler des Magdeburger Gymnasiums verträten häretischen Ansichten. Sacks publizistische Strategie bestand darin, dass er seine Schüler in der Verteidigungsschrift *Fides scholasticorum*[111] selbst zu Wort kommen ließ, um ihre Orthodoxie unter Beweis zu stellen.

Die Vorrede nimmt ihren Ausgang von einem Bibelzitat.[112] Angesichts der von den Gegnern erhobenen Anklagen spende, so Sack in Anlehnung an Matthäus, das Versprechen Trost, im Himmel für die Verfolgungen entlohnt zu werden. Als Heshusen begonnen hätte, seinen Vorwurf fehlender Rechtgläubigkeit zu erheben, hätte Sacks Reaktion darin bestanden, vor dem Ministerium, dem Rat, den Scholarchen, der Kirche und den Schülern seine Übereinstimmung mit der reinen Lehre zu demonstrieren.[113] Doch er hätte nichts ausgerichtet, denn Heshusen und seinesgleichen wichen nicht der Wahrheit, gäben nicht nach, sondern beharrten *contra conscientiam*, wider besseres Wissen, auf ihrer Meinung.[114]

Letztes Jahr hätte man ein unwiderlegbares Bekenntnis herausgegeben, das von allen Predigern und Schuldienern unterzeichnet worden wäre, um offen-

---

111 Siegfried Sack: Fides scholasticorum Magdeburgensium, de nonnullis doctrinae christianae articulis, quam hauserunt ex lectionibus suorum praeceptorum, sub rectoratu Siegfridi Sacci, exhibita anno 1563 ante Pascha, & nunc demum edita, ut totus mundus videat, scholam Magdeburgensem innocenter damnari. Magdeburg 1564.
112 Ebd., A ij r (Mt 5, 11–12): „Selig seid ihr, wenn euch die Menschen um meinetwillen schmähen und verfolgen und alles Schlechte über euch reden und damit lügen. Seid fröhlich und getrost; es wird euch im Himmel reichlich belohnt werden."
113 Ebd., A ij r–v: „Cum enim hanc Ecclesiam et Scholam Magdeburgensem in tranquillissimo constitutam loco, movere et falso de doctrina suspectam reddere coepisset, semper nos obtulimus ad perspicuam syncere doctrinae confessionem, coram Ministerio, coram Senatu, coram Scholae praefectis, coram Ecclesia, coram discipulis, cum voce tum scripto, non tantum privato, sed etiam publico."
114 Ebd., A ij v: „Nihil profecimus. Illud enim hominum genus non cedit veritati, nec quiescit, sed contra conscientiam sciens et volens perstat pertinaciter."

zulegen, was in den Kirchen und im Gymnasium gelehrt werde.[115] Doch weil kürzlich erneut eine aggressive Anklageschrift – wohl Heshusens *Gründliche vnd bestendige Widerlegung* – erschienen wäre, hätte sich Sack für die Herausgabe der im letzten Jahr angefertigten *confessiunculae* seiner Schüler entschieden. Diese könnten den Beweis erbringen, ob Sack und seine Kollegen tatsächlich gelehrt hätten, was ihnen seitens der *Scholarum flagellatores* vorgeworfen würde. Auch verfüge er über zahlreiche weitere lateinische und griechische Texte aus Schülerhand, die er jedoch wegen der gebotenen Kürze hätte weglassen müssen.

Der Rektor gibt die Schülerzahlen der Prima und Sekunda mit vierhundert an. Seine *auditores* könnten bezeugen, dass er nicht allein keine *corruptelae* lehre, sondern diese auch stets eifrig aufzeige und widerlege. Es erscheint als etwas bemüht, wenn Sack auf eine sich in seinem Besitz befindliche Handschrift Heshusens verweist, in der dieser dem Rektor eine orthodoxe Anschauung bezüglich des freien Willens – nämlich die Ablehnung desselben – bescheinigt.[116]

Sack ist sich Gottes Beistandes für seine bedrängte Schule sicher: Trotz der Verbreitung von Heshusens Angriffen in der Öffentlichkeit wäre eine überaus große Menge von Schülern aus nah und fern in Magdeburg zusammengeströmt.[117] Die zunächst auftretenden desaströsen Folgen der Agitation Heshusens für Frequenz und Finanzlage des Gymnasiums passten nicht in diese positive Bilanz Sacks, denn sie hätten den vom Superintendenten erhobenen Verdacht erhärten können. Immerhin erwähnt Sack die aus der oben vorgestellten *Antwort der Schuldiener* bekannte finanzielle Notlage der Kurrende, die jedoch nur als Kontrastfolie für reichhaltige Zuwendungen namentlich erwähnter Magdeburger Spender dient. Was, so bilanziert Sack, hätten die *Scholomastiges* mit ihren Angriffen anderes erreicht, als den göttlichen Segen noch zu erhöhen? Denn die Kirche wachse unter dem Kreuz.[118]

Gleichsam als Motto der *Fides scholasticorum* dient ein Zitat aus Psalm 8: „Aus dem Munde der jungen Kinder und Säuglinge hast du eine Macht zugerichtet um deiner Feinde willen, daß du vertilgest den Feind und den Rachgierigen."[119] Es sei Gottes Wille, dass die Schüler dieses Zitat bewahrheiteten. Sack widmet die *primitiae* der Magdeburger Schüler den Ratsherren, weil sie die Schule

---

115 Das Magdeburger Bekenntnis von 1563, siehe oben.
116 Ebd., A iij r.
117 Ebd., A iij r: „Post editas enim Tilemanni criminationes singularem dei benedictionem experti sumus, ac maxima adolescentum multitudo, non tantum ex vicina, sed ex longinquis etiam terris ad hanc scholam confluxit."
118 Ebd., A iij r: „Quid igitur Scholomastiges aliud assequuntur, quam ut maledictis suis divinam nobis benedictionem strenue adaugeant? Crescit enim sub cruce Ecclesia."
119 Ebd., A iij v.

gegründet hätten und dem *coetus scholasticus* nach wie vor eine Heimstatt gewährten – zum Segen der gesamten *respublica*. Es schließt sich eine Bitte an die Ratsherren an, auch weiterhin durch die Förderung von Kirche und Schule für den Erhalt der reinen Lehre Sorge zu tragen.

Die im Haupttext enthaltenen Gedichte handeln laut Titel über einige Artikel der christlichen Lehre, die die Schüler aus dem Unterricht ihrer Lehrer gewonnen hätten. Insgesamt vierzehn Schüler kommen zu Wort, wobei die von ihnen verfassten Texte jeweils dasselbe Gliederungsschema aufweisen. Jeder Schüler steuerte fünf Gedichte zu den folgenden Themen bei: *de iustificatione, de bonis operibus, de coena domini, de libero arbitrio* und *de adiaphoris*. Es handelt sich folglich um dieselben Inhalte wie bei dem oben bereits erwähnten Magdeburger Bekenntnis von 1563. Das Versmaß ist, bis auf eine kurze Ausnahme, das elegische Distichon. Die Gedichte des Andreas Susse aus Nordhausen sind Epigramme, ansonsten reicht der Umfang der Elegien von vier bis maximal fünfzehn Distichen.

Zu Beginn der Sammlung erscheinen fünf Texte des späteren Magdeburger Rektors Georg Rollenhagen, der in einem achtzeiligen Gedicht *de coena domini* die Realpräsenz Christi im Sakrament des Altars postuliert und Zwingli, Calvin und die „geistlosen Papisten" anklagt, eine dubiose Gottesvorstellung zu vertreten.[120] Sprachlich luzider sind die Gedichte des späteren *poeta laureatus* Johannes Baumgarten d. J.[121] Als Sohn des gleichnamigen Magdeburger Predigers und Gegners von Heshusen in der oben dargestellten Kontroverse kam seinen Worten eine besondere Symbolkraft zu. In seinem Gedicht über die Guten Werke scheint zunächst, wie im oben dargestellten Bekenntnis von 1563, die ostentative Treue zu den Lehren der Gnesiolutheraner zu dominieren. Eine Notwendigkeit der Guten Werke zur Erlangung des Seelenheils wird mit den folgenden Worten abgelehnt:

> Zum himmlischen Heil haben die Guten Taten keine Wirkung; wir glauben, dass sie gute Früchte des Glaubens sind. Niemand erklimmt durch eigene Verdienste den Gipfel des Himmels, noch wird der Mensch durch seine Tugend gerechtfertigt. Wie die Wirkung aus einer Ursache, so gehen die ehrsamen Handlungen aus dem wahren Glauben hervor; zum menschlichen Heil sind sie nicht notwendig. Glaube daran, dass es den Frommen nicht freisteht, gut zu handeln. Du wirst erkennen, dass die Schar der Papisten irrt, wenn sie ihren Verdiensten zuschreibt, was ihnen nicht zugeschrieben werden darf. Der unwissende Musculus jedoch verbreitet den falschen Lehrsatz, man sei an die Guten Werke nicht gebunden.[122]

---

120 Sack: Fides scholasticorum, B ij r: „Zwingium, Calvinum, dementatosque Papistas | Hic satis ambiguum constat habere Deum."
121 Flood: Poets Laureate in the Holy Roman Empire, Bd. 3, S. 1567–69.
122 Sack: Fides scholasticorum, B iij r–v:
    „De bonis operibus
Nil ad coelestem faciunt bona facta salutem,

An dieser Stelle gehen die Äußerungen der Schüler weit über das Bekenntnis von 1563 hinaus. Baumgarten wendet sich hier direkt gegen den Gnesiolutheraner und Antinomisten Andreas Musculus.

Der aus Magdeburg vertriebene Rektor Abdias Prätorius hatte in Frankfurt a. O. den Versuch unternommen, die Pflicht tugendhaften Handelns in der lutherischen Lehre zu verankern. Er traf dabei auf den Widerstand und die Polemik von Musculus, der in seinen Predigten und Streitschriften die allgemeine Notwendigkeit der Guten Werke bestritt und den Zehn Geboten eine Verbindlichkeit für die Anhänger des Luthertums absprach.[123] Die *Fides scholasticorum* erschien 1564, als die Frankfurter Kontroverse noch in frischer Erinnerung war. Rektor Sack behielt, wie oben erwähnt, trotz der Kritik Heshusens den Kontakt zu Prätorius aufrecht, indem er ihn als Gast in seinem Haus in Magdeburg beherbergte.

Da es sich bei der Kritik an Musculus nicht um ein singuläres Phänomen handelt, sondern auch in anderen Gedichten explizit sein Name genannt wird, kann man die *Fides* als Beistand der Magdeburger Schüler für ihren ehemaligen Rektor Prätorius interpretieren. Johannes Tudius aus Nordhausen räumt zu Beginn seines Gedichtes *De bonis operibus* ein, dass die Guten Werke nicht als *causa salutis* anzusehen seien, sondern, der orthodox-lutherischen Anschauung entsprechend, wie ein *fructus* aus dem Glauben hervorgingen. Doch dann heißt es:

> Weil sie keine freiwilligen Handlungen sind, ist es notwendig sie zu tun. Sogar von den Heiligen fordert Gott sie ein. Wie ein Schatten dem Körper, wie Rauch auf Feuer folgt, so wird die göttliche Gerechtigkeit vom Guten Werk begleitet. Du, Musculus, was führst du an dagegen? Was für Hirngespinste ersinnst Du? Es stehe frei, sie zu tun? Pah, du machst das Höchste dem Nichtswürdigen gleich.[124]

  Sed fidei fructus credimus esse bonos.
Nemo suis meritis coelestia culmina scandit,
  Nec virtute sua iustificatur homo.
Sed velut effectus causam, sic ista sequuntur
  Continuo veram facta probata fidem.
Et nec ad humanam sunt illa necesse SALUTEM.
  LIBERA nec factu sunt ea crede piis.
Erga papistarum cernes errare catervam,
  Quae tribuit meritis non tribuenda suis.
Musculus atque operum de libertate bonorum
  Errorem falso dogmate spargit iners."

123 Vgl. Kap. B. 2.9. Das weitere Schicksal von Prätorius.
124 Sack: Fides scholasticorum, C iij v–C iiij r:
  „De bonis operibus.
Praestari bona facta Deus vult, approbat ista
  Non sit ut ullius causa salutis opus.

Im entsprechenden Gedicht von Martinus Breslacus aus Fürstenberg findet sich derselbe Aufbau wie bei den voraufgegangenen Beispielen: zunächst die herkömmliche Beteuerung, der Mensch werde allein durch *mors et passio* Christi befreit, doch im zweiten Teil des Gedichtes eine Widerlegung Musculus':

> Doch obwohl sie nicht das Seelenheil gewähren können, ist es notwendig, sie als Frucht des Glaubens auszuführen. Musculus aber, der die reine Lehre Christi missachtet, lehrt, die Christen seien nicht verpflichtet, die heiligen Werke zu tun. Er will nicht nur, dass das Gesetz gänzlich aus der Mitte der Frommen getilgt wird, sondern er überlässt sie oft auch noch dem Satan. Wir dagegen verkünden gefestigten Herzens, das Gesetz ist heilig und Gott selbst will, dass es befolgt werde.[125]

Durch das alleinige Referat der Gedichte über die *bona opera* könnte der Eindruck entstehen, es handle sich bei der *Fides* nicht um ein Bekenntnis zu den Lehren der Gnesiolutheraner, sondern zum Philippismus. Diese Einschätzung ginge jedoch fehl. In den übrigen Passagen über die Rechtfertigung, das Abendmahl, den freien Willen und die Adiaphora sind die Aussagen eher konservativ.

Doch die Lehre über die Guten Werke bildete gleichsam einen Prüfstein humanistischer Gesinnung. Denn die Forderung nach sittlicher Vervollkommnung ist als das eigentliche Proprium humanistischer Bildung, wie sie zuerst im Italien der

---

Sed tanquam fidei fructus bona facta sequantur,
    Notior ex illis fiat ut alma fides.
LIBERA cum non sint factu, facere illa NECESSE est,
    A sanctis etiam POSTULAT illa Deus.
Umbra velut corpus, fumus comitatur ut ignem,
    Iustitiam sanctam sic comitatur opus.
Muscule quid contra? Quae fingis somnia? Sunt ne
    Libera? Vah aequas optima futilibus."
125 Sack: Fides scholasticorum, E i v–E ij r:
    „De bonis operibus.
Et quia solius mors nos et passio Christi
    Liberat et donat coelica regna patris.
Non opus humanum vitam nec facta merentur,
    Tollere nec Moses crimina nostra potest.
Et quamvis nequeant animae conferre salutem,
    Attamen ut fructus illa NECESSE sequi est.
MUSCULUS ast puro neglecto dogmate Christi,
    LIBERA Christicolis sancta opera esse refert.
Hic legem penitus tolli de plebe piorum,
    Et vult et Sathanae saepe remittit eam.
Contra nos firmo sentimus pectore legem,
    Esse sacram, Deus et quam velit ipse coli.

Renaissance entwickelt wurde, anzusehen. Im Gegensatz zu vielen Theologen wie Heshusen oder Musculus, die dem Wortlaut der Lehre Luthers verhaftet blieben und jegliche Abweichung bekämpften, war die Mehrzahl der Pädagogen aufgrund ihrer Erfahrungen in der konkreten erzieherischen Praxis eher zu Lehrkompromissen bereit.[126] Sie vertraten die Überzeugung, dass die Wertschätzung Guter Werke auf irgendeine Weise in den Glaubensgrundsätzen festgeschrieben werden müsse, auch auf die Gefahr hin, dadurch das Dogma von der Rechtfertigung *sola fide* zu verwässern.

Mit Georg Major und Abdias Prätorius wirkten zwei exponierte Vertreter dieser Richtung innerhalb des Luthertums am Magdeburger Gymnasium. Trotz aggressiver Anfeindungen vonseiten der Gnesiolutheraner und massivem öffentlichem Druck hielt Siegfried Sack an dieser Traditionslinie des Gymnasiums fest. Denn die an Musculus geleistete Kritik verbietet, die *Fides* als rein opportunistisches Einlenken auf den Kurs Heshusens einzuschätzen. Ungeachtet des Zwangs, die Orthodoxie der eigenen Anschauungen in ihren Gedichten unter Beweis zu stellen, wahrten die Schüler des Gymnasiums die Treue zu den Überzeugungen ihrer Lehrer.

Das Gedicht *de adiaphoris* von Johannes Baumgarten d. J. schließt mit den Worten:

> Dies sind die Artikel, an die wir glauben und zu denen wir uns bekennen, die in unserer Magdeburger Schule gelehrt werden. Geh nun, treibe durch hochmütige Possen deinen Spott mit der Lehre. Gehe nun und verbreite, in unserer Schule würden Abweichungen gelehrt. Du, allmächtiger Vater, und ihr, Christus und Heiliger Geist, schützt wie bisher unsere Schule.[127]

Es steht außer Zweifel, dass es sich hierbei um direkt an Heshusen gerichtete Worte handelt.

Die einzige weitere Abweichung vom sonst eingehaltenen Schema stammt aus der Feder von Andreas Hunoldius aus Arnstadt. Unter der Überschrift *precatio* findet sich folgendes Fazit:

> Wir alle glauben an diese Artikel, dies ist unser Bekenntnis. Die Schar der böswilligen Feinde kann uns diese Überzeugungen nicht entreißen. Stets lehrten uns unsere Lehrer

---

126 Vgl. zu der in vielen Städten vorherrschenden Streitkonstellation Prediger gegen Schulrektoren Kap. A. 2. Die innerlutherische Spaltung und die Gymnasien.
127 Sack: Fides scholasticorum, B iiij r:
„Hi sunt Articuli quos credimus atque fatemur,
  Quos in virginea nos docuere Schola.
I nunc et nugis doctrinam illude superbis,
  I nunc dic nostram falsa docere Scholam.
Tu Pater omnipotens tu Christe et spiritus alme,
  Ceu facis hanc nostram quaeso tuere Scholam."

diese Inhalte, mit glühendem Eifer, Tatkraft und Glaubenstreue. Dich, allmächtiger Gott, der du den Erdkreis mit einem Wink deiner Hand erschütterst, und dich, frommer Jesus, bitte ich, dass du sie uns erhalten mögest.[128]

Stellvertretend für alle Schüler attestierte hier Hunoldius seinen Lehrern Treue zur reinen Lehre, pädagogischen Eifer und lautere Gesinnung. Die relativ hohe Anzahl erhaltener Drucke der *Fides* – es existieren Exemplare in den Bibliotheken zu Dresden, Göttingen, Gotha und Wolfenbüttel – könnte dafür sprechen, das Rektor Sack seinem Ziel einer Entkräftung der Vorwürfe Heshusens nähergekommen ist. Bestenfalls stieg durch die Verbreitung der Schülerbekenntnisse der Ruf des Magdeburger Gymnasiums in der *Respublica litteraria*. Der Nachwelt gilt Sack jedenfalls als erfolgreicher Amtsinhaber, dem es trotz Kontroversen gelungen sei, die Frequenz des Gymnasiums zu heben. Nach Sacks eigener Angabe besuchten im Jahr 1568 fünfhundert Schüler die Prima und Sekunda,[129] ein Beweis dafür, dass das Magdeburger Gymnasium nach wie vor zu den größten Bildungsanstalten im protestantischen Raum zählte.

Dass die Integrität des Gymnasiums gewahrt blieb und der Rat den Anfeindungen Heshusens und seiner Anhänger ein Ende bereitete, bestärkte Lehrer und Schüler in ihrem Glauben an eine höhere Instanz, die alle Angriffe ihrer Gegner ins Leere laufen ließ. Bezeichnenderweise sind sämtliche Texte frei von derber Polemik, wie sie in den volkssprachlichen Schriften von Theologen wie Heshusen, Wigand oder Amsdorf begegnet. Auch fehlen die sonst üblichen persönlichen Angriffe und Verdammungen. Der Impetus lag eben nicht auf einer Schädigung des Ansehens des Gegners, sondern auf dem Nachweis der eigenen lehrmäßigen Integrität. Durch die Wahl des lateinischen Idioms, der Wissenschaftssprache, wird deutlich, dass sich die *Fides* an ein gelehrtes Publikum richtete. Im Urteil dieser Adressaten wohnte wohl der Sachlichkeit der Schülerbekenntnisse eine größere Überzeugungskraft inne als der Polemik Heshusens, die in ihrer Volkssprachlichkeit ein breiteres Lesepublikum bediente.

---

128 Sack: Fides scholasticorum, D i v:
„Precatio
Credimus haec cuncti constanter et ista fatemur,
    Eripere haec nobis turba maligna nequit.
Talia nos nostri semper docuere Magistri,
    Ardenti studio, sedulitate, fide.
Te Deus omnipotens nutu qui concutis orbem
    Hos serves nobis, te pie Christe precor. [...]"
129 Holstein: Das Altstädtische Gymnasium, S. 72.

3.8 Fortführung der Kontroverse in weiteren Streitschriften

Die Kontroverse mit Heshusen hatte ein Nachspiel. Sack ließ 1565 unter dem Titel *Kurtzer vnterricht von gerechtigkeit Christlicher Obrigkeit in erwelung vnd beruffung der Kirchendiener*[130] eine Verteidigung des Rates drucken. Unter Rückgriff auf die Behauptung, allein der Gemeinde käme das Recht zu, ihre Prediger zu wählen, hatte Heshusen 1562 versucht, gegen den Willen des Rates die Berufung Wigands in das Amt der Ulrichskirche durchzusetzen.[131] Da dem Rat das offensive Streitverhalten Wigands aus dessen früherer Magdeburger Zeit bekannt war und er kein Interesse an einer weiteren Eskalation der Situation hatte, untersagte er diese Wahl. Das von Heshusen und Wigand erhobene Postulat, der Obrigkeit käme kein Mitspracherecht bei der Einsetzung der Prediger zu, gehört in den Kontext der oben dargestellten Bestrebungen der Gnesiolutheraner, die eigene Machtsphäre auf Kosten der städtischen Magistrate zu erweitern.

Im *Kurtzen vnterricht* legt Sack dar, dass dem Rat seit jeher ein Mitspracherecht bei der Einsetzung der Prediger zugekommen sei. Er stützt sich dabei auf Zitate aus der Bibel, den Kirchenvätern und *den furnembsten Theologen zu vnser Zeit*. Wie in seinen anderen Schriften auch, verzichtet der Rektor auf derbe Polemik. Anders als seine Gegner habe er nicht auf *lester wordt vnd schandtnamen* zurückgegriffen, sondern auf das *klare vnd deutliche zeugnis aus Gottes wort / vnd den furnembsten Lehrern*.[132] An einer Stelle seiner Beweisführung verwendet Sack mit den Magdeburger Zenturien eine Schrift seiner Gegner, was bei deren Autor, Johannes Wigand, empörte Reaktionen hervorrief. Ein Exemplar des *Kurtzen vnterrichts* aus den Beständen der Herzog August Bibliothek[133] stammt laut Titelblatt aus dem Besitz Wigands und weist am Rand seine handschriftlichen Annotationen wie *das ist erlogen*[134] oder *diabolica calumnia*[135] auf.

Wihelm Eccius, seit 1559 als Nachfolger von Judex Diakon an der Ulrichskirche, reagierte 1565 mit der Gegenschrift *Helleborus oder Niesewürtz*[136] auf die

---

130 Siegfried Sack: Kurtzer vnterricht von gerechtigkeit Christlicher Obrigkeit in erwelung vnd beruffung der Kirchendiener / zusammen gezogen / aus heiliger Göttlicher schrifft / aus den Patribus / vnd den furnembsten Theologen zu vnser zeit / Luthero vnd andern mehr. Magdeburg 1565.
131 Kühne: Nikolaus von Amsdorf, S. 290.
132 Sack: Kurtzer vnterricht, K iij r.
133 Das Exemplar der HAB: A: 240.86 Quod. (4); leider ist der Buchblock beschnitten und dadurch Teile der Annotationen unlesbar.
134 Sack: Kurtzer vnterricht, K iij r.
135 Ebd., B iiij v.
136 Wilhelm Eccius: Helleborvs Oder Niesewürtz, Siegfrido Sack, vnd seinem Anhang, den Magdaburgischen Karrenfürern Constantini vermeinten Nachfolgern, zum besten gestalt, gantz trewlich zugerichtet aus Lügensacks kurtzem vnterricht, von der Prediger Wahl. O. O. 1565.

theologische Abhandlung Sacks. Eccius war aufseiten Heshusens an den Auseinandersetzungen um die verhinderte Wahl Wigands beteiligt und wurde am 15. Oktober 1562, eine Woche vor Heshusen, der Stadt verwiesen.[137] Der in der Antike als Medizin für Geisteskranke geltende Nieswurz dient als Metapher; Eccius meint, Sack von seiner *kranckheit* heilen zu müssen. Im ersten Teil des hoch polemischen, sprachlich und typographisch minderwertigen Druckes teilt Eccius in 112 Punkten die „Lügen" Sacks mit. Das dritte Kapitel enthält Vorschläge für eine *Purgation* Sacks: Predigtverbot; Abwahl als Prediger; Absetzung als Rektor; Publikationsverbot; Ausschluss von Predigt und Sakrament; Entzug der *vielen wolthaten so jm zu Magdenburg widerfaren*; Zwang zur Unterschrift *der warheit wider alle Irthumb*; schließlich, im Falle der Verweigerung der Unterschrift, Verhängung der Todesstrafe, deren Vollstreckungsarten Eccius auf drastische Weise ausmalt.[138]

Zu Beginn der Kontroverse hatten sich die Angriffe Heshusens und seiner Anhänger gegen eine Gruppe loyaler Prediger und Schuldiener Magdeburgs gerichtet. In den nach 1564 erschienen Schriften konzentrierte sich die Polemik dagegen fast ausschließlich auf Sack. Dies ist in erster Linie sicher dem publizistischen Engagement des Rektors in der Kontroverse geschuldet. Die oben dargestellten Reaktionen Heshusens und seiner Mitstreiter legen jedoch nahe, dass sie Sack auch als Lehrer eines großen Schülerkreises, als überzeugendem Multiplikator philippistischer Lehren höchste Bedeutung beimaßen. Bemerkenswert ist weiterhin, dass Eccius Sack in die Nähe von Abdias Prätorius rückt. Sack hätte am Gymnasium auf ähnlich unorthodoxe Weise wie Prätorius Disputationen abgehalten; ja er sei *mit jm der meinung einig.*[139] Obwohl mehr als fünf Jahre seit dem Weggang von Prätorius aus Magdeburg vergangen waren, besaß der ehemalige Rektor des Gymnasiums in den Augen der Gnesiolutheraner nach wie vor eine negative Prominenz.[140]

---

137 Kühne: Nikolaus von Amsdorf, S. 281f. und S. 290f.
138 Eccius: Helleborvs Oder Niesewürtz, I 3 v–I 4 r.
139 Ebd., C 1 v.
140 Der Kreis der hier erwähnten Folgeschriften ließe sich um weitere von Gustav Hertel in den Geschichtsblättern mitgeteilte Texte Wigands, Sacks und anderer Beteiligter erweitern. Vgl. Gustav Hertel: Zur Geschichte der Heshusianischen Bewegung in Magdeburg. In: Geschichtsblätter für Stadt und Land Magdeburg 34 (1899), S. 72–151. Dort der parteiische Bericht über die Stadtverweisung Heshusens von Burckhardt Loede d. Ä. und ein Brief von Siegfried Sack an Nikolaus Gallus aus dem April 1565, in dem er die Anschuldigungen Heshusens und Wigands mit den folgenden Worten zurückweist: „Ego nunquam adiaphora defendi, nunquam synergium carnis in spiritualibus ante conversionem Veteris Adami, nunquam propositionem Maioris." (S. 126). Das oben über die Schüler des Gymnasiums Mitgeteilte lässt den Wahrheitsgehalt der letzten Aussage über die Guten Werke anzweifeln. Sack ging es hier um Schadensbegrenzung, um

3.9 Die Schulschriften Sacks

Sack ist der Forschung hauptsächlich als Verfasser zahlreicher Leichenpredigten bekannt.[141] Vor seiner Zeit als Domprediger Magdeburgs betätigte er sich jedoch auch als Herausgeber und Autor einer kleinen Anzahl von Schulschriften für die Zwecke des Magdeburger Gymnasiums. Anfang des Jahres 1558 hatte Rektor Abdias Prätorius Magdeburg wegen Anfeindungen seitens des Zenturiators Matthäus Judex verlassen müssen. Bereits im Dezember desselben Jahres ließ Sack Prätorius' Schulordnung von 1553 erneut abdrucken und steuerte dazu eine neue Vorrede bei.[142]

Die Vorrede beginnt mit einem griechischen Zitat von Demosthenes, in dem der Wert der Gesetze für den Erhalt des Gemeinwesens hervorgehoben wird. Jegliche Art von *civitas* sei, so Sack im Anschluss an das Zitat, ohne Gesetze und deren Vollstreckung undenkbar.[143] Dies gelte gleichfalls für die *respublica scholastica*. Denn auch für die Leitung eines Gymnasiums seien präzise Gesetze – gleichsam *anima et nervus* einer jeden Regierung – unabdingbar. Um ihre Wirkung entfalten zu können, müssten Gesetze nicht allein aufgezeichnet und vervielfältigt, sondern auch dauerhaft im Bewusstsein der Menschen verankert werden. Dieser Forderung hätte vor einigen Jahren sein berühmter Vorgänger, Abdias Prätorius, durch die Herausgabe der *leges scholasticae* entsprochen. Damit die Gesetze des Gymnasiums Schülern und Außenstehenden auch weiterhin geistig präsent blieben, habe Sack die in der Erstauflage vergriffene Schulordnung nochmals abdrucken lassen.

Sack trat 1554 als Konrektor in den Dienst des Magdeburger Gymnasiums. Es ist als ein Akt der Loyalität gegenüber seinem ehemaligen Vorgesetzten anzusehen, dass er dessen Schulordnung ohne jegliche Änderung erneut zum Abdruck brachte. 1558 hielten sich die Hauptgegner von Prätorius, Wigand und Judex, noch in Magdeburg auf und nahmen dank ihrer Kirchenämter im institutionellen Gefüge der Stadt keine unbedeutende Stellung ein. Der gegen Prätorius erhobene Vorwurf fehlender Rechtgläubigkeit hätte folglich ebenso Sack treffen können, wie dies wenige Jahre später auch der Fall war.

---

die Wiederherstellung des guten Rufes des Gymnasiums bei einem Meinungsführer der Gnesiolutheraner.
141 Moore: Patterned Lives, S. 133–147 und dies.: The Magdeburg Cathedral Pastor Siegfried Saccus, S. 79–95.
142 Abdias Prätorius: Lvdi Literarii Magdebvrgensis Ordo, Leges ac Statuta. Autore Godescalco Praetorio. Magdeburg 1558.
143 Ebd., A ij r: „Quid enim civitas sine legibus et legum executione esse potest?"

Als Begründung für die unveränderte Neuauflage führt Sack an, dass keine Änderung von Gesetzen der Gefahr entbehre.[144] Selbst die am besten verfassten Gemeinwesen, so lehre die Geschichte, seien durch unbedachte Neuerungen dem Untergang preisgegeben worden. Des Weiteren sollten die Schulgesetze in der Form, in der sie der Autor verfasst hätte, der Nachwelt überliefert werden. Abschließend wendet sich Sack an seine Schüler: „Nun ist es an euch, diese Gesetze nicht allein zu kennen, sondern auch eifrig zu befolgen. Denn alles, was sie enthalten, dient eurem Nutzen. *Valete.*"[145] Trotz des eher kurzen Zeitraums von nur fünf Jahren kann aufgrund der erneuten Drucklegung davon ausgegangen werden, dass sich die Schulordnung in der Praxis bewährt hatte.

Die Verbundenheit Sacks zu Prätorius währte allem Anschein nach über dessen Tod im Jahr 1573 hinaus. In einer seiner Leichenpredigten rühmt Domprediger Sack die Fähigkeiten seines Vorgängers im Rektorenamt des Magdeburger Gymnasiums. Gern gedenke er des 9. Januars, weil an diesem Tag sein *geliebter Herr vnd Bruder der Herr Abdias Praetorius von diesem zeitlichen leben leider vnzeitlich abgeschieden* sei. Prätorius hätte *mit seinen hohen gaben der Kirche Gottes vnd vielen Menschen viel dienen [...] können*, sei jedoch, so Sack in Anspielung auf die Angriffe des Gnesiolutheraners Matthäus Judex, *vom Teuffel vnd seinen gliedern daran verhindert* worden.[146] Sack schließt: *Gott vergebe es denen / so uhrsach zu diesen dingen haben geben.*[147]

3.10 Sacks Bearbeitungen von Erasmus' *Copia verborum*

Gegen Ende seiner Rektoratszeit widmete sich Sack einem Schwergewicht der Rhetoriklehre des 16. Jahrhunderts: Erasmus' *De duplici copia verborum ac rerum*.[148] Obwohl es sich um eines der einflussreichsten Lehrbücher seiner Zeit handelte – vom Erstdruck 1512 bis 1540 sind mindestens 134 Nachdrucke

---

144 Ebd., A ij v: „Repetuntur autem eaedem leges et quidem integrae. Nam easdem retineri satius est, quam sanciri novas, cum nulla legum mutatio periculo careat."
145 Ebd., A iij r: „Nunc vestri est officii, leges illas non tantum cognoscere, sed et studiose observare. Nam quicquid id est, quod his continetur legibus, id totum vestro inservit commodo. Valete."
146 Vgl. zu diesen Ereignissen aus der zweiten Hälfte der fünfziger Jahre Kap. B. 2.6.–8. Prätorius und die Magdeburger Zenturien.
147 Siegfried Sack: Leychpredigten etlicher Herrn des hoch vnd ehrwirdigen Thumbcapittels, des Primat vnd Ertzstiffts Magdeburgk, auch etlicher fürnemen adelichen Matronen vnd Jungfrawen, vnd letztlich auch etlicher bürgerlichen Personen. Magdeburg 1592, S. 82.
148 Zu den wichtigsten Ausgaben zählen der Erstdruck: Erasmus von Rotterdam: De duplici copia rerum ac verborum commentarii duo. Paris 1512; sowie die letzte von Erasmus selbst

nachgewiesen[149] –, fehlt eine eingehende Würdigung für den deutschsprachigen Raum.[150]

Bei der Bezugnahme von *copia*, also Reichtum, Fülle, auf den sprachlichen Bereich folgte Erasmus Quintilian, der die *beatissima rerum verborumque copia* Pindars rühmte.[151] Denn nichts verachtet Erasmus mehr als gedankenlos fabrizierte Tautologien,[152] nach rhetorischer Terminologie die „ungeschickte Wiederholung des gleichen Wortes oder der gleichen Wortgruppe".[153] Einen guten Autor kennzeichne dagegen, dass er bei Notwendigkeit der Wiederholung desselben Sachverhalts über einen Vorrat, eine *copia* an Synonymen verfüge, um so der Gefahr der *iteratio* zu entgehen. Für Erasmus ist der Schlüsselbegriff die *varietas*,[154] und bei der Ausbildung eines reichen Wortschatzes will er den Lernenden mit seinem Werk dienlich sein. Den angestrebten Nutzen seiner Ausführungen beschreibt Erasmus wie folgt:

> Diese Übungen tragen nicht unerheblich zur Ausbildung der Fähigkeit, ex tempore reden und schreiben zu können, bei und bewahren uns davor, wie vom Donner gerührt dazustehen und kein Wort mehr hervorzubringen. Wenn wir über dieses Reservoir an Redewendungen, über diese Schlagfertigkeit verfügen, werden wir sogar in der Lage sein, unvorbereitet eine Rede in die erwünschte Richtung zu lenken. Nicht gering ist der Nutzen dieser Übungen weiterhin für das Kommentieren oder Übersetzen anderer Autoren und das Verfassen von Gedichten. Im entgegengesetzten Fall, wenn wir nicht auf diese Weise gebildet sind, werden wir unverständig und schroff reagieren oder gänzlich verstummen.[155]

überarbeitete Fassung: ders.: De duplici copia verborum ac rerum commentarii duo multa accessione, novisque formulis locupletati. Basel 1534.
149 Erasmus von Rotterdam: De duplici copia verborum ac rerum commentarii duo. In: Opera omnia Desiderii Erasmi Roterodami. Bd. I, 6 (hg. von Betty I. Knott). Amsterdam, New York, Oxford 1988, (Introduction), S. 15. Die Herzog August Bibliothek beherbergt 69 Ausgaben und Bearbeitungen der Copia Verborum (ohne Zweitexemplare); vgl. Erika Rummel, Dale Schrag: The Erasmus Collection in the Herzog August Bibliothek. Wiesbaden 2004 (Wolfenbütteler Schriften zur Geschichte des Buchwesens 38), S. 75–83.
150 Vgl. nur die knappen Erwähnungen in Judith Rice Henderson: Art. Erasmus, Abschnitt C. Sprachlehre und Sprachkunst. In: Franz Worstbrock (Hg.): Deutscher Humanismus 1480–1520. Verfasserlexikon, Bd. 1, Sp. 693–703 (Literatur); sowie Jean-Claude Margolin: Art. Copia. In: Historisches Wörterbuch der Rhetorik. Bd. 2, Sp. 385–394.
151 Quint. Inst. X, 1, 61; Erasmus: De copia verborum. In: Opera omnia, Bd. I, 6, S. 32.
152 Ebd., S. 32: „Peculiariter autem conferet ad vitandam ταυτολογίαν, vitium cum foedum tum odiosum. Ea est eiusdem verbi aut sermonis iteratio."
153 Lausberg: Handbuch der literarischen Rhetorik, § 502, § 612; Quint. Inst. VIII, 3, 50.
154 Erasmus: De copia verborum. In: Opera omnia, Bd. I, 6, S. 31f.
155 Ebd., S. 34: „Neque vero mediocriter contulerit haec exercitatio ad extemporalem vel dicendi vel scribendi facultatem praestabitque, ne subinde vel haesitemus attoniti vel turpiter intersileamus. Neque difficile fuerit vel temere coeptam orationem commode ad id quod volumus deflecte-

Der Konzeption des Werkes des Erasmus liegt die Idee zugrunde, dass *copia* nicht allein auf den Wortschatz, die *verba*, sondern auch auf Ideen oder Argumente der Rede, die *res*, bezogen werden könne.[156] Demgemäß ist das Werk in zwei Bücher gegliedert. Im ersten Buch werden Probleme des sprachlichen Ausdrucks wie z. B. die rhetorischen Figuren Enallage, Metapher, Katachrese etc. erläutert.

Im System der Rhetorik fällt die Anwendung der Figuren in den Bereich der *elocutio*,[157] der Einkleidung der Gedanken in Worte, die den dritten Arbeitsschritt bei der Verfassung einer Rede darstellt. Der *elocutio* geht als erster Arbeitsschritt die *inventio*,[158] das Finden der Rede zugrundeliegender Argumente, voran. Während im Gattungsvorbild für den protestantischen Raum, in Melanchthons *Elementa rhetorices*, die *elocutio* erst im zweiten Buch, also nach der *inventio* abgehandelt wird, verbannt Erasmus die *inventio* in das zweite Buch. Er legt dadurch den Schwerpunkt auf die sprachliche Ausarbeitung der Rede. Durch die Adaption von Kapiteln des ersten Buches der *Copia verborum* ist ihm Sack darin gefolgt.

3.11 Erweiterung des Wortschatzes: Das *Exemplum copiae verborum*

Sack hat in Anlehnung an das Werk des Erasmus zwei Lehrbücher für das Magdeburger Gymnasium verfasst. Das erste trägt den Titel *Exemplum copiae verborum ab Erasmo lib. I cap. 33 propositum*.[159] Es bezieht sich auf das 33. Kapitel des ersten Buches der *Copia verborum*. Die Widmungsvorrede richtet sich an die *ingeniosi adolescentes* Ludwig und Franz Pfeil d. J., Ulrich Sturm, Caspar Alemann, Thomas Mauritius und Friedrich Klee. Dass Sack sein Werk Abkömmlingen der prominentesten Ratsgeschlechter Magdeburgs widmete, beweist seine Vertrautheit mit dem Patriziat der Elbestadt. Er fordert seine Schüler dazu auf, dem Beispiel ihrer Väter nachzueifern, die er als *amici ac patroni mei singulares*[160] bezeichnet. Der Lohn dieser *imitatio* der väterlichen Tugenden werde nicht aus-

---

re, tot formulis in procinctu paratis. Praeterea in enarrandis autoribus, in vertendis ex aliena lingua libris, in scribendo carmine, non parum adiumenti nobis attulerit. Siquidem in iis, nisi erimus his instructi rationibus, saepenumero reperiemur aut perplexi aut duri aut muti denique."
156 Ebd., S. 33, Fn. 115.
157 Lausberg: Handbuch der literarischen Rhetorik, §§ 453–1082.
158 Ebd., §§ 260–442.
159 Siegfried Sack: Exemplum copiae verborum ab Erasmo lib. I. cap. 33 propositum. Tuae literae magnopere me declarunt. Accommodatum ad regulas de copia verborum & ad omnes propemodum figuras, atque ita explicatum, ut adolescentes ex regulis & figuris adiectis praeceptorum usum facilimè assequi & sine magno labore imitari poßint. Magdeburg 1567.
160 Ebd., A 4 r.

bleiben, denn die Übung in der *pietas* trage sowohl in diesem als auch im nächsten Leben Früchte.[161]

Obwohl es auf den ersten Blick eher unbedeutend scheine, führt Sack in der Vorrede weiter aus, erweise sich das Werk des Erasmus bei Anwendung seiner *praecepta* in der Praxis als überaus nützlich.[162] Erasmus gehe auf zweifache Weise vor: Zunächst erkläre er in den ersten Kapiteln, welche rhetorischen Regeln bei der *verborum variatio* anzuwenden seien. In den darauffolgenden Kapiteln würden diese *praecepta* exemplifiziert. Wenn Erasmus dabei einen Satz mehr als zweihundert Mal variiere, so geschehe dies nicht, weil er dazu in der Lage sei, sondern um die Anwendung der Regeln zu demonstrieren. Sack rekurriert hier auf das 33. Kapitel der *Copia verborum*, in dem Erasmus 143 unterschiedliche Varianten für den Satz *Tuae literae me magnopere delectarunt* anführt. Die Bandbreite reicht dabei von einfacher Wortumstellung bis zur folgenden Allegorie: „Kein Leckerbissen kann süßer den Gaumen kitzeln, als deine Worte den Geist."[163] Barbara Bauer hat bemerkt, dass sich Erasmus im 33. Kapitel seiner *Copia verborum* von der „spielerische[n] Freude an der unendlichen *variatio* eines Beispielsatzes"[164] forttragen ließ.

Wie der Schüler diesem Vorbild durch eigene Übungen nachzueifern habe, erklärt das neunte Kapitel der *Copia verborum*: Einmal in den sicheren geistigen Besitz der rhetorischen Regeln gelangt, solle er einen vorgegebenen Satz zunächst zwei- oder dreimal, dann immer häufiger variieren, bis er in der Lage wäre, dies hundert- oder zweihundertfach zu tun. Als *exemplum* für diesen Vorgang führt Erasmus den aus seinen *Adagia*[165] und durch Quintilian[166] bekannten Athleten Milon von Kroton an, der Tag für Tag dasselbe Kalb auf seinen Schultern trug, bis er in der Lage war, den ausgewachsenen Stier anzuheben.[167]

Der Vergleichspunkt ist hier der ansteigende Schwierigkeitsgrad, der dem Anfänger ermöglicht, allmählich das Ziel der vollkommenen Eloquenz zu errei-

---

161 Ebd., A 4 v.
162 Ebd., A 2 r.
163 Erasmus: De copia verborum. In: Opera omnia, Bd. I, 6, S. 82: „Nullae lautitiae suavius titillant palatum quam tua scripta mentem titillant."
164 Barbara Bauer: Jesuitische ‚ars rhetorica' im Zeitalter der Glaubenskämpfe. Frankfurt a. M., Bern, New York 1986, S. 123.
165 Vgl. Erasmus von Rotterdam: Adagiorum Chiliades. In: Opera omnia, Bd. II, 1, S. 266: Adagium 151: „Taurum tollet, qui vitulum sustulerit."
166 Quint. Inst. I, 9, 5.
167 Erasmus: De copia verborum. In: Opera omnia, Bd. I, 6, S. 34: „Deinde totum aliquod argumentum pluribus tractabimus modis. Qua quidem in re conveniet Milonis illius Crotoniatae solertiam imitari, ut principio bis, deinde ter, deinceps saepius ac saepius vertendo ad eam facultatem proficiamus, ut iam sine negocio centies ac ducenties variare possimus."

chen. Dieser Prozess muss Erasmus zufolge von der zumindest einmal im Leben vorzunehmenden Lektüre des gesamten Kanons aller verfügbaren antiken Autoren begleitet werden. Damit sich diese Lektüre nachhaltig gestalte, empfiehlt Erasmus die Anlegung eines Exempelschatzes,[168] wobei der Schüler die „Exzerpte unter allgemeinen moralphilosophischen Themen (loci) wie etwa Tugend- und Lasterbegriffen zu subsumieren" habe.[169]

Das von Erasmus entzündete stilistische Feuerwerk der hundertfachen *variatio* ein und desselben Satzes wird von Sack noch überboten. Beim Magdeburger Rektor entwickelte sich die Idee, einen Großteil des rhetorischen Regelwerks an nur einem Beispielsatz zu demonstrieren, zum Basisprinzip eines eigenen Lehrbuches.

Zunächst müsse der Schüler, so Sack in der Vorrede zum *Exemplum copiae verborum*, die rhetorischen Regeln lernen; danach gelte es, diese durch Beispiele zu veranschaulichen. Wenn man dabei alle Regeln auf dasselbe Beispiel anwende, so erleichtere dies den Schülern das Verständnis und die eigene Praxis der Nachahmung.[170] Aus diesem Grund habe Sack das oben bereits erwähnte Beispiel *Tuae literae magnopere me delectarunt* aus dem 33. Kapitel der *Copia verborum* aufgegriffen und an diesem Beispiel sämtliche Regeln exemplifiziert. Das von Erasmus übernommene Regelwerk sei dabei von ihm selbständig erweitert worden.

Durch sein eigenes Lehrbuch, so Sack, sei der Beweis erbracht, dass derselbe Satz nicht nur hundertfach, sondern mehr als 1.500-mal variiert werden könne. Der Rektor hat seine Methode konsequent bis zum Ende des Werkes beibehalten. Fraglich bleibt dabei jedoch, ob sich angesichts dieser Monotonie beim Schüler nicht ein gewisser Ermüdungseffekt einstellen konnte. Eventuell hätte die Aufnahme weiterer Beispiele den durch Neugier befeuerten Lerneifer noch steigern können.

Sack verteidigt sein Lehrbuch unter Hinweis auf die schulische Praxis. Diese Art der Darstellung befördere nicht allein die Erkenntnis des Stoffes, sondern auch die eigenen rhetorischen Versuche der Schüler. Das Grundgerüst der Regeln, das Sack als *ordo* bezeichnet, könne von den Schülern unter Verwendung anderer Wörter und Beispielsätze eigenständig angewendet werden.[171] Wenn ein *medio-*

---

168 Ebd., S. 258.
169 Bauer: Jesuitische ‚ars rhetorica', S. 125.
170 Sack: Exemplum copiae verborum, A 3 r: „Optima enim docendi, discendique est ratio, quae per praecepta et exempla procedit. Ad utrumque autem permultum proderit adolescentibus, si in conspectu unum aliquod exemplum ad omnes regulas et figuras accomodatum habeant. Ita enim facilius et praecepta et praeceptorum usum intelligere atque imitari poterunt."
171 Ebd., A 3 v: „Neque tantum ad hoc conducet haec tractatio, ut praesens exemplum adolescentes intelligant, sed ad hoc etiam, ut exempla similia effingere facilius, dexteriusque possint.

cris usus, also Übung und Fleiß hinzuträten, werde der Schüler in nicht allzu langer Zeit in die Lage versetzt, einen selbstgewählten Satz sechshundertfach abzuwandeln. Begleitet durch die *lectio bonorum autorum* und Sprech- und Schreibübungen wachse die *variandi facultas* mehr und mehr, wie es auch in anderen Disziplinen vonstatten zu gehen pflege.[172]

3.12 Anwendung ramistischer Baumdiagramme: Die *Phrases Erasmi*

Das zweite auf Erasmus basierende Lehrbuch Sacks trägt den Titel *Phrases Erasmi Roterodami ex probatissimis Autoribus desumptae*.[173] Es lehnt sich inhaltlich stärker an das Werk des Erasmus an, denn Sack beginnt seine Bearbeitung mit dem fünfzigsten Kapitel der *Copia verborum* und führt diese bis zum letzten Kapitel des ersten Buches der Vorlage.

Die Vorrede einleitend, geht Sack auf die Unterscheidung von *res* und *verba* ein. Mit den *res* sind hier wie oben die gedanklichen Inhalte gemeint, mit *verba* deren konkrete sprachliche Umsetzung. Das eine könne ohne das andere nicht existieren, denn die *verborum multitudo* sei ohne *rerum bonitas* undenkbar. Umgekehrt bedürften die *res bonae*, um ausgedrückt werden zu können, der angemessenen und verständlichen Worte. Wenn Sack weiter anführt, er wolle von den *res* schweigen und sich auf die *forma orationis* beschränken, so findet sich auch hier die oben bereits erwähnte Schwerpunktsetzung auf die *elocutio*, die sprachliche Ausgestaltung der Rede, unter Vernachlässigung der *inventio*, der Findung der Argumente.

Die Zielsetzung des Lehrbuches ist dieselbe wie beim zuerst erwähnten: die Aneignung der *copia verborum*. Denn nur wer über den nötigen Wortschatz und die Kenntnis der rhetorischen Regeln verfüge, sei in der Lage, angemessen zu reden und zu schreiben. Bei dieser Erlangung eines umfangreichen Wortschatzes könnten insbesondere die *exempla* des Erasmus gute Dienste leisten, denn er hätte sie *ex probatissimis autoribus* gewonnen.[174] Weiterhin bürge die hohe sprachliche Kennerschaft des Erasmus für den Nutzen seines Werkes bei der Aneignung der *loquendi et scribendi facultas*.

Poterunt enim eundem sequi ordinem. Poterunt eodem modo singula vocabula per singulas figuras examinare."
172 Ebd., A 3 v–A 4 r.
173 Siegfried Sack: Phrases Erasmi Roterodami ex probatissimis autoribus desumptae, & à capite 50. libri primi De copia verborum usque ad finem intabulas redactae. Magdeburg 1567.
174 Ebd., A 3 r.

Sack richtet sein Werk nicht an die *adultores*, die ja in der Lage seien, selbstständig das Feld des gesamten Kanons der antiken Autoren zu durchwandern, sondern an die jüngeren Schüler, denen die *Phrases* gleichsam als Vorspeise dienen sollten, bis sie sich selbst die Autoren aneignen könnten. Der Rektor versteht sein Lehrbuch daher als bloße Heranführung an die Hauptsache, das Studium der antiken Texte. Dabei käme es ihm nicht darauf an, mittels *ostentatio* den Schein großer Gelehrsamkeit zu erwecken, sondern seinen Schülern ein nützliches und altersgerechtes Wissen zu vermitteln.[175]

Teil dieser Bestrebungen nach Vereinfachung und Übersichtlichkeit war die Anordnung der Beispiele des Erasmus in Form eines Baumdiagramms. „Damit die Schüler die Inhalte leichter in Erinnerung behalten und zu eigenen Versuchen anwenden können, habe ich sie, soweit dies möglich war, in *tabulae* wiedergegeben."[176] In der Tat besaß das Werk des Erasmus ein eklatantes Manko in der Darstellung der Inhalte. Synonyme Ausdrücke konnten allein in Form einer horizontalen Abfolge dargestellt werden: „Dein Brief hat mich sehr erfreut, unterhalten, belebt, erheitert etc."[177] In der Bearbeitung Sacks dagegen erscheinen diese Synonyme für *delectarunt* als Kolumne untereinander gedruckt.[178] Diese vertikale Anordnung brachte einen hohen Zuwachs an Übersichtlichkeit. Sie ermöglichte ein sofortiges Erfassen, im Terminus von Gottfried Wilhelm Leibniz: *uno conspectu*, auf einen Blick.[179]

Dabei war nicht allein von Belang, dass der Drucker die Wortvarianten untereinander anordnete, sondern vor allem, dass er sie durch eine geschweifte Klammer miteinander verband. Die epochale Bedeutung der Klammer als visuelles Signal der Zusammengehörigkeit bzw. Filiation zeigt die Druckgeschichte des Dialektiklehrbuchs von Petrus Ramus.[180]

In der 1543 gedruckten Erstausgabe der *Dialecticae institutiones* von Ramus, nach Wilhelm Schmidt-Biggemann das „einflussreichste Lehrbuch des 16. Jahrhunderts",[181] waren Ober- und Unterbegriffe zunächst unverbunden nebeneinan-

---

175 Ebd., A 4 v.
176 Ebd., A 4 r: „Ut autem facilius memoriae commendari et ad usum transferri possint, redegi eas in tabulas quasdam, quantum quidem commode fieri potuit." Vgl. auch Sack: Exemplum copiae verborum, A 3 r: „ Ac ut facilior esset imitatio tabulis pleraque complexus sum."
177 Erasmus: De copia verborum. In: Opera omnia, Bd. I, 6, S. 78: „[Tuae literae me magnopere] delectarunt: ‚oblectarunt', ‚recrearunt', ‚exhilarunt' synonymia est [...]."
178 Sack: Exemplum copiae verborum, B 1 r.
179 Das Folgende nach Steffen Siegel: Tabula. Figuren der Ordnung um 1600. Berlin 2009, S. 66–69.
180 Vgl. zu Ramus vor allem: Ong: Ramus. Method, and the decay of dialogue.
181 Wilhelm Schmidt-Biggemann: Topica universalis. Eine Modellgeschichte humanistischer und barocker Wissenschaft. Hamburg 1983, S. 41.

der abgedruckt, was ihre jeweilige Zuordnung und damit die Rezeption des dichotomischen Systems des Ramus bedeutend erschwerte. Erst die Ausgabe von 1547 brachte die entscheidende Neuerung: Eine geschweifte Klammer verband nun Ober- und Unterbegriffe, wodurch diese unzweifelhaft miteinander in Beziehung gesetzt werden konnten. „Spätestens seit der Jahrhundertmitte mehren sich in auffallend großer Zahl jene Drucke, die – dabei nicht selten äußerst extensiv – solche diagrammatischen *tabulae* als ein Darstellungs- und Demonstrationsmittel einsetzen."[182]

Doch mit der Durchsetzung neuer Darstellungsformen und Ordnungsprinzipien ist nicht immer auch ein Erkenntniszuwachs verbunden. Denn bei den erklärenden Beitexten hält sich Sack eher knapp, sodass seine beiden Lehrbücher auf einigen Seiten wie reine Tabellenwerke erscheinen. Die eher trockene und nüchterne Diktion des Magdeburger Rektors sticht dabei vom Glanz der Formulierungen des Erasmus, denen per se eine Vorbildwirkung innewohnt, deutlich ab.

Die *Copia*-Bearbeitungen haben so den Charakter eines technischen Handbuches, einer Vokabeltabelle, in der man nachschlagen, nicht jedoch sich festlesen kann wie im Original. Vielleicht war dies auch nicht intendiert, denn bei den Bearbeitungen Sacks handelt es sich um die Gattung *epitome*, also Auszug, Abriss. Als abschließende Wertung kann festgehalten werden, dass Sack das Niveau der Lehrbücher seines Vorgängers Prätorius weder in Quantität noch in Qualität erreicht hat. Seine Interessen lagen wohl eher auf theologischem Gebiet, wie die überaus zahlreichen Leichenpredigten aus seiner Feder beweisen.

3.13 Sacks Verteidigung der Wittenberger Philippisten

Der 1567 erfolgte Wechsel in das Amt des Dompredigers hinderte Sack nicht daran, sich weiterhin in den innerlutherischen Debatten zu positionieren. Als die Wittenberger Theologieprofessoren 1571 der Verdacht traf, Kryptocalvinisten zu sein, unternahm er den Versuch, ihren Ruf als rechtgläubige Lutheraner wiederherzustellen. Viele lutherische Gelehrte – Theologen, Ärzte, Juristen und Pädagogen –, die vergeblich versucht hatten, ihre inneren Überzeugungen in der Abendmahlsfrage zu verbergen, sahen sich dem Vorwurf des Kryptocalvinismus ausgesetzt.[183]

Dass diese Konstellation auch am Magdeburger Gymnasium und bereits vor Sack präsent war, zeigt das Urteil von Nikolaus Gallus, damals Prediger an St. Ul-

---

182 Siegel: Tabula, S. 69.
183 Helmar Junghans: Art. „Kryptocalvinisten" in: TRE 20, S. 123–129, hier S. 123; die Folge dieses Verdachts waren häufig Entlassung aus dem Amt und erzwungener Ortswechsel; vgl. Kap. A. 2. Die innerlutherische Spaltung und die Gymnasien.

rich und Anhänger des Matthias Flacius. Gallus hatte argwöhnisch beobachtet, dass Rektor Abdias Prätorius „die ganze Zeit, welche er bei uns gewesen, nicht allein nie communizirt [das Abendmahl empfangen], sondern, da es zweimal der Ordnung nach an ihm gewesen, nie Communion gehalten oder Andern gereicht, nur allweg einen andern Minister dazu erbeten."[184] Ob dieser Vorgang tatsächlich, wie Gallus interpretiert, durch einen auf innerer Nähe zum Calvinismus beruhenden Gewissenskonflikt bei Prätorius zu erklären ist, lässt sich nicht mehr klären. Aus naheliegenden Gründen fehlen diesbezügliche offene Äußerungen des Rektors.

Auch Sack geriet wieder ins Kreuzfeuer der Kritik.[185] Es gehört ins Vorfeld des an anderer Stelle erläuterten „Sturzes des Kryptocalvinismus in Kursachsen",[186] unter welchen Bedingungen der Magdeburger Domprediger 1570 in Wittenberg zum Doktor der Theologie promoviert wurde. Eine auffällige personelle Koinzidenz zeigt die enge Verbundenheit des philippistischen Zentrums mit dem Magdeburger Gymnasium: Verfasser der Promotionsthesen war der ehemalige Rektor Georg Major; zu den Promovenden gehörte neben Sack auch der Sohn des Gründungsrektors, Caspar Cruciger d. J. Bei der Formulierung der Promotionsthesen folgte Major „oft bis in den Wortbestand hinein seinem einstigen Lehrer Melanchthon",[187] der sich in seiner toleranten Haltung gegenüber den Calvinisten in der Abendmahlsfrage von den streng orthodoxen Gnesiolutheranern unterschied.

Die Schüler Melanchthons in Wittenberg entwickelten seine Lehrsätze zu Beginn der siebziger Jahre konsequent weiter. Was die ältere Generation lutherischer Theologen, zu der auch Major gehörte, nicht gewagt hatte, wurde von ihnen nun offen ausgesprochen: Luthers Lehre litt in der Frage der Realpräsenz Christi im Abendmahl an einem Mangel an Plausibilität. Mit biblischen Argumenten[188] suchten die Philippisten nachzuweisen, dass „die Anwesenheit der menschlichen Natur Christi an dem Ort des Himmels und zugleich auf Erden in den Abendmahlsfeiern"[189] nicht möglich sei. In der Widerlegung dieser sog. Ubiquitätslehre stützten sie sich auf Argumente der reformierten Theologen Theodor Beza und Heinrich Bullinger.[190] Ihre Formulierung fand diese im lutherischen Raum neue Lehre im

---

184 Döllinger: Reformation, Bd. II, S. 394.
185 Vgl. Hund: Das Wort ward Fleisch, S. 267, Fn. 241.
186 Vgl. Kap. A. 2.4. Jakob Andreae und die Reform der kursächsischen Fürstenschulen.
187 Johannes Hund: Einleitung zu Kapitel 1, Propositiones (1570). In: Irene Dingel (Hg.): Die Debatte um die Wittenberger Abendmahlslehre und Christologie (1570–1574). Göttingen 2008 (Controversia et Confessio 8), S. 21.
188 Vgl. Apg. 3, 21.
189 Hund: Das Wort ward Fleisch, S. 221.
190 Ebd., S. 227.

Wittenberger Katechismus von 1571,[191] verfasst von den Theologieprofessoren Christoph Pezel, Caspar Cruciger d. J., Heinrich Moller, Friedrich Widebram und Johannes Bugenhagen d. J., die gleichzeitig mit Sack promoviert worden waren. Gegen die nun beginnende Streitschriftenoffensive der Gnesiolutheraner – unter ihnen Martin Chemnitz und Nikolaus Selnecker –, versuchte Sack seine Wittenberger Kollegen mittels einer anonymen Verteidigungsschrift in Schutz zu nehmen.

Als erste Antwort auf die „Fülle der Gegenschriften, die der Wittenberger Katechismus in der ersten Jahreshälfte 1571 hervorgerufen hatte",[192] erschien im Mai desselben Jahres der *Bericht Eines Gottfürchtigen / Treuen / Gelehrten vnd wolverdienten Lehrers [...] Von dem Wittenbergischen Catechismo*.[193] Für die Verfasserschaft Sacks sprechen eine handschriftliche Randglosse im Nürnberger Exemplar des *Berichts* und eine Antwortschrift aus dem Jahr 1576, in der sein Name genannt wird.[194] Darüber hinaus ähnelt die Argumentationsstrategie im *Bericht* derjenigen anderer Verteidigungsschriften Sacks. Der Magdeburger Domprediger verweist auf die Lehrpraxis in Wittenberg, auf die „Predigten und Vorlesungen", in denen „die reine Lehre vom Abendmahl verteidigt" werde.[195] Er bezieht sich auf das kursächsische *Corpus doctrinae*, das eine „klare Darlegung der richtigen Abendmahlslehre" und eine „Abgrenzung gegen Anderslehrende" enthalte.[196]

Sack übergeht die entscheidende Neuerung, die den Wittenberger Katechismus zum Zankapfel werden ließ: die Behauptung, die menschliche Natur Christi sei seit ihrer Himmelfahrt im „topographisch bestimmbaren Ort des Himmels" zu lokalisieren und habe daher „ihre Gegenwart exklusiv an diesem Ort und nicht etwa auch gleichzeitig auf der Erde".[197] Eine Präsenz Christi bei den Abendmahlsfeiern war demnach ausgeschlossen. Zwar hatte der alte Melanchthon diese Ansicht an mehreren Punkten seines Spätwerks[198] vorbereitet, in letzter Konsequenz konnte sie jedoch wegen ihrer Nähe zur reformierten Lehre nicht offen

---

[191] Vgl. zu den Kontroversen um den Wittenberger Katechismus von 1571: Dingel (Hg.): Die Debatte um die Wittenberger Abendmahlslehre, S. 76–289; sowie Hund: Das Wort ward Fleisch, S. 209–310.
[192] Ebd., S. 267.
[193] Siegfried Sack: Bericht Eines Gottfürchtigen, Treuen, Gelerten vnd wolverdienten Lehrers der Christlichen Kirchen, Von dem Wittembergischen Catechismo. Aus einer Schrifft, an einen guten freund. Wittenberg 1571.
[194] Vgl. zu den bibliographischen Angaben: Hund: Das Wort ward Fleisch, S. 267, Fn. 241.
[195] Ebd., S. 268.
[196] Ebd., S. 269.
[197] Ebd., S. 221.
[198] Z. B. in der Vorlesung über den Kolosserbrief von 1557; vgl. ebd., S. 220. Zu Melanchthons Verhältnis zum Calvinismus: Günter Frank, Herman J. Selderhuis (Hgg.): Melanchthon und der Calvinismus. Stuttgart-Bad Canstatt 2005 (Melanchthon-Schriften der Stadt Bretten 9).

geäußert werden. Johannes Hund unterscheidet daher zwischen „klassischem" und „konsequentem" Philippismus und ordnet ersterem Melanchthon und Major, letzterem die Verfasser des Wittenberger Katechismus zu.[199]

Auch Sack zeigt sich in seiner theologischen Argumentation als klassischer Philippist, der an der lutherischen Abendmahlslehre, der Realpräsenz Christi im Sakrament festhält. Die Strategie einer Nichterwähnung strittiger Punkte und ostentativen Beteuerung orthodox lutherischer Rechtgläubigkeit ist bereits aus der oben dargestellten, von Sack herausgegebenen Schülerschrift *Fides scholasticorum* bekannt. Auch wenn dadurch zum Teil philippistische Positionen preisgegeben werden, zielt dieses Verhalten letzten Endes auf eine Befriedung der innerlutherischen Auseinandersetzungen. Sack zeigt sich weniger als kämpferischer Neuerer, denn als Theologe, der „stets um Ausgleich und Frieden bemüht gewesen" ist.[200]

Sein Ziel einer Verständigung mit den Gnesiolutheranern hat Sack indessen nicht erreicht: Als man die gemeinsam mit ihm promovierten Wittenberger Theologen zur Unterschrift unter die streng orthodoxen „Torgauer Artikel" zwingen wollte, „verweigerten diese den Verrat an der eigenen Anschauung" und wurden aus ihrem Amt und Wittenberg vertrieben.[201] Folgerichtig vollzogen Christoph Pezel und Friedrich Widebram den Wechsel zum Calvinismus. Pezel setzte sich auch weiterhin publizistisch für das Werk seines Lehrers Melanchthon ein.[202]

---

[199] Hund: Das Wort ward Fleisch, S. 220f.
[200] Ebd., S. 267, Fn. 241.
[201] Ebd., S. 693.
[202] Vgl. Richard Wetzel: Christoph Pezel (1539–1604). Die Vorreden zu seinen Melanchthon-Editionen als Propagandatexte der ‚Zweiten Reformation'. In: Heinz Scheible (Hg.): Melanchthon in seinen Schülern. Wiesbaden 1997 (Wolfenbütteler Forschungen 73), S. 465–566. Zu weiteren Schülern Melanchthons, die dem Luthertum den Rücken zukehrten und sich dem Calvinismus oder Katholizismus zuwandten, vgl. die Beiträge zu Zacharias Ursinus, Victorin Strigel, Veit Amerbach und Friedrich Staphylus im selben Band.

4 Georg Rollenhagen (1575–1609)

Der einzige Magdeburger Rektor, der in der Literaturgeschichte vom 19. Jahrhundert bis heute ein breites Echo erfuhr, ist Georg Rollenhagen.[1] Zurückzuführen ist dies vor allem darauf, dass er – anders als seine Vorgänger am Gymnasium und die meisten bedeutenderen Gelehrten seiner Zeit – seine Hauptwerke nicht auf Latein, sondern in der Volkssprache verfasste. Seinen Zeitgenossen jedoch galt er in erster Linie als ausgezeichneter Schulmann. Glaubt man dem Urteil Seelmanns, so entwickelte sich das Magdeburger Gymnasium unter seiner Leitung zur „berühmtesten Schule Deutschlands", die aufgrund seines Rufes starken Zuzug erhielt, so dass 1576 „die acht Classen der Schule an die 1.600 Schüler" zählten.[2] Seelmann zufolge ist auch die „schnelle Verbreitung und Werthschätzung" seiner Werke auf sein „Ansehen als Schulmann" zurückzuführen. Die Tatsache, dass sein literarisches Schaffen „in engster Beziehung"[3] zu seinem Wirken als Pädagoge stand, ist im 19. Jahrhundert, als man sein Opus magnum, den *Froschmeuseler*, als „Kinder- oder Volksbuch missverstanden" hat,[4] in Vergessenheit geraten. Indem sie den *Froschmeuseler* in erster Linie als ein Lehrbuch für seine Schüler, die *zur Weyßheit vnd Regimenten erzogene Jugend*,[5] versteht, will die folgende Darstellung diesem lange ausgeblendeten Aspekt zu neuer Geltung verhelfen.

In einem Brief an den Tübinger Mathematiker und Astronomen Michael Mästlin aus dem Jahr 1586 äußerte sich Rollenhagen folgendermaßen: „Ich weiß, wie sehr sie unsere Studien hassen und mit Kritik überziehen, jene Unwissenden, die wie Blinde über die Farben urteilen, besonders aber die Theologen oder ‚Esel an der Harfe'.[6] Und darum werde ich dafür Sorge tragen, dass Dir unsere alte Freundschaft

---

1 Vgl. Wilhelm Kühlmann: Art. Georg Rollenhagen. In: Killy/Kühlmann 9 (2010), S. 708–709 (Literatur); Holstein: Das Altstädtische Gymnasium, S. 129–132; und insbesondere die zahlreichen, bei Kühlmann aufgeführten Beiträge von Dietmar Peil zu Leben und Werk. Die zeitgenössischen Anekdoten über Rollenhagen und eine Aufstellung seiner Werke referiert Gottfried Ludovici: Historia rectorum et Gymnasiorum Scholarumque celebriorum. Leipzig 1708–1718, Bd. 4, S. 48–65. Vgl. zur Biographie auch die Einleitung in Karl Goedeke (Hg.): Froschmeuseler. Von Georg Rollenhagen. Leipzig 1876 (Deutsche Dichter des sechzehnten Jahrhunderts, Bd. 8); sowie Wilhelm Seelmann: Georg Rollenhagen. In: Geschichtsblätter für Stadt und Land Magdeburg 24 (1889), S. 83–109.
2 Wilhelm Seelmann: Art. Georg Rollenhagen. In: ADB 29 (1889), S. 87–95, hier S. 90.
3 Ebd.
4 Vgl. Dietmar Peil im Anhang seiner Ausgabe: Rollenhagen: Froschmeuseler, S. 740.
5 So bereits der Titel des Werks, vgl. ebd., S. 9.
6 Der Topos vom „onos lyras" oder „asinus ad lyram" (Phaedr. fab. App. 12; Varro Men. 349) war bereits in der griechischen Antike sprichwörtlich und fand im Mittelalter reiche literarische und ikonographische Verbreitung. Vgl. Samuel Singer (Hg.): Thesaurus Proverbiorum Medii Aevi, Lexikon der Sprichwörter des germanisch-romanischen Mittelalters, Bd. 3, S. 61 f.; sowie Reinhold

nicht Verdächtigung oder Verfolgung einträgt bei jenen Idioten."[7] Das Zitat bringt auf prägnante Weise Rollenhagens humanistische Orientierung und innere Opposition gegen die Vertreter der Orthodoxie zum Ausdruck. Man fühlt sich zurückerinnert an Klagen von Melanchthon und Major über den Furor und die Ignoranz, mit der frühe Gnesiolutheraner wie Nikolaus von Amsdorf oder Conrad Cordatus in den dreißiger Jahren die *Studia humanitatis* verfolgt hatten.[8] Wie ist diese Kontinuität philippistischen Denkens im Rektorenamt des Magdeburger Gymnasiums zu erklären?

Georg Rollenhagen wurde am 22. April 1542 als Sohn eines „Tuchmachers, Landwirts und Bierbrauers"[9] in Bernau bei Berlin geboren. Seine wissenschaftliche Sozialisation war aufs Engste mit dem Magdeburger Gymnasium verknüpft, denn hier erhielt er ab 1559 unter Rektor Sack die schulische Ausbildung und eine Stellung als Privatlehrer, die ihn wenig später zum Studium nach Wittenberg führte. In Wittenberg hörte er zunächst noch Melanchthon selbst, später dessen Schüler: Theologie bei Paul Eber, Georg Major und Caspar Cruciger; lateinische Poetik und Dichtung bei Johannes Major; über Hippokrates und Galen Caspar Peucer sowie Bartholomäus Schönborn über die „naturkundlichen Schriften des Plinius".[10] Rollenhagen studierte demnach im Zentrum des Philippismus und zu einer Zeit, als die Schüler Melanchthons die universitäre Lehre noch unangefochten dominierten. Diese philippistische Prägung ist, wie später darzustellen gilt, auch im *Froschmeuseler* an mehreren Stellen präsent. Rollenhagen wollte den Lehren Melanchthons bis in die nächste Generation hinein Kontinuität verleihen.

Darüber hinaus besuchte Rollenhagen die Kollegien des Veit Oertel (von Winsheim)[11] über griechische Autoren, insbesondere Homer. Mit welcher Emphase der Gräzist Oertel seinen Studenten die damals für ein Werk des Homer gehaltene *Batrachomyomachia*[12] empfahl, lässt sich in der Vorrede zum *Frosch-*

Hammerstein: Diabolus in Musica. Studien zur Ikonographie der Musik im Mittelalter. Bern, München 1974, S. 73–75.

7 Für den freundlichen Hinweis auf dieses Zitat aus einer Wolfenbütteler Handschrift danke ich Wilhelm Kühlmann: HAB Cod. guelf. 10.5. Aug. 2°, 167 r–v: „Nihil autem vereri de nomine tuo debes. Scio quam oderint, quam calumnientur nostra studia, illi qui ignorant, ut caeci de coloribus iudicent, praesertim Theologi sed velut ὄνοι λύρας. Ideoque operam dabo, ne quid nostra vetus haec amicitia tibi aut suspicionis aut detrimenti apud Idiotas illos adferat."

8 Vgl. Kap. B.1.9. Verteidigung humanitären Handelns: Der Majoristische Streit.

9 Peil: Georg Rollenhagen, S. 561.

10 Ebd.; vgl. auch Seelmann: Art. Rollenhagen. In: ADB 29 (1889), S. 88.

11 Karl Hartfelder: Art. Veit Winsheim. In: ADB 43 (1898), S. 461f. Vgl. auch die Briefe von und an Melanchthon im Melanchthon Briefwechsel.

12 Vgl. Reinhold Glei: Art. Batrachomyomachie. In: Der Neue Pauly 2, Sp. 491f.

meuseler nachlesen.¹³ Aus einem Studentenscherz resultierte ein gewaltiges Werk: Rollenhagen und seine Kommilitonen wollten ihrem *lieben wolverdienten praeceptori [...] gleichsam einen schertzhafften Poeten krieg ansagen / machten das Buch Lateinisch / Frantzösisch / Deutsch*. Oertel nahm diese Anregung seiner Studenten auf und leitete sie schriftlich dazu an, *wie man die rathschlege von regimenten vnd kriegen / nützlich hinein bringen / vnd also ein formliche Deutsche Lection / gleichsam einer Contrafactur dieser vnser zeit daraus machen könte.*¹⁴

Die lediglich 300 Hexameter umfassende *Batrachomyomachia* diente Rollenhagen später als Grundgerüst der Handlung seines mit fast 20.000 Versen umfangreichsten deutschen Tierepos. Weil sie die Sinnlosigkeit und Destruktivität des Krieges in Tiergestalt vor Augen führt, wurde die *Batrachomyomachia* bereits von Melanchthon als Medium „umfassender Jugenderziehung" hoch geschätzt.¹⁵ Als sehr wahrscheinlich erscheint, dass Rollenhagen als „Enkelschüler" Melanchthons durch Oertel auf diesen irenischen Grundzug der Beschäftigung mit dem antiken Werk aufmerksam gemacht wurde.

Im Februar 1567 erhielt Rollenhagen seinen Magistertitel; noch im selben Jahr trat er das Amt des Prorektors am Magdeburger Gymnasium an. Von seiner Verflochtenheit mit der patrizischen Elite der Elbestadt zeugt seine Heirat mit der Tochter des Syndikus Franz Pfeil.¹⁶ Neben der pädagogischen Tätigkeit predigte Rollenhagen ab 1573 an St. Sebastian und an der Stiftskirche zu St. Nikolai. 1575 übernahm er das durch Weggang seines Vorgängers Edo Hilderich¹⁷ vakant gewordene Rektorat. Rollenhagens vielseitige wissenschaftliche Interessen, die sich in einer Korrespondenz mit Gelehrten wie Heinrich Rantzau und Tycho Brahe niederschlugen,¹⁸ verschafften ihm überregionale Wahrnehmung.

Der Magdeburger Rektor erhielt ehrenvolle Berufungen in auswärtige, weitaus lukrativere und ehrenvollere Posten. Ihm wurden Predigtämter in Leipzig und an der Schlosskirche zu Wittenberg, die Superintendentur in Zerbst, Professuren in Helmstedt und Frankfurt sowie Hofpredigerstellen angetragen. Doch Rollenhagen lehnte alle Rufe ab und blieb dem Magdeburger Gymnasium über einen Zeitraum

---

13 Rollenhagen: Froschmeuseler, S. 18.
14 Ebd., S. 19.
15 Thomas Bleicher: Homer in der deutschen Literatur (1450–1740). Zur Rezeption der Antike und zur Poetologie der Neuzeit. Stuttgart 1972, S. 76.
16 Vgl. zu Pfeil Kap. B. 3.4. Widerlegung des Häresieverdachts: Die Antwort der Schuldiener.
17 Hilderich ist während seines kurzen Magdeburger Rektorats nicht literarisch hervorgetreten. Vgl. Holstein: Das Altstädtische Gymnasium, S. 74.
18 Peil: Georg Rollenhagen, S. 562; Seelmann: Art. Rollenhagen. In: ADB 29 (1889), S. 89. Lateinische Briefe von Rollenhagen an Rantzau in Bernleithner: Humanismus und Reformation, S. 279–292. Vgl. auch das Verzeichnis der Briefe von Peil im Anhang zu Rollenhagen: Froschmeuseler, S. 945–947.

von 42 Jahren bis zu seinem Tod treu. Damit unterschied er sich von seinen Vorgängern, die nach nur wenigen Jahren in besser dotierte Anstellungen wechselten.

Für diesen Willen zur Kontinuität waren wohl verschiedene Faktoren ausschlaggebend. Nach der Vertreibung Tilemann Heshusens und seiner Anhänger durch den Rat ist von einer relativen Befriedung der innerstädtischen Kontroversen zwischen Gnesiolutheranern und Philippisten auszugehen.[19] In Magdeburg, so Rollenhagen selbst, konnte er seinen philippistischen Überzeugungen treu bleiben. Denn in Leipzig und an anderen Orten war auf Betreiben des Gnesiolutheraners Jakob Andreae hin die Ubiquitätslehre vorherrschend, die Rollenhagen als Neueinführung ablehnte.[20]

Hinzu trat die tiefverwurzelte Skepsis des städtischen Humanisten gegenüber Höfen.[21] Aaron Burckhart überliefert in seiner Leichenpredigt auf Rollenhagen dessen Diktum, er ziehe die Freiheit unter dem „Kranz der Magdeburger Jungfrau" der Gebundenheit bei Hof vor.[22] Mit einer erzürnten Jungfrau könne man sich leichter versöhnen als mit Löwen und Bären, die für ihre Reizbarkeit bekannt seien. Wie generell in der Fabel,[23] so steht auch im *Froschmeuseler* der Löwe für den Herrscher und Tyrannen, so z. B. im von Rollenhagen adaptierten *Reynke de Vos*-Zyklus des ersten Buches oder in der Episode vom gelehrten Hasen, die später zu thematisieren ist. Rollenhagen hat es als besonders wichtig erachtet, seine Schüler, die zukünftigen gelehrten Räte, vor den Gefahren an den Höfen zu warnen. So bildet die Hofkritik einen wichtigen Inhalt, der an mehreren Stellen des *Froschmeuselers* präsent ist.

Der *Froschmeuseler* ist erkennbar das Werk eines erfahrungsgesättigten Autors im vorgerückten Lebensalter. In Gestalt von tatfreudigen, am Ende jedoch für ihr vorschnelles Handeln bestraften jungen Mäusen und Fröschen warnt der alte

---

19 Vgl. Kap. B. 3.1. Zur Stadtverweisung von Tilemann Heshusen.
20 Vgl. Seelmann: Art. Rollenhagen. In: ADB 29 (1889), S. 89.
21 Allgemein zur Thematik Helmuth Kiesel: „Bei Hof, bei Höll". Untersuchungen zur literarischen Hofkritik von Sebastian Brant bis Friedrich Schiller. Tübingen 1979.
22 Aaron Burckhart: Analysai Rollenhagianum. Das ist: Seliger Abschiedt [...] M. Georgii Rollenhagii, Langgedienten Schull Rectoris dieser löblichen Alten Stadt Magdeburgk. Magdeburg 1609, S. 41f.
23 Vgl. zur Fabel im Allgemeinen Klaus Grubmüller: Art. Fabel. In: Reallexikon der deutschen Literaturwissenschaft, Bd. 1, S. 555–558; Adalbert Elschenbroich (Hg.): Die deutsche und lateinische Fabel in der frühen Neuzeit. 2 Bde. Tübingen 1990; Gerd Dicke, Klaus Grubmüller: Die Fabeln des Mittelalters und der frühen Neuzeit. Ein Katalog der deutschen Versionen und ihrer lateinischen Entsprechungen. München 1987 (Münstersche Mittelalter-Schriften 60); sowie Gerd Dicke: Heinrich Steinhöwels „Esopus" und seine Fortsetzer. Untersuchungen zu einem Bucherfolg der Frühdruckzeit. Tübingen 1994. Vgl. zur Figur des Löwen Dirk Jäckel: Der Herrscher als Löwe. Ursprung und Gebrauch eines politischen Symbols im Früh- und Hochmittelalter. Köln 2006.

Schulmeister seine Leser vor jugendlichem Überschwang. Jegliche Form von Neuerungen – sei es in der Religion oder in der Politik – sind abzulehnen, weil sie, wie z. B. an der Königswahl der Frösche[24] demonstriert, stets Unheil zur Folge haben. Diese Positionen basieren auf der „zutiefst religiös geprägten Grundeinstellung" Rollenhagens. Dazu gehören auf der einen Seite ein „gläubiges Vertrauen auf Gott", auf der anderen Seite die „resignative Erkenntnis der Nichtigkeit menschlichen Handels".[25] Auf diese Weise durchdringen sich bei Rollenhagen Lebenserfahrung und literarisches Werk.

Rollenhagen starb am 20. April 1609. Sieben Schüler des Gymnasiums verfassten Epicedien auf seinen Tod.[26] Wie Ralf Georg Bogner gezeigt hat, waren diese Epicedien in erster Linie auf sein Wirken als Pädagoge, nicht als Autor fokussiert und dienten der innerinstitutionellen Selbstvergewisserung. Die Schüler Rollenhagens priesen „seine pädagogischen Fähigkeiten, sein väterliches Verhältnis zu den Alumni, seine Gelehrsamkeit, seinen singulären Beitrag zum großen Ruhm der Institution [...] und nicht zuletzt immer wieder seine *pietas*".[27] Im Gegensatz dazu zielte die bereits erwähnte Leichenpredigt von Aaron Burckhart auf ein bei der Beerdigung anwesendes „großes Publikum", das sich aus „Angehörigen, Kollegen, Freunden und Bekannten"[28] zusammensetzte. Die Leichenpredigt war dementsprechend allgemeiner gehalten als die Epicedien und stellte eher Rollenhagens Qualitäten als Prediger, „frommer protestantischer Christ und [...] selig Dahingeschiedener" heraus.[29] Im 19. Jahrhundert verfasste Wilhelm Raabe unter dem Titel „Eine Grabrede aus dem Jahre 1609" eine Kontrafaktur auf die Leichenpredigt Burckharts.[30]

Dass Rollenhagen in der St. Ulrichskirche beigesetzt wurde,[31] zeigt die Wertschätzung seiner Verdienste durch die religiöse und politische Elite Magdeburgs, denn die Ulrichskirche war neben dem Dom die bedeutendste und zentralste Kirche der Elbestadt. Sein ältester Sohn, Gabriel Rollenhagen, wirkte als Protonotar des Magdeburger Domkapitels und trat als fruchtbarer Autor lateinischer

---

24 Rollenhagen: Froschmeuseler, S. 438–465, II, 5505–6330.
25 So Peil im Anhang zu ebd., S. 731f.
26 Epicedia in Honorem sepulturae reverendi, clarissimi, optimique de ecclesia et schola meriti viri domini M. Georgii Rollenhagii. Magdeburg 1609. Vgl. zu dieser Sammlung Bogner: Der Autor im Nachruf, S. 96–103 und S. 381f.
27 Ebd., S. 91f.
28 Ebd., S. 99.
29 Ebd.
30 Wilhelm Raabe: Eine Grabrede aus dem Jahre 1609. In: ders.: Sämtliche Werke. Hg. von Karl Hoppe. Bd. 9, T. 1: Erzählungen. Göttingen 1974, S. 59–83; vgl. dazu auch Bogner: Der Autor im Nachruf, S. 101–103.
31 Vgl. Seelmann: Art. Rollenhagen. In: ADB 29 (1889), S. 89.

Gedichte, eines Emblembuchs und einer volkssprachlichen Komödie hervor.[32] Als er 1602 das von seinem Vater geleitete Gymnasium verließ, um in Leipzig und später in Leiden Jurisprudenz zu studieren, verabschiedete sich Gabriel Rollenhagen von seinen Mitschülern mit einer Valediktionsrede, die eine wertvolle Quelle zur Schulgeschichte darstellt.[33]

4.1 Rollenhagens Gymnasialschriften

Das Œuvre Rollenhagens richtete sich, wie oben erwähnt, in der Hauptsache an seiner pädagogischen Tätigkeit aus. Mit mindestens zehn Nachdrucken bis 1637[34] war der *Froschmeuseler* Rollenhagens erfolgreichstes Werk. Acht weitere Ausgaben – zum Teil stark kürzende Bearbeitungen – zeigen, dass der *Froschmeuseler* auch im späten 18. und 19. Jahrhundert noch präsent war.[35] Wie in seinem Hauptwerk lehnte sich Rollenhagen auch in seinen dramatischen Werken[36] an Vorlagen an, die er „trotz gelegentlich wörtlicher Übernahmen"[37] sehr frei behandelte und stark erweiterte. 1569 kam das Drama *Abraham*[38] in Magdeburg zur Aufführung. 1576 und 1590 folgten *Tobias* und *Lazarus*, Bearbeitungen nach Vorlagen von Thomas Brunner und Joachim Lonemann. Dass im *Tobias* mehr als 150 Personen auftreten, beweist wiederum die enge Ausrichtung des literarischen Werks an den Bedürfnissen des gymnasialen Unterrichts, denn Rollenhagen wollte möglichst

---

[32] Wilhelm Kühlmann: Art. Gabriel Rollenhagen. In: Killy/Kühlmann 9 (2010), S. 701f. (Literatur). Zu Gabriel Rollenhagens Verbindungen zum Kreis um Scaliger in Leiden vgl. Wilhelm Seelman: Art. Gabriel Rollenhagen. In: ADB 29, S. 84–87; Dünnhaupt: Personalbibliographien zu den Drucken des Barock, Bd. 5, S. 3466–3475; sowie zu seiner Komödie „Amantes Amentes": Karl Theodor Gaedertz: Gabriel Rollenhagen. Sein Leben und seine Werke. Beitrag zur Geschichte der deutschen Litteratur, des deutschen Dramas und der niederdeutschen Dialektdichtung; nebst bibliographischem Anhang. Leipzig 1881.
[33] Vgl. Kap. B. 1.1. Gründung und erste Jahre unter Rektor Cruciger.
[34] Vgl. die Nachweise der einzelnen Nachdrucke im Anhang zu Rollenhagen: Froschmeuseler, S. 937–939.
[35] Rollenhagen: Froschmeuseler, S. 931f.
[36] Jahn: Druck und Drama, passim; Peil: Die Schaubühne als ‚pädagogische Anstalt'; ders.: Zur konfessionellen Problematik in den Schuldramen Georg Rollenhagens. In: Dieter Breuer (Hg.): Religion und Religiosität im Zeitalter des Barock, Bd. 2. Wiesbaden 1995 (Wolfenbütteler Arbeiten zur Barockforschung 25), S. 643–653; Elliott Bergmann: Images of Jews and Judaism in Georg Rollenhagen's drama Vom reichen Manne und armen Lazaro. In: Neophilologus 92 (2008), 491–501; sowie Washof: Die Bibel auf der Bühne, passim.
[37] Peil: Georg Rollenhagen, S. 563.
[38] Vgl. zu den bibliographischen Nachweisen Gerhard Dünnhaupt: Personalbibliographien zu den Drucken des Barock. Stuttgart 1991, Bd. 5, S. 3476–3491.

viele seiner Schüler an den Aufführungen beteiligen.[39] Zu nennen sind weiterhin seine deutschen Erläuterungen zu den in Magdeburg aufgeführten Komödien des Terenz,[40] die eine deutliche Überformung des antiken Autors durch „moralisch-didaktische Positionen des 16. Jahrhunderts" aufweisen.[41]

Weitere, direkt für den Unterricht verfasste Lehrbücher waren eine deutsche Übersetzung der Lateingrammatik des Donat,[42] eine unter dem sprechenden Titel *Abecedarium Magdaeburgense*[43] gedruckte, lateinisch-deutsche Fibel sowie lateinische Teilübersetzungen der Ilias[44] und Odyssee,[45] bei denen der griechische Originaltext und die lateinische Übersetzung parallel abgedruckt sind. Diese kleinformatigen und wenig umfangreichen Schulbücher waren keine eigenständigen wissenschaftlichen oder editorischen Leistungen, sondern erfüllten die Anforderungen des Elementarunterrichts.

Von größerer Bedeutung sind zwei posthum von Johannes Blocius herausgegebene Schulschriften Rollenhagens: das *Compendium Docentiae et Discentiae* und die *Commonefactio*.[46] Mit der Herausgabe dieser Texte verband Blocius die Intention, die seit Anfang des 17. Jahrhunderts verstärkt in Erscheinung tretenden Reformpädagogen in ihre Schranken zu weisen. Die Ramisten und Ratichianer, so führt Blocius in seiner Vorrede aus, kritisierten die herkömmliche Bildung des melanchthonischen Gelehrtenschulwesens als ineffizient und veraltet. An die Stelle der herkömmlichen Lehrweise suchten sie ihre neuen Methoden zu setzten. Durch die Rückbesinnung auf die Pädagogik Rollenhagens will Blocius ein Zeichen setzen gegen den drohenden Verlust des melanchthonischen Erbes. Auch in der späteren Diskussion um die Einsetzung Wolfgang Ratkes als Rektor des Magdeburger Gymnasiums hat sich Blocius mit eigenen Schriften gegen die Reformen positioniert.[47]

Im *Compendium Docentiae et Discentia* entfaltet Rollenhagen seine pädagogischen Vorstellungen von der vorschulischen Bildung durch die Eltern bis zum

---

39 Peil: Georg Rollenhagen, S. 563.
40 Dünnhaupt: Personalbibliographien zu den Drucken des Barock, Bd. 5, S. 3483.
41 Peil: Georg Rollenhagen, S. 567.
42 Dünnhaupt: Personalbibliographien zu den Drucken des Barock, Bd. 5, S. 3479.
43 Ebd., S. 3489.
44 Ebd., S. 3478.
45 Ebd., S. 3489.
46 Georg Rollenhagen: Georgi Rollenhagi Gymnasi Magdeburgensis olim Rectoris Paedia. Quo Pacto Scholastica Iuventus sine taedio, sine multo labore, iuxta leges praememoratae Scholae ad mediocrem eruditionem manuduci possit Admonitio. Olim ab ipso Autore ad publicam lucem & communem usum destinata; nunc M. Johannis Bloci P.L.C. Studio & industria publicata. Magdeburg 1619.
47 Johannes Blocius: Interusurium didacticum seu meditationes quaedam de methodo quae vulgo Ratichiana dicitur. Magdeburg 1621.

eigentlichen gymnasialen Unterricht. Entgegen der von Blocius intendierten Abwehr pädagogischer Reformen erscheint gerade die Propagierung des muttersprachlichen Unterrichts als ein Schwerpunkt der Schrift. So setzt sich Rollenhagen anders als die Traditionalisten für die Einbeziehung der Volkssprache in den Elementarunterricht ein.[48] Der Magdeburger Rektor empfiehlt, die Schüler deutsche Briefe lesen zu lassen, um auf diese Weise die Einübung eines grammatikalisch korrekten und eleganten deutschen Stils zu fördern.[49] Den Schluss der Schrift bildet ein nachdrückliches und facettenreiches Plädoyer Rollenhagens für die Volkssprache. Die Lehrer sollten ihre Schüler dazu aufrufen, vorbildhafte deutsche Autoren zu lesen, um ihnen die Vokabeln, Redewendungen und den Satzbau der deutschen Sprache einzuprägen.[50] Als Sprachpurist wendet sich Rollenhagen gegen Fremdwörter und empfiehlt Luther, Johannes Mathesius, Johann Fischart und den Juristen Johann Thomas Freigius zur Lektüre.[51] Auch wenn Rollenhagen den *Froschmeuseler* nicht explizit erwähnt, lesen sich diese Passagen des *Compendiums* wie eine theoretische Grundlegung und Legitimation seines Hauptwerks.

Den zweiten Teil der von Blocius herausgegebenen *Paedia* bildet die *Commonefactio*, eine Studienanleitung für die Prima des Magdeburger Gymnasiums. Laut Gabriel Rollenhagen ließ sein Vater die *Commonefactio* von allen Primanern abschreiben: Sie wurde *damahls oeffentlichen / in prima Classe Magdeburgensi, auff alle Freytag nach Mittage dictiret vnd erkleret*.[52] Der Erwähnung wert ist dieser Text Gabriel Rollenhagen deswegen, weil er Wort für Wort mit dem gleichnamigen Druck des Berliner Predigers Jacob Sommerfeld[53] übereinstimmt und daher in das Konzept seiner *Warhafften Lügen* passt.[54]

Vom zuletzt besprochenen *Compendium Docentiae et Discentia* unterscheidet sich die *Commonefactio* in mehrfacher Hinsicht. Ihr Stil ist weitaus klarer und prägnanter als der des schwer lesbaren *Compendiums*. Zwei Erklärungen hierfür

---

48 Rollenhagen: Compendium (Paedia, T. 1), S. 19: „Et quamvis tota institutio, latina esse debeat, [...] tamen etiam facilitatis hic ratio habenda, et latinae simul coniugenda est lingua materna."
49 Ebd., S. 53: „Dandae quoque sunt puero in manus, germanicae, sed eleganter scriptae, Epistolae, ut iis legendis, se exerceat nonnunquam. Qua cura, et literaturam et phrasin, Germanice scribentium, animadvertet."
50 Ebd., S. 109.
51 Ebd., S. 113–115.
52 Gabriel Rollenhagen: Vier Bücher wunderbarlicher, bis daher unerhörter und unglaublicher indianischer Reisen durch die Luft, Wasser, Land, Hölle, Paradies und den Himmel. Magdeburg 1605 (ND Stuttgart 1995, Rarissima Litterarum 2), S. 329.
53 Jacob Sommerfeld: De studiis recte instituendis Scholastica commonefactio. Frankfurt a. O. 1600 (Ohne Titelblatt in der Staatsbibliothek zu Berlin).
54 Die „Warhafften Lügen" bilden den Anhang zu Rollenhagen: Vier Bücher wunderbarlicher [...] Reisen, S. 200–330.

sind denkbar. Rollenhagen könnte die an die Primaner gerichtete *Commonefactio* in einem einfacheren Stil verfasst haben. Denkbar ist jedoch auch eine Co-Autorschaft von einem der Lehrer des Gymnasiums. Zudem ist der Themenkreis volkssprachlicher Bildung weitaus weniger präsent. Stärker der oben erwähnten Intention ihres Herausgebers Blocius entsprechend, präsentiert sich die *Commonefactio* als getreues Abbild der Unterrichtspraxis an einem renommierten *Gymnasium illustre* des beginnenden 17. Jahrhunderts. Nur wenige Jahre vor der tiefgreifenden Reform des Curriculums durch den Magdeburger Rektor Sigismund Evenius werden hier noch einmal die wichtigsten Inhalte und Methoden des melanchthonischen Gelehrtenschulwesens aufgezeigt.

Im Unterschied zum *Compendium* weist die *Commonefactio* eine klare, numerisch gegliederte Struktur auf. Einleitend ruft Rollenhagen Lehrer und Schüler zur Befolgung der „Paulinischen Tugenden" auf: Sie sollten ein stilles Leben führen, mit ihren eigenen Händen ihre Arbeit verrichten, einander in Demut achten und Streit und die Entstehung von Spaltungen vermeiden.[55] Was sei, fährt Rollenhagen fort, neben wahrer Gottesfurcht anstrebenswerter und ehrenvoller, als sich durch die große Kette der Tugenden auszuzeichnen: Bescheidenheit, Milde, Geduld, Sittlichkeit, Genügsamkeit und Fleiß?[56] Und was sei dagegen guten und ehrsamen Männern mehr zuwider und füge der Öffentlichkeit und dem Privatleben mehr Schaden zu als folgende Laster: Hochmut, Jähzorn, Ungeduld, Neid, Tadelsucht, Anmaßung und Trägheit?[57] Wie oben erwähnt, lehnte Rollenhagen Berufungen in angesehenere und ehrenvollere Ämter ab, um – ohne in Kontroversen verwickelt zu werden – seiner pädagogischen Tätigkeit nachgehen zu können. Er hat die oben aufgezählten Tugenden folglich nicht allein propagiert, sondern seinen Schülern vorgelebt.

Weil der Rektor in der schulischen Praxis oft beobachten musste, dass seine Schüler auf Abwege gerieten und ihre wertvolle Zeit durch das Lesen zu umfangreicher Schriften vergeudeten, habe er sich zur Veröffentlichung der *Commonefactio* entschieden. Als eine Art Leitfaden soll sie den Schülern auf knappe und verständliche Weise den Weg zum Gipfel der Gelehrsamkeit weisen. Die *Commonefactio* ist dreigeteilt: Zunächst informiert sie über das Ziel der Bildung, dann

---

55 1 Thess 4, 11; Phil 2, 3–4; 1 Kor 1, 10–11.
56 Rollenhagen: Commonefactio (Paedia T. 2), S. 3: „Quid enim potest in homine post veram pietatem, pulchrius et honorificentius cogitari, quam ornatum esse quemque insigni et magnifica illa Cathena virtutum: Humilitate, mansuetudine, patientia, ἐπιείκεια, αὐτάρκεια, sedulitate? Quae verbis Pauli significantur."
57 Ebd., S. 3: „Quid bonis et honestis viris magis invisum? Quid rebus publicis et privatis, plus adfert damni et periculorum? Quam superbia, iracundia, impatientia, livor, fastidium rerum praesentium, πολυπραγμοσύνη, ignavia?"

über die nötigen Hilfsmittel, um an dieses Ziel zu gelangen, und schließlich über die zeitliche und inhaltliche Einteilung des Curriculums.[58]

Das Ziel der Bildung definiert Rollenhagen auf traditionelle Weise: *sapientia et eloquentia*.[59] Die Schüler sollten erstens in die Lage versetzt werden, das Notwendige und Nützliche erkennen zu können. Dazu müsse zweitens die Fähigkeit treten, auf systematische, konzise und sprachlich korrekte Weise anderen die eigene Meinung mitzuteilen und sie zu überzeugen. Weil sie wie die Schale den Kern der Weisheit enthielten, sei dazu das Erlernen der Sprachen unabdingbar.

Die folgende Darstellung der Methoden und Hilfsmittel zur Erreichung dieses Zieles ist vor allem deswegen interessant, weil sie einen Einblick in die Praktiken der Gelehrsamkeit[60] gewähren, wie sie am Magdeburger Gymnasium ausgeübt wurden. Der Rektor ruft seine Schüler dazu auf, beim Lernen systematisch vorzugehen und sich auf das Wesentliche zu konzentrieren. Nicht das Angenehme und leicht Zugängliche sei in Erwägung zu ziehen, sondern allein das am meisten Notwendige. Von den Anfangsgründen bis zum Fortgeschrittenen sei die richtige Reihenfolge der Unterrichtsfächer zu wahren: Katechismus, lateinische, griechische und deutsche Grammatik, Dialektik, Rhetorik, Musik, Geschichte, Arithmetik und Astronomie.[61]

Über all diese Fächer seien allein jene Kompendien heranzuziehen, die den Stoff mit der angemessenen Methodik und Sprache darbieten und nach dem gemeinsamen Urteil der Gelehrten vorzuziehen sind. „Dies sind die Lehrbücher Philipp Melanchthons".[62] In einer Zeit, als neue, wenn auch von Melanchthonschülern verfasste Lehrbücher sich durchzusetzen begannen, rief Rollenhagen seine Schüler dazu auf, sich nicht mit Kurzfassungen oder Ableitungen zufriedenzugeben, sondern gleichsam auf den Ursprung zurückzugehen. Die folgende Untersuchung des *Froschmeuselers* wird seine Treue gegenüber dem einstigen Wittenberger Lehrer noch auf vielfältige andere Weise offenlegen.

Ähnlich wie im oben erwähnten *Compendium* findet sich auch in der *Commonefactio* der Aufruf, die Volkssprache gegenüber den anderen Sprachen nicht zu vernachlässigen. Doch hier beschränken sich diese Ausführungen auf einige

---

58 Ebd., S. 1f.
59 Ebd., S. 6.
60 Vgl. zu diesem Themenbereich Helmut Zedelmaier, Martin Mulsow (Hgg.): Die Praktiken der Gelehrsamkeit in der frühen Neuzeit. Tübingen 2001 (Frühe Neuzeit 64).
61 Rollenhagen: Commonefactio (Paedia T. 2), S. 10.
62 Ebd., S. 10: „In his ipsis autem artibus discendis danda est opera, primum ut singulorum compendia cognoscamus, non varia, nec quaelibet, sed ea tantum quae exquisitam rerum et verborum dispositionem et collocationem habent, et communi doctorum iudicio caeteris praeferuntur. Qualia sunt scripta Philippi Melanthonis."

programmatische Bemerkungen und das praktische Beispiel der korrekten Verwendung von Präpositionen. Rollenhagen verliert sein Ziel einer umfassenden Einführung in den damaligen Stand der Wissenschaft nicht aus den Augen. Dazu gehört auch, dass er die Fortgeschrittenen zur Erweiterung ihres Horizontes auffordert. Zusätzlich zu lernen seien Ethik, Physik, der *Liber de anima* Melanchthons, die hebräische Sprache, Jurisprudenz, Medizin sowie die Autoren Euklid, Plinius d. Ä., Hippokrates, Galen etc. Um die wissenschaftliche Bildung abzurunden, verweist Rollenhagen seine Schüler auf die in den Statuten der Wittenberger Universität festgelegten Inhalte.[63]

In den folgenden Ausführungen zur Methodik gibt Rollenhagen seinen Schülern gleichsam eine Checkliste an die Hand, deren einzelne Punkte sie bei der Lektüre und Analyse von Texten beachten sollen. Während des Lesens seien stets der Hauptgegenstand und Sinn des Textes zu reflektieren. Die Schüler sollten nach der Autorintention fragen und das Gelesene dem jeweiligen theologischen oder philosophischen *Locus communis* zuordnen. Bei der rhetorischen und dialektischen Analyse sei auf die Herkunft der Argumente, den Aufbau des Textes und den rhetorischen *ornatus* zu achten. Rollenhagen fordert seine Schüler dazu auf, sich wichtige Sätze und Redewendungen zu notieren. Auch wenn die Schüler beim Lesen auf unverständliche Sätze, Wörter oder Namen treffen sollten, gelte es, nicht gleich aufzugeben, sondern sich diese aufzuschreiben und abzuwarten, bis sich eine Gelegenheit zur Lösung des „Knotens" bietet.[64]

Als das wichtigste Werkzeug des Gelehrten bezeichnet Rollenhagen die *memoria*. Zwar seien eine schnelle Auffassungsgabe und ein verlässliches Erinnerungsvermögen Gaben der Natur, sie würden jedoch durch die jeweiligen Rahmenbedingungen geistigen Arbeitens gefördert oder behindert. Gelernt werden solle daher an einem stillen Ort, wo weder Ohren noch Augen von Umweltreizen abgelenkt werden. Die richtige Zeit für das Lernen sei morgens und vor dem Essen, weil die Verdauungstätigkeit des Magens dem Gehirn die hierfür notwendigen „Säfte" entziehe. Nur ein von Sorgen befreiter Geist sei in der Lage, sich ohne Ablenkung dem Studieren zu widmen. Hinzutreten müsse weiterhin die Lust am Lernen, denn, nach Plautus: „Wie schwierig ist es, unwillige Hunde zum Jagen zu führen".[65]

Doch all das angelesene Wissen nütze nichts, wenn es nicht in einem zweiten Schritt vom Schüler in die Praxis umgesetzt werde. Der wichtigste Teil der gymnasialen Bildung sei daher die Ausprägung eines eigenen Stils. Die erste Stufe dieses Prozesses sei die *versio*, die Übersetzungsübung. Dabei solle ein *argumentum*, ein

---

63 Ebd., S. 28.
64 Ebd., S. 21f.
65 Ebd., S. 32: „Invitos canes venatum ducere heu quam difficile est." (Plaut. Stich. 1, 2, 81f.).

deutsches Konzept, mithilfe der Wörter und Redewendungen der besten Autoren ins Lateinische übersetzt werden. In Zweifelsfällen sei ein Wörterbuch zu konsultieren. Die zweite Stufe bildet dann die Übersetzung vom Lateinischen ins Griechische und umgekehrt. Hierbei sei auf eine sinn-, nicht wortgemäße Wiedergabe zu achten.[66]

Die geübteren Schüler schreiten von der *versio* fort zur *compositio*, der nach den Regeln der Rhetorik ausgeführten Komposition eines Textes. Schritt für Schritt wachsen dabei Länge und Rhetorizität der Texte. Für die Prosa sollen die Briefe Ciceros, für die Poesie Horaz als Vorbild gelten. Den Schlussstein dieser Ausbildung des Stils bildet das eigenständige Verfassen von Gelegenheitsgedichten: Epithalamia, Propemptika, Gratulatoria und Epitaphia.[67] Den hierfür notwendigen Wortschatz sollen die Schüler aus der Lektüre der klassischen Texte gewinnen.

Dass Rollenhagen gleich an mehreren Stellen[68] der *Commonefactio* detaillierte und präzise Vorschriften für das selbstständige Anlegen von *Loci-communes*-Heften gibt, beweist die zentrale Bedeutung dieser Methode für den gymnasialen Unterricht. Die jeweiligen Zitate sollten unter der genauen Angabe des Autors, des Titels, der Seitenzahl und des zugehörigen *Locus communis* verzeichnet werden. Bei der späteren Verfassung von Texten konnten die Schüler dann auf diese Sammlungen zurückgreifen. Wie bei einem Mosaik oder Cento setzten sich die eigenen Texte aus den herausgeschriebenen Wörtern und Redewendungen der klassischen Autoren zusammen. Diese systematische Auswertung der antiken Literatur war somit die Basis der eigenen Produktivität als Autor. Je sorgfältiger und systematischer das Notieren der Zitate stattfand, desto leichter war das Wiederauffinden und -verwenden derselben.

Als weitere gymnasiale Übungen kommen knapp *examina, disputationes, declamationes vnd actiones*, das Schultheater, zur Darstellung.[69] Für Erholung sollen Spiele, Musizieren und körperliche Übungen wie Wanderungen in die Umgebung der Stadt sorgen, ein Thema, dass, wie weiter unten darzustellen ist, Rollenhagen im *Froschmeuseler* auch literarisch umgesetzt hat. Des Weiteren gibt Rollenhagen seinen Schüler Rezepte für die eigene Herstellung von Tinte,[70] informiert sie über die Größe der zu verwendenden Schreibfedern[71] und stellt einen detaillierten Stundenplan für die ganze Woche auf.[72] Diese Strukturierung

---

66 Ebd., S. 37.
67 Ebd., S. 31f.
68 Ebd., S. 29, 32 u. 57–60.
69 Ebd., S. 38–43.
70 Ebd., S. 60–62.
71 Ebd., S. 61f.
72 Ebd., S. 66–75.

des Tagesablaufes reicht vom Morgengebet bis zur Lektüre vor dem Nachtschlaf. Rollenhagen erweist sich in der *Commonefactio* als fürsorglicher und medizinisch gebildeter Mentor – etwa wenn er vor ausgiebigen Nachtwachen warnt.[73]

Ein umfangreicher Abschnitt der *Commonefactio* trägt den Titel *De bibliotheca*. Dabei handelt es sich nicht um einen Katalog der Gymnasialbibliothek, sondern gleichsam um eine Anschaffungsliste für die Handbibliothek des Gymnasiasten. Durch die genaue Auflistung sucht Rollenhagen zu vermeiden, dass die ärmeren Schüler für nutzlose Bücher Geld verschwenden und die reicheren Schüler durch Überfluss abgelenkt und behindert werden.[74] Zunächst werden die Primaner durch ein längeres Seneca-Zitat zur Beschränkung auf wenige und die besten Autoren aufgefordert, denn dem „Lesen vieler Autoren und aller Gattungen von Texten eignet etwas Flüchtiges und Unbeständiges."[75]

Die nachfolgende Liste der für den Unterricht und das Selbststudium essentiellen Drucke besitzt einen hohen Wert, gewährt sie doch einen detaillierten Einblick, was am Magdeburger Gymnasium gelesen wurde. Insgesamt 68 Bücher sind in thematische Abschnitte gegliedert und nach der Relevanz geordnet. Dabei überrascht die Vielfalt und Reichhaltigkeit der Auswahl. Im theologischen Bereich werden neben dem obligatorischen Katechismus auch seltenere Werke wie die hebräische Grammatik von Johann Habermann (Avenarius)[76] oder der in Basel gedruckte dreisprachige Psalter von Petrus Artopoeus[77] genannt. Bei den Werken des Erasmus finden sich nicht allein die üblichen *Colloquia*, sondern auch die *Adagia, Apophthegmata* und *De copia*. Das Latein betreffend empfiehlt Rollenhagen neben dem Standardwerk, der Grammatik Melanchthons, auch die Werke von Thomas Linacre und Lorenzo Valla.[78] Für die Dichtung stehen nicht nur die antiken Klassiker, sondern auch die Autoren des melanchthonischen Dichterkreises wie Johannes Major, Stigel, Sabinus und Fabricius.[79]

---

73 Ebd., S. 65.
74 Ebd., S. 48.
75 Ebd.: „Illud vide: Ne ista lectio multorum autorum, et omni generis voluminum habeat aliquid vagum et instabile." (Sen. epist. 2, 2–5).
76 Johann Avenarius: Grammatica Ebraica. Wittenberg 1557.
77 Petrus Artopoeus: Psalterium Davidis trilinguae. Basel 1545.
78 Rollenhagen: Commonefactio (Paedia T. 2), S. 52.
79 Ebd., S. 53. Vgl. zum melanchthonischen Dichterkreis die reichhaltige und mustergültige Edition von Wilhelm Kühlmann, Robert Seidel, Hermann Wiegand (Hgg.): Humanistische Lyrik des 16. Jahrhunderts. Lateinisch und deutsch. Frankfurt a. M. 1997 (Bibliothek der Frühen Neuzeit 5); sowie Wilhelm Kühlmann: Vom Humanismus zur Spätaufklärung. Ästhetische und kulturgeschichtliche Dimensionen der frühneuzeitlichen Lyrik und Verspublizistik in Deutschland. Tübingen 2006.

Die gezeigte Auswahl sollte die Differenziertheit des Unterrichts am Magdeburger Gymnasium unter Rektor Rollenhagen demonstrieren. Zusammen mit den oben erwähnten detaillierten Vorschriften für die Methodik ergibt sich ein repräsentatives Abbild des gymnasialen Alltags am Beginn des 17. Jahrhunderts. In den Einzelheiten war Rollenhagen gewiss nicht originell, doch Originalität war nicht das Ziel, das die philippistischen Traditionalisten anstrebten, sondern eine getreue Weitergabe des überlieferten Wissens an kommende Generationen.

4.2 Die außerschulischen Werke

Gegenüber den Gymnasialschriften sind die außerschulischen Werke Rollenhagens lediglich als publizistisches Nebengleis zu betrachten. Bereits früh trat er durch lateinische Gelegenheitsgedichte in allen ihren durch den Anlass bedingten Formen hervor. Darüber hinaus versuchte er sich als populärer Autor von „drei gereimten, anonym erschienenen und wiederholt aufgelegten Jahreschroniken", die den jeweils leicht abgewandelten Titel *Der Hinckende Both*, *Der Post Reutter* und *Der Post Bothe* tragen und in denen die Zeitläufte berichtet und kommentiert werden.[80] Diese drei Flugschriften sind heute nur noch aus medialen Gründen und wegen der in ihnen enthaltenen Konfessionspolemik von Bedeutung.

Von einer intensiven Patronagebeziehung Rollenhagens zum vielseitig gebildeten Herzog Heinrich Julius von Braunschweig-Wolfenbüttel[81] zeugt eine eigens für diesen Fürsten hergestellte Prachthandschrift mit dem Titel *Astrologia Genethliaca brevis et perspicua*.[82] Diese Handschrift ist der Forschung bis auf eine knappe

---

[80] Peil: Georg Rollenhagen, S. 562; vgl. auch ders.: Der ‚Hinckende Both', der ‚Post Both' und der ‚Post Reuter'. Drei gereimte Flugschriften aus der Zeit um 1589 und die Probleme ihrer Edition. In: Hans-Gert Roloff: Editionsdesiderate zur Frühen Neuzeit. Amsterdam, Atlanta 1997, S. 209–229; sowie Angelika von Damnitz: Tausent / Fuenff hundert / Achtzig acht / Das ist das Jahr / das ich betracht / Geht in dem die Welt nicht vnter / Geschehen doch groß mercklich wunder. Drei anonyme Flugschriften zu den Ereignissen zwischen 1588 und 1589. Texte und Untersuchungen. Neuried 2001.

[81] Zum 400. Todestag des Herzogs fand im Oktober 2013 an der Herzog August Bibliothek unter folgendem Titel ein internationales Symposion statt: „Herzog Heinrich Julius von Braunschweig-Lüneburg (1564–1613): Politiker und Gelehrter mit europäischem Profil". Die Beiträge werden voraussichtlich 2015 in einem Sammelband publiziert. Vgl. ansonsten Richard Friedenthal: Herzog Heinrich Julius von Braunschweig als Dramatiker. Sein Leben mit besonderer Berücksichtigung seines geistigen Werdegangs. München 1922 (ND 1996).

[82] Georg Rollenhagen: Astrologia Genethliaca brevis et perspicua. 1595. HAB: Cod. guelf. 4.1. Extravagantes.

Erwähnung[83] bisher gänzlich unbekannt. Auf knapp 300 Folioseiten unterrichtet Rollenhagen hier seinen exklusiven Schüler über den Einfluss von Sternenkonstellationen und in der Erstellung von Geburtshoroskopen, sog. Nativitäten.[84] Die Handschrift zeigt einen hohen kalligraphischen Aufwand: An der Herstellung waren mehrere Hände beteiligt und die Kapitelüberschriften weisen zum Teil verzierte und vergoldete Initialen auf. Der Stil dagegen ist – dem Titel gemäß – schlicht und verknappt, wie bei naturwissenschaftlichen Abhandlungen üblich.

Das zweite Kapitel handelt über den Einfluss der Tierkreiszeichen auf die sittlichen Eigenschaften desjenigen Menschen, dem ein Horoskop zu stellen ist. Den Lehrsätzen der Astrologie zufolge hingen diese Eigenschaften des späteren Erwachsenen von der Konstellation der Gestirne zum Zeitpunkt seiner Geburt ab. In der Genethlealogie unterteilte man jedes der zwölf Tierkreiszeichen in drei sog. *facies* oder Dekane.[85] Jeder *facies* wurden verschiedene moralische Eigenschaften zugeschrieben – bspw. soll die *prima facies* des Zeichens Widder laut Rollenhagen auf eine kühne und tatkräftige Persönlichkeit hinweisen.

Die über 400 aufwendigen und farbig gestalteten Bilder des zweiten Kapitels illustrieren diese moralischen Qualitäten. So findet sich beispielsweise unter der Überschrift „Ein Mann ersticht einen anderen" eine entsprechende Illustration dieser Szene. Auf den unter dieser Konstellation Geborenen bezogen heißt es: „Er wird ein streitbarer und mörderischer Mensch". Das Gegenteil hierzu findet sich in der *secunda facies* des Widders, in dessen Illustration ein Mann ein Buch liest – die Deutung lautet: „Er wird ein friedlicher Mensch".[86]

Eine genaue Klärung der auf Antike und Mittelalter zurückgehenden Techniken der Astrologie, wie sie in dieser Handschrift rezipiert wurden, bleibt einer Untersuchung durch Wissenschaftshistoriker vorbehalten. Festgehalten werden kann jedoch, dass Rollenhagen mithilfe der moralischen Deutung von Sternenkonstellationen auch einen pädagogischen Einfluss auf seinen hochgestellten Leser zu gewinnen suchte. Besonders das zweite, illustrierte Kapitel weist am unteren Rand der Seiten viele Einrisse auf – ein Zeichen für die starke Benutzung gerade dieses Teils der Handschrift durch Heinrich Julius oder spätere Leser. Im

---

83 Claudia Brosseder: Im Bann der Sterne. Caspar Peucer, Philipp Melanchthon und andere Wittenberger Astrologen. Berlin 2004, S. 79 u. 162.
84 Vgl. zur Thematik Christian Heitzmann (Hg.): Die Sterne lügen nicht. Astrologie und Astronomie im Mittelalter und in der Neuzeit. Wolfenbüttel 2008 (Ausstellungskataloge der Herzog August Bibliothek 90); Kocku von Stuckrad: Geschichte der Astrologie von den Anfängen bis zur Gegenwart. München 2007.
85 Vgl. Udo Becker: Lexikon der Astrologie. Astronomie. Kosmologie. Freiburg 1981, S. 69.
86 Rollenhagen: Astrologia Genethliaca, 21 f.: „Vir alium confodiens: Litigiosus erit et homicida. [...] Vir legens in libro: Erit pacificus."

Anhang der Handschrift finden sich konkrete, von Rollenhagen gestellte Horoskope für den Fürsten selbst und Familienmitglieder wie seinen Vater Herzog Julius und seine Kinder Friedrich Ulrich und Dorothea Hedwig.

Rollenhagens wissenschaftliche Ambitionen überschritten somit den engeren schulischen Rahmen. Sein früher Biograph Burckhart porträtiert ihn in seiner Leichenpredigt als fähigen Theologen, Juristen, Philosophen, Mediziner, Botaniker, Orator, Poet, Dramenautor, Mathematiker und Astrologen.[87] Auch im *Froschmeuseler* sind viele dieser Aspekte greifbar, weswegen man ihn als eine Art Summe der wissenschaftlichen Bemühungen Rollenhagens bezeichnen kann. Neben „Zitaten aus der Bibel und aus Luthers Tischreden" stehen „Rückgriffe auf die antike Literatur und Entlehnungen aus fachwissenschaftlichen Werken (Tier- und Pflanzenkunde, Alchemie, Astronomie)".[88]

Man könnte diese Reihe noch erweitern, so z. B. um die zeitgenössischen militärischen Handbücher, deren Einfluss Bernhard Jahn nachgewiesen hat.[89] Dietmar Peil hat daher zu Recht von einer Enzyklopädie gesprochen. Das ausführliche Register lege nahe, dass der *Froschmeuseler* nicht als einmalig zu lesender, sondern als „Wiedergebrauchstext" intendiert war.[90] Wilhelm Kühlmann zufolge schätzten die Zeitgenossen am *Froschmeuseler* gerade die „Integrationsleistung des Dichters", mit der er die disparatesten Wissensbestände in das Handlungsgerüst der antiken *Batrachomyomachia* einfügte und somit einem „dominante[n] Interesse an Wissensvermittlung und Erörterungsnutzen" entsprach.[91]

Trotz dieser Vielgestaltigkeit und -stimmigkeit des Textes lässt sich, so die wichtigste These dieses Kapitels, eine zugrundeliegende Idee extrahieren, die mit der Interpretation der antiken Vorlage im Zusammenhang steht. Zum besseren Verständnis müssen der Erörterung dieser Frage zunächst eine knappe Inhaltswiedergabe und ein Überblick über die Forschung zum *Froschmeuseler* vorangestellt werden.

---

[87] Aaron Burckhart: Analysai Rollenhagianum. Das ist: Seliger Abschiedt [...] M. Georgii Rollenhagii, Langgedienten Schull Rectoris dieser löblichen Alten Stadt Magdeburgk. Magdeburg 1609, S. 31f.
[88] Peil: Georg Rollenhagen, S. 568; vgl. zu Rollenhagens Auseinandersetzung mit der Alchemie insbesondere den Beitrag von Joachim Telle: Zu Georg Rollenhagens „Froschmeuseler" (I/2, Kap. 15–17). In: Wolfenbütteler Barock-Nachrichten 3 (1976), S. 256–259.
[89] Jahn: Taktische Masse und zorniger Held, S. 187–215; vgl. zur Militärtheorie des 16. Jahrhunderts jetzt Therese Schwager: Militärtheorie im Späthumanismus. Kulturtransfer taktischer und strategischer Theorien in den Niederlanden und Frankreich (1590–1660). Berlin 2012 (Frühe Neuzeit 160).
[90] Peil im Anhang zu Rollenhagen: Froschmeuseler, S. 739.
[91] Kühlmann: Kombinatorisches Schreiben, S. 120.

4.3 Der *Froschmeuseler*: Wiedergabe des Inhalts

Die drei Bücher des *Froschmeuselers* sind jeweils einem Hauptthema gewidmet. Buch I befasst sich mit den Tugenden des einzelnen Individuums wie z. B. Gottesfurcht, Fleiß, Bescheidenheit und Keuschheit. Thema von Buch II ist die „innerstaatliche Ordnung", wobei die Frage nach der besten Staatsform am meisten Raum einnimmt. Buch III schließlich widmet sich den „zwischenstaatlichen Beziehungen"; im Vordergrund stehen hier die „Kriegs- und Bündnispolitik". Die Anordnung folgt mithin einer „ansteigenden Linie"[92] – von den Schicksalen des einzelnen Individuums zur Interaktion der Staaten. Aufgrund der Länge des Textes sei im Folgenden eine knappe Skizze des Inhalts angefügt.

Zu Beginn von Buch I halten die Frösche an ihrem See ein „fröhliches Maifest" ab.[93] Der Mäuseprinz *Bröseldieb* trifft dort ein und genießt daraufhin die Gastfreundschaft des Froschkönigs *Bausback*. Zwischen beiden entsteht eine Unterhaltung, während derer *Bröseldieb* zahlreiche Fabeln erzählt, u. a. über den Fuchs *Reinick* und andere seiner Feinde: Mausefallen, Katzen, Falken und Wiesel. Der Part von *Bausback* beschränkt sich in dieser Unterhaltung auf die Erzählung der Circe-Episode, die auf der Odyssee von Homer basiert.

Im zweiten Buch erzählt *Bausback* die Geschichte seines Königreichs. Zu Beginn seien die Frösche „keinem König unterworfen gewesen".[94] Doch dann hätte der oberste Priester der Frösche, die Meerschildkröte *Beyßkopff*, versucht, auch die weltliche Macht an sich zu reißen. Gegen diese Usurpation durch *Beyßkopff* und seine Helfer, kleine schwarze Frösche, hätte sich unter Berufung auf das Wort Gottes der Frosch *Elbmarx* zur Wehr gesetzt.

Um auf die Frage nach der besten Staatsform eine Antwort zu finden, hätten die Frösche einen Reichstag einberufen. Auf diesem Reichstag seien der Reihe nach die Befürworter von Demokratie, Aristokratie und Monarchie in langen Reden zu Wort gekommen. Durchgesetzt hätte sich schließlich der Vertreter der Monarchie. Daraufhin hätten die Frösche Gott um einen König gebeten. Gott hätte dieser Bitte mit der Sendung eines Holzblocks entsprochen, der zwar ungefährlich gewesen sei, jedoch nicht den Wünschen der Frösche entsprochen hätte. Die unzufriedenen Frösche hätten schließlich den elegant erscheinenden Storch gebeten, ihr König zu sein, woraufhin dieser eine Gewaltherrschaft aufgerichtet und viele Frösche gefressen hätte. Als Antwort darauf hätten sich die Frösche in den

---

92 Rollenhagen: Froschmeuseler, S. 732.
93 Vgl. die Inhaltswiedergabe in Bernleithner: Humanismus und Reformation, S. 208–214 und zu Beginn der einzelnen Bücher des Froschmeuselers, jeweils unter dem Titel „Aesopische Historia". Rollenhagen: Froschmeuseler, S. 42–42, 259–261, 503–507.
94 Bernleithner: Humanismus und Reformation, S. 211.

See zurückgezogen, dort ihren eigenen König gewählt und *Beyßkopff* in die *Sudersee*, eine Analogie für das Mittelmeer, verwiesen.

Buch II endet mit einer Wiederaufnahme der Handlung der *Batrachomyomachia: Bausback* lädt *Bröseldieb* in sein Schloss ein, woraufhin dieser die Einladung annimmt und auf den Rücken des Frosches steigt. Die Überfahrt nimmt eine überraschende Wendung, als die Wasserschlange erscheint: *Bausback* taucht ab und *Bröseldieb* muss ertrinken. Dieser Tod des Mäuseprinzen ist die Ursache für den in Buch III geschilderten Krieg der Mäuse gegen die Frösche.

Zu Beginn des dritten Buches plant der Vater von *Bröseldieb*, der Mäusekönig *Parteckfresser*, seine Rache an den Fröschen, indem er alle Mäuse zu einer Versammlung lädt, auf der Kriegsrüstung und Strategie beraten werden. Verschiedene Mäusefürsten plädieren für und gegen den Krieg sowie die Beteiligung von Verbündeten. Fürst *Friedlieb* nimmt eine Sonderstellung ein, weil er als Einziger gegen den Krieg votiert. Doch der König schließt sich dem Urteil der Kriegsbefürworter an und erklärt den Fröschen den Krieg. Die Frösche lehnen die Kriegserklärung zunächst ab, stimmen aber nach einer ähnlichen Beratung, in der Fürst *Quadart* ebenfalls abrät, für den Waffengang. Schließlich wird ein Termin festgesetzt und mit den Zurüstungen begonnen, die wegen der Winzigkeit der Protagonisten groteske Züge annehmen.

Nachdem das Angebot des Mäusekönigs an den Froschkönig, die Entscheidung in einem Zweikampf herbeizuführen, abgelehnt wurde, beginnt die Schlacht. Es folgt eine ausführliche Schilderung der Schlacht, in der zunächst die Frösche die Oberhand haben und bereits den Mäusekönig bedrängen, jedoch durch das Eingreifen von Fürst *Friedlieb* und seinen Soldaten zurückgeschlagen werden. Als die Mäuse, auf deren Initiative der Krieg zurückgeht, die Frösche gänzlich zu vernichten drohen, greift Gott in den Verlauf der Schlacht ein. Er schickt Krebse, die dank ihrer Größe und der verheerenden Wirkung ihrer Scheren das Schlachtenglück wenden. Der *Froschmeuseler* endet mit einem ernüchternden Blick auf das Schlachtfeld und die Kadaver der getöteten Frösche und Mäuse, die zur Beute von Wieseln, Mardern, Wildschweinen, Dachsen etc. werden.

4.4 Der *Froschmeuseler* in der Forschung

Die moderne Forschung des 20. Jahrhunderts zum *Froschmeuseler* setzte mit der Wiener Dissertation von Ernst Bernleithner[95] ein. Zuvor hatten sich die Beiträge

---

95 Die Dissertation von Ernst Bernleithner: Humanismus und Reformation im Werke Georg Rollenhagens. Wien 1954 wurde nicht gedruckt und liegt lediglich als maschinenschriftliches

zumeist den Quellen zugewendet, auf denen das Werk basiert.[96] Bernleithner dagegen versuchte, den „ideengeschichtlichen Gehalt" herauszustellen, der „bei der Interpretation dieses Werkes von entscheidender Bedeutung ist."[97] Auch Bernleithner kontextualisiert den Text durch die Tierdichtung aus Mittelalter und Renaissance[98] und trägt zur Eruierung von Rollenhagens Quellen[99] bei. Sein eigentliches Verdienst liegt jedoch in der Herausarbeitung der geistigen Position Rollenhagens zwischen humanistischer Wissenschaft und philippistischer Theologie.

Bernleithner beweist durch seine Auswahl der Stellen ein sicheres Gespür für die überzeitlich bedeutsamen Inhalte, was bei einem Textumfang von beinahe 20.000 Versen nicht selbstverständlich ist. Indem er sich Abschnitten wie der Circe-Episode,[100] der Geschichte vom gelehrten Hasen[101] und der Analogie zwischen Staat und menschlichem Körper[102] widmet, zeichnet Bernleithner Rollenhagen als Erben Melanchthons, der „auf die Kraft der Vernunft" vertraute.[103] Damit hätte Rollenhagen nicht an Luthers *servum arbitrium* angeknüpft, sondern eher an das bei Melanchthon angelegte und von seinen Schülern zur Entfaltung gebrachte Verständnis von einem freien Willen. Zwar fehlen auch im *Froschmeuseler* nicht Ansätze zu konfessioneller Polemik, bspw. in den Passagen über die den Papst symbolisierende Meerschildkröte *Beyßkopff*.[104] Doch diese Polemik bleibt aufs Ganze gesehen im Rahmen. Schwerer wiegen Passagen, in denen Rollenhagen verdeckt für ein Konzil zwischen Lutheranern und Katholiken, eine Wahrung des Status quo plädiert,[105] was in der erhitzten Atmosphäre nur wenige Jahre vor dem Dreißigjährigen Krieg eher eine Ausnahmeerscheinung darstellt. Eine Schlüsselrolle für die Gesamtdeutung des Werkes nimmt bei Bernleithner

---

Exemplar vor. Vgl. als neueren Forschungsüberblick Sabine Schu: Das Tierepos in der Frühen Neuzeit in der Forschung seit 1980. In: Daphnis 37 (2008), S. 655–688.
96 Vgl. z. B. Alfred Herdt: Quellen und Forschungen zu Georg Rollenhagens „Froschmeuseler" und seine Einwirkung auf Jacob Baldes Batrachomyomachia. Kehl 1909; Johannes Bolte: Quellenstudien zu Georg Rollenhagen. In: Sitzungsberichte der preußischen Akademie der Wissenschaften, philosophisch-historische Klasse (1929), S. 668–689.
97 Alois M. Haas: Georg Rollenhagens Froschmeuseler. In: Ute Schwab (Hg.): Das Tier in der Dichtung. Heidelberg 1970, S. 175–199.
98 Bernleithner: Humanismus und Reformation, S. 202–208.
99 Ebd., S. 215–225.
100 Rollenhagen: Froschmeuseler, S. 64–89, I, 631–1444.
101 Ebd., S. 299–322, II, 1189–1918.
102 Ebd., S. 401–408, II, 4405–4592.
103 Bernleithner: Humanismus und Reformation, S. 248.
104 Rollenhagen: Froschmeuseler, S. 265–273, II, 121–400.
105 Ebd., S. 483–488, II, 6869–7042.

schließlich die Maus mit dem sprechenden Namen *Friedlieb* ein.[106] Diese bei Bernleithner inhärenten Ansätze zu einer Gesamtinterpretation des *Froschmeuselers* sollen im Folgenden aufgegriffen werden.

Die nachfolgende Forschung hat sich eher mit formalen Fragen auseinandergesetzt. Sie führte eine Debatte über die dem Werk zugrundeliegende Struktur. Den Anfang machte Roland Richter, der den *Froschmeuseler* als ein „rhetorisches Meisterstück" bezeichnete.[107] Um den Ansatz von Richter kritisch beleuchten zu können, muss zunächst auf Rollenhagens „literarische Patchwork-Methode"[108] eingegangen werden. Aufgrund der im *Froschmeuseler* angewandten Verschachtelungstechnik fällt es dem Leser besonders im ersten Buch oft schwer, den roten Faden der Handlung nicht zu verlieren. Die handelnden Tiere einer Fabel erzählen eine neue Fabel, in der wiederum eine Fabel erzählt wird. Laut Sabine Obermaier[109] finden sich im ersten Buch zahlreiche „Binnenfabeln vierten Grades", was sie anhand des Mäuseprinzen Bröseldieb veranschaulicht: „Bröseldieb erzählt, dass seine Mutter erzählt, dass Reinick erzählt, dass er dem Haselwurm die Fabel von ‚Wolf und Kranich' erzählt".[110] Obermaier zufolge dient diese „Einbettung von Fabeln" einer „argumentativen Funktion": Die „Fabelmoral auf der tieferen Erzählebene" formuliert eine Erfahrung, „die die Verhaltensempfehlung der nächsthöheren Erzählebene begründet."[111]

Zwischen dem Beginn einer Fabel und ihrem Abschluss dehnen sich so Spannungsbögen von bis zu 3.000 Versen,[112] die es dem Leser unmöglich machen, den Überblick zu behalten. Rollenhagen traf daher das Verdikt „weitschweifiger Geschwätzigkeit".[113] Spätere Interpreten wie Richter haben aufgrund des Umfangs und der Komplexität des Textes versucht, in ihm ein übergeordnetes Prinzip oder Ordnungsschema zu erkennen. Richter glaubt im *Froschmeuseler* Makrostrukturen und rhetorische Gliederungen nachweisen zu können, bspw. wenn er behauptet, dass die erste Hälfte jedes der drei Bücher „symmetrisch mit der zweiten Hälfte" sei. Die Spiegelachse laufe dabei „durch den Mittelpunkt, die kleinste Einschachtelung".[114] Richter hat seinen Ausführungen Schautafeln[115]

---

106 Bernleithner: Humanismus und Reformation, S. 231f.
107 Richter: Georg Rollenhagens Froschmeuseler.
108 Peil: Rhetorische Strukturen, S. 201.
109 Obermaier: Binnenfabeln in neuem Rahmen, S. 442.
110 Ebd., S. 442.
111 Ebd., S. 441.
112 Vgl. Peil: Rhetorische Strukturen, S. 201.
113 Peil referiert hier Johann Christoph Gottsched und Karl Gottlob Küttner. Vgl. Peil: Rhetorische Strukturen, S. 201.
114 Richter: Georg Rollenhagens Froschmeuseler, S. 43.
115 Ebd., S. 64, 66, 69.

hinzugefügt, die seine Thesen erhärten sollen. Darüber hinaus sieht Richter die einzelnen Bücher der Dichtung durch das rhetorische Gliederungssystem bestimmt. Einzelne Handlungsabschnitte wie die Ankunft des Mäuseprinzen bei den Fröschen werden willkürlich mit den Teilen der Rede – *exordium, narratio, amplificatio* etc. – gleichgesetzt.[116]

Auf Basis seiner profunden Textkenntnis hat Dietmar Peil, der Herausgeber und beste Kenner des *Froschmeuselers*, die Interpretationsansätze von Richter einer grundlegenden Kritik unterzogen. Gewisse Inkonsequenzen in der Darstellungsweise Richters wie z. B. „der Verzicht auf genaue Versangaben" verdeckten „die Schwächen des Zugriffs".[117] Die „Symmetrie als charakteristisches Merkmal der Grundstruktur" sei daher ebenso wie der rhetorische Aufbau des Textes „nicht zwingend bewiesen".[118] Peil bilanziert, „dass Richters Modell über den Rang eines strukturanalytischen Prokrustesbettes nicht hinauskommt."[119] Anders als Richter könne er im *Froschmeuseler* keine „streng gegliederte Komposition"[120] erkennen. Stattdessen geht Peil von einer „assoziativen Reihung"[121] der Fabeln aus. Obermaier spricht von einem „stark assoziativen Charakter in der Angliederung von Erzählmaterial".[122] Es erscheint daher als fraglich, ob Rollenhagen die tatsächliche Abfolge der einzelnen Fabeln vorher konzeptionell festgelegt hat. Der Text wirkt stellenweise eher wie durch spontane Assoziationen entstanden. Rollenhagen ließ sich leiten von seiner „Vorliebe für die *digressio*",[123] in der rhetorischen Terminologie die Abschweifung vom eigentlichen Thema der Rede.[124]

Diese Beobachtungen müssen jedoch in einem entscheidenden Punkt relativiert werden. Sie gelten in diesem Ausmaß lediglich für das erste Buch. Wie Obermaier nachgewiesen hat, nimmt Rollenhagen die Verschachtelungstiefe der Binnenerzählungen in den folgenden zwei Büchern deutlich zurück.[125] Während sich also Buch I aus einer Reihung von Fabeln zusammensetzt, dominieren in Buch II und III eher die Reden der Protagonisten über die beste Staatsform und Kriegsführung sowie die Schilderung der Schlacht selbst. Insbesondere Buch III

---

116 Ebd., S. 51 ff.; vgl. zum rhetorischen Gliederungsschema Lausberg: Handbuch der literarischen Rhetorik, §§ 260–442.
117 Peil: Rhetorische Strukturen, S. 207.
118 Ebd., S. 204.
119 Ebd., S. 207.
120 So Richter: Georg Rollenhagens Froschmeuseler, S. 57; vgl. Peil: Rhetorische Strukturen, S. 205.
121 Ebd., S. 205.
122 Obermaier: Binnenfabeln in neuem Rahmen, S. 441 f.
123 Peil im Anhang zu Rollenhagen: Froschmeuseler, S. 730.
124 Vgl. Lausberg: Handbuch der literarischen Rhetorik, §§ 340–342.
125 Obermaier: Binnenfabeln in neuem Rahmen, S. 442.

ist weitaus stärker handlungsorientiert als das erste Buch und entwickelt stellenweise sogar einen erzählerischen Sog, dem sich der Leser nicht entziehen kann. Auch Peil hält gegen die negativen Urteile späterer Interpreten[126] fest, dass Rollenhagen seine zeitgenössischen Leser wohl eher nicht gelangweilt hat, „denn sonst wäre der große Erfolg dieses Werkes nicht zu erklären."[127] Der *Froschmeuseler* erscheint somit als Beispiel dafür, dass die Kriterien literarischer Wertung einem Wandel unterliegen.

Die inhaltliche Erschließung des *Froschmeuselers* konzentrierte sich bisher hauptsächlich auf das erste Buch,[128] was auf die Gesamtlänge des Werkes zurückzuführen ist. Die folgende Untersuchung soll dagegen stärker auf die erst in Ansätzen erschlossenen Passagen von Buch II und Buch III fokussiert sein.[129] Dabei ist auch in stärkerem Maße als bisher das Verhältnis des *Froschmeuselers* zu seiner Vorlage, der *Batrachomyomachia*, zu berücksichtigen.[130] In Buch I beziehen sich lediglich die ersten 350 Verse auf den antiken Text, die übrigen 6.000 setzen sich aus vom Mäuseprinzen erzählten Fabeln unterschiedlicher Provenienz zusammen. Buch II und insbesondere Buch III stehen dagegen mit der Handlung und irenischen Intention des Prätextes stärker in Verbindung.

---

126 Peil referiert Stimmen aus dem 17. und 18. Jahrhundert zum Froschmeuseler (u. a. Gellert, Gottsched und Schlegel) im Anhang zu Rollenhagen: Froschmeuseler, S. 742–748.
127 Ebd., S. 729.
128 Vgl. Dietmar Peil: Der Einfluss des Reynke de Vos auf Georg Rollenhagens Froschmeuseler (1595). In: Reinardus. Yearbook of the International Reynard Society 5 (1992), S. 157–169; Krausse: Die Circe-Episode; Uwe Ruberg: Das ‚Manthier'. Zur Rolle des Menschen in der Tierepik, insbesondere im Froschmeuseler Georg Rollenhagens. In: Jahn (Hg.): Tierepik und Tierallegorese, S. 217–227; Johannes Kandler: Vnser Messigkeit vns gedeyet. Bemerkungen zum Essen und Trinken in Georg Rollenhagens Froschmeuseler. In: Jahn (Hg.): Tierepik und Tierallegorese, S. 229–249; sowie Ludger Lieb: Krieg der Sprichwörter. Zur fragwürdigen Autorität von Erfahrung und Lehre in Georg Rollenhagens Froschmeuseler. In: Jahn (Hg.): Tierepik und Tierallegorese, S. 251–277.
129 Vgl. jedoch zu Buch II und III: Jahn: Taktische Masse und zorniger Held; Dietmar Peil: Die Diskussion über die beste Verfassung im Froschmeuseler (1595) vor dem Hintergrund der zeitgenössischen politischen Theorie. In: Barbara Bauer, Wolfgang Müller (Hgg.): Staatstheoretische Diskurse im Spiegel der Nationalliteraturen von 1500 bis 1800. Wiesbaden 1998 (Wolfenbütteler Forschungen 79), S. 337–354; Laura Auteri: Wissensvermittlung und Erkenntnisleistung in Georg Rollenhagens Froschmeuseler (1595). In: Beate Kellner, Jan-Dirk Müller, Peter Strohschneider (Hgg.): Erzählen und Episteme. Literatur im 16. Jahrhundert. Berlin, New York 2011 (Frühe Neuzeit 136), S. 329–344.
130 Vgl. zu dieser Frage nur Kühlmann: Kombinatorisches Schreiben, S. 116–119.

4.5 Eine neue Gesamtdeutung des *Froschmeuselers*

In Bezug auf eine Gesamtdeutung des Werkes hatte in der Forschung bisher Dietmar Peil das letzte Wort. Der *Froschmeuseler* sei eine Kompilation disparater Inhalte; seine „Ausrichtung auf punktuelle Lehren" würde eine „globale Gesamtdeutung der Dichtung" verhindern. Der Textsinn sei daher nicht „aus einem allgemeinen Satz zu entwickeln", sondern müsse „vor allem in der additiven Reihung der punktuellen Lehren gesehen werden."[131] Auch Sabine Obermaier hält fest, dass „der stark assoziative Charakter in der Angliederung von Erzählmaterial [...] einer Gesamtdeutung des Werkes massiv im Wege zu stehen" scheint.[132] Wie oben bereits erwähnt, verleihen die Vielfalt der vermittelten Inhalte und die Möglichkeit einer Erschließung des Werkes durch das Register dem *Froschmeuseler* in der Tat den Charakter einer Enzyklopädie.[133] Peils Ablehnung einer Gesamtdeutung erscheint daher als zutreffend.

Auf der anderen Seite stellt Rollenhagen bereits durch den Titel und seine Ausführungen in der Vorrede einen direkten Bezug zur antiken Vorlage her. Den gebildeten Zeitgenossen war die Deutung der *Batrachomyomachia* als Kritik ungerechtfertigter Kriege sicher in stärkerem Maße präsent als dem heutigen Leser.[134] Stellvertretend für dieses bei den Zeitgenossen vorhandene Wissen sei eine Passage aus Melanchthons Rede *De utilitate fabularum* angeführt.[135] Die *Batrachomyomachia* erscheint hier als eine Warnung vor dem Krieg, die Homer für seine jungen Schüler verfasste.

Laut Melanchthon vereint der Text das horazische *prodesse et delectare*.[136] Denn einerseits spreche er durch seine humorvolle Gestaltung der theriomorphen Protagonisten die kindlichen Gemüter an, andererseits vermittle er ihnen verschiedene Lehren: Wie sehr das bewusste Ignorieren einer Ungerechtigkeit dem Rächen derselben vorzuziehen sei; wie unsicher der Ausgang jeglicher Unruhen und Kriege sei; dass nicht selten die Mächtigeren von den Unterlegenen besiegt würden und das Übel oft seinen Urheber heimsuche. Provoziert durch den Tod

---

131 Peil im Anhang zu Rollenhagen: Froschmeuseler, S. 731f.
132 Obermaier: Binnenfabeln im neuen Rahmen, S. 441f.
133 Vgl. Tobias Bulang: Enzyklopädische Dichtungen. Fallstudien zu Wissen und Literatur in Spätmittelalter und früher Neuzeit. Berlin 2011.
134 Vgl. Kühlmann: Kombinatorisches Schreiben, S. 117.
135 Auf die unten zitieren Passagen der Rede über die Nützlichkeit der Fabeln sind schon Hartfelder: Philipp Melanchthon als Praeceptor Germaniae, S. 352, Fn. 2 u. S. 360, Fn. 2, und in dessen Nachfolge Kühlmann: Kombinatorisches Schreiben, S. 134, Fn. 7 aufmerksam geworden, jedoch ohne weiter darauf einzugehen.
136 Vgl. hierzu Rollenhagens Vorrede in Rollenhagen: Froschmeuseler, S. 23.

des Sohnes ihres Königs, hätten die Mäuse es vorgezogen, diesen Verlust mit Waffengewalt zu rächen, anstatt ihn versöhnlich zu vergeben. Weil sie ihrer Überlegenheit gegenüber den unkriegerischen Fröschen zu sehr vertraut hätten, hätten die Götter den Unterlegenen den Sieg beschert und die Urheber des Krieges für ihre Aggression bestraft. Was sei wichtiger, ruft Melanchthon aus, als der Jugend eine Abneigung gegen Kriege und Unruhen, das Streben nach Toleranz und dergleichen mehr humane Ansichten einzupflanzen?[137]

Diese von Melanchthon empfohlene Haltung des passiven Erduldens von gegnerischen Angriffen, des Zurücksteckens, um eine Eskalation der Gewalt zu verhindern, wurzelt im Renaissancehumanismus. Ganz ähnlich formulierte Melanchthon in seinen zuerst 1542 gedruckten Scholien zur *Batrachomyomachia*: Homer hätte mit seiner Dichtung angestrebt, den Heranwachsenden eine Abneigung gegen Unruhen und Aufstände „einzusäen". Dass die Frösche mit göttlicher Hilfe gesiegt hätten, zeige, dass sich die Gewalt oft gegen ihre Urheber selbst richte.[138]

Die Ausführungen zur antiken Vorlage des *Froschmeuselers* sind gewiss als charakteristisch für die Interpretation der *Batrachomyomachia* im Melanchthonkreis zu werten. Der Krieg zwischen Fröschen und Mäusen wurde als großes Exempel für die Sinnlosigkeit und zerstörerische Kraft des Krieges verstanden. Darüber hinaus zeigt das Zitat, dass Melanchthon die *Batrachomyomachia* schon von ihrer antiken Anlage her als ein Buch für die Jugend interpretierte. Rollenhagen hat sich bei seiner Bearbeitung dieser Intention angeschlossen. Auch der *Froschmeuseler* richtet sich in erster Linie an Jungen im Schulalter, erst in zweiter Linie an eine breitere Öffentlichkeit.

Auf welche Weise Rollenhagen die Anregungen seiner Lehrer aufgegriffen hat, soll im Nachfolgenden zur Darstellung kommen. Dabei ist auch die Ableh-

---

137 Philipp Melanchthon: De utilitate fabularum. In: CR XI, Spp. 116–120, hier Sp. 111f.: „At is [Homer] pueris, quos in Graecia passim docebat, bellum ranarum et murium scripsit, ut simul teneros animos lepidissima fabula delectaret, simul doceret quantum praestaret dissimulare quam ulcisci iniuriam, quam sint incerti turbarum ac bellorum omnium exitus, nec raro accidere, ut ab inferioribus potentiores vincantur, saepe malum omne in autoris caput vergere. Nam cum mures nonnulla sane iniuria provocati, armis illam vindicare quam dissimulare mallent, nimiumque suis viribus adversus imbelles ranas fiderent, donarunt superi victoriam imbellioribus, et belli autores pertinaciae suae iustissimas poenas dederunt. Quaeso quid aeque retulit puerilibus animis inseri, atque odium bellorum ac turbarum, tolerantiae studium, et hoc genus alias humanitatis artes?"
138 Philipp Melanchthon: Scholia in Batrachomyomachian Homeri. In: CR XVIII, Sp. 143: „Volebat autem poeta hoc argumento adolescentibus odium turbarum et seditionum inserere. Et quod tandem vincunt ranae auxilio divino, eo significatur, in caput plerumque autorum seditionis verti periculum, quod aliis moliebantur."

nung einer Gesamtdeutung durch Peil auf den Prüfstand zu stellen. Laut Peil besteht der Text lediglich aus einer Reihung punktueller Lehren. Dagegen ist einzuwenden, dass zwei zentrale Themenbereiche gleich an mehreren Stellen des Textes präsent sind: Philippismus und Irenik. Durch das Herausarbeiten dieser zwei Deutungsebenen wird – so die hier vertretene These – eine Gesamtdeutung des *Froschmeuselers* möglich. Peils Urteil über den Text wird dadurch nicht revidiert, sondern um neue Dimensionen erweitert.

Einschränkend bleibt festzuhalten, dass die irenische Grundtendenz des *Froschmeuselers* der Forschung bisher natürlich nicht verborgen geblieben ist. Peil selbst hat auf das irenische Potential des Textes aufmerksam gemacht. In einem dem Thema „Frieden" gewidmeten Sammelband zitierte er einige irenische Stellen aus dem *Froschmeuseler*, allerdings in einem anderen Zusammenhang und ohne dabei Vollständigkeit anzustreben oder Schlussfolgerungen zu ziehen.[139] Dieser Beitrag bildet wie Bernleithners oben erwähnte Dissertation eine nützliche Ausgangsbasis, an die angeknüpft werden kann. Horst Brunner hat dem *Froschmeuseler* zwar in seiner Studie über „Bilder des Krieges in der deutschen Literatur des 15. und 16. Jahrhunderts" ein Kapitel gewidmet, beschränkt sich jedoch hauptsächlich auf eine Nacherzählung des dritten Buches.[140] Angesichts der Tatsache, dass die Irenik die – wohl bereits in der Einschätzung Rollenhagens – wichtigste Deutungsebene des *Froschmeuselers* darstellt, überrascht das eher geringe Echo dieser Thematik in der Forschung.[141]

4.6 Der *Froschmeuseler* als volkssprachliches Lehrbuch der Politik

Bei einer Herausarbeitung der oben erwähnten Deutungsebenen ist stets die Funktion des *Froschmeuselers* als Lehrbuch zu berücksichtigen. Rollenhagen wendet sich als Schulmann an die nächste Generation von Juristen, Theologen, gelehrten Räten und Predigern, was er auch selbst an mehreren Stellen des Textes ausspricht. In der Vorrede von Buch II richtet er sich ausdrücklich an die *Herrn*

---

139 Dietmar Peil: Der Friede in der deutschen Literatur der frühen Neuzeit. In: Wolfgang Augustyn (Hg.): PAX. Beiträge zu Idee und Darstellung des Friedens. München 2003, S. 315–340, hier S. 319–323.
140 Brunner: Dulce bellum inexpertis, S. 667–695.
141 Vgl. zur hier vertretenen Gesamtdeutung des Froschmeuselers nur die knappen Bemerkungen von Helmut Endrulat im Nachwort zu Giacomo Leopardi: Der Froschmäusekrieg und seine Folgen. Der Krieg der Krebse und Mäuse. Italienisch-Deutsch, hg. von Helmut Endrulat. Berlin 1992, S. 334: „Schon die Wahl des Stoffes zeigt, daß ihm [Rollenhagen] ein Hauptanliegen ist, vor der Sinnlosigkeit und den Gräueln des Krieges zu warnen."

Kinder, die noch Jung dazu gewonnen werden sollen, das sie die Regiment erkennen.[142] Rollenhagen adressierte seinen literarischen Unterricht in sämtlichen Bereichen administrativer Tätigkeit an die Söhne des gebildeten Patriziats und des Adels, denen eine spätere Karriere in den städtischen Magistraten und fürstlichen Kanzleien offen stand. Durch die Erziehung der zukünftigen Entscheidungsträger suchte der Magdeburger Rektor Einfluss auf ihre Regierungspraxis zu gewinnen. Anhand der exemplarischen Schicksale der Frösche und Mäuse prägte er seinen jugendlichen Leser ein, dass diplomatisches Handeln einer militärischen Lösung von Problemen vorzuziehen sei.

Auf diese Weise strebte Rollenhagen eine Minimierung der Kriege an, die, wie er selbst ausführt, stets zu Lasten der einfachen Bevölkerung geführt werden:

Wenn Herrn sich reuffen vnd trecken /
    Müssen die Bawren jhr Haar darstrecken.
Es muß des Herrn hitzigen muth /
    Kuehlen seiner armen Leut Blut.
Es mus bezahlen Kindes Kind /
    Die nach viel hundert Jahren sind /
Was auff solche hendel gegangen /
    Die Koenig naerrisch angefangen.[143]

Auch die langen Reden der Frösche- und Mäusefürsten auf dem Reichstag und während der Vorkriegssituation dienen der Gewöhnung an eine diplomatische Deeskalation von Konflikten. In den Rednern führt Rollenhagen seinen Lesern auf meisterhaft suggestive Weise unterschiedliche Charaktere und politische Einstellungen vor Augen. Dem erfahrenen und altersweisen Fürsten *Friedlieb*, der vom Krieg abrät, steht der jugendliche Hasardeur *Milchramlecker* gegenüber. Mit den folgenden Worten gelingt es *Milchramlecker*, den König von der Notwendigkeit eines Krieges zu überzeugen: *Fuer Vater vnd Vaterland manlich sterben / Mit seinem Blut den Fried erwerben. Das muessen thun die Jungen Mann / die Muth vnd Bluth im Busem han.*[144] Rollenhagen wendet sich hier gegen die übliche Kriegsrhetorik, wodurch sein Werk überzeitliche Bedeutung gewinnt.

Die Reden im zweiten und dritten Buch zeigen auf plastische und realistische Weise die Einstellungen der einzelnen Protagonisten. Gerade dadurch, dass sich in den entscheidenden Momenten nicht die Vertreter einer diplomatischen Lösung durchsetzen, verleiht der Realist und Pessimist Rollenhagen seiner Darstel-

---

142 Grimm: Deutsches Wörterbuch, Bd. 3, Sp. 869, „erkennen": „geistiges erkennen und einsehen, höher als das blosz sinnliche vernehmen". Rollenhagen: Froschmeuseler: S. 251 f.
143 Rollenhagen: Froschmeuseler, S. 286, II, 797–804.
144 Ebd., S. 566–567, II 1876–1942.

lung Überzeugungskraft. Der Leser muss sich selbst ein Urteil bilden. Zugleich sollen die Schüler durch die Lektüre der Reden auf argumentative Entscheidungsfindungsprozesse vorbereitet werden. Nicht das Faustrecht, sondern die besseren Argumente sollen den Ausschlag geben. Durch die im *Froschmeuseler* ausgebreitete Vielfalt der Meinungen sollten die späteren gelehrten Räte die Fähigkeit erwerben, ihre Vorgesetzten und Herrscher durch Argumente zu überzeugen.

Im zweiten Buch demonstriert Rollenhagen bei der Königswahl durch die Frösche die Realität politischen Handelns. Die Frösche bilden einen Rat, der über den zukünftigen König entscheiden soll. Nachdem ein Urteil gefällt und ein König gewählt wurde, tritt der Fürst *Ruelinger* vor die Menge der versammelten Frösche, um das Ergebnis zu verkünden. Dieser Vorgang wird in der Marginalie mit den folgenden Worten begleitet: *Ruelinger publiciert des Reichs abscheid*.[145] Indem er sie an die politische Fachsprache gewöhnt, will Rollenhagen seine jugendlichen Leser auf ihre spätere Berufspraxis vorbereiten. Während Buch I eher Ratschläge für das private Leben enthält, erfüllen Buch II und III mit ihren sämtlichen Inhalten wie z. B. der auf Herodot basierenden Diskussion um die beste Staatsform die Funktion einer politischen Propädeutik.

Eng verzahnt mit dieser Intention einer Beeinflussung der zukünftigen Entscheidungsträger ist die Wahl der Volkssprache für seine Bearbeitung der *Batrachomyomachia*. In einem seiner letzten Briefe an den Gothaer Rektor Andreas Wilke schildert Rollenhagen seine pädagogischen Methoden. Exemplarisch für seine Schüler am Gymnasium steht hier sein Sohn Gabriel, den er durch häufige Übersetzungen lateinischer und griechischer Vorlagen in die Volkssprache zu üben pflegte. Sein Sohn sollte dadurch „tiefer in den Stil der antiken Autoren" eindringen, „aber zugleich auch seine Muttersprache verbessern".[146] Frucht dieser Bemühungen des Vaters waren Gabriel Rollenhagens volkssprachliche Werke, insbesondere seine *Vier Bücher [...] Indianischer Reisen*.[147] Der erste Teil dieser Schrift beruht auf antiken Vorlagen. In Bezug auf diese Vorlagen führt Rollenhagen in der Vorrede aus, sein Vater hätte ihm in seiner *ersten jugend zur vbung der Griechischen vnd Teutschen sprach / diese wunder Bücher in vnser gewönlich Teutsch zu vbersetzen befohlen*.[148]

---

145 Ebd., S. 475, II, 6616.
146 Bernleithner: Humanismus und Reformation, S. 73; dort die bibliographische Angabe des Briefes.
147 Gabriel Rollenhagen: Vier Bücher wunderbarlicher, bis daher unerhörter und unglaublicher indianischer Reisen durch die Luft, Wasser, Land, Hölle, Paradies und den Himmel. Magdeburg 1605 (ND Stuttgart 1995, Rarissima Litterarum 2).
148 Rollenhagen: Vier Bücher [...] indianischer Reisen, Vorrede, A iv r.

Rollenhagen setzte mit dieser „Sorge um die Reinheit der deutschen Sprache"[149] noch vor Wolfgang Ratke frühe Akzente in der Debatte um die Sprachreform. Sein Hauptanliegen war nicht die Bewahrung des humanistischen Erbes, sondern die Sensibilisierung der Eliten für die Pflege des eigenen Idioms. In dem oben erwähnten Brief an den Gothaer Rektor heißt es weiter, dass viele „ihr ganzes Leben auf griechische und lateinische Literatur, ja auf französische und italienische Idiome verschwenden, aber dann, wenn es darauf ankommt, im Rat oder in der Kirche zu sprechen, kein Wort herausbringen."[150] Hierin ist der tiefere Grund dafür zu erblicken, dass Rollenhagen seine Bearbeitung der *Batrachomyomachia* auf Deutsch verfasste, und nicht in lateinischen Hexametern, wie noch 40 Jahre später der Jesuit Jacob Balde.[151] Rollenhagen steht damit in der großen Debatte um die *Antiqui* und *Moderni*[152] nicht aufseiten der Bewahrer, wie etwa zeitgleich Matthias Bernegger[153] und Johannes Caselius,[154] sondern der Reformer.[155]

4.7 Philippismus im *Froschmeuseler*

Mit Philippismus sind jene auf Melanchthon basierenden theologischen Positionen gemeint, die in einem latenten Gegensatz zur entschiedenen Orthodoxie der Gnesiolutheraner standen, welche auf dem Wortlaut der Lehre Luthers beharrten. Ausgangspunkt der innerlutherischen Spaltung in Philippisten und Gnesiolutheraner war die Kontroverse um das Interim, in der die Theologen um Melanchthon einen diplomatischen Vergleich mit dem konfessionellen Gegner anstrebten, während die Flacianer auf polarisierende Weise jeglichen Kompromiss ablehnten.[156]

---

149 Bernleithner: Humanismus und Reformation, S. 73.
150 Vgl. die Inhaltsangabe des Briefes, ebd., S. 73–74.
151 Veronika Lukas: Batrachomyomachia. Homers Froschmäusekrieg auf römischer Trompete geblasen von Jacob Balde S. J. (1637/1647). München 2001.
152 Martin Disselkamp: Parameter der Antiqui-Moderni-Thematik in der Frühen Neuzeit. In: Herbert Jaumann (Hg.): Diskurse der Gelehrtenkultur der Frühen Neuzeit. Ein Handbuch. Berlin, New York 2011, S. 157–177.
153 Kühlmann: Gelehrtenrepublik und Fürstenstaat, passim.
154 Vgl. Sdzuj: Art. Johannes Caselius. In: Kühlmann u. a. (Hgg.): Frühe Neuzeit in Deutschland 1520–1620. Literaturwissenschaftliches Verfasserlexikon, Bd. 1, Sp. 478–497; sowie Merio Scattola: Johannes Caselius (1533–1613), ein Helmstedter Gelehrter. In: Wolfenbütteler Notizen zur Buchgeschichte 22 (1997), S. 101–121.
155 Vgl. für Rollenhagens durchaus differenzierte Meinung zu dieser Thematik auch die Vorrede zu Rollenhagen: Froschmeuseler, S. 20, in der er „deutsche schandbuecher" wie den „Eulenspiegel" oder Georg Wickrams „Rollwagenbüchlein" ablehnt.
156 Scheible: Melanchthon. Eine Biographie, S. 192–200.

Bereits Melanchthon hatte länger als Luther an die Möglichkeit eines Konzils zwischen Lutheranern und Katholiken geglaubt.[157] Der Grund für diese stärkere Neigung der Melanchthonanhänger zu Konzilianz und Toleranz ist in ihrer tieferen Verwurzelung im humanistischen, erasmischen Erbe zu erblicken.[158]

4.8 Plädoyer gegen die flacianische Erbsündenlehre: Die Circe-Episode

Der erste Punkt, an dem dieses Erbe im *Froschmeuseler* aufscheint, ist die Circe-Episode.[159] Nachdem der Mäuseprinz *Bröseldieb* dem Froschkönig *Bausback* zu Beginn des ersten Buches von seiner Herkunft und von den Tugenden der Mäuse berichtet hat, revanchiert sich dieser mit der Erzählung einer Geschichte, die er, als er *noch juenger* gewesen sei, *in den Buechern* gelesen hätte.[160] In den folgenden drei Kapiteln adaptiert Rollenhagen verschiedene Stoffe aus Antike und Renaissance.[161] Der Hauptstrang beruht auf der Odyssee Homers.[162] Auf der Heimfahrt nach Troja verschlägt es Ulysses auf die Insel der kräuterkundigen Circe. Circe reicht den Dienern Ulysses' einen *willkommen Trunck*, der diese in Tiere verwandelt, wobei die Tierart mit dem jeweiligen Beruf der Diener korreliert: Der Lautenist wird zu einer Nachtigall, der Trompeter ein Kranich, der Koch eine Sau, der Leibarzt eine Schlange etc.

Der erzürnte Ulysses verlangt daraufhin von Circe die Rückverwandlung seiner Diener in Menschen. Circe willigt ein, stellt aber die Bedingung, dass Ulysses sie vorher fragt, *ob sie auch wolten Menschen werden / Nachmals wie vor / leben auff Erden*.[163] Als Ulysses seine Diener der Reihe nach befragt, muss er feststellen, dass diese sämtlich mit der ihnen verliehenen Tiergestalt zufriedener sind als mit ihren vorherigen Schicksalen als Menschen: Der Koch beklagt das Murren seiner Gäste über die von ihm gekochten Speisen; der Lautenist die Achtlosigkeit seiner Zuhörer; der Arzt grassierende Seuchen, heimtückische Krankhei-

---

157 Kuropka: Philipp Melanchthon: Wissenschaft und Gesellschaft, S. 74 u. 93.
158 Vgl. die Beiträge von Markus Wriedt und Stephan Meier-Oeser in Günter Frank, Stephan Meier-Oeser (Hgg.): Konfrontation und Dialog. Philipp Melanchthons Beitrag zu einer ökumenischen Hermeneutik. Leipzig 2006.
159 Rollenhagen: Froschmeuseler, S. 64–85, I 651–1328. Vgl. zur Circe-Episode vor allem Krausse: Die Circe-Episode; Kühlmann: Kombinatorisches Schreiben.
160 Rollenhagen: Froschmeuseler, S. 64, I, 651f.
161 Vgl. zu den Quellen Rollenhagens in den einzelnen Kapiteln Peils detaillierten Kommentar im Anhang zu Rollenhagen: Froschmeuseler, insbesondere S. 797. Vgl. auch den kundigen Beitrag von Krausse: Die Circe-Episode.
162 Hom. Od. 10, 203–495.
163 Rollenhagen: Froschmeuseler, S. 66, I, 717.

ten und die Wirkungslosigkeit der *Ertzney*. Die Diener wollen Tiere *bleiben auff Erden / Jn ewigkeit kein Menschen werden / Vnd in der stad mit Narrensachen / Sich sorg / kranckheit vnd sterben machen.*[164]

Einzig einer der *Edel Kamerknaben* des Ulysses, nun in Gestalt eines Hundewelpen, begehrt seine menschliche Gestalt zurück und begründet dies mit der Dignität des Menschen, die ihn über das Tierreich erhebe:

> *Des Menschen angsicht / stim vnd wort /*
>   *Jst ein tewr schatz / vnd edler hort.*
> *Dadurch wird freundschafft erst gemacht /*
>   *Dadurch wird frag / vnd klag anbracht.*
> *Dadurch gibt man auch trost / vnd Rath /*
>   *Dauon das hertz sein leben hat.*[165]

Allein der Mensch sei in der Lage, von Gott zu lernen, das Ideal vollkommener Tugend anzustreben und andere über Moral zu unterrichten. Im Menschenreich gebe es *Kirch / Hoff / Haußstand* und die Hoffnung auf ein Weiterleben der Seele nach dem Tod. Den Tieren dagegen fehle jegliches Bewusstsein einer Transzendenz; sie seien auf ihre irdische Existenz beschränkt:

> *Von dem allen die Thier nichts wissen /*
>   *Sind nur auff jhr Bauchsorg geflissen.*
> *Darumb ist auch jhr angesicht /*
>   *Alzeit nach der Erden gericht /*
> *Jhrer wolfart grund ist die Erd /*
>   *Den Himmel halten sie vnwerd.*
> *Der Mensch erhebt sein Heupt zu Gott /*
>   *Gott hilfft jhn auch aus Noth vnd Tod.*[166]

Nach dieser Rede signalisieren die Kammerknaben ihrem Herrn Ulysses, dass sie ihre alte menschliche Gestalt zurückbegehren. Obwohl unter den übrigen Dienern weiterhin Dissens über die bessere Daseinsform herrscht, erhalten sie sämtlich

---

[164] Ebd., S. 81, I, 1193–1196. Rollenhagen beruht in diesem Abschnitt auf dem Dialog „La Circe" (1549) von Giovanni Battista Gelli. Zum zivilisationskritischen Potential der Reden der Diener vgl. Krausse: Die Circe-Episode; Kühlmann: Kombinatorisches Schreiben, S. 121–126.
[165] Rollenhagen: Froschmeuseler, S. 81f., I, 1235–1240.
[166] Ebd., S. 83, I, 1247–1254. Bei der Gegenüberstellung des zur Erde gewandten Tieres und des zum Himmel blickenden Menschen handelt es sich um einen literarischen Topos, den Rollenhagen der mittelalterlichen Tradition entnommen haben könnte. Vgl. z. B. die mhd. Verserzählung des Strickers: Die vier Evangelisten. In: Wolfgang Wilfried Moelleken u. a. (Hgg.): Die Kleindichtung des Strickers, Bd. IV. Göppingen 1977, Gedicht Nr. 128, S. 215–226, hier S. 216 (Vers 24–38).

von Circe ihre menschliche Form zurück, da sie ihrem Herrn Ulysses nicht zu widersprechen wagen. Allein der Koch protestiert, *das man jhn auß dem dreck gesocht / Aus einer Saw zum Menschn gemacht.*[167]

Trotz der Vorprägung durch mehrere Topoi scheint die Circe-Episode eine generelle Positionierung Rollenhagens in den zeitgenössischen theologischen Debatten zu enthalten. Insbesondere das Bild des zu Gott aufschauenden, ihm gegenüberstehenden und verantwortlichen Menschen, der durch seine Vernunft über das Tierreich erhaben ist, steht im latenten Widerspruch zu Luthers pessimistischer Erbsündenlehre.

In der Nachfolge Luthers kam es zwischen Gnesiolutheranern und Philippisten zu äußerst diffizilen Debatten um das Wesen des Menschen und seinen Anteil an der Rechtfertigung. Im sog. synergistischen Streit vertrat auf der einen Seite Flacius, sich auf „bestimmte überspitzte Sätze Luthers"[168] berufend, eine Extremposition. Er behauptete, der Mensch verhalte sich „in der Rechtfertigung völlig passiv", sei fühllos „wie ein Block" und zeige ein feindliches Verhalten gegenüber Gott. Buße und Rechtfertigung seien daher „allein das Werk Gottes".[169] Auf der anderen Seite stand der Philippist Johannes Pfeffinger, der von einer Mitwirkung des menschlichen Willens bei der Rechtfertigung und sogar von einem „natürlichen Willen" ausging, „der die Fähigkeit besitze, dem göttlichen Willen zu gehorchen oder zu widerstreben."[170]

Ausgangspunkt dieser Differenzen innerhalb des Luthertums war die Kontroverse zwischen Luther und Erasmus über den freien Willen von 1525,[171] infolge derer Melanchthon zu gewissen Zugeständnissen gegenüber der humanistischen Fraktion bereit war. Melanchthon begann – wenn auch verklausuliert –, die Existenz eines freien Willens und die Mitwirkung des Menschen bei der Rechtfertigung durch Gott zu bejahen.[172] Der Wittenberger Reformator näherte sich wieder stärker seiner frühen humanistischen Prägung an und geriet dadurch nicht selten in Konflikt mit Luther.

Die „Abgrenzung der geistigen, kontemplativen Seite des Menschen gegenüber seiner instinktgeleiteten, tierischen Natur" war ein Hauptbestandteil des Menschbildes der Renaissance. Die Humanisten beriefen sich dabei nicht selten

---

167 Rollenhagen: Froschmeuseler, S. 85, I, 1311f.
168 Beutel (Hg.): Luther Handbuch, S. 466.
169 Ebd.
170 Ebd.
171 Die beste Darstellung dieser Kontroverse stammt von Flasch: Kampfplätze der Philosophie, S. 243–273.
172 Beutel (Hg.): Luther Handbuch, S. 465.

direkt auf die Figur der Circe.[173] Ein gewisses Echo dieser Debatten scheint in der Circe-Episode Rollenhagens widerzuhallen: Der Mensch blickt auf zu Gott und erhebt sich dadurch über das Tierreich. Zur vollen Prägnanz entfaltet Rollenhagen sein Menschenbild in der Analogie von Staat und menschlichem Körper im zweiten Buch des *Froschmeuselers*.

4.9 Ein optimistisches Menschenbild: Der Staatskörper im *Froschmeuseler*

Bei der Parallelisierung des Staates mit dem Körper handelt es sich um einen Topos, der in seiner Entstehung bis in die Antike zurückreicht. Laut Peil ist dieser Vergleich das „beliebteste und in seiner Wirkung nachhaltigste Bildfeld in der politischen Metaphorik".[174] Dass auch Melanchthon diesen Topos verwendet hat, zeigt seine Rede *De consideratione corporis humani*, in der er den Verstand als „Senat" bezeichnet, der über seine „Diener", die Glieder des Körpers, herrsche.[175]

Im Rahmen der Diskussion über die beste Staatsform im zweiten Buch hält der Froschfürst *Wolgemuth* eine Rede, in der er für die Monarchie plädiert. Innerhalb dieser Rede dient ihm der Vergleich zwischen Staat und menschlichem Organismus als Argument für die Überlegenheit der Monarchie über andere Staatsformen: Die Herrschaft der Seele über den Körper sei einer *Monarchia* gleichzusetzen.[176] *Wolgemuth* führt an, dass er diese Lehre von einem kleinen *Manthier* namens *Philip Melanth* gehört hätte, als dieser mit seinen Schülern am See spazieren ging.[177] Ein späterer Interpret des *Froschmeuselers* geht daher davon aus, „dass Melanchthon auf einem Spaziergange seinen Schülern die Allegorie frei vorgetragen hat".[178]

Woher Rollenhagen die Episode auch rezipiert hat, Melanchthon ist jedenfalls die einzige zeitgenössische Person, die im *Froschmeuseler* in Menschengestalt auftritt und beim Namen genannt wird, was auf den Stellenwert des Wittenberger Lehrers in seinem Denken hinweist. Und gerade dieser herausgehobenen Figur legte Rollenhagen eine der prominentesten literarischen Verkörpe-

---

173 Krausse: Die Circe-Episode, S. 245.
174 Dietmar Peil: Untersuchungen zur Staats- und Herrschaftsmetaphorik in literarischen Zeugnissen von der Antike bis zur Gegenwart, München 1983, S. 302
175 Philipp Melanchthon: De consideratione corporis. In: CR XII, Sp. 317–324, hier Sp. 324. Der entsprechende Textausschnitt ist mit Übersetzung abgedruckt im Anhang zu Rollenhagen: Froschmeuseler, S. 885.
176 Rollenhagen: Froschmeuseler, S. 401–407, II, 4405–4578.
177 Ebd., S. 401, II, 4410.
178 Friedrich Wilhelm Leopold Emil Lütcke: Leben und Schriften des Georg Rollenhagen. Zweite Abtheilung: Der Froschmäuseler. Berlin 1847, S. 25.

rungen der philippistischen Theologie in den Mund, die in Opposition zur pessimistischen Erbsündelehre von Luther und Flacius stand.

Der Staatskörper wird durch einen der insgesamt fünfzehn Holzschnitte illustriert, die dem Werk beigefügt sind.[179] Dass die Illustration des Staatskörpers der größte Holzschnitt des gesamten *Froschmeuselers* ist, könnte auf die Bedeutung hinweisen, die Rollenhagen diesem Abschnitt beimaß. Das Bild zeigt den Staatskörper als dreistöckiges Haus, wobei die Stockwerke der Bedeutung nach aufsteigen: unten die Magen und Bauch symbolisierende Küche, darüber das Herz, Sitz der Emotionen, und schließlich der Kopf, in dem König, Kanzler und Räte residieren. Wie sich erweisen wird, misst auch der Text dem Intellekt die höchste Bedeutung zu.

Rollenhagen entfaltet seine Allegorie, indem er den Weg nachzeichnet, den ein Ereignis von der Wahrnehmung durch die Sinne bis zur entsprechenden Entscheidung durch den Intellekt zurücklegt. Am Beginn stehen *fuenff hurtige Diener*, die als *der Seelen Kundschaffer* bei Hof über all das berichten, *was sonst ausserhalb geschicht*.[180] Diese *Hoffdiener* stehen für die fünf Sinne, die Briefe *ins Koenigs Hauß* senden. Adressat dieser Briefe ist *deß Königreichs GroßCantzler*, der *allgemein Verstand*. Er trifft eine erste Auswahl nach der Bedeutung der Sinneseindrücke. Zwei Kammerschreiber – Witz[181] und Wahn – unterstützen ihn. Sie sind für die bedeutsameren Fragen zuständig. Der Witz, nach heutigem Sprachgebrauch etwa der gesunde Menschenverstand, *lieset den Brieff / vnd denckt jhm nach [...] Vnd helt durchauß nichts für Warheit / Es zeugs denn die Erfahrenheit*. Der Wahn dagegen malt in der Phantasie irreale Ängste und unbegründete Sorgen aus. Je nach geistiger Gesundheit des Menschen hat entweder Witz oder Wahn die Oberhand. Wenn das *Haeupt Schwachheit bekömpt* und der Witz *sein Abscheidt nimpt*, regiert unangefochten der Wahn: *so muß man seiner Thorheit lachen*.[182]

Durch die Weiterleitung und Bewertung der Sinneseindrücke wird das *Hertz* erregt. Je nachdem, ob der Eindruck positiv oder negativ ist, *thut sich das Hertz auff wie eine Roß / Da Morgentaw mit Waerm einfloß* oder schließt sich *vnd wil weichen / Furchtsam aller Gefahr entschleichen*.[183] Über die Schilderung des Gedächtnisses – Schreiber, die Ereignisse im königlichen Archiv aufzeichnen – gelangt Rollenhagen zu den wichtigsten Bestandteilen seiner Allegorie: Vernunft und Seele.

---

179 Rollenhagen: Froschmeuseler, S. 402.
180 Ebd., S. 403, II, 4431–4446.
181 Grimm: Deutsches Wörterbuch, Bd. 30, Sp. 862: „verstand, klugheit, kluger einfall".
182 Rollenhagen: Froschmeuseler, S. 403–405, II, 4447–4490.
183 Ebd., S. 405, II, 4491–4512.

Dem König, der Seele, steht als sein *vertrawter Rath* am nächsten die Vernunft. Sie hat die Aufgabe, unter Zuhilfenahme eines speziellen Instruments die endgültigen Entscheidungen des Königs vorzubereiten:

Damit aber sie auch nicht fehl /
   Das vngewiß fuer das gewiß erwehl /
Hat jhr der Koenig ein Maß geben /
   Die Bilder zu visieren eben /
Einen Triangel recht dreyeckt /
   Vom besten Goldt kuenstlich gezweckt.
Wie die Werckleut mit WinckelEysen /
   Jhr Erbeiter sonst vnterweisen /
So reformiert sie die Gedancken /
   Das sie nicht mehr wancken.[184]

Klarheit über das gemeinte Instrument der Urteilsfindung bringt die Marginalie: *Vnter zwey Worten ist das dritte Richter in einem Syllogismo.* Das Ziehen eines Schlusses mittels eines Syllogismus war die wichtigste Methode der Dialektik. In seiner oben bereits erwähnten *Commonefactio* bezeichnet Rollenhagen die Dialektik als allen anderen übergeordnete Wissenschaftsdisziplin: „Die Aufgabe der Dialektik ist es, den anderen Disziplinen Reihenfolge und Vorgehensweise zu demonstrieren sowie den Weg des systematischen Lernens und Lehrens zu weisen."[185] Rollenhagen steht damit ganz in der humanistischen Tradition. Im *Froschmeuseler* fungiert der Syllogismus als wichtigstes Kriterium der Unterscheidung und Entscheidung. Der Magdeburger Rektor postuliert damit nicht allein die Unabdingbarkeit philosophischer Bildung für den einzelnen Menschen, sondern zugleich die Notwendigkeit universitär geschulter Räte in den fürstlichen Kanzleien.

Bei allem Gewicht, das Rollenhagen auf das systematisch geschulte Urteilsvermögen legt, trifft die letzte Entscheidung jedoch der König, die Seele:

Denn wie die Sonn erleucht die Sternen /
   Wie Gott die Seel anblickt von fernen /
So setzt MENS der Vernunfft sein Liecht /
   Darnach sie die Abmessung richt.
Lehret / was Gott / vnd Tugendt sey /
   Vnd was fuer Belohnung dabey.
Wie auch Vntugend tausent facht /
   Gestraffet werd durch Gottes Macht /

---

184 Ebd., S. 406, II, 4529–4538.
185 Vgl. Rollenhagen: Commonefactio (Paedia T. 2), S. 20: „Proprium autem Dialectices officium est, in omnibus artibus monstrare rationem et ordinem, recte et ordine discendi et docendi."

Raeth das der Will daß gute faß /
Vnd was nicht gut ist bleiben laß.[186]

Nur wenn sämtliche Teile des Körpers dem Urteil der Seele unterworfen sind, so schließt *der Melanth* seine Rede, kann der Mensch Trost und wahre Freude empfinden und braucht *weder Feind noch Noth* zu fürchten.[187] Rollenhagen wichtigste Botschaft an seine jugendlichen Leser und Schüler scheint die Forderung nach Herrschaft der Ratio über die Emotionen zu sein. Der Mensch erscheint keineswegs als Sklave seiner Begierden und Affekte, sondern als durch seine Vernunft gesteuertes, sich seiner selbst bewusstes Wesen. Verstand und Vernunft üben im Verbund mit der Seele und dem Willen die Herrschaft aus über das Reich der Gefühle, das Herz und den Bauch.

Auch andere Interpreten haben in dieser Allegorie eine spezifisch philippistische Botschaft an die nächste Generation ausgemacht. Laut Bernleithner ist „dieses durchaus optimistische Bild des Menschen vom ursprünglichen Pessimismus der Reformation weit entfernt [...], von der Überbetonung der Verdorbenheit durch die Erbsünde, von der Missachtung der Vernunft, von der Leugnung der Willensfreiheit."[188] An dieser Stelle des *Froschmeuselers* zeige sich deutlich der Einfluss seines Studiums an der Universität Wittenberg bei den Schülern Melanchthons und Größen des Philippismus wie Major, Peucer oder Eber. Otto Brunken zufolge bedeutet der *Froschmeuseler* „gerade in seiner Betonung der Rolle der Vernunft, des freien Willens und der geistigen Fertigkeiten des Menschen eine Absage an die resignativen, vernunftskeptischen Strömungen seiner Zeit."[189]

4.10 Warnung vor dem Leben am Hof: Der gelehrte Hase

In seiner Adaption der Fabel vom Löwen und gelehrten Hasen[190] nimmt Rollenhagen die bereits im ersten Buch präsente Hofkritik wieder auf. Wie es auch sonst seine Arbeitsweise kennzeichnet, lehnt er sich an Vorbilder an, die er jedoch „sehr

---

186 Rollenhagen: Froschmeuseler, S. 407, II, 4557–4566.
187 Ebd., S. 407, II, 4567–4578.
188 Bernleithner: Humanismus und Reformation, S. 257.
189 Otto Brunken: Georg Rollenhagens Froschmeuseler. Ein späthumanistisches didaktisches Tierepos für die Jugend des gebildeten „Mittelstands", in: Die Schiefertafel 5 (1982), S. 46–73, hier S. 68.
190 Rollenhagen: Froschmeuseler, S. 299–322, II, 1189–1918.

stark erweitert".[191] Die Fabel vom gelehrten Hasen wird vom Froschfürsten *Grawkopff* innerhalb seines Plädoyers für die Aristokratie als beste Staatsform erzählt. Teil dieser Verteidigung der Aristokratie ist die Warnung, *das bey Koenigen grosse gefahr sey*,[192] was der Fürst durch die Erzählung vom Hasen veranschaulicht.

Zu Beginn der Fabel zeichnet Rollenhagen ein Porträt vom Hasen als späthumanistischem Universalgelehrten, der sich während seines Studiums an Universitäten und auf Bildungsreisen *durch viel Land* umfassende Kenntnisse angeeignet hat: in Latein, Griechisch, Rhetorik, Theologie, Jurisprudenz, Philosophie, im Festungsbau, den Naturwissenschaften, der Geschichte und Poetik.[193] Darüber hinaus knüpfte der Hase Kontakte zu anderen Gelehrten, bewährte sich in Notzeiten und nahm an militärischen Auseinandersetzungen teil. Rollenhagen errichtet hier gleichsam eine Fallhöhe, vor deren Hintergrund das Ende als umso tragischer erscheint.

Auf Wunsch seiner Eltern kehrt der gelehrte Hase von seinen Bildungsreisen heim, um ihnen *Trost / vnd Pfleger* zu sein. Als er im Kreis seiner Familie Proben seiner Gelehrsamkeit gibt, tritt als Gegenfigur sein Vetter auf und bezweifelt den Nutzen seiner Studien: *Du hast deim Kopff sehr weh getan / Was ist aber der nutz davon? Wozu dienets?*[194] Die darauf folgende Antwort des gelehrten Hasen ist eine Verteidigungsrede wissenschaftlicher Bildung. Wer ein sicheres und unabhängiges Urteil fällen will, *der mus davon die Schrifft studieren*.[195] Bildung bewirkt, dass das Herz *fuer kein vnglueck trawret / Sondern bleibt vnerschrocken still / Wenn gleich Himmel vnd Erd einfiel*. Dem Einwand seines Vetters, Bildung mache zum Knecht *ander Leut*, begegnet der gelehrte Hase, indem er ihm die Verwerflichkeit des Müßiggangs vor Augen führt. Wer nur müßig *im Nest* liege, niemandem diene, sondern sich selbst bedienen lasse, sei *durchaus keiner ehren werth*.[196] Unzweifelhaft lassen sich hier und an anderen Stellen des *Froschmeuselers* Rollenhagens eigene Standpunkte ausmachen, die er meist gelehrte und erfahrene Tiere aussprechen lässt.

Der gelehrte Hase führt weiterhin aus, er könne selbst den König darüber belehren, *wie man loeblich regier in ehren / Ohn seiner Vnterthan beschweren*.[197]

---

191 Vgl. zu den Vorlagen der Fabel vom Löwen und gelehrten Hasen den Kommentar zu Rollenhagen: Froschmeuseler, S. 861.
192 So die Überschrift des ersten Kapitels der Rede von Grawkopff, vgl. Rollenhagen: Froschmeuseler, S. 295.
193 Rollenhagen: Froschmeuseler, S. 299, II, 1189–1219.
194 Ebd., S. 303, II, 1287–1292.
195 Ebd., S. 304, II, 1338.
196 Ebd., S. 308, II, 1477–1484.
197 Ebd., S. 312, II, 1611 f.

Sein Vater schöpft daraufhin Zuversicht und fordert ihn auf, er solle den Löwenkönig davon überzeugen, die verfolgten Hasen in Zukunft zu verschonen. Sein Sohn willigt ein und das Treffen mit dem König wird arrangiert. In Begleitung seines Vaters und einer großen Anzahl weiterer Hasen trifft der Gelehrte am Königshof ein. Zur Begrüßung rühmt der Löwenkönig die weitbekannte Gelehrsamkeit des Hasen. Wenn er ihn darüber belehren könne, *wie man weißlich regieren soll*,[198] würde er als Belohnung eine Anstellung als *vnser Rath* erhalten.

Der gelehrte Hase beginnt seine Rede mit Höflichkeitsfloskeln. Doch kurz darauf nimmt sie eine andere Wendung. Der Redner geht zu Topoi über, wie sie aus den Fürstenspiegeln[199] bekannt sind. Alle *Hochgelaerten* würden klagen, es sei *Tyrannisch / vnd nicht gut*, wenn der König nur nach seinem Willen entscheide. Dagegen sei als *billich vnd recht* anzusehen, wenn er sich der Gerechtigkeit füge und *wie seine Mann / Dem Gesetz vnd Recht sey vnterthan*.[200] Das allgemeine Gesetz sei auf den folgenden Grundsatz reduzierbar: *Was du von andern vngern hast / Damit thu Niemandt vberlast*.[201] Rollenhagen führt hier eine Abwandlung des biblischen Gebots der Nächstenliebe an, ein in allen Weltkulturen verbreiteter Grundsatz der praktischen Ethik, der auch als „Goldene Regel" bekannt ist.[202]

Um dem Nächsten Gerechtigkeit widerfahren zu lassen, sei jeder in der Pflicht zu erwägen, was er selbst *gern / oder vngern hat*. Die Schwachen seien zu verschonen, *Tugendt mit Danck* zu belohnen und die Laster gerecht zu bestrafen.[203] Den rachgierigen Tyrannen jedoch, die allein ihre Begierden erfüllten, versage Gott seine Gnade und strafe sie *auff Erdn / vnd in der Hellen*. In den folgenden Zeilen versucht der gelehrte Hase, dem Löwenkönig die Sicherheit seiner Allmacht zu nehmen und ihm die Relativität seiner Herrschaft vor Augen zu führen. Jeder Herrscher auf Erden hätte einen *Obermann*, der ihn in die Schranken weise. Große oder gefährliche Tiere wie Walfisch, Elefant, Drache und Tiger stünden letztlich in der Hand des mächtigsten Erdengeschöpfes, des Menschen. Doch selbst die Herrscher im Menschenreich, die Könige, würden von ihrem Thron gestürzt, wenn sie gegen das Gesetz Gottes gefrevelt hätten. Sie kämen *frembden Herrn in Henden / Die sie fangen / blenden vnd schenden*.

---

198 Ebd., S. 315, II, 1701.
199 Am instruktivsten der Überblick über die Gattung von Bruno Singer: Die Fürstenspiegel in Deutschland im Zeitalter des Humanismus und der Reformation. Bibliographische Grundlagen und ausgewählte Interpretationen: Jakob Wimpfeling, Wolfgang Seidel, Johann Sturm, Urban Rieger. München 1981 (Humanistische Bibliothek 34).
200 Rollenhagen: Froschmeuseler, S. 316, II, 1734–1740.
201 Ebd., S. 317, II, 1741f.
202 Tob. 4, 16: „Was du nicht willst, dass man dir tu', das füg' auch keinem andern zu."
203 Rollenhagen: Froschmeuseler, S. 317, II, 1747–1753.

> *Denn wo man keine Gottesfurcht /*
>> *Keinen Glauben / kein Scham / vnd Zucht /*
> *Kein Recht vnd Gerechtigkeit fand /*
>> *Da hat kein Reich / kein macht bestand.*
> *Dagegen die Gerechtigkeit /*
>> *Macht einem Reich bestendigkeit /*
> *Das es kein vnfall stuertzen kann.*[204]

Der Hase geht über zu einer direkten Ansprache seines Gegenübers. Der Löwenkönig solle *nicht mit zorn / sondern gnad regieren [...] Den frommen Recht / vnd frieden schaffen* und keinem seiner Untertanen *gewalt zufuegen*. Er ruft das Raubtier dazu auf, sich mit dem zu begnügen, *was Gott verordnet hat / An Fruechten / Samen vnd Salath*. Andernfalls würde Gott *mit ernstem Muth / Auch daß vnschueldige Hasenblut* sühnen.[205]

Was folgt, bezeichnet Rollenhagen in der Marginalie ironisch mit *des Loewen Tyrannischer danck vnd Rathsbesoldung*. Der Gelehrte will in seiner Rede fortfahren, doch der Löwe fällt *jhm auß Zorn ins Wort*. Obwohl es den Hasen an *Klawen* mangele und sie lediglich *arme Leut / vnd vnser Knecht* seien, schwinge sich der Gelehrte zum Herrscher über den Löwen auf. Der Löwenkönig lässt die Gelehrsamkeit des Hasen nicht gelten, sondern bezeichnet ihn abfällig als *Schreiber*, der von seinen Bildungsreisen lediglich Geschwätzigkeit, *viel Buecher / vnd ein ledig Taschen*[206] nach Hause gebracht hätte. Der König weist den Hasen zurecht, dass er dem Befehl der Obrigkeit Folge zu leisten habe. Denn durch die vom Hasen angestrebte Umkehrung der Herrschaftsverhältnisse würde *daß Reich zu bodem gehen*.[207] Rollenhagen zeichnet den Löwen als genuinen Tyrannen, der jegliche Kritik als Usurpation seiner Macht missversteht und seine Kritiker aus Angst vor dem Machtverlust gewaltsam verfolgt: *DAmit nahm er den armen Tropff / Gar grimmiglich bey seinem Kopff / Schmiß jhn vnbarmhertzig zu bodem / Die Seel entfuhr jhm mit dem Odem*. Auch die übrigen Hasen werden zum Opfer des Löwenkönigs.

Im Folgenden zieht Rollenhagen auf meisterhaft doppeldeutige Weise ein Resümee und gibt einen Ausblick auf das weitere Schicksal des Hasengeschlechts:

> *Vnd kompt daher der alte haß /*
>> *Daß noch kein Haß hat freyen paß /*

---

[204] Ebd., S. 319, II, 1829–1838.
[205] Ebd., S. 320, II, 1845–1856.
[206] Eine „leere Tasche", Armut; vgl. Grimm: Deutsches Wörterbuch, Bd. 12, Sp. 503: Art. ledig: „in den begriff des räumlich leeren übergehend, in bezug auf behälter und andere gegenstände".
[207] Rollenhagen: Froschmeuseler, S. 321, II, 1896.

> *Fuer den Lewen / vnd Edlen Knaben /*
> *Sie muessen alzeit vnrecht haben.*
> *Sich fangen lassen / streiffen / braten /*
> *Vnd thun doch keinem Thierlein schaden.*
> *Darumb sie gar verzaget worden /*
> *Getreten in der Stummen Orden /*
> *Vnd hinfort nimmermehr studieren /*
> *Weil sie nur fleiß vnd Geld verlieren.*[208]

Laut Auteri stellt die Fabel vom gelehrten Hasen den Nutzen humanistischen Wissens in Frage: „Auch die beste humanistische Ausbildung scheitert im *Froschmeuseler* an der Realität." Es sei fraglich, „ob man mit solchem Wissen tatsächlich etwas bewirken kann und ob die Herrschenden das überhaupt dulden würden."[209] Dass die Hasen *nimmermehr studieren* ist jedoch nicht als Relativierung von Gelehrsamkeit, sondern lediglich als Motivierung der tatsächlichen Gestalt der Hasen zu deuten: Früher waren sie gelehrt und konnten sprechen, heute begegnen sie in der den Lesern bekannten Erscheinungsform: als „stumme" Tiere. Es erscheint als unstatthaft, das Werk des Magdeburger Rektors und Humanisten als eine Absage an Bildung zu werten. Bereits Bernleithner hat festgehalten, dass die Katastrophe des Hasen am Ende der Fabel keineswegs gegen „die Güte seines Bildungsideals" spräche, sondern eher „für die Schlechtigkeit der Welt, vornehmlich der Regenten."[210]

Die Fabel vom gelehrten Hasen ist als Warnung der zukünftigen gelehrten Räte vor der Willkür- und Gewaltherrschaft an den damaligen Höfen zu interpretieren. Wie oben bereits erwähnt, lehnte es Rollenhagen lebenslang ab, in den Fürstendienst zu treten und blieb trotz ehrenvoller und lukrativer Berufungen Rektor des Magdeburger Gymnasiums. Das Exempel des gelehrten Hasen soll seinen Lesern vor Augen führen, welch desaströse Folgen jugendlicher Überschwang und Idealismus haben können. Was Kühlmann für einen ganz ähnlichen Text – das *Reinike*-Epos – festgehalten hat, gilt auch für die Fabel vom gelehrten Hasen: Sie ist „ein warnendes, ex negativo zu interpretierendes Exempelaggregat, gleichsam ein Bündel giftiger Kräuter, die der Arzt kennen muss, um sie zu meiden."[211] Dieser Befund trifft auf weite Teile des *Froschmeuselers* zu,

---

208 Ebd., S. 321f, II, 1907–1916.
209 Laura Auteri: Wissensvermittlung und Erkenntnisleistung in Georg Rollenhagens Froschmeuseler (1595). In: Beate Kellner, Jan-Dirk Müller, Peter Strohschneider (Hgg.): Erzählen und Episteme. Literatur im 16. Jahrhundert. Berlin, New York 2011 (Frühe Neuzeit 136), S. 329–344, hier S. 331f.
210 Bernleithner: Humanismus und Reformation, S. 254.
211 Wilhelm Kühlmann: Reinike Voss de Olde in der späthumanistischen Adelserziehung. Ein protreptischer Verstraktat (1580) des Heidelberger Rhetorikprofessors Lambertus Pithopoeus

beispielsweise auch auf die Fabel von Stadt- und Landmaus[212] aus dem ersten Buch oder die weiter unten zu thematisierende Darstellung des Krieges.

Die Fabel begegnet in vielen Weltkulturen und fungierte von Aesop bis Lessing traditionell als Medium verdeckter Herrschaftskritik. Auch Rollenhagen nutzte dieses Potential, um in Tiergestalt unliebsame Wahrheiten über Potentaten und Regenten zu äußern. Eventuell lässt sich der oben dargestellte Erfolg des *Froschmeuselers* gerade auf diese Tendenz zur Hofkritik zurückführen. In einem Zeitalter, in dem explizite Kritik an den Herrschenden nicht geäußert werden durfte, übte der *Froschmeuseler* eine Ventilfunktion aus. Rollenhagen wandte sich über den engeren Kreis der Schüler hinaus an eine breitere Öffentlichkeit, die sein Werk, gemessen an der Zahl der Auflagen, auch erreichte.

Neben dem Bereich der Hofkritik scheint die Fabel vom gelehrten Hasen noch eine zweite, genuin philippistische Lehre zu enthalten: den Aufruf zu defensivem Streitverhalten. Anhand der Figur des gelehrten Hasen legt Rollenhagen seinen Lesern nahe, in Gegenwart der Mächtigen offene Worte zu vermeiden. Obwohl man das Recht auf seiner Seite weiß, ist es oft dienlicher, erlittene Schmähungen oder Angriffe zu übergehen, beschweigen und erdulden. Denn ein Beharren auf dem eigenen Standpunkt kann eine Eskalation der Situation bewirken. Diese Empfehlung des passiven Erduldens von gegnerischen Angriffen begegnete bereits in Melanchthons oben zitierter Beschreibung der Vorlage des *Froschmeuselers*, der *Batrachomyomachia*. Im Krieg der Frösche gegen die Mäuse richtet sich laut Melanchthon die Gewalt letztlich gegen ihren Urheber. Gott straft die Frösche für den aus Rachgier begonnenen Krieg mit ihrer Vernichtung durch die Krebse.

Defensives Streitverhalten begegnete auch bei einem anderen Magdeburger Rektor: Abdias Prätorius. Obwohl Prätorius beim Erzbischof hätte intervenieren können, lehnte er es ab, auf die Angriffe seitens des Magdeburger Gnesiolutheraners und Zenturiators Matthäus Judex zu reagieren. Wie der Briefwechsel mit seinem Mentor Melanchthon zeigt, gelangte Prätorius durch die Lektüre der antiken Geschichtsschreiber und durch das Vorbild Melanchthons zu dieser irenischen Haltung.[213] Indem Rollenhagen die *Batrachomyomachia* bearbeitete, wahrte er folglich eine humanistische Tradition des Magdeburger Gymnasiums.

(1535–1596). In: Daphnis 15 (1986), S. 53–72; wiederabgedruckt in ders.: Vom Humanismus zur Spätaufklärung. Ästhetische und kulturgeschichtliche Dimensionen der frühneuzeitlichen Lyrik und Verspublizistik in Deutschland. Hg. von Joachim Telle, Friedrich Vollhardt und Hermann Wiegand. Tübingen 2006, S. 308–322, hier S. 321.

212 Rollenhagen: Froschmeuseler, S. 99–106, I, 1747–1990.
213 Vgl. Kap. B. 2.7. Der Briefwechsel mit Melanchthon.

4.11 Verbindung von Philippismus und Irenik

In den letzten drei Kapiteln wurden unterschiedliche Themenbereiche vorgestellt, die den Einfluss des Philippismus auf Rollenhagen belegen sollten: freier Wille, optimistisches Menschenbild und defensives Streitverhalten. Thesenhaft kann formuliert werden, dass diese einzelnen Bereiche bei vielen philippistischen Autoren im Verbund auftraten. Die Bejahung des freien Willens ging einher mit der Propagierung der Guten Werke und stärkerer Bereitschaft zur Verständigung mit dem konfessionellen Gegner. Dass sich diese einzelnen Themen zu einer geistigen Haltung verbanden, liegt an ihrer gemeinsamen Herkunft aus dem Tugendideal der italienischen Renaissance. Nach dem moralischen Verfall der Papstkirche des Mittelalters waren es zuerst die Humanisten Italiens, die eine sittliche Vervollkommnung des Menschen nach dem Vorbild der antiken Schriften einforderten. Melanchthons primäre Bildung war an den italienischen Vorbildern ausgerichtet. Er verhalf diesem geistigen Erbe im Luthertum zu neuer Geltung.

Untrennbar verbunden mit dem philippistisch-humanistischen Denken ist auch die Irenik. Auf welche Weise sich Irenik und andere Bereiche philippistischen Denkens bedingen, lässt sich anhand der Passagen des *Froschmeuselers* über den konfessionellen Gegner, die Papstkirche, demonstrieren.

Zunächst scheint sich Rollenhagen ganz in die Traditionen des orthodoxen Luthertums zu stellen. Zu Beginn des zweiten Buchs wird die Praxis des obersten Priesters *Beyßkopff* und seiner Helfer, der *schwartzen Kroetlein*, geschildert. Trotz Misstrauens hätten sie sukzessive die geistige Herrschaft über die Frösche erlangt: *So ward ein new Kriegsvolck auffbracht / Das vns plundert bey tag vnd nacht.*[214] Rollenhagen schildert plastisch die raffinierten Hilfsmittel, derer sich der Klerus bedient, um die Kontrolle über die Frösche auszuüben. Mittels der Beichte spionieren sie die Gedanken ihrer Untergebenen aus. Jeglicher Widerstand gegen ihre Herrschaft wird durch den Kirchenbann unterdrückt. Der Gebannte verliert sein Seelenheil und seine Ehre, gilt als Ketzer und soll von den übrigen Fröschen gemieden werden.[215]

Als *Beyßkopff* und seine Helfer durch den Ablass das Maß überziehen, erhebt sich Widerstand in Person des mutigen Frosches *Elbmarx*, der auf Basis *eins alten Buchs*[216] die Ablasspraxis der Papstkirche ad absurdum führt: *Der Grecht wird*

---

214 Rollenhagen: Froschmeuseler, S. 266, II, 181f.
215 Ebd., S. 261f., II, 193–218.
216 Rollenhagen bezieht sich hier auf den Propheten Habakuk (Hab 2, 4), auf dem die von Luther herangezogene Stelle aus dem Römerbrief (Röm 1, 17) beruht: „Der Gerechte wird aus Glauben leben."

seines glaubens leben / Man duerffe Gott kein Geld darumb geben.[217] *Beyßkopff* versucht, den Widerstand zu ersticken, scheitert jedoch an der Gegenwehr der Frösche, die sich mit *Elbmarx* verbünden. Das nächste Kapitel widmet sich der *Beschreibung des Frosch-Priesters*, seiner Herkunft und Eigenschaften. *Der Vater Beyßkopffs ist der heilige Geitz / Sein Mutter die alte Supersteitz.*[218] In seiner Kindheit hätte man *Beyßkopff mit Manthiers Blut vnd schweiß / Gespeiset / Tyrannischer weiß.* Daher hätte er seine *roth gestalt / Wie man den Bapst zu Rom abmalt.*[219] Bis zu diesem Punkt bewegen sich die Beschreibungen der katholischen Kirche „durchaus auf der Ebene protestantischer Satire und Polemik".[220]

Nachdem sich die Frösche in raumgreifenden Diskussionen über die beste Staatsform, die Monarchie, geeinigt haben, nimmt der Text eine überraschende Wendung. Die Frösche haben sich einen König gewählt, nun wollen sie über *Beyßkopffs Ampt vnd macht* beratschlagen.[221] Verschiedene Positionen zeichnen sich ab, die Mehrheit votiert jedoch gegen eine gewaltsame Änderung der religiösen Verhältnisse und für die Beibehaltung des Status quo. Rollenhagen lässt die Frösche fünf Ursachen dafür anführen, dass *man den Beyßkopff nicht abschaffen könne*.[222] Größere Sünden als Götzendienst seien *vneinigkeit vnd streit*, die stets auf eine *Endrung* der Religion folgten. Bernleithner hat zu Recht auf Rollenhagens Konservativismus hingewiesen, der hier zum Tragen kommt: „alle Veränderung ist von Übel".[223] Es folgt eine ganze Kette von Argumenten, die gegen eine gewaltsame Änderung der Religion sprechen: das Brauchtum der *alten* sei zu wahren; unter den Katholiken seien auch Fromme, *die sich hielten von Suenden rein*; man müsse *des worts Schuelr* von leseunkundigen Heiden unterscheiden etc.[224] Angesichts dieser differenzierten Sichtweise bescheinigt Bernleithner Rollenhagen eine positiv zu wertende Objektivität. Es sei nicht allein „Dummheit und Schlechtigkeit", was die Katholiken zum „Festhalten an der alten Religion" motiviere, sondern eine „ehrliche, wenn auch nach seiner Meinung irrige Überzeugung".[225]

Die Beratung der Frösche darüber, was mit *Beyßkopff vnd in der Religion fuer ordnung gemacht worden*, verlegt Rollenhagen nicht ohne Grund in die Mitte des

---

217 Rollenhagen: Froschmeuseler, S. 269, II, 251f.
218 Ebd., S. 270, II, 291f. „Supersteitz" von lat. superstitio, Aberglaube.
219 Ebd., S. 270, II, 305–308.
220 Bernleithner: Humanismus und Reformation, S. 261.
221 Rollenhagen: Froschmeuseler, S. 479–488, II, 6735–7042.
222 So die Marginalie, ebd., S. 479.
223 Bernleithner: Humanismus und Reformation, S. 258.
224 Rollenhagen: Froschmeuseler, S. 480f., II, 6772–6818.
225 Bernleithner: Humanismus und Reformation, S. 267.

Jahrhunderts nach Ende des Schmalkaldischen Krieges. Deutlich erkennbar treten Kurfürst Moritz von Sachsen und sein Berater Melanchthon auf:

> *Endlich aber zun sachen that /*
> *Fuerst Mortz / vnd folgt dem weisen rath /*
> *Des Manthiers / das ich vor genant /*
> *Am Weissenberg*[226] *sein Schueler fand /*
> *Schafft / das durch bitt vnd ernst da kamen /*
> *Des Beyßkopffs Freund vnd Feind beysamen.*[227]

Rollenhagen zeigt sich hier eventuell als Befürworter des Leipziger Interims. Nach Ende des Schmalkaldischen Krieges erließ Kaiser Karl V. 1547 das Augsburger Interim,[228] das den Protestanten lediglich „den Laienkelch und die Priesterehe"[229] zugestand, in sämtlichen theologischen Grundsätzen jedoch auf eine Rekatholisierung hinauslief. Da sich überall im Reich Widerstand gegen das Interim regte, arbeiteten kursächsische Theologen unter Leitung von Melanchthon und im Auftrag des sächsischen Kurfürsten einen Kompromissvorschlag, die Leipziger Artikel, aus. Die Leipziger Artikel kamen der katholischen Seite in rein äußerlichen Dingen, sogenannten Adiaphora, entgegen, bewahrten dafür jedoch die lutherischen Dogmen wie die Rechtfertigungslehre.[230] Matthias Flacius und in seiner Nachfolge die Gnesiolutheraner lehnten dagegen jegliche Annäherung an die Gegenseite ab und lösten damit die Adiaphora-Kontroverse aus, die eine Spaltung des Luthertums zur Folge hatte.[231]

Für die vorliegende Untersuchung sind diese Hintergründe deswegen von Belang, weil sie auf eine Positionierung Rollenhagens innerhalb der innerlutherischen Grabenkämpfe hindeuten. Der *Froschmeuseler* erschien nur wenige Jahrzehnte nach der Adiaphora-Kontroverse und in derselben Stadt, von der Flacius' antikatholische und gegen Melanchthon gerichtete Flugschriftenoffensive aus-

---

226 Gemeint ist die Wittenberger Universität, die Wirkungsstätte Melanchthons.
227 Rollenhagen: Froschmeuseler, S. 483, II, 6869–6874.
228 Vgl. zum Augsburger Interim und seinen Folgen auch Luise Schorn Schütte (Hg.): Das Interim 1548/50. Herrschaftskrise und Glaubenskonflikt. Gütersloh 2005; Irene Dingel, Günther Wartenberg (Hgg.): Politik und Bekenntnis. Die Reaktionen auf das Interim von 1548. Leipzig 2006; Irene Dingel (Hg.): Reaktionen auf das Augsburger Interim. Der Interimistische Streit (1548–1549). Göttingen 2010 (Controversia et Confessio 1).
229 Beutel (Hg.): Luther Handbuch, S. 463.
230 Scheible: Melanchthon. Eine Biographie, S. 192–200.
231 Vgl. zu diesen Zusammenhängen auch Nahrendorf: Art. Magdeburg. In: Adam (Hg.): Handbuch kultureller Zentren, Bd. 2, S. 1351f. sowie die in Kap. A. 2.1. Gnesiolutheraner und Philippisten genannte Literatur.

ging.²³² Es erscheint daher als unwahrscheinlich, dass sich der Magdeburger Rektor kein Urteil zu diesen Vorgängen gebildet hat. Offensichtlich bevorzugte Rollenhagen als Philippist eine diplomatische Lösung von Konflikten, wie sie durch Melanchthon und seine Mitstreiter in den Leipziger Artikeln angestrebt wurde, und lehnte Polarisierung und Konfrontation der Gegenseite aufgrund der daraus resultierenden Kriege ab. Auch in dem oben bereits erwähnten *Compendium Docentiae et Discentiae* erweist sich Rollenhagen als Gegner des Flacius, dem er eine *rabiosa lingua* bescheinigt.²³³

In den nachfolgenden Passagen zeigt sich Rollenhagens tolerante Haltung mit aller Deutlichkeit.²³⁴ Unter der Marginalie *Zum glauben sol man Niemand zwingen* hält er ein Plädoyer für die Schonung des katholischen Gegners:

> *Vnd weil Obrigkeit helt in hut /*
> *Eusserlich zucht / Ehr / Leib vnd Gut /*
> *Die Seel aber vnd jhr anschlege /*
> *Vernemen mag in keinem wege.*
> *Ja weil niemand die Hertzen kann /*
> *Mit gwalt zum Glauben richten an /*
> *Sie muessen sich freywillig geben /*
> *Zu heiliger Lehr / Glauben vnd Leben.*
> *So wollen wir auch niemand zwingen /*
> *Von deß Beißkopffs glauben abdringen /*
> *Er bleib wie er zuvor ist gewont /*
> *Nur das er die Obrigkeit schont.*²³⁵

Zwar wolle man nicht länger dulden, dass *Beyßkopff* die von seiner Religion Abweichenden verfolge. Beide Parteien sollten jedoch *ehrlich / friedlich leben dieweil / Vnd Beißkopff im Suder See*²³⁶ *lassen / Was seine Vorfahren besassen.*²³⁷ Mit dieser Propagierung einer Duldung und Schonung der religiösen Gegenseite wollte Rollenhagen religiösem Fundamentalismus begegnen, wie er auch unter Lutheranern grassierte.

Das Luthertum besaß diesbezüglich eine Erblast: Sein Religionsstifter hatte sich mehr und mehr, insbesondere jedoch in seinen letzten Lebensjahren, zum

---

232 Vgl. Kaufmann: Ende der Reformation; sowie Nahrendorf: Art. Magdeburg. In: Adam (Hg.): Handbuch kultureller Zentren, Bd. 2, S. 1378.
233 Rollenhagen: Compendium (Paedia T. 1), S. 93.
234 Vgl. zu anderen frühneuzeitlichen Vertretern religiöser Toleranz Hans R. Guggisberg (Hg.): Religiöse Toleranz. Dokumente zur Geschichte einer Forderung. Stuttgart-Bad Cannstatt 1984.
235 Rollenhagen: Froschmeuseler, S. 487, II, 6999–7010.
236 Die südliche See, das Mittelmeer.
237 Rollenhagen: Froschmeuseler, S. 488, II, 7020–7023.

erbitterten Gegner des Papsttums entwickelt. Kurz vor seinem Tod erschien 1545 Luthers Schrift *Wider das Papsttum zu Rom, vom Teufel gestiftet*,[238] in der sich die Intensität seiner Tiraden gegen die katholische Kirche noch einmal steigerte. Luther fordert hier vom Papst eine Restitution all dessen, *was er von anfang des Bapstumbs mit den Schluesseln gestolen, geraubt, und in der Kirchen gethan hette.*[239] An den Kaiser sollen die Ländereien der Papstkirche fallen: *Rom, Urbin, Bononia und alles, was der Bapst hat vom Reich gestolen.* Für den Fall, dass der Papst nicht in der Lage sei, sämtliche Besitztümer zu restituieren, verlangt Luther, *das man mit jm und allen Cardineln und gantzem Hofe des fuchs recht spielete,*[240] *die haut uber die koepffe streiffete, und also mit der haut bezalen lerete, darnach die struempffe*[241] *[...] ins fewr woerffe.* Luther fährt fort: *Sihe, Sihe, wie wallet mein blut und fleisch, wie gern wolt es das Bapstum gestrafft sehen.*[242]

Die Gnesiolutheraner betrachteten sich als die „wahren" geistigen Erben der Theologie Luthers. In puncto Radikalität der Ablehnung des Papsttums standen sie ihm in nichts nach. So war der überwiegende Teil des Werks von Flacius der Dämonisierung des Papsttums gewidmet. Pohlig hat die „konfessionelle Auseinandersetzung" als „Hauptmovens seines Werks" bezeichnet.[243] Bereits der Untertitel seines Hauptwerks, des *Catalogus testium veritatis*, zeigt dessen antikatholische Tendenz.[244] Auch die Magdeburger Zenturien, deren Abfassung Flacius anderen, ihm gleichgesinnten Autoren überließ, waren in der Hauptsache ein Werk der Konfessionspolemik, erst in zweiter Linie der Geschichtsschreibung. Dass Flacius auch als Autor populärer Texte überaus produktiv war, zeigt das umfangreiche Korpus der konfessionspolemischen Flugschriften aus seiner Magdeburger Zeit. Zu diesem Korpus zählten auch Wiederaufnahmen der teils martialischen und derb polemischen Illustrationen aus den Flugschriften Luthers wie z. B. des „Sauritts des Papstes".[245]

Flacius mobilisierte erstaunliche publizistische und organisatorische Energien, um Gleichgesinnte und Unterstützer für seinen Kampf gegen das Papsttum

---

238 WA 54; 206–299.
239 WA 54; 292, 3–5.
240 Dem Fuchs wurde das Fell abgezogen, vgl. Grimm: Deutsches Wörterbuch, Bd. 4, Sp. 335: „den fuchs streifen, ihm den balg abziehen".
241 Den Rest des Körpers (eigentlich die Rumpfe).
242 WA 54; 292, 17–21.
243 Matthias Pohlig: Rezension zu: Hartmann, Martina: Humanismus und Kirchenkritik. Matthias Flacius Illyricus als Erforscher des Mittelalters. Stuttgart 2001, im Internetportal H-Soz-u-Kult, 16. 01. 2002.
244 Matthias Flacius: Catalogus testivm Veritatis, Qvi ante nostram aetatem reclamarunt Papae. Basel 1556.
245 Kaufmann: Ende der Reformation, S. 311f. u. 580f.

zu gewinnen. Man hat ihn daher zu Recht als „fundamentalistischen Polemiker", „paranoiden Apokalyptiker" und „Pionier der konfessionellen Kontroverse" tituliert.[246] Eine detaillierte, kritische Studie seines Einflusses auf die Verhärtung der konfessionellen Fronten vor dem Dreißigjährigen Krieg steht jedoch noch aus.

Rollenhagen setzte sich, wie oben gezeigt, von diesem religiösen Hass deutlich ab. „Aus praktischen Erwägungen" heraus befürwortet er einen Modus vivendi „für beide Konfessionen".[247] Die Wahl der Konfession soll jedem selbst überlassen bleiben. Seiner konservativen, bewahrenden Einstellung entsprechend wirbt Rollenhagen sogar dafür, dass jeder bleibe, „was er vorher war". Die Ablehnung des in seinem Jahrhundert omnipräsenten Gewissenzwangs lässt ihn als Vorreiter der Toleranzdebatte der Aufklärung erscheinen. Bernleithner zieht das Fazit: „Der Weg zu den irenischen Reunionsversuchen eines Leibniz, aber auch zum Überkonfessionalismus, zur klassischen ‚Humanitätsreligion' Lessings, dem alle drei Ringe in gleicher Weise unecht sind, ist angebahnt."[248] Damit ist gleichzeitig die Stoßrichtung der oben vorgestellten Passagen wie des ganzen *Froschmeuselers* angezeigt: Das Streben nach Ausgleich gegenüber dem konfessionellen Gegner wurde nicht um seiner selbst willen geübt, sondern um zukünftige Religionskriege zwischen Katholiken und Protestanten zu verhindern. Toleranz und Irenik bedingten einander.

4.12 Zur Irenik im *Froschmeuseler*

Bevor die Präsenz der Irenik anhand einzelner Beispiele nachgewiesen werden kann, muss zunächst Rollenhagens generelles Verhältnis zum Krieg thematisiert werden. In der Inhaltsangabe zum dritten Buch führt der Autor aus, dass sich sämtliche Tierarten zwar gegen ihre natürlichen Feinde, nicht jedoch gegen die eigene Art richteten: *Kein Löw / Beer / Wolff / Luchs / Fuchs je was / Der Lewn / Beern Woelff / Luechs Fuechse fraß.*[249] Anders der Mensch. Er führe deshalb Kriege gegen Vertreter der eigenen Art, weil er *Suend im Hertzen* habe und ihm *der alte Cains Zorn* von Natur aus angeboren sei.[250] Aufgrund dieser Veranlagung des

---

246 Pohlig: Rezension zu: Hartmann, Martina: Humanismus und Kirchenkritik. Online im Portal von H-Soz-u-Kult, 16. 01. 2002.
247 Bernleithner: Humanismus und Reformation, S. 270.
248 Ebd.
249 Rollenhagen: Froschmeuseler, S. 501, III, 1 f.
250 Nach dem biblischen Kain, Gen 4, 1–16.

Menschen zum Bruderhass sei es unabwendbar, *das der fromm auch Kriegen lerne / Er thuts gleich gern oder vngerne.*²⁵¹

Auf den ersten Blick wohnt der Darstellung des Krieges durch Rollenhagen eine scheinbare Ambivalenz inne. Denn auf der einen Seite sucht er seine Leser über militärische Fragen wie die Notwendigkeit eines Bündnispartners, den richtigen Zeitpunkt des Angriffs sowie die Vorzüge einer Seeschlacht oder Belagerung zu informieren. Jahn hat zutreffend bemerkt, dass Rollenhagen diese Informationen den zeitgenössischen Kriegshandbüchern entlehnt. Basis dieser Erteilung von militärischen Ratschlägen an die zukünftigen Gelehrten und Räte sei „der Glaube, dass das Schlachtgeschehen durch rationale Planung an Berechenbarkeit gewinnt: *Wer im Krieg nicht hat Rath vnd orden / Jst mehrerteils geschlagen worden.*"²⁵²

Auf der anderen Seite steht jedoch Rollenhagens grundlegende Skepsis gegenüber jeder Form von Krieg. Bereits zu Beginn des dritten Buches hält er fest, dass Krieg stets *Gut vnd Blut* beeinträchtige, sein Ausgang stehe *in Gottes Henden*. In sprichwörtlicher Prägnanz prägt Rollenhagen seinen jugendlichen Lesern ein: *Kein Vortheil ist bey Kriegn vnd streiten / Gott verley friedn zu vnsern Zeiten.*²⁵³ Krieg ist nach Rollenhagen allein als Ultima Ratio gerechtfertigt. Vor Beginn eines Krieges seien alle diplomatischen Mittel auszuschöpfen, denn einem *Weisen Mann gebühre, das er versuch alls / was er kann / Ehe denn er mit der Faust drein schlage / Vnd all Gefahr auffs eussert wage.*²⁵⁴

Innerhalb der Diskussion um die beste Staatsform des zweiten Buches warnt der Vertreter der Aristokratie, Froschfürst *Grawkopff*, vor der Demokratie. Teil dieser Warnung ist die Beschreibung von Kriegen, wie sie vom *Gemeinen Poebel* geführt werden. In Bezugnahme auf das berühmte Sprichwort *Dulce bellum inexpertis* von Erasmus²⁵⁵ heißt es, dass dem *vnerfahrnen Mann / der Krieg so sueß als Honig* erscheine, insbesondere nach langen Friedenszeiten.²⁵⁶ In der nachfolgenden Fabel vom kreißenden Berg, der eine Maus gebiert,²⁵⁷ treten nicht ohne Grund *grobe Bawren* auf. Auch der zugehörige Holzschnitt zeigt Bauern mit

---

251 Rollenhagen: Froschmeuseler, S. 502, III, 31f.
252 Jahn: Taktische Masse und zorniger Held, S. 209; Bezug nehmend auf Rollenhagen: Froschmeuseler, S. 606, III, 3141f.
253 Das Zitat basiert auf Luthers Kirchenlied „Verleih uns Frieden gnädiglich", vgl. Rollenhagen: Froschmeuseler, S. 502, III, 41f. und Peils Kommentar zu dieser Stelle S. 901
254 Rollenhagen: Froschmeuseler, S. 379, II, 3723–3726.
255 Vgl. zu diesem Adagium im Kontext des Werkes von Erasmus Brunner: Dulce bellum inexpertis, S. 394–463.
256 Rollenhagen: Froschmeuseler, S. 379, II, 3701f.
257 Das Motiv geht zurück auf ein Zitat von Horaz, ars poet. 139: „parturient montes, nascetur ridiculus mus."

Dreschflegeln und Spießen. Rollenhagen bezieht sich hier und an einer anderen Stelle des zweiten Buchs[258] auf die marodierenden Haufen des Bauernkrieges, den er ablehnt. Seine zentralen militärischen Begriffe sind, wie oben bereits erwähnt, *Rath* und *Gute Ordnung*. Das *Freyvolck* dagegen folgt keinem *Rath*, sondern poltert *alles vbr eim hauffen / Wie sich die Bawrn in Zechen rauffen*.[259]

Der *Froschmeuseler* spiegelt an dieser Stelle den Wandel in der militärischen Praxis und in der Reflexion über Krieg. Das Mittelalter zeichnete sich durch das „Fehlen taktischer Überlegungen" aus,[260] und so galt auch in den Heldenepen „die durch den Affekt des Zorns freigesetzte Kraft einzelner Helden" als kampfentscheidend.[261] Erst seit dem 15. Jahrhundert hielten Strategie, Taktik, Disziplin und Affektkontrolle Einzug in die Kriegsführung. Wie Jahn gezeigt hat, operiert Rollenhagen in der Schlachtendarstellung mit positiven und negativen *exempla*: auf der einen Seite kopflos agierende und affektgeleitete Einzelkämpfer wie *Milchramlecker*, auf der anderen Seite die mit taktischem Geschick und „kühlem Kopf" vorgehende Maus *Friedlieb*.

Zudem lässt Rollenhagen *Milchramlecker* vor der Schlacht als den entscheidenden Befürworter des Krieges gegen die Frösche agieren, der den König letztlich überzeugt. *Friedlieb* dagegen rät vom Krieg ab, kann sich jedoch nicht durchsetzten. Indem Rollenhagen irenische Haltung und umsichtiges, regelgeleitetes Verhalten im Ernstfall kombiniert, erweist sich der irenische Grundzug des Gesamtwerks. Bei genauerer Betrachtung lässt sich folglich die oben erwähnte Ambivalenz aufklären. Zwar lehnt Rollenhagen Krieg generell ab. Da jedoch aufgrund der menschlichen Natur Verteidigungskriege geführt werden müssen, sind Vorkehrungen für einen rational geführten und regelhaften Krieg unabdingbar.[262] Es ist als Teil dieser Vorkehrungen für den Kriegsfall anzusehen, dass Rollenhagen seine jugendlichen Leser und zukünftigen Entscheidungsträger über militärische Einzelheiten informieren will. Durch die nachfolgende Darstellung der irenischen Passagen aus dem dritten Buch soll jedoch deutlich werden, dass Rollenhagens Intention, den Lesern eine tiefe Abneigung gegen den Krieg einzupflanzen, schwerer wiegt als die Belehrung über militärische Details.

---

[258] Rollenhagen: Froschmeuseler, S. 414, II, 4780–4800.
[259] Ebd., S. 387, II, 3981f.
[260] Jahn: Taktische Masse und zorniger Held, S. 191; dort auch die militärhistorische Literatur.
[261] Ebd., S. 198.
[262] Vgl. das Zitat bei Dietmar Peil: Der Friede in der deutschen Literatur der frühen Neuzeit. In: Wolfgang Augustyn (Hg.): PAX. Beiträge zu Idee und Darstellung des Friedens. München 2003, S. 315–340, hier S. 321; (Rollenhagen: Froschmeuseler, S. 473, II, 6555–6570); sowie Brunner: Dulce bellum inexpertis, S. 695.

Wie oben bereits erwähnt, ist der Grund für den Krieg zwischen Fröschen und Mäusen der gegen Ende des zweiten Buches dargestellte Tod des Sohns des Mäusekönigs. Häufig wurden in der Weltgeschichte unbedeutende Begebenheiten propagandistisch dramatisiert und zum Anlass von Kriegen aufgebauscht. So auch im *Froschmeuseler*. *Baußback*, der König der Frösche, hatte den Mäuseprinzen wohlwollend auf seinen Rücken genommen, um ihm die Fahrt über den See zu seinem Schloss zu ermöglichen. Durch das Erscheinen der Wasserschlange zum Abtauchen genötigt, musste er *Bröseldieb* seinem Schicksal, dem Tod durch Ertrinken, überlassen.[263] Nachdem der König der Mäuse von dem Tod seines Sohnes erfahren hat, beruft er eine Versammlung aller *wehrhafftig Meuß* ein, um zu *besprechen / Wie man die Vbelthat solt rechen*.[264]

Die folgenden Beratungen der Mäuse und Frösche sind eine meisterhaft suggestive, ironisch gebrochene Darstellung der hysterischen Stimmung vor einem Krieg. Weil Rollenhagen in ihr die Mechanismen der Erzeugung von Feindbildern aufdeckt, ist sie von überzeitlicher Bedeutung. In seiner Rede an die versammelten Mäuse bezeichnet der Mäusekönig den Unfall empört als *moerdrische that*. *Baußback* habe seinen Sohn *verretherlich erseufft / ermord / Wer hat je solch Schelmstueck gehoert?*[265] Zwar betreffe der Todesfall in erster Linie die königliche Familie, *die schand aber / der hohn vnd spott / Die verachtung / Muthwill vnd Frevel / Vnd ander zukuenfftige grewel* der Frösche gingen alle Mäuse, die *Nation* und das *Koenigreich* an.[266] Der König fragt weiter: *Was wolln die Froesch wol ferner treiben / Wenn wir diß also lassen bleiben?* Wessen *Weib / Tochter vnd Sohn* könne in Zukunft noch *sicher zum Wasser* gehen? Die Frösche, so fährt er fort, werden weitermorden. Daher will sich der König *an den Froeschen rechen*, sie sollen den Mord *bezahln mit Leib vnd Blut*. Ihm treu ergeben sollen seine Untertanen mit ihm in den Krieg ziehen. Durch das Erheben von *Faust vnd Schwert* untermalt der König seine Worte.[267]

In ihrem *grossen Zorn* rufen die versammelten Mäuse, der Froschkönig *Baußback* sei nicht *bessers werd / Er soll mit all den seinen sterben / Wir wolln sie schlagen vnd verderben / Das keiner mehr bleib in der Welt*. Die Mäuse beschließen die vollständige Vernichtung ihrer Feinde, der Frösche. Darauf wird die kollektive Empörung und Hysterie unter den Mäusen bildlich geschildert: Sie lärmen wie Wildschweine, Dohlen oder *wie im Sturmwind die Wasserwellen / sich mit eim rauschen ans Vfer schnellen*. Die Mäuse fletschen die Zähne und senken bedroh-

---

263 Rollenhagen: Froschmeuseler, S. 495, II, 7241–7308.
264 Ebd., S. 512, III, 159–166.
265 Ebd., S. 516, III, 281f.
266 Ebd., S. 516, III, 290–294.
267 Ebd., S. 517, III, 324–333.

lich ihre Spieße: *Ein jeder sich beduencken ließ / Er wolt die Froesch allein erschlagen / Odr aus der gantzen Welt verjagen.*[268]

Um diese Hysterie noch zu steigern und dem Feindbild Nachhaltigkeit zu verleihen, tritt Fürst *Rathuelffer* auf. *Rathuelffer* wundert sich, dass der Sohn des Königs überhaupt auf das Angebot von *Baußback* eingegangen sei, ihm vertraut habe, denn man solle sich *huetten fruee vnd spath / Fuer die so Gott gezeichnet hat.*[269] Die Frösche hätten *der zeichen viel / Wenn man sich warnen lassen wil.* Diese angeblichen „Zeichen" der Frösche sind ihre *bunten hertzen*. Rollenhagen findet hier ein treffendes Bild für die häufig begegnende Stigmatisierung der Feinde.

Dieses Schüren einer hysterischen Stimmung durch den König und seine Fürsten steht im deutlichen Kontrast zur Rede der Maus *Friedlieb*, gleichsam das irenische Alter Ego Rollenhagens. Mit *Friedlieb* greift Rollenhagen auf die alte humanistische Tradition des Lehrens durch *exempla* – vorbildhaft oder abschreckend gezeichnete Figuren – zurück. Das Lehren durch *exempla* begegnete insbesondere bei der Interpretation der antiken Historiographen: Die humanistischen Lehrer machten ihre Schüler während der Lektüre auf positive oder negative Personen aus der Geschichte aufmerksam.[270] *Friedlieb* gehört zum Kreis der in ihrer Altersweisheit und Abgeklärtheit vorbildhaften Figuren des *Froschmeuselers*. Er ist gleich an mehreren Stellen des dritten Buches präsent und fungiert als Schlüsselfigur der Interpretation des Gesamtwerks.

Friedlieb tritt als vierter Redner in der Beratung der Mäuse auf. Er ist adlig, trägt einen bereits ergrauten Bart und wird *vnter allen den Alten / Fuer den allr weisesten gehalten.*[271] Weitere Zeichen seiner eleganten Weltläufigkeit sind seine hofmännische Erscheinung, sein *Sebel*, seine Vergangenheit als Hofpräzeptor sowie seine Funktion als *Oberauffsehr* im Land. *Friedlieb* ist allen *von Ernst vnd Tugendt wol bekant*. Er gibt ein Handzeichen, um Stille zu erlangen, nimmt die Menge seiner Zuhörer fest in den Blick, räuspert sich und beginnt seine Rede – durch würdevollen Gestus ein *exemplum* als perfekter Orator.

Zu Beginn seiner Rede weist *Friedlieb* den König auf den Ernst der Lage hin. Man müsse das Vorgehen *wol bedencken*, denn vorschnelles Handeln habe *manchen in groß leid gebracht.*[272] Der Mäusefürst spricht sich für eine Lösung des

---

[268] Ebd., S. 517, III, 340–348.
[269] Ebd., S. 518, III, 371–376.
[270] Vgl. zum antiken Hintergrund des Lehrens durch exempla Rüdiger Landfester: Historia magistra vitae. Untersuchungen zur humanistischen Geschichtstheorie des 14. bis 16. Jahrhunderts. Genf 1972 (Travaux d'humanisme et renaissance 123), S. 51 ff.
[271] Rollenhagen: Froschmeuseler, S. 558, III, 1621–1630.
[272] Ebd., S. 559, III, 1650–1652.

Konflikts auf diplomatischem Wege aus: *Alles zuvor zuversuchen, ehe man kriegt.*[273] Die Mäuse sollten Legaten senden, um den Froschkönig *Baußback fuer des Reichs stenden* anzuklagen. Wenn er sich der Strafe zu entziehen suche, solle man ihn entführen und angemessen bestrafen. Da allein *Baußback* die Schuld für den Tod des Prinzen trage, solle nur er bestraft, seine unschuldigen *Vnterthanen* jedoch geschont werden. Kriege träfen stets die einfache Bevölkerung: *Denn / wenn Junckern reuffen / schreien / Muessn die Bawrn jhr Haar darzu leihen.* *Friedlieb* will vermeiden, dass *vnschueldig Blut* vergossen wird.[274]

Unter der Marginalie *Seinen Feind sol man nicht verachten* warnt *Friedlieb* vor einer Unterschätzung der Frösche. Ratsamer sei es, einen Vergleich mit ihnen anzustreben. Man solle *nicht aus rachgier sein rechnung machen*, sondern dem Feind vergeben. Der Vorschlag *Friedliebs, Baußbacks* Sohn solle *des Koenigs Tochter* heiraten, entspricht den Gepflogenheiten der zeitgenössischen Diplomatie.[275]

Im Redeschluss, der *peroratio*, steigern sich *Friedliebs* Worte zu einem affektgeladenen Appell von allgemeiner Tragweite. Krieg solle man allein deswegen beginnen, um *Frieden zu schuetzn / odr zuerlangen. Nicht das man ohn alle vrsach / Sich vnd andern vnruhe mach.*[276] Mit anderen Worten: Angriffskriege sind per se illegitim, legitim ist allein Verteidigungskrieg. In Rollenhagens Zeitalter wurden die meisten Kriege um finanziellen Profit und territorialen Zugewinn geführt. *Friedliebs* Worte könnten daher eventuell als Teil der oben bereits erwähnten Herrschaftskritik interpretiert werden. Im Medium der Fabel wandte sich Rollenhagen gegen die gängige Praxis der Potentaten seiner Zeit und artikulierte damit ein Bedürfnis der kriegsmüden einfachen Bevölkerung.

Die Rede endet mit einem Aufruf zur Koexistenz. Alle Frösche könne man *nicht vertreiben / Es muessen Froesch vnd Meuse bleiben.* Den Mäusen bliebe verwehrt, allein über *Wasser vnd Feld* zu herrschen.

> *Darumb rath ich / eilt nicht zu sehr /*
>   *Krieg wird Freunden vnd Feinden schwer /*
> *Negst einem Gottseligen Todt /*
>   *Jst Fried das Edelste kleinoth /*
> *Das vns Meusen hie kan zustehen.*
>   *Fried sol fuer Krieg / vnd Sieg hergehen.*
> *Fried ist aller Welt trost vnd Frewd /*
>   *Gott erhalt Fried zu vnser zeit.*[277]

---

[273] Ebd., S. 560.
[274] Ebd., S. 561, III, 1717–1724.
[275] Ebd., S. 564, III, 1842.
[276] Ebd., S. 565, III, 1841f.
[277] Ebd., S. 565, III, 1863–1870.

Diese Rede des Mäusefürsten *Friedlieb* ist ohne Vorbild in der antiken Vorlage. In der *Batrachomyomachia* erfolgt direkt nach der oben erwähnten Rede des Königs die Rüstung der Mäuse. Sie ist daher als Schöpfung Rollenhagens anzusehen, und man wird sicher nicht fehlgehen, wenn man sie als mit seinen eigenen Ansichten übereinstimmend interpretiert.

Auf die Rede *Friedliebs* folgt eine Replik der jungen Maus *Milchramlecker*. Er fordert seine Zuhörer dazu auf, die Tat des Froschkönigs *mit schlegen* zu rächen. Die Mäuse sollten *werffen / schiessen / hawen vnd stechen* und den Fröschen *Hertz / Hals / vnd Bein zubrechen*. *Milchramlecker* zeigt sich siegesgewiss, beklagt die Verzagtheit seines Vorredners und fordert ihn dazu auf, den Jüngeren den Kampf zu überlassen. Dass der König der Mäuse die Mahnung *Friedliebs* ignoriert und den Fröschen, wie von *Milchramlecker* gefordert, den Krieg erklärt, demonstriert wiederum Rollenhagens tiefe Skepsis gegenüber den Herrschenden.

Die Beschreibung der Rüstung der Mäuse zeigt, dass Rollenhagen die Identifizierung seiner jugendlichen Leser mit der Maus *Friedlieb* anstrebte, um ihnen auf diese Weise irenisches Gedankengut nahezubringen. So nimmt auch *Friedlieb* an der Rüstung der Mäuse teil und wird als *vom Magdeburger Sachsen stammen* bezeichnet. Seine Soldaten sind kampferfahren, vermeiden aber das Fluchen, denn *Friedlieb* duldet nicht, *das sie mit Gotteslesterung* schelten.[278] In der Beschreibung von *Friedliebs* Truppe setzt Rollenhagen weitere Zeichen, die diese Interpretation erhärten können. Die Fahne seiner Soldaten zeigt das Magdeburger Wappen, und über der Rüstung tragen sie weiße Hemden: ein aus der Belagerung Magdeburgs von 1550 bekanntes Mittel, um die Feinde zu irritieren.[279] Wegen *Friedliebs* Eintritt für den Frieden und der auffälligen Bekleidung seiner Soldaten trifft ihn die Verachtung sowohl des Königs als auch der anderen Heeresteile.

In die Schilderung der beginnenden Schlacht integriert Rollenhagen eine Reihe von Zweikämpfen. Wie Jahn festgehalten hat, stehen diese Zweikämpfe im Kontrast zu den mittelalterlichen Heldenepen, in denen sich die Helden sogar gegen die Übermacht durchsetzen und dadurch Ruhm erlangen. Im *Froschmeuseler* erweisen sich die geschilderten Kampfszenen „als ebenso erfolglos wie folgenlos für das Kampfgeschehen. Keiner dieser Helden überlebt, und ihr Heldentod ist von besonderer Drastik."[280] Dies kann am Beispiel *Milchramleckers* demonstriert werden. Durch scheinbare Anfangserfolge verfällt *Milchramlecker* in Raserei, tötet *Mohrtantzen*, einen Leutnant der Frösche, und zieht damit die Aufmerksamkeit der Gegner auf sich:

---

278 Ebd., S. 610f., III, 3300 und 3321–3324.
279 Ebd., S. 611f., III, 3329–3336 und 3353–3356 sowie Peils Kommentar S. 924.
280 Jahn: Taktische Masse und zorniger Held, S. 204.

> *Da lieffen die Froesch mit den Beylen /*
> *Als die Vogel nach der Nacht Eulen /*
> *Warffen vnd schlugen auff den Mann /*
> *Biß er ein hieb im Rueckn bekam /*
> *Daraus jhm Lung vnd Leber quall /*
> *Vnd gab sein leben auff im fall /*
> *Lag im staub mit wehrlosen Henden /*
> *So must der grosse Muth sich enden.*[281]

Jahns Beobachtung, dass diese und andere Passagen als Parodie der Heldenepen zu werten sind, ist sicher zutreffend.[282] Hinzufügen ist, dass Rollenhagen hier seinen jugendlichen Lesern die Realität des Krieges auf drastischste Weise vor Augen führt, um ihnen eine Abneigung gegen denselben einzupflanzen. Das klägliche Ende *Milchramleckers* muss im Kontext seiner Rede vor Beginn des Krieges gesehen werden, in der er die *Jungen Helden* dazu aufrief *mit lauffen / rennen / vnd mit streiten [...] Ehr vnd gut* zu erlangen. Der letzte Satz seiner Rede hatte gelautet: *Fuer mich wil ich mich tapffer wehren / Hoff Gott sol vns den Sieg bescheren.*[283] Doch das Gegenteil ist der Fall, *Milchramlecker* endet *im staub mit wehrlosen Henden*. Rollenhagens Botschaft an die zukünftigen Eliten ist, dass dieser Verlauf eine gewisse Allgemeingültigkeit besitzt: *Grosser Muth* zu Beginn eines Krieges verkehrt sich stets in Leid, Krankheit und Tod Vieler.

Um diese Lehre zu veranschaulichen und festigen, reiht Rollenhagen an mehreren Stellen der Schlacht drastische Kampfszenen aneinander. Der *starck Frosch Helruff* tötet eine Maus und verhöhnt den Leichnam, doch dann trifft ihn selbst *ein Pfeil an Kopff [...] vnd blieb vhrploetzlich selber tod / Dem eins andern tod war ein spott.*[284] Die *schoene Mauß Gutbischen* verhält sich *im streit gar verwegen / Als wer er frey fuer allen schlegen*, wird jedoch vom Frosch *Weylmaul*, der sich von *Gutbischens* Halsbeutel reiche Beute verspricht, hinterrücks erstochen.[285] In diesen Schlachtszenen verliert die Schilderung der tierischen Protagonisten jegliche Anmut und Possierlichkeit. Mit aller Drastik führt Rollenhagen das Elend des Krieges vor Augen. Die Reihe von Beispielen endet mit der sprichwörtlichen Erkenntnis: *Was hilfft die Sterck / was hilfft weißheit? Der Tod sieget zu aller zeit.*[286]

Rollenhagen wendet viel Mühe auf, um das militärische Geschehen durch wechselnde Verläufe so realistisch wie möglich zu schildern. Als sich das Schlach-

---

[281] Rollenhagen: Froschmeuseler, S. 642, III, 4249–4256.
[282] Jahn: Taktische Masse und zorniger Held, S. 202–215.
[283] Rollenhagen: Froschmeuseler, S. 567, III, 1937–1942.
[284] Ebd., S. 659, III, 4785–4798.
[285] Ebd., S. 661, III, 4851–4860.
[286] Ebd., S. 667, III, 5041 f.

tenglück wendet und die Mäuse mit ihrem König in Bedrängnis geraten, ergreift sie Angst vor dem ungewissen Ende des Waffengangs. Sie wünschen sich *von hertzen grund / Das sie daheim frisch vnd gesund / Widrumb sitzen moecht in jhr nest*. Auch wenn *der Koenig noch so sehr* zürne, in den Krieg ziehen wollen sie *nimmermehr*. Selbst die *sehr starck vnd Jung von Jahren*, die zuvor *die allr mutigsten waren* und *all Froesch allein wolten fressen / Hatten jhres Muths gar vergessen*.[287]

In dieser Situation behält allein *Friedlieb* Überblick und Tatkraft. Durch seinen Eingriff in die Schlacht wird die Gefahr vom König abgewendet. Die Soldaten *Friedliebs* schlagen die erschrockenen Frösche in die Flucht. *Brockenfraß* nutzt diesen Vorteil der Mäuse und beschwört seine Mitkämpfer, die Frösche *allesampt* zu vernichten, doch schließlich greift Gott in das Geschehen ein.[288]

Unter der Marginalie *Gott erbarmt sich seiner Creaturen* hält Gott eine Rede. Er hätte dem Geschehen zunächst freien Lauf gelassen, damit der *Forwitz beyderseit / Gestraffet wuerd zu rechter Zeit*. Gemeint ist hier die bedenkenlose Bereitschaft der Mäuse und Frösche, in einen Krieg einzutreten. Das Leid der Frösche hätte jedoch seinen Sinn geändert: *So bin ich doch meim Geschoepff nicht gram / Jch nem mich jhrer aller an. Jch laß mich jhrer all erbarmen / Der grossen / kleinen / Reichen / Armen*. Gott fordert seine Engel auf, Maßnahmen zu ergreifen, um *schleunig den Frieden* zu machen.[289] Selbst das daraufhin von den Engeln gesandte Unwetter, *ein groß erschrecklicher Wind* und ein Gewitter, kann die Mäuse nicht dazu bewegen, von den Fröschen abzulassen. Erst als *aus der See grund her [...] Tausent geharnschte Kriegesleut*, die Krebse, auftauchen, nimmt das Geschehen einen anderen Lauf.

Mit ihren Scheren trennen die Krebse den Mäusen *Hend / Fues vnd Schwantz* ab und fassen sie *bey der Kehl vnd Brust*, um sie zu töten.[290] Aus der Luft in die Schlacht eingreifende *Kefern, Kraen, Geyern vnd Weihen* nehmen den letzten Mäusen den Kampfeswillen. Sie entledigen sich ihrer Waffen und nehmen *die flucht in jhre Land / Biß ein hie / die ander da kroch / Mit grossem zittern in jhr Loch*.[291] Allein *Friedlieb* hatte rechtzeitig erkannt, dass die Schlacht verloren ist, versammelte *eylend seine Leut* und *fuehrt sie mit heim in seine Land*.[292]

Dieses günstige Schicksal des Hauptheldens ist darauf zurückzuführen, dass er sich vor dem Krieg gegen den Willen der Mehrheit für den Frieden eingesetzt hatte. Die Maus *Friedlieb* ist eine Eigenschöpfung Rollenhagens. Die antike Vor-

---

287 Ebd., S. 641f., III, 4423–4438.
288 Ebd., S. 671f., III, 5309–5364.
289 Ebd., S. 677–679, III, 5365–5416.
290 Ebd., S. 683, III, 5557–5562.
291 Ebd., S. 689, III, 5745–5750.
292 Ebd., S. 690, III, 5757–5778.

lage, die *Batrachomyomachia*, kennt weder seine irenische Rede noch sein günstiges Ende. Rollenhagen hat somit die Intention der Vorlage gewahrt: Gottes Strafe trifft allein die Aggressoren. Durch die Schöpfung der Maus *Friedlieb* verlieh Rollenhagen dem *Froschmeuseler* zudem eine eigene Prägung, die über die antike Epenparodie hinausreicht. Den Lesern wird nicht allein die Vergeblichkeit des Krieges, sondern auch Strategien aufgezeigt, wie sie ihre moralische Integrität in Kriegszeiten wahren können.

Auch das Ende des *Froschmeuselers* ist als eine wirkungsvolle Erweiterung der Vorlage anzusehen. Zunächst halten Katzen, Füchse, Wiesel, Marder, Schweine, Dachse und Fische an den Kadavern der auf dem Schlachtfeld verbliebenen toten Mäuse und Frösche *ein koestlich Herren mahl*. Der unmittelbare Schluss der Dichtung lautet wie folgt:

> *SO ward deß Tags der Krieg vollnbracht /*
> *Die Sonn gieng vnter / vnd es ward nacht.*
> *So fahl / so schal / so kahl gehts aus /*
> *Wenn sich der Frosch reufft mit der Maus.*
> *Aller Welt Rath / Macht / Trotz vnd Streit /*
> *Jst lauter Tand vnd Eytelkeid.*
> *Macht doch Mord / Armut / Hertzeleid.*
> *Gott helff vnd troest in Ewigkeit /*
> *AMEN.*
> *Salomon.*
> *Vanitas Vanitatum et Omnia Vanitas.*[293]

In der ihm eigenen Prägnanz und Lakonik schlägt Rollenhagen hier noch einmal den großen Bogen des *Froschmeuselers*. Die Zeilen sind nichts weniger als eine Demaskierung der politischen Praxis der Herrschenden seiner Zeit: Das Streben der Fürsten und Könige nach Profit führt zu illegitimen Kriegen und hat in letzter Konsequenz Armut, Krankheit und Tod vor allem der einfachen Bevölkerung zur Folge.

Dem geduldigen Leser bietet der *Froschmeuseler* zahlreiche wertvolle Einblicke in die Verhältnisse seines Jahrhunderts. Nicht zu Unrecht bezeichnete Peil das Werk als eine „Enzyklopädie, die einen Einblick gewährt in das Bildungsgut, das ein deutscher, vom Protestantismus geprägter Humanist am Ende des 16. Jahrhunderts als der literarischen Übermittlung wert angesehen hat."[294] Ziel der voranstehenden Darstellung war es, durch das Herausarbeiten der zwei zen-

---

293 Ebd., S. 691, III, 5795–5802. Der letzte Satz ist ein Zitat des Predigers Salomo aus dem Alten Testament: Koh 1, 2.
294 Peil im Anhang zu Rollenhagen: Froschmeuseler, S. 728.

tralen Deutungsebenen – des Philippismus und der Irenik – das progressive Potential des *Froschmeuselers* offenzulegen. Mit seinem optimistischen Menschenbild, seiner Forderung nach religiöser Toleranz und der Ablehnung von Angriffskriegen zeigt sich Rollenhagen als typischer Vertreter des Renaissancehumanismus.

Obwohl der *Froschmeuseler* eher der populären Vermittlung von irenischem Gedankengut galt, erscheint es als gerechtfertigt, Rollenhagen gemeinsam mit großen Irenikern des 16. und 17. Jahrhunderts wie Erasmus, Hugo Grotius, Johann Amos Comenius oder Georg Calixt zu nennen.

Die *Batrachomyomachia* fand auch nach Rollenhagen Bearbeiter, die die Probleme ihrer Zeit in Fabelgestalt karikierten. So schuf der Jesuit Jacob Balde 1637 seine 2.600 lateinische Hexameter umfassende *Batrachomyomachia*, „in der er rückblickend die Gräuel des Dreißigjährigen Krieges beklagt und geißelt."[295] Der „Krebsmäusekrieg" des Giacomo Leopardi, in dem der antike Stoff fortgesetzt wird, ist eine Satire auf die „Gewohnheiten, die Psychologie und die typischen politischen Institutionen des neunzehnten Jahrhunderts."[296] Doch über alle Zeiten hinweg verstand man die *Batrachomyomachia* in erster Linie „als ein Menetekel, als eindringliche Warnung vor den Schrecken des Krieges".[297]

---

[295] Helmut Endrulat im Nachwort zu Giacomo Leopardi: Der Froschmäusekrieg und seine Folgen. Der Krieg der Krebse und Mäuse. Italienisch-Deutsch, hg. von Helmut Endrulat. Berlin 1992, S. 335; vgl. Veronika Lukas: Batrachomyomachia. Homers Froschmäusekrieg auf römischer Trompete geblasen von Jacob Balde S. J. (1637/1647). München 2001.
[296] Endrulat: Nachwort zu Giacomo Leopardi: Der Froschmäusekrieg und seine Folgen, S. 337.
[297] Ebd., S. 335.

5 Joseph Goetze (1610–1622)

Die Untersuchung des Rektorates von Joseph Goetze nimmt ihren Ausgang vom Ende dieses Zeitraums. Da die biographischen Details – abgesehen von wenigen Erwähnungen[1] – bisher im Dunkeln liegen, soll im Folgenden die *oratio funebris* auf Goetze näher betrachtet werden. Sie wurde am 25. Mai 1622, dem Tag vor der Beisetzung des Rektors, von Johann Dürrer, Sohn des Lehrers Adam Dürrer, in der Aula des Gymnasiums gehalten.[2] Es entspricht der eher säkularen Ausrichtung der Schulhumanisten, dass sich die akademische Gedenkrede an antiken Vorbildern, z. B. den römischen *laudationes funebres*, orientierte.[3] Während sich die volkssprachliche lutherische Leichenpredigt „in der Hauptsache der dogmatischen Exegese einer einzelnen Stelle aus der Heiligen Schrift"[4] widmete, wurden in den *orationes funebres* der „individuelle Lebenslauf" und die „persönlichen Tugenden eines Verstorbenen" akzentuiert.[5] Die „Zurückdrängung der moralischen und theologischen Didaxe"[6] zugunsten biographischer Fakten macht die akademische Gedenkrede heute zu einem wertvollen Instrument historischer Forschung. Durch ihre Lektüre lassen sich Details der Karrieren wie Universitätsbesuch, Familie, Ämterlaufbahn etc. rekonstruieren.

Die Biographie von Goetze steht paradigmatisch für viele Karrieren lutherischer Pädagogen. Insbesondere seinen Weg aus der schlesischen Provinz über die herausragenden Gymnasien in Breslau und Heilsbronn ins Zentrum lutherischer Gelehrsamkeit, an die Universität Wittenberg, dürfte er mit vielen anderen renommierten Gelehrten teilen. Der spätere *poeta laureatus*[7] Joseph Goetze wurde am 17. Januar 1566 in Jägerndorf (Krnov) in Schlesien geboren. Nachdem er mit 15 Jahren das Gymnasium in Bergen bezogen hatte, überraschte er seine Lehrer mit einem selbstverfassten, regelkonformen *carmen* und wurde trotz geringer Körper-

---

[1] Christian Gottlieb Jöcher: Allgemeines Gelehrten-Lexikon, Bd. 2, Sp. 1054; Holstein: Das Altstädtische Gymnasium, S. 132.
[2] Johannes Dürrer: Peplum Memoriae: Seu Textum De Vita, Actionibus & Obitu, Viri Clarissimi, Dn. M. Josephi Goezii P.L.C. Gymnasii Magdeburgici Rectoris meritissimi: XIX. Maii, pie defuncti. XXVI. eiusdem sepulti: Pridie Sepulturae XXV. puta Maii, In honorem optime meriti Praeceptoris In Auditorio Primario recitatum a Johanne Adami Filio Dürrero. Magdeburg 1622.
[3] Bogner: Der Autor im Nachruf, S. 60.
[4] Ebd., S. 59; vgl. aber Moore: Patterned Lives, die den biographischen Charakter lutherischer Leichenpredigten betont.
[5] Bogner: Der Autor im Nachruf, S. 61.
[6] Ebd., S. 61.
[7] Flood: Poets Laureate in the Holy Roman Empire, Bd. 2, S. 681 f.

größe in eine höhere Klasse versetzt.⁸ 1584 wechselte Goetze an das Breslauer Gymnasium, dessen Rektor damals Nikolaus Steinberger war.

Als entscheidender Wendepunkt seiner beruflichen Laufbahn dürfte jedoch der Wechsel an die Klosterschule Heilsbronn anzusehen sein. Die 1578 geschlossene Zisterzienserabtei wurde 1582 von Markgraf Georg Friedrich in eine Fürstenschule umgewandelt, in die nur ältere, über Begabung und ausreichende Lateinkenntnisse verfügende Schüler aufgenommen wurden.⁹ Goetze soll den Weg von Schlesien nach Franken zu Fuß zurückgelegt haben. Die Distanz erklärt sich durch die weit gestreuten Besitztümer des Schulgründers. Markgraf Georg Friedrich I. von Brandenburg-Ansbach-Kulmbach gehörte zur Linie der fränkischen Hohenzollern und war außerdem Herzog von Jägerndorf. Er stattete Goetze mit dem für einen Besuch des Gymnasiums notwendigen Stipendium aus.¹⁰

In Heilsbronn befreundete sich Goetze mit dem späteren Wittenberger Professor für Poetik und produktiven neulateinischen Dichter, Friedrich Taubmann.¹¹ Diese Freundschaft sollte über Goetzes Karriere entscheiden, denn auf Empfehlung des Poeten erhielt er 1610 den Rektorposten in Magdeburg. Dass Goetze und Taubmann im April 1588 gemeinsam als Darsteller der Komödien des Plautus wirkten,¹² weist auf die spätere Tätigkeit des Letzteren als Herausgeber einer großen Plautusedition¹³ voraus, die ihm überregionale Geltung in der *Respublica litteraria* verschaffte. Zu den Zuschauern der Aufführung im Kloster Heilsbronn gehörte auch der streng orthodoxe und überaus einflussreiche Theologe Jakob Andreae.¹⁴ Goetzes Prüfung in Heilsbronn bestand im Rezitieren einer selbstverfassten Elegie.¹⁵ Da er diese Aufgabe mit Bravour meisterte, empfahl ihn sein

---

8 Dürrer: Peplum Memoriae, S. 7.
9 Paulsen: Geschichte des gelehrten Unterrichts, S. 311f.
10 Dürrer: Peplum memoriae, S. 9.
11 Vgl. Hermann Wiegand: Art. Friedrich Taubmann. In: Killy/Kühlmann 11 (2011), S. 431f.; Ludwig Fränkel: Art. Friedrich Taubmann. In: ADB 37 (1894), S. 433–440; Dünnhaupt: Personalbibliographien zu den Drucken des Barock, Bd. 6, S. 4004–4028; sowie Kühlmann: Gelehrtenrepublik und Fürstenstaat, passim. Über die Verflechtung des Wittenbergers mit den Heidelberger Humanisten und die erste umfangreiche Sammlung seiner Gedichte, die Melodaesia sive Epulum Musaeum (1597), gibt knapp Auskunft: Reinhard Düchting: Taubmanns Musenmahl. In: Elmar Mittler (Hg.): Bibliotheca Palatina. Katalog zur Ausstellung (Textband). Heidelberg 1986, S. 102.
12 Dürrer: Peplum memoriae, S. 9: „Simul cum Friderico Taubmanno Wonsehsio Franco Plauti Comoedias in hoc monasterio, tum alias tum aspectante Jacobo Andreae festivissime exhibuit."
13 Friedrich Taubmann: M. Accii Plauti Lat. Comoediae facile principis Fabulae XX. Superstites. Wittenberg 1605.
14 Vgl. Kap. A. 2.4. Jakob Andreae und die Reform der kursächsischen Fürstenschulen.
15 Dürrer: Peplum memoriae, S. 9: „Anno 1588. 17. April. in illustri Coenobii Schola coram Scholarchis et M. Adamo Francisci, nec non caeteris ludi Doctoribus ad censuram praesentibus Elegiam insignem exprompta memoria vivacique suavitate recitavit, magnum apud universos

Lehrer Wenzel Gurckfelder dem Wittenberger Professor der Medizin, Salomon Albert. Albert war mit der Aufsicht über die von Markgraf Georg Friedrich ausgelobten Universitätsstipendien für ehemalige Heilsbronner Schüler betraut und ebnete Goetze den Weg nach Wittenberg.[16]

Ab 1588 studierte Goetze in Wittenberg. Sein Hauptstudium galt den Sprachen und der Philosophie; *levio brachio*, gleichsam nebenher, widmete er sich auch der Jurisprudenz.[17] Die erste Anstellung fand Goetze 1592 als Lehrer für Griechisch am kurz zuvor durch das Adelsgeschlecht der Saldern gegründeten Gymnasium in Brandenburg, der Saldria. Obwohl ihm die Stadt unbekannt war und er nach dem Willen seiner Gönner weiter in Wittenberg hätte studieren sollen, folgte Goetze dem Ruf nach Brandenburg, denn das Studium war ihm durch die anhaltenden Religionshändel in Wittenberg verleidet.[18] Seine Stelle als Konrektor trat er mit einer *Oratio de Graecae linguae usibus* an. Im April 1594 wurde er in Wittenberg zum Magister der Philosophie promoviert.

Als sich Goetze – auf der Flucht vor der Pest in Brandenburg – gerade in Wittenberg aufhielt, erreichte ihn der Ruf in das Rektorenamt des Gymnasiums in Stendal. In der Hansestadt heiratete er 1599 Anna Bardeleben.[19] Die Einheirat eines Schulmannes oder Predigers in ein Ratsgeschlecht wurde häufig praktiziert, weil sie für beide Seiten vorteilhaft war. Für Goetze bedeutete die Heirat die finanzielle Absicherung, für die Familie Bardeleben einen Zugewinn an Prestige. Friedrich Taubmann, von Dürrer in Anlehnung an die Aeneis des Vergil als „treuer Achates" bezeichnet, steuerte zur Hochzeit ein Epithalamium bei. Seine Frau gebar Goetze mehrere Kinder.

1605 kehrte Goetze Stendal den Rücken, um das Rektorenamt des Gymnasiums zum Grauen Kloster in Berlin anzutreten. Das Graue Kloster fungierte als Landesgymnasium, in dem die Schüler der Prima theologische und juristische Vorlesungen hören konnten.[20] Goetze konnte so Erfahrungen im semiuniversitären Betrieb eines *Gymnasium illustre* sammeln, was ihm später bei der Leitung des Magdeburger Gymnasiums zustatten kam. Im März 1605 hielt Goetze während

---

praedicationis praemium emerens, ut et a Gurckfeldero Wittebergam Salomoni Alberto Doctori, publico Professori Stipendiariorum Illustrium Ephoro de meliori commendaretur, et impetraret gratiam."
16 Johann Michael Fuchs: Einige Notizen zur Schul-Geschichte von Heilsbronn und Ansbach. Bekannt gemacht bei der Säkular-Feyer des Ansbacher Gymnasiums am 12. Juni 1837. Ansbach 1837, S. 43.
17 Dürrer: Peplum memoriae, S. 10.
18 Ebd., S. 10.
19 Ebd., S. 11.
20 Paulsen: Geschichte des gelehrten Unterrichts, S. 320.

eines akademischen Festaktes zu seiner Amtseinführung *memoriter* eine *Oratio de Disciplinae Scholasticae solerti constitutione*.[21] Nachdem er sich in Berlin bewährt hatte, lagen die „besten Schulen Sachsens" im Wettstreit, um ihn als Rektor zu gewinnen. So erhielt er bspw. 1618 einen Ruf an das Katharineum der reichen Hansestadt Braunschweig. Doch Goetze entschied sich nach dem Tod Rollenhagens für Magdeburg. Im Frühjahr 1610 hielt er seine weiter unten zu beleuchtende Antrittsrede.[22]

Die Reaktionen seines mittlerweile berühmten Jugendfreundes Friedrich Taubmann auf die Übernahme des Amtes unterstreichen seine Wertschätzung Goetzes und die Bedeutung des Magdeburger Gymnasiums. Dürrer gibt im *Peplum memoriae* einen Brief Taubmanns an den Magdeburger Stadtschreiber Johann Salig wieder, in dem er den Ruf an Goetze als eine kluge Wahl bezeichnet. Denn er kenne Goetze gleichsam *intus et incute*, er sei „ein charakterfester und ernsthafter Mann, was von einem guten Schulleiter zu verlangen ist. Außerdem ist er in allen seriösen und nutzenbringenden Wissenschaften versiert, was von einem guten Lehrer zu verlangen ist."[23] Taubmann gratuliert dem Rat der Stadt zu der Entscheidung für Goetze, denn welch hohes Gut bedeute ein fähiger Mann an der Spitze einer Schule, was das folgende volkssprachliche Diktum eines Kollegen illustrieren soll: *Wenn ich ein gantz schock*[24] *Prediger bedörfft / so wolt ich sie in einem Tage alle finden. Aber wenn man einen guten Schulmeister haben wil / so muß man ein gantz Land außsuchen.*[25] Mit dieser Ansicht bekundet Taubmann ein gewisses Standesbewusstsein, doch er stand damit konträr zu dem Ansehen der Schulmänner in der Bevölkerung. Wenn man den Klagen der Späthumanisten, wie sie auch von Sigismund Evenius in seiner Magdeburger Antrittsrede[26] geäußert wurden, trotz aller Topik Glauben schenken darf, so begegneten sowohl Höhergestellte als auch das einfache Volk dem Gelehrtenstand mit Geringschätzung und finanzieller Vernachlässigung.[27] Auf die Prediger traf dies wohl nicht in gleichem Maße zu, denn sie erfreuten sich zumeist der Hochschätzung des einfachen Volkes.

---

21 Dürrer: Peplum memoriae, S. 13.
22 Joseph Goetze: Oratio De Norma Et Forma Disciplinae In Scholis Recte Feliciterque Instituendae Et Conservandae. Magdeburg 1610.
23 Dürrer: Peplum memoriae, S. 16: „Homo gravis et severus est: et hoc boni Ductoris in Schola est. Idem in omni seria et utili disciplina eruditus, et hoc boni Doctoris est."
24 Eine Anzahl von 60, Menge, Haufe, Schaar, vgl. Grimm: Deutsches Wörterbuch, Bd. 15, Sp. 1431.
25 Dürrer: Peplum memoriae, S. 11f.
26 Vgl. Kap. B. 6.3. Die Magdeburger Antrittsrede: Honor Scholarum assertus et restitutus.
27 Kühlmann: Gelehrtenrepublik und Fürstenstaat.

In einem ursprünglich der Inaugurationsrede beigefügten und im *Peplum memoriae* erneut abgedruckten *carmen gratulatorium* stellt Taubmann Goetze in die illustre Ahnenreihe des Magdeburger Gymnasiums. Goetze sei gleichsam Nachfolger und Erbe einer gewichtigen Tradition und verfüge dank seiner Geistesgaben über die Fähigkeit, alle seine Vorgänger zu überragen.[28] In den nachfolgenden Passagen der Rede widmet sich Dürrer der *laudatio* des Verstorbenen. Neben Goetzes Charaktereigenschaften werden vor allem seine Fähigkeiten als Lehrer gerühmt:

> Mit welch außergewöhnlicher Geschicklichkeit, Rechtschaffenheit und Klugheit er sich der Förderung der Wissenschaften widmete, wie viele Kirchen, Städte und Höfe er mit geeigneten Männern ausstattete, mit welch genauer Methode er uns die Logik lehrte, uns verlässlichen Unterricht in Ethik, Poetik, Geschichte, Ökonomie, Politik erteilte, uns an eine glänzende und würdevolle, grammatisch korrekte und vielseitige Redeweise gewöhnte, wie er bemüht war, seinen Schülern die lateinische, griechische, ja sogar hebräische Sprache einzupflanzen, wie trefflich er unsere Kenntnisse der Theologie durch Vorlesungen und Disputationen vertiefte, davon künden seine unzähligen, aus ganz Europa stammenden Zuhörer, die privat und in der Öffentlichkeit von seinem Wissen und seinen Fertigkeiten auf ewig Zeugnis abgelegt haben, und die den unschätzbaren Nutzen, den sie gewonnen haben, rühmen können.[29]

Die Aufzählung der am Magdeburger Gymnasium gelehrten Fächer beweist die Vielseitigkeit des Rektors und den semiuniversitären Charakter der Lehre an dieser Bildungsstätte. Einen vertieften Unterricht in Griechisch und Hebräisch konnten nur die wenigsten Gymnasien ihren Schülern bieten. Ebenso wie Goetzes weiter unten zu thematisierende Schulordnung von 1619 zeigt dieses Zitat noch einmal den traditionell humanistischen Kanon des melanchthonischen Gelehrtenschulwesens.

Dürrer erwähnt gewisse *calumniae et invidiae spiculi*, ein Zeichen dafür, dass auch Goetze nicht von Opposition und Kritik an seiner Lehrtätigkeit verschont blieb – mutmaßlich am „heidnischen" Philosophieunterricht und von theologi-

---

28 Dürrer: Peplum memoriae, S. 17.
29 Dürrer: Peplum memoriae, S. 18: „Quam exquisita disciplinae liberalis conservandae solertia, dexteritate, diligentia fuerit, quot Ecclesias, quot Respublicas, quot Aulas adiuverit, qua accurata Logicen nos methodo docuerit, Ethica, Poetica, Historica, Oeconomica, Politica, fideliter inculcaverit, eleganti simul et gravi, polito et abundanti orationum generi nos adsuefecerit, Linguarum Latinae, Graecae, singulis Annis certo tempore etiam Ebraeae, cognitionem suis alumnis implantare studuerit, Theologiae principia, quam dextre nobis legendo disputandoque firmaverit, loquuntur eius Auditores innumeri per multas nationes undique diffusi, qui diligentiam et solertiam eius maiorem in modum domi, forisque semper extulerunt, ac infinitam hausis se utilitatem, gloriari possunt."

scher Seite. Der Rektor rief daher seinen jungen Kollegen Johannes Blocius dazu auf, sich an ihm ein Beispiel dafür zu nehmen, welchen Anfeindungen Schulmänner ausgesetzt seien. Wenn er zehn Jahre jünger wäre, so Goetze, würde er versuchen, die Kanzel einer Kirche zu besteigen, um so den Torturen seines Amtes zu entkommen.[30] Dürrer versichert jedoch, dass Goetze wie ein Bauer seinen Boden oder ein Soldat seinen Posten weder wegen Kälte, Hitze, Hunger, Durst, Krankheit noch drohendem Feind verlassen hätte. Dass von überall her seine ehemaligen Schüler zurückgekehrt seien, um ihm für seine segensreiche Unterweisung zu danken, hätte ihm die Bitterkeit seines Amtes versüßt und seine Seele bestärkt.[31]

Die *peroratio* ist dem *luctus* über den großen Verlust gewidmet. Goetze erlitt im Alter von 56 Jahren einen Schlaganfall, der ihn ein Jahr ans Bett fesselte und schließlich zum Tod führte.[32] Dürrer beklagt, die Krankheit hätte dem Rektor die verdienten nestorischen Jahre, das hohe Alter, geraubt. So müssten nun die Lehrer den Direktor, die Schule den Sokrates, die Witwe ihren Herrn und die Kinder ihren Vater entbehren. Goetze selbst, so Dürrer weiter, hätte angesichts dieser Emotionalität sicher zu Mäßigung gemahnt. „Dennoch, wer es vermöchte oder wagte, diese unsere Trauer zu unterdrücken, würde sich als Stein oder gefühlloser Klotz zu erkennen geben. Wegen der Trauer ersterben mir die Worte auf der Zunge."[33] Mit dieser Topik des Verstummens gab Dürrer seiner Leichenrede einen affektgeladenen Schlusspunkt. Der letzte Satz des *Peplum memoriae* erinnert an Praktiken des Gedenkens wie die Schweigeminute.

5.1 Goetzes Antrittsrede: *Oratio de norma et forma disciplinae*

Der Werdegang des Rektors wurde deswegen so ausführlich geschildert, weil er seine dezidiert humanistische Ausrichtung erklären hilft. Goetze lernte das Handwerk der Gelehrsamkeit an einigen der bedeutendsten späthumanistischen Bildungsstätten, am Breslauer Gymnasium, der Klosterschule Heilsbronn und an der Wittenberger Universität. Anders als seine Vorgänger Sack und Rollenhagen, die eher volkssprachlich-theologisch ausgerichtet waren, stützte sich Goetze wieder in stärkerem Maße auf die antike Überlieferung. Wie sein Vorgänger Prätorius[34]

---

30 Ebd., S. 19: „Ego, si decennio iunior essem, aiebat, adhuc conarer templares ascendere Cathedras, ut possem ex his torturarum ergasteriis emergere."
31 Dürrer: Peplum memoriae, S. 19.
32 Holstein: Das Altstädtische Gymnasium, S. 136.
33 Dürrer: Peplum memoriae, S. 20: „Tamen hoc luctu nostro temperare, qui possit aut audeat, saxum aut caudicem esse se fateatur: Mihi prae stupore verba moriuntur in lingua."
34 Vgl. Kap. B. 2.2. Prätorius' Antrittsrede: Oratio de necessitate rei scholasticae.

ließ er unter dem Titel *Oratio de norma et forma disciplinae*[35] eine glänzende Antrittsrede drucken, die sich durch zahlreiche Zitate griechischer und lateinischer Autoren auszeichnet. Mit dieser verstärkten Hinwendung zur Antike war – wie bei den meisten nachreformatorischen Humanisten – eine explizite Betonung des humanistischen Grundgedankens verbunden. Als Erben der italienischen Renaissance propagierten die Schulhumanisten die Bildungsfähigkeit des Menschen. Die Lektüre der antiken Quellen diente dabei als Katalysator der sittlichen Vervollkommnung. Diese Schwerpunktsetzung Goetzes demonstriert die Kontinuität humanistischer Moralpädagogik von den Anfängen in Italien bis zur ersten Hälfte des 17. Jahrhunderts.[36]

Der Rede selbst geht eine Vorrede voraus, die an die beiden Bürgermeister, den Syndikus und die Ratsherren der Stadt Magdeburg gerichtet ist. Eingangs findet sich die in Vorreden omnipräsente Beteuerung, die Initiative zum Druck des Haupttextes gehe nicht auf den Autor selbst, sondern auf Freunde zurück, die ihn dazu gedrängt hätten. Die Vorrede ist deshalb bemerkenswert, weil Goetze hier auf seine Neider und Verfolger eingeht, jedoch ohne diese namentlich zu nennen oder in Polemik zu verfallen. Bereits in Berlin hatte Goetze unter dem Titel *Militia scholastica*[37] eine Oratio gegen die Feinde humanistischer Bildung verfasst.

Am Eingang der *Oratio de norma et forma disciplinae* dankt Goetze Gott für die Berufung zum Pädagogen und Gelehrten, denn was sei wichtiger im Leben als Bildung, die den Menschen von den Tieren unterscheide, was nützlicher?[38] Im *exordium*[39] der Rede formuliert Goetze sein pädagogisches Ethos: Er wolle trotz der

---

35 Joseph Goetze: Oratio De Norma Et Forma Disciplinae In Scholis Recte Feliciterque Institvendae Et Conservandae / In Celeberrimo Gymnasio Magdaeburgensium, Cum Jussu [...] Senatus Magdaeburgici in illud introduceretur Rector M. Iosephvs Goezivs XII. Calend. Iunij, Anno Epoches Christianæ, MDCX. Memoriter ab eodem habita. Accesserunt Carmina quædam gratulatoria ab Amicis scripta. Magdeburg 1610.
36 Vgl. Werner Kaegi: Humanistische Kontinuität im konfessionellen Zeitalter. Basel 1954.
37 Joseph Goetze: Militia Scholastica. Cum Civili Seu Castrensi Collata Et In Examine Stendaliae P.P. In qua Cum primis debellandi & expugnandi Hostes studiis literarum infensissimos, commodissima ratio ostenditur. Berlin 1609. Die Rede ist unikal in der ehemaligen Bibliothek Joachims von Alvensleben (1514–1588) überliefert. Da die Sammlung Alvensleben aus den Beständen der Herzog August Bibliothek in den Familienbesitz der Familie von Alvensleben zurückübereignet wurde, war der Text mir nicht zugänglich. Die Sammlung Alvensleben (ca. 5.600 Bände) wird im Katalog der ULB Halle geführt. Abzuwarten bleibt, wie zukünftig auf Schloss Hundisburg (Sachsen-Anhalt) Benutzung und insbesondere Erhaltung des Bestands gewährleistet werden können.
38 Goetze: Oratio De Norma Et Forma Disciplinae, A 1 v: „Quid in vita artium liberalium doctrina a beluis hominem discernente praestantius? Quid pia et docta iuventutis institutione in orbe Christiano maius? Quid utilius?"
39 Vgl. Lausberg: Handbuch der literarischen Rhetorik, §§ 263–288.

Mühen des Lehrerberufs, der wilden Bestien gleichenden Jugend und Nachlässigkeit der Eltern nicht von der Erfüllung seines Amtes ablassen, weil Bildung die Basis sei für die Erhaltung der Kirche, den Frieden in der *respublica* und das Wohlergehen im privaten Bereich.[40] Nach den üblichen Bescheidenheitstopoi erwähnt Goetze seinen Vorgesetzten, den Bürgermeister und *ephorus* des Gymnasiums, Stephan Olvenstedt. Dessen elegante Willkommensrede habe ihn dazu veranlasst, selbst eine Rede über die richtige Verfassung und Erhaltung gymnasialer Bildung zu halten. Goetze will darlegen, was diese für Nutzen erbringe, wenn sie blühe und welche unwiederbringlichen Verluste drohten, wenn sie darniederliege.[41]

Die *narratio*, der eigentliche Hauptteil der Rede, in dem die Themen der Reihe nach erläutert werden, beginnt mit einer späthumanistischen Klage. In diesem verdorbensten aller Zeitalter wachse die Disziplinlosigkeit der Jugend gleich Unkraut und ersticke die Samen von *pietas* und *virtus*. Umso wichtiger sei daher die Grundvoraussetzung gelingender Bildung: Autorität der Lehrenden.[42]

Goetze unterscheidet zwischen inneren und äußeren Eigenschaften, die Autorität verschaffen. Zu den inneren Eigenschaften zählen Gottesfurcht, Rechtschaffenheit und Bildung. Ein Lehrer könne nur dann als Former der Sitten seiner Schüler wirken, wenn er diesen mit seinem eigenen guten Beispiel vorangehe.[43] Der Lehrer solle auf Gott als Quelle alles Guten vertrauen und durch *opera bona* im Privaten wie im Öffentlichen zur Nachahmung anregen.[44] Goetze zieht hier eine Parallele zum Fürsten, der sich durch das eigene Vorbild das Vertrauen seiner Untergebenen erwerben müsse.

Ohne *pietas*, so fährt der Magdeburger Rektor fort, seien sämtliche Vorzüge der Gestalt, Stimme etc. nichtig. „Denn was für Ehren erwirbt sich, wer den Verlockungen der Wollust Tag und Nacht nachgibt? Wer sich der unkontrollierten Schlemmerei hingibt? Wer eine schamlose Rede führt?"[45] Wer so handle, zöge seine Schüler mit in seine Laster, was stets mit Verlust an geistigem und materiellem Kapital verbunden sei.

Diese Lehren gehören gewiss zu den obligatorischen Topoi der Schuloratorik, doch die Emphase, mit der sie Goetze vorbringt, lässt es als unwahrscheinlich

---

40 Goetze: Oratio De Norma Et Forma Disciplinae, A 1 v–A 2 r.
41 Ebd., A 2 r.
42 Ebd., A 3 v.
43 Ebd., A 4 r.
44 Ebd., A 4 r.
45 Ebd., B 1 r: „Quid enim honoris sibi conciliabit is, qui voluptatum illecebris noctu dieque interesse gaudet? Qui profusae et intemperantis coenae ganea quaerit? Qui ea duritia oris est, ut depudere didicerit? Iuniorum certe animos voluptatum sequaces ad idem pertrahet malum, et cum dispendio rerum, ingenii et studiorum, helluatione pessundabit."

erscheinen, dass sie lediglich hohle Phrasen sind. Gemessen an den zahlreichen Sammlungen von Epicedien, die nach seinem Tod von Schülern und Lehrern verfasst wurden, war Goetze ein sehr beliebter Rektor. Diese Beliebtheit lässt sich eventuell durch seine Authentizität, durch Übereinstimmung von Leben und Lehre erklären.

Das Postulat, der Lehrer solle durch sein Vorbild auf den Schüler einwirken, wird von Goetze durch Zitate aus der Antike exemplifiziert. Laut Pindar[46] hätte der Heros Jason[47] seinen Lehrer, den Kentauren Chiron, gerühmt, in den zwanzig Jahren seines Unterrichts nie ein unsittliches Wort geäußert zu haben. In der Marginalie zu diesem Textabschnitt findet sich ein Zitat Juvenals: „Nichts dem Auge oder Ohr Anstößiges überschreite die Grenzen, innerhalb derer sich das Kind befindet."[48] Auch bei Goetze begegnet folglich jene selektive Rezeption der antiken Literatur, die das gesamte melanchthonische Gelehrtenschulwesen dominierte: Alles moralisch Verwerfliche, wie es sich insbesondere auch in den Satiren des Juvenal findet, wurde ausgeblendet. Rezipiert wurden allein die seriösen, mit der christlichen Weltanschauung konformen Teile des Kanons.[49]

Unter der Marginalie *affectus frenandi* ruft Goetze die Lehrer auf, sich nicht von ihren Affekten dominieren zu lassen. „Denn der Zorn verhindert die Erkenntnis der Wahrheit; Hass verleitet zur Ungerechtigkeit; Liebe schwächt die Urteilsfähigkeit; Schmerz stachelt an zur Rache; Neid führt zu überstürztem Handeln."[50] Wenn die *ratio* ihre Herrschaft verliere, drohten ein Überschreiten der Grenzen der *modestia*, der Verlust der Wertschätzung durch Andere und schließlich der Ruin vertiefter Geistesbildung. Diese Aussagen sind wohl – trotz der zeitlichen Nähe zum Späthumanismus – nicht als spezifische Äußerung des Neustoizismus,[51] sondern eher als allgemein-topisches Gedankengut des Humanismus zu identifizieren.

---

46 Pind. P. 4, 101f.
47 Vgl. Art. Iason. In: Der Kleine Pauly 2, Sp. 1321f.
48 Goetze: Oratio De Norma Et Forma Disciplinae, B 1 v (Iuv. 14, 41f.): „Nil dictu foedum visuque haec limina tangat, intra quae puer est." Im Original statt „puer": „pater".
49 Zu dieser selektiven Aneignung gehörte auch die Rezeption antiker Dichtungsformen wie Metren etc., die mit christlichen Inhalten gefüllt wurden. Vgl. Walther Ludwig: Musenkult und Gottesdienst – Evangelischer Humanismus der Reformationszeit. In: Walther Ludwig (Hg.): Die Musen im Reformationszeitalter. Leipzig 2001, S. 9–51; sowie Kühlmann: Poeten und Puritaner.
50 Goetze: Oratio De Norma Et Forma Disciplinae, B 1 v: „Ira namque rectum quod sit, cernere minime patitur, odium ad iniqua impellit, amor iudicium impedit, stimulat ad vindictam dolor, invidia praecipitem agit."
51 Vgl. Catherine Newmark: Art. Neustoizismus. In: Enzyklopädie der Neuzeit, Bd. 9, Sp. 149–152. Obwohl in der Literatur des späten 16. und 17. Jahrhunderts omnipräsent, ist die Erforschung des Neustoizismus seit den ersten bahnbrechenden Ansätzen von Gerhard Oestreich nicht entscheidend vorangeschritten. In Zukunft wird wohl die These der Dominanz von Justus Lipsius zugunsten

In Analogie zu einem Cicerozitat[52] wird von einem guten Lehrer weiterhin ein ansprechendes Äußeres gefordert. Im Bereich der äußeren Eigenschaften – *vox, cultus* und *gestus* – liegt der Schwerpunkt naturgemäß auf jenem Medium, mithilfe dessen der Pädagoge seine Zuhörer erreichen soll: der Stimme. Zu achten sei vor allem darauf, Kinder nicht durch einen drohenden, Angst einflößenden Ton zu verschrecken. Vermieden werden müsse weiterhin *garrulitas*, Geschwätzigkeit, denn wer durch ausufernde Rede zu überzeugen suche, zöge sich die Verachtung der *prudentes* zu. Goetze bringt es auf die sprichwörtliche Formel: *loquentiae multum, sapientiae parum.*[53] Mit besonderer rhetorischer Emphase, die sich in Ausrufen wie: *O pestis! O labes!* äußert, richtet sich Goetze gegen jene Lehrer, die eine zu große Nähe zu ihren Schülern eingehen. Wer mit seinen Schülern private Gespräche führe, mit in ihr Gelächter einstimme, Nichtachtung und Disziplinlosigkeit toleriere, zerstöre die Basis seiner Autorität.[54]

Als Korrektiv abweichenden Verhaltens der Schüler fordert Goetze eine Eigenschaft, ohne die kein Gemeinwesen aufrecht erhalten werden könne: *severitas*. Strenge sei jedoch mit Bedacht zu üben, der Lehrer solle nicht *acerbus*, sondern *gravis* erscheinen, damit er von seinen Schülern nicht gefürchtet, sondern geachtet werde. Letztlich komme es auf das richtige Verhältnis von *severitas* und *moderatio* an.[55] Wenn Goetze hier und in ähnlichen Passagen der Rede über Belohnungen und Strafen mit Juvenal, Ovid und Martial den Gebrauch von *ferula, virga* und *verber* empfiehlt,[56] so wird darin nicht eine übermäßige Härte des Rektors, sondern lediglich die zeitübliche Strafpraxis auszumachen sein. Der Lehrer, so Goetze, solle mit seinen Schüler umgehen wie ein Vater mit seinen Kindern. In Anlehnung an Plinius d. J. heißt es, dass Ehrfurcht nicht durch Einschüchterung erlangt werden könne. Um etwas zu erreichen, sei Liebe ein weitaus wirkungsvolleres Mittel als Angst.[57]

---

pluralistischerer Modelle relativiert werden. Vgl. die umfangreiche Darstellung von Gerhard Oestreich: Justus Lipsius und der politische Neustoizismus in Europa. In: Barbara Neymeyr (Hg.): Stoizismus in der europäischen Philosophie, Literatur, Kunst und Politik; Bd. 1. Berlin u. a. 2008, S. 575–630; sowie nach wie vor Gerhard Oestreich: Antiker Geist und moderner Staat bei Justus Lipsius (1547–1606). Göttingen 1989.

52 Cic. Phil. 8, 29: „O di immortales! quam magnum est personam in re publica tueri principis! quae non animis solum debet, sed etiam oculis servire civium."
53 Goetze: Oratio De Norma Et Forma Disciplinae, B 3 r–v.
54 Ebd., B 4 r: „Quae enim ista tua autoritas erit, si conversari cum discipulis, colloqui familiariter, arridere suaviter, excusare negligentes, laudare feroces gestias?"
55 Ebd., C 1 r–v.
56 Ebd., D 4 r.
57 Ebd., C 1 r (Plin. epist. 8, 24, 6): „Male terrore veneratio acquiritur, longeque valentior amor ad obtinendum quod velis quam timor."

Die folgenden Passagen, in denen Goetze seine Vorstellung einer angemessenen *ratio instituendi* erläutert, bilden den eigentlichen Kern der Rede. Gegen Ende des 16. Jahrhunderts geriet die Methodik des melanchthonischen Gelehrtenschulwesens vermehrt in das Kreuzfeuer der Kritik. Eine Lehrweise, die den Schüler bis zu 10 oder 15 Jahre mit den Details der Rhetorik und Dialektik aufhielt, ohne ihn in geeigneter Weise auf die Probleme seines späteren beruflichen Alltags vorzubereiten, galt zunehmend als ineffizient.[58] Die überregionale Resonanz, auf die das eher dubiose Reformprogramm eines Wolfgang Ratke[59] stieß, lässt auf ein allgemein verbreitetes Bewusstsein dieser Problematik schließen. Wie später darzustellen ist, bestand die zeitlich spätere Reaktion von Sigismund Evenius in einer grundlegenden Reform des gymnasialen Curriculums. Goetze nahm demgegenüber lediglich die Rolle eines Vorreiters ein, der präzise die Symptome der Krise benannte.

Durch die übergroße Vielfalt an Lehrmethoden bestehe die Gefahr, von der *vera docendi norma et forma* abzuweichen. Die Schüler gerieten auf Abwege, die den Lernerfolg ernstlich gefährdeten. Für die entstandene Konfusion macht Goetze insbesondere das überreiche Angebot an Lehrbüchern verantwortlich. In diesen an Gelehrten überreichen Zeiten würden eine Unzahl an Grammatiken, ja ganze Wagenladungen von Dialektiken erscheinen, deren Inhalt die talentierteren Schüler manchmal über Jahre beschäftige – *nullo cum fructu*.[60]

Angesichts des Überangebots gerate man in Zweifel, ob man den Philippus (Melanchthon) dem Ramus, oder den Ramus dem Philippus vorziehen und lehren solle. Goetzes Antwort auf die Krise: „Wähle aus diesen verschiedenen Lehrinhalten für deine Schüler wenig aus, aus den Wenigen die Nützlichen, von den Nützlichen die Notwendigen. Von den Notwendigen gebrauche allein die nach einer richtigen Ordnung und Methode Verfassten, damit du nicht die fähigen Geister verbildest, sie in die vertrackten Labyrinthe des Scharfsinns und vom Weg der wahren Weisheit abführst."[61]

---

58 Vgl. Kühlmann: Gelehrtenrepublik und Fürstenstaat; Seidel: Caspar Dornau.
59 Vgl. Kordes: Wolfgang Ratke; sowie Gerhard Michel, Karl Dienst: Art. Wolfgang Ratke. In: Killy/Kühlmann 9 (2010), S. 437–439.
60 Goetze: Oratio De Norma Et Forma Disciplinae, C 3 v: „Varietas enim librorum et praeceptionum hoc fertili doctorum seculo tanta est, ut vix scias cui viae insistendum, qua sine remora, sine tribulis, sine scrupis progrediendum. Tot tibi, tot mihi Grammaticorum libelli propositi, quorum doctrina tenet interdum annos complures ingenia vegetiora nullo cum fructu."
61 Ebd., C 3 v–C 4 r: „In usum ergo tuorum discipulorum ex hisce variis praeceptionibus delige paucas, ex paucis utiles, ex utilibus necessarias, ex necessariis iusto ordine et methodo conscriptas, ne rectissima quandoque ingenia detorqueas, et in acuminum flexuosos labyrinthos a vero Sapientiae tramite abducas."

Der Lehrer solle nicht lange Texte diktieren, sondern gleichsam den Nagel auf den Kopf treffen, sich um Klarheit bemühen. Denn was nütze es den Schülern, wenn man den Lehrstoff ohne Auswahl und ohne *ordo* – für Goetze der zentrale Begriff – vortragen würde? Methodisches Lehren bedeutet für den Rektor vor allem Konzentration auf das Wesentliche. Die folgenden Zeilen besitzten auch im Zeitalter der Neuen Medien Bedeutung. Wie oft könne man, fragt Goetze, körperlich Präsente, doch geistig Abwesende beobachten? Wie viele sich über Dinge, von denen sie nichts verstehen, beklagen hören? „Zerfasere nicht deine Auffassungskraft, indem du, geleitet von nichtigem Verlangen, die verschiedensten Texte liest und dabei die wirklich wichtigen Lehren übergehst, wie Kinder, die in Büchern allein die Abbildungen betrachten, den Sinn jedoch nicht verstehen."[62]

Für all jene, die sich wegen ihrer Vielgelehrtheit brüsteten, gelte: „Wie nicht jene, die am meisten essen oder arbeiten, gesünder sind als jene, die dies maßvoll tun, so werden nicht jene als weise und gelehrt angesehen, die am meisten lesen, sondern das Nützlichste."[63] Die Fähigkeit, aus den verfügbaren Texten die Essenz auszuwählen, fordert natürlich ein gewisses Maß an Vorbildung, im zeitgenössischen Terminus: *iudicium*. Denn es sei äußerste Dummheit, das oberflächlich Ansprechende zu konsumieren, das Notwendige jedoch zu verachten, unsystematisch vorzugehen und alles konfus durcheinanderzubringen.[64]

Diese Worte Goetzes werden bei den nüchtern kalkulierenden Magdeburger Ratsherren – unter ihnen viele Kaufleute – sicher auf offene Ohren gestoßen sein. Denn wie oben erwähnt, geriet die humanistische Bildung mit ihrem jahrelangen Bildungsweg zunehmend unter Legitimationsdruck. Goetzes Therapievorschlag bestand jedoch nicht in der vielfach geforderten Radikalkur, der Hinwendung zu Bibel und Volkssprache, sondern in einer anderen Methodik. Angesichts der wachsenden Flut gedruckter Texte forderte der Rektor die Ausbildung einer neuartigen Kompetenz: Anpassung der Lesepraxis an Auffassungskraft und Relevanz für die eigene Lebensführung. Dies macht die *Oratio de norma et forma disciplinae* zu einem noch heute lesenswerten Text.

Auf die Darstellung der Methodik folgt eine traditionell humanistisch argumentierende Apologie schulischer Bildung, wie man sie auch bei Major, Prätorius

---

[62] Ebd., C 4 v–D 1 r: „Ne tu inani appetitu ad varias scriptorum lectiones dilabaris et necessaria praecepta omittas, puerorum instar, qui libellos nacti picturis et imagunculis delectantur, sensus vero aspernantur."

[63] Ebd., D 1 r: „Ut non ii qui plurimum comedunt et exercentur, melius valent iis, qui modice: ita non qui plurima, sed qui utilissima legerint, docti censendi et studiosi."

[64] Ebd., D 1 r: „Extremae igitur dementiae esse, multa ut iucunda eligere, pauca ut necessaria aspernari, nulla ordinis ratione habita, omnia confusioni involvere, quis tam imprudens, qui nesciat, tam impudens, qui neget?"

oder anderen Pädagogen im protestantischen Raum antrifft. In den Gymnasien werde der Grundstein gelegt für wahre Gotteserkenntnis und für das Studium der Wissenschaften und Sprachen.[65] Ohne Bildung wäre die Existenz von Städten, Ländern und Reichen gefährdet, denn die Erhaltung des Friedens erfordere wissenschaftlich ausgebildete Regierungen.[66] Zu den *privata commoda* der Bildung zähle die Gewöhnung des Menschen an Pflichterfüllung und Gesetzestreue. Die dem Menschen angeborene Schlechtigkeit, die ihn zur gefährlichsten aller Kreaturen mache, könne durch die heilsame Kraft der Bildung überwunden werden. Sie entzünde die Zuneigung zur Tugend, mildere die Rohheit der Sitten, ja sie erschaffe geradezu einen neuen Menschen, entferne jeglichen Rest von Wildheit und Trägheit.[67]

Wo man demgegenüber die Bildung vernachlässige, wichen Religion, Gottesfurcht, Gerechtigkeit, Nächstenliebe, Wahrheit; übrig bleibe eine Hydra, Quelle aller Übel und Verbrechen.[68] Hier äußert sich das grenzenlose, quasi naive Vertrauen der Humanisten in die Bildungsfähigkeit des Menschen. Selbst die Lehre Luthers von der vollständigen Verderbtheit der menschlichen Natur konnte diese von der italienischen Renaissance bis in den Späthumanismus reichende Kontinuitätslinie nicht unterbrechen.

Der Redeschluss beinhaltet eine *prosphónesis*, eine Anrufung des Rates, der Kollegen, der Schüler und schließlich Gottes. Goetze fordert den Rat auf, sich weiterhin für die Ausbildung der Jugend einzusetzen, weil dies das geeignetste Mittel sei, unsterblichen Ruhm zu erlangen. Die Errichtung prächtiger Häuser, hoher Türme und Kirchen, die Ausübung von Macht sowie das Erlangen von Reichtum seien gewiss von großer Bedeutung. Doch weitaus rühmlicher seien Förderung der Schulbildung und Einsatz für Religion und Gelehrsamkeit. Denn ersteres verschaffe rein äußerlichen Glanz, letzteres jedoch spende Seelenheil, verbürge Reinheit der Religion und erhalte Gerechtigkeit und Frieden. Diese Gegenüberstellung von städtischer Prachtentfaltung und Bewahrung geistiger Werte ist topisch; sie begegnet bereits in Luthers Ratsherrenschrift.[69] Das Wohl einer Stadt,

---

65 Ebd., E 1 r.
66 Ebd., E 2 r: „Nulla enim civitas recte gubernari, iustitiae et legum vinculis constringi, nulla regio salva et incolumis consistere, nullum imperium usque adeo muniri et sepiri potest, ut stabile et tranquillum sit, nisi cui Magistratus doctrina et disciplina excultus atque expolitus praesit."
67 Ebd., E 3 v.
68 Ebd., E 3 v–E 4 r: „Ubi enim ista negligentiore disciplina obstruuntur, ibi nullius emicat boni scatebra, omnis religio exarescit, pietas evanescit, fides occidit, charitas exiccatur, honestas flaccescit, salus omnium tollitur, nil nisi lerna, ut dicitur, malorum ac foedissimae scelerum sentinae relinquuntur."
69 Vgl. Kap. A. 1.2. Die Reaktion der Reformatoren.

so legt Luther hier dar, bestehe nicht allein darin, *das man grosse schetze samle, feste mauren, schöne heusser, viel büchsen und harnisch zeuge*.[70] Vielmehr liege ihr *gedeyen, heyl und krafft* darin, *das sie viel feyner gelerter, vernünfftiger, erbar, wol gezogener burger hatt*, und dies könne eben allein gelungene Schulbildung gewähren.

Die Einnahme des antiken Troja, so Goetze weiter, sei erst nach Raub des Palladions[71] durch Odysseus und Diomedes möglich geworden. Der Rektor ruft die Ratsherren dazu auf, das Gymnasium als ihr Palladion, als Bollwerk Magdeburgs zu betrachten, ohne das Sicherheit und Wohlergehen der Stadt gefährdet seien.[72] Auf ganz ähnliche Weise hatte Goetzes Nachfolger Sigismund Evenius in der weiter unten näher zu betrachtenden Ermahnungsschrift *Lutheri Schul Rath* das Wohlergehen der Stadt von der Förderung des Gymnasiums abhängig gemacht.[73]

Goetze sucht die Ratsherren mit den folgenden Worten um ihre Unterstützung an: „Weil dieses Amt beschwerlich ist, den Augen aller unterworfen, den Angriffen Vieler ausgesetzt, breitet schützend eure Arme um mich. Ich bitte und beschwöre euch, bewahrt mich durch euer Wohlwollen und eure Autorität vor den Sticheleien der Übelwollenden, die mich, der ich hier fremd bin, wie eine bösartige Krankheit heimsuchten."[74] Offensichtlich hatte Goetze in der kurzen Zeit nach seiner Ankunft bereits negative Erfahrungen mit fremden- oder bildungsfeindlichen Magdeburgern machen müssen.

In der Anrufung seiner Kollegen verwendet Goetze die Topik der Schifffahrt, die sich häufig anlässlich des Antritts eines neuen Amtes oder in der Anrede von Herrschern findet: Goetze selbst steuert das Schiff durch ein Meer von Arbeit; die Lehrer rudern; Gefahren drohen in Gestalt von Sirenen, Sandbänken, Scylla und

---

70 WA 15; 34, 28–34.
71 Das Palladion war ein Bildnis der Pallas, das von den Trojanern an geheimem Ort aufbewahrt wurde und dessen Wirkung im Schutz der Stadt bestand. Vgl. Art. Palladion. In: Der Kleine Pauly 4, Sp. 431f.
72 Goetze: Oratio De Norma Et Forma Disciplina, F 1 v: „Proinde hoc vestrum Palladium, Scholam dico, quam civitatis propugnaculum audivistis, tam diu tueri, ne vel labefactetur aut violetur, enitamini, quam diu Rempublicam salvam integramque habere optatis. Quod si feceritis, stabit inconcussa Religio, vigebit pax et tranquillitas, crescent civium bona, posteritas gaudebit, decus immortale vobis emerget."
73 Vgl. dazu Kap. B. 6.13. Evenius' Protestschreiben an den Magdeburger Rat: Des H. Lutheri SchulRath.
74 Goetze: Oratio De Norma Et Forma Disciplina, F 2 r: „Cumque haec functio sit ardua, omnium oculis subiecta, calumniis multorum exposita, vestra me benevolentia complectamini, vestra autoritate et patrocinio contra morsus malevolorum, quorum pestilens virus mihi hic peregrino instar vomicae fuit, defendatis, consilio et ope, ubicunque opus, sublevetis, oro et obtestor."

Charybdes sowie *alia monstra et loca periculosa*.[75] Ähnlich wie Prätorius in seiner Antrittsrede ruft Goetze seine Kollegen zu *concordia et amicitia* auf.

Die Schüler werden dazu angehalten, dem Willen ihrer Eltern und Lehrer zu folgen und dem Gymnasium und den *litterae humaniores* den geschuldeten Tribut an Disziplin und Arbeit zu zollen. Die Aneignung geistigen Kapitals sei als *viaticum*, als Wegzehrung für das Alter anzusehen. Für diesen Bildungsprozess blieben nur wenige Jahre, denn, nach Juvenal: „Es beeilt sich, ans Ende zu gelangen, die flüchtige Blüte der Jugend, der kürzeste Teil unseres beengten und armseligen Lebens."[76]

Der Rest des Redeschlusses richtet sich an Christus, die Quelle aller Gelehrsamkeit, mit der Bitte um Erleuchtung und Protektion des Gymnasiums. Gefahr drohe vonseiten der Türken und „Esauiter"[77] – gemeint sind die Jesuiten – denen die protestantischen Gymnasien ein Dorn im Auge seien. Weiterhin solle Gott feindliche Heere, Pest und Hunger von Magdeburg fernhalten.[78] Die Unterstützung des Gymnasiums, so der letzte Satz, diene letztlich Christus selbst, denn sie gebe Goetze, den Lehrern und Schülern die Kraft, Gott mit Stimme und Seele zu lobpreisen.

Vom weit gespannten Netzwerk des neuen Rektors und von seinem Rang in der späthumanistischen *Respublica litteraria* kündet die der Rede beigefügte Sammlung von Kasualcarmina, in denen er zum Antritt des neuen Amtes beglückwünscht wird. Wie bei anderen Arten von Gelegenheitsgedichten auch, sind die einzelnen *carmina* hierarchisch geordnet. Voran steht das oben bereits erwähnte Gedicht von Friedrich Taubmann, Inhaber des Wittenberger Lehrstuhls für Poetik.

Darauf folgen Gedichte von Jacob Martini und Thomas Saggitarius, beide zentrale Gestalten späthumanistisch-lutherischer Gelehrsamkeit. Ersterer wirkte als Philosophieprofessor in Wittenberg und verfasste die erste lutherische Schulmetaphysik,[79] Letzterer war zunächst Professor für Griechisch und Philosophie in

---

75 Ebd., F 2 r.
76 Ebd., F 3 r (Iuv. 9, 126–128):
„Festinat enim decurrere velox
flosculus, angustae miseraeque brevissima vitae
portio [...]."
77 Nach der alttestamentlichen Figur Esau, Bruder und später Verfolger Jakobs. Vgl. 1 Mose 25, 19–34.
78 Goetze: Oratio De Norma Et Forma Disciplina, F 3 v–F 4 r: „Rogo clementissime Deus, ut Ecclesiam tuam, ab hostium irruentium vi porro defendas, Turcarum furores, et cruenta Esauitarum consilia, quibus Scholae nostrae sudes sunt in oculis, reprimas et infringas, classicos bellorum tumultus, quibus usque adeo imperia colliduntur, et tantum non eliduntur, cohibeas, famem pestemque a finibus nostris longissime propellas."
79 Friedrich: Grenzen der Vernunft, S. 181, Fn. 5; Walter Sparn: Art. Martini, Jakob. In: Biographisch-Bibliographisches Kirchenlexikon, Bd. 5, Sp. 944–946.

Jena, später Rektor des Elisabethgymnasiums in Breslau und galt als Gegner Ratkes.[80] Martini und Saggitarius repräsentierten jenen in der Nachfolge Melanchthons stehenden Zweig des Luthertums, der sich für rationale Erkenntnis, wissenschaftliche Methodik und Antikestudium einsetzte. Insbesondere Martini zog sich durch die Betonung der Rolle der menschlichen Vernunft die Gegnerschaft fundamentalistisch argumentierender Prediger zu, die darin eine Preisgabe des Glaubens ausmachten.[81] Von den Positionierungen seiner befreundeten Kollegen wird auf Goetzes eigenen Standpunkt zurückzuschließen sein. Zu den Autoren der übrigen Gedichte gehörten Peter Hecht, Prediger an St. Gertrud in Magdeburg, Valentin Cremcovius, Lehrer am Magdeburger Gymnasium, Gabriel und Jonas Rollenhagen sowie weitere Rektoren und Schüler Goetzes.

Es ist gewiss kein Zufall, dass von allen drei Rektoren, die ihre Antrittsreden drucken ließen, auch Schulordnungen überliefert sind. Der Gestaltungswille von Abdias Prätorius, Joseph Goetze und Sigismund Evenius richtete sich zunächst auf die Formulierung des Programms, dass sie in Magdeburg umsetzen wollten. Wenige Jahre später folgten ihre präzisen Anordnungen für die Curricula. Wie oben bereits bemerkt, forderten Prätorius und Goetze ganz traditionell eine intensive Auseinandersetzung mit der Antike. Die Lektüre der antiken Literatur sollte die Internalisierung moralischer Verhaltensweisen fördern. Evenius dagegen präsentierte bereits in seiner Antrittsrede eine andere Lösung der oben erwähnten Krise. Die Verachtung der Gelehrten und der humanistischen Wissenschaft beruhe auf zu großer Komplexität der alten Sprachen, weswegen er einen Paradigmenwechsel zu Volkssprache, Bibel und Realien im Anfangsunterricht forderte.[82]

Doch diese späteren Neuerungen von Evenius kamen einem Pyrrhussieg gleich. Denn allein durch die jahrelange Schulung wurde der wissenschaftliche Nachwuchs in die Lage versetzt, auch die sprachlich avancierteren Teile des antiken Kanons verstehen zu können. Mit der Reform des Unterrichts schwand daher auch das Arsenal moralischer Bildung. Denn die alleinige Beschränkung auf die Bibel konnte den inhaltlichen Reichtum moralisch orientierender Texte wie z. B. Aristoteles' Nikomachische Ethik oder *De officiis* von Cicero nicht aufwiegen, und in der Volkssprache existierte noch kein vergleichbarer Kanon.[83]

---

80 Richard Hoche: Art. Saggitarius, Thomas. In: ADB 30 (1890), S. 173.
81 Friedrich: Grenzen der Vernunft, S. 339–344.
82 Vgl. Kap. B. 6.2.–3.
83 Friedrich Paulsen hat das Bestreben der Reformpädagogen, die humanistische Ausbildung zu verkürzen, in das folgende Gleichnis gefasst: „Das Ziel, die wissenschaftliche Erkenntnis erscheint am Anfang der Schullaufbahn so nahe, wie dem Wanderer ein Berggipfel, von dem er durch einen verdeckten Taleinschnitt getrennt ist. Diesen Einschnitt bilden die alten Sprachen. Die humanistische Gelehrtenschule führt durch ihn in mehr als zehnjähriger mühevoller Wan-

Goetzes Wirken in Magdeburg bedeutete somit den vorläufigen Endpunkt vertieften humanistischen Lehrens in Magdeburg. Aufgrund der Katastrophe von 1631, dem darauffolgenden Brachliegen der Magdeburger Bildungsinstitutionen und der in der zweiten Hälfte des 17. Jahrhunderts erfolgten allgemeinen Hinwendung zur Volkssprache kann als These formuliert werden, dass nach Goetze in Magdeburg nie wieder ein vergleichbares Niveau altsprachlichen Unterrichts erreicht wurde. Im Folgenden soll die konkrete Umsetzung des von Goetze in der Antrittsrede formulierten Programms nachvollzogen werden.

5.2 Die Festschrift zur Renovierung des Schulgebäudes: *Anakainisis*

Seit 1529 residierte das Magdeburger Gymnasium in den Räumen des ehemaligen Franziskanerklosters am Breiten Weg.[84] Die von Holstein festgestellte „ausgezeichnete organisatorische thätigkeit"[85] Joseph Goetzes äußerte sich u. a. im Einsatz für die Erneuerung dieses Gebäudes. Im Jahr 1618 konnte der Rektor die Magdeburger Ratsherren von der Notwendigkeit dieser Maßnahme überzeugen. Aus dem Umstand, dass zur Einweihung des 1619 fertiggestellten Gebäudes eine sehr umfangreiche Festschrift gedruckt wurde, schließt Karl Knaut, dass „nicht eine einfache Ausbesserung, sondern ein vollständiger Umbau erfolgt war".[86] In der gegen Ende dieser Festschrift abgedruckten Einladung zur Besichtigung des Gebäudes lässt ein ungenannter Autor die Schule selbst ein euphorisches Lob der Baumaßnahmen aussprechen:

> Naht heran, ihr Völker, Bürger und Fremde, tretet ein. Oh Leser, Oh Betrachter: Ich bin die Schule, durch elegantere Gestalt zu neuem Glanz gebracht, für dich und die deinigen wiederhergestellt, so wie einst Medea den alten Pelias kochte.[87] Was für ein hässliches, unförmiges, riesiges Monstrum war ich, des Lichtes beraubt, doch dies war einmal. Nun bin

---

derung hindurch, und mancher bleibt in dem Gestrüpp heidnischer Poesie und Eloquenz hangen. Kann man ihn nicht überbrücken?" Seit Ratke hätten die Reformpädagogen unablässig versucht, den Weg durch das Tal mittels einer Brücke abzukürzen. Doch diese Versuche seien zum Scheitern verurteilt, denn „die lange Wanderung kräftige die Glieder der Jugend, daß sie alsdann mit größerer Aussicht auf Erfolg an die Besteigung des Gipfels der wissenschaftlichen Erkenntnis sich wage." Vgl. Paulsen: Geschichte des gelehrten Unterrichts, Bd. I, S. 471 f.

84 Knaut: Der Lehrplan des Altstädtischen Gymnasiums, S. 13.
85 Holstein: Das Altstädtische Gymnasium, S. 133.
86 Knaut: Der Lehrplan des Altstädtischen Gymnasiums, S. 14.
87 Anspielung auf die griechische Sage von Medea und Pelias. Medea überlistete die Töchter des Pelias, indem sie einen alten Widder in Stücke schnitt, ihn mit Zauberkräutern aufkochte und auf diese Weise verjüngte. Die Töchter nahmen an Pelias dieselbe Prozedur vor, doch Medea versagte ihnen die Zauberkräuter. Vgl. Art. Medeia. In: Der Kleine Pauly 3, Sp. 1121 f.

ich und werde sein dein und der deinigen Zierde, Nutzen, Wachstum! Ein Beispiel für andere Schulen, Stütze und Wohlgefallen aller Länder.[88]

Bei dieser Festschrift handelt es sich um den Schulactus mit dem Titel *ANAKAINΣIΣ seu renovatio gymnasii magdeburgensis*, 1619 von Andreas Betzel in Magdeburg gedruckt. Holstein referierte im 19. Jahrhundert noch den Inhalt des Druckes, seither galt er als verschollen.[89]

Grundlage der Festschrift war ein akademischer Festakt, der am 8. und 9. Februar 1619 stattfand. An diesem Festakt waren die Lehrer des Gymnasiums und der Schüler Christian Olvenstedt beteiligt; die von ihnen gehaltenen Orationes kamen in der Festschrift zum Abdruck. Die Reden von Konrektor Erhard am Berge und Subkonrektor Blocius sind deswegen bemerkenswert, weil erstere auf Griechisch, letztere in lateinischen Hexametern verfasst wurde. Als Zeichen der Dankbarkeit für den erfolgten Umbau folgt auf das Titelblatt eine Widmung mit den Namen des Bürgermeisters Sigismund Hesse, des Scholarchen Andreas Cramer und weiterer Ratsherren.

An die Widmung schließt sich eine Bekanntmachung des Rates an, in der die am Gymnasium zu haltenden Vorlesungen genannt werden. Die Lehrer sollen *Hebraicam linguam, so wol Astronomica, Physica, Ethica vnd Politica praecepta extraordinarie, publice et privatim tradiren.*[90] Es zeugt von den Ansprüchen der Magdeburger Honoratioren an ihr Gymnasium, dass hier allein die über das gewöhnliche Pensum hinausreichenden Fächer genannt werden. Die Darstellung des ebenfalls in der Festschrift abgedruckten Lehrplans wird jedoch erweisen, dass Anspruch und Realität auseinanderklafften, denn Hebräisch, Astronomie oder Politik wurden in der Praxis nicht gelehrt. Zu den weiteren Forderungen des Rates gehörte, dass „alle monat [...] ein jeder der 12 collegae eine sollemnem

---

88 Goetze: Anakainisis Seu Renovatio Gymnasii Magdeburgensis, A a 4 r-v: „Accedite gentes! [...] Cives et hospites adstate [...]. O lector! O adspector! Ego sum schola formis elegantioribus in splendorem data [...] Reparata tibi tuisque; item, ut concoxit senem Medea Peleam. Quae eram monstrum, horrendum, informe, ingens, cui lumen ademtum. Sed hoc olim erat. Nunc, quondam sum, eroque tibi tuisque, ornamentum, emolumentum, incrementum! Scholarum exemplum, reipublicae, ubivis, fulcrum, delicium, fulcimentum [...]."

89 Das einzige erhaltene Exemplar wurde nur durch Zufall von mir in den Beständen des Stadtarchivs Magdeburg aufgespürt. Bei der Katalogisierung war man wegen des altgriechischen Titels in Schwierigkeiten geraten und hatte lediglich den Untertitel „„...seu renovatio gymnasii" verzeichnet, anhand dessen mir die Identifizierung gelang. Mein Dank gilt insbesondere Frau Dr. Maren Ballerstedt, Leiterin des Stadtarchivs Magdeburg, für die unkomplizierte und schnelle Bereitstellung.

90 Goetze: Anakainisis Seu Renovatio Gymnasii Magdeburgensis, A ij v.

orationem recitieren und der rector [...] alle vierteljahr eine öffentliche disputation halten" sollte.[91]

Der Rektor war neben seiner Festrede auch mit einer ΠΑΡΑΙΝΕΣΙΣ *ad studiosam iuventutem scholae Magdeburgicae*[92] vertreten, in der er die Disziplinlosigkeit der Schüler anklagt und für den Fall der Nichteinhaltung der Schulgesetze nicht allein die üblichen Strafen wie *fustigatio, ferulae, carcer* und *relegatio*, sondern darüber hinaus auch die Haft im Stadtgefängnis androht – gleichsam als Ultima Ratio. In seiner *Parainesis* legt Goetze weiterhin dar, dass die Schüler wiederholt zum Gegenstand öffentlichen Ärgernisses wurden. Auch Markus Friedrich spricht aufgrund der Aktenüberlieferung in der Gothaer Bibliothek von „langwierigen Schulproblemen".[93]

Auf die *Parainesis* folgt der originalgetreue Abdruck der Schulgesetze aus dem Jahr 1553 von Abdias Prätorius unter Auslassung des damaligen Lehrplans.[94] Die Schulgesetze wurden unverändert, lediglich mit erklärenden Überschriften versehen, wiederabgedruckt. An wenigen Stellen finden sich Ergänzungen, beispielsweise im *septimus ordo* über das häusliche Verhalten, wo die Schüler vor dem Genuss des Weines gewarnt werden, weil dieser am Lernen hindere, das Vermögen der Eltern aufzehre, sämtlichen Lastern die Tür öffne und Gesundheit und Gedächtnis schade.[95]

5.3 Der Stundenplan von 1619

Auf den nachfolgenden Seiten befindet sich die *delineatio lectionum*, der vollständige Stundenplan aller zehn Klassen, beginnend mit der Prima.[96] Die einzelnen Inhalte für den jeweiligen Tag – der Unterricht fand vom Montag bis Samstag von 7 bis 9 Uhr und von 12 bis 15 Uhr statt – wurden in einer Tabelle wiedergegeben. Trotz der knappen Tabellenform werden Hinweise zur methodischen Vorgehensweise gegeben. Der Wandel gegenüber der Schulordnung von Abdias Prätorius aus dem Jahr 1553 lässt sich jedoch am ehesten an der Auswahl der

---

91 Holstein: Das Altstädtische Gymnasium, S. 133.
92 Goetze: Anakainisis Seu Renovatio Gymnasii Magdeburgensis, A iiij r–B i v.
93 Friedrich: Grenzen der Vernunft, S. 185.
94 Vgl. Kap. B. 2.1. Die Magdeburger Schulordnung von Prätorius.
95 Goetze: Anakainisis Seu Renovatio Gymnasii Magdeburgensis, C 2 r.
96 Der Stundenplan ist vollständig abgedruckt in Knaut: Der Lehrplan des Altstädtischen Gymnasiums, S. 17–25.

Lehrbücher und antiken Autoren ablesen; diese sollen daher im Mittelpunkt der Betrachtung stehen.[97]

Für die Schüler der zehnten und neunten Klasse begann der lateinische Anfangsunterricht mit der Vermittlung der Buchstaben und Silben. Auf diese Weise wurden sie auf das Auswendiglernen der Deklinationsschemata in den höheren Klassen vorbereitet.[98] Gelesen wurden Fibeln, sog. *libelli Alphabetarii*, der Donat und Grammatiken für Anfänger; ein zweiter Schwerpunkt lag auf der Lektüre von Luthers deutschem Katechismus. Goetze unterschied zwischen langsamen und fortgeschrittenen Schülern, denen bereits anspruchsvollere Aufgaben wie eine erste Lektüre der Evangelien aufgetragen werden konnten. Naturgemäß unterschied sich der Anfangsunterricht nicht von den frühen Schulordnungen des 16. Jahrhunderts. Die Magdeburger Lehrer vertrauten auf in der Praxis bewährte Fibeln und Katechismen.

Abweichend von der Schulordnung des Prätorius begann das Auswendiglernen der Deklinations- und Konjugationsschemata bereits in der achten Klasse. Die Schüler erweiterten anhand eigens für die Schule gedruckter Vokabellisten ihren Wortschatz. Zusätzlich wurde durch einfache Texte die Lesefähigkeit erlernt, wobei die *Dicta biblica*, wohl eine Sammlung von Sentenzen der Bibel, und die *Disticha dominicalia Beustii* zum Einsatz kamen.[99] Letztere fassen „den Hauptinhalt des Evangeliums für 88 Sonn- und Feiertage in je einem Distichon zusammen".[100] Diese Tradition der Verbindung sprachlicher und theologischer Unterweisung wurde 1623 durch die *Syllepsis Biblica* des Magdeburger Lehrers Adam Dürrer fortgeführt – nun jedoch in der Volkssprache.[101] Weiterhin erwähnenswert ist, dass die Schüler in dieser Klasse die Zahlen kennenlernten.

In der siebten Klasse trat neu hinzu die Erklärung der *generalissima praecepta* anhand von Grammatikkompendien. Wie bereits in der Schulordnung von 1553 vorgesehen, wurden diese *praecepta* durch Lektüre und Analyse des Donat veranschaulicht. Weiterhin kamen zum Einsatz der lateinische Katechismus und der *Nomenclator Siberi*, wobei es sich um eine umfangreiche Vokabelsammlung aus

---

97 Vgl. für das Folgende die detailreiche Zusammenstellung der am Magdeburger Gymnasium verwendeten Schulbücher bei Knaut: Der Lehrplan des Altstädtischen Gymnasiums, S. 26–28.
98 Goetze: Anakainisis Seu Renovatio Gymnasii Magdeburgensis, E 1 r.
99 Ebd., D 4 v.
100 Joachim von Beust: Christiados libellus. Wittenberg 1572. Vgl. Knaut: Der Lehrplan des Altstädtischen Gymnasiums, S. 28. Abdias Prätorius stellte eine griechische und hebräische Übersetzung dieses an allen Gelehrtenschulen verbreiteten Lehrbuchs her.
101 Adam Duerrer: Syllepsis Biblica Das ist: Kurtzer Bericht der Vornembsten Historien vnd Lehren, so jedem Capittel der Heiligen Biblien einverleibet. Magdeburg 1623.

der Feder des Grimmaer Rektors Adam Siber handelte.[102] Deutsch-lateinische Wörterbücher dieser Art waren an allen größeren Gymnasien verbreitet, wie das Beispiel des *Onomasticon Latinogermanicum*[103] zeigt. Es wurde vom Straßburger Lehrer und Schüler Sturms, Theophilus Golius, verfasst und unterstützte mit seiner umfassenden Sammlung von ca. 8.000 lateinischen Nomina die Schüler bei der Erlangung des nötigen Wortschatzes, der *copia verborum*. Die Wörterbücher wurden über mehrere Jahre verwendet, wobei Schwierigkeitsgrad und Anzahl der zu lernenden Vokabeln stetig anstiegen.

Die sechste Klasse las die *Disticha Catonis*, Sentenzen aus den Evangelien und die bereits erwähnten Schulbücher, wobei sich deren Verwendung keineswegs auf Lektüre beschränkte. So wurden von den Schülern zur Übung der *manus elegans*, einer sauberen Handschrift, einzelne Verse aus den *Disticha dominicalia* an die Tafel geschrieben.[104] Eine ansprechende Handschrift galt in der Frühen Neuzeit gleichsam als Ausweis der Persönlichkeit. Auch Goetze legte auf ihre Ausbildung viel Wert, was sich in den zahlreichen Stunden für Schreibübungen in jeder der unteren Klassen manifestierte. In der Grammatik war die Kenntnis der Verbformen, Steigerungsformen der Adjektive und *anomala*, der Unregelmäßigkeiten vorgesehen. Weiterhin übten sich die Schüler in der Übersetzung der lateinischen Bibel ins Deutsche.

In der Quinta wurde den Schülern parallel zum Erlernen der lateinischen Syntax die Aufgabe gestellt, deutsche Wörter zu ganzen Sätzen zu verbinden.[105] Ansonsten spielte die Volkssprache im Curriculum jedoch die untergeordnete Rolle einer Hilfssprache bei der Erlernung der alten Sprachen. Ebenfalls neu waren in der Quinta erste *disputationes*, die *musices exercitio* und die Chorprobe, die von Heinrich Grimm, seit 1617 Kantor des Gymnasiums und auch als Komponist namhaft, geleitet wurde.[106]

Eine erste anspruchsvollere, literarische Lektüre fand in der Quarta statt. Hier lasen die Schüler die Sprüche Salomons, Camerarius' Ausgabe der äsopischen Fabeln, die bereits bei Prätorius Verwendung fand, und die *Colloquia* von Mathu-

---

102 Adam Siber: Gemma gemmarum seu Nomenclatoris Had. Iunii epitome. Adiunctis Dialogis puerilibus scholasticis. Leipzig 1583. Vgl. Fritz Ludin: Adam Sibers Bearbeitung des „Nomenclator H. Junii", lexikalisch erläutert (als Beitrag zu Localisierung des neuhd. Wortbestandes). Karlsruhe 1898.
103 Theophilus Golius: Onomasticon Latinogermanicum, in usum scholae Argentoratensis collectum. Cum praefatione Ioan. Sturmii. Straßburg 1579. Vgl. hierzu Veil: Zum Gedächtnis Johannes Sturms, S. 107.
104 Goetze: Anakainisis Seu Renovatio Gymnasii Magdeburgensis, D 3 v.
105 Ebd., D 3 r: „Tyrocinium vocabulis aliquot germanicis syntactice iungendis primum monstratur et urgetur."
106 Vgl. Andreas Waczkat: Art. Heinrich Grimm. In: MGG, Personenteil, Bd. 8, Sp. 46–48.

rin Cordier, von 1545–1557 Rektor des Gymnasiums in Lausanne.[107] Corderius „viel gelesene *colloquia* verdrängten auch in Magdeburg die dort noch 1558 gebrauchte *paedologia Mosellani*."[108] Zweck der auch „Gesprächsbüchlein" genannten Sammlungen von Dialogen war die Einübung des kolloquialen Lateins.[109] Die Schüler waren nun des lateinischen Idioms so mächtig, dass ihnen aufgetragen werden konnte, einen kurzen Text aus der Volkssprache ins Lateinische zu übersetzen, wobei auf korrekte Syntax acht gegeben wurde.[110] Darüber hinaus wurde in der Quarta anhand schuleigener Kompendien mit dem Erlernen des Griechischen begonnen.

In der Tertia, die von Christoph Decimator unterrichtet wurde, lag der Schwerpunkt auf der Vertiefung der lateinischen und griechischen Grammatik. Für die lateinische Grammatik wurde ein eher seltenes Lehrbuch verwendet: das später von Laurentius Ludovicus herausgegebene Kompendium von Valentin Trotzendorf,[111] einer der renommiertesten Adepten Melanchthons und langjähriger Rektor des Gymnasiums in Goldberg.[112] Das Kompendium von Trotzendorf war – wie viele andere Grammatik-, Rhetorik- und Dialektiklehrbücher protestantischer Gymnasien auch – eine Bearbeitung der Originale von Melanchthon. Zur Veranschaulichung der neu hinzugekommenen Regeln der Prosodie diente ein weiterer Klassiker der humanistischen Propädeutik: Johannes Murmellius' Chrestomathie ausgewählter Zitate aus den Dichtungen von Tibull, Properz und Ovid. Dieses auch in Magdeburg häufig nachgedruckte Lehrbuch war das Vorbild einer ganzen Gattung.[113]

Im Bereich der Übung des mündlichen Lateins standen zwei Ausgaben von *Colloquia* zur Auswahl, je nachdem, welcher Aspekt gerade im Vordergrund stand: Zur Vermittlung der biblischen Geschichte zog man die *Dialogi sacri* von Sebastian Castellio heran; die bereits erwähnten *Colloquia* von Cordier demonstrierten die

---

107 Mathurin Cordier: Colloquiorum scholasticorum libri IIII cum restitutione eorum, quae in pontificia editione vel depravata fuerant, vel omissa. Leipzig 1588.
108 Knaut: Der Lehrplan des Altstädtischen Gymnasiums, S. 27.
109 Zu der weit verbreiteten Gattung der Colloquia vgl. Kap. B. 6.5. Die Magdeburger Schulordnung von 1624: Schola christiana.
110 Goetze: Anakainisis Seu Renovatio Gymnasii Magdeburgensis, D 2 v: „Breve argumentum e vernaculo sermone in Latinum transferendum praescribitur et Syntaxis accurate monstratur."
111 Vgl. Knaut: Der Lehrplan des Altstädtischen Gymnasiums, S. 27. Valentin Trotzendorf: Compendium praeceptionum grammaticarum Philippi Melanchthonis. In usum scholae Gorlicensis. Görlitz 1594.
112 Vgl. Gustav Bauch: Valentin Trozendorf und die Goldberger Schule. Berlin 1921 (Monumenta Germaniae paedagogica 57).
113 Vgl. zu den Auswahlausgaben lateinischer Dichtung von Johannes Sturm Kap. A. 1.5. Das Straßburger Gymnasium; zu Georg Majors Sententiae veterum poetarum Kap. B. 1.6.

praecepta ethica und schulten den eleganten Stil.[114] Weiterhin las man *De civilitate morum* von Erasmus von Rotterdam, jedoch nicht in der 1532 in Magdeburg gedruckten deutschen Übersetzung, sondern in der ebenfalls in Magdeburg gedruckten lateinischen Ausgabe.[115] Anhand der Evangelien und der äsopischen Fabeln – diesmal im Original – wurden die Kenntnisse der griechischen Sprache vertieft. Als Einführung in die theologischen Vorlesungen der Prima standen außerdem die *Loci communes* von Melanchthon auf dem Stundenplan.[116]

Es ist als Zeichen der weitaus größeren Vielfalt an Lehrinhalten anzusehen, dass in der Sekunda zwei Lehrer unterrichteten: Konrad Dieck und der Subkonrektor Johannes Blocius. Nachdem in den vorherigen Klassen mittels zeitgenössischer Lehrbücher und Autoren die Grundlage gelegt worden war, begann nun eine breit angelegte Lektüre der antiken Autoren. Ein Schwerpunkt lag dabei auf den Komödien des Terenz: Sowohl Blocius als auch Dieck führten in drei Wochenstunden mit den Schülern eine grammatische Analyse der Texte durch, wobei Phraseologismen, also Redewendungen herausgeschrieben, anspruchsvollere Vokabeln eingeprägt und die syntaktischen Strukturen nachvollzogen wurden. Ähnlich verfuhr der Schulpoet Blocius mit den *Bucolica* des Vergil, nur dass hier auch die rhetorische und dialektische Analyse sowie die Imitation des Versbaus in ersten poetischen Gehversuchen hinzutraten.[117] Erst auf dieser Stufe wird folglich die Unterrichtsweise für die Analyse der am Gymnasium entstandenen Literatur relevant. Das ex tempore zu leistende *exercitium*, gleichsam eine „Schreibwerkstatt", wird von der minutiösen Analyse der antiken Literatur und vom Unterricht in Rhetorik und Dialektik profitiert haben. Als produktiver, renommierter und später gekrönter Dichter gab Blocius den Schülern ein Beispiel, dem sie nacheifern konnten.[118]

Nicht fehlen durfte im Unterricht der Sekunda ein weiteres, auch in Magdeburg häufig nachgedrucktes Standardwerk des Gelehrtenschulwesens: Sturms Ausgabe der Briefe Ciceros. Alternativ las man *Colloquia* des Juan Luis Vives, die, ebenso wie Erasmus, von der ersten Festlegung des Magdeburger Curriculums

---

114 Goetze: Anakainisis Seu Renovatio Gymnasii Magdeburgensis, D 2 r: „Die Lunae Dialogi sacri Castalionis propter hist: Bibl. praeleguntur et examinantur. Aut dialogi Corderi propter styli elegantiam et praecepta Ethica."
115 Erasmus von Rotterdam: De Civilitate Morum Puerilium, Per Desiderium Erasmum Roterodamum libellus nunc primum conditus & aeditus. Magdeburg 1585, 1587, 1591.
116 Philipp Melanchthon: Loci praecipui theologici. Nunc denuo cura et diligentia summa recogniti, multisque in locis copiose illustrati. Wittenberg 1559.
117 Goetze: Anakainisis Seu Renovatio Gymnasii Magdeburgensis, D 1 v: „Bucolica Virgilii praelegit, repetit et ad Logices ac Rhetorices, demum Imitationis et scribendorum versuum exercitium manu ducit M. Bl."
118 Flood: Poets Laureate in the Holy Roman Empire, Bd. 1, S. 195–197. Vgl. zu Blocius vor allem Schilling: Petrus Lotichius Secundus im Schulunterricht.

durch Prätorius bis zur Reform von Evenius eine Konstante darstellten. Vom hohen Niveau des griechischen Unterrichts unter Rektor Goetze kündet die Verwendung der *carmina* von Pythagoras und Phokylides sowie die Erziehungsschrift *De liberis educandis* von Plutarch.[119]

Das notwendige methodische Rüstzeug für diese Lektüre der antiken Autoren bildeten Lehrbücher der Grammatik, Rhetorik und Dialektik, in denen die jeweiligen Regeln nachgeschlagen werden konnten. Zur Anwendung kamen hierbei die lateinische Grammatik Melanchthons und die griechische Grammatik des bereits erwähnten Theophilus Golius.[120] In den humanistischen Königsdisziplinen Rhetorik und Dialektik vertraute Goetze auf das häufig benutzte Lehrbuch des Lucas Lossius.[121] Basierend auf Melanchthon und Erasmus' *De copia verborum*,[122] fasste es auf kompendiöse Weise die Lehren beider Fachgebiete in einem Band zusammen. Parallel kam die Rhetorik des Franzosen Omer Talon, latinisiert Audomarus Talaeus, zum Einsatz, was als Hinweis auf die Rezeption des Ramismus am Magdeburger Gymnasium anzusehen ist, denn Talon war, wie bereits im Titel seiner Rhetorik anklingt, ein Mitarbeiter Ramus'.[123]

In der Prima, die vom Konrektor Erhard am Berge und von Goetze selbst unterrichtet wurde, fand das oben geschilderte extensive und intensive Studium der Antike seine Fortsetzung, nun in Form von Vorlesungen, was sich in den Termini *rector* bzw. *conrector praelegit* äußerte. Die Vorlesungen beinhalteten die Orationes von Isokrates und Demosthenes, Homer, *De officiis* und die Briefe von Cicero sowie Horaz. Goetze selbst las – gleichsam als Krönung des bisher abgelegten Bildungsganges – über die *Aeneis* des Vergil, die er einer grammatischen, rhetorischen, dialektischen und poetischen Analyse unterzog. Auf Basis der erlangten Kenntnisse fertigten die Schüler eigene Texte und *carmina* an, den Prosatexten wurde eine aus Geschichte oder Ethik gezogene Materie zugrundegelegt.

Anhand der weiteren Vorlesungen, deren Inhalt eigentlich auf der niederen Fakultät einer Universität gelehrt wurde, wird der semiuniversitäre Charakter des Magdeburger Gymnasiums deutlich. Arithmetik und Physik, letztere nach dem

---

[119] Der Text „Über die Kindererziehung" steht am Beginn der Moralia von Plutarch (abweichende Nummerierung).
[120] Theophilus Golius: Educationis puerilis Linguae Graecae pro schola Argentinensi. Straßburg 1558.
[121] Lucas Lossius: Erotemata dialecticae et rhetoricae Philippi Melanthonis, & praeceptionum Erasmi Roterodami, de utraque Copia Verborum & rerum, iam primum ad usum Scholarum (quas vocant Triviales) breuiter selecta & contracta. Frankfurt a. O. 1554.
[122] Vgl. zur Adaption der Copia verborum durch Siegfried Sack: Kap. B. 3.9.–12.
[123] Audomarus Talaeus: Rhetorica, e P. Rami praelectionibus observata. Cui praefixa est epistola, quae lectorem de monibus utriusque viri scriptis propediem edendis commonefacit. Frankfurt a. M. 1577.

Kompendium des Löwener Ramisten Cornelius Valerius,[124] vertraten den naturwissenschaftlichen Bereich. Das Studium der Theologie bereiteten die *Loci communes* Melanchthons, das *Compendium locorum theologicorum* Leonhard Hutters[125] und die Briefe Pauli im Original vor. In das Fachgebiet der Jurisprudenz sollten die *Institutiones Iuris* einführen, die von Goetze wegen ihrer reinen Latinität und der enthaltenen *praecepta ethica et politica* geschätzt wurden. Das im protestantischen Raum überaus verbreitete Werk des Johannes Sleidanus[126] sollte die Primaner historisch orientieren. In der Dialektik kamen parallel die Lehrbücher der beiden Hauptströmungen philosophischer Lehre, Aristotelismus und Ramismus, zum Einsatz: „Der Rektor erklärt die auf Aristoteles basierende Dialektik Melanchthons und erläutert sie durch anschauliche Beispiele. Gleichzeitig führt er in die Lehren von Ramus ein und demonstriert deren Nutzen."[127] Die Reihenfolge der beiden Autoren – Melanchthon an erster, Ramus dagegen an zweiter Stelle –, lässt darauf schließen, dass der Aristotelesrezeption der Vorrang gegenüber dem Ramismus gebührte.

Zwischen der ersten Schulordnung von Prätorius und dem Lehrplan von 1619 lagen fast siebzig Jahre. Anders als bei den Schulgesetzen von 1553, die annähernd unverändert wieder zum Abdruck kamen, zeigt der Lehrplan ein erkennbar eigenes Profil. Zwar kamen gerade im Anfangsunterricht nach wie vor bewährte Klassiker wie der Donat, die *Disticha Catonis* und Luthers Katechismus zum Einsatz. Auch gab es in der Auswahl der antiken Autoren kaum Abweichungen. Doch gerade bei den Lehrbüchern zeigte sich der Fortgang der Entwicklung. In immer stärkerem Maße wurde von den Originalen Melanchthons, den Grammatiken, Rhetoriken und Dialektiken abgewichen. Die neuen Kompendien – deren Inhalt freilich weitgehend auf den Vorgaben Melanchthons beruhte – wurden zumeist in der zweiten Hälfte des 16. Jahrhunderts und von Schlüsselgestalten

---

124 Cornelius Valerius: Physicae Seu De Naturae Philosophia Institutio. Antwerpen 1574.
125 Leonhard Hutter: Compendium Locorum Theologicorum : Ex Scriptis Sacris, & libro Concordiae [...] Collectum. Wittenberg 1610. Diese Summe lutherischer Theologie wurde als Alternative zu den unter Verdacht des Kryptocalvinismus gestellten Loci theologici Melanchthons verfasst. Vgl. auch die von Johann Anselm Steiger besorgte Neuedition: Leonhart Hütter: Compendium locorum theologicorum ex scripturis sacris et libro concordiae; lateinisch – deutsch – englisch. Kritisch hrsg., kommentiert und mit einem Nachw. sowie einer Bibliographie sämtlicher Drucke des Compendium vers. von Johann Anselm Steiger. Stuttgart-Bad Cannstatt 2006. 2 Bde.
126 Johannes Sleidanus: De quatuor summis imperiis libri tres, In gratiam iuuentutis confecti. Straßburg 1556.
127 Goetze: Anakainisis Seu Renovatio Gymnasii Magdeburgensis, D 1 r: „Dialecticam Phil. ex Aristotele, additis perspicuis exemplis, explicat Rector. Rami praecepta simul confert, et usum horum omnium sedulo ostendit."

des gelehrten Unterrichts wie Adam Siber, Valentin Trotzendorf, Theophilus Golius oder Lucas Lossius verfasst.

Auf der anderen Seite verwendete Goetze laut Lehrplan mit der Rhetorik des Talon, den *Physicae institutiones* des Valerius und Ramus' Dialektik einige der meistgedruckten Lehrbücher von Ramisten der ersten Generation. Wie oben bereits gezeigt, sind diese Kompendien im Lehrplan den melanchthonischen Lehrbüchern nachgeordnet; so heißt es bezüglich des Rhetorikunterrichts: „Die wichtigsten Lehren der Rhetorik aus dem Lossius, Tropen und Figuren aus dem Talon."[128] Man könnte folglich annehmen, dass Goetze hier dem an vielen anderen Gymnasien großer Hansestädte verbreiteten Schema des sog. Philippo-Ramismus folgte. So hieß es auch in der Schulordnung Braunschweigs von 1596, dass Dialektik und Rhetorik Melanchthons mit den Werken von Ramus und Talon zu verbinden seien.[129]

Doch angesichts der Kritik am Ramismus, die Goetze in seiner dem Lehrplan beigefügten, weiter unten darzustellenden *Oratio de internis scholarum ornamentis* äußert, wird man von einer inneren Opposition des Magdeburger Rektors gegen die ramistischen Bildungsreformen ausgehen müssen. Es ist daher fraglich, wie weit die Harmonisierung philippistischer und ramistischer Lehren in der Praxis am Magdeburger Gymnasium reichte. Dass ramistische Lehrbücher im Lehrplan vorkommen, könnte auch auf eine diesbezügliche Anweisung des Rates oder der Scholarchen zurückzuführen sein, denn „die Entscheidung, die ramistische, philippistische oder eine gemischte Logik zu lehren", wurde vielfach „nicht durch den Lehrer selbst, sondern durch die Behörden" gefällt.[130] Der Gang der weiteren Untersuchung wird Goetzes Abneigung gegen den Ramismus und dessen Magdeburger Vertreter, den Scholarchen Andreas Cramer, offenlegen.

Direkt nach Goetzes Tod beriefen die Ratsherren zunächst Wolfang Ratke nach Magdeburg. Ratke scheiterte jedoch an der Umsetzung seiner volkssprachlichen Reform des Curriculums in die Praxis, worauf Evenius den Posten erhielt. Das Gemeinsame von Ramismus und Ratichianismus ist das Versprechen, die Aneignung aller notwendigen Bildungsinhalte sei in einer weitaus kürzeren Zeitspanne möglich, als dies bisher der Fall war. Die Folgekosten dieser Reformen bestanden in einer Verflachung des Unterrichts und der Preisgabe zentraler Bildungsinhalte der Antike, auf denen die christlich-abendländische Kultur basiert.

---

128 Ebd., D 1 v: „Rhetoricae praecepta generalia ex Lossio: Tropi item et figurae ex Talaeo breviter proponuntur a Blocio."
129 Hotson: Commenplace learning, S. 106, Fn. 23: „dialectica Philippi coniuncta cum Ramo; rhetorica Talaei cum Philippi".
130 Siegfried Wollgast: Philosophie in Deutschland zwischen Reformation und Aufklärung 1550–1650. Berlin 1988, S. 143.

Gegenüber der Schulordnung des Prätorius wirkt der Lehrplan von Goetze ausdifferenzierter und facettenreicher. Goetze plante die Woche auf systematische Weise; besondere Lehrinhalte nahmen einen herausgehobenen Platz im Stundenplan ein; der Donnerstagnachmittag war für alle Klassen unterrichtsfrei. Der Stundenplan war für die Lehrer und Schüler einsehbar, sie konnten sich an ihm orientieren und auf den jeweiligen Stoff vorbereiten. Dass dieser Plan in die Festschrift *Anakainisis* aufgenommen wurde, ist jedoch in erster Linie nicht dem Bedürfnis der Schüler nach Orientierung, sondern der Notwendigkeit geschuldet, die Leistungen des Gymnasiums nach außen hin zu demonstrieren. Den auswärtigen Besuchern und vor allem den Magdeburger Scholarchen und Ratsherren sollte deutlich werden, auf welch systematische Weise und hohem Niveau am Magdeburger Gymnasium unterrichtet wurde. Denn der finanzielle und ideelle Aufwand für den Umbau des Gebäudes sollte in jedem Fall als gerechtfertigt erscheinen.

Resümierend kann festgehalten werden, dass das Magdeburger Gymnasium in allen Klassenstufen über sämtliche Elemente einer großen Gelehrtenschule von überregionaler Ausstrahlung, im Fachterminus: eines *Gymnasium illustre*, verfügte. Als Vergleichspunkt kann hier der in der Einleitung skizzenhaft nachgezeichnete Unterricht am Straßburger Gymnasium[131] dienen, gewiss das im 16. Jahrhundert einflussreichste und am besten erforschte Gymnasium im protestantischen Raum. Wie in Straßburg kamen in Magdeburg alle didaktischen Mittel zum Einsatz: das zehnklassige Modell; Verwendung lateinischer und griechischer Grammatiken, Rhetoriken, Dialektiken, Wörterbücher, Florilegien der antiken römischen Dichtung, Ausgaben antiker Texte und *Colloquia*-Sammlungen; Anregung zu kontrollierten eigenen Versuchen in Poesie und Prosa; schließlich Vorlesungen als Einführung in das Studium an einer Universität.

Dieser letzte Bereich war in Magdeburg jedoch begrenzt. An der *Academia Norica*, dem Nürnberger Gymnasium vor Erhebung zur Volluniversität, setzte sich Rektor Johann Thomas Freigius bereits 1577 für eine „Ausweitung [...] des akademischen Lehrangebots" ein.[132] Für die naturwissenschaftlichen und theologischen Vorlesungen wurden nach Nürnberg berufen der Mathematiker Johann Praetorius und der Theologe Johann Picart. In Magdeburg fehlten wohl die finanziellen Mittel für eine solche Berufung spezialisierter Gelehrter, weshalb die über gewöhnliche Inhalte eines Gymnasiums hinausreichenden Vorlesungen – in Jurisprudenz, Theologie Naturwissenschaften und Geschichte – vom Rektor und Konrektor bestritten wurden.

---

131 Vgl. Kap. A. 1.5. Das Straßburger Gymnasium.
132 Mährle: Academia Norica, S. 198.

Ein weiterer integraler Bestandteil der Festschrift *Anakainisis* waren neben den Schulgesetzen und dem Lehrplan die Orationes von zehn Lehrern des Gymnasiums. Ähnlich wie bei Gelegenheitsgedichten findet sich eine hierarchische Ordnung der Reden, der Rektor steht mit seiner *Oratio de internis scholarum ornamentis* voran. Goetze legt hier die notwendigen Eigenschaften und Pflichten der Lehrer und Schüler dar. Einige Passagen der Rede decken sich mit der oben dargestellten Antrittsrede, doch es tritt ein entscheidender Themenkomplex neu hinzu: die Auseinandersetzung des Rektors mit Wolfgang Ratke und dem Ramismus.

5.4 Ramismus und Ratichianismus

Bei dem Ramismus[133] handelte es sich im engeren Sinne um die Dialektik des Pierre de la Ramée (Petrus Ramus),[134] im weiteren Sinne jedoch um ein Lehrsystem, dem die Tendenz innewohnte, das gesamte Gelehrtenschulwesen zu reformieren. Der Impuls, aus dem heraus Ramus seine Lehren formulierte, war eine kategorische Ablehnung des Aristoteles, gegen den er bereits in seinen frühen Schriften „maßlose Ausfälle" richtete.[135] Die Interpreten des Aristoteles beschuldigte Ramus „in sachlich nicht vertretbarer Schärfe [...] des völligen Missverstehens der Logik."[136] Spätere Anhänger des Ramus rezipierten vor allem seine Methode der dichotomischen Aufspaltung von Begriffen. Diese aus Ober- und Unterbegriffen bestehenden Dichotomien wurden anhand „diagrammatischer Schautafeln" visualisiert.[137] Mit seinem Bestreben, „durch kontinuierliches Hinterfragen der bereits definierten Termini zu immer neuen Teilbegriffen und Spezifizierungen zu gelangen",[138] trieb Ramus seine *methodus* freilich auf die Spitze, wodurch sie Züge von Haarspalterei gewinnen konnte.

Ähnlich wie schon unter den Zeitgenossen gehen die späteren Urteile über Ramus' Lehre weit auseinander.[139] Risse urteilt über die *Dialecticae libri*

---

133 Der Ramismus wurde lange nicht wahrgenommen bzw. in seiner Wirkung unterschätzt. Einen umfassenden Überblick von den Anfängen bis zur Rezeption durch Alstedt bietet Hotson: Commonplace Learning.
134 Ong: Ramus. Method, and the decay of dialogue.
135 Risse: Logik der Neuzeit. Bd. 1, S. 123.
136 Ebd., S. 141.
137 Mährle: Academia Norica, S. 197.
138 Ebd., S. 195.
139 Anita Traninger hat in der Ramismusforschung „eine Tendenz zur Apologie des Gegenstandes" ausgemacht. Die Mehrheit der Ramus-Spezialisten neige dazu, „ihren Gegenstand als eine bedeutende intellektuelle Bewegung zu feiern, die Bildung sowohl revolutioniert als auch

duo,[140] das einzige philosophische Lehrbuch, das Ramus verfasste und in Neuauflagen bis zu seinem Tod im Jahr 1572 lediglich redigierte, es sei „nur ein knappes, auf den äußeren Schematismus beschränktes, für den elementaren Schulgebrauch bestimmtes Kompendium der Dialektik".[141] Gerade in dieser Simplizität der ramistischen Lehre lag jedoch ihr Erfolgsgeheimnis. Mit dem Argument, der auf Aristoteles basierende Unterricht sei zu zeitaufwendig und komplex, stieß Ramus auf einen verbreiteten Konsens bei Theologen und Stadträten, die ein Interesse besaßen, die Ausbildungszeit und damit auch die Kosten für die Schulbildung zu verringern.

Dass Ramus als Calvinist 1572 ein Opfer der Bartholomäusnacht wurde, trug zur Rezeption seiner Lehren im protestantischen Raum bei. Sein System wurde von Anhängern wie z. B. Omer Talon, Johannes Piscator[142] und Johann Thomas Freigius[143] erweitert und in zahllosen ramistischen Schriften popularisiert. Die Ramisten verehrten „ihren Meister wie einen Gott" und erhoben „dessen Lehre weithin zum Dogma".[144] Ab den 1560er Jahren begann sich der Ramismus im deutschen Raum zu verbreiten; zunächst fand er Eingang in die Trivialschulen, später auch in die *Gymnasia illustria* und Universitäten.[145] Doch auch die Reaktion auf diese Gefährdung der Fundamente des melanchthonischen Gelehrtenschulwesens blieb nicht aus: Seit den 1580er Jahren „wurde die Wirkung der ramistischen Dialektik an lutherischen Bildungseinrichtungen [...] durch förmliche Lehrverbote eingedämmt."[146]

Die von Ramus intendierte Vereinfachung des Lehrsystems bot sicher Vorteile. Doch die Faszination für eine neue Methode birgt oft die Gefahr, dass lange Bewährtes infrage gestellt oder obsolet wird. Insbesondere seine Ablehnung der

---

demokratisiert und damit die Moderne mitbegründet habe." Vgl. Anita Traninger: Techniken des Agon. Zu Inszenierung, Funktion und Folgen der Konkurrenz von Rhetorik und Dialektik in der Frühen Neuzeit. In: Herbert Jaumann (Hg.): Diskurse der Gelehrtenkultur in der Frühen Neuzeit. Ein Handbuch. Berlin u. a. 2011, S. 629–665, hier S. 659. Diese Richtung vertreten z. B. Mordechai Feingold, Joseph S. Freedman, Wolfgang Rother (Hgg.): The influence of Petrus Ramus. Studies in sixteenth and seventeenth century philosophy and science. Basel 2001. Kritisch dagegen Ong: Ramus. Method, and the decay of dialogue.

140 Petrus Ramus: Dialecticae libri duo. Hrsg. und eingel. von Sebastian Lalla unter Mitarb. von Karlheinz Hülser. Stuttgart-Bad Cannstadt 2011.
141 Risse: Logik der Neuzeit, Bd. 1, S. 161.
142 Walter J. Ong: Johannes Piscator. One man or a ramist dichotomy? Cambridge Mass. 1954; Hotson: Commonplace Learning, S. 31.
143 Mährle: Academia Norica, S. 193–203.
144 Risse: Logik der Neuzeit, Bd. 1, S. 161.
145 Die Verbreitung des Ramismus im deutschen Raum rekonstruiert akribisch Hotson: Commonplace Learning.
146 Wolfgang Mährle: Art. Ramismus. In: Enzyklopädie der Neuzeit, Bd. 10, Sp. 600–602.

Lehren des Aristoteles musste von den Traditionalisten als Amputation unentbehrlicher Teile der bisherigen Philosophie aufgefasst werden.

Auch über den engeren Bereich der Dialektik hinaus waren die von ihm intendierten Reformen folgenreich. Ramus war ein Verfechter des Realienunterrichts. Da er dem Prinzip einer Veredelung der Sitten durch Lektüre der antiken Quellen keine Bedeutung zumaß, wurden Geschichte und Ethik im Curriculum durch Physik und Mathematik ersetzt.[147] Viele bedeutende Späthumanisten wie z. B. Justus Lispius[148] in Leiden oder Johannes Caselius[149] und Cornelius Martini[150] in Helmstedt lehnten daher die Reformen als Angriff auf die durch Aristoteles verbürgte Tradition ab. Wenn der Ramismus sich an den Universitäten durchgesetzt hätte, so hätte dies „dem Studium der alten Sprachen, insbesondere dem der griechischen" den „heftigsten Stoß versetzt".[151] Die Aristoteliker versuchten daher, die Lehren des Ramus aus dem akademischen Bereich zu verdrängen.

Rund dreißig Jahre später erwuchs den Traditionalisten an den Gymnasien ein neuer Gegner. Im Mai 1612 legte Wolfgang Ratke[152] dem Reichstag in Frankfurt a. M. sein *Memorial* vor, in dem er versprach, durch eine Reform des Elementarunterrichts die Lösung aller gesellschaftlichen Probleme herbeiführen zu können. Die politische und konfessionelle Zerklüftung des Reiches – so die Argumentation Ratkes – sei eine Folge der fehlenden sprachlichen Einheitlichkeit. Man solle daher das Latein durch „die Muttersprache in Schule, Staat und Wissenschaft" ersetzen.[153]

Ratkes Kritik galt insbesondere der bisherigen Schulmethodik: Den Schülern würden *allerhand Lectiones aus vielfältigen Büchern [...] fast mit Gewalt, doch nicht ohne große Mühe vnd Arbeit [...] eingetrieben.* Das Auswendiglernen und die täglichen Übungen in Latein und Griechisch seien *der Natur vnd Sprachen nicht allein ganz vnd gar zuwider, sondern noch dazu hochschädlich vnd sehr beschwer-*

---

147 Hotson: Commenplace Learning, S. 52.
148 Zu Lipsius' ablehnendem Urteil über Ramus: Hotson: Commonplace Learning, S. 55–57.
149 Allgemein zu Caselius Sdzuj: Art. Johannes Caselius. In: Kühlmann u. a. (Hgg.): Frühe Neuzeit in Deutschland 1520–1620. Literaturwissenschaftliches Verfasserlexikon, Bd. 1, Sp. 478–497. Zu Caselius' Einstellung gegenüber den Ramisten Ernst Ludwig Theodor Henke: Calixtus und seine Zeit. Halle 1853, Bd. 1, S. 74; Friedrich Koldewey: Geschichte der klassischen Philologie auf der Universität Helmstedt. Braunschweig 1895, S. 44.
150 Ricardo Pozzo: Adversus Ramistas. Kontroversen über die Natur der Logik am Ende der Renaissance. Basel 2012.
151 Koldewey: Geschichte der klassischen Philologie auf der Universität Helmstedt, S. 44.
152 Gerhard Michel, Karl Dienst: Art. Wolfgang Ratke. In: Killy/Kühlmann 9 (2010), S. 437–439.
153 Gerhard Michel: Wolfgang Ratke: Die Muttersprache in Schule, Staat und Wissenschaft. In: Albrecht Schöne (Hg.): Stadt – Schule – Universität – Buchwesen und die deutsche Literatur im 17. Jahrhundert. München 1976, S. 185–197, hier S. 197.

lich.[154] Diese Kampfansage gegen den herkömmlichen Schulbetrieb sicherte Ratke die Aufmerksamkeit „protestantischer Kleinfürsten"[155] und Stadtmagistrate, die sich von seinen Reformen eine Reduzierung der Kosten für das Bildungswesen und eine Stärkung der religiösen Inhalte in den Curricula versprachen.

An dieser Stelle soll nicht weiter auf das schwer zugängliche Werk Ratkes eingegangen werden.[156] Für die vorliegenden Zwecke ist vor allem die Konsequenz seines Einsatzes für die Muttersprache von Belang. Ratke sah sich außerstande, dem herkömmlichen Studium der lateinischen und griechischen Autoren irgendeinen erzieherischen Wert beizumessen. Daher unternahm er den Versuch, den Lateinunterricht auf die Lektüre des Terenz[157] und den Griechischunterricht auf das Neue Testament zu beschränken. Ratke selbst hatte zwar Gymnasium und Universität besucht, verfügte aber weder über eine Abschluss noch akademischen Titel.[158] Um ein Gutachten gebeten, schrieb der oben bereits erwähnte Jacob Martini 1622 an den Magdeburger Rat über Ratke, er sei *weder Theologus noch Philosophus, Jurista noch Medicus* und habe *also im grunde nichts rechtschaffenes studiret*. Martini hielt daher für *absurdissimum, das Homo idiota et indoctus solte gelehrten Leuten vorschreiben können, wie Sie die Disciplinas, scientias vnd artes conscribiren, tradiren vnd proponiren solten*.[159]

Ratke wurde in Teilen der Forschung bisher eher positiv gewertet. Er erscheint als früher Streiter für muttersprachlichen Unterricht und Wissenschaft und letztlich für eine „einträchtige, harmonische Gesellschaft".[160] Sein mehrfaches Scheitern – so z. B. in Köthen und Magdeburg – sei nicht auf seine Inkompetenz, sondern auf Verschwörungen, die gegen ihn ins Werk gesetzt worden wären, zurückzuführen.[161] Ratke wurde mehrfach aufgefordert, seine „neue Methode doch zu explizieren und sie endlich mit sichtbaren Ergebnissen anzuwenden", doch vergebens. Weil der *didacticus* nicht willens oder in der Lage war, über die von ihm intendierten Neuerungen konkrete Auskunft zu geben,

---

154 Vgl. den Text des Memorials in Seiler (Hg.): Kleine pädagogische Schriften von Wolfgang Ratke, S. 7–9, hier S. 7.
155 Gerhard Michel, Karl Dienst: Art. Wolfgang Ratke. In: Killy/Kühlmann 9 (2010), S. 437–439, hier S. 438.
156 Vgl. Kordes: Wolfgang Ratke.
157 Gabriele Ball: Terenz in Weimar. Johannes Kromayers Bearbeitung der Sechs FrewdenSpiel und die Ratichianische Schulreform. In: Wolfenbütteler Barock-Nachrichten 36 (2009) = 20 Jahre Sammlung Deutscher Drucke 1601–1700. Fallstudien zu einem Erwerbungs- und Erschließungsprogramm der deutschen Barockliteratur, S. 39–54.
158 Michel, Dienst: Art. Wolfgang Ratke. In: Killy/Kühlmann 9 (2010), S. 438.
159 Zitat nach Kordes: Wolfgang Ratke, S. 81 f.
160 Michel: Wolfgang Ratke: Die Muttersprache in Schule, Staat und Wissenschaft, S. 197.
161 So im Anschluss an die ältere Forschung Kordes: Wolfgang Ratke, S. 199.

erwarb er sich Markus Friedrich zufolge mit der Zeit den Ruf der „Geheimnistuerei".[162]

Mit seinen Plänen einer umfassenden Reform des gelehrten Unterrichts stieß Ratke schon früh auf Skepsis und publizistische Abwehr bei seinen Zeitgenossen. So erschien unter dem Pseudonym Marius de Strachindis 1619 in Frankfurt a. M. eine Streitschrift, die den Nachweis erbringen wollte, die Methode des Ratichius sei *non sufficiens, sed impferfecta*.[163] Es erscheint als lohnenswerte Aufgabe, die Gegenreaktionen etablierter Gelehrter auf Ramismus und Ratichianismus in einer eigenen Untersuchung zusammenzustellen. Die nachfolgende Darstellung soll offenlegen, dass Joseph Goetze zu diesen Verteidigern des melanchthonischen Systems zu zählen ist.

5.5 Scholarch vs. Rektor – eine Kontroverse als Vorspiel des Habitualstreits

Ein Jahr vor Goetzes Stellungnahme über Ratke und Ramismus erschien die *Deutliche / Richtige / vnd Wolgemeinte Anleitung* von Andreas Cramer,[164] Scholarch und Pastor an der Magdeburger Johanniskirche.[165] Die *Anleitung* ist ein Leitfaden für die elementare Schulbildung, in dem sich Cramer als Ratichianist, Ramist und Verächter des Aristoteles zu erkennen gibt. Bereits in der Vorrede heißt es: *Ob ich nun meine Wenigkeit hierin selbs erkenne / vnnd leichtlich erachten kan / das solch mein bedencken nicht jederman gefallen werde / dennoch hab ich keinen schew getragen / was ich in langer erfahrung ersehen vnd fleissig observiret, andern zur Nachrichtung mitzutheilen*.[166] Da mit seinen Kritikern wohl der Rektor und die Lehrer des Gymnasiums gemeint sind, ist davon auszugehen, dass es in der Frage, welches philosophische System man dem Unterricht am Magdeburger Gymnasium zugrunde legen solle, zu innerstädtischen Debatten gekommen ist.

---

162 Friedrich: Grenzen der Vernunft, S. 186.
163 Marius de Strachindis: Ratichius non radicans. Seu Explicatio Et Probatio Quod Didactica, Seu Methodus docendi a Wolffgango Ratichio proposita non sufficiens, sed imperfecta sit. Frankfurt a. M. 1619.
164 Andreas Cramer: Deutliche / Richtige / vnd Wolgemeinte Anleitung wie die zarte Jugendt von Kindt auff in Gottes Furcht / Künsten / vnd Sprachen / recht wol / vnd Förmlich könne erzogen vnd ad Academica studia praepariret werden. Magdeburg 1618.
165 Zu Cramers Position innerhalb der Magdeburger Kontroversen eingehend Schilling: Simon Dach in Magdeburg, S. 361f.; Friedrich: Grenzen der Vernunft, passim; Jordan: Die literarische Tätigkeit des M. Andreas Cramer, 1615–1631 Pfarrer zu St. Johannis in Magdeburg. In: Geschichtsblätter für Stadt und Land Magdeburg 42 (1907), S. 80–85; Heinrich Heppe: Art. Andreas Cramer. In: Allgemeine Deutsche Biographie 4 (1876), S. 545–546.
166 Cramer: Deutliche / Richtige / vnd Wolgemeinte Anleitung,):(viii v.

Als wahrscheinlich erscheint, dass sich Goetze durch Cramer zu seinen Äußerungen über den Ramismus in der *Oratio de internis scholarum ornamentis* herausgefordert fühlte. Daher soll vor der Darstellung von Goetzes Rede die Schrift Cramers etwas näher betrachtet werden.

Von besonderer Brisanz sind Cramers Ausführungen über das Studium der Rhetorik und Dialektik im dritten Teil der *Anleitung*. Weil es zwischen Aristotelikern und Ramisten zu scharfen Auseinandersetzungen gekommen sei, solle man beide Systeme miteinander verbinden, wie dies in den *schönen Büchlein* von Friedrich Beurhusius (Beurhaus) und Heizo Buscher geschehen sei.[167] Da der Ramismus verstärkt auf Widerstand stieß und einige seiner Verfechter erkannten, dass sich eine gründliche philosophische Ausbildung nicht allein auf die Dialektik von Ramus gründen ließ, kam es zu eklektischen Versuchen, diese mit den Lehren von Melanchthon und Aristoteles zu verbinden. Bei den von Cramer genannten Namen überwogen jedoch die ramistischen Anteile. Kern der Bestrebungen dieser Philippo-Ramisten war nicht eine Annäherung an den Aristotelismus, sondern der Versuch einer modifizierten Weitertradierung der Lehren des Ramus.[168]

Cramer führt weiter aus, die Ramisten hätten sich redlich um eine Neuformulierung der Philosophie bemüht, würden jedoch von den Aristotelikern für kaum des Lesens wert befunden und verdammt.[169] Ein Vergleich der Lehren des Aristoteles mit denen von Ramus würde Klarheit verschaffen, denn *da sihet man denn / quae doctrina facilius et aptius ad usum accommodetur*.[170] Cramer verwendet hier das zentrale Argument der Ramisten: Die Texte des Aristoteles seien für den gelehrten Unterricht an Gymnasien und Universitäten zu komplex. Im Gegenzug erkannten sowohl die akademisch geschulten Zeitgenossen als auch spätere Kenner der Materie, „dass diese ganze Richtung [der Ramismus] auf bedauerlichen Vereinfachungen fußt und unbeschadet ihrer denkpädagogischen Schulung in der Logik einen Irrweg gegangen ist."[171] Die von Aristoteles erreichte Tiefe philosophischen Denkens sollte einem leichter vermittelbaren, jedoch unpräziseren Lehrsystem weichen.

---

167 Vgl. hierzu Risse: Logik der Neuzeit, Bd. 1, S. 176 und 181.
168 Pozzo: Adversus Ramistas, S. 19: „Allerdings war die Suche nach Harmonie zwischen diesen großen Geistern [Melanchthon und Ramus] gegen die reinen Aristoteliker gerichtet. Man denke an Friedrich Beurhaus und Heizo Buscher."
169 Cramer: Deutliche / Richtige / vnd Wolgemeinte Anleitung, S. 59: „Ramei hic strenue desudant, Aristotelici vix iudicant dignum Ramum lectu, et tamen nunquam non lacessunt atque damnant."
170 Cramer: Deutliche / Richtige / vnd Wolgemeinte Anleitung, S. 60. Cramers Text weist die bei vielen Theologen gebräuchliche Mixtur von Deutsch und Latein auf.
171 Risse: Logik der Neuzeit, Bd. 1, S. 200.

Es ist als weiteres Zeichen seines rigorosen Standpunktes zu werten, dass Cramer das Schultheater in seiner *Anleitung* ablehnte, weil es die Jugend zügellos mache.[172] Eines der von Goetze verfassten Schuldramen war 1612 in Magdeburg aufgeführt worden.[173] Im Kapitel über die „Einpflanzung der Frömmigkeit in den Schulen" beklagt Cramer, dass *die Jugend in Aristotelem gewiesen / vnd darin aufgehalten* werde, so dass damit die gesamte Jugendzeit der fähigeren Köpfe vergeudet würde. Wer von den Lehrern wende den gleichen Eifer für die Bibel auf?[174]

Kurz darauf nennt er den Grund für seine Polemik gegen die heidnische Philosophie. Man unterrichte die Schüler in philosophischen Spekulationen bis sie *18, 20, 22 Jahr alt* würden, ohne ihnen gleichzeitig vertieften Unterricht in der Bibel zu erteilen. Dadurch würden sie dazu verführt, ihre philosophischen Kenntnisse, die *sapientia humana*, höher zu schätzen als die Theologie. Am Ende würden sie die *mysteria theologica*, die christlichen Dogmen, in Frage stellen.[175]

An dieser Stelle wird deutlich, dass es Cramer um eine grundlegende Neuausrichtung des gymnasialen Unterrichts ging. Ihm war das Überwiegen der heidnischen Autoren im Curriculum, wie es auch oben anhand des Lehrplans der *Anakainisis* deutlich wurde, ein Dorn im Auge. Er steht damit in einer langen Tradition christlicher Abwehrgefechte gegen das Vordringen säkularer Inhalte in die Schulbildung. Auch im wenige Jahre später mit Rektor Evenius ausgetragenen Habitualstreit forderte Cramer – letztlich erfolglos – die Ersetzung der philosophischen Bildung durch einen katechetischen und biblischen Unterricht.[176]

Neben diese theologischen Inhalte tritt in der Konzeption von Cramer ein unmittelbar der Lebenspraxis dienlicher Realienunterricht wie z. B. Physik, Botanik, Arithmetik und Geometrie. Doch auch hier zeigt sich der religiöse Schwerpunkt des von ihm aufgestellten Curriculums. Denn die Ethik müsse, so Cramer, anhand des Dekalogs unterrichtet werden. Die Nikomachische Ethik des Aristoteles dagegen solle man nur hinzuziehen, um den Schülern zu demonstrieren, auf welche Weise die Spreu vom Weizen zu trennen sei.[177]

Als Fazit hält Cramer fest, dass, wenn man die Jugend auf diese Weise in den Trivialschulen unterrichten würde, sie über *ein gut fundament* verfügte, um die

---

172 Cramer: Deutliche / Richtige / vnd Wolgemeinte Anleitung, S. 75.
173 Vgl. Kap. C. 3. Goetzes Joseph: Renaissance des Bibeldramas in Magdeburg.
174 Cramer: Deutliche / Richtige / vnd Wolgemeinte Anleitung, S. 87.
175 Ebd., S. 88.
176 Vgl. Kap. B. 6.7. Abwehr einer Theologisierung des Unterrichts: Der Habitualstreit; sowie Friedrich: Grenzen der Vernunft, S. 309–322.
177 Cramer: Deutliche / Richtige / vnd Wolgemeinte Anleitung, S. 125: „Aristotelis Ethica comparari suo loco potest, ut appareat, quid distent erva [sic!] lupinis." Nach Hor. epist. I, 7, 23 müsste es heißen: „quid distent aera lupinis."

Universitäten zu beziehen.[178] In den Augen der Gelehrtenelite, zu der auch Goetze gehörte, lag gerade hierin der Widerspruch. Eine Reform, die einen großen Teil des traditionellen Bildungsgutes über Bord warf, sollte eine Verbesserung des Gelehrtenschulwesens herbeiführen. Die von Cramer intendierte Reduktion der Lehrstoffs auf vorwiegend religiöse Inhalte hätte zu Folge gehabt, dass man die Schüler nicht besser, sondern schlechter gerüstet auf die Universität entlassen hätte.

Im von Melanchthon errichteten Gebäude von Trivialschule, Gymnasium und Universität ergänzten sich die Inhalte wie ein System ineinandergreifender Komponenten. Rhetorik- und Dialektikunterricht auf dem Gymnasium führten hin zur universitären Analyse der Originaltexte. Dieser funktionierende Organismus wurde durch das Eindringen des Ramismus empfindlich gestört. Die Universitätsdozenten klagten, dass auf ramistischen Schulen Vorgebildete nicht die erforderlichen Voraussetzungen für ein Verständnis der antiken Klassiker mitbrächten.[179]

Cramer hat seiner *Anleitung* vier Texte beigefügt, die seinen Forderungen nach einer grundlegenden Bildungsreform mehr Gewicht verleihen sollten. Unter den Autoren ist auch der frühe Ratichianer Johannes Rhenius, was beweist, dass Cramer bereits 1618 zu den Anhängern der von Ratke propagierten Neuerungen zählte. Während Ratkes späterem Aufenthalt in Magdeburg gehörte Cramer zu seinen Unterstützern. Ein weiterer der *Anleitung* angehängter Text war eine Rede von Petrus Ramus aus dem Jahr 1550. Auch die zahlreichen dichotomischen Baumdiagramme, mithilfe deren der Scholarch seine Positionen zu veranschaulichen suchte, sind als Kennzeichen der Ramus-Rezeption durch Cramer zu werten.

Den Abschluss der Sammlung bildet ein Gedicht vom Subkonrektor und Schulpoeten Johannes Blocius, dass oberflächlich betrachtet das Lob Cramers und seiner Bestrebungen enthält, sich beim genaueren Hinsehen jedoch als verdeckte Kritik erweist. Gegen Ende des Gedichtes richtet sich Blocius folgendermaßen an Cramer: „Was mischt du dich in unsere Geschäfte ein? Ist dir das Wirken in der Kirche nicht ausreichend?"[180] Zwar relativiert der *poeta laureatus* Blocius im Folgenden diese Worte, doch der Eindruck bleibt: Die Pädagogen des Gymnasiums empfanden die *Deutliche / Richtige / vnd Wolgemeinte Anleitung* des Theologen Cramer als Einmischung in ihre Belange.

---

178 Cramer: Deutliche / Richtige / vnd Wolgemeinte Anleitung, S. 126.
179 Risse: Logik der Neuzeit, Bd. 1, S. 188.
180 Cramer: Deutliche / Richtige / vnd Wolgemeinte Anleitung, S. 181: „Verum audi? quid tu tibi nostra negocia sumis? | Non satis est quod agas in sacri fornice templi? | Credo equidem."

5.6 Goetzes *Oratio de internis scholarum ornamentis* als späthumanistisches Bekenntnis

Bei der Abwehr der ramistischen und ratichianischen Reformversuche griff Goetze auf ein bewährtes Instrument der frühneuzeitlichen Debattenkultur zurück: Er formulierte eine umfassende Gegenkritik und legte seinen Standpunkt in der *Oratio de internis scholarum ornamentis* dar, freilich ohne die Namen Ramus, Ratke oder Cramer explizit zu nennen.[181] Als möglich erscheint, dass er als Angestellter des Stadtrates auf offene Worte verzichten musste, weil entgegenstehende Anschauungen der Ratsherren und des Scholarchen dies verbaten.[182]

Wie es die Exordialtopik vorschreibt, richtet sich Goetze eingangs der Rede in direkter Ansprache an seine Zuhörer, die Regierenden und Scholarchen Magdeburgs, um ihnen für die erwiesene Unterstützung und die Finanzierung des Umbaus des Schulgebäudes zu danken. Er beschwört sie, ihm auch weiterhin gegen die *morsus, calumniae et convicia* all der *sycophantae*, seiner Verleumder, zur Seite zu stehen.[183] Goetze umgeht diese Thematik jedoch mit einer *praeteritio*.[184] Damit die Renovierung des Gebäudes der Nachwelt in Erinnerung bleibt, will Goetze eine Rede halten über die inneren Vorzüge der Schule, über Eigenschaften und Pflichten guter Lehrer und Schüler.

Die eigentliche Rede beginnt mit einem Zitat von Plutarch im griechischen Original, der nur solche Lehrer anzustellen empfiehlt, die über eine *vita inculpata*, tadellose Sitten und ausreichende Bildung, verfügten.[185] Denn der Lehrer sei das Vorbild, dem die Schüler nacheiferten, im Guten wie im Schlechten. Die nachfolgenden Ausführungen decken sich weitgehend mit der oben bereits vorgestellten Antrittsrede Goetzes. Im Bereich der *mores* legt Goetze Wert auf gemäßigte Gestik, eine wohlklingende Stimme und gepflegte, jedoch nicht übermäßig prätentiöse Kleidung, denn laut Aristoteles komme es eher auf einen kultivierten Geist als auf das Äußere an. Goetze führt hier das Beispiel Melanchthons an, von dem gesagt werde, dass er stets eine dezente Kleidung trug. Welche Verdienste und Autorität er sich erworben hätte, werde der Nachwelt stets präsent

---

[181] Vollständiger Titel der Rede: Joseph Goetze: Oratio de internis scholarum ornamentis, praeceptorum iuxta et discipulorum bonorum notis et officiis in schola convenientibus. In: Goetze: Anakainisis Seu Renovatio Gymnasii Magdeburgensis, E 3 v–G 3 v.
[182] In der Vorrede seiner Schrift berichtet Cramer, dass er seine pädagogischen Erfahrungen auf Wunsch der Bürgermeister Sigismund Hesse und Stephan Olvenstedt zu Papier gebracht hätte. Vgl. Cramer: Deutliche / Richtige / vnd Wolgemeinte Anleitung (Vorrede), S.):(viii r–v.
[183] Goetze: Anakainisis Seu Renovatio Gymnasii Magdeburgensis, E 4 r.
[184] Vgl. zum Begriff der praeteritio Lausberg: Handbuch der literarischen Rhetorik, §§ 882–886.
[185] Goetze: Anakainisis Seu Renovatio Gymnasii Magdeburgensis, E 4 v.

sein.[186] Man kann dies bereits als ein erstes Zeichen in Richtung der Reformer deuten, mithilfe dessen Goetze sein Traditionsbewusstsein andeuten wollte.

Die wichtigsten Tugenden eines guten Lehrers seien jedoch umfassendes Wissen und Erfahrung. Die Zuhörer könnten eventuell fragen, wen er als wahrhaft gebildet einschätze. Weder jene, antwortet Goetze, die das einfache Volk aufgrund ihrer Kenntnis von drei oder vier lateinischen Worten dafür halte, noch jene, die sich wegen ihres fortgeschrittenen Alters oder ihres langen Bartes einbildeten, anderen an Gelehrsamkeit und Erfahrung überlegen zu sein. Schließlich auch nicht jene Scheingelehrten, die es auf das Staunen und die Bewunderung anderer abgesehen hätten, viele Sprachen beherrschten, lateinische und griechische Gedichte verfassen könnten, darüber hinaus jedoch von nichts etwas verstünden.[187]

In Wahrheit gelehrt sei allein, so Goetze im Anschluss an Aristoteles,[188] wer die ersten und letzten Gründe der Dinge, deren Ursachen und Prinzipien präzise benennen könne.[189] Erst die Beantwortung dieser „letzten Fragen" der Metaphysik gewähre Sicherheit des Urteils in allen Wissenschaften. Mit einem Wort: Gelehrt ist, wer Philosoph ist. Zwar greift Goetze auf den Topos *philosophia ancilla theologiae*, die Philosophie sei die Dienerin der Theologie, zurück, bestimmt aber deren Funktion als Basis aller anderen Wissenschaften. Ohne Philosophie könne niemand wahrhaft gelehrt sein. Theologen, Juristen oder Mediziner, die keine Philosophen seien, könne man nicht als gelehrt ansehen. Ohne den *discursus syllogisticus*, das Ziehen von Schlüssen mithilfe von Syllogismen, kein *iudicium*, kein begründetes Urteilen.

Deutlicher hätte Goetzes Bekenntnis zum Aristotelismus nicht ausfallen können. Der Rektor postuliert hier auf traditionell humanistische Weise die Logik des Stagiriten als Norm und Basis aller Wissenschaften. Doch er geht noch weiter. Jegliche Versuche, Gelehrsamkeit zu erlangen, seien ohne Basiskenntnisse der antiken Philosophie zum Scheitern verurteilt. Goetzes Brandmarkung der Scheingelehrsamkeit kann man als Volte gegen den Ramismus interpretieren. Denn viele Ramisten waren geleitet von einem „Interesse an kürzestmöglichen Wegen zu

---

186 Ebd., F 1 v: „Philippum Melanthonem ferunt, simplici ac decenti semper usum esse vestitu, quam vero sibi gratiam et autoritatem conciliarit, omnis etiam posteritas sciet."
187 Ebd., F 2 r: „Neque ex aliorum sententia, qui oculatiores caeteris haberi volunt, et plus sani iudicii sibi arrogant, ex linguarum complurium scientia, si latina et graeca carmina componere norint, ultra non sapiant."
188 Goetze bezieht sich hier auf die Definition von Weisheit aus dem ersten Buch der Metaphysik des Aristoteles, vgl. Aristot. metaph. 981b.
189 Ebd., F 2 r: „Sapiens, inquit [Aristoteles], est is, qui rerum primas et proximas causas apte assignare, ex iisque veritatem elicere novit, ac certiorem habet scientiam aliis, eo quod habet notitiam ex primis, ex quibus certitudo in scientiis oritur."

größtmöglichen beruflichen und gesellschaftlichen Erfolgen sowie, damit verbunden, auch am effizienten Vortäuschen von Gelehrsamkeit".[190]

Allein langjährig erfahrene Lehrer, so führt Goetze weiter aus, seien in der Lage, im Prozess des Lehrens auftretende Fehler zu vermeiden. Sich selbst charakterisiert er zwar nicht als *philosophus perfectus*, doch verfüge er über eine in vielen Jahren erworbene Erfahrung im Leiten einer Schule, im Lehren, Ermahnen und Anspornen. „Ich rufe als Zeugen auf die Räte großer Fürsten; die Leiter der Kirchen; Vorsteher, Rektoren, Professoren und Lehrer der Schulen; Bürgermeister und Stadträte; sittsame und nützliche Bürger; sie sollen ein Urteil fällen über den Nutzen des von mir erteilten Unterrichtes, mögen die Verleumder dadurch widerlegt werden."[191] Der Magdeburger Rektor weist hier auf seine weiter oben geschilderte Karriere als Rektor verschiedener Gymnasien hin. Die Passage macht deutlich, dass sich Goetze in seiner Funktion als Leiter der Schule angegriffen fühlte und daher die Notwendigkeit sah, sich zu verteidigen. Wie andere Späthumanisten verband Goetze dabei die von ihm vertretene Lehrweise, Aristotelismus und Antikestudium, mit seiner Person.

Goetze geht über zu den Eigenschaften, die vom guten Schüler zu fordern seien. Im siebenten Buch von Platons „Der Staat" hätte Sokrates sechs Eigenschaften von den *artium cultores* gefordert: gute geistige Anlage; Neigung zu den Wissenschaften; Fähigkeit, sich Arbeiten zu unterziehen und Beharrungsvermögen; Scharfsinn; schnelle Auffassungsgabe und Lernbegier.[192] Diese Eigenschaften seien teils genetisch, teils durch die Erziehung der Eltern bedingt, deren Aufgabe es sei, ihre Kinder durch freundliche Ermahnungen, Lob und Prämien an das Lernen heranzuführen. Wo dagegen im Elternhaus dem Lernen kein Weg gebahnt werde, herrschten Dummheit und Hass auf Bildung und ihre Träger. Was sei von den Finsterlingen und Ungebildeten anderes zu erwarten als Rohheit, Sittenlosigkeit und Unkenntnis, woraus der Öffentlichkeit großer Schaden erwüchse? Von wilden Bestien unterschieden sich jene allein der Form nach; sie orientierten sich nicht am Geist, sondern an den körperlichen Begierden.[193]

---

190 Anita Traninger: Techniken des Agon. Zu Inszenierung, Funktion und Folgen der Konkurrenz von Rhetorik und Dialektik in der Frühen Neuzeit. In: Herbert Jaumann (Hg.): Diskurse der Gelehrtenkultur in der Frühen Neuzeit. Ein Handbuch. Berlin u. a. 2011, S. 629–665, hier S. 660f.
191 Goetze: Anakainisis Seu Renovatio Gymnasii Magdeburgensis, F 3 r: „Testes magnorum Ducum Consiliarios, Ecclesiarum Praefectos, et Ephoros, Scholarum Rectores, Professores, Doctores, etc. Testes Curiarum Consules et Senatores, Testes Rerumpublicarum Cives bene moratos et utiles passim provoco, quid mea apud hos profecerit educatio, manuductio, institutio, Rumpantur ut ilia Momis."
192 Ebd., F 3 v.
193 Ebd., F 4 r.

Die Schüler müssten weiterhin das *audiendi desiderium* mitbringen, eine gewisse Neigung, dem Unterricht zu folgen, denn allzu bekannt seien jene, die nur selten in der Schule gesichtet würden. Wenn diese doch einmal dort anzutreffen wären, dann allein deswegen, um ihresgleichen zu treffen oder andere zum Besuch in Kneipen oder ähnlichen Etablissements anzustiften. Welches Ende diesen Aussteigern blühe, sei allgemein bekannt: Aus den Kirchen und Schulen ausgeschlossen, zögen sie von Ort zu Ort und suchten nach neuen Verdienstmöglichkeiten.

An dieser Stelle gibt Goetze seiner Oratio eine überraschende thematische Wende. Aus der Klage über schlechte und unwillige Schüler wird unversehens die Verkündigung einer bildungspolitischen Botschaft:

> Oder sie unterrichten in einer anderen Stadt die Kinder, um ihr Brot zu verdienen. Gepeinigt von Gewissensbissen leisten sie dann große Versprechungen, sie könnten innerhalb eines Monats oder Semesters den Kindern *perfectissime* sämtliche *artes et linguae* beibringen, so dass diese grammatisch richtig schreiben, argumentieren, Syllogismen bilden, eine Oratio verfassen und rhetorisch ausschmücken, Verse schmieden sowie griechisch und lateinisch sprechen könnten.[194]

Goetze ruft aus: „Oh ihr unverschämten Esel! Oh ihr leichtgläubigen Bürger, wie könnt ihr nur zulassen, dass man euch solche Betrügereien und Verbrechen antut! *O deceptores, non praeceptores*!" Wenn diesen Scheingelehrten auch nur ein Rest von Schamgefühl verblieben wäre, von *pietas*, die sie in ihrer Lehrweise vernachlässigten, so würden sie sich nach einem ehrlicheren Beruf umsehen.[195] Die Aristoteliker erhoben gegen die Ramisten unter anderem den Vorwurf, „in der ramistischen Methode" würde „die pietas [...] zu kurz kommen" und empfahlen stattdessen die hergebrachten Lehrbücher Melanchthons.[196]

Die Reformer, so Goetze, schlügen mit ihrer Sichel die Ernte jemandes anderen, raubten den Lehrern an Gymnasien und Universitäten ihr Brot, schädigten

---

194 Ebd., F 4 v: „Ab Ecclesiis et Scholis exclusi, victum vel ostiatim in diversis locis quaeritant: Vel clàm servitia sua, ut panem mereantur, pueris instituendis in Republica aliqua collocant: vel conscientiae morsu affecti, ut locum tueantur, montes promittunt aureos, se intra mensem aut trimestre artes et linguas instillare posse pueris perfectissimè, ut grammaticè scribere, argumentari, Syllogismum formare, orationem suis luminibus ornatam contexere, versus pangere, et graecè et latinè loqui possint."
195 Ebd.: „O asinos impudentes! O cives credulos, quantis fraudibus et dolis vos decipi patimini! O deceptores, non praeceptores! o asinos pandos! o lucifugas et Myodidascalos insulsos! Si quid pietatis, quam in informatione planè negligitis, si quid honestae frontis esset in vobis, studia vestra et eruditionis effecta, provinciae alicui honestae in urbe, in oppido, in pago destinaretis."
196 Arnd Friedrich: Das Pädagogium der Universität Marburg zwischen Melanchthonianismus und Ramismus. In: Barbara Bauer (Hg.): Melanchthon und die Marburger Professoren (1527–1627). Marburg 1999, S. 707–736, hier S. 724.

ihren Ruf und suchten all das, was seit Langem anerkannt und geschätzt werde, durch Nichtigkeiten zu ersetzen.[197] An dieser Stelle wird klar, dass es sich bei der Auseinandersetzung zwischen Neuerern und gefährdetem Establishment auch um einen ökonomischen Konflikt handelte, denn mit dem Aufzeigen verheißungsvoller, doch trügerischer Alternativen zum etablierten Lehrsystem waren immer auch eine Verminderung des gesellschaftlichen Ansehens und eine Gefährdung der beruflichen Existenz seiner Vertreter verbunden.

Aus der Angst vor Bedeutungsverlust und dem Zorn über wissenschaftliches Mittelmaß, das zum neuen Standard der Gelehrtenschulen erhoben werden sollte, resultierte die Wahl der Stilmittel, der – wenn auch gedämpft – polemische Ton von Goetze: „Verschwinde du Übeltäter, wenn dich auch nicht der Stadtrat wie eine Pest der Schulen vertreibt, so wird dich letztlich doch Gott, sei es freiwillig oder unfreiwillig, durch das Brenneisen deines Gewissens fortstoßen."[198] Es erscheint als naheliegend, dass sich diese Worte direkt gegen eine einzelne Person in Magdeburg, z. B. gegen Wolfgang Ratke, richteten. Dagegen spricht jedoch, dass Ratkes Intermezzo in Magdeburg wohl erst im August 1620 begann[199] und Goetze zudem die Muttersprache, die ja in Ratkes Reformplänen eine zentrale Rolle einnahm, mit keinem Wort erwähnt. Wahrscheinlicher ist daher, dass hier der Scholarch Andreas Cramer gemeint ist, der sich persönlich für Wolfgang Ratke und für eine Ersetzung des auf Aristoteles basierenden Philosophieunterrichtes durch Ramismus und religiöse Unterweisung einsetzte.

In den nachfolgenden Passagen richtet Goetze seine Worte zwar nicht mehr direkt an die Ramisten oder Ratichianer. Doch weil sie sich dem Lob des arbeitsamen Schülers widmen, sind sie als indirekte Erweiterung seiner Anklage anzusehen. Gute Schüler gehorchten jedem Wink ihres Lehrers, unterzögen sich willig, sei es zu Hause oder in der Schule, den Mühen ihrer Aufgaben. Denn nicht durch Müßiggang und Schläfrigkeit erreiche man das Ziel vollkommener Bildung, sondern durch Klugheit, geistige Arbeit und Beharrungsvermögen. Wie es im griechischen Sprichwort heiße: Wer die Mühle flieht, flieht das Mehl.[200] Lukian zufolge erlange man Weisheit nur durch viel Arbeit und hohen Aufwand an Kosten und Zeit. Die Ermahnungen Goetzes gipfeln im Wort des Vergil aus den

---

197 Goetze: Anakainisis Seu Renovatio Gymnasii Magdeburgensis, F 4 v: „Non hominis honesti, sed perversissimi furis est, falcem in alienam immittere messem, et publicis Scholarum ministris panem praeripere, famam imminuere, accidentia quibus alti et foti sunt longo iam tempore, omnia incidere."
198 Ebd., G 1 r: „Apage sis o veterator, quem si Magistratus ut pestem Scholae publicae non abigit: tamen Deus ex cauterio conscientiae tuae, te aliquando ἑκόντα ἀέκοντα extrudet."
199 Kordes: Wolfgang Ratke, S. 88.
200 Goetze: Anakainisis Seu Renovatio Gymnasii Magdeburgensis, G 1 r.

Georgica: Labor improbus omnia vincit.[201] Erst vor dem Hintergrund der Vorwürfe Ratkes und der Ramisten – das Studium des Aristoteles und anderer Autoren koste zu viel Zeit und Mühe – wird die wahre Bedeutung dieser Zeilen evident. Den Gipfel der Weisheit erlange man, so die Meinung der Traditionalisten, nur durch Fleiß und beharrliches Voranschreiten auf dem von den antiken Autoren gewiesenen Weg.

Daher sollten die Schüler diese Autoren Tag und Nacht in Händen halten und aus ihnen das Beste auswählen, um es in eigenen Schriften wiederzuverwenden. In Anlehnung an Lukrez' *De rerum natura* heißt es: „Wie die Bienen auf blumenübersäten Auen alles in sich aufnehmen, so sammeln wir alle goldenen Worte, des ewigen Aufbewahrens wert."[202] Goetze empfiehlt seinen Schülern nachdrücklich das Exzerpieren von Zitaten, Sentenzen, kleinen Episoden und Gleichnissen in eigene Hefte, sogenannte Florilegien. Diese Methode wurde bereits in den ersten Erziehungstraktaten der frühen Humanisten in Italien empfohlen und begleitete die Rezeption der Klassiker in den Schulen ganz Europas. Wegen der Fehlbarkeit der menschlichen *memoria* seien diese nach *Loci communes* geordneten Zitatsammlungen als die sichersten Stützen der Gelehrsamkeit anzusehen.

Der Schüler solle, so Goetze, keinen Tag verstreichen lassen, ohne eine lateinische oder griechische Stilübung abgeleistet zu haben. Obwohl diese *exercitatio styli* gleichsam als die *anima studiorum* anzusehen sei, falle es immer schwerer, die Schüler zum Verfassen eigener Texte zu motivieren. Denn vor nichts schrecke die Jugend mehr zurück als vor schriftlichen Aufgaben. Weiterhin empfiehlt Goetze dem strebsamen Schüler, sich im Auswendiglernen zu üben und vor der Nachtruhe alles am Tag Gelernte zu rekapitulieren. Nichts sei so schwer und kompliziert, dass man es nicht durch *amor discendi et diligentia* überwinden könne, versichert Goetze seinen Schülern.[203] Die Rede schließt mit der obligaten Anrufung Gottes um Beistand.

Die Bedeutung von Goetzes *Oratio de internis scholarum ornamentis* liegt weniger in den traditionellen, meist topischen Anteilen, sondern in seiner aktuellen und brisanten Stellungnahme gegen die Reformer. Anhand der obigen Schilderung von Goetzes wissenschaftlicher Sozialisation und der zu seinem Amtsantritt verfassten *carmina gratulatoria* wurde deutlich, dass Goetze über Verbindungen in die lutherische Gelehrtenelite, zu Größen wie Friedrich Taub-

---

201 Verg. georg. I, 145.
202 Goetze: Anakainisis Seu Renovatio Gymnasii Magdeburgensis, G 1 v (Lucr. III, 11–13):
„floriferis ut apes in saltibus omnia libant,
omnia nos itidem depascimur aurea dicta,
aurea, perpetua semper dignissima vita."
203 Goetze: Anakainisis Seu Renovatio Gymnasii Magdeburgensis, G 2 v.

mann oder Jacob Martini, verfügte. Martini war Schüler des Ramusgegners und Aristotelikers Cornelius Martini und galt zu Beginn des 17. Jahrhunderts als das Oberhaupt des Wittenberger Aristotelismus. Er wurde häufig in Kontroversen mit Theologen wie Andreas Cramer hineingezogen, in denen er die Philosophie und die Rolle der menschlichen Vernunft gegen religiösen Fundamentalismus verteidigte.[204] Wie oben dargestellt, äußerte der Wittenberger Philosophieprofessor in einem Gutachten für den Magdeburger Rat eine grundsätzliche Kritik an der Person und den Reformen Ratkes.

Den Mitgliedern der späthumanistischen *Respublica litteraria* standen, wenn man ihren eigenen Darstellungen Glauben schenken darf, akademische Außenseiter gegenüber. Goetzes Aufruf zur ungeminderten Wertschätzung der Überlieferung kann man als Konservativismus werten, doch die von ihm in langen Jahren im Schulwesen gesammelten Erfahrungen flößten ihm Vertrauen ein in die anspruchsvollere Bildung – und Misstrauen gegen Ratke und den Ramismus.

Die wichtigsten Charakteristika von Ratichianismus und Ramismus, wie sie sich paradigmatisch bei dem Magdeburger Prediger Andreas Cramer miteinander verbanden, waren Antiaristotelismus und die Propagierung einer Ersetzung des Lateins durch die Volkssprache. Dass es sich hierbei keineswegs um neuartige Erscheinungen handelte, zeigt ein Blick zurück auf die frühe Reformation. Bereits Luther hatte scharf gegen den „Heiden" Aristoteles polemisiert, den er für den Niedergang der Papstkirche verantwortlich machte.[205] Ihm folgten zahlreiche reformatorische Prädikanten nach, in deren Augen die universitäre Bildung als obsolet erschien, weil dem Laien durch die Reformation ein eigener, direkter Zugang zum Wort Gottes eröffnet werden sollte. Diese verbalen Angriffe gegen die bisherige Bildung hatten den Niedergang ganzer Universitäten wie z. B. Erfurt zur Folge.[206]

Zwar ebnete Luther mit seiner Bibelübersetzung und der massiven Flugschriftenoffensive dem Gemeinen Mann den Weg zu Bildung und eigener Bibellektüre. Mit dem Einsatz der Reformatoren für die Volkssprache war jedoch auch ein signifikanter Rückgang der lateinischen Drucke, insbesondere der antiken Klassiker verbunden,[207] was geistige Verarmung und ein Absinken des Bildungsniveaus zur Folge hatte. Allein dem Einsatz Melanchthons, der hierin freilich von

---

204 Friedrich: Grenzen der Vernunft, S. 373–376 und passim.
205 Vgl. Paulsen: Geschichte des gelehrten Unterrichts, Bd. 1, S. 111 f. und 191 f.
206 Vgl. Kap. A. 1.1. Gefährdung der Bildung durch die Auswirkungen der Reformation.
207 Jürgen Leonhardt: Drucke antiker Texte in Deutschland vor der Reformation und Luthers frühe Vorlesungen. In: Walther Ludwig (Hg.): Die Musen im Reformationszeitalter. Leipzig 2001, S. 97–129.

Luther unterstützt wurde, ist es zu verdanken, dass die anfängliche Marginalisierung der humanistischen Studien überwunden werden konnte.[208]

Bei der Rezeption des Ratichianismus handelte es sich um eine ganz ähnliche Konstellation. Auch hier verbanden sich Antiintellektualismus, Ressentiments gegenüber „heidnischer" Bildung und ökonomische Interessen, um den humanistischen Studien ihr Existenzrecht zu bestreiten. Reformer und Theologen wie Ratke und Cramer behaupteten, dass gesellschaftliche Defizite auf das Überwiegen der Schriften der „Heiden" im Curriculum zurückzuführen seien. Dieser „Überfremdung" des schulischen Unterrichts suchten sie durch Stärkung der religiösen Inhalte und eine Neuausrichtung auf Muttersprache und Realienunterricht entgegenzutreten.

Zwar gelang es den Rektoren Goetze und Evenius vorübergehend, den Einfluss der Reformer zurückzudrängen, doch längerfristig befanden sich die *Studia humanitatis* auf dem Rückzug. Dafür war u. a. der im Zuge der wirtschaftlichen Entwicklung steigende „Bedarf an qualifizierten Fachleuten" verantwortlich.[209] Die herkömmliche gymnasiale Ausbildung „vernachlässigte zwangsläufig die für die Wirtschaft und den technologischen Fortschritt so unverzichtbaren Realienfächer, von kaufmännischem Rechnen und deutscher Korrespondenz ganz zu schweigen."[210] Ein Paradigmenwechsel war auf lange Sicht unvermeidbar. In den folgenden Jahrhunderten sanken die humanistischen Studien vom allgemeinen, für das ganze Leben sinnstiftenden Leitmedium herab auf das Niveau einer Aneignung antiquarischer Kenntnisse.

---

208 Vgl. zum Aufbau des melanchthonischen Gelehrtenschulwesens Kap. A. 1.2.–3.
209 Gerhard Michel: Wolfgang Ratke: Die Muttersprache in Schule, Staat und Wissenschaft. In: Albrecht Schöne (Hg.): Stadt – Schule – Universität – Buchwesen und die deutsche Literatur im 17. Jahrhundert. München 1976, S. 185–197, hier S. 188.
210 Ebd., S. 189.

6 Sigismund Evenius (1622–1631)

Evenius stammte aus Nauen in der Mark Brandenburg. Sein genaues Geburtsdatum liegt im Dunkeln, wird aber in die Zeit um 1585 zu datieren sein, da er nach dem Besuch der Spandauer Lateinschule bereits am 23. April 1602 an der Wittenberger Universität immatrikuliert wurde.[1] Zu seinen akademischen Lehrern gehörten Größen der lutherischen Orthodoxie wie Salomon Gesner, Aegidius Hunnius, Leonhard Hutter.[2] Evenius trat bereits in seinen frühen Jahren durch Streitschriften gegen konfessionelle Gegner hervor, was als Frucht dieser Prägung in Wittenberg anzusehen ist.

Auf Evenius' späteren Einsatz für die Realienbildung weist seine Beschäftigung mit den Fächern des Quadrivium voraus: In Wittenberg hielt er Vorlesungen in Geometrie, Arithmetik und Astronomie.[3] Die Astronomie sollte später zu den von Evenius propagierten Inhalten des muttersprachlichen Realienunterrichts am Magdeburger Gymnasium gehören. Er begründete die Notwendigkeit einer Kenntnis der Astronomie – wie auch sonst bei ihm üblich – mit dem praktischen Nutzen, der aus ihr zu ziehen sei: Der *Auff vnd Niedergang der Sternen* hätte Einfluss auf die Entstehung von Gewittern und sei daher *zum Ackerbaw vnd Schiffahrt sehr nötig*.[4]

Während seiner Rektoratszeit in Halle von 1613–1622 setzte sich Evenius mit seiner dortigen Antrittsrede *De Scriptis Ethnicorum*[5] für das Studium der antiken Autoren in der Schule ein. Seine Gegner unter den Hallenser Ratsherren und Scholarchen bestritten dagegen den Nutzen humanistischer Bildung und forderten stattdessen einen stärker religiös geprägten Unterricht. Diese Auseinandersetzungen in Halle sind als Präludium des späteren Magdeburger Habitualstreits[6] anzusehen. Durch die Reform des Hallenser Gymnasiums empfahl sich Evenius den Magdeburger Scholarchen, die ihn 1622 ins Rektorenamt beriefen. In Magdeburg bewirkte er eine rege Publikationstätigkeit für die Zwecke des Gymnasiums;

---

1 Vgl. zur Biographie Carsten Nahrendorf: Art. Evenius, Sigismund. In: Wilhelm Kühlmann u. a. (Hgg.): Frühe Neuzeit in Deutschland 1520–1620. Literaturwissenschaftliches Verfasserlexikon, Bd. 2, Sp. 246–251; aufgrund der vorgenommenen Wertungen nur bedingt verwertbar: Bremer: Evenius.
2 Friedrich: Erzstift Magdeburg, S. 40.
3 Stötzner: Evenius, S. 5.
4 Evenius: Schola christiana, B 5 r.
5 Sigismund Evenius: Dissertatio Philosophico-Theologica, De Scriptis Ethnicorum, An & quatenus in Scholis Christianorum sint proponenda & toleranda? Halle 1613.
6 Vgl. Kap. B. 6.7.–11.; sowie Friedrich: Grenzen der Vernunft, S. 193–202.

die einzelnen Lehrbücher firmieren häufig unter den Namen der Lehrer, der Rektor steuerte die Vorreden bei.[7]

Die nachfolgende Untersuchung der wichtigsten pädagogischen Schriften von Sigismund Evenius lehnt sich an die chronologische Folge ihres Erscheinens an. Es wird damit ermöglicht, die geistige Entwicklung Evenius' von seiner Zeit als Rektor des Hallenser Gymnasiums bis in die Magdeburger Periode nachzuvollziehen.

6.1 Bekenntnis zur Tradition: Die Hallenser Dissertation *Methodi veritas*

Die Untersuchung nimmt ihren Ausgang von der Dissertation *Methodi veritas*,[8] die 1620 in Halle anlässlich einer Disputation gedruckt wurde, an der Evenius als Rektor beteiligt war. Laut Titel fand diese Disputation am 25. April 1620 unter dem Praeses Evenius und den Respondenten Johannes Stutzingus (Halle) und Henricus Sannemannus (Halberstadt) statt. Bei einer Disputation[9] gibt der Praeses lediglich die zu diskutierenden Thesen vor, der eigentliche Text der Erörterung wird von den Respondenten verfasst bzw. vorgetragen. Nicht selten war der Rektor des Gymnasiums auch Autor der erläuternden Textabschnitte, was im vorliegenden Fall sehr wahrscheinlich ist, da im Text selbst jegliche Hinweise auf eine Autorschaft der beteiligten Schüler fehlen.

In der *Methodi veritas* blieb Evenius noch ganz auf dem Boden der melanchthonischen Gelehrtenerziehung, indem er einen Anfangsunterricht in der lateinischen, griechischen und hebräischen Sprache forderte. In den späteren Magdeburger Drucken spricht er sich dagegen für einen muttersprachlichen Anfangsunterricht in allen Fächern aus. Die folgenden Ausführungen dienen dem Ziel, diesen bisher übersehenen Unterschied zwischen der Hallenser und der

---

7 Zacharias Moser: Nucleus Philosophiae latino graecus. Hoc est Canones philosophici, tvm theoretici, tum practici ex Principum Philosophorum Platonis ac Aristotelis operibus vastissimis excerpti & ivxta ordinem librorvm utriusqve, lingva graeca & correspondente Interpretatione Latina, pro Philosophiae et graecae lingvae tironibus Gymnasij Magdeburgensis consignati. Magdeburg 1626; Adam Dürrer: Liber novus de particulis latinae linguae ex vetustis & Recentibus passim scriptoribus, in usum Studiosae juventutis, In Gymnasio Magdeburgensi congestis. Leipzig 1624.
8 Sigismund Evenius: Methodi Linguarum Artiumque compendiosioris Scholasticae Demonstrata Veritas. In Schola Hallensi illustri ad disputandum Exercitii publici loco proposita. Halle 1620 (1622 in Magdeburg nachgedruckt; im Folgenden Zitation nach der Magdeburger Ausgabe).
9 Vgl. Marion Gindhart, Ursula Kundert (Hgg.): Disputatio 1200–1800. Form, Funktion und Wirkung eines Leitmediums universitärer Wissenskultur. Berlin u. a. 2010.

Magdeburger Zeit offenzulegen. Die Reform, die Evenius in Magdeburg ins Werk setzte, tritt durch diese Gegenüberstellung umso plastischer hervor.

Wie in den Gelehrtenschulen des 16. Jahrhunderts üblich, nimmt die deutsche Sprache in der pädagogischen Konzeption der *Methodi veritas* lediglich die Position einer Verständnishilfe beim Erlernen von Latein, Griechisch und Hebräisch ein. Von den 23 Thesen der Schrift werden die wichtigeren breiter diskutiert. Die sechste These, die den deutlichsten Hinweis auf Evenius' Ablehnung der Muttersprache enthält, lautet: „Die drei Hauptsprachen sind aus den Autoren zu lernen."[10] In dem erläuternden Teil des Textes nennt Evenius vier *linguae cardinales*: Deutsch, Lateinisch, Griechisch und Hebräisch. Deutsch gehöre jedoch, wie Evenius weiter ausführt, nicht zu den legitimen Bestandteilen des Unterrichts:

> Das Studium und Erlernen anhand von Autoren ist bei der ersten [der vier genannten Sprachen, also Deutsch] jedoch überflüssig, weil sie unsere Muttersprache ist, wenn auch jene nicht fehlen, die sich dafür einsetzen, dass zu Anfang alles in ihr gelehrt werden müsse. Folglich sind die übrigen drei in den Schulen aus den Autoren zu erlernen.[11]

Mit diesen Worten spricht Evenius deutlich aus, was auch an anderen Stellen der *Methodi veritas* anklingt: Der Anfangsunterricht soll nicht in der Muttersprache, sondern traditionell in den drei „Hauptsprachen", Lateinisch, Griechisch und Hebräisch, erfolgen. Evenius befindet sich damit 1620 noch im strikten Gegensatz zu Wolfgang Ratke und seinen Anhängern, die einen muttersprachlichen Unterricht postulierten.[12]

Die selektive Rezeption der Ideen Ratkes durch Evenius – Übernahme der ratichianischen Methodik im Grammatikunterricht, Ablehnung von Ratkes muttersprachlichem Unterricht – wird bereits anhand der Vorrede zu *Methodi veritas* deutlich. Um dem großen Verlust an Zeit und Vermögen der Schüler und Eltern vorzubeugen, seien in letzter Zeit viele Theorien darüber, wie man in kürzerer Zeit die Schüler zur Kenntnis der Sprachen und Wissenschaften führen könne, entwickelt worden. Dabei wurde in Aussicht gestellt, den Lehrstoff, der bisher vier bis sechs Jahre in Anspruch nahm, den Schülern in einem einzigen Jahr einprägen zu können. Einige Rektoren hätten diese neuen Methoden für geeignet befunden und in ihren Schulen zur Anwendung gebracht. Auch Evenius möchte sich diesen Neueren anschließen.

---

10 Evenius: Methodi veritas, C 2 r: „Tres linguae cardinales ex autoribus discendae."
11 Ebd.: „Prima harum, quia vernacula nobis, supervacuum huius studium seu inculcatio ex autoribus: quamvis non desint, qui in illa primitus omnia tradenda esse pugnent: reliquae proinde tres ex Autoribus potissimum addiscendae in Scholis."
12 Vgl. Kordes: Wolfgang Ratke.

Im folgenden Satz der Vorrede fasst Evenius die Zielsetzung der gesamten Schrift zusammen. Obwohl er die von Evenius vertretene Adaption der Methodik Ratkes verdeutlicht, ist vom Deutschunterricht keine Rede:

> Die Anfangsgründe der lateinischen, griechischen und hebräischen Sprache können sicherer, akkurater, nützlicher und schneller anhand der Autoren dieser Sprachen gelernt werden, als aus den weitschweifigen, arbeitsaufwendigen Grammatiken, die bisher den Schülern mit immensem Verlust an Zeit und Arbeitskraft eingeprägt wurden. Diese Grammatiken sollen nicht ganz aus dem Unterricht verbannt werden, doch nicht wie bisher, als zu lernendes Gesetz, sondern eher als Bestätigung und Festigung des anhand des Autors Gelernten zur Anwendung kommen.[13]

Diese Zeilen wenden sich vor allem gegen das bisherige Auswendiglernen der Deklinations- und Flexionsschemata aus dem Donat im Anfangsunterricht. Den Kindern könnten, so die Argumentation der Ratichianer, die grammatischen Regeln leichter und ihrem Alter angemessener am Beispiel, der Lektüre eines konkreten Autors, beigebracht werden.

Die nachfolgenden 23 Thesen und die sie stützenden Argumente für und wider lehnen sich eng an das zeitgleich von Ratke vertretene Programm an. Bereits die erste These, der Rektor des Gymnasiums solle eher als Inspektor der anderen Lehrer und der Schüler, denn als selbst Lehrender auftreten, ist ratichianisch. In einigen Punkten zeigen die von Evenius vertretenen Methoden jedoch signifikante Unterschiede zum ratichianischen Programm.

Teil der Argumentation Ratkes für eine Zeitersparnis und Verkürzung des Unterrichts war die von ihm vertretene Beschränkung des lateinischen Unterrichts auf Terenz[14] und des griechischen auf das Neue Testament. Evenius erkannte wohl, dass diese Beschneidung des Kanons eine Verarmung des Unterrichts bedeutet hätte und stellte die Ausbildung der Schüler auf eine weitaus

---

13 Evenius: Methodi veritas, A 2 r–A 2 v: „Latinam et Graecam (addo iam Hebraicam) linguas tutius, accuratius, utilius, citius et felicius initium hauriendi fieri ex ipsismet autoribus, quam ex operosissimis, et laboriosissimis libris Grammaticalibus tanto temporis dispendio, tanto sudore et Praeceptorum et Discipulorum memoriae mandatis: iisdem autem non simpliciter negligendis, sed auxiliantibus non ut via, sed ut norma, si non dirigente, confirmante saltem ac stabiliente."
14 Ratke legte in dem „Memorial" von 1612 die Grunsätze seiner Pädagogik dar. „Zum vierten kann die lateinische [Sprache] aus den Komödien des Terentii mit Lust und Kurzweil werden gelernet, es sei denn, daß einer bei den Lateinern gedenkt, Jura zu studieren, dann werden die Institutiones Justiniani besser zu lesen und erklären sein." In: Seiler (Hg.): Kleine pädagogische Schriften von Wolfgang Ratke, S. 8. Vgl. auch Julius Lattmann: Ratichius und die Ratichianer. Helwig, Fürst Ludwig und Walther, Kromayer, Evenius und Herzog Ernst, auch Rhenius. Göttingen 1898, S. 149. Laut Lattmann rückte Ratke erst 1629 von dem Beharren auf Terenz als einzigem Autor ab.

breitere Basis, indem er die wichtigsten lateinischen und griechischen Autoren lesen ließ. Für das Latein nennt er die folgenden Namen: Cato, Cicero, Varro, Caesar, Sallust, Livius, Vitruv und Sueton. Evenius will diese Autoren im Unterricht lesen, weil sie „von Dingen höchster Bedeutung handeln, deren Kenntnis wir nicht ohne immensen Schaden entbehren können und weil sie das System der von den Griechen empfangenen Bildung vollendeten."[15]

Selbst in der gänzlich anders ausgerichteten Magdeburger Schulordnung, der *Schola christiana* von 1624, sollte Evenius nicht von dieser Bewahrung des humanistischen Kanons abrücken. Denn nur durch die Rezeption des Kanons – z. B. durch das Anlegen eigener *Loci-communes*-Sammlungen – würden die Schüler in die Lage versetzt, die Perfektion und Eloquenz in den alten Sprachen zu erlangen. Dagegen hätte eine weitreichende Umsetzung der Konzeption Ratkes, die den Kosten-Nutzen-Erwägungen der Scholarchen und Fürstenräte entgegenkam, den Verlust der reichen literarischen Kultur des Späthumanismus bedeutet.

Der weitaus größte Teil der Ausführungen über die *linguae cardinales* widmet sich dem Nutzen der Kenntnis des Griechischen. „Dem Kenner des Griechischen, heißt es bei Vives, stehen die Pforten aller Wissenschaften offen, die ja von den Griechen stammen."[16] Auch eine vertiefte Kenntnis des Lateins sei nur dem griechisch Versierten möglich. Im Folgenden findet sich eine Aussage, die seiner späteren Propagierung des muttersprachlichen Anfangsunterrichts in Magdeburg diametral entgegengesetzt ist:

> Weil vieles die Geschichte, das Wesen der Dinge, die privaten und öffentlichen Sitten sowie das Erkennen und Behandeln der Krankheiten Betreffende in der griechischen Sprache überliefert ist, liegt offen zu Tage, dass es für den Philosophen und den Mediziner von höchster Bedeutung ist, diese zu beherrschen.[17]

In seiner Verteidigung der griechischen Sprache führt Evenius weiter aus, dass der wichtigste Text der Theologen, das Neue Testament, in dieser Sprache verfasst worden wäre. All das, was die Abschreiber und Übersetzer dabei durch ihre Unwissenheit oder Sorglosigkeit depraviert hätten, könne durch eine Konsultation des Originals verbessert und in deutsche Worte übersetzt werden. Dunkle Metaphern und schwierige Passagen könnten nur am Original verstanden werden.

---

[15] Evenius: Methodi veritas, C 2 v: „[...] de rebus magni momenti, quarum cognitione non sine ingenti damno careremus, monuerunt; imo artes a Graecis acceptas plene elaborarunt."
[16] Ebd.: „Graecam Linguam nacto, scribit alicubi Vives, patent fores omnium disciplinarum, quae a Graecis manarunt."
[17] Ebd., C 3 r: „Et quia multa Graecis literis mandata in historia, natura rerum, moribus privatis et publicis, morbis cognoscendis ac sanandis: Philosophis ac Medicis illius cognitionem summe esse necessariam ultro patescit."

Neben der Septuaginta werden auch die griechischen Kirchenväter erwähnt. Evenius fällt ein negatives Urteil über lateinische Übersetzungen derselben: „Die Schriften der griechischen Kirchenväter wird niemand von denen, deren Eifer für das Griechische sich abkühlte, mit Gewinn in der Übersetzung lesen."[18] Stattdessen wirbt er auch hier dafür, generell den Originaltext zu konsultieren. Damit hebt sich diese Aussage deutlich ab von dem Lob der Übersetzungen in die Volkssprache, das Evenius in seiner Magdeburger Antrittsrede mit dem Titel *Honor scholarum assertus et restitutus* ausspricht.

Auch in der Jurisprudenz könne man die Kenntnis der griechischen Sprache nicht entbehren, denn häufig seien in lateinische juristische Texte griechische *Dicta*, z. B. von Platon, Demosthenes, Homer, Solon oder Drakon, sowie einzelne griechische Begriffe eingestreut. Doch die *Legistae*, eine Analogbildung zu *Grammatistae*, deutsch etwa „Winkeladvokaten", würden dennoch die Notwendigkeit des Sprachenstudiums für die Ausübung der Rechtswissenschaft anzweifeln. Hebräisch schließlich sei erforderlich für das Schärfen der verbalen Waffen in der konfessionspolemischen Auseinandersetzung. Im Kampf gegen die beim Judentum Verbliebenen, Katholiken und Calvinisten benötige man den Beistand der hebräischen Sprache.

Im Fazit der Ausführungen über die *tres linguae cardinales* betont Evenius noch einmal die Unabdingbarkeit der drei alten Sprachen sowohl für das Studium an einer Universität als auch den Unterricht an den Gymnasien. Im Ganzen läuft die Argumentation in der *Methodi veritas* klar auf eine Zurückweisung des ratichianischen Programms hinaus, insoweit dieses den Kanon der antiken Autoren zu beschneiden sucht. Evenius rezipiert Ratke nur in pädagogisch-methodischer Hinsicht, nicht jedoch in der Frage der Unterrichtsinhalte. Gegen Ratke verteidigt Evenius die humanistischen Studien. Sein Hauptargument ist dabei, dass eine sinnvolle Vorbereitung auf das Universitätsstudium ohne den Kanon und solide Kenntnis des Lateinischen und Griechischen nicht möglich sei.

Durch die Vorstellung einiger Passagen aus *Methodi veritas* sollte deutlich werden, dass Evenius – seiner Sozialisation an der Universität Wittenberg entsprechend – in den ersten Jahren eigener pädagogischer Tätigkeit ein typischer Vertreter des vornehmlich sprachlich orientierten Humanismus war. Sein uneingeschränktes Vertrauen galt den antiken Autoritäten. Das Erlernen der griechischen, lateinischen und hebräischen Sprache sah er als den Königsweg zu Wissenschaft und Welterkenntnis an. Erst vor diesem Hintergrund wird der mit der Berufung nach Magdeburg verbundene Wandel in seinem Denken evident.

---

18 Ebd.: „In Patrum certe Graecorum scriptis, translatis etiam nemo cum fructu versabitur, linguae huius studio destitutus."

Die beiden Schriften *Methodi veritas* und *Honor scholarum assertus* liegen zeitlich nur wenig auseinander, und doch vertritt Evenius in ihnen entgegengesetzte Inhalte. In ihnen dokumentiert sich der qualitative Schritt von der traditionsgemäßen Gelehrtenbildung zum praxisnahen muttersprachlichen Anfangsunterricht in den Realienfächern. Während für die erste Schrift noch die Antike der Schlüssel zur Kenntnis der Wissenschaften ist, orientiert sich die zweite bereits am Erfahrungswissen. Die Schüler sollen durch Anschauung und eigens für den Unterricht verfasste Lehrbücher das nötige Wissen erlangen.

Die in *Methodi veritas* und *Honor scholarum assertus* vertretenen Standpunkte entsprechen damit den entgegengesetzten Polen der *Querelle des Anciens et des Modernes*.[19] Bei der *Querelle* handelt es sich um eine gegen Ende des 17. Jahrhunderts an der Académie française ausgetragene Debatte über die Frage, ob die Gegenwart der Antike überlegen sei. Während die eine Partei in einer Art Laudatio temporis acti nur die antiken Autoren als Autorität anerkannte, betonte die andere unter Hinweis auf die zeitgenössischen Neuerungen in Technik und Wissenschaft die Gleichwertigkeit, ja Überlegenheit ihrer eigenen Zeit.

Heinz Entner hat in der Rede *Felicitas seculi*[20] des Beuthener Professors Caspar Dornau[21] eine „Antizipation der Querelle" ausgemacht. „Das Thema war das ganze 17. Jahrhundert über virulent, aber erst seine Verhandlung an der Académie française hat so viel Geräusch gemacht, daß man dieses letzte Gefecht für das allein wichtige nahm."[22] Auch Evenius gehört zu den Vorläufern der *Querelle*, weil er sich in seinen Magdeburger Schriften in Anlehnung an Dornau eindeutig aufseiten der Befürworter der „modernen Zeiten" positionierte.

In der weiter unten zu thematisierenden Rede *Honor scholarum assertus* richtete sich der Rektor an die anwesenden Lehrer. Er ruft sie dazu auf, in ihrer die Forschung vorantreibenden Neugierde nicht nachzulassen. Unter der Marginalie: *Nova quoque inveniendo* findet sich eine Aussage, die Evenius' Vertrauen in progressive Forschung deutlich werden lässt.

---

19 Vgl. Martin Disselkamp: Parameter der Antiqui-Moderni-Thematik in der Frühen Neuzeit. In: Herbert Jaumann (Hg.): Diskurse der Gelehrtenkultur in der Frühen Neuzeit. Ein Handbuch. Berlin u. a. 2011, S. 157–177; sowie Matei Chihaia: Art. Querelle des anciens et des modernes. In: Enzyklopädie der Neuzeit, Bd. 10, Sp. 588–591.
20 Caspar Dornau: Felicitas Seculi, hoc est, Oratio, qua probatur; artes & liberales & mechanicas, nostra aetate cultiores esse, quam multis retro seculis. Praemissa recitationi legum in Illustri Gymnasio Schönaichiano. Beuthen 1617. Vgl. hierzu Heinz Entner: Zum Kontext von Martin Opitz' Aristarchus. In: Germanica Wratislaviensia 47 (1982), S. 3–58, hier S. 21–27; Seidel: Caspar Dornau, S. 287–306.
21 Vgl. Robert Seidel: Art. Caspar Dornau. In: Killy/Kühlmann 3 (2008), S. 81f.
22 Entner: Aristarchus, S. 18.

> Wir sind der Ansicht, dass das Buch der Natur von den Alten [den antiken Autoren] noch nicht so verschlossen und versiegelt wurde, dass ein erneutes Annähern, Hineinblicken und Lesen in diesem uns völlig verboten wäre. Dessen Tiefe ist noch nicht so ausgelotet und ergründet, dass wir nicht das ein oder andere Geheimnis oder den Alten Unbekannte ausschöpfen und ans Licht bringen könnten. Beinahe unendlich facettenreich ist das Wesen der Dinge, wie Vives schreibt, sowohl in dem, was sich den Sinnen darbietet, als auch in den Auswirkungen und den Ursachen, warum etwas geschieht. Wie weit erstreckt sich die Vielfalt bei den Kräutern, den Lebewesen, dem Menschen, den Gedanken und im Kosmos?[23]

Man kann dies bereits als Propagierung der experimentellen Naturwissenschaften und Abkehr vom Autoritätsglauben deuten.

Robert Seidel hat in seiner maßgeblichen Biographie Caspar Dornaus[24] zur Darstellung gebracht, auf welche Weise sich der Späthumanist gegen die im Luthertum des frühen 17. Jahrhunderts weit verbreitete Fortschrittsskepsis[25] wandte. In seiner oben bereits erwähnten Rede *Felicitas seculi* entwerfe er ein „allumfassendes und von jeder Skepsis oder religiös motivierten Einschränkung freies Bild des zivilisatorischen Fortschritts."[26] Da Dornau dank seiner europäischen Sozialisation innerhalb des Luthertums eine Sonderstellung einnahm, soll im Nachfolgenden die Einflussnahme dieses Autors auf den Magdeburger Rektor nachvollzogen werden.

6.2 Forderung der Reform in Magdeburg: Der Einfluss Caspar Dornaus

In seiner methodologischen Schrift *Methodi veritas* hielt Evenius, wie oben demonstriert, am lateinischen Anfangsunterricht und an der Schwerpunktsetzung auf die traditionell humanistischen Fächer Griechisch, Rhetorik und Dialektik fest. Die Muttersprache spielt in seiner Konzeption von 1620 noch keine Rolle. Lediglich als Ergänzung der herkömmlichen Inhalte spricht er sich für eine Unterrichtung in den Realien aus, doch auch diese Frage ist noch randständig.

---

23 Evenius: Honor scholarum assertus, S. 73: „Non enim ita clausum Naturae librum obsignatumque a veteribus existimemus, ut aditu, inspectione ac lectione nova plane nobis interdictum, non ita evacuata atque exinanita eiusdem profunditas, quae et nobis hauriendum et effodiendum aliquid mystici veteribusque incogniti neget. Infinite varia est natura rerum, verba sunt mei Vivis, sive in his quae monstrantur sensibus, sive in effectis et caussis cur quicquam agatur. Quam late patet in herbis, in animantibus, in homine, in mentibus, in coelis?"
24 Seidel: Caspar Dornau.
25 Vgl. zur Fortschrittsskepsis im Luthertum Kühlmann: Gelehrtenrepublik und Fürstenstaat, S. 171f.
26 Seidel: Caspar Dornau, S. 289.

Als entscheidender Wendepunkt seiner pädagogischen Anschauungen dürfte wohl Evenius' Lektüre der 1620 erschienenen Rede *Ulysses scholasticus* von Caspar Dornau anzusehen sein. Dies betrifft sowohl die Stärkung der Position der Realien in seiner Unterrichtskonzeption als auch seine Öffnung für die Muttersprache. In der 1622 anlässlich des Amtsantritts in Magdeburg verfassten Rede *Honor scholarum assertus* finden sich mehr als zwanzig Zitate aus Dornaus *Ulysses*. Ein kurzer Seitenblick auf Dornaus Rede kann daher auch die Genese der grundlegenden Reform des Magdeburger Gymnasiums erhellen.

Der *Ulysses scholasticus* besteht aus zwei Reden, die Dornau im Laufe des Jahres 1619 „vor der Schulgemeinde in Beuthen gehalten hatte und im November zum Druck gab."[27] Der vollständige Titel lautet: „Der gelehrte Ulysses, oder über die Fehler, welche in den Trivialschulen begangen werden".[28] Dieser Titel erklärt sich zum einen durch die Kritik an der zeitaufwendigen Schulbildung, die der Irrfahrt des Odysseus gleichgesetzt wird, zum anderen durch Dornaus zehnjährige Reise quer durch Europa. In dieser Zeit hatte er in verschiedenen pädagogischen Funktionen – unter anderem als Privatlehrer der Söhne des böhmischen Magnaten Siegmund von Smirziz – die Gelegenheit, sich ein Urteil über „die Mißstände wie die günstigen Verhältnisse im Bildungswesen"[29] zu bilden. Kühlmann führt Dornaus Opposition gegen den reformatorischen Schulhumanismus auf seine Nähe zur „geistig-literarische[n] Sphäre des Prager Manierismus um Rudolph II."[30] zurück. Auch die Wahl des Studienfachs weise in eine nonkonformistische Richtung:

> Daß er die Medizin als Studienfach erwählte – nicht aber die Jurisprudenz –, könnte ein Fingerzeig für die tieferliegenden Interessen Dornaus sein: entschieden sich doch hierfür nicht wenige, die in latenter Opposition zur aristotelischen Philosophie, zu einer bloß philologischen Buchwissenschaft und zu jeglicher orthodoxer Dogmatik standen, stattdessen aber paracelsischen, pansophischen, magisch-hermeneutischen oder alchemistischen Neigungen nachgingen.[31]

Diese Prägung durch seine wissenschaftliche Sozialisation würde erklären, warum Dornau „zu den entschiedensten Kritikern der erstarrten humanistischen

---

27 Ebd., S. 204.
28 Caspar Dornau: Ulysses Scholasticus, Hoc est, De Erroribus, Qui In Scholis, quas appellant, trivialibus, admittuntur. Dissertatio Duplex. Hanau 1620.
29 Seidel: Caspar Dornau, S. 205. Vgl. zu Dornaus Tätigkeit für die Familie Smirziz Kapitel 3; zu Dornaus Zeit als Rektor des Görlitzer Gymnasiums Kapitel 6 und 7.
30 Kühlmann: Gelehrtenrepublik und Fürstenstaat, S. 149.
31 Ebd.

Scholastik gehört". Sein *Ulysses* sei später ins Deutsche übersetzt und „noch im 18. Jahrhundert" gelesen worden.[32]

Nach seiner Europareise war Dornau Rektor des *Gymnasium illustre* in Görlitz, ein Amt, das er von 1608–1616 ausübte und das ihn im besonderen Maße dazu befähigte, sich zum Problemkreis der Trivialbildung zu äußern. Von 1616–1620, also zur Zeit der Abfassung des *Ulysses*, wirkte Dornau am Gymnasium in Beuthen, laut Seidel „ein akademisches Gymnasium mit teilweise universitärem Charakter".[33] Dort hatte er die Position eines *professor morum* inne, der die Schüler „in moralisch integrem, zugleich praxis- und karriereorientiertem Verhalten" zu unterweisen und auf den Hofdienst vorzubereiten hatte.[34]

Der *Ulysses scholasticus* zieht die Summe dieser Erfahrungen Dornaus als Pädagoge und ist gleichsam eine Bestandsaufnahme der Gelehrtenschulen im ersten Drittel des 17. Jahrhunderts. Dornau legt dar, dass die bisherige Praxis den Anforderungen seiner Zeit nicht mehr gewachsen sei. Der von Seidel konstatierte diffuse Charakter seiner Einlassungen, die wenig konkret in die Praxis Umsetzbares bieten,[35] könnte eventuell seiner zeitlichen Stellung geschuldet sein. Die ihm gestellte und von ihm erfüllte Aufgabe war es, eine präzise Diagnose der Nachteile der bisherigen Lehrweise zu stellen. Späteren Pädagogen wie Evenius oder Johann Amos Comenius blieb es überlassen, einen in Schulordnungen nachweisbaren Niederschlag der Reformbestrebungen zu erbringen. Denn auch im Hinblick auf seinen Einfluss auf Martin Opitz[36] wirkte Dornau ja als entscheidender Förderer, der die Idee einer Reform der muttersprachlichen Dichtung auf den Weg brachte. Ihre konkrete Umsetzung lag in den Händen der nächsten Generation.

Gleichsam als Ausgangspunkt einer jeglichen Reform formuliert Dornau im *Ulysses* eine radikale Kritik des melanchthonischen Gelehrtenschulwesens. Die heutigen Greise würden versichern, dass zu ihrer Zeit die Trivialschulen in Blüte gestanden hätten; dagegen seien die heutigen kaum ein Schatten der einstigen. Wenn man sie frage, was die Exzellenz dieser Schulen ausgemacht hätte, würden sie antworten, dass einst Jünglinge in großer Anzahl zusammengeströmt wären,

---

[32] Ebd.
[33] Seidel: Caspar Dornau, S. 240.
[34] Ebd., S. 269.
[35] Ebd., S. 211f.
[36] Vgl. Klaus Garber: Art. Martin Opitz. In: Killy/Kühlmann 8 (2010), S. 715–722; Martin Opitz: Briefwechsel und Lebenszeugnisse. Kritische Edition mit Übersetzung. An der Herzog August Bibliothek zu Wolfenbüttel hrsg. von Klaus Conermann unter Mitarb. von Harald Bollbuck. Berlin u. a. 2009, 3 Bde; sowie die von Robert Seidel und Veronika Marschall hrsg. „Lateinischen Werke von Martin Opitz". Berlin u. a. 2009–.

die durch ihren „hohen Wuchs und ihre langen Bärte" als besonders herausragend aufgefallen wären.

Frage man weiter, welche Autoren Gegenstand des Unterrichts gewesen seien, so antworteten die Greise: „Die Grammatik des besten Melanchthon, ebenso seine Dialektik und Rhetorik." Und das, fragt Dornau, solle jene heilige Erhabenheit dieser Schulen sein? Sei deren Zustand nicht eher zu bedauern, als zu loben?

> Denn ihr Bart weist diese Schüler als erwachsene Männer aus, die, gemessen an ihrem Alter, eher andere unterrichten oder in einer bestimmten Position in der Gesellschaft Gott und ihrem Vaterland dienen müssten. Stattdessen plagen sie sich noch mit der Grammatik, den ausgefallensten Syllogismen und mit rhetorischen Figuren ab. Von jenen Artes hingegen, die großen Einfluss auf die Sitten der Menschen haben und von den Geheimnissen der Natur künden, haben sie keinen blassen Schimmer.[37]

Vor dem Hintergrund der Sozialisation Dornaus im von Melanchthon geprägten Gelehrtenschulwesen wirkt diese Kritik weitreichender als die zeitgenössischen, zumeist topischen Klagen über Bildungsverfall und Ansehensverlust der Gelehrten. Sie ist deswegen konstruktiv, weil sie benennt, was dem alten, gewissermaßen statischen System fehlt – die Ausrichtung an den Erfordernissen der Praxis.

Man ist aufgrund dieser Bestandsaufnahme geneigt, auch jenen Passagen des *Ulysses*, die für eine Aufwertung der Muttersprache innerhalb des Curriculums werben, größere Bedeutung beizumessen. Das Argument Seidels, diese Passagen ständen innerhalb der Rede selbst wie im Gesamtwerk eher isoliert und seien lediglich topisch, ist sicher zutreffend.[38] Darüber hinausgehend soll im Folgenden durch einen Nachweis der Rezeption der Rede Dornaus Bedeutung für die Debatte um die Muttersprache offengelegt werden. Die Äußerungen im *Ulysses* waren innerhalb der Generalkritik, die die Rede formuliert, als erster Schritt in Richtung Reform intendiert. Sigismund Evenius hat diesen Vorschlag aufgenommen und, wie an seiner 1624 gedruckten deutschen Schulordnung *Schola christiana* ablesbar, in die Praxis umgesetzt.

---

[37] Dornau: Ulysses scholasticus, S. 30: „Haecne, Auditores, illa est divina, quam tantopere praedicant, scholarum dignitas? An existimatis, quod vero est affinius, mihique attentum vestrum silentium pollicetur? dolendam potius, non vehendam laudibus esse eorum conditionem: qui barbae indicio, eo usque provecti aetate, quo instituere alios debeant, aut in quacunque statione servire Deo patriaeque; ipsi adhuc colluctantur cum sacco Grammatico, cum Darapti-Felapton, cum Schematismis Rhetoricis: artium quibus hominum mores universim aut singillatim conformantur, aut Naturae mysteria recluduntur, ne minimum quidem gustum perceperunt."
[38] Seidel: Caspar Dornau, S. 327.

Doch zunächst zu dem die Muttersprache betreffenden Zitat aus der Rede Dornaus. Der bisherigen Praxis folgend sei stets nur von der Muttersprache ins Lateinische übersetzt worden. Der Beuthener Rektor schlägt stattdessen vor, auch die Übersetzung aus dem Lateinischen in die Muttersprache zu üben, denn dadurch würde man erreichen, daß die Heranwachsenden „auch mit der Muttersprache, ihrer Reinheit und Eleganz vertraut werden."[39]

Das Übersetzen aus dem Latein in die Muttersprache: Das Neuartige dieses Vorschlags wurde von Seidel zutreffend benannt. Dornau sei „einen entscheidenden Schritt"[40] über das bisher Übliche hinausgegangen. Die Muttersprache diente in der gewohnten Praxis der Gelehrtenschulen lediglich als Verständnishilfe für das Erlernen des Lateins; die Texte wurden aus der Muttersprache ins Latein übersetzt.[41] Sprachsicherheit und -eleganz sollten im Latein erworben werden. Deutsch führte ein Schattendasein, es wurde nebenher verwendet, ohne stärkere Beachtung zu finden. Dornau nun misst der Volkssprache einen eigenständigen Wert bei, indem er das Übersetzen aus dem Latein in die Muttersprache fordert, „und zwar nicht nur, um sich über den Inhalt der Texte zu verständigen (wie es bei der Behandlung schwieriger Texte geschehen muß), sondern auch, weil sich dabei zugleich die ‚*puritas*‘ und ‚*elegantia*‘ (Opitzens ‚Reinigkeit und Zier‘) studieren läßt".[42]

An dieser Stelle wird deutlich, dass der Unterricht in der Muttersprache bei Dornau im Gegensatz zur bisherigen Praxis eine eigene Qualität gewinnt. Seidel bemerkt hierzu, dass Dornau in seinem Einsatz für die Muttersprache eine gewisse Grenze nicht überschreite, er gehe nicht so weit, „daß er expressis verbis ein Abhalten von rhetorischen Übungen in der Muttersprache verlangt."[43] Er räumt jedoch ein, dass es sich bei Dornau um einen sehr frühen Vertreter des muttersprachlichen Unterrichts handele, und dass zu seiner Zeit noch keine klaren Vorstellungen über die konkrete Form eines Deutschunterrichts existierten. Eventuell wiegen an dieser Stelle seine Wirkung auf die Zeitgenossen und die Nachwelt schwerer als seine praktischen Vorschläge.

---

39 Dornau: Ulysses scholasticus, S. 40 (Seidel: Caspar Dornau, S. 211 f.): „Materiam porro qualem committimus pubi nostrae? Vernaculi sermonis: ut is in Latinum convertatur: Non eo improbatum: sed velim ita permutari vices: ut alternis e Latino in vernaculum, et vicissim ex vernaculo, seposito Autore, translatio suscipiantur. Unde illud accedet commodi: ut adolescentes, cum Latinae aut Graecae linguae vacant, una eademque opera etiam Maternae, eiusque puritati, et elegantiae consuefiant."
40 Seidel: Caspar Dornau, S. 217.
41 Ebd., S. 191 f.
42 Ebd., S. 217.
43 Ebd., S. 320.

Dornaus Anregung, sich von Vorurteilen zu lösen und das deutsche Idiom von der Verachtung zu befreien, fiel auf einen fruchtbaren Boden. Als Leser und Rezipienten des *Ulysses* können zwei namhafte Schulreformer ausgemacht werden: Sigismund Evenius und Johann Amos Comenius. Seidel zufolge hat bereits Bohlen[44] nachgewiesen, „daß Dornau mit seinen reformpädagogischen Ansichten und Vorschlägen in Detail-, aber auch in Grundsatzfragen von Comenius neben anderen als Autorität herangezogen wurde."[45]

Der Ausgangspunkt einer jeglichen Reform war für Dornau, Evenius und Comenius die Ausrichtung an den Erfordernissen der realen Lebenswelt. Ein von allen drei pädagogischen Denkern verwendeter Topos ist der Hinweis auf den Nutzen, den die Schüler in ihrem späteren Leben aus den vermittelten Kenntnissen und Fertigkeiten ziehen könnten. Ihr Anliegen war die Hinterfragung einer Akkumulation realitätsferner Bildungsinhalte, wie sie im melanchthonischen System vermittelt wurden.

> Aus der Rücksicht auf die Nützlichkeit ist bei Comenius auch die Hervorhebung der Muttersprache hervorgegangen. Er forderte die Gelehrten aller Völker auf, die Muttersprache nicht so zu verachten, dass es ihnen unwürdig scheine, auf ihre Ausbildung auch nur geringe Mühe zu verwenden, und zwar tut er dies [...] unter ausdrücklicher Berufung auf Dornau, von dem er sich also in der Empfehlung der Muttersprache beeinflusst zeigt.[46]

Comenius zitiert in seiner *Methodus novissima*,[47] die sich in der Hauptsache einer neuen Methodik beim Erwerb der lateinischen Sprache widmet, auch Passagen aus Dornaus *Ulysses*. Während das Ziel der Bestrebungen Dornaus und Evenius' stets die Hebung des deutschen Idioms war, weitet Comenius die Fragestellung aus und richtet sich mit seiner Propagierung der Volkssprache ausdrücklich an die „Gelehrten aller Völker".[48] Das Werk der Spracherneuerung könne nicht von Einzelnen angegangen werden, sondern erfordere die Bündelung der Kräfte, wie sie von der Florentiner *Academia della Crusca* und der Fruchtbringenden Gesellschaft bereits institutionalisiert worden wäre. Dornau rangiert bei Comenius

---

44 Jann Luecken Bohlen: Die Abhängigkeit des Pädagogen Joh. Amos Comenius von seinen Vorgängern. Erlangen 1906.
45 Seidel: Caspar Dornau, S. 218, Fn. 156.
46 Bohlen: Comenius, S. 55.
47 Es handelt sich um die folgende, in den „Opera Didactica omnia" (Amsterdam 1657) enthaltene Schrift aus dem Jahr 1648: Johann Amos Comenius: Novissima Linguarum Methodus. Fundamentis Didacticis solide superstructa: Latinae L. exemplo realiter demonstrata: Scholarum usibus iam tandem examussim accomodata: Sed & insuper aliis Studiorum generibus magno usu accomodanda.
48 Bohlen: Comenius, S. 55.

gleichsam in der ersten Reihe der Vertreter der Sprachreform, und er hat auch hier den Platz eines Anregers inne.

6.3 Die Magdeburger Antrittsrede: *Honor Scholarum assertus et restitutus*

Wie der Titel bereits andeutet, besteht der Druck *Honor scholarum assertus* aus zwei inhaltlich zusammenhängenden Reden.[49] Die erste Rede widmet sich der Analyse des gegenwärtigen Zustandes. Evenius zeichnet ein düsteres Bild der schulischen Situation und benennt externe und interne Gründe für den Verfall der Bildung. Die doppelte Gegnerschaft durch die unteren Schichten und die Herrschenden erschwere den Lehrern die Ausübung ihres Berufes. Vom einfachen Volk würden sie mit Spott und Hohn überzogen; bei den Regierenden träfen sie nur auf Unverständnis, was sich in unzureichender Bezahlung niederschlagen würde.

Zunächst bedient sich Evenius zahlreicher Exempel aus Antike und Mittelalter, um die Bildung auf durchaus herkömmliche, humanistisch-topische Weise zu loben. Er schildert die Geschichte der Schule: von den Lehrern des Alten Testaments über Christus und die Apostel, den antiken Gymnasien und Akademien in Alexandria und Rom bis hin zu den Schulen Galliens und Germaniens im Mittelalter. Karl der Große fungiert als Idealbild eines die Bildung fördernden Herrschers. Unter dem Frankenkönig hätten nicht Reichtum und Adelstitel, sondern allein die Begabung den Ausschlag gegeben für eine Förderung der Schüler. Evenius formuliert hier eine scharfe Adelskritik im historischen Gewand. Karl wäre bestrebt gewesen, die sich allein auf ererbte Privilegien stützenden Höflinge „zurück auf den Weg der Tugend"[50] zu führen. Anhand des Beispiels Karls des Großen ließe sich der kreative Umgang Evenius' mit dem *Ulysses scholasticus* demonstrieren: Evenius zitiert extensiv Passagen dieser Rede Caspar Dornaus, doch er führt breiter aus, was bei Dornau nur kurz angerissen wird.

Vor dem Hintergrund der Wertschätzung und Förderung, derer sich die Bildung einst erfreute, fällt die Bestandsaufnahme des gegenwärtigen Zustandes umso dramatischer aus. Als besonders drastisches Beispiel der allgemeinen Verkommenheit dienen die Zustände an den Universitäten. Ohne einen gefestigten

---

49 Sigismund Evenius: Honor Scholarum assertus et restitutus. Quem Dissertationibus Duabus comprehensum, Una De Contemtu Scholarum Scholasticique Ordinis, Eiusque Veris Ac genuinis caussis Halae Saxonum in dimissione: Altera De Vindicando Huiusmodi Contemtu, Magdeburgi in solemni receptione Pronuntiatis. Magdeburg 1622.
50 Ebd., S. 3: angebliches Zitat Karls des Großen: „Deum testor, nullum vobis reditum ad honores et praemia patere posse, antequam in virtutis et diligentiae et verecundiae viam redeatis."

Begriff von Moral und die notwendigen propädeutischen Kenntnisse erhalten zu haben, bezögen die Schüler die höheren Schulen. Die universitäre Freiheit würde von ihnen nicht zur sittlichen und wissenschaftlichen Vervollkommnung, sondern allein zu ausschweifendem Lebensstil genutzt.

Abhilfe könne hier allein eine vertiefte Erziehung zur Frömmigkeit schaffen, die den Schülern in einem früheren Lebensalter als bisher eingeprägt werden müsse. An die Stelle des verbreiteten grammatischen Anfangsunterrichts, der Rhetorik und Dialektik, müssten Katechismus, Dekalog, Psalter sowie wichtige Passagen aus den Evangelien treten. Ferner könnten die Schüler nur durch das Vorbild des die Sitten beachtenden Lehrers zu einem moralisch verantwortlichen und daher dauerhaft glücklichen Leben geführt werden. Evenius bedient sich hier der klassisch-humanistischen Topoi, die sich in fast allen schulhumanistischen Reden zum Thema finden.

Ein längerer Abschnitt parallelisiert die einstige angemessene Entlohnung der Gelehrten mit dem Hungerlohn, mittels dessen sie heutzutage ihr Leben fristen müssten. Evenius richtet einen eindringlichen Appell an die heutigen Herrschenden, sich der Bildung anzunehmen. Die von den Gelehrten selbst erhobene Klage über fehlende Wertschätzung ihrer Tätigkeit durch das Volk und die Herrschenden äußerte sich im akademischen Schrifttum bereits seit dem Tod Melanchthons, in großer Zahl jedoch ab der Wende zum 17. Jahrhundert.[51]

Einige Späthumanisten setzten bereits zu einer Problemlösung an, indem sie das neue Qualifikationsbild des *politicus* etablierten.[52] Im beginnenden Absolutismus mit seiner Aufwertung der Höfe dienten die humanistischen Studien in zunehmendem Maße der Vorbereitung auf eine Tätigkeit im Fürstendienst. Ziel war nun die „Anpassung an die Formkonventionen des Umgangs und des Verhaltens"[53] in der höfischen Sphäre. Kühlmann schildert diesen Prozess am Beispiel von Matthias Bernegger, Professor für Geschichte an der Universität Straßburg, der die akademischen Studien an den Bedürfnissen der geänderten Verhältnisse neu ausrichtete.[54]

---

51 Kühlmann: Gelehrtenrepublik und Fürstenstaat.
52 Vgl. zur Etablierung des „Politicus"-Begriffs Wolfgang Weber: Prudentia gubernatoria. Studien zur Herrschaftslehre in der deutschen politischen Wissenschaft des 17. Jahrhunderts. Tübingen 1992, S. 31–42; sowie ders.: Die Erfindung des Politikers. Bemerkungen zu einem gescheiterten Professionalisierungskonzept der deutschen Politikwissenschaft des ausgehenden 16. und 17. Jahrhunderts. In: Luise Schorn-Schütte (Hg.): Aspekte der politischen Kommunikation im Europa des 16. und 17. Jahrhunderts. Politische Theologie – Res Publica-Verständnis – konsensgestützte Herrschaft. München 2004, S. 347–370.
53 Kühlmann: Gelehrtenrepublik und Fürstenstaat, S. 146.
54 Ebd., S. 43–112; vgl. auch Wilhelm Kühlmann: Art. Matthias Bernegger. In: Killy/Kühlmann 1 (2008), S. 471f.

Einen ganz ähnlichen Prozess, wenn auch im Bereich der voruniversitären Bildung, vollzieht Evenius. Der Vergleichspunkt zwischen Bernegger und Evenius ist der wache Sinn für die gewandelten Erfordernisse der eigenen Zeit und die Einsicht in die Unzulänglichkeit des alten Systems der Gelehrtenausbildung. Beide Pädagogen vereint das Festhalten am Kern, an der Botschaft der humanistischen Studien: der Perfektibilität der Persönlichkeit durch das Studium der Literatur, wobei Bernegger den Schwerpunkt eher auf den antiken Kanon, Evenius eher auf die biblischen Schriften legt. Sowohl die von Kühlmann herangezogene Rede Berneggers als auch *Honor scholarum assertus* von Evenius erschienen im Jahr 1622.

In der zweiten Rede, „Über die Überwindung der Geringschätzung der Gelehrsamkeit", bietet Evenius konkrete Ansätze zur Problemlösung. Dass sie zu Beginn seiner Rektoratszeit in Magdeburg gehalten wurde, demonstriert die biographische und bildungsgeschichtliche Zäsur dieses Neuanfangs. Evenius trennte sich von den Idealen, wie er sie noch in seiner oben vorgestellten Schrift *Methodi veritas* formuliert hatte, und legte seinen Magdeburger Zuhörern die an der Praxis ausgerichtete Reform des Curriculums dar. Allein die Abkehr von der bisherigen, zu komplexen Lehrweise und die Hinwendung zu einer verständlichen, die Schüler auf ihr Berufsleben vorbereitenden Unterweisung könne den Schulen wieder zu mehr Ansehen verhelfen. Konkret bedeute dies eine vertiefte religiöse Unterweisung, die Aufwertung der Muttersprache und die Integration der Realien in die Curricula.

Von der Ersetzung des antiken Bildungsgutes im Anfangsunterricht durch religiöse Inhalte verspricht sich Evenius eine Hebung der Sitten, deren Niedergang er in lebhaften Farben schildert. Der Religion falle in einer Zeit gesellschaftlicher und politischer Umbrüche die Aufgabe zu, Orientierung zu stiften. Dabei beruft sich Evenius ausdrücklich auf die *Vier Bücher von wahrem Christentum*[55] Johann Arndts, die 1610 in Magdeburg gedruckt wurden, und die *Schola pietatis*[56] von Johann Gerhard. Doch im Gegensatz zu anderen lutherisch-orthodoxen Theo-

---

[55] Johann Arndt: Vier Bücher Von wahrem Christenthumb / Heilsamer Busse / Hertzlicher Rewe vnnd Leid vber die Sünde vnd wahrem Glauben: Auch heiligem Leben vnd Wandel der rechten wahren Christen [...] / Jetzo auffs newe vbersehen vnd gebessert / Durch Johannem Arndt / General Superintendenten des Fürstenthumbs Lüneburg. Magdeburg 1610–1615. Vgl. Hans Otte (Hg.): Frömmigkeit oder Theologie. Johann Arndt und die „Vier Bücher vom wahren Christentum". Göttingen 2007.
[56] Johann Gerhard: Scholae Pietatis Liber [...] Das ist / Christlicher vnd heilsamer Vnterrichtung / was für Vrsachen einen jeden wahren Christen zur Gottseligkeit bewegen sollen / auch welcher gestalt er sich an derselben vben soll. Jena 1622–1623. Vgl. Johann Anselm Steiger: Johann Gerhard (1582–1637). Studien zu Theologie und Frömmigkeit des Kirchenvaters der lutherischen Orthodoxie. Stuttgart-Bad Cannstatt 1997.

logen wie z. B. Andreas Cramer stellt die religiöse Unterweisung für Evenius nicht den alleinigen, ja nicht einmal den privilegierten Inhalt des Curriculums dar. Gleichberechtigt neben die Religion treten die Realien, die Muttersprache und die Propädeutik in den späteren Jahren.

Auf die erste Phase des Unterrichts, die ganz dem muttersprachlichen Religionsunterricht gewidmet ist, soll eine zweite Phase folgen, in der nicht mehr lateinische und griechische Grammatik, Dialektik und Rhetorik, sondern die Realien in der Muttersprache gelehrt werden.

> Wenn diese Vorbereitung [der religiöse Unterricht] zum Ziele einer glücklicheren Verrichtung des späteren Lebens verbunden wird mit der ebenso muttersprachlichen Unterweisung in den Artes, gerichtet auf die Fähigkeiten des Textverständnisses, der Argumentation, des zum Guten An- und vom Schlechten Abratens, mit der Unterweisung im Wesen der Dinge, in den Wundern der Natur, in den Fähigkeiten des Rechnens, Singens, Erkennens und Messens, in der Beschaffenheit und den Zuständen des Himmels und der Erde, schließlich den aus der Geschichte gewonnenen privaten, öffentlichen, wirtschaftlichen Fertigkeiten, wenn also, sage ich, diese Wissenschaften in verständlicher Lehrweise begleitet werden vom Studium der Frömmigkeit, wahrhaftig, dann bekommt der Schüler eine ideale Vorbereitung auf das weitere Leben. Sein so erworbener friedfertiger Geist wird ihm wie Nektar und Ambrosia selbst die Bitternisse des täglichen Lebens versüßen.[57]

Warum, so fragt Evenius weiter, halten wir unsere Schüler davon ab, die Schätze der Wissenschaft auch in der Muttersprache zu besitzen, da doch alle anderen Völker die Geheimnisse derselben in ihrer eigenen Sprache darstellen und lehren? „Die Athener gaben ihr Wissen auf Griechisch weiter, die Römer auf Lateinisch, die Juden auf Hebräisch. Warum also nicht die Deutschen auf Deutsch?"[58] Zumal während des Erlernens der Fremdsprachen Jahre vergingen, die weitaus nützlicher und zum Vorteil des Gemeinwesens mit dem deutschen Unterricht in den Artes verbracht werden könnten.

---

57 Evenius: Honor scholarum assertus, S. 51–52: „Cui προπαρασκευῇ, si pro feliciori et faciliori in vitae actionibus suscessu in eadem vernacula jungatur artium quoque humaniorum, quibus vel discurrendi ratiocinandive facultas, vel justa persuadendi, iniqua disuadendi ratio dirigitur perficiturque aut essentiae rerum, naturae miraculorum, numerandi, canendi, videndi mensurandique via compendiaria, coeli terraeque conditio ac constitutio, morum denique privata, publica, oeconomicaque ratio ex actis gestisque populorum variorum, si inquam artium, scientiarumque harum omnium Pietati comes eat methodo facilima facta inculcatio; nae suavissime vitae subsequae fluet institutum, conscientiaeque pacatissimae nectare ambrosiaque perfusus animus edulcorabit, quicquid amaritiem in vitae quotidianis casibus resipere videbatur."
58 Evenius: Honor scholarum assertus, S. 52: „Athenienses Graece; Romani Latine; Iudaei Hebraice disciplinas suis inculcari curarunt: Cur ergo non Germani teutonice?" Vgl. zu diesem Themenkomplex Reinhard Dietel: Die Begründung der deutschsprachlichen Forderungen im 17. Jahrhundert mit Rücksicht auf Unterricht und Wissenschaft (Diss). Dresden 1904.

Evenius nähert sich hier einer Kritik an der Gelehrsamkeit und dem antiken Kanon an, wie sie in den Stadträten und an den Höfen bereits seit der Jahrhundertwende artikuliert wurde. Hintergrund dieser verbreiteten Ablehnung der *Studia humaniora* waren Kosten-Nutzen-Kalkulationen: Der Ertrag einer mehrjährigen Ausbildung in der lateinischen und griechischen Sprache wurde angezweifelt. Die Studien galten als nicht mehr zeitgemäß und ineffizient.[59]

Angesichts der auch in Magdeburg belegten Unzufriedenheit mit der Gelehrtenausbildung[60] dürften Evenius' Ausführungen bei Rat und Scholarchat auf offene Ohren gestoßen sein. Dass der Magdeburger Rat von einem neuen Rektor die Reform des Gymnasiums erwartete, belegt das Intermezzo Ratkes in Magdeburg. Die Erwartungen, vielleicht sogar Forderungen des Magdeburger Rates nach Reformen am Gymnasium dürften einen nicht zu unterschätzenden Einfluss auf Evenius' Hinwendung zum muttersprachlichen Realienunterricht ausgeübt haben.

Es folgt ein Abschnitt, in dem Evenius mögliche Gegenargumente der Gegner von Muttersprache und Realien widerlegt. Er bedient sich dabei der rhetorischen Technik der *refutatio*.[61]

> Eingewendet werden könnte: 1. Dass man im geringen Alter nicht in der Lage sei, Dinge von solch großer Bedeutung zu verstehen. 2. Die frühzeitige Unterweisung in den Realien würde den Schülern im späteren Leben keine Vorteile bringen. 3. Lächerlich seien jene, die das lateinische Idiom durch deutsche Sätze und Ausdrucksweisen ersetzen wollten. Alle diese Einwände sind einzeln für sich und im Zusammenhang unrichtig.[62]

Evenius begegnet dem ersten Einwand, indem er denselben Vorwurf nun gegen die Anhänger des melanchthonischen Systems richtet. Nach der bisher üblichen Lehrweise der Dialektik und Rhetorik, so Evenius, würden die Schüler mit *tricae perplexissimae*, also dem verworrensten und albernsten Zeug aus den Untiefen der Philosophie konfrontiert. Sie müssten undurchsichtige Übungen ausführen, zu der Betrachtung der den *verba* zugrundeliegenden *res* dringe man jedoch nicht vor. Evenius lehnt an der alten Lehrweise ab, dass sie die Wirklichkeit gleichsam durch die Brille der antiken Schriften betrachte, anstatt sie direkt zu erforschen.

---

59 Kühlmann: Gelehrtenrepublik und Fürstenstaat, S. 99.
60 Friedrich: Grenzen der Vernunft, S. 185, Fn. 26.
61 Lausberg: Handbuch der literarischen Rhetorik, § 430.
62 Evenius: Honor scholarum assertus, S. 52: „Quod autem obvertitur aetatem illam primam gravitati rerum cognoscendarum parem idoneamve haud esse; nec commodi quicquam hujusmodi maturam inditionem studiorum curae olim valedicendibus allaturam; et ridiculos denique fore eos, qui technologica nostris phrasibus et loquendi formis essent commutaturi: illa frivola sunt cuncta et singula."

Nicht logische Operationen oder gedankliche Reflexionen führten zur Erkenntnis der Dinge, sondern die eigene unvermittelte Anschauung. Auch für Kinder geringen Alters seien solche Inhalte durchaus angemessen.

Es folgt die Widerlegung von Punkt 2: Durch die Anschauung der Wunder der Natur würden die Schüler der Schöpfung der Erde durch Gottes Hand gewiss. Gott habe den Menschen sein Gesetz ins Herz geschrieben, damit sie es befolgen. Wer die Wunder der Natur und historische Beispiele für Sitten- und Ehrenhaftigkeit studiere, beginne, sich seiner schlechten Taten zu schämen und das Gute anzustreben, „inmitten der Ausübung seiner Pflichten Freude zu empfinden."[63] Evenius spricht hier – Cicero hat das Bild ganz ähnlich verwendet[64] – von einem dem Menschen von Gott eingegebenen Funken, der bei wissenschaftlichem Studium gleichsam zünde. Man kann dies als Vorwegnahme seiner Position im Habitualstreit begreifen, in dem er die natürliche Erkenntnisfähigkeit des Menschen gegen die von Cramer stark gemachte Erbsünde in Stellung brachte.

Ferner lasse sich der Nutzen der *artes mechanicae* für die gesamte Menschheit an den täglich neu hinzukommenden Erfindungen und am allgemeinen Wachstum ablesen. Nicht selten würden die von Professoren vorgetragenen Lehren durch die Arbeit einfacher Handwerker korrigiert. Während Evenius die Reform in seiner Rede *Honor scholarum assertus* lediglich auf programmatische Weise postulierte, sind die entsprechenden Passagen der weiter unten vorzustellenden Schulordnung *Schola christiana* als praktische Umsetzung der Reform anzusehen. In Absetzung von der humanistischen Konzentration auf das Wort erhalten naturwissenschaftliche Kenntnisse dort einen prominenten Platz im Elementarunterricht. Evenius rechtfertigt diese Neuerung mit dem Hinweis auf die berufliche Förderung der größten Gruppe seiner Schüler, für die ein Universitätsstudium nicht in Frage kam.

Auf den dritten Einwand reagiert Evenius polemisch, indem er die *aures delicatae* all jener beschimpft, die sich über eine Verwendung der Muttersprache in den Wissenschaften amüsieren würden. Der Rektor öffnet den Bildbereich der Nahrungsaufnahme: Die Sprachen seien lediglich leere Gefäße, mit deren Hilfe die eigentliche Nahrung, die *res*, aufgenommen würden. Trotz der großen Vielfalt der Erscheinungsformen der Sprachen sei das von ihnen Transportierte immer identisch: „Derselbe Schatz ist es, in welcher Sprache auch immer er ausgeschenkt wird; so wie der Nektar, egal ob aus goldener oder eiserner Schale genossen, gleich süß schmeckt."[65]

---

63 Ebd., S. 54: „[...] quo mediis in officii sudoribus gaudeat atque exultet."
64 Cic. de fin. 5, 43.
65 Ebd.: „Idem proinde Thesaurus est, quacunque is lingua propinetur, sicut nectar e phiala aurea plumbeaque ejusdem dulcedinis bibitur."

An dieser Stelle wird deutlich, auf welche Weise die exzeptionelle Stellung des Lateinischen in den Kreisen der Reformpädagogen relativiert wurde. Dennoch war es noch ein weiter Weg, bis im 18. Jahrhundert allmählich die tatsächliche Ablösung des Lateins als der vorherrschenden Wissenschaftssprache erfolgen sollte. Vor 1600 wurde die Kritik am Lateinunterricht lediglich sporadisch von Vorläufern geäußert. Evenius zitiert mehrfach Ortolf Fuchsperger, dessen „Deutsche Dialektik"[66] zuerst 1533 in Augsburg gedruckt wurde. Volkhard Wels[67] hat gezeigt, dass sich Fuchsperger in seiner „Deutschen Dialektik" von ganz ähnlichen Motiven leiten ließ, wie sie später auch für Evenius bei der Verteidigung der muttersprachlichen Realien maßgeblich wurden: Der sachliche Gehalt der Dialektik bleibe derselbe, unabhängig davon, in welcher Sprache er vorgetragen werde.

Im ersten der von Evenius verwendeten drei Fuchsperger-Zitate, die durch ihre sprachliche Form gleichzeitig einen Vorstoß in Richtung muttersprachlicher Wissenschaft markieren, heißt es in Anlehnung an frühreformatorische Positionen: *Eines teutschen Bawren Glauben [...] gilt eben so viel / als eines Lateinischen Priesters / denn Gott der HERR nicht die Sprache / sondern den Glauben ansiehet.*[68] Die Rhetorik des Cicero sei von Friedrich Riederer *so köstlich in die Teutsche Zunge transferiret* worden, dass Original und Übersetzung als ebenbürtig anzusehen seien. Die deutsche Rhetorik Riederers, zuerst 1493 in Freiburg gedruckt, gilt als „das erste uns bekannte umfassende Werk zur Rhetoriktheorie in deutscher Sprache."[69]

Auch wenn Evenius die Rhetorik Riederers nur mittelbar, nämlich durch die Erwähnung bei Fuchsperger rezipiert, zeigt sich dabei dennoch sein Anschluss an die überregionalen Diskurse, die bis ins 15. Jahrhundert zurückreichten. Die Reihe muttersprachlicher Wissenschaftler, die Fuchsperger anführt, ergänzt Evenius um den Hinweis auf den Magdeburger Kantor Martin Agricola und demonstriert so seinem Publikum, dass der muttersprachliche Unterricht auch in der Elbestadt längst praktiziert wurde.[70]

---

66 Ortolf Fuchsperger: Ain gründlicher klarer anfang der natürlichen vnd rechten kunst der waren Dialectica. Augsburg: Alexander Weißenhorn 1533.
67 Volkhard Wels: Humanistische Ars und deutsche Sprache in Ortholph Fuchspergers Dialectica Deutsch (1533). In: Eckhard Keßler, Heinrich C. Kuhn (Hgg.): Germania latina, Latinitas teutonica. Politik, Wissenschaft, humanistische Kultur vom späten Mittelalter bis in unsere Zeit. München 2003, Bd. 1, S. 421–437.
68 Evenius: Honor scholarum assertus, S. 55.
69 Friedrich Riedrer: Spiegel der waren Rhetoric, vß M. Tulio C. vnd andern getutscht. Freiburg 1493. Vgl. zum Zitat Friedrich Riederer: Spiegel der wahren Rhetorik. Hg. von Joachim Knape und Stefanie Luppold. Wiesbaden 2009, S. XIII; sowie Joachim Knape, Stefanie Luppold: Kommentar zu Friedrich Riederers Rhetorik. Wiesbaden 2010.
70 Vgl. etwa Martin Agricola: Ein kurtz deudsche Musica. Wittenberg: Georg Rhau 1528.

Zum Abschluss der Verteidigung seines neuen Lehrprogramms richtet Evenius noch einmal beschwörende Worte an die Zuhörer bzw. Leser seiner Rede:

> Deshalb: Wach auf, wach endlich auf und sorge für dein Wohl, edelstes Deutschland, so fruchtbar an erlesenen Begabungen, nur aus Hass auf die Muttersprache dich zugrunderichtend. Es steht nämlich fest, dass man der Jugend so früh wie möglich die Frömmigkeit in der Muttersprache einflößen muss. Mit der Frömmigkeit ist der Unterricht in den Realien in derselben Muttersprache zu verbinden, denn nur so kann man die Schulen und den Stand der Gelehrten von der Verachtung befreien. Doch ohne dieses Zweiergespann [die Frömmigkeit und die deutschen Artes], ohne die nötige Anstrengung wird diese Verachtung nicht nur bestehen bleiben, sondern sogar noch täglich wachsen.[71]

6.4 Umsetzung der Reform

In der Forschung herrschte bisher Konsens darüber, dass praktische Umsetzungen des theoretisch geforderten muttersprachlichen Unterrichts erst in die zweite Hälfte des 17. Jahrhunderts zu datieren seien. Robert Seidel hat am Beispiel Caspar Dornaus dargelegt, dass im akademischen Schrifttum entsprechende theoretische Positionen formuliert wurden, die Verwirklichung dieser Programme jedoch am Widerstand der verantwortlichen Gelehrten und Schulmänner scheiterte. „In seiner [Dornaus] Zeit war dieser Schritt in die Praxis wohl auch sehr schwer zu denken und durchzuführen, wie das weitausgreifende, gleichwohl ziemlich wirkungslose ‚Memorial' des Wolfgang Ratke von 1612 beweist."[72]

Seidel legt Wert auf die Unterscheidung der Dichtungspraxis, wie sie von Martin Opitz[73] in den 1620er Jahren reformiert wurde, und der Gelehrtenausbildung. „Während in der Dichtkunst eben durch Opitz (und andere) in diesen Jahren der Schritt in die Praxis gewagt wurde, blieb die akademische Praxis für lange Zeit auf das Latein verpflichtet."[74] Dies gilt sicher für die breite Masse der Gelehrten-

---

71 Evenius: Honor scholarum assertus, S. 58: „Evigila ergo, evigila tandem, et in commodum tuum labora Nobilissima Germania, tot ferax ingeniorum praestantissimorum, unico maternae tuae odio temet pessundans ac evertens. Id enim ratum firmumque Pietatem eamque primo quoque tempore Iuventuti lingua materna instillandam, et huic iunctam artium in eadem vernacula inditionem, caput familiamque in vindiciis Scholarum Scholasticique Ordinis spreti contemtique ducere, qua Biga exulante, nec cura studioque eximio, uti fas aequumque est, exercita maxima despicionis pars non haerebit modo, sed incrementa sortietur quotidiana."
72 Seidel: Caspar Dornau, S. 321.
73 Vgl. Klaus Garber: Art. Martin Opitz. In: Killy/Kühlmann 8 (2010), S. 715–722.
74 Seidel: Caspar Dornau, S. 321.

schulen und Universitäten, nicht jedoch für das Magdeburger Gymnasium, wie im Folgenden zu zeigen ist.

Maßgeblichen Einfluss auf diese Neuorientierung hatte das Wiederauffinden eines als verschollen geglaubten Drucks, der *Schola christiana solide ac pie erudita, Das ist / Formul vnd Abriß / wie eine Christliche Gelärte Schule / Christlich vnd richtig solle vnd müsse angestellet werden.*[75] Der Druck von 1624, die deutschsprachige Schulordnung des Magdeburger Gymnasiums, ist nicht im Verzeichnis der Drucke des 17. Jahrhunderts (VD 17) enthalten. Über die Internetrecherche in internationalen Bibliothekskatalogen gelang eine Identifizierung in den Beständen der Dänischen Königlichen Bibliothek in Kopenhagen.

Letztmalig erwähnt wurde die Schrift bei Stötzner,[76] der sie nur bibliographisch verzeichnet und sich dabei auf Ludovicis „Schulhistorie",[77] eine mehrbändige Darstellung der wichtigsten Schulen und Rektoren des 16. und 17. Jahrhunderts, beruft. Ludovici gibt ausgewählte Schriften Evenius' an, über die *Schola christiana* heißt es: „Dies ist eventuell die Schrift, die die Schulgesetze des Magdeburger Gymnasiums enthält."[78] Augenscheinlich war die *Schola christiana* bereits zu Beginn des 18. Jahrhunderts äußerst selten. Daher könnte es sich bei dem Kopenhagener Exemplar eventuell um die einzige Ausgabe handeln, die die Eroberung und vollständige Zerstörung Magdeburgs durch das Stadtfeuer von 1631 überdauert hat. Die Wiederauffindung der *Schola christiana* erlaubt jedenfalls eine neue Sicht auf Evenius' geistige Entwicklung in seinen Hallenser und Magdeburger Jahren.

Bei der von Friedrich August Eckstein herausgegebenen Handschrift *Formul und Abriß, wie eine christliche und evangelische Schule wohl und richtig anzustellen sei* handelt es sich – wie der gleichlautende Titel nahelegt – wahrscheinlich um eine unmittelbare Vorform der *Schola christiana.*[79] In dem Bestreben, Evenius'

---

75 Sigismund Evenius: Schola christiana solide ac pie erudita, Das ist / Formul vnd Abriß / wie eine Christliche Gelärte Schule / Christlich vnd richtig solle vnd müsse angestellet werden / damit die Jugend Gottselig vnd nützlich erzogen / vnd eine Christliche Gemeine in allen Ständen vngezweiffelten Nutz vnd Erbawung daher zuerwarten habe. Magdeburg 1624.
76 Stötzner: Evenius, S. 31.
77 Gottfried Ludovici: Historia rectorum et Gymnasiorum Scholarumque celebriorum. Leipzig 1708–1718.
78 Ludovici: Historia rectorum IV, S. 122: „Libellus hic fortassis est, qui Leges Scholae Magdeburgensis complectitur."
79 Sigismund Evenius: Formul und Abriß, wie eine christliche und evangelische Schule wohl und richtig anzustellen sei [...]. In: Friedrich August Eckstein (Hg.): Programm der lateinischen Hauptschule in Halle für das Schuljahr 1860–1861. Halle 1861, S. 24–48. Die Handschrift befindet sich heute in Gotha, vgl. Sascha Salatowsky (Hg.): Gotha macht Schule. Bildung von Luther bis Francke (Katalog). Gotha 2013, S. 131 f.

Unabhängigkeit von Wolfgang Ratke nachzuweisen, datierte Eckstein die Handschrift in das Jahr 1618, wobei es sich jedoch um eine Fehldatierung handeln könnte. Denn als Terminus post quem für die Entstehung des Hallenser Reformplans ist das Jahr 1620 anzusetzen, in dem Evenius oben erwähnte Schrift *Methodi veritas* gedruckt wurde. In *Methodi veritas* legte der Hallenser Rektor – wie oben ausgeführt – noch ein Bekenntnis zum altsprachlichen Unterricht ab. *Formul und Abriß* enthält dagegen bereits das zur vollen Reife entwickelte Reformprogramm inklusive muttersprachlichem Anfangsunterricht in den Realien. Es erscheint daher als möglich, dass *Formul und Abriß* als Bewerbungsschreiben für das Magdeburger Rektorenamt diente, das Evenius im Mai 1622 erhielt.

6.5 Die Magdeburger Schulordnung von 1624: *Schola christiana*

Der von Evenius präsentierte Lehrplan des Magdeburger Gymnasiums ist eine Antwort auf die oben diagnostizierten Mängel des traditionellen Gelehrtenschulwesens. In der Vorrede heißt es:

> *Nun wird 1. in vnsern Schulen ein grosser Mangel befunden / in dem / daß die zarte Jugend / nach dem sie etlicher massen lesen vnd schreiben gelernet / vnd zugleich in den 5. Häuptstücken der Christlichen Catechismus Lehre informiret, also bald ad Donatum, Compendia Grammatica, Catonem, Catechismum Latinum vnd der gleichen Lateinische Exercitia wird gezogen / darinnen sie die gantze Jugend biß auff das 12. 13. 14. Jahr zubringet / nachmahls meistentheils auß der Schule genommen / vnd zu Handwercken oder Püffelarbeit*[80] *gebraucht wird / da denn nicht allein die 7. oder 8. Jährige arbeit der Lateinischen bemühung sich gäntzlich verleuret vnd verschwindet / sondern auch von den 5. Häuptstücken Christlicher Lehre nicht mehr / als der blosse Schall vnd Papageyen Gesang [...] vbrig bleibt.*[81]

Ohne Kenntnis der zentralen christlichen Glaubensinhalte, ohne Erlangung der Grundlagen für ihre spätere Erwerbstätigkeit würden die Schüler ins Berufsleben entlassen. Auf die bisherige Schulpraxis bezogen heißt es weiter: *Frembde Sprachen machen für vnd an sich niemand gelehrt.*[82] Eine deutlichere Abkehr vom noch in *Methodi veritas* formulierten Lob der alten Sprachen ist kaum denkbar. In dieser Schrift hatte Evenius eine gründliche Kenntnis der Wissenschaften noch vom Erwerb des Griechischen abhängig gemacht. Jetzt ist ihm der wichtigste Grundsatz: *Verstanden muß ein Ding werden ehe vnd zuvor / denn es zu Gedächt-*

---

80 Vgl. Grimm: Deutsches Wörterbuch, Bd. 2, S. 492, Art. Büffelarbeit; Ochsenarbeit, niedere Tätigkeiten, die keine Ausbildung erfordern.
81 Evenius: Schola christiana, A 4 v–A 5 r.
82 Ebd., D 1 v.

*nüß gefasset vnnd wider gefordert werde.*⁸³ Damit sei auch die Voraussetzung für den Erfolg im Berufsleben gegeben.

Evenius sieht hier sogar das Konzept einer lebenslangen Bildung vor. Die ehemaligen Schüler sollen *zu müssiger Zeit [...] sich in den Deutschen Autoribus, so von seiner Kunst geschrieben / weiter sich vmbsehen / darauß seinen sachen weiter vnd besser nachdenken.*⁸⁴ Der Rektor verweist auf das Innovationspotential der bisher geringgeachteten Nichtgelehrten. Unter den einfachen Leuten fänden sich häufig *geschickte vnd nachsinnende ingenia [...] welche einem dinge scherffer vnd genawer nachforschen können / als mancher gelahrter / weil sie sonderlich die Erfahrung vnnd application also bey der Hand haben.*⁸⁵ Das beste Beispiel hierfür seien die Niederländer. Auch in dieser Frage ist der Einfluss Dornaus, der in der Rede *Felicitas seculi* seine Eindrücke in den Werkstätten Amsterdams schildert,⁸⁶ nicht zu übersehen.

Evenius ist bei der Erstellung seines Magdeburger Lehrplans von der Erkenntnis geleitet, dass nur wenige der Schüler später das Leben eines Gelehrten führen werden. Er teilt daher die schulische Ausbildung in zwei Teile, den ersten von der 1. – 3. Klasse und den zweiten von der 4. – 10. Klasse. Nur der zweite Teil dient der Vorbereitung auf die Universität.

Die erste Klasse trägt den Titel *Schola Lectionis*. Hier werden die Grundlagen gelegt für eine muttersprachliche Lese- und Schreibfähigkeit. Parallel werden die *Hauptstücke* des lutherischen Katechismus vermittelt. Mithilfe einer Tafel werden die Buchstaben, Silben und Wörter zur Anschauung gebracht. Gleichzeitig mit den deutschen lernen die Knaben die einfachen lateinischen Wörter *vom Leib des Menschen vnnd Haußgeräth* lesen und schreiben. Zum Katechismus treten altersgerechte Bibelpsalmen und -sprüche sowie lutherische Kirchenlieder hinzu. Dies geht bis ins achte Lebensjahr der Schüler.⁸⁷

In der zweiten Klasse findet die für Evenius so wichtige und entscheidende Erziehung zur Frömmigkeit statt, sie heißt daher *Schola Pietatis*. Der Schüler soll hier lernen, *was er glauben vnd wie er Christlich leben solle / damit ihm gleichsam die Milch der Gottesfurcht / dardurch er die gantze Zeit seines Lebens sich nehre /*

---

83 Ebd., D 2 v.
84 Ebd., A 5 v–A 6 r.
85 Ebd., A 6 r.
86 Seidel: Caspar Dornau, S. 304, Fn. 119 zitiert die entsprechende Passage aus Felicitas seculi (C3v): „Quid Amstelodanum in Batavis? [...] Video me in tanta rerum copia eo abripi: ut ad ipsas prope officinas mechanicorum delatus fuerim: non eas quidem, in quibus aliquid sorditiei aut servile insit: sed quae hominem etiam ingenuum dedecent minime."
87 Evenius: Schola christiana, B 2 r–B 3 r.

eingeflösset werde.[88] Gegenstand der religiösen Unterweisung sind das Alte und Neue Testament. Wiederum altersgerecht wird der Schüler mit *eines jeden Capitels Summarien vnd fürnembsten Sprüchen* vertraut gemacht.

Als Beispiel für eine altersgerechte Aufbereitung der Bibel in der Volkssprache kann das 1623 in Magdeburg gedruckte und von Evenius mit einer Vorrede versehene Lehrbuch *Syllepsis Biblica*[89] dienen. Der Lehrer am Magdeburger Gymnasium, Adam Dürrer, fasste hier den Inhalt eines jeden Kapitels der Bibel in einem vierzeiligen gereimten Spruch zusammen. Um das Verständnis der sonntäglichen Predigten zu gewährleisten, finden die Perikopentexte der Evangelien und Epistel, ein *kurtzes Handbüchlein vnnd Begrieff aller Christlicher Glaubens Articckel* sowie der Text der Konkordienformel Eingang in den Unterricht. Der Schüler lernt Bibelpsalmen und -sprüche lateinisch und deutsch schreiben. Die zweite Klasse wird bis ins zehnte Lebensjahr besucht.

Die deutlichste Abkehr von der Tradition vollzieht Evenius sodann in der *Schola Artium germanica*, in der für das Berufsleben nützliche Kenntnisse in den Realien vermittelt werden. Diese Umorientierung des Curriculums ist deswegen notwendig geworden, *weil nicht alle zur gründlichen Lehr vnd Geschickligkeit / der meiste teil zur Handarbeit gebraucht wird*.[90] An Lehrinhalten wird z. B. aufgeführt: *die deutsche Rechenkunst auff der Feder vnd Zahlpfennigen*. Dabei treten mathematische Gesetze in den Hintergrund, das Hauptaugenmerk gilt der *stetigen Vebung in denen Dingen / so in der Haußhaltung vnd gemeinen Handel vnd Wandel fürlauffen*.

Des Weiteren werden vorgenommen die *Sitten Kunst* aus den Sprichwörtern Salomons und aus Jesus Sirach, die Evenius als *der Christen Ethica vnd Politica* bezeichnet; die *Singekunst* und die *nicht allein zierliche / sondern auch weise schreiberey nach erfordern der Rednerkunst / vnd Logicalischen Schlüssen*. Dabei ist jedoch nicht an die quintilianische Rhetorik gedacht, sondern an eine einfachere Variante, *wie sie die Natur lehret vnd ohne beschwer*.[91] Es folgt eine Aufzählung der zu lehrenden Gegenstände der Realienkunde:

> *die Geometria, die Messekunst / das ist / Gründe von Circuln / Trianguln vnd dergleichen [...] die Astronomia oder Sternkunst von Auff vnd Niedergang der Sternen vnnd daher entstehenden Gewitter / zum Ackerbaw vnd Schiffahrt sehr nötig : Die Geographia oder Erdbeschreibung aus den Landtaffeln von der bewohnten Erde Schiffreichen Wassern : Die Physica der Natur*

---

88 Ebd., B 3 r.
89 Adam Duerrer: Syllepsis Biblica Das ist: Kurtzer Bericht der Vornembsten Historien vnd Lehren, so jedem Capitell der Heiligen Biblien einverleibet. Magdeburg 1623.
90 Evenius: Schola christiana, B 4 r.
91 Ebd., B 5 r.

Wissenschaft von den Elementen / Lufftwundern / Winden / Metallen / Kreutern / Thieren vnd Zustand des Menschlichen Leibes.[92]

Dieser Katalog von neuen Unterrichtsgegenständen deckt sich mit den entsprechenden programmatischen Ausführungen in der Antrittsrede *Honor scholarum assertus*. In Vorbereitung des höheren Unterrichts werden dem Schüler die wichtigsten lateinischen Wörter aus dem Bereich der Artes sowie die deutsche Grammatik gelehrt, damit *er vnterscheiden lerne die Casus, Numeros, Tempora, Modos* etc. Die dritte Klasse endet im 12. Lebensjahr.

Alle neu in den Unterricht des Magdeburger Gymnasiums integrierten Lehrinhalte zeigen den Einfluss eines übergreifenden Prinzips: der Orientierung am praktischen Nutzen der schulischen Unterweisung. Nicht mehr ein Heranführen an den Gelehrtenberuf ist das leitende Motiv, sondern die Berücksichtigung der Erfordernisse des Alltagslebens. Diese Umorientierung wird auch durch die Biographie Evenius' plausibel. Er wurde traditionell für eine Karriere als Gelehrter auf dem Gymnasium und später an der Universität Wittenberg vorbereitet. In seinen ersten Jahren als Schulrektor am Hallenser Gymnasium blieb er in den Bahnen des ihm Vermittelten. Gleichzeitig sensibilisierte ihn seine Sozialisation für die Mängel des Gelehrtenschulwesens, nach deren Abhilfe er zunehmend strebte. Doch anders als Ratke, dem Universitätsabschluss und Titel verwehrt blieben, sah er die Lösung dieser Probleme nicht in einer Radikalkur, die sich des humanistischen Kanons beinahe vollständig zu entledigen suchte, sondern in einer Modifikation, in einem Amalgam von Tradition und Reform. Vielleicht ist hierin der tiefere Grund für den Praxiserfolg der Konzeption Evenius' und für das Scheitern Ratkes zu erblicken.[93]

Evenius' Kompromiss zwischen der Bewahrung des überlieferten Bildungsgutes und einer behutsamen Aussonderung von nicht mehr Zeitgemäßem fand sicher den Beifall der an Modernisierung und Wirtschaftlichkeit interessierten Magdeburger Ratsherren. Dass für Evenius trotz seines Einsatzes für die Muttersprache die alten Sprachen und der Kanon weiterhin die Grundlage des Universitätsstudiums und der Gelehrsamkeit sind, sollen die nachfolgenden Ausführungen über den zweiten Teil der schulischen Ausbildung am Magdeburger Gymnasium zeigen. Der zweigliedrige Aufbau des Magdeburger Curriculums entspricht dem heutigen Usus in der Pädagogik: Auf ein für alle Schüler obligates Lernen in den ersten Schuljahren (Grundschule) folgt der fakultative Unterricht in

---

92 Ebd., B 5 r – v.
93 So auch Gerhard Michel: Die Welt als Schule. Ratke, Comenius und die didaktische Bewegung. Hannover 1978, S. 97.

den höheren Klassen (Gymnasium), der auf ein Universitätsstudium und die Ausübung eines entsprechenden Berufes zuläuft.

Der Titel der IV. Klasse lautet: *Schola Latinitatis inchoata*. In ihr wird dem Schüler die *Ianua Latinitatis, die Thür zur Lateinischen Sprache*,[94] aufgetan. Ziel dieser Klasse ist es, den Schüler in Grammatik und Syntax zu unterweisen, damit er lernt, wie die von ihm bereits gelernten Einzelworte *in einer gantzen Rede zusammen hengen*. Ganz in der Tradition des mittelalterlichen Lateinunterrichts gründend dient als Grammatik der Donat, jedoch *ohne vorgehendes arbeitsames außwendig lernen*. Stattdessen finden Tabellen Anwendung, mit deren Hilfe die Schüler die *Casus vnd Tempora &c.* einfacher Sätze bestimmen. Auf diese Weise lernen die Schüler das Analysieren lateinischer Wörter und Konstruktionen. Gegenstand der Analyse sind zu Beginn *denkwürdige Sittensprüche*, zu denken ist hier etwa an die *Disticha Catonis* und ähnliche Anfängerlektüre.[95]

Interessant wird es bei der Aufzählung der weiteren Lehrtexte: Anders als Wolfgang Ratke, in dessen Konzeption des Lateinunterrichts als einziger Autor Terenz vorgesehen war, lässt Evenius die Schüler zu Beginn *Colloquia* lesen. Nach dem Vorbild der *Colloquia familiaria*[96] des Erasmus entstanden im 16. Jahrhundert mehrere Sammlungen von Gesprächen, die sich durch zwei Eigenschaften für eine Lektüre im Unterricht empfahlen. Zum einen wiesen sie einen „leicht verständlichen Kurzsatzstil"[97] auf, zum anderen war ihre Thematik oft dem Alltagsleben entnommen. „Im späten 16. und 17. Jahrhundert jedoch spielten die Schülergespräche im Lateinunterricht eine wichtige Rolle; neben den Colloquia familiaria des Erasmus waren im 17. und 18. Jahrhundert die Dialoge des französischen Humanisten Maturin Cordier (zuerst 1561) und die Progymnasmata Latinitatis des großen Jesuitenlehrers Johannes Pontanus (1588) europäische Standardwerke."[98]

---

94 Evenius: Schola christiana, B 6 v.
95 Michael Baldzuhn: Schulbücher im Trivium des Mittelalters und der Frühen Neuzeit. Die Verschriftlichung von Unterricht in der Text- und Überlieferungsgeschichte der „Fabulae" Avians und der deutschen „Disticha Catonis". Berlin 2009.
96 Erasmus von Rotterdam: Opera Omnia Desiderii Erasmi Roterodami. Recognita et adnotatione critica instrvcta notisqve illvstrata. Bd. I, 3. Hg. von Léon-Ernest Halkin u. a. Amsterdam 1972. (Kommentierte Ausgabe, enthält 95 Colloquia); Erasmus von Rotterdam: Colloquia Familiaria. Vertraute Gespräche. Übersetzt, eingeleitet und mit Anmerkungen versehen von Werner Welzig. Darmstadt 1967 (Ausgewählte Schriften Bd. 6, zweisprachig, enthält 19 Colloquia).
97 Walther Ludwig: Formen und Bezüge frühneuzeitlicher Dialoge. In: Dialog und Gesprächskultur in der Renaissance. Hg. von Bodo Guthmüller u. a. Wiesbaden 2004 (Wolfenbütteler Abhandlungen zur Renaissanceforschung 22), S. 59–103, hier S. 71.
98 Jürgen Leonhardt: Latein. Geschichte einer Weltsprache. München 2009, S. 225.

Evenius empfiehlt in der *Schola christiana* für den Unterricht eine Sammlung von *Colloquia, die zu Halle comportiret seyn aus dem Vive, Corderio vnd Erasmo.*[99] Dabei handelt es sich um eine wahrscheinlich von ihm selbst veranlasste und vom Lehrer des Hallenser Gymnasiums, Michael Meister, besorgte Sammelausgabe von *Colloquia* des Juan Luis Vives, Mathurin Cordier und Erasmus.[100] Im Gegensatz zu Ratke folgt Evenius mit der Lektüre der im gesamten protestantischen Raum gebräuchlichen *Colloquia* den Konventionen der europäischen Gelehrtenrepublik.

Der Schüler lernt die Anfangsgründe des Lateins bis ins dreizehnte Lebensjahr. Ziel ist auch hierbei die Erleichterung des späteren Lebens- und Berufsalltags:

> *daß er seine Gedancken etlicher massen am Tage geben vnd andere verstehen vnd vernehmen könne / damit der zu einer subtilen Kunst / als der Apotecker / Mahler*[101] *etc. Item zum Reisen vnd Handlungen in frembde Länder / oder andern Weltlichen vornehmen Händeln / dabey die Lateinische Sprache etlicher massen ihren Nutz hat / tüchtig vnd geschickt sey.*[102]

Die eigentliche Vorbereitung auf Gelehrtenberuf und Universität findet dagegen in der fünften Klasse, der *Schola Latinitatis perfecta* statt. Der Schüler soll hier die *Colloquia*

> *wiedervornemen vnd kürtzlich durchlauffen nach Grammatischer vebung / der accidentien,*[103] *so wol des redens vnd schreibens darauß / zugleich auch vnterstreichen vnd herausnehmen die zierliche Arten zu reden / vnd dieselbe absonderlich in ein Handbüchlein anmercken vnter gewisse Titul / wie beym Vlnero zusehen.*[104]

Die fortgeschrittenen Lateinschüler exzerpieren aus den Quellen nachahmenswerte Wortverbindungen und Sentenzen und tragen sie in die von ihnen angefertigten *Loci-communes*-Sammlungen ein. Diese Sammlungen sollten gleichsam als Steinbruch für eigene literarische Versuche dienen. Beim Anlegen der Kollektaneen erlangen die Schüler in einem ersten, rezeptiven Schritt einen Grundbestand an Vokabeln und Redensarten, um dieses Wissen in einem zweiten Schritt kreativ anwenden zu können. Als Vorbild für die selbst anzulegende

---

99 Evenius: Schola christiana, B 7 r.
100 Colloquia Scholastica. Ex Ludovico Vive, Maturino Corderio & Erasmo Roterodamo. Conscripta, In usum Scholae Halensis seorsim excusa, Iamque Bono publico & privato vernaculo sermone exposita. Studio & opera Michaelis Meisteri Zittavia Lusatii, Scholae Halensis collegae. Halle 1621.
101 Vgl. Grimm: Deutsches Wörterbuch, Bd. 12, Sp. 1456: „Müller".
102 Evenius: Schola christiana, B 8 r.
103 Von lat. „accidere", das ihm beim Lesen Begegnende, Auffallende.
104 Evenius: Schola christiana, B 8 v.

Sammlung empfiehlt Evenius ein Werk von Hermann Ulnerus,[105] ein Lehrbuch, das eventuell am Magdeburger Gymnasium benutzt wurde.

Neben der Hallenser Sammlung von Colloquien sieht Evenius die Lektüre und Übersetzung der *Dialogi Sacri* des Sebastian Castellio[106] vor. Die *Dialogi sacri* wurden bereits 1581 in Magdeburg ohne Angabe des Herausgebers von Andreas Gehen gedruckt,[107] ein späterer Druck in Magdeburg ist nicht nachweisbar. Castellio verfasste seine erstmals 1543 in Genf gedruckten Dialoge als Rektor des Collège de Rive, weil er die herkömmliche Praxis des Spracherwerbs mittels des sittlich anstößigen Terenz als nicht dem Alter seiner Schüler angemessen empfand. Die Adaption einzelner Episoden aus dem Alten und Neuen Testament in Dialogform bot den Vorteil einer Verschränkung des sprachlichen und des religiösen Unterrichts. Carmen Cardelle de Hartmann hat daneben noch die Tauglichkeit der *Dialogi Sacri* für eine Vermittlung von Ausdrücken für Alltagssituationen herausgestellt:

> Wenn Abraham in Kanaan Grund für ein Grab erwirbt oder wenn die Söhne Jakobs ihren Bruder Joseph verkaufen, führen sie vor, wie man einen Preis vereinbart und ein Geschäft abschließt; Abrahams Bitte an Gott, Sodom wegen der dort lebenden Gerechten zu schonen, zeigt ein respektvolles und erfolgreiches Feilschen [...]; in der Geschichte Samuels finden sich wiederum verschiedene Möglichkeiten, auf einen Ruf höflich zu antworten.[108]

Die Dialoge demonstrieren „Gruß- und Abschiedsformeln, Einladungen zum Essen, Anweisungen für das Herrichten eines Mahls." Hier fand Evenius' wohl seine Forderung eingelöst, der Unterricht müsse durch Praxisbezug den Schüler auf sein späteres Leben vorbereiten.

Bei der Rezeption der *Dialogi Sacri* liegt das besondere Augenmerk der mit den grammatischen Grundregeln bereits Vertrauten auf den *Grammaticalischen Schwerheiten* und unregelmäßigen Wörtern bzw. Wortverbindungen. Die *zierlichsten Arten zu reden* werden unterstrichen und in die *Loci-communes*-Sammlung

---

[105] Hermann Ulnerus: Copiosa Suppellex elegantissimarum Germanicae et Latinae linguae phrasium, ex optimis ac probatissimis utriusque sermonis scriptoribus summo studio congesta [...] per Hermannum Ulnerum Hirsfeldianum. Frankfurt a. M. 1577.
[106] Hans R. Guggisberg: Sebastian Castellio 1515–1563. Humanist und Verteidiger der religiösen Toleranz im konfessionellen Zeitalter. Göttingen 1997.
[107] Sebastian Castellio: Dialogorum sacrorum libri quatuor. Autore Sebastiano Castellione. Qui nunc postremo opus recognovit: argumenta singulis Dialogis praeposuit, et sententias subiecit [...] Magdeburg 1581.
[108] Carmen Cardelle de Hartmann: Dramatische Dialoge als Sprachlehrbuch. Die ‚Dialogi sacri' des Sebastian Castellio. In: Reinhold F. Glei, Robert Seidel (Hgg.): Das lateinische Drama der Frühen Neuzeit. Exemplarische Einsichten in Praxis und Theorie. Tübingen 2008 (Frühe Neuzeit 129), S. 59–85, hier S. 72.

des Schülers eingetragen. Andere Werke, die auf dieselbe Art durchgearbeitet werden, sind die Komödien des Terenz, die *Officia Ciceronis* und das Psalterium des Eobanus Hessus.[109] Aus letzterem Werk wird *zugleich der Anfang in den Versen nach der Prosodia angewiesen.*[110]

All diese Lektüre dient als Vorbereitung auf die Universität und gewissermaßen als Test,

> *ob ein Knabe nunmehr so geschickt sey / daß er die vbrigen Autores zur vollkommenheit der Lateinischen Sprachen gehörig / als da sind der Plautus, Cicero, Salustius, Caesar, Livius, Plinius &c. für sich ohne beschwerliche direction des Praeceptoris auff bißhero gewohnte vnd gezeigte weise lesen vnd gebrauchen könne.*[111]

Deutlich wird, dass Evenius den von den Humanisten aufgestellten Kanon unangetastet lässt, ja ihn sogar möglichst vollständig vom Schüler rezipieren lassen will. Vor dem Hintergrund der Klagen über auf dem Gymnasium nutzlos verstrichene Jahre überlässt er es dem Schüler, im Selbststudium eine Vollständigkeit in der lateinischen Sprache zu erlangen.

Auch an den Vorschriften für die sechste Klasse, der *Schola logica et rhetorica*, ist das Bemühen Evenius' ablesbar, mit der bisherigen Praxis der zu frühen Unterweisung in zu komplexen Materien zu brechen. Zu Beginn erhalten die Schüler eine allgemeine Einführung in die Logik; dies soll vor allem *deutlich*[112] geschehen. Die einzelnen *Praecepta* sollen *durch klärere vnd bekäntere Wort zum rechten Verstand ohne weitleufftiges dictiren vnd schmieren*[113] erläutert werden, womit Evenius die verbreitete Lehrmethode meint, die Inhalte mittels Diktat und Nachschreiben zu vermitteln. Die Schüler schrieben dabei quasi mechanisch mit, ohne die gehörten Gegenstände zu verstehen und zu durchdringen. Die ratichianischen Reformer verlangten vom Lehrer stattdessen die freie Rede, denn nur sie ermöglicht ein verstehendes Zuhören. *Die lebendige Stimme des Lehrmeisters ist das fürnembste / ja solte / da es müglich were / das einige vnd fortwehrende Mittel seyn zur wahren vnd bestendigen Geschickligkeiterlangung.*[114]

Zur Veranschaulichung der Inhalte der Logik dienen die *allerleichtesten Exempel auß der Philosophia vnd Theologia*. Um das *iudicium*, die Urteilsfähigkeit,

---

109 Vgl. Gerlinde Huber Rebenich: Der lateinische Psalter des Eobanus Hessus und das Ideal der docta pietas. In: Walther Ludwig (Hg.): Die Musen im Reformationszeitalter. Leipzig 2001, S. 289–303.
110 Evenius: Schola christiana, C 1 r.
111 Ebd., C 1 r–v.
112 Ebd., C 2 r.
113 Vgl. Grimm: Deutsches Wörterbuch, Bd. 15, Sp. 1083: unreinliches, flüchtiges Schreiben.
114 Evenius: Schola christiana, D 2 v.

zu schulen, werden von den Schülern lateinische Gespräche über das Gelernte geführt. Das Umsetzen der Theorie in die Praxis soll am Beispiel des Römerbriefes, der Briefe Ciceros und Auszügen aus dem Vergil geschehen. Die Schüler analysieren diese Texte auf die *fontes argumentorum*[115] und *Schlußreden* (Syllogismen) hin. Beim Erlernen der Rhetorik wird ein ganz ähnliches Verfahren angewendet, zum analytischen Auffinden von *Status, Genus caussae* sowie der *Tropen vnd Figuren*[116] dienen die Paulusbriefe und die Reden und Briefe Ciceros. Der nächste Schritt ist bereits das Anfertigen einer eigenen Oratio, und zwar sowohl *solutus* (Prosa) als auch *ligatus* (gebunden, Lyrik).

Griechisch lernten die Schüler unter Rektor Evenius in der siebenten Klasse oder *Schola graeca*. Durch den Gebrauch der Tabellen und der Grammatiken des Eilhard Lubinus[117] erlangten sie das Basiswissen. Lubinus, Herausgeber einer griechisch-lateinisch-deutschen Ausgabe des Neuen Testaments und Professor für Theologie und Poesie in Rostock, wurde von Neuerern wie Comenius wegen seiner scharfen Kritik am Gelehrtenschulwesen und seiner Reformversuche für den Sprachunterricht geschätzt.[118] Wahrscheinlich ist daher, dass auch seine Grammatiken vom Willen zur Reform geprägt sind.

Neben der Grammatik wurde den Schülern das Neue Testament zur Übersetzung vorgelegt, um eine praktische Umsetzung und Festigung des Gelernten zu erreichen. Weiterhin soll der Schüler mithilfe seiner *Loci-communes*-Sammlung eine griechische Disputation über eine *zweiffelhafftige Theologische Frage*[119] bestreiten oder eine eigene Oratio erarbeiten und vortragen. Gelesen werden sollen die griechischen Kirchenväter, u. a. die Briefe des Ignatius von Antiochia, die *Ekdosis* des Johannes von Damaskus, ein Werk des Nilus von Ankyra sowie die Septuaginta. Zwei weitere nicht zu den zentralen Lehrtexten zählende Schriften wurden verwendet: eine Darstellung des Lebens, der Glaubensgrundsätze und -kämpfe Luthers von Lorenz Rhodoman,[120] die unter einem griechischen Titel

---

115 Gemeint ist die Loci-Methode des Auffindens von Argumenten, vgl. Lausberg: Handbuch der literarischen Rhetorik §§ 373–399.
116 Evenius: Schola christiana, C 3 v.
117 Eilhard Lubin: Clavis Graecae Linguae, Sive Radices Primitivae omnium verborum Graecorum. Rostock 1604; Eilhard Lubin: Clavis Graecae Linguae Qua facilis & expeditus ad nobilißimae illius linguae adyta aditus panditur, Jam De Integro Confecta Et Expolita. Lübeck 1609.
118 Bohlen: Comenius, S. 2, Fn. 4.
119 Evenius: Schola christiana, C 4 v.
120 Lorenz Rhodomannus: Luthēros, Ētoi Aplē Ekthesis Tute Biu, Kai Tēs Katēchētikēs Dida Chēs Tu Luthēru = Lvthervs, siue Expositio Simplex Vitae, Doctrinae Catecheticae, Et Certaminvm Lutheri : carmine Graeco heroico exposita, & interpretatione Latina [...] in gratiam piae iuuentutis reddita, libris duobus / Autore M. Lavrentio Rhodomanno: In inclyta Lunaeburga Scholae ad D. Michaëlem Rectore. Oberursel 1579.

verzeichnet ist, sowie eine den Evangelien folgende Passionsgeschichte von Henricus Mylius.[121] Bei der Propagierung der griechischen Kirchenväter und neuzeitlicher religiöser Werke in griechischer Sprache folgt Evenius den Reformvorschlägen Caspar Dornaus.

Im fortgeschrittenen Stadium lesen die Schüler „Über die Kindererziehung" aus den Moralia des Plutarch, die Reden Isokrates' und Demosthenes', die Dialoge des Lukian sowie an poetischen Werken Theognis, Hesiod, Homer, Pindar u. a. Auch in der griechischen Sprache ist das Ziel des durch Selbststudium ergänzten Unterrichts eine möglichst vollständige Kenntnis des Kanons.

In der achten Klasse, der *Schola philosophica*, hält sich Evenius an die bereits dargestellten, in der Praxis bewährten Prinzipien. Die Vermittlung durch den Lehrer soll auf die *aller einfeltigste Erklärungsweise* geschehen, *also das die Beschaffenheit vnd Nutz derselben anfangs bekandt gemacht* werden.[122] Die *Praecepta* werden *durch leichtere vnd mehr bekandte erklärungs Wörter vnd Exempel [...] beygebracht vnd gefasset*. Angewendet werden die philosophischen Kenntnisse, die *nothwendigen folgereyen*, in allen Gebieten der Wissenschaft, vor allem jedoch in der Theologie.

In der neunten Klasse, der *Schola Hebraica*, wird der Schüler mit der hebräischen Sprache vertraut gemacht, was *der Theologiae zum besten geschieht*.[123] Das Lesen wird mithilfe einer Tafel geübt, worauf die Übersetzung der Genesis oder anderer historischer Bücher des Alten Testaments folgt. Ausgegangen wird bei der Vermittlung von den *Radices Hebraeae*, den Grundmorphemen, wobei das Hinzutreten von Präfixen und Suffixen sowie die Punktation Gegenstand der Analyse sind. Die Fortgeschrittenen lesen die übrigen Bücher des Alten Testaments.

Der Grundstein für die zehnte Klasse, die *Schola theologica*, wurde bereits in den fünf untersten Klassen gelegt. Nun sollen die einzelnen Elemente zu einem vollständigen *Systema* zusammengefügt werden. Aufgabe des Lehrers ist es, dass er die *Definitiones, Divisiones &c. der Theologischen Sachen mit bekandten deutlichen Worten vnd Schrifft Exempeln erklärt*.[124] Darauf sollen die Schüler *durch Gottsehlige Vnterredungen vnd Orationen von einer fürnehmen Theologischen Frage* ihre Kenntnisse demonstrieren.[125] In der *Schola theologica* enthüllt sich dem Schüler der Sinn des Studiums sämtlicher Einzelgebiete. Die in der Philosophie, Rhetorik und den alten Sprachen erlangten Fertigkeiten dienen letztlich einem

---

121 Henricus Mylius: Historia Passionis Domini Nostri Iesv Christi, Secvndvm Qvatvor Evangelistas : Graeco Heroico Carmine reddita / Ab Henrico Mylio Northusano. Leipzig 1569.
122 Evenius: Schola christiana, C 5 v.
123 Ebd., C 6 r.
124 Ebd., C 7 r.
125 Ebd., C 7 v.

Ziel: der korrekten Auslegung der Bibel. Doch neben der Erlangung der Voraussetzungen zur universitären Ausbildung zum Theologen sieht die *Schola christiana* in der elften (Medizin) und zwölften (Jurisprudenz) Klasse auch die Vorbereitung auf die anderen gelehrten Berufe vor.

6.6 Kontextualisierung des Magdeburger Reformprogramms: Evenius und die Ratichianer

Evenius' feingliedriger Bau aufeinander aufbauender Klassen ermöglicht die Adaption an die finanziellen Möglichkeiten, Begabungen und Zielvorstellungen der Schüler und Eltern. Je stärker ein Schüler in der Lage ist, sich das zum Teil neu in die gymnasiale Ausbildung integrierte, zum Teil traditionelle Bildungsgut anzueignen, desto später wird er die Schule verlassen und umso höher werden seine Chancen auf eine gut entlohnte und angesehene Position in der Gesellschaft zu veranschlagen sein. Evenius Neueinführung der *Schola Artium germanica* ist der Einsicht in die Unmöglichkeit geschuldet, allen Schüler propädeutisches Wissen vermitteln zu können. Er bricht daher mit der traditionellen Vermittlung des Lateins in den unteren Klassen. Anstelle des Lateins finden die Realien Eingang in den Unterricht, die sich durch einen weitaus stärkeren Praxisbezug als die bisher übliche Unterweisung in Dialektik und Rhetorik auszeichnen.

Nachfolgend soll die Frage erhoben werden, inwieweit die Magdeburger Reform etwas genuin Neues darstellte, oder ob sie nicht eher in den Rahmen der anderen ratichianischen Schulversuche einzuordnen ist. Bereits vor Ratke gab es Ansätze, eine Aufwertung der Muttersprache in die Wege zu leiten. Mertz nennt hier vor allem den Namen Hieronymus Wolfs,[126] ab 1557 Rektor des St. Anna Gymnasiums in Augsburg, der sich bereits zu Beginn der zweiten Hälfte des 16. Jahrhunderts für eine Normierung der deutschen Schriftsprache einsetzte. Bei diesen Bestrebungen handelte es sich jedoch um einzelne Vorstöße, die folgenlos blieben. Erst mit dem Wirken Ratkes und seines Schülerkreises nehmen diese Bestrebungen Züge eines systematischen Einsatzes für die Muttersprache an.

In die Jahre 1618 und 1619 datieren die ersten ratichianischen Schulordnungen. Ratke selbst zeichnete verantwortlich für die „Köthener Lehrpläne".[127] Im Jahr 1618 übergab Ratke Fürst Ludwig von Anhalt-Köthen eine Schrift mit dem Titel *Etliche Punkte, auf welchen die Didactica oder Lehrkunst Wolfangi Ratichii*

---

[126] Georg Mertz: Das Schulwesen der deutschen Reformation im 16. Jahrhundert. Heidelberg 1902, S. 322.
[127] In: Seiler (Hg.): Kleine pädagogische Schriften von Wolfgang Ratke, S. 32–53

gründlich beruhet.[128] In Punkt 10 dieser Schrift heißt es: *Daß nicht allein in lateinischer oder griechischer Sprache, wie bis dahero gebräuchlich gewesen, sondern auch in hochdeutscher vnd allen andern notwendigen Sprachen die Künste vnd Fakultäten verfasset vnd getrieben werden.*[129] Diese Formulierung lässt zunächst an ein Modell denken, dass dem Konzept der *Schola Artium germanica* von Evenius ähnelt. Doch der Schein trügt. Zwar ist in den „Köthener Lehrplänen" ein muttersprachlicher Anfangsunterricht in den ersten drei Klassen vorgesehen, doch die hier gelesenen Schriften sind ausschließlich religiösen Inhalts, eine Vermittlung naturwissenschaftlicher, historischer oder ethischer Kenntnisse ist nicht vorgesehen.

Die Weimarer Schulordnung von Johannes Kromayer[130] aus dem Jahr 1619 ähnelt den „Köthener Lehrplänen", zeichnet sich jedoch durch eine klarere Sprache aus. Vormbaum bezeichnet die Weimarer Schulordnung als die „bei weitem wichtigste und bedeutendste" unter den ratichianischen Schulversuchen, „so daß sie als eine Hauptquelle für die Kenntniß des Ratich'schen Systems angesehen werden muß. [...] Unseres Wissens ist sie die einzige, welche in den sämmtlichen Schulen eines größeren Territoriums Ratich's Principien durchzuführen versucht hat."[131]

Auch in Kromayers Konzeption steht das Erlernen der Muttersprache an erster Stelle. *Denn es ist vnrecht, wenn die Knaben noch nicht fertig vnd recht Deutsch lesen können, das man ihnen etwas Lateinisches [...] fürgibet.*[132] Als Lehrbücher sind der Lutherische Katechismus und die Bibel vorgesehen. Hinzu tritt für all jene, die später den Lateinunterricht besuchen, die deutsche Grammatik. Die folgende Passage dagegen wirkt wie eine dem Lehrer fakultativ eingeräumte Möglichkeit, handelt es sich bei der Weimarer Schulordnung doch um eine überregionale Satzung für alle Schulen des Territoriums: *Kan man künfftig noch etwas mehreres zur deutschen Claß dienlich haben, als etwa auch das andere Buch Mosis oder das gantze newe Testament [...] oder auch etwas von den freyen Künsten, in deutscher Sprache, item Historienbücher etc.*[133] Diese Empfehlung ist wesentlich

---

128 Ebd., S. 32–34.
129 Ebd., S. 33.
130 Johannes Kromayer: Bericht Vom newen Methodo: Wie es in den Schulen deß Weymarischen Fürstenthumbs, mit Vnterweisung der Jugend, gehalten werden soll, allermeist, so viel betrifft die deutschen Classen, item, in etwas auch mit belangende die lateinischen Classen der Grammaticken. Gestellet durch M. Johannem Kromayer Weimar 1619. Abgedruckt in: Vormbaum: Evangelische Schulordnungen Bd. 2, S. 215–260.
131 Vormbaum: Evangelische Schulordnungen, Bd. 2, S. 216.
132 Ebd., Bd. 2, S. 225.
133 Ebd.

allgemeiner gehalten als der detaillierte Katalog der einzelnen zu lehrenden Realienfächer, der bei Evenius wiederholt begegnet. Von einer durchdachten, an der Praxis ausgerichteten Konzeption wie bei dem Magdeburger Rektor kann daher keine Rede sein.

Durch den Seitenblick auf die ratichianischen Schulordnungen sollte deutlich werden, dass Evenius' Reform nicht als das erste muttersprachliche Modell des 17. Jahrhunderts anzusehen ist. Wenn die Realien im 16. Jahrhundert Eingang in die Schulordnungen fanden, dann zumeist nur als einzelne Nebenfächer.[134] Das vollständige System der Realienfächer, wie es auch von Dornau und Evenius propagiert wird – Bewegungen der Himmelskörper, Zoologie, Botanik, Geologie, Medizin, Ethik, Geschichte etc. –, findet sich bereits in einem Lehrplan von Michael Neander aus dem Jahr 1581.[135] Neander steht jedoch noch ganz in der Tradition der akademischen Gymnasien, in denen die Realien erst im siebzehnten Lebensjahr zum Gegenstand des auf die Universität vorbereitenden Unterrichts wurden.[136]

Die Verbindung Muttersprache *und* Realien im Anfangsunterricht wird daher als genuine Neuschöpfung Evenius anzusehen sein. Dass Evenius in Absetzung von den bisherigen schulhumanistischen Lehrmethoden stets die „Mitnahme", eine Ausrichtung am Kenntnisstand des Schülers verlangt, ist als Einfluss des Ratichianismus zu identifizieren. Beweis für die selektive Aneignung desselben ist dagegen die weitgehende Beibehaltung eines gründlichen propädeutischen Unterrichts in den höheren Klassen.

In den vorherigen Kapiteln zu den Vorgängern Evenius' im Rektorenamt wurde deren starke Akzentsetzung auf die altsprachliche Bildung wiederholt hervorgehoben. Demnach war ein sorgfältiger Unterricht in Grammatik, Rhetorik und Dialektik unverzichtbare Grundlage einer selbstständigen Lektüre der Klassiker. Diese Disziplinen dienten gleichsam als Schlüssel der Interpretation antiker Texte. In der humanistischen Tradition gründend, wurde die ethische Vervollkommnung der Schüler zur Leitkategorie der Lektüre erhoben.

Unzweifelhaft hat sich Evenius große Verdienste um die Anpassung der Unterrichtsinhalte an das kindliche Wesen und die spätere Berufspraxis seiner Schüler erworben. Dennoch muss seine Reform auch als Bruch mit der großen Tradition humanistischen Unterrichts in Magdeburg verstanden werden. Denn allein die von Dornau und Evenius gescholtene mehrjährige Schulung in den

---

134 Mertz: Schulwesen, S. 323–335; Seidel: Caspar Dornau, S. 194, Fn. 62.
135 Michael Neander: Bedencken Michaelis Neandri An einen guten Herrn vnd Freund, Wie ein Knabe zu leiten, vnd zu vnterweisen, [...] vom sechsten Jahr seines alters an, biß auff das achtzehende, wol vnd fertig lernen möge Pietatem, linguam Latinam, Graecam, Hebraeam, artes vnd endlich vniversam philosophiam. Eisleben 1581.
136 Ebd., S. 32–38.

sprachlichen und philosophischen Disziplinen versetzte die Schüler in die Lage, auch die sprachlich anspruchsvolleren Teile des Kanons rezipieren zu können.

Literarische Bildung bemisst sich am Niveau und der Vielfalt gelesener Texte. Durch Evenius' Verlagerung der humanistischen Fächer in die späteren Jahre der schulischen Ausbildung reduzierte sich die Zahl wahrhaft humanistisch gebildeter Schüler. Mit der teilweisen Preisgabe der Traditionen der Gelehrsamkeit muss daher wohl auch eine geistige Verarmung einhergegangen sein.

Auf der anderen Seite müssen die Zwänge, denen sich Evenius ausgesetzt sah, berücksichtigt werden. Bereits bei seiner Einstellung als Rektor forderte der Rat Reformen im gymnasialen Unterricht. Anders als in den Jahrzehnten zuvor wurde der humanistische Unterricht von den städtischen Entscheidungsträgern nicht mehr als Eigenwert angesehen, sondern als Vergeudung von finanziellen Mitteln und Lebenszeit. Die Reform des Magdeburger Gymnasiums ist daher auch ein zeitloses und lehrreiches Beispiel für die Opferung geistiger Werte aus wirtschaftlichem Kalkül.

6.7 Abwehr einer Theologisierung des Unterrichts: Der Habitualstreit

Im Jahr 1622 entstand in Magdeburg zwischen dem Pfarrer Andreas Cramer und Sigismund Evenius eine Kontroverse, die schon von den Beteiligten als „Habitualstreit" bezeichnet wurde.[137] Eigentlicher Auslöser des Streits war die Berufung von Evenius in das Rektorenamt des Magdeburger Gymnasiums, dessen pädagogischen Bestrebungen sich Cramer widersetzte.

Evenius hatte seine wissenschaftliche Prägung auf der Wittenberger Universität erhalten. Bereits als Rektor in Halle hatte er sich gegen die Geringschätzung des Kanons der heidnisch-antiken Autoren und für säkulare Inhalte im Schulunterricht ausgesprochen.[138] Vor der Berufung von Evenius war zunächst Wolfgang Ratke[139] Anwärter auf den Rektorposten. Die Ratsherren versprachen sich von Ratke „eine im Vergleich zu den bisherigen Gepflogenheiten wesentlich

---

137 Andreas Cramer: M. Andreae Crameri Fernere Erinnerung vom Grunde vnd Erbawung des Christenthumbs: In deutlicher Schrifftmäßiger Erklärunge Zwey vnd zwantzig Streitfragen [...] Zur richtigen Erörterung des Habitualstreites wider Kotzibuvii vnd Evenii hönische VnTheologische Schrifften [...] vorgestellet vnd vbergeben. Magdeburg: Wendelin Pohl 1624.
138 Sigismund Evenius: Dissertatio Philosophico-Theologica, De Scriptis Ethnicorum, An & quatenus in Scholis Christianorum sint proponenda & toleranda? / Recitata a M. Sigismundo Evenio. Halle 1613. Markus Friedrich fasst die Rede als Reaktion auf den Hofmannstreit auf. Vgl. Friedrich: Erzstift Magdeburg, S. 40.
139 Vgl. Kordes: Wolfgang Ratke.

weniger auf die heidnische Antike, dafür aber auf die Schrift und das Christentum bezogene Ausbildung."[140]

Ratke, Cramer und andere Kräfte innerhalb der Stadt waren sich in der Ablehnung der antiken Philosophie einig und verbanden sich zu einer Gegenpartei, die eine Theologisierung des gymnasialen Unterrichts in Magdeburg anstrebte. Doch Ratke verlor die anfänglich gehegten Sympathien des Rates, weil er die Veröffentlichung und Umsetzung seiner Reformen in die Praxis schuldig blieb, und musste die Stadt schließlich verlassen. Dass im Juni 1622 statt Ratke Sigismund Evenius zum Rektor ernannt wurde, löste die Gegenreaktion Cramers aus. Dabei war es weniger eine Übereinstimmung in den vertretenen pädagogischen Grundsätzen, als vielmehr die gemeinsame Ablehnung des humanistischen Kanons, die Cramer und Ratke einte.

Evenius hatte mehrfach „in euphorischer Weise für Nutzen und Unverzichtbarkeit von Philosophie und klassischen Autoren" plädiert.[141] Während Ratke in seiner Reform auf den antiken Kanon verzichten zu können glaubte, spielte dieser in dem von Evenius konzipierten Curriculum nach wie vor eine zentrale Rolle, wenn auch erst in den oberen Klassen. Denn an den muttersprachlichen Anfangsunterricht schloss sich eine Vorbereitung auf die eigenständige Lektüre der Klassiker an, indem den Schülern die Basiskenntnisse in der lateinischen und griechischen Grammatik, in Rhetorik und Dialektik vermittelt wurden.

Gerade die so demonstrierte Wertschätzung des Kanons durch Evenius war der Hintergrund des Streits. Dass sich Evenius durch das Streitgeschehen nicht von seinem humanistischen Kurs abbringen ließ, soll die Analyse einer von ihm verfassten und auf den 25. Mai 1625 datierten Vorrede erweisen. Es handelt sich um eine Ausgabe von Sentenzen aus den Werken Platons und Aristoteles', die von Zacharias Moser, Lehrer am Magdeburger Gymnasium, herausgegeben wurde.[142] Vor der Untersuchung dieser Vorrede muss der Verlauf des Habitualstreits knapp umrissen werden.

---

[140] Vgl. Friedrich: Grenzen der Vernunft, S. 186 zum Außschreiben / Eines Ehrnvesten Raths dero Stadt Magdeburgk / Herrn Wolfgangi Ratichii Didacticam oder LehrArt betreffend. Magdeburg 1621.

[141] Friedrich: Grenzen der Vernunft, S. 192.

[142] Zacharias Moser: Nucleus Philosophiae latino graecus. Hoc est Canones philosophici, tvm theoretici, tum practici ex Principum Philosophorum Platonis ac Aristotelis operibus vastissimis excerpti & ivxta ordinem librorvm utriusqve, lingva graeca & correspondente Interpretatione Latina, pro Philosophiae et graecae lingvae tironibus Gymnasij Magdeburgensis consignati, à M. Zacharia Mosero Brandenburgo-Marchio. Magdeburg 1626.

6.8 Zum Streitverhalten von Pastor Andreas Cramer

Am 20. November 1622 fand am Gymnasium eine Disputation statt, bei der neben dem Rektor und einer größeren Menge versammelter Schüler auch Andreas Cramer anwesend war.[143] Thema der Disputation waren „Sätze über die Konstitution der Theologie als Wissenschaft, ihre Grundlagen und ihr Verhältnis zur Philosophie."[144] Als Evenius eine These diskutieren ließ, in der die Theologie als *habitus*[145] (lat. Eigenschaft, hier: Fähigkeit des Menschen, die Gegenstände der Theologie verstandesmäßig zu erkennen) bezeichnet wurde, erhob Cramer Widerspruch. Bevor diese inhaltliche Frage zur Darstellung kommt, soll zunächst auf das Streitverhalten Cramers eingegangen werden.

Da der Rektor bei dieser Disputation präsidierte, kam ihm das Amt des Leiters und Schlichters in Streitfällen zu. Schulische und universitäre Disputationen waren schon von ihrer Anlage her für Eskalationen anfällig, denn es ging darum, den Gegner zu widerlegen bzw. argumentativ zu überwinden. „Leicht konnte dabei aus einer an sich freundschaftlichen Angelegenheit ein ernster Streit werden. Nicht umsonst haben etliche Universitäten in ihren Statuten genau vor diesem Phänomen gewarnt und dadurch das Konfliktpotential, das Disputationen haben konnten, einzudämmen versucht."[146]

Eine solche Vorbeugung offenen Streits während einer Disputation findet sich auch in der Magdeburgischen Schulordnung von 1553 aus der Feder des damaligen Rektors Abdias Prätorius.

> Streitereien, scherzhafte Wortspiele, das Zanken und Störungen, die von den Schülern aus Boshaftigkeit begangen werden, sind von dieser ernsthaften Beschäftigung mit den Musen [der Disputation] auszuschließen und fernzuhalten. Wenn jemand üble Gesinnung trägt und streitsüchtig ist, wenn gezankt wird, wenn jemand sich aufspielt, um sich vor den Anderen hervorzutun und die Regeln des Anstands nicht einhält, so ist dieser höflich zurechtzuweisen, dass Disputationen hierfür nicht der rechte Ort sind, sondern allein Angemessenes

---

143 Das Folgende nach Friedrich: Grenzen der Vernunft, S. 194–202.
144 Ebd., S. 194.
145 Die Thesen sind abgedruckt in der für Evenius Partei ergreifenden Sammelpublikation des Magdeburger Ministeriums: Controversia Crameriana Magdeburgensis, Das ist / Warhafftige beschreibung des entstandenen magdeburgischen Kramerischen Kirchenstreits [...] in Druck gegeben / Durch die Pastores vnd Diaconos des Ministerii zu Magdeburg. Wittenberg 1624, S. 88: „Theologia est habitus instituens hominem in vera cognitione [et] cultu veri Dei, in scripturis revelati ad consequendam salutem aeternam."
146 Friedrich: Grenzen der Vernunft, S. 194.

vorgetragen werden darf. Disputationen bestehen aus dem friedfertigen Zusammentragen von Meinungen, ohne Gehässigkeit.[147]

Die in der Schulordnung geforderte höfliche Zurechtweisung eines die Schranken der Disputation Verletzenden, die wahrscheinlich von Evenius an Cramer ergangen ist, hatte bei diesem offenbar keine Wirkung gezeigt. Man warf Cramer vor, „er habe nicht in der üblichen, angemessen zurückhaltenden Weise argumentiert, sondern sei sofort sehr ernst und aggressiv geworden."[148] Die Situation war deswegen heikel, weil Cramer mit seiner Kritik zur Unzeit – nämlich vor den versammelten Schülern – die Stellung Evenius' als Diskussionsleiter und Rektor untergrub. Die Intervention Cramers während der Disputation brach den schulischen Frieden.

In der Folge entspann sich eine Streitschriftenkontroverse, die trotz mehrerer Schlichtungsversuche und eines vom Rat erlassenen Publikationsverbots bis in das Jahr 1625 hinein währte. Dabei fand Evenius die Unterstützung Johannes Kotzebues,[149] Pfarrer an St. Jakob, und auf der Gegenseite Andreas Cramer[150] diejenige Johannes Schraders,[151] Pfarrer in Alvensleben bei Magdeburg. Die

---

147 Prätorius: Ludi Literarii Magdeburgensis Ordo, Leges ac Statuta, B 3 r: „Rixationes, verborum aniles commutationes, conviciationes, et alterius confusiones, quas multi ex animi quadam aegritudine quaerunt, prorsus ab hoc pio musarum negocio excludi atque exulare volumus. Siquis stomachosius rixatur, si convicietur, si contentiose aucupandae gloriae causa, non contentus simplicitate instat et urget, illi comiter respondendum est, non esse talibus locum, sed adferenda convenientia, disputationes esse placidas sententiarum collationes, sine animi acerbitate."
148 Friedrich: Grenzen der Vernunft, S. 195.
149 Genannt werden nur die wichtigsten, zum Teil sehr umfangreichen Streitschriften: Sigismund Evenius, Johannes Kotzebue: Enodatio Quaestionis De Habitu Theologico, Das ist: Kurtze vnd Einfeltige Erörterung [...] der new entstandenen Frage: Ob die Theologia [...] ein habitus oder Fertigkeit [...] von Göttlichen dingen zu handeln könne vnd möge genennet werden? Magdeburg: Andreas Betzel 1623; Sigismund Evenius, Johannes Kotzebue: Christliche Betrawrung Der fast seltzamen Verwirrung M. Andreae Crameri, darauß sich es mit der Zeit ansehen lesset / als wenn er selber nicht wisse / wo er in den bißhero bestrittenen Häuptpuncten zu Hause gehöre / vnnd was er endlich auß sich selbst machen solle [...]. Magdeburg: Johann Francke 1624; Sigismund Evenius, Johannes Kotzebue: Christlicher ProbierStein / Oder Censur, Nach Gottes vnfeilbahrem Worte / der begehrten Special Declaration auff die XXII. vorgelegte Fragen / die SchrifftWissenschafft belangend : So diese Tage von M. Andrea Cramero in einem Tractatu, Fernere Erinnerung genandt / durch den Druck publiciret vnd außgegeben worden [...]. Magdeburg: Andreas Betzel 1624.
150 Andreas Cramer: M. Andreae Crameri Gründlicher Bericht vnd nothwendige erinnerung / von dero jüngst entstandenen streitsache / Neben deutlicher Erklärung des rechten / aber listig Vertuscheten Haupthandels : Aus dem blinden Gewirre / M. Kotzibuvii vnd M. Evenii, herfür gesucht vnd [...] publiciret. Magdeburg: Wendelin Pohl 1623. Cramer legte hier seine Positionen auf mehr als 420 Seiten dar.
151 Johannes Schrader: Threnodia, Oder Jammergesang Der zwo Magdeburgische Nachtigaln / Cotzbuvii vnd Evenii, wie derselbe in ihrer vermeineten Retorsion erschollen ist [...]. O. O. 1625.

Streitschrift Schraders wurde von den Schülern des Magdeburger Gymnasiums mit einem Pamphlet beantwortet, in dem sie ihren Rektor gegen die Angriffe in Schutz nahmen.[152]

Bereits 1623 waren die Universitäten Helmstedt und Wittenberg um ihre Gutachten gebeten worden. Die Theologen der Academia Julia äußerten ihre Verwunderung, dass Meinungen wie die Cramers „überhaupt vertreten – und zudem noch schlecht begründet – würden."[153] Auch die Universität Wittenberg stellte sich hinter Evenius: Die Position Cramers wurde abgelehnt und der Rat erteilt, die Obrigkeit gegebenenfalls um die entsprechenden Maßnahmen zu ersuchen. In der zweiten Hälfte der zwanziger Jahre verlor das Streitgeschehen an Dynamik, nach 1625 erschienen keine weiteren Streitschriften. Aufgrund der durch die Zerstörung von 1631 bedingten schlechten Überlieferungslage bleibt ungewiss, warum die Auseinandersetzungen zum Erliegen kamen. Wahrscheinlich ist, dass sich die Protagonisten durch die Auswirkungen des Dreißigjährigen Krieges und die Pest von 1624 vor neue, existenziellere Probleme gestellt sahen.[154]

6.9 Hofmanstreit und Habitualstreit

Bereits den Zeitgenossen war die enge Verflochtenheit des Habitualstreits mit dem Hofmannstreit bewusst. Der Hofmannstreit verdankt einem seiner Hauptprotagonisten, Daniel Hofmann, seinen Namen und fand um 1600 an der Universität Helmstedt statt. Markus Friedrich zog die Konsequenz aus dieser wechselseitigen Bezogenheit und widmete seine Darstellung den Helmstedter und Magdeburger Ereignissen inklusive ihrer Vor- und Zwischenstufen.[155]

Der wesentliche Vergleichspunkt beider Auseinandersetzungen ist die Einstellung der Parteien zur Frage, inwieweit dem Menschen nach dem Sündenfall ein Rest verstandesmäßiger Erkenntnisfähigkeit belassen sei. Denn nur dann, wenn man wie Hofmann und Cramer von einer vollständigen Verderbtheit des Menschen durch die Erbsünde ausgeht, kommt die lutherische Anschauung der Rechtfertigung durch Jesus Christus zu ihrem vollen Recht. Je vollständiger die

---

152 Anonym: Virgae Magdeburgenses In Beanum Alvenslebianum Daß ist Gebürliche Abzüchtigung des Alten Alvenschlebenschen Esels Johannis Schraderi / welcher newlicherzeit aus Thumb kühner / Hirn wütender Weisheit sich für einen Richter in der Magdeburgischen entstandener Streitsache auffgeworffen vnd angegeben [...] Angestellet vnd vollführet von etlichen des Magdeburgischen Gymnasii Discipulis. Magdeburg 1624.
153 Friedrich: Grenzen der Vernunft, S. 197.
154 So auch Friedrich: ebd., S. 201 f.
155 Ebd.

Erbsünde den Menschen seiner Fähigkeiten beraubt, desto stärker ist die Wirkung der Wiedergeburt in Christus zu veranschlagen.

Umgekehrt formuliert ist, in den Augen der Anhänger Hofmanns, jede den Heiden zugestandene Wahrhaftigkeit eine Schmälerung des Heilsgeschehens. Freilich stand diese postulierte Verderbtheit des Menschen in toto im Widerspruch zur täglichen Erfahrung. Besonders all jene Pädagogen, die ihre Bestrebungen an der humanistischen Programmatik ausrichteten und daher von einer Form- und Erziehbarkeit des Menschen ausgingen, waren sich der nachteiligen Folgen dieser Glaubenssätze bewusst.[156]

Konsequenz des von Hofmann vertretenen Erbsündenverständnisses war die Gegenüberstellung des natürlichen und des wiedergeborenen Menschen. Der durch die Erbsünde verdorbene Mensch befand sich „in einem ausschließlichen Gegensatz zu allem Gottgefälligen".[157] Daraus folgte für Hofmann, dass sämtliche Handlungen des natürlichen Menschen als gottfeindlich abzulehnen seien. Unter diese Handlungen des natürlichen Menschen wurden – dem Dualismus zwischen Vernunft und Glauben folgend – auch die Werke der heidnischen Philosophen subsumiert. Hofmann formulierte die These: *vernunft wider den glauben ficht*.[158] Die Philosophie war für ihn daher „Inbegriff sündigen Handelns des Menschen".[159]

Die Integration aristotelischer Methodik und Metaphysik in das Studium der Theologie, wie sie sich in der Nachfolge des italienischen Logikers Jacopo Zabarella allmählich auch an den Universitäten im deutschen Raum, vor allem aber jener Helmstedts, zu etablieren begann, musste daher auf den Widerstand der Hofmannianer treffen. Sie suchten die Verdrängung des alten Verständnisses „von Theologie als individueller Glaubenspraxis des Theologen" durch eine „institutionalisierte und professionalisierte Theologie" zu verhindern.[160]

Die Einführung wissenschaftlicher Methodik in die Theologie lief in letzter Konsequenz auf eine objektive Überprüfung der Wahrheit christlicher Dogmen hinaus. Endpunkt dieser Entwicklung war dann die literaturwissenschaftlich-hermeneutische Analyse der biblischen Schriften. Zwar waren die Gegner Hofmanns von diesem Stadium wissenschaftlicher Freiheit noch weit entfernt, die beginnende Objektivierung der Theologie ist jedoch in den breiteren frühneuzeitlichen Rahmen einer nur allmählich fortschreitenden, doch kontinuierlichen

---

[156] Die Kontroverse zwischen Luther und Erasmus über den freien Willen ist in gewisser Hinsicht eine Präfiguration der hier behandelten Streitigkeiten. Vgl. statt anderem Flasch: Kampfplätze der Philosophie, S. 243–274; sowie Augustijn: Erasmus von Rotterdam.
[157] Friedrich: Grenzen der Vernunft, S. 262.
[158] Nachweis ebd., S. 260.
[159] Ebd., S. 263.
[160] Ebd., S. 270.

Säkularisierung einzuordnen. Die Ablehnung des Studiums der antiken Klassiker ist – ebenso wie die Abwehr des Aufstiegs der Naturwissenschaften – als vergeblicher Versuch anzusehen, den mittelalterlichen Status quo kirchlicher Herrschaft über sämtliche Lebensbereiche aufrechtzuerhalten.

Weil für die Hofmannianer dem Menschen die Wahrheitsfähigkeit allein durch die Wiedergeburt zu Teil wurde, lehnten sie die heidnische Philosophie kategorisch ab. Die Helmstedter Philosophen gingen dagegen von der Existenz gewisser Grundwahrheiten aus, die ihre Richtigkeit nicht allein dadurch einbüßten, weil sie von Nichtchristen ausgesagt worden waren. Das von beiden Streitparteien herangezogene Beispiel lautete *Deum esse*. Hofmann hielt diese Aussage nur dann für wahr, wenn sie von einem Wiedergeborenen getätigt werde. Im entgegengesetzten Fall, der Äußerung durch einen nicht-wiedergeborenen Menschen, sei sie unwahr.

Der neben Johannes Caselius[161] wichtigste Philosoph an der Universität Helmstedt und Gegner Hofmanns, Cornelius Martini, widerlegte diese Position und stellte „sich und die gesamte philosophische Fakultät hinter die völlig uneingeschränkte Richtigkeit des Satzes *Deum esse* – egal, von wem er ausgesprochen werde."[162] Die Abstrusität der Position Hofmanns war offensichtlich. In dem Bestreben, seine Verwerfung der Philosophie theologisch abzusichern, verstrickte er sich in unauflösbare Widersprüche. Seine Polemik gipfelte in der These von der sogenannten „Doppelten Wahrheit".

6.10 Doppelte Wahrheit und *habitus mentis*

Hofmann hatte bei seiner Behauptung, die Wahrheit einer Tatsache sei davon abhängig, ob sie von einem Heiden oder einem Christen geäußert wurde, die Plausibilität gegen sich, dennoch mussten die Helmstedter Philosophen bei seiner Widerlegung mit einer gewissen Diplomatie vorgehen, denn es existierten ähnlich lautende Aussagen von Luther.[163] Friedrich hat nachgewiesen, dass die von Luther und Hofmann vertretene These der „Doppelten Wahrheit" in der abendländischen Philosophiegeschichte ansonsten gänzlich isoliert steht – zu offensichtlich war wohl ihr Widerspruch zur Realität.

---

161 Vgl. zu Caselius Sdzuj: Art. Johannes Caselius. In: Kühlmann u. a. (Hgg.): Frühe Neuzeit in Deutschland 1520–1620. Literaturwissenschaftliches Verfasserlexikon, Bd. 1, Sp. 478–497; sowie Ernst Ludwig Theodor Henke: Calixtus und seine Zeit. Halle 1853, Bd. 1.
162 Friedrich: Grenzen der Vernunft, S. 276.
163 Ebd., S. 281f.

So nimmt es nicht Wunder, dass sich in den Schriften von Hofmanns Nachfolger Andreas Cramer keine direkten Anklänge an diese These finden. In der Sache freilich liegt er ganz auf der Linie Hofmanns. Cramer teilt dieselbe Verwerfung der antiken Klassiker, die ihre Wurzel in einem enggeführten Erbsündenverständnis hat. Die Ablehnung aristotelisch-wissenschaftlicher Methodik kristallisierte sich bei ihm in der Kritik eines Verständnisses der Theologie als *habitus mentis*, wie es von Evenius im oben geschilderten Rahmen vertreten wurde.

Der *habitus* ist eine von außen an die Seele herantretende Fähigkeit, ein „durch Übung und Praktizierung" erworbener Seelenzustand.[164] Evenius definierte den *habitus* als *fertigkeit des gemüths*.[165] Die Inhalte der Theologie würden, wie die aller anderen Wissenschaften auch, durch ausdauerndes Studium erworben. Diese Art von Theologie, wie sie von den Hofmanngegnern vertreten wurde, verblieb nach Cramer beim „bloßen ‚discurs' über den Glauben". Für ihn waren Theologie und Glaube identisch und daher ein Werk des Heiligen Geistes: *Theologia ist Wissenschaft des Worts / Nach rechter lebendiger Gleubens art / Wie es Gott erfordert / vnnd in Krafft der Wiedergeburt im newen Menschen gepflantzet wird.*[166] Nach Cramer degenerierte die Theologie durch die oben erwähnte Tendenz zur Verwissenschaftlichung zu einer *eusserlichen fertigkeit*. Die so verstandene Theologie zielte nicht mehr, wie Cramer forderte, auf den subjektiven Heilserwerb, sondern auf einen anderen Disziplinen vergleichbaren Wissenserwerb.

Eng verbunden mit dem Verständnis der Theologie waren bei Cramer die Vorstellungen von der idealen Schule.[167] Hier lag das Konzept einer *Erbawung deß wahren Christentums* zugrunde, das von der Schrift *Vom wahren Christentum* Johann Arndts inspiriert war.[168] Die Schule hatte nicht den Erwerb säkularen Wissens zu leisten, sondern die Unterstützung des Gläubigen beim schrittweisen „Wachsen im Glauben". Der Glaube des Wiedergeborenen sei zwar ein Werk des Heiligen Geistes, das jedoch der Unterstützung durch einen entsprechenden Schulunterricht bedürfe.

Während die Humanisten ihre Schüler durch eine möglichst vollständige Weltkenntnis auf den Weg der Tugend leiten wollten, war das Ziel Cramers, den

---

164 Ebd., S. 302.
165 Ebd., S. 303.
166 Zitat einer Streitschrift Cramers nach Friedrich: Grenzen der Vernunft, S. 306.
167 Vgl. zum Folgenden Friedrich: ebd., S. 309–322.
168 Die erste vollständige Ausgabe wurde 1610 in Magdeburg gedruckt: Johann Arndt: Vier Bücher Von wahrem Christenthumb / Heilsamer Busse / Hertzlicher Rewe vnnd Leid vber die Sünde vnd wahrem Glauben: Auch heiligem Leben vnd Wandel der rechten wahren Christen [...] Jetzo auffs newe vbersehen vnd gebessert / Durch Johannem Arndt / General Superintendenten des Fürstenthumbs Lüneburg. Magdeburg: Johann Francke 1610.

durch die Erbsünde verdorbenen Menschen durch „Unterstützung der Gnadenerlangung" zum Seelenheil zu führen. In Analogie zu Hofmanns Theologieverständnis vertrat Cramer in Bezug auf die Schule: „Jegliches Studieren, jegliche Bildung außerhalb des Glaubens und ohne Beitrag zur Glaubensstärkung sei teuflisch."[169]

Daraus resultierte für die Gestaltung des Curriculums: Schwerpunktsetzung auf die Katechese mit dem Ziel einer Erbauung im Glauben; Erlernen des Lesens, Schreibens und Rechnens sowie der Anfangsgründe der Physik; Ethik nur insoweit, als diese im Dekalog enthalten war. „Hauptsächliche Sorge Cramers bei dieser bloß aufgezählten, kaum erläuterten Liste von [...] Lehrgegenständen war, dass diese Dinge im Dienste des Glaubens vermittelt würden."[170] Vor dem Hintergrund der späthumanistischen Gelehrtenerziehung, von der sich Cramer bewusst abheben wollte, bedeutete dies die Preisgabe des Studiums des antiken Kanons, die Verabschiedung von Logik, Rhetorik und Dialektik sowie tieferreichendem Sprachunterricht zugunsten der Bibel und des erbaulichen Schrifttums.

6.11 Evenius' Antwort auf die Angriffe Cramers: Der *Nucleus philosophiae*

Evenius beantwortete diese restriktive Programmatik Cramers durch den Druck einer von ihm veranlassten Ausgabe mit Auszügen aus den Werken Platons und Aristoteles'.[171] Dabei verfolgte er eine doppelte Strategie. Zum einen reagierte er auf die von Cramer angestrebte Entfernung der antiken Philosophen aus dem Curriculum mit der ausdrücklichen Aufforderung an die Schüler, die Ausgabe zu studieren. In der Vorrede empfiehlt Evenius das Werk seines Kollegen Moser den Schülern mit den folgenden Worten zur Lektüre:

> Damit niemand dessen [Mosers] Werk aus Neid verwerfen oder schmälern kann, ermutige und ermahne ich dringlich die Jugend, besonders die unseres Gymnasiums, dass sie sich dieses Werk anempfohlen sein läßt, es mit betriebsamer Hand und gespanntem Geist wieder und wieder vornimmt und sich des überreichen Ertrages und Nutzens dieser Arbeit, der sich dereinst einstellen wird, gewiss ist.[172]

---

169 Friedrich: Grenzen der Vernunft, S. 319.
170 Ebd., S. 320f.
171 Moser: Nucleus philosophiae.
172 Ebd., C 2 v: „Quem ipsius laborem, uti nec ipsa invidia improbare ac arrodere quiverit, Ita Juventutem nostri cumprimis Gymnasii studiose hortor ac moneo, ut sibi quam commendatissimum habeat, manuque sedula ac mente attenta volvat ac revolvat, certissima de uberrimo hujus operae suae olim secuturo fructu ac emolumento."

Zum anderen entfaltete er in der Vorrede, gleichsam als Widerlegung der These der „Doppelten Wahrheit", seine Vorstellung von der Identität der Lehren Platons und Aristoteles' mit denen der Bibel. Bevor näher auf diese Vorrede eingegangen wird, soll zunächst ein Zitat aus einer fünf Jahre zuvor erschienen Schrift präsentiert werden, das es ermöglicht, die Ausführungen von Evenius im zugehörigen Kontext zu verorten.

Als Bindeglied zwischen den Helmstedter und den Magdeburger Auseinandersetzungen fungierte eine Streitschriftenkontroverse, die zwischen dem ehemaligen Helmstedter Studenten Wencel Schilling und dem Wittenberger Professor Jacob Martini ausgetragen wurde.[173] Martini hatte sich durch mehrere, gegen Hofmanns Positionen gerichtete Schriften, z. B. Thesen über die „Einheit der Wahrheit",[174] exponiert und wurde daraufhin gemeinschaftlich von Schilling, Cramer und Johannes Schrader angegriffen. In einer Verteidigung Martinis aus dem Jahr 1620 wandten sich seine Kollegen von der Theologischen Fakultät der Universität Wittenberg gegen die Magdeburger *Calumnianten*. Diese Verteidigung soll hier mit einem längeren Zitat zu Wort kommen, weil sie in ihrer Argumentation der späteren Widerlegung der „Doppelten Wahrheit" durch Evenius sehr ähnelt.

> *Haben die Heyden vnter dem Wort θεός, DEUS, GOtt / etwas oder nichts verstanden? Antwortet man nichts? So wird weiter gefraget / zu was ende habens dann die Heyden gebraucht? Antwortet man / sie haben ein Numen oder Göttliche Natur damit gemeinet / so haben wir / das wir begeren / das sie nemlich GOtt erkant / vnd ihres hertzens wissenschaft mit gebrauch des Worts GOtt an tag geben. Wird also dieses ein streitiger punct sein: Ob die Heyden vnter dem Wort GOtt eine Göttliche Natur verstanden / oder nicht? wir sagen Ja / die Examinatores [Schilling und Cramer] NEIN. Darnach ist zusehen auff den verum conceptum de DEO, auff das / was die Heyden von GOtt wahres gewust vnd gehalten haben: nemlich / wie offt erzehlet: das ein Gott sey / Weise / Barmhertzig / Gerecht / Zornig / ein belohner des gutten / vnd straffer des bösen etc. Welches / weil es eine wissenschafft von GOtt ist / heißt GOtt erkennen. [...] Weil es nicht nur ein gedicht / sondern was also ein Heyde sagt / das ist wahr / vnd kan von keinem Christen geleugnet werden / so heißts eine wahre oder wahrhafftige erkentnis.*[175]

Während Schilling und Cramer sich beständig dagegen wehrten, den Heiden eine „wahre" Gotteserkenntnis zuzugestehen, „beharrten die Universitätstheologen

---

173 Friedrich: Grenzen der Vernunft, S. 180–184.
174 Jacobus Martini: Theses de uno & simplici oppositis Duplicistis [...] propositae [...] publice in Academia Wittenbergensis 26. VI. 1618. In: Albert Grawer: Libellus de unica veritate. Jena 1665, S. 97–110. Vgl. Friedrich: Grenzen der Vernunft, S. 181.
175 Theologische Fakultät zu Wittenberg: Fernere Außführung der Frage: Ob Gott ohne das geoffenbarte Wort etlicher massen warhafftig erkandt werde? [...] Etlichen Calumnianten entgegen gesetzt Durch Die vier Professores der Theologischen Facultet zu Wittenberg. Wittenberg 1620, S. 51f. Das Zitat auch bei Friedrich: Grenzen der Vernunft, S. 296, Fn. 21.

darauf, dass es legitimerweise verschiedene Formen der Beschäftigung mit Gott geben müsse, die auf unterschiedliche soziale und religiöse Kontexte der Zeit reagierten".[176] Eine noch emphatischere Verteidigung der heidnischen Auseinandersetzung mit Gott findet sich in der Vorrede von Evenius zum *Nucleus philosophiae*. Auch ohne dass der Name Cramer ausdrücklich genannt wurde, waren den Lesern die Ereignisse um den zwei Jahre zuvor erreichten Höhepunkt des Habitualstreits natürlich noch präsent.

Nach einer einleitenden, rhetorisch aufgeladenen Klage über die Übel der gegenwärtigen Zeit, zu denen Evenius das Aufkommen von der Rechtgläubigkeit abweichender Auffassungen zählt, wird das Heilmittel gegen diese Verwerfungen genannt: die Pflege der humanistischen Studien. Evenius zitiert Augustinus mit der Beteuerung, dass sämtliche entstandenen Ketzereien auf ein ungenügendes sprachliches Verständnis der Bibel zurückzuführen seien. Es sind klassisch-melanchthonische Topoi, die Evenius hier heranzieht.

Melanchthon hatte die Studien dadurch gerechtfertigt, dass ein Verständnis, eine tieferreichende Auslegung der Heiligen Schrift ohne die Kenntnis des Lateinischen, Griechischen und Hebräischen unmöglich sei. Er stand damit in der Tradition jener Humanisten im Gefolge Erasmus', die das Studium der Sprachen gegen die etablierte scholastische Theologie zu verteidigen hatten.

Auch Evenius sah sich einer diffusen, theologisch argumentierenden Opposition gegen humanistische Gelehrsamkeit ausgesetzt. Die Kenntnis der Sprachen sei, so Evenius, für den Interpreten der Bibel deswegen vonnöten, weil er bei aufkommenden Unklarheiten über den Text der Vulgata hinaus das griechische und hebräische Original konsultieren müsse. Es folgt eine Verteidigung des Studiums der antiken Klassiker, die als direkte Antwort auf Cramer intendiert zu sein scheint.

> Du wirst einwenden, dass die Bücher der Heiligen Schrift in den beiden heiligen Sprachen oder die griechischen Schriften der Kirchenväter ausreichen, dass es nicht notwendig sei, die gottlosen Werke der Heiden zu studieren, denn diese würden die heilige Schrift eher entweihen und verderben, als sie erklären. Ich antworte: Dass das Verständnis der Heiligen Schrift von den Werken der Heiden in hohem Maße profitiert, kann ebenso nicht geleugnet werden, wie die übrigen Vorteile eines Studiums derselben, was durch die Zitate der heidnischen Dichter durch den Apostel Paulus und die Werke der Kirchenväter Justin des Märtyrers, Irenaeus' und anderer überaus reich belegt wird. Die angebliche Beeinträchtigung durch die Heiden, die die Reinheit unserer Religion besudeln würden, wurde durch Sokrates Scholastikos zurückgewiesen. Bei ihm heißt es: Die besseren Philosophen unter den Heiden haben zu allen Zeiten jenen von Kindern erdichteten Polytheismus verlacht und den ‚einzigen Gott' offen gelehrt; ihre Lehren wurden nirgendwo von den Rechtgläubigen

---

176 Ebd., S. 296.

als ‚gefährlich' zurückgewiesen; eine Vorkehrung gegen diese ‚Räuber und Plünderer' zu treffen wäre zudem nicht möglich, wenn man ihre Waffen nicht kennen würde.[177]

Evenius beruft sich bei seiner Widerlegung der Aussage, das Studium der antiken Klassiker sei abträglich, auf die Autorität des Apostel Paulus und der griechischen Kirchenväter. Schon Erasmus hatte sich den Kirchenvätern zugewandt, sie studiert, ediert, übersetzt und paraphrasiert, weil er in ihnen die von ihm angestrebte Synthese heidnischer und christlicher Weisheit, im Terminus „christliche Philosophie" in eine prägnante Kurzform gebracht, verwirklicht sah.[178] Erasmus wird sich mit ganz ähnlichen Formulierungen wie Evenius gegen den Generalverdacht der Gottlosigkeit, unter den die Scholastiker die humanistischen Studien gestellt hatten, verteidigt haben.

Evenius stützt sich im Folgenden auf den Kirchenvater Tertullian als seinen Gewährsmann. Es folgt ein von Evenius zitierter Ausschnitt aus dessen Werk *De resurrectione carnis*. Durch die Beiziehung dieser Autorität unternimmt es Evenius, seine Vorstellung eines auch den Heiden innewohnenden „gesunden Menschenverstandes" zu untermauern. In den die Offenbarung berührenden Fragen, so führt Tertullian aus, gebe es „ein Denken nach dem allgemeinen Menschenverstand [...]. Denn manche Dinge sind von Natur aus bekannt, so z. B. sehr vielen die Unsterblichkeit der Seele, allen Menschen der von uns verkündete Gott. Wenn also ein Platon sagt: ‚Jede Seele ist unsterblich',[179] so werde auch ich mich seines Ausspruches bedienen."[180]

---

177 Moser: Nucleus Philosophiae, B 2 v: „Sufficere dices Scripturae libros utriusque linguae, vel saltem Patrum monumenta Graeco idiomate edita, nec opus esse gentilium, tanquam profanorum Autorum scriptis, quibus profanentur ac corrumpantur literae sacrae verius, quam illustrentur. Respondeo: Illustrationem ac momenta caetera, quae S[acris] literis hinc accedunt maxima, negari non posse, cum et D. Pauli Gentilium Poetarum gnomas citantis, et Patrum Ecclesiae primitivae, Justini Martyris, Irenaei, et aliorum facta atque Exempla id abunde testentur. Profanitatis vero ac gentilismi, quo Religionis nostrae puritas conspurcari existimatur, quod spectat, incommodum, satis protelavit Socrates Scriptor Ecclesiasticus, quando lib. 3. c. 14. Saniores Philosophos inter Ethnicos quovis tempore illam a pueris confictam πολυθεΐαν derisisse, et unum DEUM aperte docuisse; et doctrinam illorum ut periculosam nullibi a sacris prorsus reiectam: et a praedonibus ac praedatoribus illis cautionem impossibilem, nisi arma eorum habuerim in cognita, fuse ostendit."
178 Augustijn: Erasmus von Rotterdam, S. 71 f. Zur Edition der Kirchenväter durch Erasmus vgl. ebd. S. 91 f.
179 Plat. Phaidr. c. 24 pag. 245.
180 Verwendet wurde die Übersetzung Karl Adam Heinrich Kellners: Tertullians sämtliche Schriften, aus dem Lat. übers. von Karl Ad. Heinrich Kellner. Bd. 2: Die dogmatischen und polemischen Schriften. Köln 1882, S. 421 f. Die Wiedergabe des lateinischen Tertullianzitats folgt dem Abdruck in Moser: Nucleus philosophiae, B 2 v–B 3 r: „Idem Tertullianus Ecclesiae Latinae

Auf den ersten Blick scheint das von Evenius verwendete Zitat seine Argumentation zu stützen. Ein Blick auf den nachfolgenden Kontext bei Tertullian zeigt jedoch, dass der Ausschnitt eine Einräumung darstellt. Tertullian argumentiert gerade *gegen* die Verwendung heidnischer Schriften, weil die in ihnen enthaltenen Gemeinplätze der göttlichen Wahrheit häufig widersprächen. Fazit des zitierten dritten Kapitels aus der Schrift Tertullians ist der folgende Satz: „Der göttliche Gedanke aber wohnt in der Tiefe, nicht auf der Oberfläche, und ist oftmals dem Augenschein gerade entgegengesetzt."

Das in der Forschung von Tertullian gezeichnete Bild entspricht dieser Tendenz. „Nach Tertullian darf ein Christ heidnische Literatur zwar lesen, aber nicht lehren. Die Philosophen sind die Patriarchen der Häretiker [...]. Dichter und Redner sind Verräter der Wahrheit und Moral."[181] Tertullian wendet sich hier gegen eine Kultur, auf dessen Boden er sozialisiert worden war, denn er verfasste auch griechische Schriften und gilt als Kenner der Rhetorik. Nach seiner Taufe und Hinwendung zum Christentum verwarf er in einer Art Tabula rasa auf radikale Weise heidnisches Brauch- und Schrifttum. Er steht damit der Position Andreas Cramers näher als der des Evenius', doch diese Subtilitäten dürften nur den wenigsten und am umfassendsten gebildeten Lesern des Evenius' präsent gewesen sein – seine Botschaft wird dadurch nicht geschmälert.

Auf das Zitat folgt ein Kommentar, der die – nicht der tatsächlichen entsprechende – Intention Tertullians wiedergibt. Die Übereinstimmung und Harmonie zwischen göttlicher und weltlicher Weisheit werde von Tertullian nicht bestritten oder als Unwahrheit bezeichnet, sondern von ihm als etwas Willkommenes gelobt, als der Kirche Nützliches und Heilbringendes anerkannt und gepriesen. Evenius fragt: Und warum auch nicht? Zumal die meisten und wichtigsten philosophischen Lehren zum Teil wortgleich, zum Teil geringfügig variiert, vom Sinn her aber identisch auch in der Heiligen Schrift enthalten seien.

Evenius will dies anhand einer Gegenüberstellung von Sentenzen Platons und Aristoteles' mit solchen der Bibel demonstrieren. Die Zitate stimmen naturgemäß nicht wörtlich, sondern nur sinngemäß überein; auf das griechische Original folgt die lateinische Übersetzung. Der Rektor präsentiert siebzehn Sätze aus Platons und achtzehn aus Aristoteles' Werken. Bei dem parallelen Abdruck der Stellen in der Vorrede zum *Nucleus philosophiae* sind die Seiten in zwei gegen-

---

Doctor vetustissimus astruit lib. de Resur. p. 37: Est, inquit, et communibus sensibus sapere in DEI rebus, sed in testimonium veri, non in adiutorium falsi, quod sit secundum, non contra divinam dispositionem. Quaedam enim a natura nota sunt, ut immortalitas animae, DEUS noster. Utar ergo et sententia Platonis alicuius: Omnis anima immortalis [...]."
181 Michael von Albrecht: Geschichte der römischen Literatur. Berlin 1992, Bd. 2, S. 1221f.

überliegende Spalten gegliedert. Die linke Spalte enthält die Zitate der Philosophen, die rechte diejenigen aus der Bibel.

I. Alle Menschen, die es verstehen, beim Beten und Opfern den Göttern Angenehmes zu reden und zu tun, sind heilig.[182]	Wer ihn fürchtet und recht tut, der ist Gott angenehm, gleich welchem Volk er angehört.[183]
VI. Unbillig wäre, wenn die Götter nach unseren Geschenken und Opfern urteilen würden und nicht nach unserer Seele, ob jemand heilig und gerecht ist.[184]	Und der Herr sah gnädig an Abel und sein Opfer, aber Kain und sein Opfer sah er nicht gnädig an.[185] Durch den Glauben brachte Abel Gott ein besseres Opfer dar als Kain.[186]
XIII. Von der Trunkenheit soll sich der Heranwachsende gänzlich fernhalten.[187]	Sauft euch nicht voll Wein, denn das führt zur Zügellosigkeit.[188]
II. Alle Menschen haben eine Vorstellung von den Göttern.[189]	Was man von Gott erkennen kann, ist unter den Heiden offenbar; Gott hat es ihnen offenbart.[190]

Das erste Paar von Zitaten zeigt auch inhaltlich eine Kritik von Cramers Bevorzugung der wiedergeborenen Christen. Vor Gott, so übereinstimmend Platon und die Bibel, sind alle gleich. Entscheidend ist nicht die Zugehörigkeit zu einer Gruppe, sei es die der Heiden oder der Christen, sondern die individuelle Verhaltensweise in Übereinstimmung mit den Geboten.

Auch im zweiten Beispiel findet sich in den beiden gegenübergestellten Zitaten eine ganz ähnliche Argumentation. In Platons Dialog *Alkibiades* geht es um die Frage, ob man die Götter durch reine Äußerlichkeiten gefällig stimmen könne oder nicht. Sämtliche Hellenen brächten den Göttern die wertvollsten Weihgeschenke dar und beteten dabei für die nichtigsten Dinge, dem Gott Ammon gefalle jedoch „der Lakedaimonier Schweigsamkeit [...] besser als der

---

[182] Plat. Euthyphr. 14. Die Wiedergabe der lateinischen Zitate folgt der Version von Evenius (Moser: Nucleus philosophiae, B3v–B8r): „Quisquis Diis grata dicere facereve novit precando ac sacrificando, sancta illa sunt omnia."
[183] Apg 10, 35: „In omni gente timens DEUM, et operans justitiam, acceptus est ipsi."
[184] Plat. Alk. 2, 149: „Iniquum esset, si ad dona et sacrificia nostra Dii respicerent, non autem ad animam, an quis sanctus et iustus sit."
[185] 1 Mose 4, 4: „Respexit Deus ad Abel et dona eius, ad Cain autem et sacrificia eius non respexit."
[186] Hebr 11, 4: „Fide maiorem hostiam Abel obtulit quam Cain."
[187] Plat. leg. 2, 666: „Ebrietate ac vinositate omnino decet abstinere adolescentem."
[188] Eph 5, 18: „Nolite inebriari vino, in quo est luxus."
[189] Aristot. cael. 270b: „Omnes Homines de Deo sensum habent."
[190] Röm 1, 19: „Quod de Deo cognosci potest, manifestum in gentibus, Deus enim iis revelavit."

andern Hellenen Opfer insgesamt",[191] und zwar deswegen, weil ihre Gebete sinnvoller seien.

Durch die erste von Evenius beigezogene Bibelstelle aus dem ersten Buch Mose wird der Unterschied zwischen reiner Äußerlichkeit und innerem Glauben noch nicht recht deutlich. Denn hier heißt es lediglich, dass Gott die ihm dargebrachten Erstlinge aus Abels Herde besser gefallen hätten, als die Opfer Kains von den Früchten des Feldes. Warum dies so war, wird erst durch das zweite Zitat aus dem Hebräerbrief evident. Im elften Kapitel des Hebräerbriefs steht einleitend eine Definition des Glaubens: „Der Glaube ist eine feste Zuversicht auf das, was man hofft, und ein Nichtzweifeln an dem, was man nicht sieht."[192] Laut Neuem Testament und Evenius war Abels Opfer deswegen willkommen, weil er es in eben diesem Glauben darbrachte, der Kain fehlte. Durch das zweite Zitat wird die Analogie zum *Alkibiades* von Platon hergestellt.

Das dritte Paar hat Evenius wahrscheinlich auch seiner moralpädagogischen Anschaulichkeit wegen ausgewählt. Die beiden Zitate stimmen in ihrer Aussage auch vom Kontext her überein. In den *Nomoi* des Platon wird vor allem wegen der „aufbrausenden Art" der Jünglinge vor dem Alkoholkonsum gewarnt: weil „sie nicht zu dem Feuer, welches bereits in ihrem Körper und ihrer Seele glüht, noch neues Feuer hinzuleiten dürfen".[193] Das in der Bibelstelle vorkommende Wort *luxus* steht für jede Form der Ausschweifung. Ein Satz zuvor wird gefordert: „Seid nicht unverständig, sondern versteht, was der Wille des Herrn ist."[194]

In Evenius Vorrede folgt auf die Liste der Platon- und Bibelzitate ein kurzes Resümee. Der Rektor stellt die rhetorische Frage, ob diese und jene sich nicht wie ein Ei dem anderen glichen und versichert, die Harmonie des Denkens der antiken Philosophen mit den Grundsätzen der Bibel auch an zahllosen weiteren Beispielen demonstrieren zu können. Um die Evidenz seiner Position noch zu erhöhen, bietet Evenius im Folgenden achtzehn weitere Paare, nun aus den Werken des Aristoteles. Da sich die Vorgehensweise wiederholt, wurde von den Aristoteleszitaten allein das zweite ausgewählt, da es einen direkten Bezug zum Habitualstreit aufzuweisen scheint.

Evenius berührt hier wieder das Thema des Gottesverständnisses der Heiden. Wie bereits anhand anderer Passagen der Vorrede dargestellt, spricht Evenius den Heiden eine quasi monotheistisch-christliche Vorstellung von Gott zu, was angesichts des vorherrschenden Polytheismus im griechisch-römischen Bereich nicht unproblematisch ist. Gegen Cramers Erbsündenverständnis lässt Evenius

---

191 Plat. Alk. 2, 149.
192 Hebr. 11, 1.
193 Plat. leg. 2, 666.
194 Eph 5, 17.

seine Ansicht deutlich werden, dass auch die Heiden über einen zutreffenden Begriff von Gott verfügten, der dem der Christen sehr ähnelte.

Bei den betreffenden Zitaten ist die Übereinstimmung jedoch lediglich punktuell; sie gilt nur für die beiden ausgewählten Ausschnitte. Aristoteles geht in seiner Schrift „Über den Himmel",[195] aus der das Zitat stammt, gleichsam empirisch vor. Alle ihm bekannten Quellen hätten einmütig Gott im Himmel verortet. Da es sich hierbei um eine gewissermaßen intersubjektiv geteilte Ansicht handele, müsse sie auch wahr sein.

Das Bibelzitat ist hingegen wiederum eine Einräumung. Die von Evenius suggerierte Aussage wird durch die Lektüre des Kontextes entkräftet. Der Römerbrief ist eine polemische, gegen Heiden und Juden gerichtete Apologie des Christentums. Paulus unternimmt es hier, die neue Religion gegen konservative Anschauungen zu verteidigen, das Bild der Gegner fällt dabei naturgemäß negativ aus. Dass die Heiden über einen Gottesbegriff verfügten, erhöhe noch ihre Schuld, denn sie handelten gleichsam mit Vorsatz: „Obwohl sie Gott kannten, haben sie ihn nicht als Gott gepriesen oder ihm gedankt, sondern haben ihre Gedanken dem Nichtigen zugewandt, und ihr unverständiges Herz ist verfinstert worden."[196]

Für Evenius war das ausgewählte Zitat nur deswegen brauchbar, weil er es wie eine Sentenz behandelte und den Kontext ausblendete. Die Harmonie zwischen einem Aristoteles, der die Vorstellung von Gott nur im Kontext seiner astronomischen Erkenntnisse, quasi en passant, berührt, und der Polemik des Paulus gegen Heiden und Juden wirkt konstruiert.

Evenius kam es jedoch bei seiner Zusammenstellung von Zitaten auf eine möglichst ähnliche, im Idealfall wortgleiche Formulierung der philosophischen und biblischen Zitate an. Er instrumentalisierte sie für seine Zwecke, ohne der ursprünglichen Bedeutung der Ausschnitte eine tieferreichende Beachtung zu schenken.

Florilegien und *Loci-communes*-Sammlungen wie der *Nucleus philosophiae* von Zacharias Moser gehören zu den am reichhaltigsten überlieferten Textgattungen der Frühen Neuzeit. Eine genauere Untersuchung des Umgangs ihrer Herausgeber mit den Kontexten der ausgewählten Ausschnitte erscheint daher als wünschenswert. Lässt sich die Nichtbeachtung des Kontextes auch bei anderen Autoren nachweisen? Bei der Wertung von Evenius' Bestrebungen muss zudem berücksichtigt werden, dass das Unternehmen, antike und biblische Aussagen zu parallelisieren, wegen der Verschiedenheit beider Diskurse an seine natürlichen

---

195 Aristot. cael.
196 Röm 1, 21.

Grenzen stoßen musste. Die augenfälligste Gemeinsamkeit der Bibel und der antiken Philosophie war jedoch das Anliegen, das Individuum im moralpädagogischen Sinn zu formen. Insofern steht Evenius als Späthumanist und Pädagoge in der Tradition des biblischen Humanismus des Erasmus und seiner Nachfolger.

In den sechs die Vorrede abschließenden Seiten betont Evenius noch einmal, dass sich die Schriften der Philosophen in vollständigem Einklang mit der christlichen Religion befänden, „sodass keinerlei oder ein äußerst geringer Widerspruch, keine Verunreinigung der Glaubensgrundsätze zu fürchten sei."[197] Er spricht sich dagegen aus, dass ein und dieselbe Wahrheit mal als rechtgläubig, mal als ketzerisch bezeichnet wird, so als gäbe es eine Sonne für die Christen und eine andere für die Türken oder Heiden. „Und wie es dieselbe lateinische Sprache ist, egal, ob ein Jude sie verwendet oder ein Christ oder Heide, so ist und bleibt es dieselbe Philosophie ohne Unterschied, von wem sie ausgeübt wird oder wer von ihr profitiert."[198] Evenius kommt auf sein eingangs ausgesprochenes Lob der *Studia Linguarum artiumque* zurück und versichert, dass „diese nicht weniger aus den heidnischen Autoren als aus der Heiligen Schrift freudig und nutzenbringend gelehrt und gelernt werden können."[199] Wegen Zeitknappheit und der Weitläufigkeit der Autoren seien hierfür Auswahlausgaben am Geeignetsten.

In der Vorrede heißt es weiter, dass Aristoteles wegen seines dreifachen Nutzens Gegenstand dieser Ausgabe sei. Er ermögliche das Studium der griechischen Sprache und gebe „nicht allein moralpädagogische Anweisungen zur Einrichtung des späteren Lebens, sondern auch solche der Theorie, die ein exakteres Urteil über die Wahrheit gestatten."[200] Den Schluss der Vorrede bildet, den Regeln der Rhetorik entsprechend, eine Anrufung Gottes, der die Magdeburger bei ihrem Studium unterstützen und die Rezeption der Sammlung philosophischer Weisheiten durch die Jugend fördern solle.

Bevor sich diese Untersuchung der Ausgabe des Magdeburger Lehrers Zacharias Moser zuwandte, wurde zunächst ein Ausschnitt aus einem Gutachten der Wittenberger Theologen präsentiert. Durch die Gegenüberstellung mit den Ausführungen Evenius' sollte klargestellt werden, dass sich Evenius bei seiner Ver-

---

197 Moser: Nucleus philosophiae, B 8 r: „ut nulla hinc vel minima sive ἀντιλογία sive ἀκαθαρσία, pugna vel corruptio rerum sacrarum extimescenda."
198 Ebd., B 8 v: „Et est eadem Lingua latina, sive Judaeus ea utatur, sive Christianus sive gentilis: Sic eadem respectu sui Philosophia est et manet absque differentia hominum, qui eam tenent, vel profitentur [...]."
199 Ebd., C 1 r: „non minus ex profanorum Autorum, quam S[anctorum] literarum lectione eadem feliciter ac fructuose doceri et addisci posse [...]."
200 Ebd., C 2 r: „sententias ac Canones, non Morales tantum seu practicos ad vitae morumque conformationem, sed et theoreticos ad veritatis accuratiorem diiudicationem [...]."

teidigung der antiken Philosophie von ähnlichen Motiven leiten ließ, wie die Professoren der Universität Wittenberg. Die Einsicht in die Notwendigkeit, die Einheit der Wahrheit gegen Angriffe seitens der Hofmannianer zu verteidigen, um so die humanistischen Werte und Methoden an die nächste Generation weitergeben zu können, war eine Communis Opinio, die der Magdeburger Rektor mit den universitären Größen seiner Zeit teilte.

Dass diese Ansichten zu Beginn des 17. Jahrhunderts nach wie vor prekär waren und beim Streitaustrag das ganze Engagement der Späthumanisten erforderten, zeigt das wechselnde Schicksal der Gegner Hofmanns in Helmstedt. Zunächst sah es für die Philosophen um Johannes Caselius und Cornelius Martini nach einem Sieg auf der ganzen Linie aus: Auf Geheiß von Herzog Heinrich Julius musste Hofmann „widerrufen, Abbitte leisten und wurde im Februar 1601 entlassen."[201] Doch bereits 1604 wurde der streitbare Theologe wieder eingestellt, was vor allem auf den Einsatz des Wolfenbütteler Hofpredigers Basilius Sattler zurückzuführen ist.[202] Die Helmstedter Philosophen hatten aufgrund eines innenpolitischen Umschwunges, der verstärkten Einflussnahme eher theologisch orientierter Kräfte im Umkreis des Herzogs, ihren mächtigsten Fürsprecher am Wolfenbütteler Hof, Kanzler Johann Jagemann, verloren. Erst das Wirken Georg Calixts schuf ab 1614 in Helmstedt wieder ein Klima, in dem die *Studia humanitatis* gedeihen konnten.

Auch in Magdeburg waren die humanistischen Studien bedroht, doch, wie im nächsten Kapitel gezeigt werden soll, von einer anderen Seite. Seit Beginn der 1620er Jahre wurden in der Elbestadt in zunehmendem Maße die Konsequenzen des Dreißigjährigen Krieges spürbar. Durch wirtschaftliche Not und zunehmende Radikalisierung der Stadtbevölkerung fehlten die für eine Pflege der Wissenschaften notwendigen Ressourcen: materielle Absicherung und ein förderliches Umfeld.

Es erscheint als paradox, dass die Kräfte des Gymnasiums an dieser Militarisierung der Stadt mitwirkten. Das vom Magdeburger Lehrer und Schulpoeten Johannes Blocius verfasste und 1624 aufgeführte Schuldrama *Eusebia Magdeburgensis* zeichnet sich vor allem durch Agitation gegen Papst und Kaiser und für die lutherisch-schwedische Kriegspartei aus.[203] Zwischen der *Eusebia* und dem *Nu-*

---

201 Friedrich: Grenzen der Vernunft, S. 55.
202 Vgl. ebd., S. 64–69; und den an Informationen über die Universität Helmstedt reichen Band von Horst Dreitzel: Protestantischer Aristotelismus und absoluter Staat. Die „Politica" des Henning Arnisaeus (ca. 1575–1636). Wiesbaden 1970 (Veröffentlichungen des Instituts für Europäische Geschichte Mainz 55), S. 49.
203 Vgl. Kap. C. 4. Blocius' Eusebia Magdeburgensis: Schultheater im Zeichen des Dreißigjährigen Krieges.

cleus Philosphiae von Zacharias Moser liegen nur zwei Jahre. Doch während im Schuldrama die polarisierenden und konfessionspolemischen Töne dominieren, wirbt das Lehrbuch Mosers für eine Toleranz gegenüber der antik-heidnischen Philosophie. Antikatholizismus und Humanismus standen während des Dreißigjährigen Krieges anscheinend nicht im Widerspruch zueinander.

6.12 Das letzte Jahrzehnt: Agonie der Bildung in Kriegszeiten

Das vorliegende Kapitel widmet sich der letzten Phase des Magdeburger Gymnasiums vor der Zerstörung der Stadt von 1631. Gezeigt werden soll, ob und wie es Evenius gelang, das Funktionieren der Bildungsanstalt zu gewährleisten in Zeiten, die von wirtschaftlicher Not und einer zunehmenden konfessionellen Polarisierung der Bevölkerung durch die Prediger der Stadt geprägt waren. Während es der Magdeburger Rat in den ersten Jahren des Dreißigjährigen Krieges noch vermochte, die Stadt aus kriegerischen Auseinandersetzungen herauszuhalten, lief die Entwicklung ab etwa 1625 auf eine Beteiligung am Krieg aufseiten der protestantischen Kriegspartei hinaus. Diese Positionierung Magdeburgs führte im Vorfeld der Zerstörung zu mehrfachen Belagerungen durch die kaiserliche Armee, wodurch Stadt und Umland wirtschaftlich stark in Mitleidenschaft gezogen wurden.

Angesichts einer Radikalisierung breitester Kreise innerhalb der Stadt ließe sich die Frage stellen, ob damit auch die am Gymnasium gepflegten humanistischen Traditionen und Werte obsolet wurden. Über das Ausbleiben der Lohnzahlungen, die Armut und den Hunger, den Rektor und Lehrer erleiden mussten, geben zahlreiche Quellen Auskunft. Man könnte weiterhin fragen, mit welchen Strategien Evenius auf diese Krise reagierte und ob es ihm gelang, die Lehre am Gymnasium trotz aller Widrigkeiten aufrechtzuerhalten.

Diese und andere Fragen können durch die Betrachtung des letzten in Druck gelangten Zeugnisses des Gymnasiums vor 1631 beantwortet werden. Es handelt sich um eine von Sigismund Evenius herausgegebene Zitatensammlung aus den Werken Luthers, die unter dem Titel *Des H. Lutheri SchulRath* Ende 1629 in Magdeburg gedruckt wurde.[204] Doch bevor diese Schrift ausführlicher zitiert wird, muss zunächst der politische und wirtschaftliche Kontext des Gymnasiums in den letzten Jahren erhellt werden.

---

204 Sigismund Evenius: Rector Gymnasii Magdeburgensis M. Sigismundus Evenius, Omnibus Omnium Ordinum Viris Eruditis Reique literariae ac Conventuum piorum Scholasticorum: amantibus: Zugleich auch Der Ehrsamen gesambten Bürgerschafft der Alten Stadt Magdeburgk / Schencket diesen des H. Lutheri SchulRath [...] zu einen Glücksehligen Frieden vnd Frewdenreichen Newen Jahre. Magdeburg 1629.

Um den Kampf des Rektors und der Lehrer gegen wirtschaftliche Not und Vernachlässigung durch die Obrigkeit zu veranschaulichen, wird zunächst das von Julius Otto Opel edierte Tagebuch des Magdeburger Predigers und Lehrers am Gymnasium, Christoph Krause, herangezogen.[205] Krause galt bereits der älteren Forschung als radikaler Lutheraner, der infolge seiner Stellung „viel mit der radikalen Geistlichkeit, mit Spaignart, Kotzebue, Hecht, Evenius und Anderen"[206] verkehrt habe.

Das Tagebuch lässt klar erkennen, dass es sich bei Krause um einen Anhänger der Schwedenpartei handelte. Schilderungen der von kaiserlichen Truppen verübten Gräuel wechseln sich ab mit Beschimpfungen der Ratsmitglieder, insbesondere des ehemaligen Bürgermeisters Johann Alemann. Der Autor unterscheidet strikt zwischen *gut königisch*, den Anhängern Gustav Adolfs, und *gut keisrisch*.[207] Von Rektor Evenius ist indes allein im Kontext der Not der Lehrer die Rede: *Was für Schreiben, sollicitationes, supplicationes, ja protestationes wir wegen Inbehaltung der Salarien vnd nichtigen Inspection der Scholarchen, so wol geist- als weltlicher, wir eingegeben, theils ein ganz collegium theils rector seorsim, ist kaum zu sagen oder zu gläuben.*[208]

Krause beklagt hier das Ausbleiben der Gehälter und die Gängelung durch die vom Rat eingesetzten Scholarchen, gegen die sich sowohl das gesamte Kollegium als auch der Rektor in Petitionen gewandt hätten. Hugo Holstein zufolge hatte die Schule bereits seit 1626 „unter den unruhen des krieges zu leiden, besonders aber von 1629 an infolge der belagerung der stadt durch die Wallensteinschen truppen und noch mehr im jahre 1631. dabei wirkten die notstände auch auf die äuszere lage der lehrer sehr nachteilig, so dasz ihnen seit 1626 nicht einmal die ihnen zukommende besoldung vom rate vollständig gezahlt werden konnte."[209]

Evenius diesbezügliche Äußerungen sind den beiden einzigen erhaltenen Schriften aus den letzten zwei Jahren vor der Zerstörung zu entnehmen. Es handelt sich zum einen um den später darzustellenden *Schulrath* und zum anderen um einen Brief, den Opel im Anhang des Tagebuchs Krauses publizierte. Dieser Brief des Schulkollegiums vom 24. Mai 1630, der an den neuen Rat der Stadt gerichtet war, ist nach Bremer von Evenius verfasst worden.[210]

---

205 Opel: Denkwürdigkeiten.
206 Ernst Neubauer: Peter Meyers Tagebuch über die Geschichte der Stadt Magdeburg im Jahre 1626. In: Geschichtsblätter für Stadt und Land Magdeburg 24 (1889), S. 335–360, hier S. 349.
207 Opel: Denkwürdigkeiten, S. 359.
208 Ebd., S. 346.
209 Holstein: Das Altstädtische Gymnasium, S. 139.
210 Bremer: Evenius, S. 82.

Bremers Vermutung, der Rektor habe den Brief im Auftrag und Namen des Schulkollegiums aufgesetzt, erscheint nach einem Vergleich mit anderen volkssprachlichen Zeugnissen aus der Feder des Rektors als zutreffend. Es könnte sich folglich bei diesem Brief um eine letzte Stellungnahme zur Not handeln, die Evenius und seine Lehrer erleiden mussten. Gerade aufgrund des Mangels an anderen Quellen kommt ihm ein besonderer Wert als inoffizielles Dokument aus der Endphase des Gymnasiums zu. Der Brief wird hier vor dem zeitlich vorangehenden *Schulrath* zitiert, weil er ermöglicht, den allgemeinen wirtschaftlichen Hintergrund der letzten Jahre darzustellen.

Evenius wendet sich mit formvollendeten und demütigen Worten an den *Rath, vnsere liebe Obrigkeit*.[211] Erst auf den zweiten Blick ist der Hintergrund des Anschreibens erkennbar, ein bereits seit mehreren Jahren gestörtes Verhältnis zur Obrigkeit, das seine Wurzel in der ausbleibenden Entlohnung der Lehrer hatte. Aus dem Schreiben geht hervor, dass Evenius dies auf eine fehlende Wertschätzung der Bildung durch den Rat zurückführte. Trotz mehrfacher Interventionen sowohl vonseiten des Schulkollegiums als auch des Ministeriums, trotz der Publikation des *Schulraths* und der Artikulation des Problems *von den offentlichen Canzeln in allen Kirchen*[212] hätte der Rat sich nicht zur Auszahlung der Gehälter bewegen lassen. Deutlich wird, dass sich Evenius von der Amtsübernahme durch den neuen Rat Abhilfe versprach, diese Hoffnung jedoch enttäuscht wurde.[213]

Aus der folgenden Auflistung aller Beschwerdegründe geht hervor, dass die fehlende Entlohnung und Wahrnehmung der Pflichten, die dem Rat gegenüber der Schule obliegen, den Schulbetrieb und -alltag bereits schwer in Mitleidenschaft gezogen hat. Seit acht Jahren sei keine Schulordnung erlassen, seit sieben Jahren kein Konrektor mehr eingestellt, seit einem Jahr kein Unterricht mehr in der Tertia abgehalten worden. Die Nichtzahlung der Gehälter sei Normalität, was die Lehrer an den Bettelstab gebracht hätte. Dem Lehrer Zacharias Moser hätte man kurz vor seiner Hochzeit mit der Heimsuchung durch den *Pfandwagen* gedroht. Während der Belagerung Magdeburgs seien die Lehrer bei der Austeilung des *Korns* übergangen worden. Der für die Aufrechterhaltung des Schulbetriebs wichtige Brauch der Abhaltung von *classes, examina, disputationes, declamationes* sei zum Erliegen gekommen, ebenso die *Schul-Bibliotheca* geplündert worden, sodass *weder Schlüssel noch Buch darin zu finden*.[214]

---

211 Opel: Denkwürdigkeiten, S. 368.
212 Ebd., S. 369.
213 Vgl. zu den Hintergründen des Ratswechsels von 1630 Nahrendorf: Art. Magdeburg. In: Adam (Hg.): Handbuch kultureller Zentren, Bd. 2, S. 1356.
214 Opel: Denkwürdigkeiten, S. 372.

Evenius zieht folgende Schlussfolgerung aus der langen Liste der Beschwerdegründe: *Aus disen allen nu haben die Collegen, wie vorgedacht, nicht anders schlissen können, als man wolle keine Schule alhir zu Magdeburg weiter haben vnd halten lassen.*[215] Die *Collegen* hätten daher bereits schon erwogen, *sich anderweit nach Diensten vmzuthun*. Das Pflichtbewusstsein und die Bereitschaft, zu *leiden vnd dulden*, hätten jedoch obsiegt. Um dem Rat seinen guten Willen zu demonstrieren, fordert Evenius die Erfüllung *dieses einigen puncts*: der rechtzeitigen Auszahlung der Gehälter, wofür mehrere Gründe angeführt werden. Der zehnte Grund ist die *necessitas*: *Wir wissen nirgend anders woher zu nehmen, haben vnd treiben keine bürgerliche Nahrung, dis vnser Ampt vnd dessen Besoldung ist vnser Wagen vnd Pflug, deswegen gebühret vns das Vnsere vor allen andern.*[216]

Beim elften Grund, der *patientia*, fällt es Evenius schwer, an sich zu halten, und die Verzweiflung bricht aus ihm heraus: *Wir haben vns gedultet numehr in so viel Jahren, welchs kein ...*[217] *zu Rathause gethan, drüm gebe man vns endlich das vnsere*. Der vierzehnte Grund ist die drohende *devastatio scholae*: Ohne die Zahlung der Gehälter werde die Schule *öde vnd wüst vnd muss zu Grund vnd Boden gehen*,[218] was einer Stadt, die sich stets durch die Verteidigung des Evangeliums hervorgetan hätte, schlecht anstehen würde. Den Protestanten drohe die Rekatholisierung durch die Kaiserlichen, daher sei es umso notwendiger, für eine *fleissige Information der Jugend* Sorge zu tragen.[219] Abschließend verweist Evenius noch einmal auf seinen *aus Lutheri treulich publicirten Schulrath*,[220] aus dem hervorgehe, dass durch die Nichtentlohnung der Lehrer die *Axt auch an vnsere Schulwurzel gelegt* sei.

6.13 Evenius' Protestschreiben an den Magdeburger Rat: *Des H. Lutheri SchulRath*

Durch die Heranziehung des Ende Mai 1630 an den Rat gerichteten Briefes sollte deutlich werden, dass der Rektor bereits seit mehreren Jahren mit der wirtschaftlichen Not und dem daraus resultierenden Niedergang des Gymnasiums zu kämpfen hatte. Fünf Monate zuvor hatte Evenius sich anlässlich des Jahreswechsels

---

215 Ebd., S. 373.
216 Ebd., S. 375.
217 Opel weist hier auf eine Lücke in der Handschrift hin, was die Entfernung eines Schimpfwortes durch eine spätere Hand als naheliegend erscheinen lässt.
218 Opel: Denkwürdigkeiten, S. 371f.
219 Ebd., S. 376.
220 Evenius: Lutheri Schul Rath.

1629/30 an die Öffentlichkeit, an *die gebildeten Männer aller Stände vnd die Vnterstützer der Gelehrsamkeit vnd der Schulbildung*, zugleich auch an die *gesamte Bürgerschaft Magdeburgs* gerichtet.[221] Eigentlicher Adressat der Schrift war der Rat, der um Gewährung von Unterstützung gebeten wurde. Durch die Beteiligung der Öffentlichkeit suchte Evenius die Wirkung seiner Forderungen zu erhöhen.

Der Druck gliedert sich in einen Hauptteil und einen Anhang. Der Hauptteil setzt sich zusammen aus Lutherzitaten; durch sparsame lateinische Einsprengsel bezieht Evenius diese Zitate auf die konkrete Situation in Magdeburg. Im lateinischen, drei Seiten umfassenden Anhang des *Schulraths* werden die „Förderer und Schirmherren der Frömmigkeit und der humanistischen Studien"[222] zu einem Schulactus am darauffolgenden Tag, dem 21. Dezember 1629, eingeladen. Der Gegenstand der vier lateinischen und griechischen Gedichte und Orationes, die von Schülern vorgetragen wurden, wird weiter unten Gegenstand der Darstellung sein.

Entsprechend der misslichen Lage, in der sich Rektor und Lehrer des Gymnasiums befanden, herrschen im *Schulrath* düstere Prophezeiungen vor. Da der Druck zu neunzig Prozent aus Zitaten Luthers besteht, wird die Not der Gelehrten über die konkrete Lage in Magdeburg hinaus als allgemeines Problem dargestellt. Evenius wirft mit den Zitaten des Reformators die im lutherischen Raum am schwersten wiegende Autorität in die Waagschale, gegen die sich jeglicher Widerspruch verbat. Es handelt sich hierbei um eine Volte des Rektors: Dadurch, dass sich die Schrift aus Lutherzitaten zusammensetzt, war er unangreifbar. Im Falle der Kritik konnte er sich rechtfertigen, nicht seine eigene Meinung, sondern lediglich die einer allgemein anerkannten Autorität geäußert zu haben.

Die Bedeutung einer solchen Absicherung wird evident, wenn man sich vergegenwärtigt, dass Evenius wirtschaftlich vom Rat abhängig war. Eine Trübung des Verhältnisses zum Rat konnte eine Gefährdung der Existenz des Rektors nach sich ziehen. Angesichts der Tatsache, dass der Rektor und die Lehrer trotz mehrfacher Intervention schon über mehrere Jahre keine Gehaltszahlungen mehr erhalten hatten und das Verhältnis zum Brotgeber folglich als zerrüttet angesehen werden muss, wird der verbitterte Ton dieser als *Rath* getarnten Anklageschrift verständlich.

Dass Evenius ungewöhnlichen Mut bewies, zeigt ein Blick auf den zeitgenössischen Kontext: Im beginnenden Barock waren ansonsten eher wortreiche Elogen auf die höhergestellten Gönner und Finanziers üblich. Die „politische Klugheit" erforderte die Fähigkeit, mittels *dissimulatio* seine wahren Intentionen zu

---

221 Evenius: Lutheri Schul Rath, Anrede auf dem Titelblatt: „Omnibus Omnium Ordinum Viris Eruditis Reique literariae ac Conventuum piorum Scholasticorum: amantibus: Zugleich auch Der Ehrsamen gesambten Bürgerschafft der Alten Stadt Magdeburgk."
222 Ebd., S. 26: „Pietatis literarumque humaniorum Fautores ac Patronos omnes ac singulos."

verschleiern, um so die Gunst des Herrschers zu gewinnen.[223] Die in der Rhetorik der Antike und des frühen Humanismus gültige Forderung, der perfekte Redner solle stets aufrichtig, ein *vir bonus* sein, hatte seine Bedeutung verloren.[224]

Das späthumanistische Phänomen der sprachlichen Tarnung stand in engem Zusammenhang mit dem Bedeutungsverlust der Städte und dem Aufstieg des Absolutismus. „Je totaler der Zugriff des ‚Policey'-Staates, schließlich des absolutistischen Fürstenstaates wird, umso deutlicher und uneingeschränkter prägen die Maximen des Schweigens und Verstummens literarische Öffentlichkeit überhaupt."[225] Evenius war als Rektor eines überregional wahrgenommenen Gymnasiums ein typischer Vertreter der späthumanistischen Gelehrtenrepublik. Statt eigener Worte verwendete er Lutherzitate, was als eine besondere Form der *dissimulatio* anzusehen ist. Aufgrund der Drastik Luthers gelang es dem Rektor dennoch, den Lesern die verzweifelte Lage, in der sich die Lehrer und er befanden, zu verdeutlichen.

Methodisch stand Evenius mit seinem *Schulrath* in der Tradition der 1589 erschienenen *Politicorum sive civilis doctrinae libri sex* von Justus Lipsius,[226] einem der bedeutendsten Späthumanisten. Gegenüber den Kritikern Machiavellis hatte Lipsius hier eine an den Erfordernissen der Realpolitik orientierte Verhaltensweise des Fürsten verteidigt – und dies gleichsam unangreifbar, weil sich seine Schrift aus Zitaten antiker Klassiker zusammensetzte. „Lipsius nimmt seiner Argumentation äußerlich die Spitze, indem er sie als eine Art Zitatensammlung mit Zwischentexten anlegt: Wichtigster Gewährsmann dabei ist Tacitus, dessen Werke er 1574 in einer epochemachenden Ausgabe vorgelegt hatte und die wesentliche Anstöße zum Studium der Geschichte und der Politik gegeben hatte."[227] Das Lipsius und Evenius Gemeinsame war der Einsatz der alten humanistischen Tradition der Florilegien für politische Zwecke.

Da sich Luther besonders häufig zum Problemkomplex der Folgen einer Vernachlässigung der Schulbildung durch die Herrschenden geäußert hatte, boten seine Werke Evenius reiches Material. Benutzt wurden die Wittenberger Ausgabe

---

223 Vgl. Lutz Danneberg: Aufrichtigkeit und Verstellung im 17. Jahrhundert. ‚Dissimulatio', ‚simulatio' und Lügen als ‚debitum morale' und ‚sociale'. In: Claudia Benthien, Steffen Martus (Hgg.): Die Kunst der Aufrichtigkeit im 17. Jahrhundert. Tübingen 2006 (Frühe Neuzeit 114), S. 45–92.
224 Oliver Bettrich, Jutta Krautter: Art. „Simulatio". In: Historisches Wörterbuch der Rhetorik, Bd. 8, Sp. 922.
225 Kühlmann: Gelehrtenrepublik und Fürstenstaat, S. 251.
226 Die maßgebliche Ausgabe der „Politica" des Lipsius mit englischer Übersetzung: Justus Lipsius: Politica. Six books of politics or political instruction, ed., with transl. and introd., by Jan Waszink. Assen 2004.
227 Meid: Die deutsche Literatur im Zeitalter des Barock, S. 61.

(1539–1559), die Jenaer Ausgabe (1555–1558) und die Eislebener Ergänzungsbände (1564–1565).[228] Evenius zitierte in der Hauptsache die zwei zentralen Schriften Luthers zur Bildungsproblematik: erstens die Schrift *An die Ratherren aller Städte deutschen Lands, daß sie Schulen aufrichten und halten sollen*, die sog. „Ratsherrenschrift" von 1524,[229] zweitens die *Predigt, daß man Kinder zur Schulen halten solle* aus dem Jahr 1530.[230]

Das in zahlreichen Variationen wiederkehrende Thema des *Schulraths* ist die drohende Gefahr des Verlusts des „göttlichen Wortes". Nachdem der Welt durch die Reformation Luthers das Licht des Evangeliums geschenkt worden wäre, drohe nun die erneute Verdunklung aufgrund eines Mangels an Predigern und Schulmeistern. In einer Marginalie auf eine prägnante Kurzform gebracht lautet dieser Topos: *Verachtung vnd Verstörung der Schulen bringt Zerstörung der Kirchen / vnd treibet Gottes Wort aus dem Lande.*[231]

Die Gründe für die Missachtung der Bildung benennt Evenius ebenso deutlich: *Die Nahrung vnd der Bauch ist vnser höchstes Gut / wenn der nur versorget wird / so mag es vmb Schulen vnd Gottes Wort kommen wie es wil.*[232] Er stützt sich im Folgenden auf die Anschaulichkeit der Sprache Luthers, der seine Anliegen häufig durch sprachliche Bilder und Metaphern verdeutlichte. Wenn man die Ausgaben einer Stadt für *Seiden / Gold / Perlen* und ähnlichen Tand, ja selbst für *Bier vnd Wein* zusammenrechne, *wirfft sie jährlich weit vber 1000. Gulden im Dreck*. An den hundert Gulden, die zur Aufrechterhaltung der Kirchen und Schulen notwendig seien, werde jedoch gespart. Für die zur Förderung der Bildung notwendigen Mittel seien *alle Beutel mit eisern Ketten zugeschlossen / da kan niemand zu geben*.[233] Statt für Bildung würden die Gelder für das Kriegswesen

---

228 Vgl. Johannes Schilling: Art. Lutherausgaben. In: TRE, Bd. 21, S. 594–599.
229 WA 15; 27–53. Vgl. Beutel (Hg.): Luther Handbuch, S. 231–236; sowie Kap. A. 1.2. Die Reaktion der Reformatoren.
230 WA 30, 2; 517–588. Die „Ratsherrenschrift" und die „Predigt" folgen aufeinander im sechsten Band der deutschen Reihe der Wittenberger Lutherausgabe, der nach Erstdruck 1553 insgesamt dreimal nachgedruckt wurde. Evenius hat wahrscheinlich einen Nachdruck des sechsten Bandes benutzt, wohl die in den Seitenzahlen identischen Ausgaben von 1559 oder 1570. Für den Nachweis der einzelnen Zitate wurde die in der HAB vorhandene Ausgabe von 1570 verwendet: Martin Luther: Der Sechste Teil der Buecher des Ehrnwirdigen Herrn Doctoris Martini Lutheri / darinnen begriffen etliche auslegung der Heiligen Schrifft im newen Testament / Auch die Buecher vom Ehestand / Kauffshendel vnd Wucher / Vermanung vnd Trostschrifften / Historien etlicher Merterer zu dieser zeit / Antwort auff etliche Fragen / Streitbuecher / auch die Buecher von weltlicher Oberkeit. Wittenberg 1570.
231 Evenius: Lutheri Schul Rath, S. 3.
232 Ebd., S. 4.
233 Ebd., S. 5; Luther: Der sechste Teil der Buecher, S. 344a (Predigt); WA 30, 2; 585, 5–6.

ausgegeben: *Was sie erspart / gestolen vnd gesamlet haben / was sie ihren Pfarren vnd Predigern entzogen / das sollen sie Bruder Veiten*[234] *den Landsknechten zusammen gebracht haben / vnd keinen Danck darzu haben.*[235]

Unter der Marginalie *Vngern höret mans / aber es ist die warheit*[236] wird der *magistratus politicus* dazu aufgefordert, sich die Folgen seiner Nachlässigkeit gegenüber den Schulen zu vergegenwärtigen: das Heranziehen eines moralisch verwahrlosten Nachwuchses. Der Obrigkeit sei *der gantzen Stad / Gut / Ehre / Leib vnd Leben [...] zu trewen Händen befohlen,*[237] nach deren Bestem sie zu jeder Zeit streben solle. *Einer Stadt gedeyen* bestehe jedoch nicht allein darin, *das man grosse Schetze sammle / feste Mawren / schöne Heuser / viel Büchsen vnd Harnische zeuge*, im Gegenteil, die Akkumulation dieser Dinge bringe oft Unheil über die jeweilige Stadt.

Der wahre Reichtum einer Stadt sei stattdessen, *das sie viel feine / Gelahrte / Vernünfftige / Erbahre / wolgezogene Bürger hat,*[238] und dies erreiche man eben allein durch die Förderung der Bildung. Evenius fordert in den Worten Luthers den Schulzwang für die Kinder, um so die Erhaltung der Stände, das Hervorbringen neuer *Prediger / Juristen / Pfarrern / Schreiber / Ertzte / Schulmeister vnd dergleichen* zu gewährleisten. Mehr noch als der Zwang zum Kriegsdienst sei der Schulzwang vonnöten, um eine Stadt zu erhalten. Denn die finanzielle Förderung der Bildung ist nach Luther die beste Strategie, um Kriegen vorzubeugen:

> Weil der weltliche Friede eigentlich eine Frucht des rechten Predig vnd Lehrampts sey / denn wo dasselbe recht gehet / bleibt der Krieg / Hader vnd Blutvergiessen wol nach : Wo es aber nicht recht gehet / da ist auch nicht wunder / daß da Krieg sey / oder ja stetige Vnruhe / Lust vnd Willen zu kriegen vnd Blut zu vergiessen.[239]

Durch die Vernachlässigung des Schulwesens werde der *gemeine Mann mit gedancken vom Satan angefochten vnd vberteubet*. Gegen die Verführung des gemeinen Mannes durch den Teufel sollten die Prediger und Lehrer *anregen / vermahnen / reitzen / hetzen / mit aller macht / fleiß vnd sorge*. Wenn sie statt-

---

234 Vgl. Grimm: Deutsches Wörterbuch, Bd. 25, Sp. 46, Art. „Veit": „bruder Veit ist im 16. Jahrhundert die bezeichnung eines landsknechts."
235 Evenius: Lutheri Schul Rath, S. 8.
236 Ebd., S. 11.
237 Evenius: Lutheri Schul Rath, S. 13; Luther: Der sechste Teil der Buecher, S. 325a (Ratsherrenschrift); WA 15; 34, 25–26.
238 Evenius: Lutheri Schul Rath, S. 13; Luther: Der sechste Teil der Buecher, S. 325a (Ratsherrenschrift); WA 15; 34, 32–33.
239 Evenius: Lutheri Schul Rath, S. 11f.; Luther: Der sechste Teil der Buecher, S. 335b (Predigt); WA 30, 2; 538, 6–9.

dessen *schweigen vnd schlaffen*, würden aus der Jugend *Tartarn oder wilde thier*.²⁴⁰ Denn der weitaus verheerendere Krieg sei der Kampf mit dem Teufel, *der damit vmbgehet / das er Städte vnd Fürstenthumb wil so heimlich aussaugen vnd von Tüchtigen Personen leer machen / biß er den Kern gar aus boret / eine ledige hülsen darlasse stehen von eitel vnnützen Leutten / da er mit Spielen vnd gauckeln könne / wie er wil.*²⁴¹

Die Botschaft dieser Zeilen wird durch die zugehörige Marginale noch verstärkt: *Wer verstehet diß? wer mercket es? wer denckt auff remedierung?* Hier sei die städtische Obrigkeit gleichsam auf sich selbst gestellt, denn von den Fürsten und *magistratus superiores*, die mit Schlittenfahren, Trinken und Kostümfesten, mit den Geschäften der Keller, Küchen und Kammern voll auf beschäftigt seien, sei keine Abhilfe zu erwarten. Die mächtigsten Herrscher würden *ihr Wollust allein* suchen, *grewlichen wider fromme Lehrer* wüten und die Kirchen verwüsten.²⁴²

Doch nicht allein gegen die übergeordneten Herrschenden richtet sich dieser Vorwurf. Es handele sich stattdessen um ein allgemeines Phänomen, von dem auch die städtische Obrigkeit nicht ausgenommen sei. Durch geschickte Zusammenstellung der Zitate Luthers gibt Evenius seinen durch die konkrete Situation in Magdeburg entstandenen Eindruck wieder, die Obrigkeit wolle sich ihrer Prediger und Lehrer entledigen. Die fehlende Entlohnung müsse man so deuten, *als wan sie vns Hungers Tödten wolten. [...] Man spüret wol / das solche vnterthanen des Evangelii auß dem Lande gerne loß wehren.*²⁴³

Die Kritik am Magdeburger Rat wird, der Tendenz Luthers zu drastischen Worten entsprechend, sehr deutlich und explizit, wenn unter der Marginalie *Bößliches Stadtregiment* die Rede ist von *Säwe[n] vnd Wölffe[n]*, die zu Herren gemacht würden. Evenius hat die ihm besonders eingängig und wirkungsvoll erscheinenden Passagen aus den Zitaten Luthers vom Drucker durch größere und gesperrt gesetzte Lettern hervorheben lassen. Dazu gehört auch die folgende Stelle: *So ists auch eine vnmenschliche boßheit / so man nicht weiter denckt denn also / wir wollen jetzt regieren / was gehet es vns an / wie es denen gehen werde / die nach vns kommen.*²⁴⁴

Den Schluss des Hauptteils des Druckes bildet eine Prophezeiung Luthers: Ein Unheil werde über Deutschland hereinbrechen, wenn sich niemand der Schulen und der Studien annehme. Evenius leitet die Passage ein mit einer

---

240 Evenius: Lutheri Schul Rath, S. 12.
241 Evenius: Lutheri Schul Rath, S. 13; Luther: Der sechste Teil der Buecher, S. 344a (Predigt); WA 30, 2; 586, 16–587, 1.
242 Evenius: Lutheri Schul Rath, S. 10.
243 Ebd., S. 17.
244 Ebd., S. 21; Luther: Der sechste Teil der Buecher, S. 325b (Ratsherrenschrift); WA 15; 35, 30–32.

Aufforderung an alle Stände, die *Wiederherstellung der Bildung* ins Werk zu setzen.[245] Im Falle der neuerlichen Missachtung dieser Beschwörung werde eine Prophezeiung Luthers eintreten. Luther hatte Gott um ein frühzeitiges Ableben gebeten, um nicht nicht den *Jammer / so vber Deutschland gehen mus*, mit ansehen zu müssen. Auch *wenn zehen Mose / stünden vnd für vns beteten / so würden sie nichts außrichten*. Luther führt an, dass seine Gebete für *meine Liebe[n] Deutsche[n]* gleichsam zurückprallten und *nicht hinauff dringen / wie es sonst thut / wenn ich für andere Sachen Bete*.[246]

Der folgende Vergleich mit dem Schicksal Sodoms und Gomorras weist auf die Zerstörung Magdeburgs voraus. In der Genesis sollen nach Gottes Willen die Städte Sodom und Gomorra wegen der zahlreichen dort begangenen Sünden zerstört werden. Abraham bittet jedoch um das Leben der Gerechten, die unter den Gottlosen dieser Städte leben. Die Engel Gottes suchen daraufhin Lot auf, der rechtzeitig mit seiner Frau und seinen zwei Töchtern Sodom verlässt, bevor die Zerstörung einsetzt. „Da ließ der Herr Schwefel und Feuer regnen vom Himmel herab auf Sodom und Gomorra und vernichtete die Städte und die ganze Gegend und alle Einwohner der Städte und was auf dem Lande gewachsen war."[247]

In der Ende Dezember 1629 in Magdeburg gedruckten Schrift, dem letzten aus dem Umkreis des Gymnasiums stammenden Druck vor der Katastrophe von 1631, zitiert Evenius am Schluss die folgenden Worte Luthers:

> *Denn es wil werden das Gott wird Loth erlösen / vnd Sodomam versencken / Gott gebe das ich liegen müsse vnnd in diesem stücke ein falscher Prophet sey / welches geschehen würde / so wir vns besserten vnd vnsers Herrn Wort vnd sein thewres Blut vnd sterben anders ehreten / als bißhero geschehen / vnd dem Jungen Volck zu dem Göttlichen Ambt (wie gesagt ist) hülffen vnnd erzögen.*[248]

Ebenso wie Sodom und Gomorra wurde Magdeburg durch Feuer, durch einen von aufkommenden Winden verstärkten Großbrand vernichtet. Ebenso wie Lot entkam Evenius mit knapper Not der Katastrophe.

Auf ganz ähnliche Weise wie Evenius warnte zeitgleich der überaus angesehene Domprediger Reinhard Bake vor dem Schicksal, das der Stadt drohte. In Anwesenheit des Führers der proschwedischen Partei, des Administrators Christi-

---

245 Evenius: Lutheri Schul Rath, S. 23: „Sed abrumpo et Statibus vitae omnibus divinam gratiam apprecor pro rei Scholasticae reparatione serio et fructuose suscipienda."
246 Ebd., S. 24.
247 1 Mose 19, 21 f.
248 Evenius: Lutheri Schul Rath, S. 24; Luther: Der sechste Teil der Buecher (Predigt), S. 344a; WA 30, 2; 586, 1–6.

an Wilhelm, predigte Bake am 1. August 1630 im Domgottesdienst über Jesu Weissagung des Untergangs Jerusalems aus dem Lukasevangelium. Dort heißt es:

> Und als er nahe hinzukam, sah er die Stadt und weinte über sie und sprach: Wenn doch auch du erkennen würdest zu dieser Zeit, was zum Frieden dient! Aber nun ist's vor deinen Augen verborgen. Denn es wird eine Zeit über dich kommen, da werden deine Feinde um dich einen Wall aufwerfen, dich belagern und von allen Seiten bedrängen und werden dich dem Erdboden gleichmachen samt deinen Kindern in dir und keinen Stein auf dem andern lassen in dir, weil du die Zeit nicht erkannt hast, in der du heimgesucht worden bist.[249]

Bake soll am Schluss der Predigt die folgenden Worten gesprochen haben: „Gott möge abwenden, dass dieses nicht eine böse Vorbedeutung sei und es Magdeburg wie Jerusalem ergehen möge."[250] Auch der Sekundärliteratur ist die eigenständige Position, die Bake im Magdeburg vor der Zerstörung einnahm, nicht unbekannt. Während die Prediger Andreas Cramer und Christian Gilbert de Spaignart[251] durch ihre Agitation von den Kanzeln maßgeblichen Anteil an der Isolierung Magdeburgs hatten, zeichnete sich Bake durch „Ruhe und Mäßigung" aus. „Bake selbst missbilligte entschieden das manchmal nahezu tobsüchtige Gebahren seines Collegen Gilbert."[252]

Der Domprediger war Gegner einer Verbindung mit den Schweden und neigte zu einer diplomatischen Verständigung mit der kaiserlichen Partei. Nachdem Tilly die Stadt eingenommen hatte, rettete Bake das Leben von ca. 1.000 Magdeburgern, die sich vor der Katastrophe in den Dom geflüchtet hatten, indem er vor dem General auf die Knie fiel und einen abgewandelten Vers aus Vergils *Aeneis*[253] über die Zerstörung Trojas rezitierte.[254] Als späterer Superintendent von Grimma hat Bake zweimal die Einnahme der Stadt abgewendet, und zwar „durch das Geschick seiner Verhandlungen mit den fremden Offizieren".[255]

---

249 Lukas 19, 41–44.
250 Harald Schultze: Domprediger Bake und die Magdeburger Pfarrerschaft im Dreißigjährigen Krieg. In: Margit Scholz (Hg.): Konfession, Krieg und Katastrophe. Magdeburgs Geschick im Dreißigjährigen Krieg. Magdeburg 2006, S. 25–42, hier S. 39. Vgl. auch Otto von Guericke: Geschichte der Belagerung, S. 30f. und S. 86.
251 Vgl. Kap. C. 4. Blocius' Eusebia Magdeburgensis: Schultheater im Zeichen des Dreißigjährigen Krieges.
252 Karl Wittich: Magdeburg, Gustav Adolf und Tilly. Berlin 1874, Bd. 1, S. 86, Fn. 3. Vgl. auch im selben Band den Anhang S. VII.
253 Verg. Aen. 2, 324–326.
254 Vgl. Schultze: Bake, S. 27–29; sowie das Porträt Bakes von Carl Sieg, das auf den Vorgang rekurriert, in Nahrendorf: Art. Magdeburg. In: Adam (Hg.): Handbuch kultureller Zentren, Bd. 2, S. 1383.
255 Schultze: Bake, S. 39.

Die Ähnlichkeit des prophetischen Gestus von Evenius und Bake – beide suchten die Magdeburger gleichsam wachzurütteln – lässt auf ähnliche Positionen schließen. Spaignart war mit seinen aggressiven und polarisierenden Predigten letztlich darin erfolgreich, die Magdeburger für die Sorge um ihr eigenes Wohl unempfindlich zu machen und sie für den Kriegseintritt zu begeistern. Bake dagegen führte seinen Zuhörern die fatalen Konsequenzen ihres eigenen, unverantwortlichen Handelns vor Augen. Er vertrat die Stimme der Vernunft und versuchte, einen Rest Realitätssinn zu bewahren. Zumindest hingewiesen sei an dieser Stelle auf die nach der Katastrophe erfolgten literarischen Vergleiche des Schicksals Magdeburgs mit biblischen oder antiken Vorbildern, die im Medium der periodischen Zeitung oder Flugschrift breiteste Wirkung entfalteten.[256]

6.14 Ein letztes Lebenszeichen: Die Einladung zum Schulactus von 1629

Weiter oben war bereits davon die Rede, dass der *Schulrath* als der letzte Druck aus dem Umkreis des Gymnasiums vor 1631 anzusehen ist. An die oben wiedergegebene Prophezeiung, die den Schluss der aus Lutherzitaten zusammengestellten Schrift bildet, schließen sich im Exemplar der Herzog August Bibliothek drei Seiten an, die einen durchweg lateinisch verfassten Text enthalten. Es handelt sich um die Ankündigung eines Ende Dezember 1629 abgehaltenen Schulactus, dessen Motivation mit knappen Worten erläutert wird. Eingangs heißt es, das Gymnasium entbehre in diesen Kriegszeiten jeglicher Hilfe, weil alle Ausgaben für Prediger und Schulen als überflüssig angesehen würden. Man sei inzwischen Armut und Hunger gewöhnt, die an das Schicksal Christi und der Apostel erinnerten.

Evenius wendet sich direkt gegen die Ratsherren, die er mit räuberischen Bestien vergleicht, die den Kirchen- und Schuldienern sogar jene Zuwendung, die von anderer Seite erfolge, aus den Händen rissen. Aus dem allgemeinen Geschrei gehe hervor, dass man Schweine-, Ziegenhirten und Henker nicht entbehren könne, sehr wohl jedoch Prediger und Lehrer.

In diesem Zustand allgemeiner Gleichgültigkeit gegenüber Frömmigkeit und Gelehrsamkeit hält es Evenius für notwendig, die Schulthematik ins Gedächtnis der Öffentlichkeit zurückzurufen. Er kündigt daher die Abhaltung eines Schulactus an, in dem vom Ursprung, der Altehrwürdigkeit, Unentbehrlichkeit, Nützlichkeit, sowie von den Unterstützern und Feinden der Schulbildung gehandelt werden soll. Die Begründung für die öffentliche Demonstration des Könnens seiner Schüler lautet wie folgt:

---

256 Vgl. Schilling: Der Untergang Magdeburgs 1631.

> Zum einen damit wir unserer Stadt und der gesamten Welt beweisen, dass wir der Gelehrsamkeit und der Ausbildung der Jugend bisher mit äußerstem Engagement gedient haben und auch in Zukunft mit dem gewohnten Fleiß dienen werden, wenn nur diejenigen, die nach der Anweisung Luthers dafür verantwortlich sind, einen den Mühen angemessenen Lohn zahlen und wir nicht vorher durch Mangel und Hunger, die bei der bisherigen Ausbildung der Jugend unsere ständigen Begleiter waren, vollständig zugrunde gehen. [...] Zum anderen damit wir lernen, die Ungerechtigkeit und Gewaltsamkeit dieser Zeit und den Neid mit duldsamer Seele zu ertragen und damit wir die wundertätige Lenkung unserer Geschicke durch Gott erkennen, der uns ernährt und erhält, wie er Jakob bei Esau erhielt.[257]

Weiterhin sei das Schicksal des Evangeliums zu beklagen, denn der Rat der Stadt sei, statt sich für dasselbe einzusetzen, mit anderen Sorgen beschäftigt. Evenius wendet sich daher an all jene, an deren Existenz er nicht zweifelt und die mit einfühlsamer Seele und mildtätigen Taten dafür sorgten, dass die Schule, dieses Rückgrat der Kirche, nicht untergehe. Die Einladung zum Schulactus richtete sich folglich in erster Linie an die vermögenden Bürger Magdeburgs, die durch den Ausweis unverminderter Leistungsfähigkeit des Gymnasiums zu Spenden angeregt werden sollten.

Evenius kündigt für den folgenden Tag Deklamationen der folgenden Schüler an:

> I. Über die Nützlichkeit der Schulen, Andreas Bilderbeccius aus Kroppenstedt, in einem griechischen *carmen heroicum*.
>
> II. Über die Notwendigkeit derselben, Theodoricus Luchtius aus Pritzwalk, in einem lateinischen *carmen heroicum*.
>
> III. Über den Ursprung und die Altehrwürdigkeit derselben, Martinus Haklus aus Gransee, in einer griechischen Oratio.
>
> IV. Über die Förderung und die Feindseligkeit gegenüber derselben, Nicolaus Rademacherus aus Havelberg, in einer lateinischen Oratio.[258]

---

[257] Evenius: Lutheri Schul Rath, S. 25: „Tum ut Urbi nostrae et toti mundo patefaceremus, nos literarum et Iuventutis studia adhuc animo promptissimo persequi, persecuturos etiam amplius industria solita, modo suppetias ferant iisdem, quorum ex Lutheri praescripto cumprimis interest; laboribus etiam digna offerantur praemia nec inopia et fame tandem, qui iuventutem docuimus hactenus et docemus adhuc enecemunt. [...] tum ut disceremus ipsi iniurias horum temporum et invidiam aequo animo ferre et agnosceremus mirabilem Dei gubernationem, pascentis et alentis nos, sicut Jacob apud Esau servientem."
[258] Evenius: Lutheri Schul Rath, S. 26.

Diese Ankündigung des Schulactus ist als ein letztes Lebenszeichen, als Einsatz für die Bewahrung der humanistischen Studien in einem von Indifferenz und Feindseligkeit geprägten Umfeld anzusehen. Mit letzter, trotz wirtschaftlicher Not und Anfeindungen verbliebener Energie wenden sich Evenius und seine Schüler gegen die Gleichgültigkeit gegenüber der Gelehrsamkeit und fassen noch einmal zusammen, wofür diese steht.

Da diese Gedichte und Reden der Schüler nicht erhalten sind, lässt sich über ihren Inhalt nur spekulieren. Doch wenn Evenius ein entschiedener Parteigänger Spaignarts gewesen wäre, hätte er seinen Schüler wohl andere, stärker auf die eigene oder gegnerische Konfession bezogene Themen vorgegeben. Dass sie stattdessen über den Wert und die Gegner der Bildung handelten, ist sicher der prekären wirtschaftlichen Lage des Gymnasiums geschuldet. Als nicht unwahrscheinlich erscheint jedoch, dass sich die Texte darüber hinaus auch gegen die in Kriegszeiten grassierende Gewalt und das Faustrecht, die ewigen Antagonisten jeglicher höheren Kultur und Bildung, auflehnten. Das letzte erhaltene Zeugnis vom Leben am Gymnasium könnte daher vielleicht den ungebrochenen Willen zur Weitertradierung des irenisch-humanistischen Geistes signalisieren.

6.15 Die Zerstörung Magdeburgs und der weitere Werdegang von Evenius

Holstein berichtet über das Schicksal Evenius' und seiner Familie während der Erstürmung Magdeburgs am 10. Mai 1631 folgendes:

> Evenius war der letzte rector der ‚schule in der alten stadt zum Barfüszern' vor der zerstörung Magdeburgs. an jenem verhängnisvollen tage (10 mai 1631) muste er es erleben, wie die kaiserlichen soldaten seine schüler niedermetzelten, weil sie nichts zu geben hatten, um ihr leben zu retten. er selbst verkaufte sein und seines sohnes leben durch eine ranzion.[259]

Nachdem Evenius der Katastrophe in Magdeburg entronnen war, folgte zunächst ein durch den Krieg bedingtes unstetes Wanderleben. In den Ostseeprovinzen, die seit 1629 zum Einflussbereich Gustav Adolfs gehörten, wurde 1631 ein Königliches Gymnasium gegründet. „An demselben wurden fünf Professorenstellen eingerichtet, deren erste, die Professur der heiligen Schrift und der morgenländischen Sprachen, zugleich mit dem Amte des Rektors und Inspektors der ganzen Anstalt verbunden war."[260] Evenius war Gründungsrektor dieses Gymnasiums in

---

[259] Grimm: Deutsches Wörterbuch, Bd. 14, Sp. 113, Art. „Ranzion": lösegeld. von lat. redemption. Zitatnachweis: Holstein: Das Altstädtische Gymnasium, S. 140.
[260] Stötzner: Evenius, S. 12.

Reval, gab das Amt jedoch bald darauf aus Gründen, über die die Quellen uneins sind, wieder auf.[261]

Nach Aufenthalt an verschiedenen Stationen fand Evenius Anstellung im Dienst Herzog Ernst des Frommen. In Weimar wirkte Evenius als Schul- und Kirchenrat sowie als Mitarbeiter an der Weimarer Bibel.[262] An seinen nach 1631 erschienenen, durchweg volkssprachlichen Schriften lässt sich eine Verlagerung des Schwerpunkts seiner Interessen ablesen.[263] Die humanistische Bildung wurde ersetzt durch ein umfassendes Programm der religiösen Erziehung.[264] Evenius erblickte nicht länger im Studium der antiken Klassiker das Werkzeug zu einer moralischen Vervollkommnung der Jugend, sondern im Zusammenwirken von katechetischem Unterricht, Bußpredigt, Bußpraxis, Visitationen, Kolloquien und Privatunterweisungen. Während in Halle und Magdeburg die religiöse Erziehung noch gleichberechtigt neben Realienbildung und humanistischen Studien stand, wurde sie nun zum alleinigen Inhalt seiner Bestrebungen.[265]

---

261 Bremer: Evenius, S. 96; vgl. zu Evenius Revaler Zeit auch Aivar Pöldvee: Sigismund Evenius in Tallinn. In: Mari Tarvas (Hg.): Paul Fleming und das literarische Feld der Stadt Tallinn in der Frühen Neuzeit. Studien zum Sprach-, Literatur- und Kulturkontakt einer Region. Würzburg 2011, 159–170.
262 Bremer: Evenius, S. 103–111.
263 Vgl. z. B.: Sigismund Evenius: Speculum Intimae Corruptionis, Das ist: Spiegel des Verderbniß: Allen vnd jeden Ständen der wahren Christenheit zur gründlichen Beschawung vnd Nachrichtung / Forderst aber zur Auffmunterung vnd Sorgfältigkeit / in diesen betrübten Zeiten [...] / Durch D. S. H. S. E. der Schulen inbrünstigen Liebhaber. Mit einer DedicationSchrifft an Herrn M. Johannem Saubertum, Predigern zu Nürnberg. Lüneburg 1640.
264 Vgl. zum Folgenden: Friedrich: Erzstift Magdeburg, S. 46–49.
265 Vgl. die angeblich noch in Magdeburg geschriebene, 1634 gedruckte Abhandlung mit dem sprechenden Titel: Sigismund Evenius: Christ: Scholarum Unicum Necessarium, Seu Optima Pars Mariae = Das einige nothwendige Christlicher Schulen / oder der beste Theil / welchen Maria (Luc. 10. v. 42.) erwehlet : Das ist : Gründliche Demonstration, daß in vnd bey Christlichen Schulen vnd Information der Jugend in gemein die Pflantzung waarer Gottesforcht das edleste Kleinod vnd vornemste Sorge vnd Vbung sey vnd seyn müsse / die auch derowegen die meiste vnnd beste Zeit hierauff solle vnd müsse gewendet werden / wie die angehende Jugend früzeitig / verständlich / gründlich / andächtig / beharrlich vnd erbawlich / zu dem waaren Erkänntnuß Gottes vnd seines heiligen seeligmachenden Worts vnd dessen stetiger Vbung im folgenden gantzen Leben angeführet vnd erzogen werde / Zu endlicher Beförderung eines Christlichen SchulRegiments bey diesem vnartigen Geschlecht der Welt / Gestellet vnd verfasset Von M. Sigismundo Evenio, Gymnasio Magdeburgensis Rectore. Anno M. DC. XXX. Vor der ruin vnd gäntzlichen exdesolation der Stadt Magdeburg / anietzo aber Ihr vnd andern Städten vnd Landen zum besten in öffentlichen Druck außgefertiget. Nürnberg 1634.

1636 erschien mit Evenius' *Christlicher Bilderschule*[266] ein Druck, der mit seiner bildgestützten Mnemonik Vorbild für den *Orbis sensualium pictus* des Johann Amos Comenius wurde.[267] Beide Werke wandten sich an Kinder im Vorschulalter, denen mithilfe von Bildern elementare Kenntnisse vermittelt werden sollten. Die *Christliche Bilderschule* entstand aus dem Bemühen heraus, die Kinder in einem möglichst frühen Alter mit den christlichen Inhalten vertraut zu machen. Auch sämtliche andere Werke aus Evenius' Spätzeit beschäftigen sich mit nur einem Thema: der möglichst effizienten Vermittlung der christlichen Lehre.[268]

Die pessimistische, gegenüber der menschlichen Natur misstrauische Grundhaltung seiner späten Schriften hebt sich deutlich ab vom humanistischen Idealismus der Hallenser und Magdeburger Jahre. Für Ludolf Bremer stand der 45-Jährige nun „auf dem Höhepunkt seiner schöpferischen Kraft" und verfügte über einen „durch Erfahrungen und Leiden geprägten, festgefügten Charakter".[269] Man kann Evenius' Bestrebungen in Weimar jedoch auch als durch seine Kriegstraumata bedingte Vereinseitigung begreifen.

Die Biographie von Evenius weist eine deutliche Zäsur im Jahr 1631 auf. Im Geist des Späthumanismus an der Wittenberger Universität sozialisiert, wandte er sich in seinem letzten Lebensjahrzehnt vom humanistischen Ideal einer moralischen Vervollkommnung durch das Studium der antiken Quellen ab und wurde zum Fürsprecher einer dezidiert lutherischen Erziehung zur Frömmigkeit. Der antike Kanon verlor seine zentrale Stellung als Instanz der Weltdeutung und wurde durch die Lektüre von Katechismus und volkssprachlicher Bibel ersetzt, was schon allein aufgrund des unterschiedlichen Umfangs beider Textgruppen eine Einbuße an literarischer Qualität und Vielseitigkeit bedeutete.

Dieser Bruch in der Biographie wurde freilich durch eine längere Übergangsphase vorbereitet. Bereits in seiner Antrittsrede von 1622 hat Evenius das Magdeburger Modell programmatisch formuliert: muttersprachlicher Anfangsunterricht in Religion und Realien; Verschiebung der eigentlichen Gelehrtenerziehung in

---

266 Sigismund Evenius: Christliche / Gottselige BilderSchule / Das ist / Anführung der Ersten Jugend zur Gottseligkeit in und durch Biblische Bilder / aus und nach den Historien / Sprüchen der Schrifft / Einstimmung des Catechismi und nützlichen Gebrauch erkläret : Förderst zu Gottes Ehren / und dann zu der Christlichen Jugend früzeitiger Erbawung in der Gottesfurcht: [...] Allen Christlichen Schulen und häußlichen Unterweisungen zum besten im Druck ausgefertiget. Jena 1636.
267 Vgl. Gerhard F. Strasser: Emblematik und Mnemonik der Frühen Neuzeit im Zusammenspiel. Johannes Buno und Johann Justus Winckelmann. Wiesbaden 2000 (Wolfenbütteler Arbeiten zur Barockforschung 36), S. 56–59.
268 So auch Friedrich: Erzstift Magdeburg, S. 41f.
269 Bremer: Evenius, S. 107.

den Fächern Latein, Griechisch, Rhetorik und Dialektik in die späteren Jahre der schulischen Ausbildung. Nach 1631 hat Evenius die humanistischen Fächer nicht mehr thematisiert.

Der Sinneswandel von Evenius wird wohl nicht in erster Linie durch innere Überzeugung, sondern vielmehr durch äußeren Druck erfolgt sein. Schon bei Antritt des Rektorenamtes sah er sich den Forderungen des Magdeburger Rates nach einer effizienteren Schulbildung konfrontiert. In Zeiten wirtschaftlicher Not und allgemeiner Verrohung durch den Krieg wurde die mehrjährige Erziehung zu lateinischer Eloquenz und sittlicher Perfektion mehr und mehr zu einem unerreichbaren Ideal. An ihre Stelle traten intensive Katechese und Bibelstudium – als scheinbar wirkungsvollere Methoden der Moraldidaktik.

Durch weitere Forschungen zu den Gelehrtenbiographien des 17. Jahrhunderts könnte nachgewiesen werden, ob der Werdegang des Magdeburger Rektors als paradigmatisch angesehen werden kann. Die Entwicklung von Evenius – so könnte man thesenhaft formulieren – zeigt beispielhaft die Rolle des Dreißigjährigen Krieges beim Übergang vom Späthumanismus zum Pietismus und vom Latein zur Muttersprache.

Mit der Zerstörung der Stadt von 1631 und dem dadurch bedingten Weggang von Evenius endet jedenfalls die Tradition humanistischen Unterrichts in Magdeburg. Erst Jahrzehnte später sollten hier wieder Schüler an einem Gymnasium auf die Universität vorbereitet werden, doch nun unter völlig veränderten Vorzeichen. Bis weit ins 18. Jahrhundert hinein übten Hallenser Pietisten wie August Hermann Francke entscheidenen Einfluss auf die höhere Bildung in Magdeburg aus.[270] Die Kulturfeindlichkeit der pietistischen Orthodoxie manifestierte sich unter anderem in ihrer ablehnenden Haltung gegenüber dem Schultheater, was erklären hilft, dass nach der im nächsten Kapitel zu thematisierenden *Eusebia Magdeburgensis* von 1624 in Magdeburg keine weiteren Schuldramen mehr aufgeführt wurden.[271]

---

[270] Vgl. Heiko Borchardt: Literatur in Magdeburg um 1800. Stadtkultur, Geselligkeit und literarisches Leben. Hamburg 2005, S. 269.
[271] Ebd. S. 213; vgl. auch Ulrike Wels: Gottfried Hoffmann (1658–1712). Eine Studie zum protestantischen Schultheater im Zeitalter des Pietismus. Würzburg 2012, S. 58–91.

C Schuldrama in Magdeburg

Obwohl es als eine der „produktivsten Gattungen der Frühen Neuzeit" gelten kann, ist das Drama, insbesondere das des 16. und 17. Jahrhunderts, „in seiner Komplexität bisher nur ansatzweise untersucht worden."[1] In einem umfangreichen Lexikonartikel leistete Hans-Gert Roloff bereits 1965 eine erste Annäherung an das unübersichtliche Feld des Neulateinischen Dramas.[2] Roloff ließ eine Reihe von exemplarischen Einzelstudien folgen, in denen er für eine Einbeziehung der lange vernachlässigten lateinischen Texte plädierte.[3]

Einen erneuten Schub erhielt die Erforschung des Theaters des Mittelalters und der Frühen Neuzeit durch das von Christel Meier geleitete Teilprojekt des Münsteraner Sonderforschungsbereichs 496 „Symbolische Kommunikation und gesellschaftliche Wertesysteme vom Mittelalter bis zur Französischen Revolution". In den hier entstandenen Dissertationen[4] und Sammelbänden[5] wurde wertvolle Grundlagenforschung und Erschließungsarbeit sowohl auf theoretisch-analytischem als auch auf sprachlichem und motivgeschichtlichem Gebiet geleistet.[6] Das besondere Verdienst des Projektes liegt darin, dass es die beinahe ausschließliche Konzentration der älteren Forschung auf einige wenige kanonische Autoren der Volkssprache wie Hans Sachs, Paul Rebhuhn oder Sixt Birck aufgebrochen hat. Stattdessen fassen Meier und ihre Mitstreiter die frühneuzeitliche Dramenproduktion in ihrer ganzen Vielfalt und Diversität in den Blick.

Weiterhin zu erwähnen ist die jüngst in Heidelberg entstandene Dissertation von Michael Hanstein zum Straßburger Akademietheater und seinem wohl be-

---

[1] Regina Toepfer: Rezension zu Christel Meier u. a. (Hgg.): Akteure und Aktionen. In: Mittellateinisches Jahrbuch 46 (2011), S. 445–451, hier S. 445.
[2] Hans-Gert Roloff: Art. Neulateinisches Drama. In: Reallexikon der deutschen Literaturgeschichte, Bd. 2, S. 645–678.
[3] Vgl. die einschlägigen Aufsätze in Roloff: Kleine Schriften zur Literatur des 16. Jahrhunderts.
[4] Vgl. Volker Janning: Der Chor im neulateinischen Drama. Formen und Funktionen. Münster 2005; Hartmut Beyer: Das politische Drama im Italien des 14. und 15. Jahrhunderts. Humanistische Tragödien in ihrem literarischen und funktionalen Kontext. Münster 2008; Frank Pohle: Glaube und Beredsamkeit. Studien zum katholischen Schultheater in Jülich-Berg, Ravenstein und Aachen (1601–1817). Münster 2010; Claudia Spanily: Allegorie und Psychologie. Personifikationen auf der Bühne des Spätmittelalters und der Frühen Neuzeit. Münster 2010.
[5] Vgl. Christel Meier, Heinz Meyer, Claudia Spanily (Hgg.): Das Theater des Mittelalters und der Frühen Neuzeit als Ort und Medium sozialer und symbolischer Kommunikation. Münster 2004; Christel Meier, Bart Ramakers, Hartmut Beyer (Hgg.): Akteure und Aktionen. Figuren und Handlungstypen im Drama der Frühen Neuzeit. Münster 2008; Christel Meier, Angelika Kemper (Hgg.): Europäische Schauplätze des frühneuzeitlichen Theaters. Normierungskräfte und regionale Diversität. Münster 2011.
[6] Vgl. als Überblick über diese Aktivitäten Meier: Lehren ‚in lebendigen Bildern'.

deutendsten und produktivsten Autor, Caspar Brülow.[7] Anknüpfend an die Vorarbeiten von Paul Stachel[8] identifiziert Hanstein mit größter Sorgfalt und Akribie die jeweiligen antiken Prätexte und intertextuellen Bezüge der Dramen von Brülow. Die umfangreiche Studie von Hanstein dürfte vor allem in methodischer Hinsicht für kommende Forschungen zu neulateinischen Dramen eine Vorbildfunktion ausüben.

Als Schuldrama wird gemeinhin das Theater an den vorreformatorischen, protestantischen und jesuitischen Gymnasien bezeichnet.[9] Es zerfällt in mehrere Untergattungen, von denen für die vorliegende Untersuchung vor allem das Bibeldrama und das konfessionspolemische Drama von Bedeutung sind. Der Begriff „Bibeldrama" umfasst „all jene theatralischen Dichtungen, die auf biblischen Stoffen beruhen".[10] Das konfessionspolemische Drama wird in der Forschung im Allgemeinen mit den Autoren Thomas Naogeorg und Nicodemus Frischlin assoziiert.[11]

Wilfried Barner hat gezeigt, auf welche Weise sich das Schultheater in den größeren Rahmen des Rhetorikunterrichts einfügte, ja gleichsam dessen Krönung darstellte. Der größte Nutzen dieser Aufführungen hätte in der Übung der Eloquenz bestanden: „ihr ureigenstes Medium, die Latinität, wird am lebenden Beispiel geübt, die *memoria* wird gefestigt, *actio* und *pronuntiatio* können sich entfalten, und gleichsam als umfassende Gesamttugend wird das *prompte loqui* gestärkt."[12] Barner ist sicher beizupflichten, dass diese Erwerbung von rhetorischer Sicherheit und Schlagfertigkeit als ein zentraler Bestandteil des Schulthea-

---

7 Vgl. jetzt Hanstein: Caspar Brülow (1585–1627) und das Straßburger Akademietheater; sowie Wilhelm Kühlmann: Art. Caspar Brülow. In: Killy/Kühlmann 2 (2008), S. 221 f.
8 Paul Stachel: Seneca und das deutsche Renaissancedrama. Studien zur Literatur- und Stilgeschichte des 16. und 17. Jahrhunderts. Berlin 1907.
9 Barbara Könnecker: Art. Schuldrama. In: Killy 14 (1. Auflage), Begriffe, Realien, Methoden, S. 345–348; Richard Erich Schade: Art. Schultheater. In: Reallexikon der deutschen Literaturwissenschaft, Bd. 3, S. 403–405; Dirk Niefanger: Art. Schuldrama. In: Enzyklopädie der Neuzeit, Bd. 11, Sp. 913–915; Rolf Tarot: Schuldrama und Jesuitentheater. In: Walter Hinck (Hg.): Handbuch des deutschen Dramas. Düsseldorf 1980, S. 35–47; Parente: Religious drama.
10 Silvia Serena Tschopp: Art. Bibeldrama. In: Enzyklopädie der Neuzeit, Bd. 2, Sp. 138–140, hier Sp. 138; Washof: Die Bibel auf der Bühne; Hans-Gert Roloff: Art. Reformationsliteratur. In: Reallexikon der deutschen Literaturgeschichte. Bd. 3, S. 389–396; Hugo Holstein: Die Reformation im Spiegelbilde der dramatischen Literatur des sechszehnten Jahrhunderts. Halle 1886, S. 75–159.
11 Vgl. zu konfessionspolemischen Dramen Hans-Gert Roloff: Konfessionelle Probleme in der neulateinischen Literatur des 16. Jahrhunderts. In: ders.: Kleine Schriften zur Literatur des 16. Jahrhunderts, S. 265–285; ders.: Heilsgeschichte, Weltgeschichte und Aktuelle Polemik: Thomas Naogeorgs Tragoedia Nova Pammachius. In: ders.: Kleine Schriften zur Literatur des 16. Jahrhunderts, S. 393–357; Rädle: Frischlin und die Konfessionspolemik im lateinischen Drama des 16. Jahrhunderts; Holstein: Die Reformation im Spiegelbilde der dramatischen Litteratur, S. 166–249.
12 Barner: Barockrhetorik, S. 306.

ter anzusehen ist. Zu fragen bleibt jedoch, ob in seiner Darstellung der zweite Aspekt, die moralisch-didaktische Schulung, nicht unterschätzt wird.

Wie die neuere Forschung herausgearbeitet hat, war die Hauptintention der Autoren von Schuldramen des 16. Jahrhunderts die Verbreitung moralischer Richtlinien zur Erlangung des Seelenheils.[13] Die Bibeldramen wurden sowohl in lateinischer als auch in deutscher Sprache verfasst. Sie entsprachen dem zutiefst religiösen Grundzug des Reformationsjahrhunderts, in dem Gelehrsamkeit nicht als Selbstzweck, sondern als Hilfsmittel der Ausbildung von Frömmigkeit ausgeübt wurde. Bei der Betrachtung ausgewählter Magdeburger Beispiele soll diese ethische Dimension des Schultheaters stärker berücksichtigt werden.

Die ältere Forschung zum Magdeburger Schultheater ging von einer „nahezu hundertjährige[n] ungebrochene[n] Aufführungstradition" am Altstädtischen Gymnasium aus.[14] Wie Bernhard Jahn gezeigt hat, basierte dieser Irrtum auf den entsprechenden Passagen der Schulordnung von 1553,[15] in der Rektor Prätorius „die jährliche Aufführung eines lateinischen und eines deutschen Spiels" vorgeschrieben hatte. Die von Jahn herangezogenen Widmungsvorreden machen stattdessen deutlich, dass die Praxis des Schultheaters in Magdeburg über lange Jahre brach lag, und dies nicht allein in Kriegs- und Notzeiten, „sondern auch in Zeiten wirtschaftlicher Prosperität".[16] Jahn zufolge wurden in einem Zeitraum von beinahe hundert Jahren lediglich vierzehn Dramen öffentlich aufgeführt.[17]

In der nachfolgenden Untersuchung soll der Kreis zu untersuchender Dramen auf solche eingeschränkt werden, die tatsächlich von den Schülern des Gymnasiums zur Aufführung gebracht wurden. Denn ab der zweiten Hälfte des 16. Jahrhunderts wurden in Magdeburg vermehrt Dramen gedruckt, bei denen allein eine Rezeption durch den Leser intendiert war.

Nach Jahn ist von einer grundlegenden Differenz von Aufführungs- und Lesedramen auszugehen. Bei einer Aufführung musste aufgrund der defizitären „optischen und akustischen Wahrnehmungsbedingungen"[18] davon ausgegangen werden, dass dem Zuschauer – anders als dem Leser – gewisse Handlungsteile entgehen konnten. Um den „gemeinen Mann didaktisch zu erreichen", sahen sich die Autoren von Aufführungsdramen daher zu einer gewissen Redundanz gezwungen: „mehrfach wiederholte Inhaltsangaben in den Argumenta, [...] Umständlichkeit in der Handlungsführung, [...] Ausführlichkeit in der Argumentati-

---

13 Vgl. Parente: Religious Drama, S. 61; sowie Washof: Bibel auf der Bühne.
14 Jahn: Druck und Drama, S. 131.
15 Vgl. Kap. B. 2.1. Die Magdeburger Schulordnung von Prätorius.
16 Jahn: Druck und Drama, S. 131.
17 Vgl. die Liste von Magdeburger Aufführungsdramen in ebd., S. 131 f.
18 Ebd., S. 142.

on".[19] Allein die Aufführungsdramen bieten einen authentischen Einblick in die theatrale Praxis auf der Bühne des Gymnasiums.

Zu den Auswahlkriterien der zu untersuchenden Dramen gehört weiterhin, dass sie von einem Mitglied des Schulkörpers verfasst wurden – sei es ein Rektor oder Lehrer. Da die drei Dramen von Georg Rollenhagen in der Forschung[20] bereits näher betrachtet wurden, scheiden sie für die vorliegende Untersuchung aus. Somit kommen drei Magdeburger Dramen in die engere Wahl: Der *Jacob* von Joachim Greff, der *Joseph* von Joseph Goetze sowie die *Eusebia Magdeburgensis* von Johannes Blocius. Da diese Auswahl sowohl das erste als auch das letzte Drama des zu untersuchenden Zeitraums umfasst, kann sie auch als zeitlich repräsentativ gelten.

1 Die Anfänge des Bibeldramas in Mitteldeutschland

Der oben erwähnte moralische Zweck war dem protestantischen Schultheater bereits seit seiner Gründung durch Luther eingeschrieben. Zunächst entstand durch die Rückbesinnung auf die Antike ein Vakuum: Das mittelalterliche Spiel mit seiner „episch dahinfließenden Schaustellung"[21] entsprach nicht mehr dem an Terenz und Plautus geschulten Formbewusstsein. Aufgrund des auf die Kirchenväter zurückgehenden „christlichen Ressentiments gegen Theater und Schauspiel"[22] bedurfte es der Fürsprache einer Autorität, um das Verfassen eigener Dramen zu legitimieren. Diese Rolle erfüllte Luther.

In der Forschung wird an dieser Stelle zumeist ein Zitat aus den Tischreden Luthers angeführt, in dem dieser das Aufführen von *Comödien* ausdrücklich befürwortet, weil es zum einen dem *uben in der lateinischen Sprache* diene und zum anderen die Schüler auf ihre spätere Rolle in der Gesellschaft vorbereite. Durch die verschiedenen Rollen der *Comödien* würden *die Leute unterrichtet, und*

---

19 Ebd., S. 143.
20 Vgl. Peil: Die Schaubühne als ‚pädagogische' Anstalt; ders.: Zur konfessionellen Problematik in den Schuldramen Georg Rollenhagens. In: Dieter Breuer (Hg.): Religion und Religiosität im Zeitalter des Barock. Wiesbaden 1995 (Wolfenbütteler Arbeiten zur Barockforschung 25), S. 643–654; Jahn: Eheberatung im Drama um 1600, S. 151f.; sowie Waldemar Kawerau: Das Magdeburger Spiel vom reichen Mann und armen Lazarus. In: Geschichtsblätter für Stadt und Land Magdeburg 32 (1897), S. 1–32.
21 Werner Kohlschmidt: Art. Drama. In: Reallexikon der deutschen Literaturgeschichte, Bd. 1, S. 289.
22 Wolfram Washof: Drama als Gottesdienst. Homiletisch-katechetische Funktionen und liturgische Elemente des protestantischen Bibeldramas der Reformationszeit. In: Meier (Hg.): Das Theater des Mittelalters und der Frühen Neuzeit, S. 159–170, hier S. 162.

ein Iglicher seines Amts vnd Standes erinnert und vermahnet [...], was einem Knecht, Herrn, jungen Gesellen und Alten gebühre, wol anstehe und was er thun soll. Den Agierenden und Zuschauern würden *furgehalten und für die Augen gestellt aller Dignitäten Grad, Aemter und Gebühre, wie sich ein Iglicher in seinem Stande halten soll im äußerlichen Wandel, wie in einem Spiegel.*[23]

Dieses Zitat ist insofern irreführend, als es zwar Luthers Meinung zum Aufführen der Komödien des Terenz aus der ersten Hälfte der dreißiger Jahre widerspiegelt, die Tischreden jedoch keine zeitgenössische Wirkung entfalten konnten, weil sie erst posthum veröffentlicht wurden. Größeren Aufschluss über die Wirkung Luthers auf den unmittelbaren Beginn des Bibeldramas in Mitteldeutschland bieten seine Vorreden zu den apokryphen Schriften des Alten Testaments.

Die Vorrede für das Buch Tobias von 1534 enthält den entscheidenden legitimatorischen Akt: Luther führt hier aus, die Griechen hätten ihren Brauch, Komödien und Tragödien öffentlich aufzuführen, von den Juden übernommen.[24] Das Buch Tobias sei nicht allein *ein geschicht*, sondern auch *ein geticht*. Daher sei zu vermuten, *das solcher schoener geticht vnd spiel, bey den Jueden viel gewest sind, darinn sie sich auff jre Feste vnd Sabbath geuebt, vnd der jugent also mit lust, Gottes wort vnd werck eingebildet haben.* Luther fährt fort: *Vnd Gott gebe, das die Griechen jre weise, Comedien vnd Tragedien zu spielen, von den Jueden genomen haben, [...]. Denn Judith gibt eine gute, ernste, dapffere Tragedien, So gibt Tobias eine feine liebliche, Gottselige Comedien.*[25] Luther zufolge seien nicht die Griechen, die „verdächtigen Heiden", sondern die Israeliten, das Gottesvolk, die Urheber des Theaters.

Diese Interpretation des Buchs Tobias steht offensichtlich im Gegensatz zu der historischen Wirklichkeit: Die Zurückführung des Theaters auf die Israeliten erweist sich als Konstruktion. Doch unter anderem dieser Konstruktion verdankt sich die überaus produktive, kultur- und sinnstiftende Tradition des Schultheaters im Luthertum. Mit dieser Argumentation nahm Luther vor allem den Kritikern in den eigenen Reihen, die das Schultheater als heidnisch und sittenverderbend denunzierten, gleichsam den Wind aus den Segeln.

Man wird sicher nicht fehlgehen, wenn man Melanchthon als Hintermann dieser programmatischen Äußerungen Luthers vermutet. Christel Meier und Bernd Roling haben dargelegt, wie sich Melanchthon bei der Interpretation antiker Tragödien und Komödien in die humanistische Tradition stellte. Die auf der Bühne gezeigten positiven und negativen Exempel sollten als „Muster symboli-

---

[23] WATr 1; 431, 16–27
[24] Parente: Religious Drama, S. 26.
[25] WA Deutsche Bibel, Bd. 12, S. 108; vgl. auch die etwa gleichlautenden Ausführungen in der Vorrede zum Buch Judith, WA Deutsche Bibel, Bd. 12, S. 6.

scher Kommunikation" dienen, „an denen sich der Zuschauer orientieren kann". Sie provozierten den Zuschauer, „analog den Akteuren des Dramas die entsprechenden Entscheidungen zu treffen und Aktionen durchzuführen oder sie bewusst zu vermeiden."[26] Melanchthon beließ es nicht bei dieser ethisch orientierten Exegese des antiken Dramas, sondern regte gleichzeitig „auch Neuschöpfungen in dieser Gattung" an.[27] Die Entstehung des lutherischen Bibeldramas vollzog sich folglich auf dem Nährboden der Interpretation antiker Dramen im Melanchthonkreis, was sich nicht zuletzt in der Übernahme formaler Aspekte des antiken Dramas wie der Anzahl der Akte oder dem Einsatz von Chören manifestiert.

Zu den zahlreichen Autoren aus Luthers Umfeld, die seinem Aufruf zum Verfassen von Bibeldramen Folge leisteten, gehörte auch der Magdeburger Lehrer Joachim Greff. Um 1510 geboren, besuchte Greff die renommierte Lateinschule seiner Heimatstadt Zwickau und studierte ab 1530 an der Wittenberger Universität.[28] Bevor Greff 1534 an das Magdeburger Gymnasium berufen wurde,[29] wirkte er an der Stadtschule in Halle. Bereits in Halle begann Greff seine Übersetzung der lateinischen Komödie *Aulularia* von Plautus, die 1535 in Magdeburg gedruckt wurde.[30]

In der Vorrede zur *Aulularia* führt Greff aus, dass er mit seinen Schuldramen *nicht gros rhum vnd ehr / oder einen grossen namen* anstrebe, sondern lediglich dem *gemeinen volck* Beispiele für die Lebensführung vor Augen stellen wolle, um auf diese Weise zur Hebung des sittlichen Niveaus beizutragen.[31] Laut Greff liegt die spezielle Nutzanwendung der *Aulularia* in der Darstellung *eines kargen / geitzigen / alten mannes*.[32] Diese negative Exempelfigur soll die Zuschauer *warnen*

---

26 Christel Meier: Die Inszenierung humanistischer Werte im Drama der Frühen Neuzeit. In: dies. (Hg.): Das Theater des Mittelalters und der Frühen Neuzeit, S. 249–264, hier S. 253; vgl. auch Roling: Exemplarische Erkenntnis, S. 344–362; sowie Robert Seidel: Praeceptor comoedorum. Philipp Melanchthons Schultheaterpädagogik im Spiegel seiner Prologgedichte zur Aufführung antiker Dramen. In: Günther Wartenberg (Hg.): Werk und Rezeption Philipp Melanchthons in Universität und Schule bis ins 18. Jahrhundert. Leipzig 1999, S. 99–122.
27 Vgl. Melanchthons programmatische „Epistola [...] de legendis Tragoediis et Comoediis". In: CR V, Sp. 567–572, hier Sp. 570: „Possumus enim et haec ipsa exempla ad praesentia negotia apte transferre, et his lectis multa ipsi excogitare similia." Zitat nach Meier: Die Inszenierung humanistischer Werte, S. 253.
28 Vgl. zur Biographie Greffs Andrea Seidel: Joachim Greff. Dramatiker im Dienste der Reformation. In: Werner Freitag (Hg.): Mitteldeutsche Lebensbilder. Menschen im Zeitalter der Reformation. Köln u. a. 2004, S. 11–31.
29 Holstein: Das Altstädtische Gymnasium, S. 21f.
30 Joachim Greff: Ein schoene Luestige Comedia des Poeten / Plauti / Aulularia genant / Durch Joachimum Greff von Zwickaw Deudsch gemacht / vnd jnn reim verfasset / fast luestig vnd kurtzweilig zu lesen. Magdeburg 1535.
31 Ebd., A ij r–v.
32 Ebd., A iij v.

vnd leren / das wir vns fur dem leidigen geitz hueten sollen. Die spezielle Exemplifizierung der Habsucht passt sich ein in Greffs übergreifendes System von Tugenden und Lastern: *Vnd ist kein spiel so klein noch so geringe / man kan vnd sol was daraus lernen / wie man sich hueten sol / jtzt fur hurerey vnd vnzuechtiger lieb / jtzt fur fressen / sauffen / spielen / vnd der gleichen / alles zu vnser besserung.*[33]

In Gotthold Ephraim Lessings *Beyträgen zur Historie und Aufnahme des Theaters* von 1750 findet sich eine lobende Erwähnung der *Aulularia* von Greff. Lessing bescheinigt dem Magdeburger Lehrer, er habe „einen sehr guten Begriff von den Comödien und ihrem Nutzen gehabt." Von der sprachlichen Ausführung der Übersetzung der *Aulularia* heißt es bei Lessing, sie sei „vor die damaligen Zeiten noch sehr gut."[34]

2 Greffs *Jacob*: Gründung des Schultheaters in Magdeburg

Der Beginn des deutschen Bibeldramas datiert in die frühen dreißiger Jahre des 16. Jahrhunderts. Neben Vorläufern wie dem *Acolastus* von Gulielmus Gnapheus[35] von 1529 und den parallel entstandenen Dramen von Sixt Birck[36] und Paul Rebhuhn[37] zählt die Forschung auch den *Jacob* von Joachim Greff zu den frühesten Vertretern dieser Gattung.[38] Das Stück des Magdeburger Lehrers diente den anderen Autoren aus dem Wittenberger Umkreis Luthers gleichsam als „Muster".[39]

Mittelpunkt des Dramas ist, anders als der Titel suggeriert, nicht der Patriarch Jakob, sondern die Josephsgeschichte aus dem Alten Testament. Greff war der erste Dramatiker, der sich dieses Stoffes bediente. Ihm folgten unzählige protestantische und jesuitische Autoren, die sich in ihren Bearbeitungen des Stoffes

---

33 Ebd., A iiij r.
34 Gotthold Ephraim Lessing: Beyträge zur Historie und Aufnahme des Theaters (1750). In: Gotthold Ephraim Lessing. Werke und Briefe. Bd. 1: Werke 1743–1750, hg. von Jürgen Stenzel. Frankfurt a. M. 1989 (Bibliothek deutscher Klassiker 47), S. 723–934, hier S. 751f.
35 Barbara Könnecker: Art. Schuldrama. In: Killy 14 (1. Auflage), Begriffe, Realien, Methoden, S. 346.
36 Silvia Serena Tschopp: Protestantisches Schultheater und reichsstädtische Politik. Die Dramen des Sixt Birck. In: Gernot Michael Müller (Hg.): Humanismus und Renaissance in Augsburg. Kulturgeschichte einer Stadt zwischen Spätmittelalter und Dreißigjährigem Krieg. Berlin u. a. 2010 (Frühe Neuzeit 144), S. 187–215.
37 Cora Dietl: Das frühe deutsche Drama von den Anfängen bis zum Barock. Helsinki 1998, S. 100–105.
38 Michael: Das deutsche Drama der Reformationszeit, S. 53.
39 Hans-Gert Roloff: Art. Reformationsliteratur. In: Reallexikon der deutschen Literaturgeschichte, Bd. 3, S. 394.

jedoch nicht Greff, sondern eher dem Josephsdrama des Jesuiten Cornelius Crocus aus dem Jahr 1536 anschlossen.[40] Wie es zu zeigen gilt, waren bei Greff noch Frömmigkeit, Bewährung in Krisen und Vertrauen auf Gottes Beistand die zentralen Inhalte. Spätere Bearbeiter stellten dagegen vor allem die sexuelle Enthaltsamkeit Josephs in der Ehebruchsszene als exemplarische Tugend heraus.

Das Bibeldrama fungierte als „besonders wirkungsmächtiger Katalysator evangelischer Frömmigkeit".[41] Seine Aufgabe bestand nicht allein darin, „die Geschichten der Bibel den Zuschauern einzuprägen", sondern auch den Glauben zu festigen und die „evangelischen Tugenden" zu stärken.[42] Das Publikum sollte „mit den Grundsätzen evangelischer Lebensführung und protestantischer Ethik" vertraut gemacht werden.[43] Es galt, die noch junge, in den konfessionellen Auseinandersetzungen mit der katholischen Gegenseite angefochtene protestantische Identität zu stärken.

Die Wirkung auf den Zuschauer sollte Luther zufolge in der Ausbildung der folgenden Geisteshaltung bestehen: *Gott vertrawen, from sein, vnd alle huelff vnd trost von Gott hoffen, jnn allen noeten widder alle feinde.*[44] Für diesen Aspekt der Vermittlung lutherischer Lehre bot sich insbesondere die Figur des Joseph an, die Luther in seinem Kommentar zur Genesis „als das Modell des gottgeprüften, aber unerschütterlich an seinem Glauben festhaltenden Menschen interpretiert hatte."[45] Folgerichtig erscheint Joseph auch bei Greff als Exempel der Festigkeit im Glauben und Gottvertrauen, die von Gott durch Beistand in der Not und Erlangung materieller Wohlfahrt und gesellschaftlicher Ehren belohnt wird.

Greff hält sich eng an den Fortgang der biblischen Erzählung: Joseph, Lieblingssohn seines Vaters Jacob, wird von seinen neidischen Brüdern an Händler verkauft, die ihn nach Ägypten entführen. Hier findet er Anstellung im Haus des reichen Potiphar, eines Kämmerers und Obersten der Leibwache des Pharaos. Als

---

40 Kawerau: Joachim Greff in Magdeburg, S. 165; Weilen: Der ägyptische Joseph im Drama des XVI. Jahrhunderts, S. 25. Vgl. zu den zahlreichen dramatischen Bearbeitungen der Josephsgeschichte den Überblick bei Jean Lebeau: Salvator Mundi. L',exemple' de Joseph dans le theatre allemand au XVIe Siecle. 2 Bde. Nieuwkoop 1977; Wimmer: Jesuitentheater; Parente: Religious Drama, S. 110–131; Wilfried Stroh: Hieronymus Ziegler und Martinus Balticus: zwei Pioniere des lateinischen Schultheaters in München. In: Mittellateinisches Jahrbuch 46 (2011), S. 397–426; Josef Schmidt: Die Josephsfigur in der Barockdichtung Deutschlands. In: Colloquia Germanica 3 (1971), S. 245–255.
41 Tschopp: Die Dramen des Sixt Birck, S. 196.
42 Hans-Gert Roloff: Art. Reformationsliteratur. In: Reallexikon der deutschen Literaturgeschichte, Bd. 3, S. 390.
43 Könnecker: Die deutsche Literatur der Reformationszeit, S. 57.
44 Vorrede des Buchs Judith von 1534, vgl. WA Deutsche Bibel, Bd. 12, S. 6.
45 Wriedt: Georg Major als Pädagoge, S. 172; Vgl. WA 14; 97–488, besonders S. 465–488.

dessen Frau Potiphera sich ihm in sexueller Begierde nähert, entzieht sich Joseph ihr, um den Ehebruch zu verhindern. Daraufhin beschuldigt Potiphera Joseph der Vergewaltigung, was ihm Gefängnishaft einträgt. Weil er in der Lage ist, die Träume des Pharaos zu deuten, wird Joseph schließlich aus dem Gefängnis befreit und steigt zum Verweser des ägyptischen Reiches auf. Es kommt zu einem Wiedersehen mit den reuevollen Brüdern und dem Vater.[46]

Im Prolog legt Greff die Nutzanwendung des Dramas folgendermaßen dar:

> *Daraus wir kurtzlich lernen sollen*
> *Wo wir mit frucht zu hoern wollen /*
> *Das wir vns stetz allein zu Gott*
> *In aller vnser angst vnd nott /*
> *Vorsehen solln zu jm das best*
> *Dan ehr die seinen nicht vorlest /*
> *Ehr hilfft wens auch vnmüglich ist*
> *Doch hilfft ehr aus zu aller frist /*
> *Wo man von hertzen jm vortrawt*
> *Mit gantzer hoffnung auff jn bawt /*
> *Wie ehr Joseph geholffen hat*
> *Von aller nodt / auch aus dem todt.*[47]

Diese Kernaussage des gesamten Dramas wird von Greff durch die wiederholte Errettung Josephs aus allen Gefahrenlagen exemplifiziert. Besondere Beachtung verdienen dabei die Monologe Josephs, die nicht selten den Charakter eines Gebets annehmen. Nachdem die Brüder beschlossen haben, Joseph zu töten, wird er von ihnen gebunden und in eine Grube geworfen. In der Grube, im Angesicht des Todes, richtet Joseph die folgenden Worte an Gott:

> *O Gott ach hilff der vnschuldt dein*
> *Ach lieber Godt erbarm dich mein /*
> *Las deinen knecht erlangen huld*
> *Für deinen augen der vnschuldt /*
> *Vorstossen vnd gantz elendt ist*
> *Erlös mich ytzt zu dieser frist*
> *Du kanst allein ynn aller nodt*
> *Den deinen helffen / auch mittn ym todt.*[48]

Gott erhört dieses Gebet Josephs und errettet ihn aus der Todesgefahr. In der folgenden Szene bereuen einige der Brüder ihre Tat und holen Joseph – gleichsam

---

46 1. Mose 37–50.
47 Greff: Jacob, A iij r.
48 Ebd., B iij r–v.

als Agenten des göttlichen Willens – wieder aus der Grube heraus. Im vierten Akt wird Gottes Anteil an diesem Geschehen nochmals rekapituliert:

> *O Herr du Allmechtiger Gott*
> *Du weist wol / jnn was grosser not /*
> *Ich bey mein brüdern gewesen bin*
> *Da sie mich wolten tödten hin /*
> *Doch du mir erhielst das leben*
> *Sie dir nicht konten widderstreben.*[49]

An dieser Stelle kann der von Greff erhoffte Erkenntnisprozess bei den Zuschauern deutlich gemacht werden. In die Dreißigerjahre des 16. Jahrhunderts fällt die Schließung protestantischer Abwehrbündnisse wie des Schmalkaldischen Bundes. An den Aktivitäten dieses „antikatholisch-antikaiserlichen Bündnisses" war die Stadt Magdeburg führend beteiligt.[50] Greff und dem Schuldrama kam in diesem Prozess der beginnenden Konfessionalisierung die Funktion einer Stärkung der lutherischen Identität zu. Den Zuschauern sollte die Parallele zwischen den Verfolgungen Josephs und dem Gewissenszwang und der Gewaltausübung durch die katholische Gegenseite plausibel gemacht werden. So findet sich im Epilog auch eine direkte Spitze gegen die Fraktion der Katholiken. Vom Umgang derselben mit dem Wort Gottes, dem lutherischen Prinzip *sola scriptura* zufolge gleichsam das Panier der Lutheraner, heißt es dort:

> *Es wird vorschmecht von yederman*
> *Den lobt man ders am besten kan*
> *Ja eben die am allermeist*
> *Jtzt sollen thun das aller best /*
> *Dies helffn fordern vnd treiben solln*
> *Vorwar die selbigen ytzt nu woellen /*
> *Vortreiben Christum vnd sein wort*
> *Wie man ytzundt von vielen hoert [...].*[51]

Weitaus schärfer formulierte Greff seine Anklage gegen den konfessionellen Gegner in der Wiederauflage des *Jacob* aus dem Jahr 1535.[52] Dort heißt es in der hinzugefügten, unmittelbar auf den Epilog folgenden *bitt zu Gott*:

---

49 Ebd., B vii r.
50 Asmus: 1200 Jahre Magdeburg, Bd. 1, S. 470.
51 Greff: Jacob, E vi r–E vi v.
52 Der Ausgabe von 1535 ist das Bibeldrama Susanna, möglicherweise ebenfalls aus der Feder von Greff, beigefügt. Vgl. Joachim Greff: Ein lieblich vnd nuetzbarlich spiel von dem Patriarchen Jacob vnd seinen zwelff Soenen / Aus dem ersten buch Mosi gezogen / vnd zu Magdeburg auff

> *Vnnuetz wird dein wort geacht*
> *So gantz verfolgt mit aller macht /*
> *Man sagt / es sey nur ketzerey*
> *Auffrur vnd zwispalt sey darbey /*
> *[...]*
> *O Herr Gott auff das sie sich*
> *All erkennen das bitt ich dich /*
> *Christum vnd sein wort nemen an*
> *Herr Gott das verley jederman /*
> *[...]*
> *Schlag nider jre falsche ler /*
> *Gib jn deins worts ein rechten verstand*
> *Reis sie von all des Teuffels band / [...].*[53]

Greff formuliert hier den Anspruch einer vollständigen Bekehrung der vom Luthertum abweichenden Konfessionen. Doch trotz dieser antikatholischen Töne in den Paratexten nimmt sich der *Jacob* von Greff im Vergleich zum konfessionspolemischen Schuldrama *Eusebia Magdeburgensis* von 1624 eher harmlos aus.

In der weiter unten zu analysierenden *Eusebia* attackiert Blocius den konfessionellen Gegner auf weitaus explizitere und polemischere Weise, so z. B. indem er ihn in Gestalt arbeitsscheuer Mönche der Lächerlichkeit preisgibt. Die Konfessionspolemik im *Jacob* zeigt sich dagegen erst auf den zweiten Blick; es dominieren eher allgemein moralische Themen. Dieser Befund stimmt mit den Ergebnissen der Forschung überein. Anders als frei entwickelte Stoffe oder Historiendramen war das Bibeldrama durch den vorgegebenen biblischen Stoff determiniert und bot daher weniger Anknüpfungspunkte für Konfessionspolemik. Die zugrundeliegende Josephsfigur diente als „einprägsames moralisches Muster" und geriet daher „nicht in den Strudel der theologischen Argumentation."[54] Diese konfessionelle Unbestimmtheit machte sogar eine Aufführung der Josephsdramen protestantischer oder katholischer Provenienz beim konfessionellen Gegner möglich.

Eine weitere Besonderheit des *Jacob* ist die typologische Deutung der Hauptfigur. Bei der Typologie handelt es sich um ein der mittelalterlichen Allegorese[55]

---

dem Schuetzenhoff / im 1535. iar gehalten. Dabey ein kurtz vnd seer schoen spiel / von der Susanna / jtzund erst gedruckt. Magdeburg 1535.
53 Greff: Jacob (2. Auflage), E viii r.
54 Josef Schmidt: Die Josephsfigur in der Barockdichtung Deutschlands. In: Colloquia Germanica 3 (1971), S. 245–255, hier S. 246; vgl. auch Silvia Serena Tschopp: Art. Bibeldrama. In: Enzyklopädie der Neuzeit, Bd. 2, Sp. 139.
55 Vgl. zur Allegorese nach wie vor Friedrich Ohly: Vom geistigen Sinn des Worts im Mittelalter. Darmstadt 1966; sowie ders.: Schriften zur mittelalterlichen Bedeutungsforschung. Darmstadt 1977.

verwandtes Verfahren. In der Spätantike entwickelte sich eine neue Technik der Textdeutung, mit deren Hilfe man den „der Bibel eingeschriebenen, verborgenen Sinn" zu ermitteln suchte.[56] Diese Methode der Exegese, bei der von vier impliziten Sinnebenen – *sensus litteralis, sensus allegoricus, sensus moralis, sensus anagogicus* – ausgegangen wurde, dominierte die Theologie und Literatur des gesamten Mittelalters.[57] Erst im Spätmittelalter setzte mit dem erwachenden historischen Bewusstsein der Humanisten eine Rückbesinnung auf den eigentlichen, den Wortsinn oder *sensus litteralis* der Bibel ein, wobei von einem intensiven Wissenstransfer zwischen jüdischen und christlichen Gelehrten auszugehen ist. Bei seiner Exegese und Übersetzung der Bibel profitierte Luther von diesen neuen humanistischen Standards der Textkritik.

In Absetzung von der scholastischen Tradition des Mittelalters lehnten die Reformatoren die Allegorese ab. Ein Interpret, der sich dieser Methode bediene, so die Argumentation von Melanchthon, verlasse den Boden des grammatikalischen Verständnisses des Textes, verdrehe den Sinn der Bibel und mache den Glauben nicht von der Wahrheit, sondern von Phantasieprodukten der Theologen abhängig.[58] Bereits in den ersten Ausgaben seines Lehrbuchs zur Rhetorik (1521) widerlegte Melanchthon den Versuch, „hinter dem wörtlichen Sinn nach einer moralischen, allegorischen und geistlichen Sinnebene zu suchen."[59]

Dennoch befürworteten sowohl Erasmus als auch Melanchthon eine allegorische Auslegung der Bibel, solange diese mit dem Literalsinn übereinstimmte. Denn allegorische Deutungen seien bereits Bestandteil des Neuen Testaments.[60] Erasmus und Melanchthon forderten die Theologen und Prediger dazu auf, bei ihrer Auslegung der Bibel für ein breiteres Publikum nicht auf die allegorische Deutung zu verzichten. So vertrauten auch die Autoren von Bibeldramen auf das Vermögen der Allegorie, theologische und ethische Lehren zu veranschaulichen.[61] Die mittelalterlichen Traditionen fanden auf reduzierte und modifizierte Weise Eingang in die Theologie der neuen Konfession.[62]

---

56 Dorothea Klein: Mittelalter. Lehrbuch Germanistik. Stuttgart 2006, S. 47.
57 Vgl. Klein: Mittelalter, S. 47.
58 Parente: Religious Drama, S. 68.
59 Kuropka: Philipp Melanchthon: Wissenschaft und Gesellschaft, S. 19 (dort die betreffenden Quellen- und Literaturnachweise).
60 Verwiesen wurde z. B. auf Mt. 12, 39–40, vgl. Parente: Religious Drama, S. 69.
61 Ebd., S. 69.
62 Vgl. zur protestantischen Allegorese Heimo Reinitzer: Zur Herkunft und zum Gebrauch der Allegorie im ‚Biblisch Thierbuch' des Hermann Heinrich Frey. In: Walter Haug (Hg.): Formen und Funktionen der Allegorie. Symposion Wolfenbüttel 1978. Stuttgart 1979, S. 370–387.

Gewöhnlich unterschieden die Autoren von Bibeldramen strikt zwischen der eigentlichen Handlung des Dramas und dessen typologischer Deutung, die in den Paratexten, insbesondere im Epilog, gleichsam nachgereicht wurde.[63] Im Rückblick waren die Zuschauer in der Lage, die gesamte Handlung des Dramas zu überschauen und demzufolge die typologische Deutung nachzuvollziehen.

In der Typologie werden Geschehnisse des Alten und Neuen Testaments mithilfe der „analogischen Betrachtungsweise" zueinander in Beziehung gesetzt. So werden „alttestamentliche Fakten, Figuren und Geschehnisse" als „Verheißungen" dessen interpretiert, „was sich im Neuen Testament erfüllen sollte".[64] Im speziellen Fall des *Jacob* von Joachim Greff werden die Details der Josephsgeschichte auf Christus bezogen.

Diese typologische Interpretation des Patriarchen besitzt eine lange abendländische Tradition, die von den Kirchenvätern über Luther bis zu den Josephsromanen von Thomas Mann reicht.[65] Greff war hier keineswegs originell; am wahrscheinlichsten erscheint eine Abhängigkeit von Luther, der die Interpretation in seiner Kirchenpostille von 1522 folgendermaßen kurz umreißt: *Das Joseph ynn Aegypten wart vorkaufft und nach seynem gefengnis eyn herr ubir dasselbe land, ist allis auff Christum geschehen und geschrieben, der durch seyn leyden eyn herr ynn aller welt worden ist [...]*.[66] Breiter ausgeführt hat Luther die Typologie von Joseph und Christus in seinen lateinischen Predigten über das erste Buch Mose, die er 1523/24 hielt.[67] Greff hat diesen theologischen Gemeinplatz im Epilog zu seinem *Jacob* auf folgende Weise aufgegriffen:

> *Christus Jhesus Gottes son*
> *Das merckt alhie vnd lernet schon /*
> *Der wird allhie durch dis geschicht*
> *Jnn Josephs person vnd anders nicht /*
> *Bedeutet vnd gezeyget an*
> *Wies ym auff dieser welt hat muessn ergan*
> *[...]*
> *Denn gleich wie dort zu yhener zeit*
> *Der liebe Joseph gros jammer leid*

---

63 Parente: Religious Drama, S. 61f.
64 Klein: Mittelalter, S. 51.
65 Vgl. Tim Schramm: Joseph-Christus-Typologie in Thomas Manns Josephsroman. In: Antike und Abendland 14 (1968), S. 142–171.
66 WA 10, 1, 1; 416, 20–23.
67 WA 16; 468–488; insbesondere S. 478: „Ioseph figura Christi est. Crescens interpretatur, semper enim augetur, tunicam habet diversis coloribus, dilectus est patri, exiutur a fratribus, venditur, servus fit in Aegypto, adultera eum infamat. Hic praeludit spiritus omnia quae mortis sunt Christi et resurrectionis."

> *Von seinen brüdern / die yhn doch*
> *Beschuetzen hetten sollen / Noch*
> *Noch must er leiden grosse nott*
> *Also lies auch der liebe Gott*
> *Sein liebsten eingebornen son*
> *Welchs todt hie durch wirt gzeyget an*
> *Sein blut vorgiessen vnschueldiglich* [...].[68]

Auf ganz ähnliche Weise hat achtzig Jahre später der Autor des zweiten Magdeburger Josephsdramas, Rektor Joseph Goetze, die Joseph-Christus-Typologie adaptiert. Auch bei Goetze erscheint die allegorische Interpretation des Dramas erst im Epilog:

> *Daß nemlich diese gantze Gschicht*
> *Auff Christum sey gewest zu gericht.*
> *Denn gleich wie von sein Brüdern wart /*
> *Joseph gefangn vnd bunden hart /*
> *Koempt in eusserste Tods gefahr /*
> *Wird in ein Grubn geworffen gar /*
> *Verkaufft in schwere Dienstbarkeit*
> *Sich druecken must / außstehn groß leid.*
> [...]
> *Also war Christus auch verkaufft /*
> *Gfangen / gebunden / gschlagn / gerauft /*
> *Gethoet / ins Grab gelegt zuvor /*
> *Aber bald wieder erhaben empor /*
> *Zu seiner Herrligkeit gehet ein* [...].[69]

1612, als Goetze seinen *Joseph* von den Magdeburger Gymnasiasten aufführen ließ, waren die Traditionen in der Interpretation des Stoffes folglich noch präsent. Doch neben diesen offenkundigen Gemeinsamkeiten weisen die beiden Dramen auch signifikante Unterschiede auf, die den zeitlichen Wandel deutlich machen und die es im Nachfolgenden besonders herauszustellen gilt.

3 Goetzes *Joseph*: Renaissance des Bibeldramas in Magdeburg

Laut Titelblatt wurde die *Tragico-Comoedia Von dem heiligen Patriarchen Joseph* im August 1612 in Magdeburg aufgeführt. In seiner Vorrede führt Goetze an, dass

---

[68] Greff: Jacob, E v v–E vi r.
[69] Goetze: Joseph, M viii r–v.

das Aufführen von Schuldramen *in einer Volckreichen Stadt [...] grosse Muehe vnd Arbeit* kostet.[70] Die Vorrede des Joseph macht deutlich, dass der feinsinnige Gelehrte in der pädagogischen Praxis auf erhebliche Widerstände gestoßen sein muss: Von der Aufführung von Schuldramen berichtet er, dass er bereits *zuvor solches versuchet*, es ihm jedoch *wegen der vngeschickten Jugend / vnd vnbendigen Poefels / dafuer wol grawen moechte*.[71] Dennoch wolle er *zu befoderung Gottes Ehre vnd Vortpflantzung Christlicher Tugend vnd Erbarkeit / solch nuetzlich Werck nicht vnterlassen.*[72]

Wie Alexander von Weilen detailliert nachgewiesen hat, handelt es sich bei Goetzes *Joseph* um eine Kompilation.[73] Das Stück beruht zu weiten Teilen auf den Vorgaben anderer Josephsdramen, insbesondere der Autoren Christian Zyrl, Aegidius Hunnius und Johann Schlayss.[74] Goetze weist selbst auf den Kompilationscharakter seines Werkes hin, indem er in der Vorrede als Vorbilder Hunnius und Johann Wolther nennt. Eine exakte Bestimmung der verschlungenen Wege der Rezeption des Josephsstoffes im 16. Jahrhundert dürfte schwerfallen. Der Kompilationscharakter des Magdeburger *Joseph* spricht indes nicht gegen dessen literarische Qualität, denn „das für viele [...] Dramen eigentümliche Kompilationsverfahren" wurde seinerzeit nicht nur von „minderwertigen Autoren" angewandt.[75]

Es stellt sich die Frage, warum Goetze 1612 gerade diesen Stoff für eine Aufführung auf der Bühne des Magdeburger Gymnasiums auswählte, denn der eigentliche Zenit des volkssprachigen Bibeldramas war nach der Jahrhundertwende bereits überschritten. Zwar wurden im 17. Jahrhundert nach wie vor Bibeldramen zur Aufführung gebracht, doch die Autoren nahmen sich nun verstärkt antiker oder historischer Stoffe an. Hier können die weiteren Ausführungen der Vorrede Klarheit verschaffen. Goetze führt aus, dass zu dieser Zeit *vielleicht mehr auff den eusserlichen schein / auß Kleidung der Personen / Narren vnd Bawren*

---

70 Ebd., A ij v.
71 Ebd., A ij v.
72 Ebd., A ij v.
73 Weilen: Der ägyptische Joseph, S. 157–161.
74 Goetze scheint das folgende Drama verstärkt herangezogen zu haben, in dem sich die verschiedenen Rezeptionsstränge bündeln: Christian Zyrl: Joseph. Die gantze Historia von dem frommen vnd keuschen Joseph / wie er von seinen Bruedern verkaufft / vnnd die Kinder Jsrael in Egypten kommen sind. Nach Biblischem Text [...] in ein [...] Comoediam Erstlich gestelt durch Christianum Zyrln / Schulmeistern zu Weissenburg am Rhein. Jetzund auß [...] D. Egidij Hunnij Lateinischer Comoedi gemehrt vnnd gebessert /Durch M. Johann Schlayß / Diaconum zu Dettingen Schloßberg. Tübingen 1593.
75 Roloff: Art. Neulateinisches Drama. In: Reallexikon der deutschen Literaturgeschichte, Bd. 2, S. 660.

Kurtzweil vnd Possen / Tumultuiren / Schlagen / Reuffen / Lachen / gesehen wird als auff den Nutz der Comedien.[76]

Wenn Goetze sich hier von *vngeschickte[n] Bawren* absetzt,[77] so sind damit wohl die sog. Englischen Komödianten gemeint.[78] Von den Englischen Komödianten wurde ein „neuer anschaulich-realistischer, z. T. derb-obszöner Inszenierungsstil" gepflegt,[79] der beim einfachen Publikum auf große Resonanz stieß und daher in Konkurrenz zum Schultheater stand. Eine vertiefte Lektüre weiterer Vorreden und Dramentexte aus der Jahrhundertwende könnte den Nachweis erbringen, dass es sich bei der publizistischen Abwehr von Wandertruppen durch etablierte Vertreter der Gelehrsamkeit um ein allgemein verbreitetes Phänomen handelte. Belegt ist z. B. der Protest von Caspar Brülow, der in seinem *Moses* von 1621 „gegen profane Schauspiele zur Zeit des Gottesdienstes" polemisierte.[80]

Die Aufführungen der Wandertruppen standen vor allem damit in Opposition zum Schultheater, dass sie jeglicher moraldidaktischen Intention entbehrten. Aus Goetzes Vorrede erhellt, dass der Rektor der Tendenz zur Verweltlichung der Bühnen eine Rückbesinnung auf den didaktischen Kern des Schultheaters entgegensetzen wollte. Goetze nimmt hier noch einmal Bezug zu den zentralen Topoi, die stets zur Legitimation des lutherischen Bibeldramas gedient hatten. Der *Nutz der Comedien* liege darin, dass in ihnen wie *in einem künstlichen Spiegel angedeutet seyn / beydes vnsers Lebens Tugenden / der wir vns hoechlich beflissen / vnd die Gebrechen / die wir als Schandmal ablegen / vermeiden vnd fliehen sollen.* Goetze sieht sein Ziel erreicht, wenn das Drama zu einer Wegzehrung für das ganze Leben wird, zu einer Lektion, welche *das junge Volck [...] fest behelt / offt nachreimet / vnd jhr lebelang daran gedencket* und durch die es *zur Gottseligkeit ermuntert vnd angeführet wird.*[81]

Bereits die ältere Forschung hat erkannt, dass die Exemplifizierung der lutherischen Ehelehre in den Bibeldramen des 16. Jahrhunderts überaus häufig begegnet. Während im Schweizer Raum eher Fragen des Gemeinwesens thematisiert worden wären, hätten die deutschen Autoren „mit Vorliebe" solche Stoffe behandelt, „die wie die Geschichten von Abraham, Jacob, Esther, Tobias und nicht zuletzt auch Susanna in der einen oder anderen Form um die Thematik von

---

76 Goetze: Joseph, A ij r.
77 Ebd.
78 Vgl. einführend Meid: Die deutsche Literatur im Zeitalter des Barock, S. 99–102; sowie Ralf Haekel: Die Englischen Komödianten in Deutschland. Eine Einführung in die Ursprünge des deutschen Berufsschauspiels. Heidelberg 2004.
79 Hanstein: Caspar Brülow (1585–1627) und das Straßburger Akademietheater, S. 38.
80 Ebd.
81 Goetze: Joseph, A ij r–v.

Familie und Ehe kreisten."[82] Dieser Themenwahl hätte das lutherische Verständnis der Familie als „Fundament jeder bürgerlichen Ordnung und erste von Gott gestiftete irdische Institution" zugrunde gelegen. In der Wahl eines die Ehelehre tangierenden Sujets ging Goetze in Magdeburg Georg Rollenhagen voraus, dessen *Tobias* den Untertitel *Spiel vom heiligen Ehestand* trägt.[83] Auch bei späteren Magdeburger Dramenautoren blieb die Thematik omnipräsent.[84]

Der zentralen Stellung und Bedeutung der Ehebruchsszene im *Joseph* von Goetze entspricht die Schwerpunktsetzung im Prolog. Erwähnt werden hier zwei Themenkomplexe: Gottes Erprobung und Führung seiner Auserwählten durch zahlreiche Widrigkeiten zum ersehnten Ziel und die Bewährung Josephs in der Versuchung durch Potiphera:

> Darin auch feine nuetzliche Lehr
> Trost Warnung vnd was verhanden mehr
> Wie Gott seine Heiligen probiert
> Auff dieser Erd vnd wunderlich fuehrt
> Durch Angst vnd Noth / Truebseligkeit
> Durch Creutz / Verfolgung / Haß vnd Neid
> Ehe sie zu Ehren werden erhaben
> Vnd das rechte Kleinot verjagen
> Ein außbuendig Exempel hier
> Der vnbefleckten Keuschheit wir
> Auch an Joseph sehen der die Flam
> Der brennenden Lieb gsetzt hindan
> Wiewol der Teuffel jhm so sueß gesungen
> Jst der doch wie ein Held hindurch gedrungen [...].[85]

In der nachfolgenden Untersuchung des *Joseph* soll dieser Schwerpunktsetzung Goetzes Rechnung getragen werden.

Sowohl in der älteren als auch in Teilen der neueren Forschung finden sich häufig negative ästhetische Werturteile über das Bibeldrama des 16. Jahrhunderts. Die Charakterzeichnung der einzelnen Figuren des Dramas, wie sie sich durch die dialogische Rede ausprägt, wird meist als eindimensional und holzschnittartig verworfen. Als Vergleichspunkt dient den Kritikern dabei das moder-

---

82 Könnecker: Die deutsche Literatur der Reformationszeit, S. 60.
83 Vgl. Peil: Die Schaubühne als ‚pädagogische Anstalt', S. 124.
84 Vgl. Jahn: Eheberatung im Drama um 1600.
85 Goetze: Joseph, A vij v–A viij r.

ne Drama, dessen Qualität bekanntlich an einer möglichst lebensnahen und psychologisch raffinierten Charakterzeichnung gemessen wird.[86]

In Absetzung von diesen älteren Einschätzungen des Bibeldramas hat Christel Meier festgehalten, dass es bei der Interpretation frühneuzeitlicher Dramen „nicht um Charaktere und Individuen im modernen Sinn" gehe. Diese Dramen gehörten vielmehr „noch in die Zeit einer transpsychologischen [...] Figurenkonzeption, die auf mythologische, biblische und historische Figuren wie auf soziologisch oder psychologisch definierte Typen zurückgreift."[87] In grundlegender Differenz zum modernen Drama agierten frühneuzeitliche Figuren „nicht aus dem einmalig-subjektiven individuellen Charakter und Bewusstsein", sondern seien „nach Maßstäben und Werteordnungen modelliert [...], die vorgängig als objektive Parameter positiver und negativer Wertebestimmungen existieren."[88]

Von besonderem Interesse für die nachfolgende Interpretation des Josephsdramas von Goetze ist das von Meier erarbeitete, auf älteren Arbeiten basierende „Instrumentarium [...] von Figurentypologien".[89] Ihr Ansatz stellt Kriterien auf, mit deren Hilfe die Figuren eines zu interpretierenden Dramas bestimmten Typologien zugeordnet werden können. Bei der Analyse einer konkreten Figur „sind dem Drama Sets von Merkmalen zu entnehmen, die sie charakterisieren."[90]

Dabei erschließt sich zunächst ein binäres Modell: Eine Figur kann über „einen kleinen Satz von Merkmalen",[91] im Extremfall nur ein einziges, verfügen. Man spricht dann von einer „eindimensionalen Figurenkonzeption" oder einem „flachen Charakter". Im entgegengesetzten Fall hat der Dramenautor seine Figur „durch einen komplexeren Satz von Merkmalen definiert, die auf den verschiedensten Ebenen liegen und zum Beispiel ihren biographischen Hintergrund, ihre psychische Disposition, ihr zwischenmenschliches Verhalten unterschiedlichen Figuren gegenüber, ihre Reaktionen auf unterschiedlichste Situationen und ihre ideologische Orientierung betreffen können."[92] Bei einer solchen differenzierteren Zeichnung einer Figur durch den Dramenautor liegt eine mehrdimensionale Figurenkonzeption oder ein „abgerundeter Charakter" vor.

---

86 Vgl. zur Abwertung des Jacob von Greff etwa Kawerau: Joachim Greff in Magdeburg, S. 163; Weilen: Der ägyptische Joseph, S. 25; Wimmer: Jesuitentheater, S. 42; Michael: Das deutsche Drama der Reformationszeit, S. 55.
87 Meier: Akteure und Aktionen. Eine Einführung. In: dies. (Hg.): Akteure und Aktionen, S. 11f.
88 Ebd., S. 15.
89 Ebd., S. 13. Die Figurentypologie ist zu unterscheiden von der oben erwähnten Typologie bei der Exegese der Bibel.
90 Ebd., S. 13.
91 Pfister: Das Drama, S. 243.
92 Ebd., S. 244.

Ein weiterer Aspekt der Analyse von Figuren ist die Unterscheidung statischer und dynamischer Figurenkonzeptionen. „Eine statisch konzipierte Figur bleibt sich während des ganzen Textverlaufs gleich; sie verändert sich nicht".[93] Dynamisch konzipierte Figuren dagegen „entwickeln sich [...] über den Textverlauf hinweg", ihr „Satz von Differenzmerkmalen" ist nicht konstant, sondern er variiert.[94]

Anhand der Analyse konkreter historischer Dramen hat Manfred Pfister dieses binäre Modell zu einem dreigliedrigen „Spektrum von Zwischenformen" weiterentwickelt.[95] Aufsteigend nach dem Grad ihrer Komplexität sind die Dramenfiguren auf einer Skala einzuordnen. Dabei werden drei Grundformen von Figuren unterschieden: Personifikation, Typ und Individuum. Bei einer Personifikation handelt es sich meist um die im Drama des Mittelalters und der Frühen Neuzeit häufig begegnenden allegorischen Figuren, die abstrakte Begriffe wie „Affekte, Tugenden, Laster, Wahrheit, Tod" etc. verkörpern.[96] Da Allegorien ausschließlich der Illustration eines Begriffes auf der Bühne dienen, entbehren sie jeglicher individuellen Eigenschaften und nehmen daher auf der oben erwähnten Skala den niedrigsten Platz ein.

Während der Typ mit seinem „begrenzten Merkmalsatz" in einer mittleren Position einzuordnen ist, steht der individuelle Charakter an der Spitze der Skala. Denn im Gegensatz zu Personifikation und Typ verfügt das Individuum über eine „Fülle charakterisierender Details, die die Figur mehrdimensional auf vielen Ebenen – Aussehen, Sprache, Verhalten, Biographie usw. – individualisiert."[97] Der Vorteil dieses Modells besteht darin, dass die Interpretation von Bühnenfiguren objektiviert werden kann. An die Stelle der oben erwähnten subjektiven Werturteile tritt eine klare Klassifizierung, die es ermöglicht, Dramen in ihrem historischen Kontext zu verorten.

Aus diesen theoretischen Vorgaben ergeben sich bedeutsame Konsequenzen für die Betrachtung des Magdeburger Schuldramas. Die Verhältnisse in der Elbestadt sind für einen diachronen Vergleich geradezu prädestiniert. Denn wie bereits erwähnt wurde hier derselbe Stoff, die Josephsgeschichte, gleich zweimal auf die Bühne des Gymnasiums gebracht: 1534 und 1612, einmal zu Beginn, ein anderes Mal gegen Ende des Betrachtungszeitraums. Die grundlegende These der nachfolgenden Ausführungen besagt, dass die Figuren des frühen Bibeldramas

---

93 Ebd., S. 242.
94 Ebd.
95 Ebd., S. 244.
96 Claudia Spanily: Allegorie und Psychologie. Personifikationen auf der Bühne des Spätmittelalters und der Frühen Neuzeit. Münster 2010, S. 11.
97 Pfister: Das Drama, S. 245.

Jacob von Joachim Greff noch als Typen, die des *Joseph* von Joseph Goetze dagegen bereits als Individuen zu klassifizieren sind. Während der *Jacob* statische, eindimensionale und ganz auf die Exemplifizierung theologischer Inhalte ausgerichtete Figuren aufweist, zeigt der deutlich später entstandene *Joseph* mit seinem dynamischen und lebensnahen Personal Ansätze zu einer individuellen Charakterzeichnung.

Die Dynamik und Mehrdimensionalität der Figuren im *Joseph* äußert sich z. B. in dem Dialog zwischen Jacob und seinen Söhnen, die der Wiedersehensszene mit Joseph gegen Ende des Stückes vorausgeht. Seit Joseph durch seine Brüder nach Ägypten verkauft wurde, hält sein Vater Jacob ihn für tot, doch Joseph ist in Ägypten zu großen Ehren und Reichtum gelangt. Als reicher und angesehener Mann begegnet er erneut seinen Brüdern. Als die Brüder ihrem Vater die freudige Nachricht überbringen wollen, dass Joseph lebt, zweifelt dieser zunächst am Wahrheitsgehalt dieser Nachricht, um sich schließlich doch überzeugen zu lassen. Im Alten Testament wird diese Episode nur kurz angedeutet. Die Brüder treffen auf ihren Vater und verkünden ihm: „Josef lebt noch und ist Herr über ganz Ägyptenland! Aber sein Herz blieb kalt, denn er glaubte ihnen nicht."[98] Erst als die Brüder Jacob die Worte Josephs übermitteln und ihm die voll beladenen Wagen zeigen, die ihm sein Sohn gesandt hat, lässt sich der Vater davon überzeugen, dass sein tot geglaubter Sohn noch am Leben ist.

Im *Jacob* von Greff bleibt das dramatische Potential dieser Szene noch ungenutzt. Zu Beginn des fünften Aktes fragt Jacob seine Söhne lapidar, ob Joseph noch lebt, und erhält eine positive Antwort:

> Jacob:
> Jhr lieben kind was sagt yhr doch
> Solt mein son Joseph leben noch?
> Juda:
> Ja Vater liebster vater mein
> Du solst nicht lang mehr von yhm sein.[99]

Es folgt ein längerer Monolog des Jacob, in dem dieser Gott für die Wiedererlangung seines Sohnes dankt. Die in der Bibel angedeuteten Zweifel am Wahrheitsgehalt der Nachricht übergeht Greff. Anders Goetze in seinem *Joseph*. Hier gelingt es den Söhnen erst nach mehrfachem Wortwechsel, Jacob zu überzeugen, wodurch die Szene an Plastizität und Nachvollziehbarkeit gewinnt.

---

98 1. Mose 45, 25–28.
99 Greff: Jacob, E iij v.

In der neunten Szene des fünften Aktes vernimmt Jacob zunächst Lärm und erkennt bald darauf seine herannahenden Söhne. Ruben kündigt seinem Vater eine *grosse freud* an, *dergleichen ewer Lebetagn Jhr nicht koennen vernommen habn*.[100] Doch selbst die Versicherung Rubens, dass Joseph lebt und in Ägypten zu großen Ehren gelangt ist, kann die Zweifel Jacobs nicht zerstreuen:

> *Jacob:*
> *Ey was bekuemmert jr mein Hertz*
> *Vnd macht mir einn newen schmertz*
> *Wenn Joseph noch im leben wehr /*
> *Hett ich lang erfahrn diese mehr.*[101]
> *Levi:*
> *Vater / wir sagen euch kein Thant*
> *Er ist ein grossr Herr in dem Land.*
> *Jacob:*
> *O schweigt / jr bringt mir Fabeln her /*
> *Vnd fuehret mir ertiche Mehr /*
> *Ich weiß / ich weiß / es sey nicht war /*
> *Dann es sind zwey vnd zwantzig Jahr /*
> *Daß ich verloren hab den Knabn /*
> *Solt ich das sint nicht erfahrn habn.*[102]

Als sein Sohn Simeon Jacob das von Joseph übersandte Geld und die Wagen zeigt, beginnt in Jacob eine Erkenntnis aufzukeimen, doch er bleibt skeptisch:

> *Jacob:*
> *Ich weiß nicht / wie ich sol verstehn /*
> *Jhr werdet mir mit Fabln vmbgehn.*[103]

Zur vollständigen Gewissheit von der Richtigkeit der Mitteilung, dass sein Sohn Joseph noch am Leben ist, gelangt Jacob erst durch eine erneute Versicherung seines jüngsten Sohnes Benjamin:

> *Jacob:*
> *O Gott welch ein groß Wunderwerck /*
> *Dann ich an deinen Worten merck /*

---

100 Goetze: Joseph, L vii r.
101 Vgl. Grimm: Deutsches Wörterbuch, Bd. 12, Sp. 1623: Art. märe: bezeichnet die herum getragene nachricht, erzählung, ruf, gerücht.
102 Goetze: Joseph, L vii v.
103 Ebd., L viii r.

Daß du war sagst ohn hinderlist /
Vnd mein Sohn noch lebendig ist.[104]

Die Szene wurde deswegen ausgewählt, weil hier in einer der Figuren ein innerer Vorgang stattfindet, sich eine seelische Entwicklung vollzieht. Jacob überwindet seine Skepsis, den tiefen seelischen Schmerz, und fasst neue Hoffnung, seinen tot geglaubten Sohn doch noch einmal wiedersehen zu können. Bei dem Vater tritt eine Veränderung auf, die Figurenkonzeption ist somit als dynamisch einzuschätzen. Zwar bedeutet dies noch nicht den Übergang von der frühneuzeitlichen Dramatik mit ihren zumeist topischen Figuren zum Individualismus des modernen Dramas, doch ein Anfang in puncto psychologischer Plausibilität und Lebensnähe scheint dennoch vollzogen.

Eventuell besitzt dieses Ergebnis über den engeren Rahmen der beiden vorgestellten Autoren hinaus Bedeutung. Verallgemeinernd ließe sich formulieren: Die zumeist schablonenhaften und gänzlich in ihrer didaktischen Funktion aufgehenden Figuren des frühen Bibeldramas wichen in der zweiten Hälfte des 16. Jahrhunderts einer individuelleren, stärker an der Lebenswirklichkeit orientierten Ausführung. Als möglich erscheint, dass sich hier der Einfluss von Wandertruppen wie den bereits erwähnten Englischen Komödianten mit ihrem „neuen anschaulich-realistischen Inszenierungsstil" manifestierte.[105]

Dass die Tendenz zur Individualisierung und Verlebendigung der Darstellung im Josephsdrama von Goetze keineswegs zu Lasten der angestrebten moralischen Wirkung des Stückes geht, sondern diese unterstützt und sogar noch steigert, zeigt die oben bereits erwähnte Ehebruchsszene, die eine zentrale Stellung innerhalb der Gesamtkomposition des Stückes einnimmt.

Die Ehebruchsszene hat Goetze aus den Josephsdramen von Aegidius Hunnius und Johann Schlayss kompiliert.[106] Dagegen kann der zu Beginn der Szene eingeschaltete Dialog zwischen den allegorischen Figuren Venus und Cupido wohl als Eigenschöpfung des Magdeburger Rektors gelten, da Weilen hier keine Vorbilder ausmachen konnte.[107] Mit den römischen Liebesgottheiten Venus und

---

104 Ebd., L viii v.
105 Meid: Die deutsche Literatur im Zeitalter des Barock, S. 100.
106 Weilen: Der ägyptische Joseph, S. 151 f.
107 Ebd., S. 159.

Cupido brachte Goetze zwei Gestalten der antiken Mythologie auf die Bühne, die im Drama häufig zur Illustration der Thematik herangezogen wurden.

Der einleitenden Episode der Ehebruchsszene liegt eine moralische Lehre für das Publikum zugrunde. Bereits beim Kauf des Sklaven Joseph fasst Potiphera den Vorsatz, sich ihm sexuell zu nähern. Allein dieser Vorsatz wird schon als moralische Entgleisung, als erster Schritt auf eine abschüssige Bahn eingeschätzt. Zwar ist die Verfehlung der Potiphera bisher eine lediglich gedankliche, doch sie ruft als solche bereits die Reaktion von Venus und Cupido hervor, die zu einer Verstärkung der sexuellen Begierde, ausgelöst durch den Pfeilschuss des Cupido, führt. Einleitend spricht die Venus die folgenden Worte:

> *Venus:*
> *Wo kein Sorg ist / nur Lust vnd Freud /*
> *Da seind wir bald vnd liebn die Leudt /*
> *Wie denn vns dient die gantze Welt*
> *Thut diß allein / was vns gefelt.*
> *Spieln / Fressn / Sauffn ist vnser Lehr*
> *Nach diesem Leben koempt nichts mehr.*[108]

Weil Potiphera ihren Geist *mit frembder Lieb* beschäftigt, fordert Venus ihren Cupido auf, sie mit einem seiner Pfeile zu treffen. Cupido führt den Befehl der Venus aus und kommentiert diesen Vorgang folgendermaßen:

> *Cupido:*
> *An denen hafften bald mein Pfeil.*
> *So Ehr vnd Tugent gar nichts achten*
> *Vnd nur nach Leibes Wollust trachtn /*
> *Drumb huet dich fuer der Bulerey*
> *Sonst bist fuer meinem Schuß nicht frey.*[109]

Die am Seitenrand der letzten beiden Zeilen eingefügte Marginalie fordert den Darsteller des Cupido dazu auf, sich bei der Deklamation dieser Worte *ad spectatores*, an die Zuschauer zu wenden. Die moralische Lehre für das Publikum liegt in der Warnung vor den Wirkungen einer unkontrolliert ausschweifenden sexuellen Phantasie.

Einmal vom Pfeil des Cupido getroffen, kann sich Potiphera ihrer Begierde zu Joseph nicht mehr entziehen und greift zu allen Mitteln, um ihr Ziel zu erreichen. Die Virtuosität der literarischen Umsetzung der Szene liegt in der Variation der

---

[108] Goetze: Joseph, F ij v.
[109] Ebd., F iij r.

Lockmittel, derer sich Potiphera bedient. Während die Ehebruchszene im *Jacob* von Joachim Greff lediglich eine kurze Episode im Umfang von sechs Seiten ist, wächst sie sich im *Joseph* von Goetze mit ihren zweiundzwanzig Seiten zum eigentlichen Zentrum des gesamten Stückes aus. Ein weiterer Unterschied besteht in der Charakterzeichnung der Potiphera: Im *Jacob* hält sich Greff eng an die biblische Erzählung und wendet nur wenig Mühe bei der Ausführung der Figur auf.

Goetze dagegen zieht alle Register der literarischen Darstellung einer begehrenden Frau, die an ihr Ziel gelangen will: Potiphera lockt, schmeichelt, verspricht Joseph Reichtümer und wendet letztlich sogar Gewalt an. Diese Kompromisslosigkeit in der Verfolgung ihrer Ziele wird bereits im folgenden Monolog angedeutet:

> *Potiphera:*
> *O Cupido / mit deinem Stral /*
> *Hast mich verwundet vberall.*
> *Mein Hertz vnd gemuet / tobt / wuet vnd brint /*
> *Also bin ich in lieb entzuend /*
> *Also brenn ich in liebes Flamm /*
> *O Glueck / hilff vns beyden zusamn /*
> *Daß ich mich gnug an jhm ergetz /*
> *Denn ich doch nimmer von ihm setz /*
> *Biß daß ich jm mit Lieb bezwing /*
> *Vnd jn an meinen willen bring.*[110]

Die Reihe der Gefälligkeiten Potipheras für Joseph beginnt mit der Sorge um sein Äußeres. Da sie erkannt hat, dass er über *kein sauber Hembd* verfügt, schenkt sie ihm eines und reicht ihm darüber hinaus noch einen Kamm.[111] Noch nimmt der ahnungslose Joseph die Gaben seiner Herrin an. Wenig später beginnt Potiphera, Joseph zu schmeicheln und ihm indirekt zu signalisieren, dass sie ihn begehrt. Sie fragt ihn, ob er nicht einsam sei und warum er nicht *wie ander Knaben* handeln und sich bemühen würde *vmb eine / die dirs gar wol guent / Daß sie freud mit dir haben kuent*. Als Joseph unter Hinweis auf seine niedrige gesellschaftliche Stellung ausweicht, lobt Potiphera die ihn zierende Tugend, die ihn für andere Frauen, auch solche, die sich ihm heimlich hingeben wollten, attraktiv machen würde. Unter Hinweis auf seine Religion schlägt Joseph das verdeckte Angebot seiner Herrin mit den folgenden Worten aus:

> *Joseph:*
> *Gnedige Fraw / jhr treibet spott*

---

110 Ebd., F iij v.
111 Ebd., F iiij r.

> *Doch solt jhr wissen / daß mein Gott*
> *Den allen ist von Hertzen feind*
> *Die mit solcher Lieb beflecket seind*
> *Darumb ist daß kein ehrlich Mann /*
> *Wer solcher Lieb sich nimmet an.*[112]

Angesichts dieser Standhaftigkeit ergreift Potiphera erstmals Zorn, dass Joseph sie *verschmeht* und sogar noch wagt, sie *zu schelten*. Unmittelbar im Anschluss an diese Szene betet Joseph, sein *Herr Zebaoth* möge ihm *ein starcken Mannes Muth* verleihen, damit er in der Lage ist, *wieder Fleisch vnd Blut* zu streiten, also den sexuellen Trieb zu überwinden. Gott soll abwenden, dass jenes *Weib* ihn *bethoert, die mir nachstelt mit arger list*. Denn ohne Gottes Hilfe sei er *zum streit viel zu schwach*. Die Hilfe Gottes möge darin bestehen, dass er Potiphera *ein rein keusch Gemuet* verleihe, *damit sie jhr Weiblich Ehr behuet*.[113] Durch dieses Gebet zeigt die positive Exempelfigur Joseph, dass er zwar durch Begierde zu Potiphera angefochten ist, diese jedoch überwinden will, um dem Willen Gottes zu entsprechen und den Ehebruch gegenüber seinem Dienstherren zu vermeiden.

In einem durch petrarkistische Bildlichkeit ausgeschmückten Monolog verdeutlicht Potiphera erneut ihre Liebe zu Joseph, etwa wenn sie ausführt, seine Augen würden *wie Christalln* leuchten, sein *Mundt* gleiche *den roten Corallen*, seine Wangen *dem Helffenbein* etc.[114] Sie schwört sich, nicht von Joseph abzulassen, bis sie an ihr Ziel gelangt ist.

Die nächste Stufe der Verlockung ist das explizite Aussprechen der Begierde. Potiphera schmeichelt Joseph erneut und bezeichnet ihn als den *liebsten Schatz*, als ihre *Wollust* und *freude*, doch Joseph wehrt ab: Er wolle *nicht solche Schande* begehen. Potiphera verspricht Joseph, mit ihm die Ehe eingehen zu wollen, wenn ihr Mann gestorben sei, muss jedoch erkennen, dass sie allein mit Worten nichts ausrichten kann, und greift daher zu Mitteln, die sie für wirksamer hält.

Die Dienstherrin sendet ihren Diener Pelear aus, damit er Joseph einen mit Wein gefüllten Becher bringt. Mit der Begründung, dass er *etwas schwach vnd kranck* sei, lehnt Joseph die Gabe ab.[115] Als Potiphera Joseph aufsucht, um zu sehen, ob der Wein seine Wirkung entfaltet und ihn gefügig macht, entgegnet ihr Joseph, nicht ihr *Gast* sein zu wollen, weil dies ihm weder *ruh noch rast* verschaffen könne. Darauf versucht die Ehefrau des reichen ägyptischen Fürsten, Joseph zu bestechen. Sie verspricht ihm *all mein Gut vnd Hab / Darzu all mein*

---

112 Ebd., F vi r.
113 Ebd.
114 Ebd., F vi v.
115 Ebd., F viii v.

Silber vnd Golt und zeigt ihm ein *Kaestlein*, das mit Kostbarkeiten angefüllt ist und das er sofort erhalten soll, wenn er sich ihrem Willen unterordnet. Als auch dieses Angebot nichts ausrichtet, droht Potiphera, sich selbst zu töten:

> Potiphera:
> *Wiltu dann nicht stillen mein Noth /*
> *So will ich mir selber thun den todt*
> *Vnd will solchen Mord auff dich legen*
> *Weil es geschicht von meinet wegen.*
> Joseph:
> *Fraw ich seh daß jhr seid verflucht /*
> *Weil jhr so vnkeusch Liebe sucht /*
> *Die doch bey mir nicht findet stat /*
> *Daß sage ich euch rund vnd glat.*[116]

Die Radikalität, mit der Potiphera Joseph begehrt, äußert sich darin, dass sie selbst vor Gewalt nicht zurückschreckt. Weil sie im *guten* nichts ausrichten kann, will sie *strecken dran / All mein Krefft / daß ich mit gewalt / Einmal bey dir etwas erhalt*.[117] Doch auch dieser Versuch scheitert. Joseph entwindet sich ihr und sie bleibt allein mit seinem Mantel zurück.

An dieser Stelle schlägt die Handlung um: Potiphera ruft die anderen Diener herbei und beschuldigt Joseph der Vergewaltigung. Der zurückgelassene Mantel dient Potiphera als Beweisstück gegenüber ihrem Mann Potiphar, der Joseph ergreifen, binden und in das Gefängnis werfen lässt. Aufgrund Potipheras Aussage gilt Joseph als überführt, all seine Unschuldsbekundungen sind umsonst. Auf der Szene bleiben Potiphar und seine Frau zurück, die sich ihrer bewährten Treue und Keuschheit rühmt.

Bis auf das letzte Mittel der Ergreifung von Gewalt sind alle vorherigen ohne Vorbild in der biblischen Vorlage. Da diese Ausschmückungen bei Greff noch fehlen, ist davon auszugehen, dass sich die einzelnen Details im Laufe der Zeit in der Handlung angelagert haben. Gerade durch die Vielfalt der Lockmittel gelingt es dem Autor, die Physiognomie einer in ihrer Begierde zum Letzten entschlossenen Frau überzeugend herauszuarbeiten. Die Figurenkonzeption erweist sich als individuell und mehrdimensional.

Auch die Figur des Joseph gewinnt durch diese Erweiterung an Prägnanz. Potiphera wird an einer Stelle des Dramas als *nicht vngestalt [...] vnd jung noch* bezeichnet.[118] Joseph bewährt seinen Glauben folglich auf mehreren Ebenen: Er

---

116 Ebd., G i r.
117 Ebd., G i v.
118 Ebd., F vii r.

widersteht nicht allein der Schmeichelei und den sexuellen Reizen einer attraktiven Frau, die ihre Begierde offen ausspricht, sondern zeigt sich darüber hinaus auch als abstinent und unbestechlich, indem er den angebotenen Wein und die versprochenen Reichtümer ablehnt.

Die Lehre und Nutzanwendung des Dramas faltet sich in mehrere Facetten auf. In Gestalt der Potiphera wird den Schülern und Zuschauern die Macht der sexuellen Begierde demonstriert. Potiphera schreckt als negatives Exempel vor keinem Mittel zurück, um ihr Verlangen zu stillen. Durch das positive Exempel Joseph wird auf der anderen Seite der Beweis geführt, dass der Mensch allen Verlockungen zum Trotz in der Lage ist, seiner Begierde Herr zu werden.

Christel Meier hat anhand einer reichhaltigen Auswahl von Zitaten aus Dramenvorreden die zeitgenössische Anschauung dargelegt, das Theater verfüge über eine „synästhetische Wirkung". Als visuelles Medium affiziere es „besonders stark die Augen und damit die Einbildungskraft und das Gemüt des Menschen".[119] Dank dieser *viva exempla*, dieser „lebendigen Bilder", so die Autoren selbst in ihren Vorreden, sei das Theater anderen Vermittlungsformen der theologischen oder ethischen Lehre wie z. B. den vielfach im Unterricht verwendeten theoretischen Kompendien weit überlegen.

Durch die Vorstellung der Ehebruchsszene sollte deutlich werden, dass sich im Joseph des Magdeburger Rektors Goetze Ansätze zu einer individuellen Charakterzeichnung und psychologischen Motivierung finden, wie sie das frühe Bibeldrama noch vermissen lässt. Die lebendigen Bilder der raffinierten und verschlagenen Ehebrecherin und des angefochtenen, aber treu das Gebot seines Gottes erfüllenden Joseph werden ihre Wirkung bei den Schülern und Zuschauern nicht verfehlt haben, und dies gerade aufgrund der mehrdimensionalen Figurenkonzeption im späteren Magdeburger Josephsdrama.

Ebenso wie in der Bibel ist auch in Goetzes *Joseph* der Aufenthalt des Protagonisten im Gefängnis nicht von langer Dauer. Weil es Joseph gelingt, einen Traum des Pharao zu deuten und er dadurch eine Hungersnot von Ägypten abwendet, wird er aus dem Kerker befreit und in das Amt des Reichsverwesers eingesetzt. Die mehrfache günstige Wendung des Schicksals von Joseph, seine Errettung aus allen Notlagen, exemplifiziert die theologische Lehre, dass Gott diejenigen, die sein Gebot erfüllen, mit materieller Wohlfahrt, weltlichen Ehren und der Erlangung des Seelenheils belohnt. Ein besonderer Aspekt dieser Belohnung ist Josephs Heirat mit der Priestertochter Asenat.

Anhand des Beispiels von Joseph und Asenat wird das korrekte Vorgehen bei einer Eheschließung demonstriert. Zunächst werden Vater und Mutter der Braut

---

119 Meier: Lehren ‚in lebendigen Bildern', S. 231.

um ihr Einverständnis gebeten.[120] Angesichts der Tugend, des hohen Ansehens und Reichtums des Bräutigams stimmen beide erfreut zu. Als darauf Asenat selbst gefragt wird, führt diese zunächst aus, sie möchte *beyn lieben Eltern mein / Noch lenger bleiben gar allein*. Doch da die Heirat dem Willen des Pharaos und ihrer Eltern entspricht, will sie *gantz gehorsam seyn*.[121] An dieser Stelle kommt das traditionelle Frauenbild zum Tragen: Die Exempelfigur Asenat steht für Gehorsam und Unterordnung unter den Willen der Eltern und des Ehemanns.

Dass Asenat zuvor ihrem Verehrer Nabal einen Korb ohne Boden geben lässt, soll die Äquivalenz der beiden zukünftigen Eheleute im Hinblick auf sexuelle Enthaltsamkeit demonstrieren. Nabal verlässt weinend die Szene und spricht – nicht ohne einen Anflug echter Komik – die folgenden verballhornten lateinischen Worte: *Armer mannus ego corbum perfallere cogor / Cor mocht in tausent springere frusta meum*.[122] Es handelt sich hierbei um einen Makkaronismus: eine „spielerische Verschmelzung zweier Sprachen [...], wobei das grammatische und syntaktische Grundgerüst der einen mit dem Wortmaterial der anderen verbunden wird."[123] Den Schülern wurde dadurch demonstriert, dass der Nebenbuhler gerade aufgrund seiner defizitären Lateinkenntnisse und der damit verbundenen sozialen Degradierung nicht an das von ihm erwünschte Ziel einer Eheschließung mit Asenat gelangt.

Um die Eheanbahnung zu vollenden, lässt der Pharao Joseph holen und erklärt ihm in einem Monolog seine Pflichten als Ehemann und Familienvater:

Pharao:
Jtzt werb ich dir ein newe Braut.
Nim das zarte Jungfrewlein
Diß sol ehlich dein eigen seyn.
Derhalb du hocherleuchter Helt /
Hab sie allein lieb in der Welt /
Vnd nim sie dir gantz eigen zu
Jn lieb vnd leid / freud vnd vnruh /
Verlaß sie keines weges nicht
Wie du solchs gnugsam bist bericht /
Darzu geb dir Gott glueck vnd gnad /
Vnd mehren all dein Haußgeraht /
Daß du vnd sie seist gsund vnd frisch
Vnd sehst dein Kinder vmb den Tisch.[124]

---

120 Goetze: Joseph, I ij v–I iij r.
121 Ebd., I iij v.
122 Ebd., I i r.
123 Art. Makkaronische Dichtung. In: Brockhaus (1998), Bd. 14, S. 86.
124 Ebd., I iiij r.

Die Ehebruchsszene und die zeitlich spätere Eheschließung Josephs ergeben zusammen betrachtet ein Konzept, dass auf der lutherischen Ehelehre[125] basiert: die Propagierung eingehegter Sexualität. In seinem *Sermon von dem ehelichen Stand* von 1519, der in den Folgejahren häufig nachgedruckt wurde, hatte Luther die Ehe auf ganz traditionelle Weise als „Heilmittel gegen die Unkeuschheit"[126] definiert. Die *fleyschliche anfechtung sei βo groß und wuetend worden [...], das der ehlich stand [...] gleych eyn spitall der siechen ist, auff das sie nit yn schwerer sund fallen.*[127]

In Analogie zu diesen theologischen Positionen wurde den Schülern des Magdeburger Gymnasiums die von ihnen erwartete Handlungsweise vor Augen geführt. Außereheliche Sexualität wie die Verbindung zwischen Potiphera und Joseph wird aufgrund negativer Konsequenzen abgelehnt. Sexualität ist allein innerhalb der Ehe gerechtfertigt, ihr eigentlicher Zweck ist die Erzeugung legitimer Nachkommen. In den Worten Josephs:

> *Joseph:*
> *Vmb Wollusts willn nem ich kein Weib*
> *Oder daß ich mutwillen treib*
> *Sondern daß ich moecht Kinder han /*
> *Dieselbig zu Gottsfurcht ziehen kan.*[128]

Ganz ähnlich hatte Luther im oben erwähnten *Sermon von dem ehelichen Stand* formuliert: Ziel der Ehe sei nicht nur die Zeugung von *erben adder die lust an den kindernn*, sondern deren Erziehung *zu gottis dinst, lob vnd ehre.*[129]

Der Werdegang Josephs vom armen Hirten zum ägyptischen Fürsten soll den Schülern den richtigen Zeitpunkt von Eheschließung und Sexualität demonstrieren. Eine Heirat ist demnach erst dann statthaft, wenn der Bräutigam sich eine angesehene Position in der Gesellschaft und die nötigen finanziellen Mittel zur

---

125 Vgl. Thomas Kaufmann: Ehetheologie im Kontext der frühen Wittenberger Reformation. In: Andreas Holzem (Hg.): Ehe – Familie – Verwandtschaft. Vergesellschaftung in Religion und sozialer Lebenswelt. Paderborn 2008, S. 285–300; vgl. zur Literarisierung der lutherischen Ehelehre Erika Kartschoke (Hg.): Repertorium deutschsprachiger Ehelehren der frühen Neuzeit. Berlin 1996; Rüdiger Schnell: Geschlechterbeziehungen und Textfunktionen. Studien zu Eheschriften der frühen Neuzeit. Tübingen 1998 (Frühe Neuzeit 40); sowie Kristina Bake: Spiegel einer christlichen und friedsamen Haußhaltung. Die Ehe in der populären Druckgraphik des 16. und 17. Jahrhunderts. Wiesbaden 2013 (Wolfenbütteler Arbeiten zur Barockforschung 49).
126 Maurice E. Schild: Art. Ehe / Eherecht / Ehescheidung, VII. Reformationszeit. In: TRE 9, S. 336–346, hier S. 337.
127 WA 2; 168, 2–4.
128 Goetze: Joseph, I i v.
129 WA 2; 169, 1f.

Gründung eines Hausstandes erworben hat. Mit dieser Schwerpunktsetzung auf die Ehethematik ordnet sich der *Joseph* von Goetze in den breiten Strom protestantischer Bibeldramen ein, die einer Exemplifizierung der lutherischen Ehelehre dienten.

Obwohl es sich bei dem *Joseph*, wie oben bereits erwähnt, um eine Kompilation mit nur minimalen eigenen Zusätzen Goetzes handelt, kann dieses Drama ohne Zweifel als Höhepunkt des Magdeburger Schultheaters im Betrachtungszeitraum gelten. Weder vorher noch nachher wurde auf der Bühne des Gymnasiums ein vergleichbar hohes Niveau der Anschaulichkeit moralischer Unterweisung erreicht. Auch im Hinblick auf die Klarheit der Sprache und Literarizität ist der *Joseph* unerreicht. Hinzu tritt, dass er völlig frei ist von konfessioneller Polemik, was ihn von dem letzten zu betrachtenden Drama unterscheidet.

4 Blocius' *Eusebia Magdeburgensis*: Schultheater im Zeichen des Dreißigjährigen Krieges

Das Schuldrama von Johannes Blocius wurde bisher in der Forschung nur am Rande erwähnt, was daran liegen könnte, dass es, wie seine übrigen Werke, in Latein verfasst wurde. Michael Schilling hat dem Autor eine eingehende Studie gewidmet, in der auch seine Biographie und die wichtigsten Werke thematisiert werden.[130] Der Aufsatz wird komplettiert durch eine Bibliographie sämtlicher Werke des Autors, die vierundfünfzig Titel umfasst. Wenn man bedenkt, dass ihm nur neun Jahre blieben, um dieses umfangreiche Œuvre zu schaffen, wird man dem Urteil von Schilling beipflichten, Blocius habe „eine beachtliche Produktivität" entfaltet.[131]

Blocius wurde in den 1590er Jahren in Salzwedel geboren.[132] Im Jahr 1613 begann er in Rostock zu studieren und wurde dort 1617 im Fach Philosophie magistriert.[133] Nachdem er zunächst am Gymnasium seiner Heimatstadt gewirkt hatte, erhielt er 1618 eine Berufung zum Prorektor des Magdeburger Gymnasiums, wo er in der Tertia und Secunda unterrichtete. Wie viele andere lutherische Gelehrte auch verband er sich mit der städtischen Elite, indem er 1619 die Tochter des Magdeburger Stadtschreibers Johann Salig heiratete. Von der engen Verflechtung Blocius' mit den ersten Familien Magdeburgs – z. B. den Alemanns – zeugen

---

130 Schilling: Petrus Lotichius Secundus im Schulunterricht.
131 Ebd., S. 155.
132 Vgl. neben Schilling zur Biographie Gustav Hertel: Johannes Blocius. In: Geschichtsblätter für Stadt und Land Magdeburg 16 (1881), S. 101 f.; Wilhelm Scherer: Art. Johannes Blocius. In: ADB 2 (1875), S. 712; Holstein: Das Altstädtische Gymnasium, S. 135.
133 Vgl. ebd. und Schilling: Petrus Lotichius Secundus im Schulunterricht, S. 154.

seine zahlreichen Gelegenheitsgedichte zu familiären Anlässen wie Hochzeiten oder Beerdigungen.[134] Daneben steuerte der Schulpoet und *poeta laureatus*[135] zu Schriften anderer Autoren Begleitgedichte bei. Mit knapp dreißig Jahren starb Blocius 1625 an der in Magdeburg grassierenden Pest.[136]

Neben der Gelegenheitsdichtung bildete die Auseinandersetzung mit der Stadtgeschichte Magdeburgs einen weiteren Schwerpunkt im Schaffen von Blocius. Dazu gehören eine Untersuchung zur Etymologie des Stadtnamens,[137] die Herausgabe von drei Orationes,[138] die die Stadt- und Schulgeschichte zum Gegenstand haben, sowie ein Kommentar für Schulzwecke zur Magdeburg-Elegie des Petrus Lotichius Secundus.[139] Gleichsam als Krönung seiner Schriften über Magdeburg plante Blocius „ein Epos über die Belagerung von 1550/51 nach dem Muster Vergils",[140] das jedoch aufgrund seines frühen Todes nicht zur Ausführung kam.

Das umfangreichste und aufwendigste Werk zu dieser Thematik ist die *Eusebia Magdeburgensis*, in der Blocius „seine historischen, pädagogischen und literarischen Interessen und Fähigkeiten bündeln" konnte.[141] Unmittelbarer Anlass für die Aufführung des Dramas im Jahr 1624 war die Zentenarfeier der Einführung der Reformation in Magdeburg. In der *Eusebia* treten aus der Stadtgeschichte bekannte Protagonisten auf, die 1524 der lutherischen Religion in Magdeburg den Weg ebneten.[142]

Spätere Betrachter des Dramas haben dessen große Nähe zu den historischen Quellen hervorgehoben. Holstein zufolge hat das Drama „für die geschichte Magdeburgs dadurch einen wirklichen wert, dasz der verfasser auszer den gedruckten quellen auch viele ungedruckte benutzt hat, die in dem unglücksjahre

---

134 Vgl. die Bibliographie seiner Werke bei Schilling: Petrus Lotichius Secundus im Schulunterricht, S. 161–164. Eine Sammelausgabe seiner Gelegenheitsgedichte erschien unter dem Titel Deliciae fruticantes et viridantes Magdeburgicae. Rostock 1620.
135 Flood: Poets Laureate in the Holy Roman Empire, Bd. 1, S. 195–197.
136 Hertel: Hoffmann's Geschichte der Stadt Magdeburg, Bd. 2, S. 90.
137 Johannes Blocius: Conlecta Conjectanea seu Conjecta Conlectanea ad Etymon Magdeburg. Magdeburg 1621.
138 Vgl. zu Blocius: Promulsis Magdeburgensis Historiae Kap. B. 1.1. Gründung und erste Jahre unter Rektor Cruciger.
139 Blocius: Petri Lotichii Secundi Elegiae […] Glossarius; vgl. zu Petrus Lotichius Secundus: Bernhard Coppel: Art. Petrus Lotichius Secundus. In: Killy/Kühlmann 7 (2010), S. 523–525.
140 Schilling: Petrus Lotichius Secundus im Schulunterricht, S. 159.
141 Ebd., S. 156.
142 Vgl. zu den Ereignissen von 1524 Kaufmann: Ende der Reformation, S. 13–38 (mit Literatur); Asmus: 1200 Jahre Magdeburg; Nahrendorf: Art. Magdeburg. In: Adam (Hg.): Handbuch kultureller Zentren, Bd. 2, S. 1352–1355; sowie die an Quellen reiche Darstellung von Hoffmann: Geschichte der Stadt Magdeburg.

1631 verloren gegangen sind."[143] Kaufmann hält fest, dass Friedrich Wilhelm Hoffmann „in seiner Darstellung der Reformationsgeschichte Magdeburgs"[144] regelmäßig auf das Drama rekurriere, was „den nicht gering zu veranschlagenden Quellenwert des Dramas" dokumentieren würde.[145] Auch Hertel bezeichnet die *Eusebia* als „besonders hervorragend und als Quellenschrift immer noch von hohem Wert."[146] Blocius selbst betont in seiner Vorrede zum Drama, dass er angestrebt hätte, die Worte und Sätze der Autoren, aus denen er geschöpft habe, so genau wie möglich wiederzugeben.[147]

Aufgrund der zeitlichen Nähe zum Magdeburger Habitualstreit,[148] der 1622 begann und die Stadtöffentlichkeit über mehrere Jahre hinweg beschäftigte, wurde in der Forschung eine Thematisierung dieser Kontroverse im Drama vermutet. So hat Schilling eine „historische Einordnung des Dramas" und die mögliche Aufdeckung des „Zusammenhang[s] mit dem Cramerschen Kirchenstreit" als Forschungsdesiderat bezeichnet. Doch bereits Markus Friedrich hat auf Basis einer „erste[n] Durchsicht" des Dramas einen „direkten Zusammenhang zu den [...] relevanten Auseinandersetzungen" verneint.[149]

Als ein vorläufiges Ergebnis kann festgehalten werden, dass in der *Eusebia* nicht philosophische, sondern allgemein katechetische Inhalte zur Sprache gebracht werden. Die Eusebia ist ein rein konfessionspolemisches Drama: Auch die ausführliche Darstellung der Übernahme der Reformation in Magdeburg sollte letztlich der Festigung in der eigenen, durch den Dreißigjährigen Krieg angefochtenen Konfession dienen. Dass diese religiöse Positionierung auf Kosten anderer Glaubensrichtungen geschieht, markiert die Diskontinuität der *Eusebia* von Blocius in den ansonsten eher irenisch ausgerichteten Traditionslinien des Gymnasiums.

Um die konfessionspolemische Stoßrichtung des Dramas offenzulegen, soll zunächst eine Kontextualisierung durch andere einschlägige Schriften vom Autor und von den Magdeburger Predigern geleistet werden. Die oben beschriebene enge Vernetzung Blocius' mit der städtischen Elite betrifft auch sein Verhältnis zu dem Prediger Christian Gilbert de Spaignart.[150] Im Jahr 1622 hatte sich die Predi-

---

143 Holstein: Das Altstädtische Gymnasium, S. 135.
144 Hoffmann: Geschichte der Stadt Magdeburg.
145 Kaufmann: Ende der Reformation, S. 6, Fn. 18.
146 Hertel: Johannes Blocius. In: Geschichtsblätter für Stadt und Land Magdeburg 16 (1881), S. 103.
147 Blocius: Eusebia Magdeburgensis, A 4 v: „[...] tum quod Autorum, ex quibus nostra decerpsimus, quammaximè verbis ac sententiis insistere, imò inhaerere, voluerimus [...]."
148 Vgl. Kap. B. 6.7.–11.; sowie Friedrich: Grenzen der Vernunft, S. 193–202.
149 Ebd., S. 187, Fn. 39.
150 Vgl. Karl Janicke: Art. Christian Gilbert de Spaignart. In: ADB 34 (1892), S. 706–708.

gerschaft der Stadt in Befürworter und Gegner der Ernennung Wolfgang Ratkes zum Rektor des Gymnasiums gespalten. Spaignart stand in dieser Kontroverse aufseiten der Lehrer, die die Reformen Ratkes ablehnten und stattdessen für eine Berufung von Sigismund Evenius eintraten.[151] Wie Spaignart hatte sich auch Blocius publizistisch gegen Ratke positioniert.[152] Darüber hinaus hat Blocius zu zwei Schriften von Spaignart Begleitgedichte beigesteuert, was eine gewisse Nähe zwischen dem Lehrer und dem Prediger nahelegt.[153] Mittels einer parallelen Lektüre soll die inhaltliche Kohärenz ihrer Schriften mit Bezug zum Thema Konfessionspolemik aufgedeckt werden.

In der Vorgeschichte der Zerstörung Magdeburgs im Mai 1631 übten einige der Prediger der Stadt eine verhängnisvolle Rolle aus. Dies äußerte sich zunächst darin, dass sie den alten Magdeburger Rat in ihren Predigten in Misskredit brachten. Der alte Rat vertrat eine diplomatische und kaisertreue Politik, mit deren Hilfe er die Stadt aus dem Kriegsgeschehen heraushalten wollte. Doch die auch in Magdeburg spürbare Verschlechterung der wirtschaftlichen Lage durch den Krieg führte die einfache, notleidende Bevölkerung zunehmend der militantlutherischen Fraktion zu. Die Prediger agitierten von den Kanzeln herab für den Eintritt in den Krieg aufseiten der schwedischen Kriegspartei. Es gelang ihnen, den Sturz des alten Rats und die Einsetzung eines neuen Rats herbeizuführen, der ein Bündnis mit dem Schwedenkönig Gustav Adolf einging. Die Reaktion des Kaisers auf dieses Bündnis bestand in der Belagerung der Stadt, die in die beinahe vollständige Zerstörung Magdeburgs mündete.[154]

Auch wenn die ältere Forschung die Rolle der Prediger in diesem Prozess überschätzt,[155] ist ihnen dennoch ein gewichtiger Anteil an dem Prozess der zunehmenden Radikalisierung der Stadtbevölkerung zuzusprechen. Eine zentrale Position nahm dabei Gilbert de Spaignart ein. Wittich zufolge bestand „sein Hauptbestreben" darin, „in seinen Predigten das Volk gegen alles Kaiserliche mit unversöhnlichem Hass zu erfüllen und im Widerstand bis zum Äußersten zu

---

151 Friedrich: Grenzen der Vernunft, S. 187.
152 Vgl. Johannes Blocius: Interusurium didacticum seu meditationes quaedam de methodo quae vulgo Ratichiana dicitur. Magdeburg 1621; Christian Gilbert de Spaignart: Geist= und Weltliches Schulwerck. Magdeburg 1622 (zitiert nach Friedrich: Grenzen der Vernunft, S. 187, Fn. 40; nicht im VD 17).
153 Vgl. das Verzeichnis der Schriften von Blocius bei Schilling: Petrus Lotichius Secundus im Schulunterricht, S. 161f.
154 Vgl. zu der Zerstörung der Stadt und ihrer Vorgeschichte zusammenfassend Nahrendorf: Art. Magdeburg. In: Adam (Hg.): Handbuch kultureller Zentren, Bd. 2, S. 1355–1357; sowie zu den Fraktionen innerhalb der Stadt Friedrich: Grenzen der Vernunft, S. 202–205.
155 Vgl. z. B. die Dämonisierung Spaignarts durch Karl Wittich: Zur Katastrophe des 10. / 20. Mai 1631.

befestigen."[156] An dieser Stelle erscheint es als gerechtfertigt, die systematische Agitation dieser Prediger für eine Beteiligung Magdeburgs am Krieg mit dem von Heinz Schilling geprägten Begriff eines „christlichen Konfessionsfundamentalismus"[157] zu belegen, auch wenn vonseiten einiger Theologen Bedenken gegenüber einer Übertragung dieses Begriffs auf die Verhältnisse der Frühen Neuzeit geäußert wurden.[158] Denn warum sollte man nicht von einem christlichen Fundamentalismus sprechen, wenn dieser anderen Formen von religiösem Fundamentalismus vergleichbar ist?

Der Wirkungsgrad dieser Kriegspropaganda wurde dadurch potenziert, dass ihr eine theologische Argumentation zugrundelag. Der zentrale Topos in den Predigten und Schriften war die Erinnerung an die siegreich überstandene Belagerung der Stadt von 1550/51.[159] Damals – so die Argumentation der Prediger – sei Magdeburg für seine Standhaftigkeit im lutherischen Glauben von Gott mit dem glücklichen Ausgang der Belagerung belohnt worden. Wenn man sich in der gegenwärtigen Krise mit derselben Kompromisslosigkeit dem Feind entgegenstelle, sei dieser Vorgang wiederholbar.

Während der erneuten Belagerung der Stadt durch die Truppen von General Tilly ab März 1631 entfaltete dieses Argument eine desaströse Wirkung. Die von Tilly erhobene Forderung nach einer kampflosen Übergabe stieß in der Stadt auf ein geteiltes Echo: Während einige gemäßigte Ratsherren für diplomatische Verhandlungen mit dem Kaiser votierten, forderten die Vertreter der proschwedischen Partei ein Warten auf Entsatz durch die Armee Gustav Adolfs.[160] In dieser Situation riefen die Prediger um Spaignart „ihre Gemeinde zum Ausharren in der Noth der Belagerung" auf.[161] Folge dieser fehlenden Bereitschaft zur Diplomatie war die Erstürmung der Stadt durch die katholischen Truppen.[162] Durch eine

---

156 Wittich: Zur Katastrophe des 10. / 20. Mai 1631, S. 34; vgl. auch Karl Janicke: Art. Christian Gilbert de Spaignart. In: ADB 34 (1892), S. 706–708.
157 Heinz Schilling: Gab es um 1600 in Europa einen Konfessionsfundamentalismus? Die Geburt des internationalen Systems in der Krise des konfessionellen Zeitalters. In: Jahrbuch des Historischen Kollegs 2005, S. 69–93, hier S. 89.
158 Vgl. das Vorwort zu Heinz Schilling (Hg.): Konfessioneller Fundamentalismus. Religion als politischer Faktor im europäischen Mächtesystem um 1600. München 2007, S. VIII.
159 Asmus: 1200 Jahre Magdeburg, Bd. 1, S. 489–496.
160 Vgl. zur Rolle Otto von Guerickes als Augenzeuge und späterer Chronist dieser Ereignisse Otto von Guericke: Geschichte der Belagerung.
161 Wittich: Zur Katastrophe des 10. / 20. Mai 1631, S. 120.
162 Vgl. zur Verkettung unheilvoller Umstände bei der Zerstörung Magdeburgs Michael Kaiser: Die ‚Magdeburgische Hochzeit' (1631). Gewaltphänomene im Dreißigjährigen Krieg. In: Eva Labouvie (Hg.): Leben in der Stadt. Eine Kultur- und Geschlechtergeschichte Magdeburgs. Köln u. a. 2004, S. 195–213.

rechtzeitige Übergabe der Stadt hätte das Leben tausender Magdeburger geschont werden können.

Bei dieser Art von „Durchhaltepropaganda" der Fraktion der militanten Lutheraner Magdeburgs handelte es sich nicht um ein punktuelles Phänomen, das allein während der Belagerung von 1631 auftrat. Vielmehr wurde diese Propaganda bereits in den Vorjahren sowohl von den Predigern als auch am Gymnasium systematisch betrieben, was im Folgenden anhand der Vorstellung zweier Schriften von Spaignart und Blocius demonstriert werden soll.

4.1 Gilbert de Spaignarts *Kriegs Religion*

Im Anschluss an die ältere Forschung spricht auch Friedrich von der „kriegstreibende[n] Rolle" Spaignarts und verweist auf einen Text des Pastors aus dem Jahr 1628.[163] Unter dem Titel *Kriegs Religion* unternimmt Spaignart den Versuch einer Legitimation des im Dreißigjährigen Krieg in die Kritik geratenen Militärwesens. Das Hauptargument der Schrift besagt, dass Krieg bereits in der Bibel positiv bewertet wurde und dessen heutige Kritiker daher zu widerlegen seien. Ziel der Schrift ist eine „theologische Rechtfertigung und Beschreibung des Kriegswesens und des Soldatenlebens".[164] Spaignart fühlte sich durch die bereits im Jahrhundert der Reformation existenten, meist von Nonkonformisten oder Humanisten geäußerten pazifistischen Ansichten herausgefordert.

So wendet er sich bspw. gegen die Meinung der *Photinianer, das keiner ein Christ sein koenne / der sich im Kriege gebrauchen lasse.*[165] Ebenso unternimmt er den Versuch, die *Weigelianer* und *Rosencreutzer* zu widerlegen, die die Entstehung von Kriegen auf den *Ehrgeitz* der Fürsten zurückführten.[166] Die Rosenkreuzer hätten verbreitet, dass man es ansonsten als Verbrechen ansehen würde, *wann man seinen Nehesten das seine nimmet / Leute erwuerget / staedte in Brandt stecket.* Die Obrigkeit hätte daher *den schaendlichen Nahmen eines Diebes / veraendert in den Namen eines mutigen Soldaten / vnd den Namen eines Raeubers /*

---

163 Friedrich: Grenzen der Vernunft, S. 203, Fn. 118.
164 Ebd.
165 Gilbert de Spaignart: Kriegs Religion, S. 47.
166 Photinianer, Weigelianer und Rosenkreuzer waren von der Orthodoxie als „Ketzer" bekämpfte Nonkonformisten. Vgl. zu den Rosenkreuzern Carlos Gilly, Friedrich Niewöhner (Hgg.): Rosenkreuz als europäisches Phänomen im 17. Jahrhundert. Stuttgart 2002; sowie Carlos Gilly (Hg.): Cimelia Rhodostaurotica. Die Rosenkreuzer im Spiegel der zwischen 1610 und 1660 entstandenen Handschriften und Drucke. Amsterdam 1995.

*in den Namen eines tapfferen Capitaens.*¹⁶⁷ Gegen diese – durchaus plausibel wirkende – Kritik sollten die *Gottseligen Prediger* nach Spaignart *den rechten grundt des ehrenstandes der Soldaten aus der H. Schrifft weisen vnd außführen.*¹⁶⁸

Um Bedenken, Furcht und Reue seiner Leser, der lutherischen Soldaten und Befehlshaber, zu neutralisieren, zitiert Spaignart u. a. eine Stelle aus dem Deuteronomium. Dort heißt es: „Wenn du in einen Krieg ziehst gegen deine Feinde und siehst Rösser und Wagen eines Heeres, das größer ist als du, so fürchte dich nicht vor ihnen, denn der Herr, dein Gott [...] ist mit dir."¹⁶⁹ Eine solche Übermacht stand auch den Magdeburgern in der Belagerung von 1631 gegenüber, doch die Agitation der Prediger zerstreute ihre begründeten Zweifel am Sieg und veranlasste sie zum Weiterkämpfen.

Die Aneinanderreihung biblischer Stellen und Zitate soll beweisen, dass sich Gott der Sache der Kriegführenden annehme und ihr Handeln gerechtfertigt sei. Spaignart zufolge ist der Beistand Gottes dabei nicht allein geistiger, sondern ganz praktischer Art. Als Beispiel dient wiederholt der Kampf der alttestamentlichen Makkabäer gegen die griechische Fremdherrschaft, denen Gott durch die Entsendung seiner Engel trotz ihrer Minderzahl zum Sieg verholfen hätte.¹⁷⁰ Mittels der Erzeugung von Vertrauen in Gottes Hilfe und überirdische Wunder untergrub Spaignart den Realitätssinn und das schützende Eigeninteresse der militärisch Unterlegenen. Selbst in ausweglosen Situationen sollte der Kampf weitergeführt und eine friedliche Einigung der Parteien verhindert werden.

Der Anhang der *Kriegs Religion* enthält eine Sammlung von Gebeten für Soldaten und Befehlshaber während des Krieges. Auch hier findet sich eine Analogie zu der Situation in Magdeburg, denn das neunte Gebet sollte von Bürgern und Soldaten einer belagerten Stadt gesprochen werden, denen der Sturm durch die Belagerer unmittelbar bevorsteht. In Anlehnung an den Propheten Jesaja¹⁷¹ werden die Belagerten dazu aufgefordert, auf die Hilfe Gottes zu vertrauen. Sie sollten sich nicht fürchten, denn Gott werde beim Feind einen Sinneswandel hervorrufen, er „soll ein Gerücht hören, sodass er wieder heimzieht in sein Land. Dann will ich ihn durchs Schwert fällen in seinem Lande."¹⁷²

In den Gebeten der *Kriegs Religion* wird Gott angerufen, damit er sein *Antlitz wieder sie* richtet, den Feind durch seinen *außgereckten Arm* straft, ihn *furchtsam vnd verzaget* macht und seine *Anschlaege* verwirrt. Er solle den Feinden *einen Ring*

---

167 Gilbert de Spaignart: Kriegs Religion, S. 49.
168 Ebd., S. 50.
169 5. Mose 20, 1; vgl. Gilbert de Spaignart: Kriegs Religion, S. 16.
170 Vgl. 1 Makk 7, 41 f. und 2 Makk 15, 22–24; Gilbert de Spaignart: Kriegs Religion, S. 21 f.
171 Vgl. Jes 37, 1 f.; Gilbert de Spaignart: Kriegs Religion, S. 431.
172 Jes 37, 7.

an die Nasen / vnd ein Gebiß in jhr Maul legen, daß sie muessen zuruecke weichen / vnd zerstrewet werden alle die vbels wollen. Schließlich fehlen auch hier Gottes heilige Engel nicht, die *fuer vns streiten / vnd vns beschuetzen fuer der Feinde Macht vnd Gewalt.*[173] Auf den Schluss des Gebets folgt die Aufforderung, die Belagerten sollten den 76. Psalm lesen und Luthers Kirchenlied „Eine feste Burg ist unser Gott" anstimmen.[174]

Die *Kriegs Religion* wurde 1628 in Hamburg gedruckt. Durch die Schrift sollte eine überregionale Leserschaft – die Angehörigen der lutherischen Kriegspartei – von der Rechtmäßigkeit des Religionskrieges überzeugt werden. Gegen gleichzeitige Versuche einer irenischen Vermittlung zwischen den Fronten hält Spaignart an der militärischen Lösung von Konflikten fest – bis zur letzten Konsequenz. Dafür verspricht der Theologe den Soldaten den Beistand Gottes. Dem Urteil Friedrichs ist beizupflichten, „dass Spaignart hier offensiv das Bündnis zwischen Theologie / Geistlichkeit und den direkt am Krieg Beteiligten sucht. Krieg ist akzeptiert und wird gegen alle strikten Pazifisten verteidigt".[175] Von der *Kriegs Religion* ist auf die Magdeburger Predigten Spaignarts zu schließen, die nicht überliefert sind, deren agitatorischer Charakter jedoch durch die ältere Forschung belegt ist.[176] In diesen Kontext einer durch Kriegspropaganda überhitzten Atmosphäre in Magdeburg sind auch die Schriften des Lehrers Blocius einzuordnen.

Zwar ist eine genauere Bestimmung des Verhältnisses zwischen Blocius und Spaignart aufgrund der defizitären Quellenlage nicht möglich. Fest steht jedoch, dass auch Blocius bereits zu Beginn der zwanziger Jahre seine Schüler im Sinne der religiösen Propaganda der Prediger unterrichtete. Um dies nachzuweisen, soll im Folgenden der oben bereits erwähnte Kommentar von Blocius zur Magdeburg-Elegie des Petrus Lotichius Secundus einer näheren Betrachtung unterzogen werden.

4.2 Propaganda für den Religionskrieg: Blocius' *Glossarius* zur Magdeburg-Elegie

Während Schilling in seiner Untersuchung des *Glossarius* einen profunden Überblick verschaffte und den Text auf zutreffende Weise mit einem modernen Kommentar verglich,[177] soll er an dieser Stelle auf ein Vorkommen konfessionspolemischer Inhalte hin befragt werden. Die Magdeburg-Elegie des Lotichius war in

---

173 Gilbert de Spaignart: Kriegs Religion, S. 432–434.
174 Ebd., S. 434.
175 Friedrich: Grenzen, S. 203, Fn. 118.
176 Vgl. Wittich: Zur Katastrophe des 10. / 20. Mai 1631, S. 31 f. und 109–123.
177 Vgl. Schilling: Petrus Lotichius Secundus im Schulunterricht, S. 160 f.

der Memorialkultur der Stadt omnipräsent und wurde nach 1631 als Prophezeiung der Zerstörung der Stadt interpretiert.[178] Vor 1631 und in der Lesart von Blocius und seinen Schülern erfüllte sie jedoch eine gänzlich andere Funktion. Im Unterricht des Gymnasiums diente sie der *memoria* der Belagerung von 1550/51, die als Exempel für lutherische Wehrhaftigkeit und den Beistand Gottes verstanden wurde. Dies zeigt insbesondere der Kommentarteil, der stellenweise den Charakter eines religiös grundierten Geschichtsunterrichts über die Belagerung annimmt.

So fragt Blocius seine Schüler, was der wahre Grund für die Belagerung gewesen sei und erteilt die Antwort: „Frömmigkeit, das heißt: Bekennen der reinen Religion, Verteidigung der alten Freiheit".[179] Diese Tugenden hätten die Gegner zu korrumpieren versucht. Im Folgenden wird ein negatives Bild Kaiser Karls V. und des „eifernden Götzendienstes der Papisten" gezeichnet, dem sich Luther und in seiner Nachfolge die Magdeburger entgegengestellt hätten. Die Schüler werden über die historischen Hintergründe der Mitgliedschaft Magdeburgs im Schmalkaldischen Bund und über das Interim[180] informiert, wobei Blocius die üblichen stereotypen Beschimpfungen des Gegners verwendet.[181]

Die antiinterimistischen Flugschriften der Magdeburger Gnesiolutheraner um Flacius hätten klar erwiesen, dass der Widerstand gegen den Kaiser weder gegen menschliches noch göttliches Gesetz verstieße. Im Gegenteil, wer gegen sie die Waffen erhebe, überziehe Christus selbst mit Krieg.[182] An dieser Stelle wird Blocius' eifrige Lektüre der Magdeburger Quellen aus der Zeit der Belagerung evident. Die Vermittlung der Inhalte wird durch Zitation von historiographischen Autoritäten wie Johannes Sleidanus, Jacques Auguste de Thou (Thuanus) oder Georg Fabricius untermauert. Besonderen Aufwand betreibt Blocius, um nachzuweisen, dass die Magdeburger allein wegen ihres „wahren, reinen und öffentlichen Bekenntnisses zum Wort Gottes und der Verteidigung der von den Ahnen ererbten Freiheit" belagert worden wären. Kein „gerechterer, angemessenerer und ehrenvollerer Grund ist denkbar".[183] Dass diese Interpretation eine Verkürzung der tatsächlichen Hintergründe darstellt und Propagandazwecken geschuldet ist, liegt klar auf der Hand.

---

178 Vgl. ebd., S. 152–154. Die Magdeburg-Elegie ist abgedruckt, übersetzt und ausführlich kommentiert in Kühlmann u. a. (Hgg.): Humanistische Lyrik des 16. Jahrhunderts, S. 458–465, 1217–1222; vgl. auch Kühlmann: Magdeburg in der zeitgeschichtlichen Verspublizistik (1551/1631).
179 Blocius: Petri Lotichii Secundi Elegiae [...] Glossarius, C 4 v: „Verae causae Obsidionis: Pietas, id est, Religionis purae assertio: Libertatis vetustae defensio."
180 Heinz Scheibles kritische Sicht auf die Rolle von Flacius und seinen Anhängern in der Interimskrise ist noch nicht durch neuere Forschungsbeiträge überholt. Vgl. Scheible: Melanchthon. Eine Biographie, S. 182–200.
181 Blocius: Petri Lotichii Secundi Elegiae [...] Glossarius, D 1 r.
182 Ebd., D 1 v.
183 Ebd., D 1 v.

Es passt zum propagandistischen Gesamtbild des *Glossarius*, dass Blocius seinen Schülern die renitenten Magdeburger der Belagerungszeit als positive Exempelfiguren einer „ehrenvollen" Opferung für die Heimatstadt vor Augen führt. In der Belagerung hätten es die Magdeburger vorgezogen, tapfer zu sterben, anstatt die Stadt zu übergeben. Für die eigene Stadt zu sterben sei nicht weniger gerechtfertigt, als für die Religion, denn beides sei ein Werk christlicher Nächstenliebe. Dagegen sei es das größte Verbrechen, das eigene Wohl dem der Öffentlichkeit vorzuziehen.[184] An dieser Stelle wird deutlich, dass Blocius seine Schüler zu funktionierenden Soldaten und Multiplikatoren für die lutherische Konfession zu erziehen suchte. Dazu gehörte auch, durch derartige Appelle an die „Ehre" eventuell entstehende Zweifel und die Sorge für das eigene Wohlergehen zum Verstummen zu bringen, um so Desertion und Abfall zu verhindern.

In den auf den Kommentarteil folgenden *Loci communes* werden die Themen der Elegie in einem breiteren Rahmen erörtert. Blocius führt hier seinen Schülern nochmals die Gründe für die militärische Abwehr der Rekatholisierung vor Augen: Bewahrung von *religio* und *libertas*.[185] Zwar finden sich hier auch eine allgemein gehaltene Kritik der Kriege, die als „Geißel" Gottes für die Sünden zu interpretieren seien, und eine Lobpreisung des Friedens, doch schwerer wiegen die folgenden Passagen, in denen Blocius z. B. das Recht einer unteren Obrigkeit postuliert, sich gegen die Ausübung von Gewissenszwang durch eine übergeordnete Obrigkeit zu wehren. Gemeint sind hier der Magdeburger Magistrat und der Kaiser. Diese Ausführungen sind eine Reminiszenz an die von Magdeburg ausgegangene Widerstandsdebatte der fünfziger Jahre des vorherigen Jahrhunderts.[186]

Auch Blocius bedient sich des historischen Exempels der oben bereits erwähnten Makkabäer aus dem Alten Testament, deren Sieg gegen die Übermacht des Heeres der Antiochianer demonstrieren soll, dass „die Kräfte der Menschen gegen diejenigen Gottes nichts ausrichten können."[187] Weiterhin thematisiert Blocius den angeblichen Beistand Gottes für die Magdeburger in der Belagerung von 1550: Ein ominöser, nur von den Angehörigen des Belagerungsheeres wahrgenommener

---

184 Ebd., D 2 v: „Maluerunt mori fortiter, quam castrum reddere violenter. [...] Et sane: Non minus rectum est mori pro patriae Reipublicae salute, quam pro Relgione. quia proximo iure Charitatis omnia debentur. quidni ergo et Reipublicae deberentur? Et summum flagitium sit, privatum quemque bonum anteferre saluti publicae."
185 Ebd., F 1 r–v.
186 Blocius erwähnt explizit den zentralen Text der Magdeburger Gnesiolutheraner: Bekenntnis, Unterricht und Vermahnung. Vgl. Kaufmann: Ende der Reformation, S. 157–207.
187 Blocius: Petri Lotichii Secundi Elegiae [...] Glossarius, F 2 r: „Nullae sunt hominum adversum Deum vires, Exemplo Iudae Macchabaei, qui pauco militum numero multitudinem gentium et duces Antiochi REGIS BELLIS contrivit creberrimis."

„weißer Reiter" hätte in zahlreichen Schlachten durch seine „wundersame Taten" das Heer der Belagerer in Unordnung gebracht und durch seine Erscheinung den Kampfesmut der gegnerischen Soldaten beeinträchtigt. Da dieser Reiter nur von den Feinden, nicht jedoch von den Magdeburgern wahrgenommen worden wäre, könne es sich nur um einen Engel Gottes gehandelt haben.[188] Diese Wundererzählung wird durch Zitatstellen bei den referierenden Historikern belegt.

Um den verhängnisvollen Glauben an ein siegreiches Ende zukünftiger militärischer Auseinandersetzungen weiter zu stärken, fügt Blocius folgendes Zitat des griechischen Historiographen Thukydides an: „Sehr selten nehmen Kriege den Ausgang, der ihnen vorhergesagt wurde."[189] Diese Weisheit hätte sich 1551 in Magdeburg bestätigt, als die Belagerten, von den kaiserlichen Truppen eingeschlossen, bereits alle Hoffnung aufgegeben hätten, doch auf wundersame Weise durch die unfehlbare göttliche Vorsehung so errettet worden wären, dass der gottlose Feind die Belagerung aufgehoben und seine Truppen abgezogen hätte.[190]

Im Folgenden lässt Blocius jene Historiker sprechen, die sich der Magdeburger Belagerung gewidmet haben: die göttliche Errettung der Stadt sei ein denkwürdiges Zeichen; die Standhaftigkeit der Magdeburger sei mit der der Belagerten von La Rochelle zu vergleichen; Magdeburg hätte als einzige dem Luthertum verbliebene Stadt dem übermächtigen Kaiser die Stirn geboten; durch die von ihnen bewiesene *fortitudo* und *constantia* hätten sich die Magdeburger unsterblichen Ruhm bei allen Völkern erworben etc.[191] Um Papier zu sparen, will Blocius es dabei bewenden lassen, obwohl er noch weitaus mehr Material zur Verfügung hätte.

Den Abschluss der Sammlung bildet ein zweizeiliger Parallelismus, in dem Blocius die aus der *memoria* der Belagerung gezogenen Lehren auf den Punkt bringt: „Zu jener Zeit war die Jungfrau Siegerin; zu jener Zeit wird die Jungfrau zur Siegerin gemacht werden."[192] Die Belagerung Magdeburgs von 1550/51 war bis zur Zerstörung der Stadt im Jahr 1631 ein zentraler Erinnerungsort, der von verschiedenen Gruppen innerhalb der Stadt, insbesondere jedoch von der Fraktion der militanten Lutheraner, für ihre aktuellen Zwecke dienstbar gemacht wurde.

Dies beweist auch ein Magdeburger Druck aus dem Jahr 1630, der sich aus Zitaten der antiinterimistischen Publizistik der Belagerungszeit zusammen-

---

188 Ebd., F 2 r–v.
189 Ebd., F 2 v: „Perraro bellum eo, quo praedicatur evasurum, evadit, inquit Thucydid."
190 Ebd., F 2 v.
191 Ebd., F 3 r.
192 Die Jungfrau ist Teil des Wappens und steht metaphorisch für die Stadt Magdeburg. Im Lateinischen unterscheiden sich jeweils nur zwei Buchstaben: Blocius: Petri Lotichii Secundi Elegiae [...] Glossarius, F 4 v: „Ex illo Victrix tempore VIRGO fuit. [...] Ex illo Victrix tempore VIRGO fiet!"

setzt.[193] Dieser „Neudruck zentraler Einzeltexte aus den Jahren 1550/51" erfolgte im Auftrag des Magdeburger Rates.[194] Wohlgemerkt handelte es sich dabei nicht um den alten kaisertreuen, sondern den 1630 neu gebildeten Stadtrat, der sich in der Mehrzahl aus Vertretern der proschwedischen Partei zusammensetzte.[195] Diplomatie und Konzilianz gegenüber dem Kaiser waren in Magdeburg keine vertretbaren Optionen mehr. Unter dem Einfluss der militanten Prediger stehend, setzten die neuen Ratsherren auf eine militärische Lösung und gingen, wie oben bereits erwähnt, die verhängnisvolle Verbindung mit der schwedischen Seite ein.

Bereits der Titel des Drucks von 1630 verdeutlicht seine antikaiserliche und -katholische Stoßrichtung. Verantwortlich zeichnen die *Stadt vnd Kirchen zu Magdeburg*, die ihre *Beständigkeit* bei der *Lutherischen Lehr vnd Wahrheit* demonstrieren wollten. In der Vorrede wird dargelegt, dass *der jetzige betruebte Zustandt der Christlichen Kirchen* dem der achtzig Jahre zuvor erfolgten Belagerung in Vielem vergleichbar sei. Wie damals werde Gott den Magdeburgern in Zeiten der Not beistehen. Die wichtigste Lehre der gesammelten Texte sei *GOttes deß Allmaechtigen Macht vnd Herrligkeit / welche er in gnaediger Beschuetzung vnnd Außhelffung der Kirchen selbiges vnd anderer Oerter / Wunderlich vnd Augenscheinlich dargethan vnd erwiesen habe*.[196] Das Exempel der Belagerung solle *allen Nothleidenden Christen stets für Augen schweben*, um sich *damit zuschützen / zutrösten / auffzurichten / vnd in wahrer Beständigkeit deß Glaubens zuerhalten*.[197]

Ebenfalls in der Vorrede werden 30 Fragen gestellt, zu deren Beantwortung die Leser die im Hauptteil gesammelten Texte heranziehen sollen. Es handelt sich um Suggestivfragen, deren Antwort dem Leser bereits nahegelegt wird:

6. Ob Friedes halben in einem vnd dem anderen Religions Artickul den Feinden der Wahrheit zu weichen oder nachzugeben? [...] 15. Wie man in den Belagerungen in entstehung[198] *aller Menschlichen Hülffe / auß GOttes Wort sich troesten solle? [...] 20. Ob durch Heucheln mit den Feinden GOTTES / dessen Straffen können vermieden werden? [...] 24. Ob wegen der Feinde*

---

193 Der Stadt vnd Kirchen zu Magdeburg Alte / Wahre / Christliche Beständigkeit in vnd bey der alten / Wahren / Christlichen / Catholischen vnd Apostolischen Lutherischen Lehr vnd Wahrheit / Nebenst derselben wahren beständigen Trost / welchen sie gehabt / vor / vnter vnd nach der vberjährig außgestandenen Belagerung Anno 1550. Auß vnterschiedlichen zur selbigen Zeit in offenem Truck gegebenen Schrifften zusammen gezogen / Und der jetzo An vielen Orthen betrübten / beträngeten vnd nothleidenden / wahren Christlichen Kirchen zu einem kräfftigen Trost vnd Gottseliger Nachfolg vnd Beständigkeit In Druck außgefertigt. Magdeburg 1630.
194 Kaufmann: Ende der Reformation, S. 7.
195 Vgl. Asmus: 1200 Jahre Magdeburg, Bd. 1, S. 538.
196 Der Stadt vnd Kirchen zu Magdeburg Alte / Wahre / Christliche Beständigkeit, A ij r.
197 Ebd., A 2 v.
198 Gemeint ist die ältere Bedeutung von entstehen: fehlen, abgehen; vgl. Grimm: Deutsches Wörterbuch, Bd. 3, Sp. 632.

grosse Macht man von der Warheit deß Evangelij abfallen oder dessen Beschuetzung solle fallen lassen? [...] 28. Wie standhafftige Theologi zur Zeit der Verfolgung sich zuverhalten?[199]

Mit dem Nachdruck der Texte der Flacianer aus der Zeit der Belagerung verfolgten die Herausgeber folgende Ziele: Dämonisierung des konfessionellen Gegners; Förderung eines intransigenten Beharrens in der eigenen Konfession; Blockade jeglicher Form von Verständigung und Dialog mit der Gegenseite; Vertrauen auf die Hilfe supranaturalistischer Mächte in ausweglosen Situationen.

Von dem Neudruck aus dem Jahr 1630 führt eine gerade Linie zur Ablehnung diplomatischer Verhandlungen mit der katholischen Belagerungsarmee im Frühjahr des Jahres 1631. Auch wenn der Nachweis eines direkten Einflusses nicht geführt werden kann, liegt dennoch unzweifelhaft eine Einwirkung dieser konfessionspolemischen Texte auf die Entscheidungsträger und die Stadtbevölkerung nahe. Auch Blocius verfolgte bereits sechs Jahre zuvor mit seiner *Eusebia Magdeburgensis* das vergleichbare Ziel, seine Schüler zu einem bedingungslosen Einsatz für die lutherische Konfession zu erziehen. Daher soll bei der folgenden Auswahl von Zitaten der Fokus auf den konfessionspolemischen Inhalten des Dramas liegen.

4.3 Konfessionspolemik und Propaganda in der *Eusebia Magdeburgensis*

Wie oben bereits erwähnt, setzt sich die *Eusebia Magdeburgensis* aus Szenen zusammen, die auf historischen Quellen zur Magdeburger Stadtgeschichte basieren. Diese große Nähe zu den historischen Quellen bedingt, dass das Drama einen roten Faden der Handlung vermissen lässt. Die aus der Stadtgeschichte bekannten Protagonisten treten in wechselnden Szenen auf, und nur sporadisch wird an das vorherige Geschehen angeknüpft. In Blocius' Interesse lag nicht, eine stringente Handlung zu schaffen, sondern vielmehr seine Quellen möglichst detailgetreu wiederzugeben. Dies ist u. a. an der dritten Szene des zweiten Aktes ablesbar, in der der Magdeburger Bürgereid referiert wird, durch den die Bürger am 23. Juli 1524 dem Rat die Treue gelobten.[200] In der *Eusebia* spricht der Stadtschreiber Johannes Stapff die Worte vor, die von einem Magdeburger Bürger namens Franciscus, der für die Gesamtheit steht, wiederholt werden.[201] Dabei

---

[199] Der Stadt vnd Kirchen zu Magdeburg Alte / Wahre / Christliche Beständigkeit, A iij r–v.
[200] Der Magdeburger Bürgereid von 1524 wird von der Forschung als Besiegelung der Reformation Magdeburgs eingeschätzt. Vgl. Kaufmann: Ende der Reformation, S. 31 f.; Asmus: 1200 Jahre Magdeburg, S. 441.
[201] Blocius: Eusebia Magdeburgensis, C 7 v–C 8 r.

wird der Bürgereid zwar in lateinischen Worten, doch in wortgetreuer Übersetzung wiedergegeben. Dieses Verfahren hat Blocius auch in zahlreichen anderen Szenen angewandt, die ebenfalls auf den Originalquellen basieren.

Als der eigentliche Kern des Dramas sind die zahlreichen theologischen Streitgespräche anzusehen, in denen stets der Vertreter der streng lutherischen Positionen obsiegt. Die Magdeburger Reformation ist dadurch gekennzeichnet, dass ihre frühen Protagonisten wie Johannes Fritzhans, Eberhard Weidensee, Johann Eisleben und Melchior Mirisch ehemalige Mönche waren, die nach ihrer Bekehrung zum Luthertum als die ersten Kleriker an den Magdeburger Kirchen wirkten.[202] Es ist Teil der konfessionspolemischen Strategie von Blocius, dass diese Geistlichen sich zunächst im gegenseitigen Dialog ihre Zweifel an der katholischen Lehre mitteilen. In den Streitgesprächen der darauffolgenden Szenen vertreten sie dann bereits offensiv die lutherische Lehre.

Ab dem vierten Akt übernimmt diese Rolle des exemplarischen Meinungsführers Nikolaus von Amsdorf.[203] Amsdorf wird in Teilen der Forschung noch immer als der „Reformator Magdeburgs" gezeichnet, ohne dass dabei seine negative Rolle bei der Vertreibung früher Nonkonformisten wie des Arztes Wolfgang Cyclop aus der Stadt hinreichend kritisch thematisiert wird.[204] Noch gut zwanzig Jahre später fungierte Amsdorf in der Kontroverse um die Adiaphora neben Flacius als der wichtigste Autor von antiinterimistischen Polemiken.[205] Es ist daher sicher kein Zufall, dass gerade Amsdorf als prominenteste Exempelfigur der *Eusebia* die lutherischen Lehren vertritt.

Zu Beginn des vierten Aktes wird der verbale Schlagabtausch zwischen Lutheranern und Katholiken vorbereitet. Weil der Dominikanerpater Bonifacius Bodenstein in seiner Predigt vom 15. August 1525 in der Ambrosiuskirche die lutherische Lehre als die „größte Ketzerei" bezeichnet hätte, fordert Amsdorf diesen und den katholischen Domprediger Wolfgang Cubito zu einer Disputation auf. Blocius hält sich hier an die historischen Fakten: Amsdorf antwortete auf die Provokation seitens der Katholiken, indem er in einer Gegenpredigt die „katholische Messe eine unheilige Handlung" nannte und „die Austilgung der Papisten" forderte. Darauf entbrannte in Magdeburg eine mehrjährige Flugschriftenkontroverse, die „von beiden Seiten mit bösartigen Ausfällen gegen den anderen Glauben und mit per-

---

202 Vgl. Kaufmann: Ende der Reformation, S. 21f.; Asmus: 1200 Jahre Magdeburg, S. 431f.
203 Vgl. Irene Dingel (Hg.): Nikolaus von Amsdorf (1483–1565). Zwischen Reformation und Politik. Leipzig 2008.
204 Vgl. Nahrendorf: Art. Magdeburg. In: Adam (Hg.): Handbuch kultureller Zentren, Bd. 2, S. 1365–1367.
205 Vgl. Kaufmann: Ende der Reformation, passim.

sönlicher Häme" geführt wurde.[206] Blocius hat seine derb polemischen Anfeindungen der beiden Katholiken aus diesen Flugschriften Amsdorfs geschöpft.[207]

In der zweiten Szene des vierten Aktes entsendet Amsdorf seinen jugendlichen Diener Ambrosius, damit dieser seine Aufforderung zur Disputation an sämtliche Kirchen- und Klostertüren Magdeburgs anheftet. Blocius gibt an dieser Stelle den Text der Ankündigung wieder: Amsdorf will seine „christlichen und frommen Lehrsätze" verteidigen gegen die „gottlosen, unfrommen, schädlichen und Christus feindlich gesonnenen Pseudotheologen, Frater Bonifacius und Wolfgang Cubito, meine ‚vortrefflichen Lehrer', die ich als verkommenste Schufte bezeichne".[208] Disputiert werden solle zum einen über die katholische Messe, die laut Amsdorf Christus „ein Abscheu" ist, zum anderen gegen das Fest Mariä Himmelfahrt. Als der Diener den Inhalt der Ankündigungen liest, schrickt er zunächst zurück, weil er das Gefängnis fürchtet, entscheidet sich jedoch, die Zettel zu verteilen, „damit die Mönche platzen mögen".[209]

Drei Szenen weiter findet das Streitgespräch zwischen den gegnerischen Parteien statt, wenn auch nicht in der von Amsdorf erwünschten öffentlichen Form. Zu Beginn führt Amsdorf aus, Cubito und Bonifacius hätten sich in „gottlosen Verleumdungen und Verdammungen" gegen die lutherische Lehre gewandt. Daher wolle er nun ihre „Lügen und Gotteslästerungen" allen Christen bekannt machen, damit sie sich vor diesen „Räubern, Dieben und Wölfen" in Acht zu nehmen wüssten.[210] Auf die Forderung von Bonifacius, die lutherischen Prediger müssten ihre Lehre durch Wunder bekräftigen, weil sie neu sei,[211] entgegnet Amsdorf, dass die Lutheraner nichts Neues lehrten, sondern dasselbe wie die Apostel, die ihre Lehre bereits hinreichend durch Wunder legitimiert hätten.

---

206 Asmus: 1200 Jahre Magdeburg, S. 462.
207 Vgl. z. B. Nikolaus von Amsdorf: Widder die lügen prediger des hohen Thumbs zu Magdeburg. Wittenberg 1525; ders.: Dem Erwerdigen vnd Erbarn herrn Senior vnd dem gantzen Thum capitel zu Magdeburg meinen lieben feinden vnd verfolgern. Magdeburg 1528; ders.: Auff erfordern der thumprediger zu Magdeburg erbeut sich zu disputirn auff den kunfftigen reichstag zu Regenspurg. Magdeburg 1528; ders.: Vnterricht warumb die Thumprediger zu Magdeburg nicht disputirn wollen, vnd doch vns offentlich auff der Cantzel geeischet vnd gefördert haben. Magdeburg 1528.
208 Blocius: Eusebia Magdeburgensis, E 8 r–v: „NICOLAUS AMSDORFFIUS disputabit et defendet subscriptas Conclusiones pias et Christianas, contra et adversus sacrilegos impios et pestiferos Christi inimicos Theologastros: Fratrem Bonifacium, et Wolffgangum Cubitensem, Magistros nostros scilicet Eximios, Voco igitur vos duos perditissimos nebulones [...]".
209 Ebd., E 8 v.
210 Ebd., F 4 v.
211 Hertel: Hoffmann's Geschichte der Stadt Magdeburg, Bd. I, S. 397.

Der nächste Gegenstand der Kontroverse ist die katholische Messe. Amsdorf erhebt folgendermaßen Anklage gegen die katholische Lehre der Rolle Christi beim Messopfer:

> Cubito:
> Du lehrtest, dass die Messe kein Opfer sei.
> Amsdorf:
> Gesagt getan. Ein Opfer ist, wenn etwas dargebracht, getötet, geschlachtet wird, was mit Schafen, Rindern und anderem dieser Art geschieht. So wurde Christus am Kreuz geopfert, so müssen wir mit Christus unseren Körper und unsere Seele opfern, damit sie ewig lebe. Die Messe jedoch hat Christus lediglich als Testament und Erinnerung an seinen Tod bezeichnet, durch den er uns ein für alle Mal gerechtfertigt hat. Es besteht keine Notwendigkeit, Christus in eurer fanatischen Messe von Neuem geistig zu opfern. Alle, die die Messe als Opfer ansehen und feiern, verkehren somit das Wort und die Lehre Gottes und kreuzigen Christus aufs Neue. Dieselben sind nicht weniger als Judas und Pilatus des Mordes an Christus schuldig; sie sind Verbrecher, Diebe, Wölfe, die mithilfe ihrer teuflischen Lehre und ihrer Betrügereien gegen die Schafe Christi wüten, sie ermorden und verschlingen.[212]

Cubitos Reaktion besteht in der Erhebung des Vorwurfs, Amsdorf sei aufrührerisch. Die Beispiele von Frankenhausen und Mühlhausen hätten bewiesen, zu welchem Ende die lutherische Lehre führen würde. Amsdorf entgegnet, seine Lehre sei von derjenigen Müntzers so weit entfernt wie die Sonne von der Erde. Im Gegensatz zu den Bauern würden die Lutheraner das Wort Gottes rein geistig

---

[212] Blocius: Eusebia Magdeburgensis, F 6 r–F 6 v:
„Cub: Missam docuisti non esse Sacrificium;
Ams: Dictum factum, Sacrificium est, quo traditur,
Iugulatur, ac mactatur, quicquid obvenit
Oves, boves, et si quid est huiusmodi:
Sic Christus in Cruce est mactatus: sic etiam
Nos cum Christo mactare affectus, imo animam
Corpusque debemus, quo vivat aeternum.
Sed Missa, Testamentum a Christo dicitur,
Suaeque Memoria mortis: qua semel omnibus
Satis fecit, nec opus est ut Spiritualiter
Iterum offeratur in Missa Fanatica.
Omnes igitur qui Missam pro sacrificio
Venerantur ac celebrant, hi verbum Dei
Et institutionem pervertunt misere
Et noviter crucefigunt Christum: iisdem obnoxii
Non minus ac Iudas et Pilatus sanguinis
Mortisque Christi, latrones, fures, lupi
Sunt, qui diabolica doctrina et mendaciis
Oves Christi furantur, iugulant, devorant."

verteidigen. Gegen Ende der Szene fordert Amsdorf Cubito dazu auf, „mit seinen Spießgesellen zu verschwinden, solange noch die Möglichkeit besteht. Denn bald wird ein Richter erscheinen, der seine Strafen aus dem Himmel sendet und dessen Hand niemand entgehen kann."[213]

Durch die oben referierten Zitate sollte die Vorgehensweise von Blocius deutlich werden. Die Eusebia besteht zu einem Großteil aus theologischen Argumentationen: detaillierten Widerlegungen der Gegenseite und Darlegungen der eigenen Lehrsätze. Die Schüler hatten dabei keine Verständnisprobleme, denn sie waren durch die frühzeitig einsetzende Lektüre von Katechismus, Bibel und theologischen Lehrbüchern darauf vorbereitet. Zu prüfen wäre, in welchem Ausmaß Blocius auf die historischen Flugschriften aus Magdeburg zurückgreift. Wie oben bereits erwähnt, war es das erklärte Ziel des Magdeburger Lehrers, seine Quellen möglichst wortgetreu wiederzugeben. So liegt auch der folgenden Szene – einem Streitgespräch zwischen Johannes Fritzhans und dem Dominikaner Johannes Mensing – eine Flugschriftenkontroverse der beiden Protagonisten zugrunde.[214]

Wie in den anderen Szenen, in denen Katholiken auftreten, arbeitet Blocius auch hier mit derber Polemik und persönlichen Angriffen und Diffamierungen, etwa wenn er Mensing nach einer wortreichen Widerlegung der katholischen Messpraxis auffordert: „Verschwinde Mönch, und wasch dich gründlicher."[215] Für diese Art von Polemik ließen sich zahllose Beispiele anführen, etwa wenn das Franziskanerkloster als „Schweinestall"[216] bezeichnet wird oder wiederholt von dem Körpergeruch, der Geldgier[217] oder dem ausschweifenden Sexualleben[218] der katholischen Geistlichen die Rede ist.

Die katholischen Gegner der Magdeburger Lutheraner fungieren in der *Eusebia* lediglich als Stichwortgeber oder Zielscheibe satirischer Kritik. Dies lässt sich auch anhand der Schilderung des Besuchs von Kardinal Raimund Peraudi[219] in Magdeburg demonstrieren. Um 1500 hatte Peraudi Norddeutschland besucht und

---

213 Blocius: Eusebia Magdeburgensis, F 7 r.
214 Hertel: Hoffmann's Geschichte der Stadt Magdeburg, Bd. I, S. 399; vgl. Johannes Fritzhans: Widder den vbergeystlichen Thomisten, zu Dessaw, Johann Mensing. Pauler münchen. Magdeburg 1527.
215 Blocius: Eusebia Magdeburgensis, G 2 r.
216 Ebd., C 1 r.
217 Ebd., B 5 r–B 6 v.
218 Ebd., B 3 r–B 4 r.
219 Vgl. Johannes Schneider: Die kirchliche und politische Wirksamkeit des Legaten Raimund Peraudi (1486–1505). Unter Benutzung ungedruckter Quellen bearbeitet. Halle 1882.

in großen Städten wie Bremen[220] oder Braunschweig[221] Predigten gehalten und Ablassgelder eingesammelt. Die Schilderung seines Aufenthaltes in Magdeburg ist Teil einer Unterhaltung zwischen dem Bürgermeister Nikolaus Sturm und Rektor Caspar Cruciger über die Ablasspraxis in der Elbestadt. Peraudi sei mit großem Pomp in Magdeburg eingezogen, von Erzbischof Ernestus begrüßt worden, und hätte schließlich den Dom erreicht.

> Cruciger:
> Ist es wahr, was die Historiker wiedergeben, Ragemundus sei, nachdem er bis zum Portal des Doms gelangte, nicht abgesessen, sondern durch die weit geöffneten Türen bis zum Hohen Chor in der Kathedrale geritten?
> Sturm:
> Warum auch nicht? Der Erzketzer hatte ja die Gicht in den Füßen!
> Cruciger:
> Was? Der Papst schickt den Deutschen die Fußgicht?
> Sturm:
> In der Tat! Man gelangte in der Messe an das Te Deum und alle Orgeln und Stimmen ertönten...
> Cruciger:
> Weil der Papst einen Esel nach Deutschland schickte?
> Sturm:
> ...und der Kardinal streckte nach seiner barbarischen Predigt dem Volk die erhabenen Finger hin und erteilte einen Segen – sitzend auf seinem Maultier.[222]

Blocius verfolgte das Ziel, den Kultus und die religiösen Bräuche des konfessionellen Gegners ins Lächerliche zu ziehen und ad absurdum zu führen. In seiner

---

220 Vgl. Andreas Röpcke: Geld und Gewissen. Raimund Peraudi und die Ablaßverkündung in Norddeutschland am Ausgang des Mittelalters. In: Bremisches Jahrbuch 71 (1992), S. 43–80.
221 Vgl. Thomas Vogtherr: Kardinal Raimund Peraudi als Ablaßprediger in Braunschweig (1488 und 1503). In: Braunschweigisches Jahrbuch für Landesgeschichte 77 (1996), S. 151–180.
222 Blocius: Eusebia Magdeburgensis, E 4 r:
„Cruc. Verum id est? Quod Historici referre solent,
Non desiluisse Ragemundum Bucephalo
Postquam venisset ipsam ad Templi ianuam.
Sed equitasse bipatentibus portis undique
Ad, quem vocant, summum chorum huius Basilicae
St. Quidni? Podagrosis pedibus enim erat Eutyches.
Cr. Quid? Papa Germanis Podagram mittit? St. Omnia:
Ventum erat ad Sacra, Te Deum laudamus, hic
Cunctis canebant Organis ac vocibus:
Cr. Quod Papa asinum misisset in Germaniam?
St. Ibi Cardinalis, nescio quid barbare
Sermocinatus Populo, digitis inclytis
Benedictionem: residens in mulam."

Untersuchung des ebenfalls konfessionspolemischen Dramas *Phasma* von Nicodemus Frischlin[223] hat Fidel Rädle festgehalten, dass es den Autoren von Kampfdramen vor allem darum ging, die „menschlichen Persönlichkeitsdefekte und intellektuellen Seltsamkeiten" der Nichtlutheraner aufzudecken.[224] Diese Art persönlicher Diffamierung besaß zu Blocius Zeiten bereits eine lange Tradition. Das bekannteste humanistische Beispiel sind sicher die *Epistolae obscurorum virorum*.[225] Die vormoderne Polemik war somit den heutigen Gepflogenheiten im öffentlichen Diskurs diametral entgegensetzt: Heute sieht man von der Person ab und fokussiert auf die Sache. Mit der Durchsetzung des Internet als neuem Leitmedium scheint diese Polemik jedoch wieder auf dem Vormarsch zu sein.

Dass sich Blocius in seiner *Eusebia* nicht allein gegen die Katholiken, sondern auch gegen die Vertreter des eigenen Lagers richtet, zeigt u. a. die vorletzte Szene des Stückes, in der die Philippisten Johannes Bugenhagen und Georg Major sowie ihre gnesiolutheranischen Gegner Matthias Flacius, Nikolaus von Amsdorf und Nikolaus Gallus auftreten. Entgegen den humanistischen Traditionen des Gymnasiums zeigt Blocius klare Sympathien für die Flacianer. Das eigentliche Angriffsziel ist hier Melanchthon, der jedoch – wohl wegen seiner Verdienste um das Schulwesen und der nach wie vor verwendeten Lehrbücher – nicht explizit attackiert werden konnte. So führt etwa Amsdorf aus, das Interim und die „Neuerungen" Majors hätten der Kirche großen Schaden zugefügt. Im Widerspruch zur historischen Realität beschuldigt Amsdorf die Philippisten der Errichtung „zahlloser Schismata".[226]

Auf die Adiaphorakontroverse bezugnehmend äußert Bugenhagen, das Streben der Anhänger Melanchthons nach öffentlichem Frieden könne der Kirche keinen Schaden zufügen. Darauf Gallus: „Ha! Die Reinheit der Lehre und der Sakramente zerstören, den Kultus des Antichrists von Neuem aufrichten, neue

---

223 Vgl. Nicodemus Frischlin: Phasma. Hrsg. und übers. von David Price. In: Frischlin: Sämtliche Werke, Bd. 3, T. 2, Stuttgart-Bad Cannstatt 2007; David Price: The Political Dramaturgy of Nicodemus Frischlin. Essays on Humanist Drama in Germany. Chapel Hill u. a. 1990; sowie Nicola Kaminski: Polyglossie, Polysemie: zum konfessionspolitischen Standort von Nicodemus Frischlins Phasma. In: Reinhold F. Glei, Robert Seidel (Hgg.): Das lateinische Drama der Frühen Neuzeit. Exemplarische Einsichten in Praxis und Theorie. Tübingen 2008 (Frühe Neuzeit 129), S. 165–181.
224 Rädle: Frischlin und die Konfessionspolemik im lateinischen Drama des 16. Jahrhunderts, S. 519.
225 Vgl. Karl Riha (Hg.): Dunkelmännerbriefe. An Magister Ortuin Gratius aus Deventer. Frankfurt a. M. 1991; sowie Günter Hess: Deutsch-lateinische Narrenzunft. Studien zum Verhältnis von Volkssprache und Latinität in der satirischen Literatur des 16. Jahrhunderts. München 1971 (Münchner Texte und Untersuchungen zur Literatur des Mittelalters 41).
226 Gemeint ist hier die innerprotestantische Kontroverse um die Guten Werke aus den fünfziger Jahren. Vgl. Kap. B. 1.9. Verteidigung humanitären Handelns: Der Majoristische Streit.

Grundsätze einführen, was ihr mit eurem Interim angerichtet habt, dieses euer ‚Streben nach öffentlichem Frieden' könne der Kirche nicht schaden?" Amsdorf beschimpft Major und Bugenhagen als „schlaue Füchse", die die „Schafe Christi" dem Wolf – gemeint sind Kaiser und Papst – ausgeliefert hätten. Aus Leichtfertigkeit und fehlender Glaubenstreue hätten die Philippisten mit ihrem „Streben nach öffentlichem Frieden" Gott dem Teufel, Christus dem Antichrist gleichgesetzt.[227]

Den Gnesiolutheranern, führt Amsdorf weiter aus, bedeuteten das „Reich und die Ehre Gottes" mehr als ein „ersonnener, schwächlicher Frieden der Welt und irdische Güter". Jene würden die Gnesiolutheraner, diese jedoch die Interimisten anstreben. Der „Frieden der Welt" sei vergänglich, das „Reich Christi" dagegen währe ewig. Darauf widerspricht Bugenhagen: „Wo der öffentliche Friede fehlt, befindet sich die Kirche in Verwüstung".[228]

In seiner darauffolgenden Antwort steigert sich Amsdorf zu einem die Szene abschließenden Pathos. Seine Antwort besitzt über die innerlutherischen Kontroversen hinaus Geltung und soll den Schülern exemplarisch seine „Glaubenstreue" und „Standhaftigkeit" angesichts drohender Verfolgungen demonstrieren. In der vorletzten und letzten Szene des Dramas findet sich – neben der persönlichen Diffamierung des Gegners – auch das zweite, aus den oben zitierten Magdeburger Drucken bekannte Element der Konfessionspolemik: die Erzeugung eines irrationalen Glaubens an Sieg der eigenen Sache.

> Amsdorf:
> Wo menschliche Satzungen und Bräuche überwiegen, schaden sie dem Evangelium mehr als Schwert und Feuer. Du wirst dich eines Tages rechtfertigen müssen. Wir dagegen sind, was das anbetrifft, unschuldig: wir haben nichts Neues begonnen, nichts abgeändert, noch werden wir etwas ändern. Dennoch werden wir gezwungen sein, Verfolgungen zu erleiden, sogar den Tod, ja die vollständige Vernichtung. Doch es geschehe, führe es herbei, Wille des Herrn, bis das Wort Gottes siegen wird.[229]

---

227 Blocius: Eusebia Magdeburgensis, G 8 v–H 1 r.
228 Ebd., H 1 v.
229 Ebd., H 1 r:
„Ams. Multo magis ubi Cerimonias hominum
Ac traditiones praevalere senseris,
Hae plus nocent Evangelio, quam gladius ac
Ignis. Tua vox in opere Christianorum erit;
Et Spiritus Sancti. Sed quicquid illud est
Sumus innocentes, nihil incepimus novi,
Mutavimus nihil, nihil mutabimus.
Pati tamen cogemur nos calumnias,
Mortem vel ipsam, et excidium omne! Fiat, age,
Domini voluntas, dum vincat VERBVM Dei."

Der erste Teil des Zitats bezieht sich auf den zentralen Vorwurf der Gnesiolutheraner, die Anhänger Melanchthons hätten die „reine Lehre" Luthers durch Zusätze verfälscht.[230] Im zweiten Teil gewinnt das Zitat an Aktualität für die gegenwärtige Situation Magdeburgs im Dreißigjährigen Krieg. Das Medium Schuldrama sollte zur Ausprägung einer gewissen Geisteshaltung beitragen. Die Schüler wurden zur bedingungslosen Hingabe an die lutherische Konfession erzogen, wozu auch die Bereitschaft zur Opferung des eigenen Lebens gehörte. Selbst eine Eroberung und Zerstörung der Stadt sei, so Amsdorf, für den Sieg der lutherischen Sache in Kauf zu nehmen.

In der letzten Szene des Stückes erfährt Blocius' Propaganda für den Religionskrieg noch einmal eine Steigerung und Verdichtung. Hier tritt erneut die Magdeburger Jungfrau als Personifikation der Stadt auf. Amsdorf fragt die *Virgo*, warum sie so heiter sei. Die Jungfrau entgegnet: Weil ihr Schicksal es gut mit ihr meine, denn das Wort Gottes könne durch keinerlei Machenschaften mehr zerstört werden. Doch dann zeigt sie sich skeptisch: Man wisse nicht, was die Zukunft noch für Prüfungen bereit halte. Amsdorf stimmt ihr zu:

> Amsdorf:
> Oh eiserne, Oh unzerbrechliche Kette des Schicksals![231] [...] Wenn wir des Kreuzes ledig sein könnten, in der Lage wären, uns der Verfolgungen zu entledigen, dann erst würden wir das wahrhaftige Wort Gottes lieben!
> Virgo:
> Nein. Was sein wird, was passieren könnte, wir werden es überwinden. Mit der Hilfe Christi, für dessen Sache allein wir kämpfen. So habe ich meinen Geist gerüstet: die Welt verachten, Christus standhaft nachfolgen.
> Amsdorf:
> Gott möge dir dabei helfen.
> Virgo:
> Nun folge mir.[232] Ihr aber: Lebt wohl und applaudiert![233]

---

230 Vgl. Kap. A. 2.1. Gnesiolutheraner und Philippisten.
231 Der Topos der unzerbrechlichen Kette steht für die Bestimmung des Schicksals durch die Vorsehung, der man nicht entgehen könne. Er geht wohl zurück auf Boethius: Consolatio philosophiae 5, 2, 1f.: „Sed in hac haerentium sibi serie causarum estne ulla nostri arbitrii libertas, an ipsos quoque humanorum motus animorum fatalis catena constringit?" Vgl. Boethius: De Consolatione Philosophiae Opuscula Theologica. Ed. Claudio Moreschini. München, Leipzig 2000 (Bibliotheca Teubneriana), S. 131f.
232 Die Wendung „sequere me" steht für die Imitatio Christi (vgl. Mk 1, 17; Mt 8, 22; Joh 21, 19). Gefordert wird hier die Bereitschaft zum Martyrium für den lutherischen Glauben.
233 Blocius: Eusebia Magdeburgensis, H 2 r:
„Ams. o ferream! o adamantinam
Fati catenam! o Christianismi legem!
Si crucis expertes, persecutionibus

Mit der Thematisierung einer ungewissen Zukunft, der man dennoch standhaft und siegesgewiss entgegensehe, stellt Blocius den Bezug zur Belagerung Magdeburgs von 1550/51 her. Das Exempel der siegreich überstandenen Belagerung sollte die Schüler in ihrem Glauben an den Beistand Gottes für die lutherische Konfession befestigen. Ähnlich wie in den anderen oben zitierten Magdeburger Drucken aus der Vorzeit der Zerstörung wird die *memoria* der Belagerung für die aktuellen Zwecke des Religionskrieges instrumentalisiert.

Blocius steht mit seinem *Glossarius* und der *Eusebia Magdeburgensis* im Widerspruch zur irenischen Tradition des Gymnasiums, wie sie von den Rektoren nicht allein in Schriften propagiert, sondern auch durch das eigene Beispiel vorgelebt wurde. Rektor Abdias Prätorius wurde von Matthäus Judex, einem der Hauptautoren der Magdeburger Zenturien, wegen seiner freundschaftlichen Kontakte zu Katholiken öffentlich angegriffen. Doch Prätorius entschied sich für deeskalierendes Verhalten: Er ließ die Provokationen unbeantwortet und verließ die Stadt.[234] In seiner Rede *De Pace*[235] hat er dieses Verhalten reflektiert: Zur Erhaltung des Friedens sei es in bestimmten Fällen dienlicher, die Angriffe der Anderen demütig zu ertragen, ohne sie zu erwidern. Prätorius agierte in brieflicher Abstimmung mit seinem Mentor Melanchthon, der in der Adiaphorakontroverse gegenüber Matthias Flacius ähnlich verfuhr und sich in zahlreichen Deklamationen in die ältere irenische Tradition des Humanismus stellte.[236]

Georg Rollenhagen führte im dritten Buch seines *Froschmeuselers* seinen Schülern auf drastische Weise die Realität des Krieges vor Augen, um sie vor künftigen militärischen Auseinandersetzungen zu warnen und abzuschrecken.[237] Erst nachdem alle diplomatischen Mittel ausgeschöpft seien, so prägte Rollenhagen seinen Lesern ein, käme Krieg als Ultima Ratio in Betracht. Außerdem enthält

---

Carere possemus, Verum Dei Verbum
Tum primum amaremus! Vi. Non: quicquid erit,
Quod obvenire possit, ELUCTABIMUR.
Christo iuvante, cuius causa unius agitur.
Ita praeparavi mentem, Mundum spernere,
CHRISTUM sequi CONSTANTER. Ams. id Deus iuvet
Te. Vi. Nunc sequere me. Vos
VALETE ET PLAUDITE."

234 Vgl. Kap. B. 2.6.–8.
235 Vgl. Kap. B. 2.10. Irenik in der „Herrgotts Kanzlei": Oratio de Pace.
236 Vgl. zu Melanchthons Rede De utilitate fabularum Kap. B. 4.5. Eine neue Gesamtdeutung des Froschmeuselers.
237 Vgl. Kap. B. 4.12. Zur Irenik im Froschmeuseler.

der *Froschmeuseler* ein Plädoyer für Toleranz gegenüber den Katholiken und gegen die Ausübung von Gewissenszwang.[238]

In den Wirren des Dreißigjährigen Krieges, die in den zwanziger Jahren in immer stärkerem Ausmaß auch Magdeburg betrafen, verlor diese humanistische Tradition des Schließens von Kompromissen und der friedlichen Beilegung von Konflikten sukzessive an Überzeugungskraft. Analog zur Situation von 1550 galt jeglicher Kompromiss mit dem Kaiser als Verrat am lutherischen Glauben. Neben den Magdeburger Predigern nährte auch Blocius den Glauben an die eigene Unfehlbarkeit und Unbesiegbarkeit, was 1631 eine realistische Einschätzung der Lage verhinderte und die Magdeburger sehenden Auges in den Untergang ihrer Stadt führte. Diese fatale Hybris ist sowohl in ihren Erscheinungsformen als auch in ihren desaströsen Folgen den Nationalismen späterer Jahrhunderte vergleichbar.

---

238 Vgl. Kap. B. 4.11. Verbindung von Philippismus und Irenik.

D Zusammenfassung

Die Zusammenfassung gliedert sich in zwei Teile. Im ersten Teil soll ein Überblick über die gymnasiale Druckproduktion und die Entwicklung der literarischen Gattungen im Gesamtzeitraum gegeben werden. Der zweite Teil wird sich dann um eine Bilanzierung der historischen Entwicklung des Gymnasiums bemühen, wobei das besondere Augenmerk auf die Qualität der Lehre und die Stellung des Gymnasiums innerhalb des institutionellen Gefüges der Stadt Magdeburg gelegt werden soll.

1 Bilanz der gymnasialen Druckproduktion

Bei der Betrachtung der gymnasialen Drucke lassen sich zwei Phasen unterscheiden. Eine erste „Phase der Etablierung" reichte von der Gründung des Gymnasiums bis ca. 1560, darauf folgte die bis zum Ende des Betrachtungszeitraums währende „Phase der Differenzierung". Durch die Forschungen von Michael Schilling ist deutlich geworden, dass der Anteil volkssprachlicher Drucke in Magdeburg bereits zu Beginn der Produktion vor 1500 sehr hoch gewesen ist. Die ersten Magdeburger Drucker stellten vornehmlich niederdeutsche Drucke zur Erbauung des „lesekundigen Gemeinen Mann[es]" her.[1] Da eine Universität fehlte, setzte eine nennenswerte lateinische Druckproduktion erst mit dem Wirken Georg Majors als Rektor des Gymnasiums ein.

Die ersten gymnasialen Drucke erschienen zu Beginn der 1530er Jahre. Unter Georg Majors Namen wurden insgesamt sieben Lehrbücher gedruckt; eine stattliche Zahl, wenn man das frühe Ende seines Rektorats im Jahr 1537 berücksichtigt. Major hat sich in der Hauptsache als Herausgeber betätigt. Zu den Lehrwerken, an denen er als Herausgeber beteiligt war, zählen in der Reihenfolge des Erscheinens: ein niederdeutsch-lateinischer Katechismus; Ausgaben von Werken des Erasmus; eine Auswahlausgabe des römischen Historikers Justinus sowie eine Sammlung von Sentenzen aus der römischen Dichtung.[2]

Major hat den Aufbau des Gymnasiums klar als seine Aufgabe erkannt und sein publizistisches Wirken daran ausgerichtet: Dem Elementarunterricht dienten der Katechismus sowie die Lehrbücher für Grammatik und Rhetorik. Doch Magdeburg verdankt dem späteren Wittenberger Theologieprofessor auch die ersten

---

1 Vgl. Schilling: Einleitung: Zum Magdeburger Druck- und Verlagswesen im 16. Jahrhundert, S. 13.
2 Vgl. Kap. B. 1.3.–7.

Werke einer anspruchsvolleren lateinischen Literatur. Major hat die Texte von Erasmus und den römischen Dichtern nicht einfach nachdrucken lassen, sondern er fügte sie in ein Begriffsraster ein – das Schema der *Loci communes*. Auf diese Weise erleichterte Major seinen Schülern den Zugang und die Interpretation. Er folgte darin seinem Lehrer Melanchthon, dessen *Loci theologici* von 1521 nicht allein theologisch, sondern auch methodologisch für die darauffolgenden Jahrzehnte Maßstäbe setzten.

Den Höhepunkt der Tätigkeit von Major bildeten ohne Zweifel seine *Sententiae veterum poetarum*, ein vielfach nachgedrucktes, umfangreiches Kompendium der römischen Dichtung. Dem Schüler eröffnete sich hier gleichsam ein Kaleidoskop der antiken Literatur und Philosophie. Gleichzeitig wurden mit den *Sententiae* die Grundlagen zu einer eigenen Versifikation gelegt. Zu den Vorläufern und Parallelen in dieser Gattung zählten die Sammlungen von Johannes Murmellius und Johannes Sturm; erstere wurde auch in Magdeburg nachgedruckt und am Gymnasium verwendet.

Es erscheint als eine reizvolle Aufgabe, diese Sammelausgaben der antiken Dichtung aus dem protestantischen Raum einer vergleichenden Betrachtung zu unterziehen. Zu den Ergebnissen dieser Untersuchung dürfte gehören, dass sich die ethische Grundierung dieser Ausgaben nicht allein in der selektiven Auswahl der Klassikerzitate, sondern auch in ihrer Anordnung unter Begriffen der Moralphilosophie wie „Tugend" oder „Laster" manifestierte. Paradoxerweise wurden sie trotz dieser moralischen Ausrichtung von Theologen als unsittlich angefeindet und bekämpft, wie sich am Beispiel der Kontroverse zwischen dem Straßburger Prediger und Superintendenten Johann Marbach und Johannes Sturm nachvollziehen lässt.[3]

Der Antritt des zweiten bedeutenden Rektors nach Major ist zugleich mit einem Novum in der gymnasialen Druckproduktion Magdeburgs verbunden: der Antrittsrede. Am Beginn dieser traditionsreichen Gattung steht Abdias Prätorius mit seiner 1553 gehaltenen und gedruckten *Oratio de necessitate rei scholasticae*. Ihm folgten die späteren Rektoren Joseph Goetze und Sigismund Evenius nach, von denen ebenfalls umfangreiche und programmatische Antrittsreden überliefert sind. Durch all diese Reden zieht sich gleichsam wie ein Leitmotiv die Notwendigkeit, auf die Verachtung der Bildung, die sowohl in der einfachen Bevölkerung als auch bei den politischen Eliten weit verbreitet war, angemessen zu reagieren.

Evenius erweiterte das Verständnis der Gattung Antrittsrede. Der letzte Magdeburger Rektor des Betrachtungszeitraums ließ 1622 unter dem Titel *Honor*

---

3 Vgl. Kap. A. 2.3.

scholarum assertus et restitutus gleichzeitig seine Abschiedsrede am Hallenser Gymnasium und seine Magdeburger Antrittsrede drucken. Während die Hallenser Rede in einem ersten Schritt die Missstände im Bildungswesen darlegt, will die Magdeburger Rede Mittel und Wege zur Überwindung der Krise aufzeigen.

Thesenartig kann formuliert werden, dass die Reden von Prätorius, Goetze und Evenius gleichzeitig die Entwicklung der neulateinischen literarischen Gattungen spiegeln. Prätorius' Rede besticht noch durch einen kappen, gewählten Ausdruck und eine Ausarbeitung bis ins letzte Detail. Nicht zuletzt sollte sie den Schülern als stilistisches Vorbild dienen. Die zwei Reden von Evenius dagegen sind wesentlich umfangreicher, wirken eher wie flüchtig aufgezeichnet und ermangeln daher der sprachlichen Prägnanz ihrer Vorgänger.

Prätorius war in zwei Gattungen prägend: der Antrittsrede und der Schulordnung. Zunächst trat er jedoch ein schweres Erbe an. Das Gymnasium war durch den Schmalkaldischen Krieg und die Belagerung von 1550/1551 fast gänzlich zum Erliegen gekommen. Dementsprechend stellte er sich in seiner Antrittsrede als neu installierter Rektor die Aufgabe einer *restauratio* seiner Institution. Dass er diese selbstgestellte Aufgabe mit Bravour zu lösen im Stande war, zeigt seine Schulordnung aus demselben Jahr. Unter dem Titel „Ordnung, Gesetze und Statuten des Magdeburger Gymnasiums"[4] werden für sämtliche Wechselfälle des schulischen Alltages – vom Kirchengesang bis zu den Unterrichtsinhalten – detaillierte Anordnungen getroffen. Von der Urform der lutherischen Schulordnungen, Melanchthons *Vnterricht der Visitatoren* von 1528,[5] unterschied sie sich durch ein stärkeres Maß an Systematik der Beschulung und Differenzierung der Unterrichtsinhalte. So waren im *Vnterricht* lediglich drei, in Magdeburg dagegen – ausgerichtet am Straßburger System – neun Klassen vorgesehen.

Späteren Betrachtern zufolge zeichnet sich diese Schulordnung gegenüber anderen des lutherischen Raumes durch Prägnanz und Klarheit des Stils aus. Das Hauptanliegen von Prätorius war, dass seine eigenen Schüler die Ordnung verstanden und befolgten. Die Magdeburger Schulgesetzte wurden durch Siegfried Sack neu herausgegeben und waren nachweislich noch 1619 im Gebrauch.

Mit der Verfassung der Schulordnung fand in Magdeburg die „Phase der Etablierung" ihren Abschluss. Zum Wesen dieser ersten Phase gehörte, dass sich die Literaturproduktion allein auf die Rektoren beschränkte. Ausnahmen bilden im Anfangszeitraum allein das Schuldrama *Jacob* von Joachim Greff[6] und die musikalischen Lehrbücher von Martin Agricola, beide Lehrer am Magdeburger

---

4 Vgl. Kap. B. 2.1.
5 Vgl. Kap. A. 1.3.
6 Vgl. Kap. C. 2.

Gymnasium. Darin liegt zugleich der hauptsächliche Unterschied zur „Phase der Differenzierung", in der nicht mehr allein Texte von Rektoren, sondern ebenso von Lehrern und Schülern des Magdeburger Gymnasiums gedruckt wurden. Insbesondere die Texte von Schülern sind in der vorliegenden Untersuchung nur marginal berücksichtigt worden,[7] worin zugleich das Potential künftiger Studien zum Magdeburger Gymnasium zu erkennen ist.[8]

Unter Sigismund Evenius erschienen die Lehrbücher nicht mehr unter dem Namen des Rektors, sondern der betreffenden Lehrer,[9] was dem Amtsverständnis von Evenius als übergeordnetem Supervisor des Gymnasiums, der nicht selbst am Unterricht teilnahm, entsprach. Evenius steuerte jedoch Vorreden bei, in denen er die Bedeutung des jeweiligen Lehrers und seines Werks herausstellte. Die „Phase der Differenzierung" erreichte folglich mit Evenius ihren Höhepunkt und Abschluss. Nach der Zerstörung von 1631 sollten mehrere Jahrzehnte vergehen, bis wieder ein Lehrbuch in Magdeburg gedruckt wurde.

---

[7] Vgl. jedoch Kap. B. 3.7.

[8] Vgl. z. B. die Sammlung von elf Schülerreden über Magdeburger Heilige und Bischöfe, die sich im Bestand der SUB Göttingen befinden: Johann Joachim Schmidt: Oratiuncula De Edittha Angliae Regina, Imperatrice Romana, Ducissa Saxoniae, Fundatrice Magdeburgensis Civitatis / Conscripta & Exercitii Publici causa in Gymnasio Magdeburgensi, memoriter recitata a Johanne Joachimo Schmidt. Magdeburg 1625; Erasmus Francke: Oratiuncula De Mauritii Aegyptii Thebaeae Legionis Ducis Primipili Vita, Rebus gestis, & laudibus. Magdeburg 1625; Christian Wellmann: Oratiuncula De Adalberti Primi Magdeburgensis Archiepiscopi. Vita, Rebus gestis & laudibus. Magdeburg 1625; Ulrich Zabel: Oratiuncula De Dagani Archiepiscopi Magdeburgensium Tertii Vita, Rebus Gestis Et Laudibus. Magdeburg 1625; Andreas Handschius: Oratiuncula De Geronis Archiepiscopi Magdeburgensium Quinti Vita, Rebus gestis & laudibus. Magdeburg 1625; Jacob Gebhard: Oratiuncula De Humfridi Et Engelhardi Sexti & Septimi Archiepiscoporum Magdeburgensium Vita Rebus gestis & Laudibus. Magdeburg 1625; Otto Fesekenius: Oratiuncula De Werneri IIX. Archiepiscopi Magdeburgensis Vita, Rebus gestis & laudibus. Magdeburg 1625; Nicolaus Göttling: Oratiuncula De Hardevici IX. Archiepiscopi Magdeburgensis Vita, Rebus gestis & laudibus. Magdeburg 1625; Johannes Berg: Oratiuncula De Nortberti 13. Archiepiscopi Magdeburgensis, Vita, Rebus gestis, & laudibus. Magdeburg 1625; Christian Brandes: Oratio De Heinirici Archiepiscopi Magdeburgensium Noni Vita, Rebus gestis & laudibus. Magdeburg 1625; Johann Buchholtz: Oratio De Heideccii XXX. Et Othonis XXXI. Archiepiscoporum Magdeburgensium: Vita, Rebus Gestis & Laudibus. Magdeburg 1625.

[9] Vgl z. B. Moser: Nucleus philosophiae; Adam Dürrer: Liber novus de particulis Latinae linguae, ex vetustis et recentibus passim scriptoribus in gymnasio Magdeburgensis congestus. Magdeburg 1624; ders.: Syllepsis Biblica Das ist: Kurtzer Bericht der Vornembsten Historien vnd Lehren, so jedem Capittel der Heiligen Biblien einverleibet : zum Nützlichen vnterricht der lieben Jugend, Jn der Löblichen Schulen zu Magdeburgk, auff gutachten Christliebender Hertzen, Durch Adamum Durrerum verfasset vnd zum Druck außgegeben / Mit einer Vorrede, M. Sigismundi Evenii, Rector: der Schulen zu Magdeburg. Magdeburg 1623.

2 Schlusswort: Vom Zustand humanistischer Bildung in Magdeburg

Gemessen an der kontinuierlich hohen Schülerzahl muss das Magdeburger Gymnasium zu den bedeutendsten und am meisten frequentierten Gelehrtenschulen des protestantischen Raumes gezählt werden. Allein die Belagerung von 1550/51 und der Dreißigjährige Krieg führten zu einem signifikanten Einbruch der Frequenz.

Doch die Quantität allein sagt noch nichts aus über die Qualität der Lehre an einer Bildungseinrichtung. Nach dem euphorischen Beginn im Zuge der Reformation Magdeburgs wurden zuerst von Georg Major Klagen geäußert über die bildungsferne und -feindliche Atmosphäre in der Stadt. In den Vorreden und Widmungsadressen zu seinen Lehrbüchern kritisierte Major vor allem die fehlende Nachhaltigkeit der Ausbildung: Nachdem er bei vielversprechenden Schülern bereits die Grundlagen für eine spätere Gelehrtenexistenz gelegt hätte, würden die meisten das Gymnasium früh verlassen, um ein Handwerk oder andere nichtakademische Berufe auszuüben, womit immer auch ein Absinken ihres sittlichen Niveaus verbunden sei.[10] Angesichts dieser Klagen könnte die These aufgestellt werden, dass sich die gymnasiale Lehre in der Handelsmetropole Magdeburg bereits früh an den späteren beruflichen Anforderungen ausrichtete: Gebraucht wurden hier vor allem Handwerker und Kaufleute. Dem Humanisten und Gelehrten Major wurde dadurch der Handlungsspielraum eingeschränkt. Folgerichtig kehrte er Magdeburg den Rücken, um eine Professur an der Universität Wittenberg anzutreten.

Nach Majors eigenem Zeugnis trug zu seinem Weggang auch die fehlende Wertschätzung und geringe Besoldung seitens des Rates bei. Darüber hinaus wurde im entsprechenden Kapitel ein latenter oder offener Gegensatz zum Magdeburger Superintendenten Nikolaus von Amsdorf in Betracht gezogen. Je stärker sich ein Gelehrter der humanistischen Lehre und dem Studium der antiken Autoren verschrieb, desto weniger relevant wurde für ihn die Grenzziehung gegenüber anderen Konfessionen. Amsdorf dagegen richtete seinen theologischen Standpunkt auf polarisierende Weise an der Lehre Luthers aus und bekämpfte jede Abweichung vom Wortlaut derselben. Nur wenige Jahre später führten Major und Amsdorf über die Frage, ob Gute Werke zur Erlangung des Seelenheils notwendig seien, eine langanhaltende Kontroverse.[11]

---

10 Vgl. Kap. B. 1.5.
11 Vgl. Kap. B. 1.9.

2 Schlusswort: Vom Zustand humanistischer Bildung in Magdeburg

Für das Gymnasium bedeutete der Weggang Majors einen großen Verlust. Aufgrund ihrer klaren Sprache und Praktikabilität im Unterricht gehörten die Lehrbücher Majors zu den am meisten nachgedruckten des lutherischen Raumes. Nach Majors Rektorat kam die publizistische Aktivität am Gymnasium fast vollständig zum Erliegen. Von seinen Nachfolgern, Joachim Woltersdorf und Wilhelm Rivenius, sind jedenfalls keine eigenen Lehrbücher überliefert.

Erst das Rektorat des Abdias Prätorius brachte wieder einen Aufschwung in der Lehre und Publikation eigener Lehrwerke. In seiner Funktion als Rektor verfasste Prätorius eine Schulordnung, die dem Unterricht in Magdeburg für die kommende Jahrzehnte eine feste Struktur gab. Darüber hinaus wird er seine Schüler zur vertieften und systematischen Beschäftigung mit den antiken Autoren angeregt haben, verfasste er doch für die Fortgeschrittenen Lehrbücher der Dialektik, griechischen Syntax und hebräischen Grammatik.

Prätorius ist von allen Magdeburger Rektoren des Betrachtungszeitraums wahrscheinlich am tiefsten in die Materie der humanistischen Gelehrsamkeit eingedrungen. Doch Magdeburg war dem Gelehrten keine bleibende Heimstätte: Nach Anfeindungen seitens des Zenturiators Matthäus Judex wandte er sich an die Universität Frankfurt a. O., um dort eine Professur für Hebräisch anzutreten.[12]

Die Kontroverse mit den Magdeburger Gnesiolutheranern war indes kein bloßes Gelehrtengezänk, sondern wurzelte tief im städtischen Machtgefüge. Durch eine Kontextualisierung mit der Stadtgeschichte konnte der Nachweis erbracht werden, dass zwischen der Lehre am Gymnasium und den übrigen städtischen Institutionen ein latenter Gegensatz herrschte. Am Gymnasium lehrten Schüler Melanchthons, die fest in der humanistischen Tradition verankert waren und eher den Ausgleich suchende, irenische Positionen vertraten. Die Ratsherren und Bürgermeister orientierten sich dagegen lange Zeit an den Vorgaben der polarisierenden Theologen um Flacius und Amsdorf, was der Stadt letztlich Isolation und Belagerung eintrug. Angesichts dieser Dominanz der Prediger in der öffentlichen Sphäre Magdeburgs ist es sicher kein Zufall, dass der Humanist und erklärte Ireniker[13] Abdias Prätorius die Stadt verlassen musste.

Der Weggang von Prätorius hinterließ am Gymnasium ein gewisses Vakuum. Obwohl sein Nachfolger Siegfried Sack den philippistischen Lehren die Treue hielt und sich auch gegen Heshusen, Wigand und Judex durchzusetzen wusste, muss die Qualität der Lehre am Gymnasium eine deutliche Einbuße erfahren haben. Sack hat lediglich zwei Lehrbücher publiziert, die sich eng an Werke von Erasmus anschließen und eine eigenständige Bedeutung vermissen lassen. Nach

---

12 Vgl. Kap. B. 2.9.
13 Vgl. Kap. B. 2.10.

nur neun Jahren im Rektorat gab er den Posten auf und wurde Domprediger. Seine spätere publizistische Wirksamkeit erstreckte sich im Gegensatz zu der breitgefächerten von Prätorius ausschließlich auf den Bereich Leichenpredigten.

Der innerprotestantische Gegensatz zwischen Gnesiolutheranern und Philippisten blieb bis in das Rektorat von Georg Rollenhagen hinein bestimmend. Rollenhagen war der letzte – wenn auch indirekte – Schüler Melanchthons an der Spitze des Gymnasiums. In der Darstellung seines Rektorats lag der Schwerpunkt auf seinem großen volkssprachlichen Lehrbuch der Politik, dem *Froschmeuseler*. Trotz der Existenz zahlreicher Forschungsbeiträge zu den unterschiedlichsten Facetten des Werkes gelang hier eine Neuausrichtung auf die wichtigste Lehre, die Rollenhagen für seine Magdeburger Schüler und einen überregionalen Leserkreis bereit hielt: die Irenik.

Obwohl er die Dichtung zu einer vielgestaltigen Enzyklopädie des Wissens seiner Zeit ausbaute, zeigte sich Rollenhagen in der Grundtendenz von der Interpretation seiner Vorlage – der antiken *Batrachomyomachia* – durch Melanchthon beeinflusst. Wie seine Vorgänger Major und Prätorius setzte sich Rollenhagen für Diplomatie und Deeskalation von militärischen Konflikten ein. Der *Froschmeuseler* erscheint so als große Warnung vor dem Religionskrieg zwischen Katholiken und Lutheranern. Rollenhagen hat dem Magdeburger Gymnasium über einen Zeitraum von mehr als 40 Jahren die Treue gehalten – laut Selbstzeugnis weil er nicht in die andernorts grassierenden theologischen Händel verwickelt werden wollte.

Rollenhagens Nachfolger Joseph Goetze war ohne Zweifel ein Gelehrter vom Format seiner Vorgänger Major und Prätorius. Er hat sich vor allem auf dem Gebiet des Schuldramas Meriten erworben.[14] Dass er darüber hinaus die humanistischen Studien noch in ihrer Totalität als seinen Wirkungsbereich begriff, zeigen seine Orationes, in denen er auf klassisch humanistische Weise für das Studium der aristotelischen Philosophie Partei ergriff.

An diesen Reden lässt sich zugleich eine Verschiebung des Schwerpunktes in der Auseinandersetzung der Rektoren mit den Gegnern humanistischer Bildung ablesen. Nach 1600 waren nicht mehr die innerlutherischen theologischen Kontroversen prägend, sondern die Abwehr der Bildungsreformer um Petrus Ramus und Wolfgang Ratke. Vertreter des akademischen Establishments wie Goetze oder andernorts Johannes Caselius vertraten das Argument, dass mit der Preisgabe der gründlichen altsprachlichen und philosophischen Ausbildung immer auch ein Verlust der moralischen Orientierung verbunden sei.

Darüber hinaus hat sich Goetze auch als Organisator Meriten erworben. Der Rektor setzte bei den Magdeburger Ratsherren eine aufwendige Renovierung des

---

14 Vgl. Kap. C. 3.

2 Schlusswort: Vom Zustand humanistischer Bildung in Magdeburg — 401

Schulgebäudes durch, die 1619 ihren Abschluss fand und in der umfangreichen Festschrift mit dem Titel *ΑΝΑΚΑΙΝΣΙΣ seu renovatio gymnasii magdeburgensis* verewigt wurde. Die Festschrift enthält neben einer Schulordnung und dem Stundenplan der Klassen Nona bis Prima, der Anlass zu einer tiefreichenden Analyse des Magdeburger Curriculums gab, auch elf Reden vom Rektor und sämtlichen Lehrern des Gymnasiums.[15]

Nach dem frühen Tod Goetzes suchte der Rat seinen Vorstellungen von einer Reform des Gymnasiums Geltung zu verschaffen. Da nicht wie ursprünglich geplant Wolfgang Ratke, sondern Sigismund Evenius den Rektorposten erhielt, blieb dem Magdeburger Gymnasium die ratichianische Radikalkur erspart. Evenius übernahm zwar Ratkes muttersprachlichen Unterricht, beließ jedoch die Lektüre einer repräsentativen Auswahl antiker Autoren im Curriculum.

Die wiederaufgefundene Schulordnung *Schola christiana* von 1624 beweist, dass der Elementarunterricht unter Evenius völlig neu ausgerichtet wurde: Statt lateinischer Grammatik und Rhetorik wurde nun ein deutschsprachiger Unterricht in Religion und den Realien erteilt.[16] Magdeburg kann somit zu den ersten Gymnasien überhaupt gezählt werden, an denen Deutsch als Unterrichtsfach gelehrt wurde. Die Forschung ging bisher stets davon aus, dass die volkssprachliche Reform des gymnasialen und universitären Bereichs erst in die zweite Hälfte des 17. Jahrhunderts zu datieren sei. Die *Schola christiana* von 1624 und die damit verbundene Reform des Magdeburger Gymnasiums legen dagegen eine zeitliche Koinzidenz mit der Dichtungsreform von Martin Opitz nahe. Wie gezeigt werden konnte, gab der Beuthener Rektor Caspar Dornau für beides die entscheidenden Impulse.[17]

Dass sich die Wirksamkeit von Evenius nicht auf die Formel Ratichianismus begrenzen lässt, zeigt der Habitualstreit von 1622, in dem der Rektor ein letztes Mal die Lebenskraft der humanistischen Studien in Magdeburg unter Beweis stellte. Der Prediger Andreas Cramer unternahm den Versuch, das Studium der als „heidnisch" gebrandmarkten Philosophie aus dem Unterricht zu verbannen und durch eine vertiefte Frömmigkeitserziehung mittels Katechismus- und Bibellektüre zu ersetzen. Doch Cramer erreichte sein Ziel nicht. Als Reaktion auf den Habitualstreit erschien 1626 in Magdeburg der *Nucleus philosophiae* von Zacharias Moser, eine griechisch-lateinische Ausgabe mit Zitaten aus den Werken von Platon und Aristoteles.[18] Trotz kriegsbedingter wirtschaftlicher Not und fehlender

---

15 Vgl. Kap. B. 5.2.
16 Vgl. Kap. B. 6.5.
17 Vgl. Kap. B. 6.2.
18 Vgl. Kap. B. 6.7.–11.

Wertschätzung seitens des Rates hielt Evenius den Unterricht am Gymnasium bis kurz vor der Eroberung und Zerstörung der Stadt von 1631 aufrecht.[19]

Bilanzierend kann festgehalten werden, dass sich anhand der Magdeburger Verhältnisse die allgemeine Entwicklung des Gelehrtenschulwesens nachvollziehen lässt. Gefahr erwuchs den *Studia humanitatis* zunächst in Gestalt von polarisierenden Predigern, die die Deutungshoheit in der öffentlichen Sphäre für sich beanspruchten und theologische Kompromissvorschläge als Abweichung von der „reinen Lehre" brandmarkten. Nach der Jahrhundertwende waren es dagegen eher die Ramisten und Ratichianer, die dem Nützlichkeitskalkül der städtischen und fürstlichen Obrigkeiten entsprachen und so die Existenz der langjährigen Ausbildung zu Eloquenz und ethischer Reflexion in Frage stellten.

Für die konkreten Rektoren, Lehrer und Schüler bedeutete dies, dass Phasen exzellenter Gelehrsamkeit meist nur von kurzer Dauer waren und durch langandauernde Zeiten des Mittelmaßes abgelöst wurden. Das Beispiel Magdeburg zeigt sowohl den Glanz als auch die Gefährdungen humanistischer Bildung im postreformatorischen Jahrhundert. Aufgabe zukünftiger Forschungen zu anderen großen Gymnasien im protestantischen Raum wird es dann sein, die hier erzielten Ergebnisse zu verifizieren, differenzieren oder korrigieren.

Abschließend soll noch einmal die wichtigste Erkenntnis der gesamten Untersuchung hervorgehoben werden: der Nachweis einer irenischen Ausrichtung der Lehre am Gymnasium. Die bedeutenderen Rektoren, Georg Major, Abdias Prätorius und Georg Rollenhagen, hielten gegen den Druck der lutherischen Konfessionalisierung am Ideal einer befriedeten Welt fest – und das in Magdeburg, der „Herrgotts Kanzlei", Hochburg der Gnesiolutheraner und des Antikatholizismus. Gegen den theologischen Mainstream lehrten sie das Streben nach religiöser Koexistenz und Vermeidung von Kriegen durch diplomatische Verhandlungen.

In ihrer Lehre und in ihren Schriften zeigten sich die Magdeburger Philippisten damit als genuine Erben des älteren Humanismus etwa eines Juan Luis Vives oder Erasmus von Rotterdam. Vermittelt wurde ihnen dieses humanistische Erbe durch Philipp Melanchthon. Dass die Nachwirkung Melanchthons seit der Jahrhundertwende stetig abnahm, hat die Untersuchung des militant antikatholischen Schuldramas *Eusebia Magdeburgensis* von Johannes Blocius erwiesen,[20] in dem die Schüler zum Opfertod für die lutherische Kriegspartei aufgerufen werden. Die *Eusebia* erschien 1624 – nur wenige Jahre vor der vollständigen Zerstörung der Stadt.

---

19 Vgl. Kap. B. 6.14.
20 Vgl. Kap. C. 4.

Quellen- und Literaturverzeichnis

1 Abkürzungen

ADB   Allgemeine Deutsche Biographie
Art.   Artikel
BBKL   Biographisch-Bibliographisches Kirchenlexikon (Bautz)
CR   Corpus Reformatorum
MBW   Melanchthon Briefwechsel
MGG   Die Musik in Geschichte und Gegenwart
ND   Neudruck
NDB   Neue Deutsche Biographie
RE   Realencyklopädie für protestantische Theologie und Kirche
RGG   Religion in Geschichte und Gegenwart
TRE   Theologische Realenzyklopädie
WA   Dr. Martin Luthers Werke (Weimarer Ausgabe)
WA Br Dr. Martin Luthers Briefwechsel
WA Tr Dr. Martin Luthers Werke, Tischreden

2 Quellen

Antwort der Schuldiener in der löblichen Alten Stadt Magdeburgk wider die vngegründete verleumdung D.Tilemanni Hesshusij Vesaliensis. Magdeburg 1563.

Bericht / Confession vnd Bekentnis des Raths / aller Pastorn / Prediger vnd Schuldiener der altenstadt Magdeburg / der Lehr / so daselbst zu diesen zeiten / von Gottes gnaden noch vnuerruckt in Kirchen vnd Schulen gefurt wirdt. Magdeburg 1563.

Blocius, Johannes: Petri Lotichii Secundi Elegiae IV. Libr. 2. De Obsidio Magdeburgensi. Ad Dictionum Latinarum, & Historiae limam Glossarius. Magdeburg 1621.

Blocius, Johannes: Promulsis Magdeburgensis Historiae. Praemetii gratia proditae. Magdeburg 1622.

Blocius, Johannes: Eusebia Magdeburgensis. Drama. Continens Historiam Pietatis in Deum, ex qua Magdeburgenses Anno 1524. 4. Iulii. quae erat Dominica Sexta post Trinitatis, a Divo Luthero in AEde Basilica Iohannitana publica Concione admoniti, divinum a Papisticis Idolomaniae & Ordinum abusibus Reformationis Christianae opus adorti, Regno Antichristi liberati, & mirabiliter sub Dei praesidio Ad Evangelii lucem asserti sunt. Magdeburg 1624.

Cramer, Andreas: Deutliche / Richtige / vnd Wolgemeinte Anleitung wie die zarte Jugend von Kindt auff in Gottes Furcht / Künsten / vnd Sprachen / recht wol / vnd Förmlich könne erzogen vnd ad Academica studia praepariret werden. Magdeburg 1618.

Des Radts der Altenstadt Magdenburgk Bericht, aus was beweglichen vrsachen sich jtziger zeit, etzlich handel zugetragen. Sampt angehengter Christlicher bitt, ermahnung vnd erbietung. Magdeburg 1562.

Dürrer, Johannes: Peplum Memoriae: Seu Textum De Vita, Actionibus & Obitu, Viri Clarissimi, Dn. M. Josephi Goezii P.L.C. Gymnasii Magdeburgici Rectoris meritissimi: XIX. Maii, pie defuncti. XXVI. eiusdem sepulti: Pridie Sepulturae XXV. puta Maii, In honorem optime meriti Praeceptoris In Auditorio Primario recitatum a Johanne Adami Filio Dürrero. Magdeburg 1622.

Erasmus von Rotterdam: Opera omnia Desiderii Erasmi Roterodami. Recognita et adnotatione critica instructa notisque illustrata. Amsterdam 1969 – Leiden 2012.

Erasmus von Rotterdam: De duplici copia verborum ac rerum commentarii duo. In: Opera omnia Desiderii Erasmi Roterodami. Bd. I, 6 (hg. von Betty I. Knott). Amsterdam, New York, Oxford 1988.

Etliche Articken zu notwendiger Kirchen ordnung gehörig, welcher sich die Pfarherrn vnd Diener der Kirchen zu Magdenburg, wie sie den meisten teil bereit bisher breuchlich gewesen, einmütiglich vereiniget vnd entschlossen haben, daruber mit Gottes hülffe hinforder auch festiglich zuhalten. Magdeburg 1554.

Evenius, Sigismund: Methodi Linguarum Artiumque compendiosioris Scholasticae Demonstrata Veritas. In Schola Hallensi illustri ad disputandum Exercitii publici loco proposita. Halle 1620, Magdeburg 1622.

Evenius, Sigismund: Honor Scholarum assertus et restitutus. Quem Dissertationibus Duabus comprehensum, Una De Contemtu Scholarum Scholasticique Ordinis, Eiusque Veris Ac genuinis caussis Halae Saxonum in dimissione: Altera De Vindicando Huiusmodi Contemtu, Magdeburgi in solemni receptione Pronuntiatis. Magdeburg 1622.

Evenius, Sigismund: Schola christiana solide ac pie erudita, Das ist / Formul vnd Abriß / wie eine Christliche Gelärte Schule / Christlich vnd richtig solle vnd müsse angestellet werden / damit die Jugend Gottselig vnd nützlich erzogen / vnd eine Christliche Gemeine in allen Ständen vngezweiffelten Nutz vnd Erbawung daher zuerwarten habe. Magdeburg 1624.

Evenius, Sigismund: Rector Gymnasii Magdeburgensis M. Sigismundus Evenius, Omnibus Omnium Ordinum Viris Eruditis Reique literariae ac Conventuum piorum Scholasticorum: amantibus: Zugleich auch Der Ehrsamen gesambten Bürgerschafft der Alten Stadt Magdeburgk / Schencket diesen des H. Lutheri SchulRath [...] zu einen Glücksehligen Frieden vnd Frewdenreichen Newen Jahre. Magdeburg 1629.

Gilbert de Spaignart, Christian: Kriegs Religion, Darin des heutigen vnd alten Biblischen Kriegswesens beschreibung vnd vergleichung, [...] gewiesen wird. Hamburg 1628.

Goetze, Joseph: Oratio De Norma Et Forma Disciplinae In Scholis Recte Feliciterque Instituendae Et Conservandae / In Celeberrimo Gymnasio Magdaeburgensium, Cum Jussu [...] Senatus Magdaeburgici in illud introduceretur Rector M. Iosephvs Goezivs XII. Calend. Iunij, Anno Epoches Christianae, MDCX. Memoriter ab eodem habita. Accesserunt Carmina quaedam gratulatoria ab Amicis scripta. Magdeburg 1610.

Goetze, Joseph: Tragico-Comoedia. Von dem heilgen Patriarchen Joseph welchen Gott der Allmechtige durch viel Creutz vnd Trübsal zu grossen Ehren vnd Digniteten wünderlich erhaben. Magdeburg 1612.

Goetze, Joseph: Anakainisis Seu Renovatio Gymnasii Magdeburgensis, cum suis programatibus, legibus, lectionibus, etc. [...]. Magdeburg 1619.

Goetze, Joseph: Oratio de internis scholarum ornamentis, praeceptorum iuxta et discipulorum bonorum notis et officiis in schola convenientibus. In: Goetze: Anakainisis Seu Renovatio Gymnasii Magdeburgensis, E 3 v – G 3 v.

Greff, Joachim: Ein lieblich vnd nuetzbarlich spil von dem Patriarchen Jacob vnd seinen zwelff Soenen. Aus dem Ersten buch Mosi gezogen / vnd zu Magdeburg auff dem Schuetzenhoff / im 1534. iar / gehalten. Magdeburg 1534.

Guericke, Otto von: Geschichte der Belagerung, Eroberung und Zerstörung Magdeburg's. Aus der Handschrift zum erstenmale veröffentlicht von Friedrich Wilhelm Hoffmann. Magdeburg 1887.

Heshusen, Tilemann: Notwendige entschüldigung, vnd gründliche verantwortung, Wider den erdichten Bericht, des Raths der alten Stad Magdeburgk, von der Ausführung der Prediger daselbst. O. O. [ca. 1562], abgedruckt in: Des Radts der Altenstadt Magdenburgk Bericht, C 1 r – R iij r.

Heshusen, Tilemann: Gründliche vnd bestendige Widerlegung, der grausamen vnartigen Calumnien M. Siegfriedi Lügensacks, Magdeburgischen Schulmeisters. Frankfurt a. M. 1564.

Luther, Martin: Der Sechste Teil der Buecher des Ehrnwirdigen Herrn Doctoris Martini Lutheri / darinnen begriffen etliche auslegung der Heiligen Schrifft im newen Testament / Auch die Buecher vom Ehestand / Kauffshendel vnd Wucher / Vermanung vnd Trostschrifften / Historien etlicher Merterer zu dieser zeit / Antwort auff etliche Fragen / Streitbuecher / auch die Buecher von weltlicher Oberkeit. Wittenberg 1570.

Major, Georg: Catechismus. D. Marti. Luth. Düdesch vnde Latinisch, daruth de Kinder lichtliken in dem lesende vnderwiset mögen werden. Magdeburg: Michael Lotter 1531.

Major, Georg: Elegantiores aliqvot, Parabolae, ex Erasmi Rote. Similibus in puerorum usum selectae, et in locos communes redactae, indicatis auctorum locis ex quib. singulae sunt conquisitae. Magdeburg 1532.

Major, Georg: Colloqvia famili. Eras. Roterod. selecta pro pveris scholae Magdebvrgensis. Magdeburg 1534.

Major, Georg: Qvaestiones rhetoricae ex libris M. Ciceronis, Quintiliani, et Philippi Melanch. Magdeburg 1535.

Major, Georg: Sententiae vetervm poetarvm, per locos commvnes digestae. Magdeburg 1537.

Melanchthon, Philipp: Elementa rhetorices. Mit den Briefen Senecas, Plinius' d. J. und den „Gegensätzlichen Briefen" Giovanni Picos della Mirandola und Franz Burchards. Hrsg., übers. und kommentiert von Volkhard Wels. Berlin 2001.

Moser, Zacharias: Nucleus Philosophiae latino graecus. Hoc est Canones philosophici, tvm theoretici, tum practici ex Principum Philosophorum Platonis ac Aristotelis operibus vastissimis excerpti & ivxta ordinem librorvm utriusqve, lingva graeca & correspondente Interpretatione Latina, pro Philosophiae et graecae lingvae tironibus Gymnasij Magdeburgensis consignati. Magdeburg 1626.

Nothwehre Des Raths vnd Syndici, auch etzlicher Pastorn, Prediger vnd Schulrectorn der Altenstadt Magdeburgk, Wieder das gevehrliche, ehrrugige vnd lesterliche, doch ungegründte Buch, so vnlangst vnter dem Namen vnd Scheintittel D. Tilemanni Heshusij Nothwendiger entschüldigung vnd verantwortung [...] abgedruckt vnd ausgesprenget worden. O. O. 1563.

Prätorius, Abdias: Lvdi Literarii Magdebvrgensis Ordo, Leges ac Statuta, Autore Godesalco Praetorio, Magdeburg 1553.

Prätorius, Abdias: Godescalci Praetorii Oratio de necessitate rei scholasticae recitata In ludo literario Magdeburgensi. Magdeburg 1553.

Prätorius, Abdias: De Syntaxi graeca Libri duo, Quorum Prior Regularem normam, Posterior figuras complectitur. Adiectae sunt Epistolae Ioachimi Camerarii et ipsius Praetorii. Frankfurt a. M. 1554.

Prätorius, Abdias: Compendivm Dialectices praecipva rvdimenta continens, Avtore Godescalco Praetorio. Magdeburg 1555.

Prätorius, Abdias: Oratio de Iohanne Scheiringo Magdeburgensi Iuris utriusque Doctore. Magdeburg 1555.

Prätorius, Abdias: Orationum Abdiae Praetorii Pars Prima, Continens praecipuarum politioris literaturae partium expositiones. Wittenberg 1569.

Rollenhagen, Georg: Georgi Rollenhagi Gymnasi Magdeburgensis olim Rectoris Paedia. Quo Pacto Scholastica Iuventus sine taedio, sine multo labore, iuxta leges praememoratae Scholae ad mediocrem eruditionem manuduci possit Admonitio. Olim ab ipso Autore ad publicam lucem & communem usum destinata; nunc M. Johannis Bloci P.L.C. Studio & industria publicata. Magdeburg 1619.

Rollenhagen, Georg: Froschmeuseler. Hg. von Dietmar Peil. Frankfurt a. M. 1989 (Bibliothek der Frühen Neuzeit 12).

Sack, Siegfried: Fides scholasticorum Magdeburgensium, de nonnullis doctrinae christianae articulis, quam hauserunt ex lectionibus suorum praeceptorum, sub rectoratu Siegfridi Sacci, exhibita anno 1563 ante Pascha, & nunc demum edita, ut totus mundus videat, scholam Magdeburgensem innocenter damnari. Magdeburg 1564.

Sack, Siegfried: Kurtzer vnterricht von gerechtigkeit Christlicher Obrigkeit in erwelung vnd beruffung der Kirchendiener / zusammen gezogen / aus heiliger Göttlicher schrifft / aus den Patribus / vnd den furnembsten Theologen zu vnser zeit / Luthero vnd andern mehr. Magdeburg 1565.

Sack, Siegfried: Exemplum copiae verborum ab Erasmo lib. I. cap. 33 propositum. Tuae literae magnopere me declarunt. Accommodatum ad regulas de copia verborum & ad omnes propemodum figuras, atque ita explicatum, ut adolescentes ex regulis & figuris adiectis praeceptorum usum facilime assequi & sine magno labore imitari poßint. Magdeburg 1567.

Sack, Siegfried: Phrases Erasmi Roterodami ex probatissimis autoribus desumptae, & a capite 50. libri primi De copia verborum usque ad finem intabulas redactae. Magdeburg 1567.

Vormbaum, Reinhold (Hg.): Die evangelischen Schulordnungen des sechszehnten Jahrhunderts. Gütersloh 1860 (Evangelische Schulordnungen Bd. 1).

Vormbaum, Reinhold (Hg.): Die evangelischen Schulordnungen des siebenzehnten Jahrhunderts. Gütersloh 1863 (Evangelische Schulordnungen Bd. 2).

3 Sekundärliteratur

Asmus, Helmut: 1200 Jahre Magdeburg. Von der Kaiserpfalz zur Landeshauptstadt. Bd. I, Die Jahre 805–1631. Magdeburg 2000.

Augustijn, Cornelis: Erasmus von Rotterdam. Leben, Werk, Wirkung. München 1986.

Barner, Wilfried: Barockrhetorik. Untersuchungen zu ihren geschichtlichen Grundlagen. Tübingen 1970 (ND 2002).

Bernleithner, Ernst: Humanismus und Reformation im Werke Georg Rollenhagens. Dissertation (Ms.), Wien 1954.

Beutel, Albrecht (Hg.): Luther Handbuch. Tübingen 2005.

Bogner, Ralf Georg: Der Autor im Nachruf. Formen und Funktionen der literarischen Memorialkultur von der Reformation bis zum Vormärz. Tübingen 2006 (Studien und Texte zur Sozialgeschichte der Literatur 111).

Bollbuck, Harald: Wahrheitszeugnis, Gottes Auftrag und Zeitkritik. Die Kirchengeschichte der Magdeburger Zenturien und ihre Arbeitstechniken. Wiesbaden 2014 (Wolfenbütteler Forschungen 138).

Bremer, Ludolf: Sigismund Evenius (1585/89–1639). Ein Pädagoge des 17. Jahrhunderts. Köln u. a. 2001.
Brunner, Horst: Dulce bellum inexpertis. Bilder des Krieges in der deutschen Literatur des 15. und 16. Jahrhunderts. Wiesbaden 2002.
Buck, August: Der italienische Humanismus. In: Notker Hammerstein (Hg.): Handbuch der deutschen Bildungsgeschichte, Bd. 1: 15. bis 17. Jahrhundert. Von der Renaissance und der Reformation bis zum Ende der Glaubenskämpfe. München 1996, S. 1–56.
Crusius, Irene: „Nicht calvinisch, nicht lutherisch". Zu Humanismus, Philippismus und Kryptocalvinismus in Sachsen am Ende des 16. Jahrhunderts. In: Archiv für Reformationsgeschichte 99 (2008), S. 139–174.
Dingel, Irene: Der Majoristische Streit in seinen historischen und theologischen Zusammenhängen. In: dies., Günther Wartenberg (Hgg.): Politik und Bekenntnis. Die Reaktionen auf das Interim von 1548. Leipzig 2006 (Leucorea-Studien 8), S. 231–247.
Döllinger, Ignaz von: Die Reformation, ihre innere Entwicklung und ihre Wirkungen im Umfange des Lutherischen Bekenntnisses. 3 Bde. Frankfurt a. M. 1846–48 (ND 1962).
Dünnhaupt, Gerhard: Personalbibliographien zu den Drucken des Barock. 6 Bde. Stuttgart 1990–1993.
Flasch, Kurt: Kampfplätze der Philosophie. Große Kontroversen von Augustin bis Voltaire. Frankfurt a. M. 2008.
Flood, John L.: Poets Laureate in the Holy Roman Empire. A bio-bibliographical Handbook. 4 Bde. Berlin, New York 2006.
Friedrich, Markus: Der Export des Helmstedter Hofmannstreits ins Erzstift Magdeburg (1600–1630) – Johannes Olearius, Sigismund Evenius, Andreas Cramer. In: Thomas Müller-Bahlke (Hg.): Bildung und städtische Gesellschaft. Beiträge zur hallischen Bildungsgeschichte. Halle 2004, S. 36–53.
Friedrich, Markus: Die Grenzen der Vernunft. Theologie, Philosophie und gelehrte Konflikte am Beispiel des Helmstedter Hofmannstreits und seiner Wirkungen auf das Luthertum um 1600. Göttingen 2004.
Garin, Eugenio: Geschichte und Dokumente der abendländischen Pädagogik. Bd. 2: Humanismus. Hamburg 1966.
Garin, Eugenio: Geschichte und Dokumente der abendländischen Pädagogik. Bd. 3: Von der Reformation bis John Locke. Hamburg 1967.
Georges, Karl Ernst: Ausführliches lateinisch-deutsches Handwörterbuch. 2 Bde. Leipzig 1913–1918.
Hanstein, Michael: Caspar Brülow (1585–1627) und das Straßburger Akademietheater. Lutherische Konfessionalisierung und zeitgenössische Dramatik im akademischen und reichsstädtischen Umfeld. Berlin, Boston 2013 (Frühe Neuzeit 185).
Hartfelder, Karl: Philipp Melanchthon als Praeceptor Germaniae. Berlin 1889 (ND 1964).
Hasse, Hans-Peter: Zensur theologischer Bücher in Kursachsen im konfessionellen Zeitalter. Studien zur kursächsischen Literatur- und Religionspolitik in den Jahren 1569 bis 1575. Leipzig 2000.
Heppe, Heinrich: Geschichte des deutschen Protestantismus in den Jahren 1555–1581. 4 Bde. Marburg 1852–59.
Hertel, Gustav / Huelsse, Friedrich: Friedr. Wilh. Hoffmann's Geschichte der Stadt Magdeburg. 2 Bde. Magdeburg 1885.
Hoffmann, Friedrich Wilhelm: Geschichte der Stadt Magdeburg. Nach den Quellen bearbeitet. 3 Bde. Magdeburg 1845–1850.

Holstein, Hugo: Das Altstädtische Gymnasium zu Magdeburg von 1524–1631. In: Jahrbücher für Philologie und Pädagogik, Zweite Abteilung 30 (1884), S. 16–25, 65–74, 129–140.
Holstein, Hugo: Die Reformation im Spiegelbilde der dramatischen Litteratur des sechzehnten Jahrhunderts. Halle 1886.
Hotson, Howard: Commonplace learning. Ramism and its German ramifications, 1543–1630. Oxford 2007.
Hund, Johannes: Das Wort ward Fleisch. Eine systematisch-theologische Untersuchung zur Debatte um die Wittenberger Christologie und Abendmahlslehre in den Jahren 1567 bis 1574. Göttingen 2006.
Jahn, Bernhard: Druck und Drama: Zur Rolle des Buchdrucks bei der Aufführung und Rezeption frühneuzeitlicher Dramen am Beispiel der Magdeburger Drucke bis 1631. In: Michael Schilling, Gunter Schandera (Hgg.): Prolegomena zur Kultur- und Literaturgeschichte des Magdeburger Raumes. Magdeburg 1999, S. 129–150.
Jahn, Bernhard / Neudeck, Otto (Hgg.): Tierepik und Tierallegorese. Studien zur Poetologie und historischen Anthropologie vormoderner Literatur. Frankfurt a. M. 2004 (Mikrokosmos 71).
Jahn, Bernhard: Taktische Masse und zorniger Held. Das Tierepos des 16. Jahrhunderts und der militärische Paradigmenwechsel in der Frühen Neuzeit. In: ders. (Hg.): Tierepik und Tierallegorese, S. 187–215.
Jahn, Bernhard: Eheberatung im Drama um 1600, oder: Was Sie schon immer von Magdeburger Pastoren und Schulrektoren über Partnerwahl und Sex wissen wollten. In: Eva Labouvie (Hg): Leben in der Stadt. Eine Kultur- und Geschlechtergeschichte Magdeburgs. Köln u. a. 2004, S. 151–171.
Jaumann, Herbert (Hg.): Diskurse der Gelehrtenkultur der Frühen Neuzeit. Ein Handbuch. Berlin, New York 2011.
Kallendorf, Craig W. (Hg.): Humanist educational treatises. Cambridge Mass. 2002 (The I Tatti Renaissance library 5).
Kaufmann, Thomas: Das Ende der Reformation. Magdeburgs „Herrgotts Kanzlei" (1548–1551/2). Tübingen 2003.
Kaufmann, Thomas: Geschichte der Reformation. Frankfurt a. M u. a. 2009.
Kawerau, Gustav: Joachim Greff in Magdeburg. In: Geschichtsblätter für Stadt und Land Magdeburg 29 (1894), S. 154–177 und 401 f.
Knaut, Karl: Der Lehrplan des Altstädtischen Gymnasiums zu Magdeburg v. J. 1619. Magdeburg 1887.
Koch, Ernst: Der kursächsische Philippismus und seine Krise in den 1560er und 1570er Jahren. In: Heinz Schilling (Hg.): Die reformierte Konfessionalisierung in Deutschland – das Problem der „Zweiten Reformation". Gütersloh 1986, S. 60–77.
Könnecker, Barbara: Die deutsche Literatur der Reformationszeit. Kommentar zu einer Epoche. München 1975.
Kordes, Uwe: Wolfgang Ratke (Ratichius, 1571–1635). Gesellschaft, Religiosität und Gelehrsamkeit im frühen 17. Jahrhundert. Heidelberg 1999 (Beihefte zum Euphorion 34).
Krausse, Helmut K.: Die Circe-Episode in Rollenhagens Froschmeuseler. In: Arcadia 15 (1980), S. 242–257.
Kühlmann, Wilhelm: Gelehrtenrepublik und Fürstenstaat. Entwicklung und Kritik des deutschen Späthumanismus in der Literatur des Barockzeitalters. Tübingen 1982 (Studien und Texte zur Sozialgeschichte der Literatur 3).
Kühlmann, Wilhelm: Kombinatorisches Schreiben – „Intertextualität" als Konzept frühneuzeitlicher Erfolgsautoren (Rollenhagen, Moscherosch). In: ders., Wolfgang Neuber

(Hgg.): Intertextualität in der Frühen Neuzeit. Studien zu ihren theoretischen und praktischen Perspektiven. Frankfurt a. M. u. a. 1994 (Frühneuzeitstudien 2), S. 111–139.

Kühlmann, Wilhelm: Pädagogische Konzeptionen. In: Notker Hammerstein (Hg.): Handbuch der deutschen Bildungsgeschichte. Bd. 1: 15. bis 17. Jahrhundert. Von der Renaissance und der Reformation bis zum Ende der Glaubenskämpfe. München 1996, S. 153–196.

Kühlmann, Wilhelm / Seidel, Robert / Wiegand, Hermann (Hgg.): Humanistische Lyrik des 16. Jahrhunderts. Lateinisch und Deutsch. Frankfurt a. M 1997 (Bibliothek der Frühen Neuzeit 5).

Kühlmann, Wilhelm: Magdeburg in der zeitgeschichtlichen Verspublizistik (1551/1631). In: Michael Schilling, Gunter Schandera (Hgg.): Prolegomena zur Kultur- und Literaturgeschichte des Magdeburger Raumes. Magdeburg 1999, S. 79–106.

Kühlmann, Wilhelm: Poeten und Puritaner. Christliche und pagane Poesie. Mit einem Exkurs zur Prudentius-Rezeption in Deutschland. In: ders.: Vom Humanismus zur Spätaufklärung. Ästhetische und kulturgeschichtliche Dimensionen der frühneuzeitlichen Lyrik und Verspublizistik in Deutschland. Tübingen 2006, S. 57–83.

Kühlmann, Wilhelm: Lyrik als Waffe: Zum literarischen Profil des Kryptocalvinismus in Kursachsen. Der „Poet" Johannes Major (1533–1600). In: ders.: Vom Humanismus zur Spätaufklärung. Ästhetische und kulturgeschichtliche Dimensionen der frühneuzeitlichen Lyrik und Verspublizistik in Deutschland. Tübingen 2006, S. 256–264.

Kühlmann, Wilhelm (Hg.): Killy Literaturlexikon. Autoren und Werke des deutschsprachigen Kulturraums. 2., vollst. überarb. Aufl. Berlin, New York 2008–2012.

Kühne, Hartmut: Erasmus Sarcerius als vorletzter Superintendent der Alten Stadt Magdeburg. Zur Situation des Magdeburger Klerius um 1560. In: Stefan Rhein, Günther Wartenberg (Hgg.): Reformatoren im Mansfelder Land. Erasmus Sarcerius und Cyriakus Spangenberg. Leipzig 2006, S. 63–83.

Kühne, Hartmut: Nikolaus von Amsdorf im Streit zwischen dem Magdeburger Rat und lutherischen Theologen um die Amtsenthebung des Tilemann Heshusius (mit Abdruck eines Amsdorf-Briefs). In: Irene Dingel (Hg.): Nikolaus von Amsdorf (1483–1565). Zwischen Reformation und Politik. Leipzig 2008. (Leucorea-Studien 9), S. 281–306.

Kuropka, Nicole: Philipp Melanchthon: Wissenschaft und Gesellschaft. Ein Gelehrter im Dienst der Kirche (1526–1532). Tübingen 2002 (Spätmittelalter und Reformation 21).

Labouvie, Eva (Hg.): Leben in der Stadt. Eine Kultur- und Geschlechtergeschichte Magdeburgs. Köln u. a. 2004.

Lausberg, Heinrich: Handbuch der literarischen Rhetorik. Eine Grundlegung der Literaturwissenschaft. 2 Bde. München 1960.

Ludwig, Walther (Hg.): Die Musen im Reformationszeitalter. Leipzig 2001 (Schriften der Stiftung Luthergedenkstätten in Sachsen-Anhalt 1).

Ludwig, Frank: Die Entstehung der kursächsischen Schulordnung von 1580 auf Grund archivalischer Studien. Berlin 1907.

Mährle, Wolfgang: Academia Norica. Wissenschaft und Bildung an der Nürnberger Hohen Schule in Altdorf (1575–1623). Stuttgart 2000.

Meid, Volker: Die deutsche Literatur im Zeitalter des Barock. Vom Späthumanismus zur Frühaufklärung 1570–1740. München 2009 (Geschichte der deutschen Literatur von den Anfängen bis zur Gegenwart, Bd. V).

Meier, Christel u. a. (Hgg.): Das Theater des Mittelalters und der frühen Neuzeit als Ort und Medium sozialer und symbolischer Kommunikation. Münster 2004.

Meier, Christel u. a. (Hgg.): Akteure und Aktionen. Figuren und Handlungstypen im Drama der Frühen Neuzeit. Münster 2008.

Meier, Christel: Lehren ‚in lebendigen Bildern': zum pädagogischen Impetus des frühneuzeitlichen Theaters. Ein Projektbericht. In: Gerlinde Huber-Rebenich (Hg.): Lehren und Lernen im Zeitalter der Reformation. Methoden und Funktionen. Tübingen 2012 (Spätmittelalter, Humanismus, Reformation 68), S. 227–248.

Michael, Wolfgang F.: Das deutsche Drama der Reformationszeit. Bern u. a. 1984.

Moore, Cornelia Niekus: Patterned Lives. The Lutheran Funeral Biography in Early Modern Germany. Wiesbaden 2006 (Wolfenbütteler Forschungen 111).

Moore, Cornelia Niekus: The Magdeburg Cathedral Pastor Siegfried Saccus and Development of the Lutheran Funeral Biography. In: Sixteenth Century Journal 35 (2004), S. 79–95.

Nahrendorf, Carsten: Art. Magdeburg. In: Wolfgang Adam, Siegrid Westphal (Hgg.): Handbuch kultureller Zentren der Frühen Neuzeit. Städte und Residenzen im alten deutschen Sprachraum. Berlin, Boston 2012, Bd. 2, S. 1349–1390.

Obermaier, Sabine: Binnenfabeln in neuem Rahmen. Überlegungen zum ‚Erzählen im Erzählen' am Beispiel von Buch der Beispiele- und Reynke de Vos-Fabeln in Georg Rollenhagens Froschmeuseler. In: Euphorion 99 (2005), S. 425–446.

Ong, Walter J.: Ramus. Method, and the decay of dialogue. From the art of discourse to the art of reason. Cambridge Mass. 1958.

Opel, Julius Otto: Denkwürdigkeiten des Gymnasiallehrers und Pfarrers Christophorus Krause in Magdeburg. In: Neue Mitteilungen aus dem Gebiete historisch-antiquarischer Forschungen / im Namen des Thüringisch-Sächsischen Vereins für Erforschung des Vaterländischen Alterthums 14 (1875), S. 313–384.

Parente, James A.: Religious drama and the humanist tradition. Christian theater in Germany and the Netherlands 1500–1680. Leiden 1987.

Paulsen, Friedrich: Geschichte des gelehrten Unterrichts auf den deutschen Schulen und Universitäten vom Ausgang des Mittelalters bis zur Gegenwart. Mit besonderer Rücksicht auf den klassischen Unterricht. 2 Bde. Leipzig, Berlin 1919–21 (ND 1960).

Peil, Dietmar: Georg Rollenhagen. In: Stefan Füssel (Hg.): Deutsche Dichter der frühen Neuzeit (1450–1600). Ihr Leben und Werk. Berlin 1993, S. 561–574.

Peil, Dietmar: Rhetorische Strukturen in Georg Rollenhagens Froschmeuseler? In: Wolfgang Harms, Jean-Marie Valentin (Hgg.): Mittelalterliche Denk- und Schreibmodelle in der deutschen Literatur der frühen Neuzeit. Amsterdam 1993 (Chloe 16), S. 197–217.

Peil, Dietmar: Die Schaubühne als ‚pädagogische Anstalt'. Anmerkungen zu Georg Rollenhagens Tobias. In: Michael Schilling, Gunter Schandera (Hgg.): Prolegomena zur Kultur- und Literaturgeschichte des Magdeburger Raumes. Magdeburg 1999, S. 107–127.

Pfister, Manfred: Das Drama. Theorie und Analyse. München 2001.

Rädle, Fidel: Frischlin und die Konfessionspolemik im lateinischen Drama des 16. Jahrhunderts. In: Sabine Holtz (Hg.): Nicodemus Frischlin (1547–1590). Poetische und prosaische Praxis unter den Bedingungen des konfessionellen Zeitalters. Stuttgart-Bad Cannstatt 1999, S. 495–524.

Richter, Roland: Georg Rollenhagens Froschmeuseler. Ein rhetorisches Meisterstück. Frankfurt a. M. 1975.

Risse, Wilhelm: Die Logik der Neuzeit. Bd. 1, 1500–1640, Stuttgart-Bad Canstatt 1964.

Roling, Bernd: Exemplarische Erkenntnis: Erziehung durch Literatur im Werk Philipp Melanchthons. In: Christel Meier u. a. (Hgg.): Das Theater des Mittelalters und der frühen Neuzeit als Ort und Medium sozialer und symbolischer Kommunikation. Münster 2004, S. 289–366.

Roloff, Hans-Gert: Art. Neulateinisches Drama. In: Reallexikon der deutschen Literaturgeschichte. Berlin 1965, Bd. 2, S. 645–678.

Roloff, Hans-Gert: Kleine Schriften zur Literatur des 16. Jahrhunderts. Festgabe zum 70. Geburtstag. Amsterdam, New York 2003 (Chloe 35).
Rummel, Erika: The confessionalization of humanism in Reformation Germany. Oxford 2000.
Scheible, Heinz: Melanchthon. Eine Biographie. München 1997.
Scheible, Heinz (Hg.): Melanchthon in seinen Schülern. Wiesbaden 1997 (Wolfenbütteler Forschungen 73).
Scheible, Heinz (Hg.): Melanchthons Briefwechsel. Kritische und kommentierte Gesamtausgabe. Stuttgart-Bad Cannstatt 1977–.
Schilling, Michael / Schandera, Gunter (Hgg.): Prolegomena zur Kultur- und Literaturgeschichte des Magdeburger Raumes. Magdeburg 1999.
Schilling, Michael: Petrus Lotichius Secundus im Schulunterricht am Beginn des Dreißigjährigen Krieges. Die Magdeburg- Elegie in einer kommentierten Ausgabe von Johannes Blocius. In: ders., Gunter Schandera (Hgg.): Prolegomena zur Kultur- und Literaturgeschichte des Magdeburger Raumes. Magdeburg 1999, S. 151–164.
Schilling, Michael: Simon Dach in Magdeburg. Ein unbekanntes Epicedium aus der Schulzeit des Königsberger Poeten. In: Miroslawa Czarnecka (Hg.): Memoria Silesiae. Leben und Tod, Kriegserlebnis und Friedenssehnsucht in der literarischen Kultur des Barock. Wroclaw 2003, S. 367–377.
Schilling, Michael: Literaturgeschichte Magdeburgs bis zur Zerstörung der Stadt im Jahr 1631. In: Matthias Puhle, Peter Petsch (Hgg.): Magdeburg. Die Geschichte der Stadt 805–2005. Dössel 2005, S. 283–310.
Schilling, Michael: Der Untergang Magdeburgs 1631 in der zeitgenössischen Literatur und Publizistik. In: Margit Scholz (Hg.): Konfession, Krieg und Katastrophe. Magdeburgs Geschick im Dreißigjährigen Krieg. Magdeburg 2006, S. 93–111.
Schilling, Michael: Einleitung: Zum Magdeburger Druck- und Verlagswesen im 16. Jahrhundert. In: Maren Ballerstedt, Peter Petsch, Matthias Puhle (Hgg.): Magdeburger Drucke des 16. Jahrhunderts. Ein Bestandsverzeichnis. Halle 2009 (Magdeburger Schriften 2), S. 12–29.
Schindling, Anton: Humanistische Hochschule und freie Reichsstadt. Gymnasium und Akademie in Straßburg 1538–1621. Wiesbaden 1977 (Veröffentlichungen des Instituts für Europäische Geschichte Mainz 77).
Sdzuj, Reimund: Art. Johannes Caselius. In: Wilhelm Kühlmann u. a. (Hgg.): Frühe Neuzeit in Deutschland 1520–1620. Literaturwissenschaftliches Verfasserlexikon. Berlin u. a. 2011, Bd. 1, Sp. 478–497.
Seelmann, Wilhelm: Art. Georg Rollenhagen. In: ADB 29 (1889), S. 87–95.
Seidel, Robert: Späthumanismus in Schlesien. Caspar Dornau (1577–1631). Leben und Werk. Tübingen 1994 (Frühe Neuzeit 20).
Seifert, Arno: Das höhere Schulwesen. Universitäten und Gymnasien. In: Notker Hammerstein (Hg.): Handbuch der deutschen Bildungsgeschichte. Bd. 1: 15. bis 17. Jahrhundert. Von der Renaissance und der Reformation bis zum Ende der Glaubenskämpfe. München 1996, S. 197–374.
Seiler, Karl (Hg.): Kleine pädagogische Schriften von Wolfgang Ratke (Ratichius). Bad Heilbrunn 1967.
Sohm, Walter: Die Schule Johann Sturms und die Kirche Straßburgs in ihrem gegenseitigen Verhältnis 1530–1581. Ein Beitrag zur Geschichte deutscher Renaissance. München 1912.
Stötzner, Paul: Sigismund Evenius. Ein Beitrag zur Geschichte des Ratichianismus. Zwickau 1895.

Telle, Joachim: Zu Georg Rollenhagens „Froschmeuseler" (I/2, Kap. 15–17). In: Wolfenbütteler Barock-Nachrichten 3 (1976), S. 256–259.

Veil, Heinrich: Zum Gedächtnis Johannes Sturms. Eine Studie über Sturms Unterrichtsziele und Schuleinrichtungen mit besonderer Berücksichtigung seiner Beziehungen zu dem niederländischen Humanismus. In: Festschrift zur Feier des 350jährigen Bestehens des protestantischen Gymnasiums zu Straßburg. Straßburg 1888, S. 1–132.

Washof, Wolfram: Die Bibel auf der Bühne. Exempelfiguren und protestantische Theologie im lateinischen und deutschen Bibeldrama der Reformationszeit. Münster 2007.

Weilen, Alexander von: Der ägyptische Joseph im Drama des XVI. Jahrhunderts. Ein Beitrag zur vergleichenden Litteraturgeschichte. Wien 1887.

Wels, Volkhard: Die historische Bedeutung von Melanchthons Rhetorik. In: Günter Frank (Hg.): Melanchthons Wirkung in der europäischen Bildungsgeschichte. Heidelberg u. a. 2007 (Fragmenta Melanchthoniana 3), S. 229–237.

Wels, Volkhard: Melanchthon's Textbooks on Dialectic and Rhetoric as Complementary Parts of a Theory of Argumentation. In: Emidio Campi u. a. (Hgg.): Scholarly knowledge. Textbooks in early modern Europe. Genf 2008 (Travaux d'humanisme et Renaissance 447), S. 139–156.

Wimmer, Ruprecht: Jesuitentheater. Didaktik und Fest. Das Exemplum des ägyptischen Joseph auf den deutschen Bühnen der Gesellschaft Jesu. Frankfurt a. M. 1982.

Wittich, Karl: Zur Katastrophe des 10. / 20. Mai 1631. In: Geschichtsblätter für Stadt und Land Magdeburg 23 (1888), S. 1–39 und 101–130.

Wriedt, Markus: Georg Major als Pädagoge. In: Irene Dingel, Günther Wartenberg (Hgg.): Georg Major (1502–1574). Ein Theologe der Wittenberger Reformation. Leipzig 2005 (Leucorea-Studien 7), S. 159–188.

Register

Abel 320 f.
Abraham 102, 300, 334, 357
Achates 231
Achilles 103
Aesop 13, 55 f., 96, 212, 249, 251
Agricola, Martin 63, 111 f., 291, 396
Agricola, Rudolf 27
Albert, Salomon 231
Albrecht IV. (Graf von Mansfeld) 113
Alemann, Caspar 164
Alemann, Johann 326
Alemann, Thomas 113
Alexander de Villa Dei 15
Alexander der Große 103
Alkibiades 120, 320 f.
Ambrosius 90, 111
Amerbach, Veit 172
Ammon 320
Amsdorf, Nikolaus von 3, 60 f., 85–91, 115, 118, 122, 138, 148, 158, 174, 384–387, 389–391, 398 f.
Andreae, Jacob 50–59, 176, 230
Apelles 73
Aristarchos von Samothrake 103
Ariston 109
Aristophanes 105
Aristoteles 2, 8, 20, 43, 70 f., 103, 105, 128, 244, 253, 256–258, 260–262, 264 f., 268–270, 308, 315 f., 319, 321–323, 401
Arndt, Johann 287, 314
Arnold, Gottfried 91
Artopoeus, Petrus 185
Athanasius von Alexandria 102
August (Kurfürst von Sachsen) 50–52, 54, 56 f.
Augustinus 102, 106, 317
Augustus 128
Aurogallus, Matthäus 65
Ausonius 21

Bake, Reinhard 334–336
Balde, Jacob 200, 228
Bardeleben, Anna 231
Baudouin, François 18

Baumgarten, Johannes d.Ä. 136, 139, 141, 145, 149
Baumgarten, Johannes d.J. 154 f., 157
Berge (Montanus), Erhard am 246, 252
Berndes, Johannes 149
Bernegger, Matthias 23, 200, 286 f.
Betzel, Andreas 246
Beurhusius, Friedrich 261
Beyer, Hartmann 105
Beza, Theodor 170
Bilderbeccius, Andreas 337
Birck, Sixt 342, 348
Blocius, Johannes 14, 24, 65, 122, 179, 234, 246, 251, 263, 324, 345, 352, 371–393, 402
Bodenstein, Bonifacius 384 f.
Boethius 391
Bone, Joachim 120, 139
Brahe, Tycho 175
Braubach, Petrus 105
Brenz, Johannes 53
Breslacus, Martinus 156
Brülow, Caspar 343, 357
Brunner, Thomas 178
Bucer, Martin 45
Bugenhagen, Johannes d.Ä. 389 f.
Bugenhagen, Johannes d.J. 171
Bullinger, Heinrich 170
Burckhardt, Aaron 176 f., 188
Burenius, Arnold 39
Buscher, Heizo 261

Caesar, Gaius Julius 97, 276, 301
Calixt, Georg 228, 324
Calvin, Johannes 42, 154
Camerarius, Joachim 16 f., 34, 38, 49, 55, 62, 89, 90, 96, 107, 124, 249
Carlowitz, Christoph von 1
Caselius, Johannes 39, 200, 258, 313, 324, 400
Cassander, Georg 131
Castellio, Sebastian 250, 300
Cato 13, 15, 74, 96, 106, 249, 253, 276, 294, 298

Catull 21, 78
Celtis, Konrad 15
Chemnitz, Martin 171
Chiron 237
Christian Wilhelm (Administrator von Magdeburg) 334 f.
Chytraeus, David 41, 45
Cicero 9, 14, 16, 19, 20–22, 28 f. 39, 47, 50, 55, 58, 61, 75, 80 f., 83 f., 96 f., 103, 106, 109, 184, 238, 244, 251 f., 276, 290, 291, 301 f.
Claudian 21
Comenius, Johann Amos 228, 281, 284, 297, 302, 340
Copernicus, Erdmann 112
Copius, Bernhard 41 f.
Copus (Köppe), Gregorius 71
Copus (Köppe), Martin 71, 94
Cordatus, Konrad 86, 89, 174
Cordier (Corderius), Mathurin 249 f., 298 f.
Cornelius Gallus 21
Cracow, Georg 52
Cramer, Andreas 246, 254, 260–264, 268, 270 f., 288, 290, 307–311, 314–317, 319–321, 335, 401
Cremcovius, Valentin 244
Crocus, Cornelius 349
Crocus, Richard 61
Croesus 103
Cruciger, Caspar d.Ä. 3, 60–66, 89, 91, 95, 174, 388
Cruciger, Caspar d.J. 51, 170 f.
Crusius, Balthasar 40–42
Crusius, Martin 58
Cubito, Wolfgang 384–387
Curaeus, Joachim 51
Cyclop, Wolfgang 89, 384

Decimator, Christoph 250
Demosthenes 105, 161, 252, 277, 303
Dieck, Konrad 252
Diomedes 242
Dionysios I. von Syrakus 103
Donatus, Aelius 13, 15, 95 f., 100, 179, 248, 253, 275, 294, 298
Dornau, Caspar 278–285, 292, 295, 303, 306, 401

Dorothea Hedwig von Braunschweig-Wolfenbüttel 188
Drakon 277
Dresser, Matthäus 54 f.
Dürrer, Adam 229, 248, 296
Dürrer, Johann 229–234

Eber, Paul 124, 174, 207
Eccius, Wilhelm 159 f.
Eck, Johannes 62
Eggerdes, Peter 135
Eisleben, Johann 384
Emden, Ulrich von 67 f.
Enoch 102
Enos 102
Epikur 109
Erasmus von Rotterdam 1, 3, 14, 15, 16 f., 21, 24, 36, 43, 55, 70–76, 96 f., 131, 162–169, 185, 203, 219, 251 f., 298 f., 317 f., 323, 353, 394 f., 399, 402
Ernst I., gen. der Fromme (Herzog von Sachsen-Gotha-Altenburg) 339
Ernst II. von Sachsen (Erzbischof von Magdeburg) 388
Esau 243, 337
Esther 357
Euklid 183
Euripides 80, 105
Eva 102
Evenius, Sigismund 71, 181, 232, 239, 242, 244, 252, 254, 262, 272–341, 374, 395–397, 401 f.

Fabricius, Georg 4, 40, 50 f., 55, 111, 185, 379
Fischart, Johann 180
Flacius Illyricus, Matthias 1, 3 f., 30 f., 37 f., 40, 48, 87, 114, 116 f., 119, 122, 135, 138, 140 f., 150, 170, 205, 215–217, 379, 384, 389, 392, 399
Francke, August Hermann 341
Freigius, Johann Thomas 180, 255, 257
Friedrich III., gen. der Weise (Kurfürst von Sachsen) 16
Friedrich Ulrich (Herzog von Braunschweig-Wolfenbüttel) 188
Friedrich von Brandenburg (Erzbischof von Magdeburg) 121

Frischlin, Nicodemus 343, 389
Fritzhans, Johannes 384, 387
Fuchsperger, Ortolf 291

Galen 109, 174, 183
Gallus, Nikolaus 94, 119, 122, 135, 141, 150, 160, 169 f., 389 f.
Gehen, Andreas 300
Georg Friedrich I. (Markgraf von Brandenburg-Ansbach-Kulmbach) 230 f.
Gerhard, Johann 287
Gesner, Salomon 272
Glandorp, Johann 40
Gluck, Anna 119
Gnapheus, Wilhelm 348
Goetze, Joseph 73, 229–271, 345, 355–371, 395 f., 400 f.
Golius, Theophilus 249, 252, 254
Greff, Joachim 84, 345, 347–355, 359, 361, 365, 367, 396
Gregor von Nazianz 55, 129
Grimm, Heinrich 249
Grotius, Hugo 228
Gurckfelder, Wenzel 231
Gustav Adolf II. (König von Schweden) 326, 338, 374 f.

Habermann, Johann 185
Hakius, Martinus 337
Hamelmann, Hermann 41 f.
Hecht, Peter 244, 326
Heinrich II. (Herzog von Braunschweig-Wolfenbüttel) 114
Heinrich Julius (Herzog von Braunschweig-Wolfenbüttel) 186, 324
Heling, Moritz 40
Herkules 103
Hermogenes 20
Herodot 199
Heshusen, Tilemann 42, 120, 132–160, 176, 399
Hesiod 50, 97, 105, 303
Hesse, Sigismund 246, 264
Hessus, Eobanus 10, 16 f., 111, 301
Hilderich, Edo 175
Hippokrates 174, 183
Hiskija 103

Hofmann, Daniel 311–316, 324
Homer 97, 105, 127, 174, 189, 195 f., 201, 252, 277, 303
Horaz 9, 21, 50, 78–80, 184, 219, 252
Hunnius, Aegidius 272, 356, 363
Hunoldius, Andreas 157
Hutter, Leonhard 253, 272

Ignatius von Antiochia 302
Irenäus von Lyon 317
Isokrates 50, 105, 128, 252, 303

Jagemann, Johann von 324
Jakob 102, 243, 300, 337, 348, 357
Janitius, Caspar 40
Jason 237
Jesaja 103, 377
Jesus Sirach 296
Joachim Ernst (Fürst von Anhalt) 52
Joachim II. (Kurfürst von Brandenburg) 118, 120–122, 124 f.
Johann Albrecht I. (Herzog von Mecklenburg) 105
Johannes 102
Johannes von Damaskus 302
Joseph 102, 300, 348, 354
Judex, Matthäus 3, 49, 93 f., 98 f., 101, 112 f., 115–123, 130, 133–136, 140 f., 144 f., 159, 161, 212, 392, 399
Judith 346
Julian Apostata (röm. Kaiser) 76, 88
Julius (Herzog von Braunschweig-Wolfenbüttel) 188
Justin der Märtyrer 317
Justinus, Marcus Junianus 84, 97, 394
Juvenal 21, 78, 237 f., 243

Kain 218, 320 f.
Karl der Große (Kaiser) 285
Karl V. (Kaiser) 115, 131, 215, 379
Kilian (Chilianus), Friedrich 139
Klee, Friedrich 164
Klopstock, Friedrich Gottlieb 51
Kotzebue, Johannes 310, 326
Krause, Christoph 326
Kromayer, Johannes 305
Kyros II. (König von Persien) 103

Leibniz, Gottfried Wilhelm 168, 218
Leonidas 103
Leopardi, Giacomo 228
Lessing, Gotthold Ephraim 51, 212, 218, 348
Leyser, Polykarp 54
Linacre, Thomas 185
Lipsius, Justus 237f., 258, 330
Livius, Titus 16, 276, 301
Loede, Burckhardt d.Ä. 160
Lonemann, Joachim 178
Lossius, Lucas 252, 254
Lot 334
Lotichius Secundus, Petrus 372, 378
Lotter, Michael 114
Lubinus, Eilhard 302
Luchtius, Theodoricus 337
Ludovici, Gottfried 173, 293
Ludovicus, Laurentius 250
Ludwig I. (Fürst von Anhalt-Köthen) 301
Ludwig VI. (Kurfürst von der Pfalz) 47
Lukan 21
Lukas 335
Lukian 97, 105, 268, 303
Lukrez 21, 269
Luther, Martin 1f., 8, 10–12, 35–38, 46, 60, 62, 66–68, 86–91, 114, 124, 143, 146, 151, 157, 180, 188, 191, 200f., 203, 205, 213, 216f., 219, 241f., 248, 253, 270f., 302, 312f., 324f., 328–334, 337, 345–349, 353f., 370, 378f., 391, 398

Major, Georg 3, 6, 22, 60, 62, 66–92, 94f., 109f., 112, 124, 147, 157, 170, 172, 174, 207, 240, 389f., 394f., 398–400, 402
Major, Johannes 38, 53, 174, 185
Manilius 21
Manutius, Paulus 21
Marbach, Johann 22, 43–46, 48, 395
Martial 21f., 78, 238
Martini, Cornelius 258, 270, 313, 324
Martini, Jacob 243f., 259, 270, 316
Mästlin, Michael 173
Mathesius, Johannes 180
Mauritius, Thomas 164
Melanchthon, Philipp 1–3, 6, 11–15, 16f., 22f., 24–35, 36–40, 42, 49, 52f., 55, 58, 60, 62–67, 71, 73, 77, 81–84, 86–90, 93,
95, 97f., 100, 104f., 107, 108–112, 114, 116, 119–122, 125, 127, 130, 132, 140, 147, 150, 164, 170–172, 174f., 179, 182f., 185, 191, 195f., 200f., 203f., 207, 212f., 215f., 239, 244, 250–254, 261, 263f., 267, 270, 282, 286, 317, 346f., 353, 389, 391f., 395f., 399f., 402
Mensing, Johannes 387
Meyer, Johann 139
Milo, Titus Annius 29
Milon von Kroton 165
Mirisch, Melchior 384
Moller, Heinrich 51, 171
Moritz (Kurfürst von Sachsen) 50, 132, 215
Mörlin, Joachim 134f.
Mosellanus, Petrus 13, 15, 55, 61f., 96, 131, 250
Moser, Zacharias 308, 315, 318, 322f., 325, 327, 401
Moses 124, 305, 321, 334
Müntzer, Thomas 137, 386
Murmellius, Johannes 21, 250, 395
Musculus (Meusel), Andreas 41, 123–125, 154–157
Mylius, Henricus 303

Naogeorgus, Thomas 343
Neander, Michael 4, 306
Nilus von Ankyra 302

Odysseus 242, 280
Oekolampad, Johannes 27
Olvenstedt, Christian 246
Olvenstedt, Stephan 236, 264
Opitz, Martin 281, 283, 292, 401
Oporinus, Johannes 38, 123
Oertel von Winsheim, Veit 174
Ortlob, Christoph 40
Osiander, Andreas 147
Ovid 14, 21, 50, 78, 81, 97, 238, 250

Pappus, Johann 43–48
Paulus 97, 102, 108, 253, 302, 317f., 322
Pentheus von Theben 79
Peraudi, Raimund 387
Petrarca, Francesco 24
Peucer, Caspar 52, 174, 207

Pezel, Christoph 45, 51, 171 f.
Pfeffinger, Johannes 203
Pfeil, Franz d.Ä. 94, 139, 142, 175
Pfeil, Franz d.J. 164
Pfeil, Ludwig 164
Philipp II. (König von Makedonien) 103
Phokylides 50, 97, 252
Picart, Johann 255, 257
Pindar 105, 163, 237, 303
Platon 105 f. 128, 266, 277, 308, 315 f., 318–321, 401
Plautus 9, 14, 21, 78, 183, 230, 301, 345, 347
Plinius d.Ä. 70–72, 174, 183, 301
Plinius d.J. 238
Plutarch 50, 70 f., 252, 264, 303
Polybios 105
Pomarius, Elias 113
Pontanus, Johannes 298
Potiphar 349
Potiphera 350
Praetorius, Johann 255
Prätorius, Abdias (Gottschalk) 3, 6, 21, 41, 49, 63, 73, 87 f., 92–132, 145, 155, 157, 160–162, 170, 212, 234, 240, 244, 247, 252 f., 255, 309 f., 344, 392, 395 f., 399 f., 402
Prätorius, Paul 112, 120–122
Prätorius, Sabina 125
Properz 21, 250
Protogenes 73
Prudentius 78, 111
Ptolemaios I. Soter 103
Ptolemaios VI. Philometor 103
Pufendorf, Samuel 51
Pythagoras 252

Quintilian 16, 20, 61 f., 81, 163, 165, 296

Raabe, Wilhelm 114, 177
Rademacherus, Nicolaus 337
Ramus, Petrus 168 f., 239, 252–254, 56–258, 261, 263 f., 270, 400
Rantzau, Heinrich 175
Ratke (Ratichius), Wolfgang 179, 200, 239, 244 f., 254, 256, 258–260, 263 f., 268–271, 274–277, 289, 292, 294, 297–299, 304, 307 f., 374, 400 f.

Rebhuhn, Paul 342, 348
Rhenius, Johannes 263
Rhodomann, Lorenz 302
Riederer, Friedrich 291
Rivenus, Wilhelm 91, 93, 399
Rivius, Johannes 41
Rollenhagen, Gabriel 65, 93 f., 121, 177 f., 180, 199, 244
Rollenhagen, Georg 3 f., 65, 71, 73, 154, 173–228, 232, 234, 345, 358, 392, 400, 402
Rollenhagen, Jonas 244
Rüdiger, Esrom 39

Sabinus, Georg 120, 125, 185
Sachs, Hans 342
Sack, Siegfried 3, 121, 132–172, 174, 234, 396, 399
Saggitarius, Thomas 243 f.
Salig, Johann 232, 371
Sallust 276, 301
Salomo 96, 102, 249, 296
Samuel 300
Sannemannus, Heinrich 273
Sattler, Basilius 324
Schade, Abraham 40–42
Scheyring, Johannes d.Ä. 113
Scheyring, Johannes d.J. 113–115, 122
Schilling, Wencel 316
Schlayss, Johann 356, 363
Schlüsselburg, Conrad 91
Schönborn, Bartholomäus 174
Schrader, Johannes 310 f., 316
Schütz, Christian 52
Schulenburg, Albert von 107
Selnecker, Nikolaus 171
Seneca 21, 70 f., 185
Servius Sulpicius Rufus 109
Siber, Adam 41, 54–58, 249, 254
Sigismund von Brandenburg (Erzbischof von Magdeburg) 121 f., 130, 135 f.
Silius Italicus 78, 127
Sleidanus, Johannes 45, 253, 379
Smirziz, Siegmund von 280
Sokrates 234, 266
Sokrates Scholastikos 317
Solon 277

Sommerfeld, Jacob 180
Sophokles 105
Spaignart, Christian Gilbert de 326, 335, 338, 373–378
Spalatin, Georg 62
Spangenberg, Johannes 85
Stapff, Johannes 383
Staphylus, Friedrich 172
Statius 21
Stigel, Johannes 174
Stössel, Johann 52
Strabon 72
Strehle, Bartholomäus 136 f.
Strigel, Viktorin 140, 172
Sturm, Johannes 4, 18–23, 41, 43–49, 55, 249–251, 395
Sturm, Nikolaus 388
Sturm, Ulrich 164
Stutzingus, Johannes 273
Sueton 276
Susanna 357
Susse, Andreas 154

Talon, Omer (Talaeus, Audomarus) 252, 254, 257
Taubmann, Friedrich 230–233, 243, 269 f.
Terenz 14, 21, 50, 56, 78, 96–98, 179, 251, 259, 275, 298, 300 f., 345 f.
Tertullian 318 f.
Theognis 50, 97, 303
Thou (Thuanus), Jacques-Auguste de 379
Thukydides 105, 120, 381
Tibull 21, 250
Tilly, Johann t'Serclaes von 335, 375
Timotheus 108
Tobias 346, 357
Trotzendorf, Valentin 4, 250, 254

Tudius, Johannes 155
Tulichius, Hermann 63

Ulnerus, Hermann 299 f.
Ursinus, Zacharias 172

Valerius, Cornelius 253 f.
Valla, Lorenzo 185
Varro 276
Vechelde, Hermann von 139
Vergil 21, 50, 55, 64, 78, 97, 231, 251 f., 268 f., 302, 335, 372
Vermigli, Peter Martyr 18, 43 f., 48
Vitruv 276
Vives, Juan Luis 131, 251, 276, 279, 299, 402

Wallenstein, Albrecht von 326
Weidensee, Eberhard 384
Werner, Sebastian 63
Westphal, Joachim 105, 134
Wickram, Georg 200
Widebram, Friedrich 51, 171 f.,
Wigand, Johannes 115–118, 122, 133, 135 f., 138, 140 f., 144, 150, 158–161, 399
Wilke, Andreas 199
Wilke, Gregor 63
Witzel, Georg 131
Wolf, Hieronymus 304
Woltersdorf, Joachim 91, 94, 399
Wolther, Johann 356

Xenophon 50, 105, 120, 128

Zabarella, Jacopo 312
Zanchi, Girolamo 43–45, 48
Zwingli, Huldrych 36, 65, 89, 154
Zyrl, Christian 356

www.ingramcontent.com/pod-product-compliance
Lightning Source LLC
Chambersburg PA
CBHW071809230426
43670CB00013B/2401